Weingärtner/Löffler
Vermeidbare Fehler im Notariat
10. Auflage

D1734538

Vermeidbare Fehler im Notariat

Geschäftsprüfung – Elektronischer Rechtsverkehr – Datenschutz

von

Prof. Dr. Helmut Weingärtner
Vorsitzender Richter am LG Dortmund a.D.

und

Notarassessor Dr. Sebastian Löffler
Mitglied der Geschäftsführung der Bundesnotarkammer

unter Mitarbeit von
Stefan Ulrich
Vorsitzender Richter am Landgericht Duisburg

10. Auflage

Carl Heymanns Verlag 2019

Zitiervorschlag: Weingärtner/Löffler, Vermeidbare Fehler, Rn.

Bibliografische Information der Deutschen Nationalbibliothek

Die Deutsche Nationalbibliothek verzeichnet diese Publikation in der Deutschen Nationalbibliografie; detaillierte bibliografische Daten sind im Internet über http://dnb.d-nb.de abrufbar.

ISBN 978-3-452-29105-9

www.wolterskluwer.de

Umschlagkonzeption: Martina Busch, Grafikdesign, Homburg Kirrberg
Satz: mediaTEXT Jena GmbH, Jena
Druck und Weiterverarbeitung: Williams Lea & Tag GmbH, München

Gedruckt auf säurefreiem, alterungsbeständigem und chlorfreiem Papier.

Vorwort zur 10. Auflage

Der US-amerikanische Ökonom und Prof. für Wirtschaftswissenschaft an der Yale-University Shiller wurde mit dem Preis der schwedischen Preisbank für Wirtschaftswissenschaften in Gedenken an Alfred Nobel ausgezeichnet. Shiller hat die New-Economy-Blase und die Finanzkrise vorhergesagt. Er kam in seinen jahrelangen Forschungen unter anderem zu dem Schluss, das Rechtssysteme mit einer vorsorgenden Rechtspflege im Liegenschaftsrecht, wie beispielweise das vorbildliche Grundbuchwesen und die vorgeschriebene Beteiligung eines Notars als professionellem und neutralem Berater in Deutschland, wesentlich resistenter gegen die Ursachen einer Finanzkrise sind. Immobilien-Diebstähle und gefälschte Hypotheken, wie sie in den USA nach wie vor zahlreich vorkommen sollen, seien in geregelten Systemen wie in Deutschland faktisch nicht vorhanden. Außerdem schütze eine neutrale rechtliche Beratung im Vorfeld unerfahrene Käufer davor, nicht kalkulierbare Risiken einzugehen.
Quelle: www.bnotk.de/1:941/meldungen/Nobelpreis_Shiller_2013.html

I. Nach den Berichten mehrerer Oberlandesgerichtspräsidenten benutzen einzelne Notare zur Herstellung der Ausfertigungen von ihnen aufgenommener Urkunden die Schreibmaschine. Wenn auch die mechanische Herstellung der Schriftzeichen bei solchen Ausfertigungen nicht als unzulässig angesehen werden kann, so ergeben sich doch gegen dies Verfahren erhebliche praktische Bedenken. Zunächst mangelt es bisher an sicheren Erfahrungen über die Haltbarkeit der Maschinenschrift. Zwar haben die Versuche bei einzelnen Systhemen ein günstiges Resultat ergeben; diese Versuche erstreckten sich jedoch nur auf eine verhältnismäßig kurze Reihe von Jahren und in anderen Fällen stehen ihnen ungünstige Erfahrungen gegenüber. Jedenfalls ist zur Zeit nicht dargethan, daß die Schrift bei Herstellung durch die Maschine diejenige Haltbarkeit besitzt, welche für dauernd aufzubewahrende Urkunden gefordert werden muß.

Sodann aber haben eingehende, in der Geheimen Kanzlei des Justizministeriums angestellte Versuche dargethan, daß die Gefahr der Verfälschung bei den mit der Schreibmaschine hergestellten Schriftstücken sehr viel größer ist, als bei der handschriftlichen Herstellung. Bei den auf besonders gut satiniertem Papier versuchten Verfälschungen ist nur bei sorgfältiger Prüfung eine leichte Abänderung der Satinierung wahrzunehmen, da die zur Zeit gebräuchlichen Farben die Papierfaser viel weniger angreifen als Tinte. Dazu kommt, daß, sobald dem Fälscher eine Maschine desselben Systems zur Verfügung steht, er genau dieselbe Gattung von Schriftzeichen an die Stelle der ursprünglichen zu setzen vermag. Die Notare werden daher ersucht, sich bei Herstellung der Urschriften sowie der Ausfertigungen notarieller Urkunden des Gebrauchs der Schreibmaschine zu enthalten.
Schreiben des Justizministers vom 20.10.1900 an alle Notare

Das Buch ist zur Vorbereitung auf das Notaramt, für den amtierenden Notar, seine Mitarbeiter und den richterlichen Sachbearbeiter bestimmt.

In der neuen Auflage sind u. a. die Kommentierungen zu den Mitwirkungsverboten, zum Verbrauchervertrag und zum Bauvertragsrecht aktualisiert worden. Die Änderungen in der BNotO (u.a. §§ 10, 29, 47, 67a, §§ 33, 34, 36, 78 ff.), im BeurkG (§§ 10, 39a, 57 ff.), im GNotKG und in der DONot sind eingearbeitet. Das Geldwäschegesetz 2017, das Datenschutzrecht, das Gesetz zur Neuregelung des Schutzes von Geheimnissen bei der Mitwirkung an der Berufsausübung schweigepflichtiger Personen haben eine umfangreiche Neubearbeitung erfordert. Die entsprechenden Anwendungsempfehlungen der Notarkammern sind abgedruckt.

Vors. Richter am LG Ulrich (langjähriger Notarprüfer) hat den Abschnitt Bauträgervertrag bearbeitet.

Die Ausführungen zum Verwahrungsgeschäft sind relativ kurz gefasst, weil das notarielle Verwahrungsgeschäft in einer Sonderkommentierung (Das notarielle Verwahrungsgeschäft, 2. Auflage) und in dem Kommentar zur DONot (13. Aufl.) ausführlich behandelt worden ist. Hier sind nur die Grundzüge und einige typische Fehler angesprochen worden.

Notarassessor Dr. S. Löffler (z.Zt. bei der Bundesnotarkammer) hat den neu aufgenommenen Abschnitt zum Elektronischen Rechtsverkehr i.w.S. und zu den in den Jahren 2020 und 2022 in Kraft tretenden Änderungen der BNotO und des BeurkG übernommen. Die Informationstechnik wird endgültig im Kernbereich der notariellen Berufsausübung angekommen sein, wenn ab dem 1. Januar 2020 das Urkunden- und Verwahrungsverzeichnis im Elektronischen Urkundenarchiv an die Stelle der Urkundenrolle und der Masse- und Verwahrungsbücher treten wird und ab dem 1. Januar 2022 alle Urkunden auch elektronisch verwahrt werden. Gehört die elektronische Verzeichnisführung und Urkundenaufbewahrung noch zur Zukunft, so ist der elektronische Rechtsverkehr mit der seit einem guten Jahrzehnt praktizierten elektronischen Handelsregisteranmeldung bereits etablierter Bestandteil der notariellen Tätigkeit. Die Bedeutung wird u.a. mit der Ausweitung elektronischer Antragstellung bei den Grundbuchämtern weiter zunehmen.

Die hiermit verbundenen aktuellen und zukünftigen Probleme und die sich mit dem »Gesetz zur Neuordnung der Aufbewahrung von Notariatsunterlagen und zur Einrichtung des Elektronischen Urkundenarchivs« ergebenden Änderungen werden ausführlich behandelt. Gleichfalls aufgenommen wurde ein Abschnitt zu den Auswirkungen des Datenschutzrechts für die notarielle Praxis. Das Inkrafttreten der Datenschutz-Grundverordnung hat diesem Thema erhebliche Aufmerksamkeit verschafft, wenn auch inhaltlich keine fundamentalen Änderungen gegenüber der zuvor bestehenden nationalen Rechtslage erfolgten.

Das vorliegende Buch soll keineswegs den Eindruck vermitteln, als wenn den Notaren Fehler über Fehler unterlaufen, sie zweifelhafte Vereinbarungen formulieren oder unterstützen würden. Auch wir gehen von dem Bild des integeren Notars aus. Wenn ein Arzt in einem Buch einige Krankheiten zusammenstellt, so will er damit auch nicht sagen, dass alle Menschen krank sind.

Nicht alle denkbaren Fehler sollen oder können hier aufgezählt und abgehandelt werden. Es ist vielmehr versucht worden, nur die typischen Fehler aufzuzeigen, die erfahrungsgemäß bei Geschäftsprüfungen häufig zu Beanstandungen, zu disziplinarrechtlichen Maßnahmen oder auch zu Schadensersatzklagen gegen Notare führen. Fast jeder Punkt könnte der Titel einer eigenen Abhandlung sein. Viele Fragen können und sollen deshalb hier nur angesprochen werden, um bei dem Leser ein Problembewusstsein und ein Gespür für ähnlich gelagerte Fälle zu wecken und ihn anzuregen, in ausführlicheren Kommentierungen und Merkblättern nachzulesen. Im Anhang sind die Berufsrichtlinien und wichtige Hinweise und Empfehlungen, u.a. der Bundesnotarkammer und der Ländernotarkammern, abgedruckt.

Wir danken allen, die durch Kritik, Hinweise und Anfragen auf Fehler, Missverständnisse oder neue Probleme hingewiesen haben. Für weitere Anregungen sind wir stets dankbar.

Für die gewissenhafte Durchsicht des Manuskripts danken wir Herrn Vors. Richter am OLG a.D. E. Frey.

Dezember 2018

Prof. Dr. Helmut Weingärtner
Vorsitzender Richter am Landgericht a.D.
donot1@web.de

Dr. Sebastian Löffler
Notarassessor

Mitglied der Geschäftsführung der Bundesnotarkammer

Inhaltsverzeichnis

Inhaltsverzeichnis

Abkürzungsverzeichnis

a.F.	alte Fassung
Abs.	Absatz
AEAO	Anwendungserlass zur Abgabenordnung
AG	Aktiengesellschaft / Amtsgericht
AGB	Allgemeine Geschäftsbedingungen
AGBG	AGB-Gesetz
AktG	Aktiengesetz
AktO	Aktenordnung
Alt.	Alternative
AnfG	Anfechtungsgesetz
Anm.	Anmerkung
AnwBl.	Anwaltsblatt (Zs.)
AO	Abgabenordnung
Art.	Artikel
Aufl.	Auflage
AVNot	Allgemeine Verfügung über die Angelegenheiten der Notarinnen und der Notare
AWG	Außenwirtschaftsgesetz
BauGB	Baugesetzbuch
BauR	Baurecht oder Baurecht (Zeitschrift)
BayObLG	Bayerisches Oberstes Landesgericht
BayObLGZ	Amtliche Sammlung der Entscheidungen des Bayerischen Obersten Landesgerichts in Zivilsachen
BayObLGZ	Sammlung der Entscheidungen des BayObLG in Zivilsachen
BB	Betriebs-Berater (Zs.)
Bd.	Band
BDG	Bundesdisziplinargesetz
BDSG	Bundesdatenschutzgesetz
Beschl. v.	Beschluss vom
BeurkG	Beurkundungsgesetz
BFH	Bundesfinanzhof
BGB	Bürgerliches Gesetzbuch
BGBl.	Bundesgesetzblatt
BGH	Bundesgerichtshof
BGH-Report	Schnelldienst zur Zivilrechtsprechung des Bundesgerichtshofs (Zs.)
BGHSt	Amtliche Sammlung der Entscheidungen des Bundesgerichtshofes in Strafsachen
BGHZ	Amtliche Sammlung der Entscheidungen des Bundesgerichtshofs in Zivilsachen
BKA	Bundeskriminalamt
BNotK	Bundesnotarkammer
BNotO	Bundesnotarordnung

BRAO	Bundesrechtsanwaltsordnung
bspw.	beispielsweise
BStBl.	Bundessteuerblatt
BT-Drs.	Bundestagsdrucksache
Buchst.	Buchstabe
BVerfG	Bundesverfassungsgericht
BW	Baden-Württemberg
BWNotZ	Zeitschrift für das Notariat in Baden-Württemberg
bzw.	beziehungsweise
ca.	circa
DAI	Deutsches Anwaltsinstitut
DB	Der Betrieb (Zs.)
ders.	derselbe
dgl.	dergleichen/desgleichen
DNotI	Deutsches Notarinstitut
DNotI-Report	Zeitschrift des Deutschen Notarinstituts (Zs.)
DNotZ	Deutsche Notar-Zeitschrift (Zs.)
DONot	Dienstordnung für Notarinnen und Notare
DS-GVO	Datenschutz-Grundverordnung – VO (EU) 2016/679
e.V.	eingetragener Verein
EAEG	Einlagensicherungs- und Anlegerentschädigungsgesetz
EDV	Elektronische Datenverarbeitung
EGBGB	Einführungsgesetz zum Bürgerlichen Gesetzbuche
EGVP	Elektronisches Gerichts- und Verwaltungspostfach
eIDAS-VO	Verordnung über elektronische Identifizierung und Vertrauensdienste – VO (EU) 910/2014
entspr.	entsprechend
ErbStG	Erbschaftsteuer- und Schenkungsteuergesetz
EStDV	Einkommensteuer-Durchführungsverordnung
etc.	et cetera
EU	Europäische Union
evtl.	eventuell
FamFG	Gesetz über das Verfahren in Familiensachen und in den Angelegenheiten der freiwilligen Gerichtsbarkeit
FamRZ	Zeitschrift für das gesamte Familienrecht (Zs.)
ff.	fortfolgende
FG	Freiwillige Gerichtsbarkeit / Finanzgericht
FGG	Gesetz über die Angelegenheiten der freiwilligen Gerichtsbarkeit (aufgehoben)
FGPrax	Praxis der Freiwilligen Gerichtsbarkeit (Zs.)
GBO	Grundbuchordnung
GBV	Verordnung zur Durchführung der Grundbuchordnung (Grundbuchverfügung)

gem.	gemäß oder gemeinsam
GG	Grundgesetz
gg.	gegen
ggf.	gegebenenfalls
ggü.	gegenüber
GmbHG	GmbH-Gesetz
GNotKG	Gesetz über Kosten der freiwilligen Gerichtsbarkeit für Gerichte und Notare
GrEStG	Grunderwerbsteuergesetz
GwG	Geldwäschegesetz (Gesetz über das Aufspüren von Gewinnen aus schweren Straftaten)
HeimG	Heimgesetz
HGB	Handelsgesetzbuch
HR	Handelsregister
i.d.F.	in der Fassung
i.d.R.	in der Regel
i.d.S.	in dieser Sache
i.H.	in Höhe
i.H.d.	in Höhe des/der
i.H.e.	in Höhe eines/einer
i.R.d	im Rahmen des/der
i.S.	im Sinne
i.Ü.	im Übrigen
i.V.	in Vollmacht oder in Vertretung
i.V.m.	in Verbindung mit
IBR	Immobilien- und Baurecht (Zs.)
insb.	insbesondere
InsO	Insolvenzordnung
JMBl.	Justizministerialblatt
JurBüro	Das Juristische Büro (Zs.)
JW	Juristische Wochenschrift (Zs.)
KG	Kommanditgesellschaft / Kammergericht
KostO	Kostenordnung
KV	Kostenverzeichnis
KWG	Kreditwesengesetz
LAG	Landesarbeitsgericht
LG	Landgericht oder Lebensgemeinschaft
LPartG	Lebenspartnerschaftsgesetz
m. Anm.	mit Anmerkung
m.E.	meines Erachtens
MaBV	Makler- und Bauträgerverordnung
MiStra	Anordnung über Mitteilungen in Strafsachen

MittBayNot	Mitteilungen des Bayerischen Notarvereins (Zs.)
MittRhNotK	Mitteilungen der Rheinischen Notarkammer (Zs.)
MiZi	Anordnung über Mitteilungen in Zivilsachen
MoMiG	Gesetz zur Modernisierung des GmbH-Rechts und zur Bekämpfung von Missbräuchen
Nachw.	Nachweis
Nds. Rpfl.	Niedersächsische Rechtspflege (Zs)
NJOZ	Neue Juristische Online-Zeitschrift (Zs.)
NJW	Neue Juristische Wochenschrift (Zs.)
Notar	Zeitschrift des Deutschen Notarvereins (Zs.)
NotBZ	Zeitschrift für die notarielle Beratungs- und Beurkundungspraxis (Zs.)
NotK	Notarkammer
o.a.	oben angegebenen / oben angeführte / oder andere
o.g.	oben genannte
OECD	Organization for Economic Cooperation and Development
OLG	Oberlandesgericht
OLGR	OLG-Report (Zs.), Schnelldienst zur Zivilrechtsprechung der Oberlandesgerichte
Pkw	Personenkraftwagen
PräsLG	Präsident/in des Landgerichts
PräsOLG	Präsident/in des Oberlandesgerichts
PStG	Personenstandsgesetz
PStV	Personenstandsverordnung
qeS	qualifizierte elektronische Signatur
Rdn.	Randnummer(n)
RdSchr.	Rundschreiben
RiLi	Richtlinien
Rn.	Randnummer
RNotZ	Rheinische Notar-Zeitschrift
Rpfleger	Rechtspfleger (Zs.)
Rz.	Randziffer
S.	Satz / Seite
s.o.	siehe oben
s.u.	siehe unten
SE	Societas Europaea (Europäische Aktiengesellschaft)
sog.	so genannte
StGB	Strafgesetzbuch
StPO	Strafprozessordnung
str.	streitig
TLS	Transport Layer Security

TR-ESOR	BSI TR-03125 Beweiswerterhaltung kryptographisch signierter Dokumente
u.a.	unter anderem
UR-Nr.	Urkundenrollennummer
Urt. v.	Urteil vom
USt	Umsatzsteuer
usw.	und so weiter
VersR	Versicherungsrecht (Zs.)
VOB	Vergabe- und Vertragsordnung für Bauleistungen
VRegV	Verordnung über das Zentrale Vorsorgeregister
VwVfG	Verwaltungsverfahrensgesetz
WEG	Wohnungseigentumsgesetz oder Wohnungseigentümergemeinschaft
wistra	Zeitschrift für Wirtschafts- und Steuerstrafrecht
WpHG	Wertpapierhandelsgesetz
WuB	Entscheidungssammlung zum Wirtschafts- und Bankrecht (Zs.)
WuM	Wohnungswirtschaft und Mietrecht (Zs.)
www	World Wide Web
z.B.	zum Beispiel
z.T.	zum Teil
ZfIR	Zeitschrift für Immobilienrecht
Ziff.	Ziffer
ZNotP	Zeitschrift für die Notarpraxis
ZPO	Zivilprozessordnung
ZTRV	Verordnung zur Einrichtung und Führung des Zentralen Testamentsregisters
ZWE	Zeitschrift für Wohnungseigentumsrecht

Literatur

Armbrüster/Preuß/Renner	Beurkundungsgesetz und Dienstordnung für Notare und Notarinnen, Kommentar, 7. Aufl., 2017
Arndt/Lerch/Sandkühler	Bundesnotarordnung,8. Aufl., 2016
Basty	Der Bauträgervertrag, 9. Aufl., 2016
Bengel	Handbuch der Testamentsvollstreckung, 2017
Beck'sches Notarhandbuch	herausgegeben von *Brambring/Jerschke*, 6. Aufl., 2015
Bettendorf	EDV und Internet in der notariellen Praxis, 2002
Bettendorf/Wegerhoff	Die Änderung der Dienstordnung und die ergänzenden EDV-Empfehlungen, DNotZ 2005, 484 ff.
Blaeschke	Praxishandbuch Notarprüfung, 2. Aufl. 2010
Bohrer	Das Berufsrecht der Notare, 1991
Bräu	Verwahrungstätigkeit des Notars, 1991
Diehn	BNotO – Bundesnotarordnung, 2015
Ehmann/Selmayr/Heberlein	DS-GVO, 2017
Eylmann/Vaasen	Bundesnotarordnung, Beurkundungsgesetz, Kommentar, 4. Aufl., 2016
Faßbender/Grauel/Ohmen	Notariatskunde, 19. Aufl., 2017
Feuerich/Weyland	Bundesrechtsanwaltsordnung, Kommentar, 9. Aufl., 2016
Filzek	KostO, Kommentar, 4. Aufl., 2009
Ganter/Hertel/Wöstmann	Handbuch der Notarhaftung,32. Aufl., 2014
Gassen/Wegerhoff	Elektronische Beglaubigung und elektronische Handelsregisteranmeldung in der Praxis, 2. Aufl., 2009
Grziwotz/Heinemann	BeurkG, 3. Aufl. 2018
Hartstang	Anwaltsrecht, 1991
Haug	Die Amtshaftung des Notars, 2. Aufl., 1997
Haug/Zimemrmann	Die Amtshaftung des Notars, 4. Aufl., 2018
Kawo	hl, Notaranderkonto, DNot-I Schriftenreihe 1995
Keidel	FamFG, 19. Aufl. 2016
Keim	Das notarielle Beurkundungsverfahren, 1990
Kersten/Bühling	Formularbuch und Praxis der freiwilligen Gerichtsbarkeit,25. Aufl. 2016
Kilian/Sandkühler/vom Stein	Praxishandbuch für Anwaltskanzlei und Notariat, 3. Aufl. 2018
Lerch	Beurkundungsgesetz, 5. Aufl., 2016

Literatur

Leske	Die notarielle Unparteilichkeit und ihre Sicherung durch die Mitwirkungsverbote des § 3 Abs. 1 BeurkG, 2004,
Limmer/Hertel/Frenz/ Mayer	Würzburger Notarhandbuch, 5. Auf., 2017
Lindheimer	Standesrecht im »Einführungskurs für angehende Anwaltsnotare«, 1. Teil Bd. 1, März 1984
Paal/Pauly	DS-GVO BDSG, 2. Aufl. 2018
Rastätter	Grunderwerb durch Rechtsgeschäft, in Haus- und Grundbesitz in Recht und Praxis
Reibold	Praxis des Notariats, 12. Aufl., 20167
Reithmann	Vorsorgende Rechtspflege durch Notare und Gerichte: Sicherheit des Rechtsverkehrs durch Urkunden und Register, Belehrung, Beratung und Betreuung in der notariellen Praxis, 1989 2. Aufl.
Reithmann/Röll/Geßele	Handbuch der notariellen Vertragsgestaltung, 6. Aufl., 1991
Rohs/Heinemann	Die Geschäftsführung der Notare, 11. Aufl., 2002
Schippel/Bracker	Bundesnotarordnung, 9. Aufl., 2011
Schlüter/Knippenkötter	Die Haftung des Notars, 2004
Schöner/Stöber,	Grundbuchrecht, 15. Aufl., 2012
Waldner	Beurkundungsrecht, 2007
Weingärtner/Gassen/ Sommerfeldt	Dienstordnung für Notarinnen und Notare mit Praxisteil zum elektronischen Rechtsverkehr, 13. Aufl., 2017
Weingärtner/Wöstmann	Richtlinienempfehlungen BNotK – Richtlinien Notarkammern, Kommentar, 2003
Weingärtner	Aufgaben und Haftung des Notars bei Grundstücksgeschäften, in Schönhofer/Reinisch: Haus- und Grundbesitz in Recht und Praxis, Band 1 – Loseblatt, 20183
derselbe	Notarrecht, Bundesrechtliche Vorschriften – Gesetze, Verordnungen, Erlasse, Merkblätter und Hinweise, 8. Aufl., 2003 u. 9. Aufl., 2009
derselbe	Das notarielle Verwahrungsgeschäft – Erläuterungen zu den §§ 54 a–e BeurkG, §§ 10, 14, 22, 25, 27 DONot, 2. Aufl., 2004
Wettach	Rechtsprobleme bei »Verwahrung« auf Notaranderkonto, Diss. 1994, Münster
Winkler	Beurkundungsgesetz, Kommentar, 18. Aufl., 2017
Zimmer/Kersten/Krause	Handbuch für Notarfachangestellte, 5. Aufl. 2014

A. Geschäftsprüfung und Dienstaufsicht

I. Die Amtsaufsicht

Die Amtsführung des Notars ist in regelmäßigen Abständen von mehreren **1** Jahren – i. d. R. in Abständen von 4 Jahren – zu prüfen (§ 93 BNotO, § 32 Abs. 1 DONot).[1] Liegen besondere Umstände vor, werden Zwischen- oder Sonderprüfungen vor dem Ablauf dieser Jahresfrist durchgeführt. Das ist z.B. dann der Fall, wenn Beschwerden von besonderem Gewicht gegen den Notar erhoben werden oder sich Beschwerden gegen ihn häufen. Für die Geschäftsprüfung kann eine Gebühr erhoben werden,[2] so z.B. – z.T. gestaffelt nach

---

1 In Hessen wird zusätzlich eine durch Losverfahren ausgewählte Zahl von Notaren im 2-Jahresrhythmus geprüft.

2 BGH ZNotP 2008, 456; BVerfG DNotZ 2009, 306; Armbrüster/Preuß/Renner/ *Eickelberg* § 32 DONot Rn. 2 äußert Bedenken.

Urkundenaufkommen Niedersachsen: 300, 600 oder 900 €, Berlin: 250, 500 oder 800 €, Schleswig-Holstein: 500, 800 oder 1000 €, Hessen: 500, 800 oder 1.1000 €, NRW: 600 €.

Anklagen und Klagen gegen den Notar werden der Aufsichtsbehörde vorgelegt, z.B. nach den Anordnungen über Mitteilungen in Zivilsachen (MiZi) und Strafsachen (MiStra), ihr Verlauf und ihr Ausgang werden von ihr verfolgt. Sie können Anlass zu außerplanmäßigen Prüfungen sein und zu Disziplinarverfahren führen. Werden Vollstreckungsmaßnahmen gegen einen Notar bekannt, so wird dies i. d. R. Anlass sein, seine wirtschaftlichen Verhältnisse zu überprüfen (s. § 50 Abs. 1 Satz 8 BNotO).

Die routinemäßigen Prüfungen stellen sicherlich auch eine Belastung des Notariats dar. Dieser Solidaritätsbeitrag ist aber leichter zu verkraften als ein noch höherer finanzieller Beitrag zum Notarversicherungsfonds.[3]

II. Die Grenzen der Amtsaufsicht

2   Die Amtsaufsicht hat im Wesentlichen vorbeugenden Charakter.[4] Sie soll gewährleisten, dass die Notare ihre amtliche Tätigkeit im Einklang mit den bestehenden Vorschriften ausüben. Sie soll verhindern, dass durch Pflichtwidrigkeiten des einzelnen Notars das Ansehen des Notariats und die reibungslose Erledigung der notariellen Geschäfte gefährdet werden. Allerdings ist die Aufsicht nicht nur auf die Verhinderung von Missständen für die Zukunft beschränkt. Ergibt sich – sei es anlässlich einer Geschäftsprüfung, aufgrund einer Beschwerde oder auf sonstige Weise –, dass ein Notar bei seiner Amtsausübung Fehler begangen hat, so kann ihm die Aufsichtsbehörde aufgeben, die Fehler nach Möglichkeit zu beheben. Hat er infolge unrichtiger Gesetzesauslegung und Anwendung in einem bestimmten Fall überhöhte Gebühren verlangt und ist er nicht bereit, seine Kostenberechnung zu ändern und überzahlte Beträge zurückzuerstatten, so kann ihn die Aufsichtsbehörde nach § 130 Abs. 2 GNotKG anweisen, eine gerichtliche Entscheidung herbeizuführen, um so den Weg zu einer Abänderung der Kostenberechnung und der Rückzahlung überhöhter Gebühren zu eröffnen.[5]

3   Wichtig ist, dass die Aufsichtsbehörde den Notar mit Rücksicht auf seine Unabhängigkeit nicht anweisen kann, in einer zweifelhaften Rechtsfrage eine bestimmte Rechtsansicht zu vertreten. Selbst wenn sich seine Rechtsansicht als unrichtig erweist, ist der Aufsicht eine Einwirkung versagt, sofern nur die

---

3 Weitere Einzelheiten s. Weingärtner/Gassen/Sommerfeldt/*Weingärtner* § 32 Rn. 2 ff.
4 BGH DNotZ 1974, 373.
5 BGH DNotZ 1974, 373 u. DNotZ 1988, 254 m. w. Zitaten.

Auffassung des Notars nach gewissenhafter Prüfung der zu Gebote stehenden Hilfsmittel auf vernünftige Erwägungen gestützt ist.[6]

Wie der Richter in seiner Entscheidung und dem zur Entscheidung hinführenden Verfahren nur an das Gesetz gebunden und von jeder wie auch immer gestalteten Aufsicht freigestellt ist, so bedarf auch der Notar – allerdings auch nur – bei der Abwicklung des einzelnen Amtsgeschäftes der Unabhängigkeit. Dabei muss ihm auch bei der Ausübung der ihm übertragenen Aufgaben ein gewisser Entscheidungsspielraum eingeräumt werden. Auslegungsfehler, unzutreffende Anwendungen unbestimmter Rechtsbegriffe, unzutreffende Ermessensentscheidungen dürfen selbst dann nicht beanstandet werden, wenn die vom Notar gewählte Auslegung unter keinem denkbaren Gesichtspunkt aufrechterhalten werden kann. Dies gilt m. E. auch insbesondere bei der Auslegung des Begriffes »berechtigtes Sicherungsinteresse« in § 57 BeurkG (§ 54a BeurkG a.F.),[7] allerdings darf der Notar nicht willkürlich handeln. Wenn er überhaupt keine sachlichen Erwägungen angestellt hat oder die ihm gegebenen Schranken überschritten oder in so hohem Maße fehlsam gehandelt hat, dass seine Entscheidung mit den an einen gewissenhaften Notar zu stellenden Anforderungen schlechterdings – d.h. jedem sachlichen Beurteiler ohne Weiteres einleuchtend – unvereinbar ist, handelt er pflichtwidrig.[8]

Dass der Notar die einschlägigen Gesetze zu beachten hat, bedarf keines besonderen Hinweises. Übersehen wird jedoch zu leicht, dass auch die von den Kammern gem. § 67 Abs. 2 BNotO erlassenen Richtlinien für die Berufsausübung der Notare und Notarinnen[9] unbedingt zu beachtende Rechtsnormen sind. Hierdurch unterscheiden sich diese Richtlinien von den früheren »Allgemeinen Richtlinien für die Berufsausübung der Notare vom 08.12.1962 mit den jeweiligen Änderungen«.[10] Die geltenden Richtlinien beinhalten gegenüber der DONot höherrangiges Recht. Selbstverständlich ist der Notar auch verpflichtet, die Dienstordnung für Notarinnen und Notare zu kennen und vollständig zu beachten. »Er handelt im groben Maße schuldhaft, wenn er entweder die Vorschriften der DONot überhaupt nicht zur Kenntnis nimmt,

---

6 BGH DNotZ 1972, 550; Arndt/Lerch/Sandkühler/*Lerch*, § 93 Rn. 4 ff.; Weingärtner/Gassen/Sommerfeldt/*Weingärtner* § 32 Rn. 18.

7 Ausführlich zu dieser Frage: Eylmann/Vaasen/*Hertel* § 54a BeurkG Rn. 5 ff., *Zimmermann* DNotZ 2000, 187, *Rack* ZNotP 2008, 474 ff., Armbrüster/Preuß/Renner/*Renner* § 54a Rn. 30, *Weingärtner*, Das notarielle Verwahrungsgeschäft Rn. 62a ff., weitere Hinweise bei Ganter/Hertel/Wöstmann/*Hertel* Rn. 1568; *Winkler* § 54a Rn. 8 ff.

8 Schippel/Bracker/*Herrmann* § 93, 692;.BGH 22, 258; 45, 193.

9 Abgedruckt im Anhang 1.

10 Weitere Einzelheiten *Weingärtner/Wöstmann* A Rn. 1 ff.

oder sie nur unaufmerksam und gedankenlos überfliegt oder gar sich nach Kenntnisnahme über sie hinwegsetzt.« (BGH Beschl. v. 15.02.1971, DNotZ 1972, 551 f.).[11]

Im Beschluss vom 19.06.2012[12] hat das BVerfG zur Frage der Anderkontenbuchung die Beachtung des § 10 Abs. 3 DONot ausgeführt, dass die Dienstaufsicht den Notar anweisen darf, Buchungen im Verwahrungs- und Massenbuch unter dem Datum des Eingangs der Kontoauszüge in seiner Geschäftsstelle und nicht etwa unter dem Wertstellungsdatum der Bank vorzunehmen. In seiner Entscheidung hat der Senat nicht nur auf die »im Bagatellbereich« liegende Belastung des Beschwerdeführers hingewiesen, sondern auch deutlich gemacht, dass den Notar die Verpflichtung zur taggerechten Buchung »nur unwesentlich« belastet.[13]

III. Folgen von Pflichtverletzungen

1. Maßnahmen der Notarkammer

a) Belehrung durch die Notarkammer

4   Neben der Dienstaufsicht existiert eine Standesaufsicht, die von den Notarkammern ausgeübt wird. Nach § 67 Abs. 1 Satz 2 BNotO hat die Notarkammer über Ehre und Ansehen ihrer Mitglieder zu wachen, die Aufsichtsbehörden bei ihrer Tätigkeit zu unterstützen und u. a. für eine gewissenhafte und lautere Berufsausübung der Notare und Notarassessoren zu sorgen. In Ausübung dieser Befugnisse kann die Notarkammer gem. § 74 Abs. 1 BNotO von den Notaren und Notarassessoren Auskünfte und das persönliche Erscheinen vor den zuständigen Organen der Kammer verlangen. Zur Erzwingung dieser Maßnahmen kann sie gem. § 74 Abs. 2 BNotO Zwangsgeld bis zu 1 000 € androhen und dies sodann festsetzen und notfalls zwangsweise betreiben.

Die Notarkammern haben jedoch keine Disziplinarbefugnisse. Sie können aber bei ordnungswidrigem Verhalten leichterer Art das Verhalten des Notars in der Form einer Belehrung beanstanden und ihm in diesem Rahmen unter Darlegung der Gründe mitteilen, dass er ordnungswidrig gehandelt habe.[14] Diese Belehrung/Beanstandung hat lediglich den Charakter einer objektiven – kollegialen – Feststellung.

---

11 Ausführlicher: *Preuß* ZNotP 2008, 98 ff.
12 BVerfG, Beschl. v. 19.06.2012 – 1 BvR 3017/09, NJW 2012, 2639 = DNotZ 2012, 945.
13 *Gaier*, Karlsruhe ZNotP 2012, 269.
14 Schippel/Bracker/*Kanzleiter* § 75 Rn. 2, Arndt/Lerch/Sandkühler/*Lerch* § 75 Rn. 2.

b) Ermahnung nach § 75 BNotO durch die Notarkammer

Bei ordnungswidrigem Verhalten leichterer Art[15] kann der Vorstand der Notar-   **5** kammer eine **Ermahnung** aussprechen.

▶ Beispiele:

Der Notar nimmt Beurkundungen außerhalb des ihm zugewiesenen Amtsbereichs (i. d. R.: Amtsgerichtsbezirk) vor.

Der Notar beantwortet Schreiben seines Mandanten nicht.

Die Ermahnung ist keine Disziplinarmaßnahme. Sie ist zu begründen und dem Präsidenten des Landgerichts abschriftlich mitzuteilen (§ 75 BNotO). Dessen Recht, eine Maßnahme nach § 94 BNotO (Missbilligung) zu ergreifen oder im Disziplinarweg vorzugehen, bleibt unberührt, und zwar unabhängig davon, ob die Notarkammer die Ermahnung noch nicht ausgesprochen oder ob sie dies bereits getan hat (§ 75 Abs. 6 BNotO). Macht der Präsident LG von diesem Recht Gebrauch, erlischt die Befugnis der Notarkammer, eine Ermahnung auszusprechen; eine bereits ausgesprochene Ermahnung wird unwirksam (§ 75 Abs. 6 Satz 2 BNotO).

Innerhalb eines Monats nach Zustellung ist der Einspruch bei dem Vorstand   **6** der Notarkammer schriftlich einzulegen, der über diesen entscheidet. Weist dieser den Einspruch zurück, kann der Notar die Entscheidung des OLG – Senat für Notarsachen – beantragen (§ 75 Abs. 5 Satz 1 BNotO). Dieser Antrag ist nach § 75 Abs. 5 Satz 2 BNotO binnen eines Monats nach Zustellung der Entscheidung über den Einspruch schriftlich einzureichen und zu begründen. Das OLG – Senat für Notarsachen – entscheidet endgültig durch Beschluss (§ 75 Abs. 5 Satz 3 BNotO). Hebt der Senat für Notarsachen die Ermahnung auf, weil er ordnungswidriges Verhalten des Notars nicht festgestellt hat, erlischt das prinzipiell vorrangige Recht des Präsidenten/LG auf Ausübung der Aufsichts- und Disziplinarbefugnis wegen desselben Sachverhalts, soweit die Tatsachen im Senat bei seiner Entscheidung bekannt waren (vgl. § 75 Abs. 6 letzter Satz BNotO). Die Ausübung der Aufsicht- und Disziplinarbefugnis des Präsident LG wegen desselben Verhaltens ist also nur aufgrund solcher Tatsachen und Beweismittel zulässig, die dem Senat für Notarsachen bei seiner Entscheidung nicht bekannt waren.

---

15 Keinesfalls also, wenn es sich um eine Häufung von »Unkorrektheiten« handelt oder der Kernbereich des notariellen Pflichtenkreises betroffen ist (Arndt/Lerch/Sandkühler/*Sandkühler* § 95 Rn. 17). Beispiele für Pflichtverletzungen im Kernbereich bei Arndt/Lerch/Sandkühler/*Sandkühler* § 97 BNotO Rn. 11 f.

2. Maßnahmen der Dienstaufsichtsbehörden

a) Hinweise und Beanstandungen durch den PräsLG

7 Die mildeste Form einer Dienstaufsichtsmaßnahme ist der **Hinweis** des PräsLG an den Notar, die zweitmildeste die **Beanstandung** eines bestimmten Verhaltens durch denselben. Anlass zu derartigen Hinweisen und Beanstandungen geben vorwiegend die turnusmäßigen Geschäftsprüfungen, in nicht wenigen Fällen aber auch Dienstaufsichtsbeschwerden, deren Prüfung ergibt, dass sie zwar nicht unbegründet sind, aber der Ausspruch einer Missbilligung (§ 94 BNotO) ohne disziplinarrechtliche Vorermittlungen oder gar die Einleitung letzterer mit dem Ziel der Verhängung einer Disziplinarmaßnahme noch nicht erforderlich sind. Hinweise und Beanstandungen des PräsLG beziehen sich regelmäßig auf Ordnungswidrigkeiten leichterer oder nur leichtester Art. Reine Hinweise aus gegebenem Anlass können auch mehr prophylaktischer Natur sein.

b) Missbilligung (§ 94 BNotO)

8 Bei ordnungswidrigem Verhalten oder Pflichtverletzungen leichterer Art kann die Aufsichtsbehörde eine Missbilligung aussprechen (§ 94 BNotO).

▶ Beispiele:

Der Notar beantwortet wiederholt Schreiben seiner Mandanten nicht.

Der Notar gibt gegenüber der Aufsichtsbehörde eine angeforderte Stellungnahme nicht ab.

Der Notar ist wiederholt außerhalb seines Amtsbereichs (AG-Bezirk) tätig geworden.[16]

Der Notar hat in seiner Stellungnahme in dem Prüfungsbericht wahrheitswidrig angegeben, die Behebung der Beanstandungen veranlasst zu haben.

Die Missbilligung ist keine förmliche Disziplinarmaßnahme, aber anfechtbar.

Gegen die Missbilligung kann der Notar schriftlich bei der Aufsichtsbehörde, die die Missbilligung ausgesprochen hat (im Regelfall: PräsLG), Beschwerde einlegen (§ 94 Abs. 2 Satz 1 BNotO). Die Aufsichtsbehörde kann der Beschwerde abhelfen (§ 94 Abs. 2 Satz 2 BNotO). Tut sie dies nicht, entscheidet über sie die nächsthöhere Aufsichtsbehörde, also im Normalfall (Ausspruch durch PräsLG) der PräsOLG (§ 94 Abs. 2 Satz 3 BNotO). Die Entscheidung

---

16 BGH B. v. 13.03.2017 – NotSt (Brfg) 1/16 NotBZ 2017, 433: außerhalb des Amtsbezirks.

ist zu begründen und zuzustellen (§ 94 Abs. 2 Satz 4 BNotO). Wird die Beschwerde gegen die Missbilligung zurückgewiesen, kann der Notar oder Notarassessor die Entscheidung des OLG – Senat für Notarsachen – beantragen.

Nach § 94 Abs. 3 Satz 1 BNotO lässt die Missbilligung das Recht der Auf- 9 sichtsbehörde zu Maßnahmen im Disziplinarwege unberührt. Diese Vorschrift hat nun nicht etwa die Konstellation als Regelfall im Auge, dass der PräsLG zunächst eine Missbilligung ausspricht und sodann meint, er sei zu milde verfahren und müsse wegen desselben Sachverhalts nun doch eine Disziplinarmaßnahme verhängen, weil keine Ordnungswidrigkeit, sondern eine Pflichtverletzung nicht leichterer Art vorliege. Vielmehr trägt sie insbesondere der Möglichkeit Rechnung, dass die höhere (PräsOLG) oder oberste Aufsichtsbehörde (Justizministerium des jeweiligen Landes) eine Disziplinarmaßnahme für angezeigt erachtet.

Macht eine der Aufsichtsbehörden von der Verschärfungsbefugnis (z.B. Disziplinarmaßnahme des Verweises statt der Missbilligung) Gebrauch, wird die Missbilligung unwirksam (§ 94 Abs. 3 Satz 2 BNotO). Hat jedoch das OLG – Senat für Notarsachen – die Missbilligung mit der Begründung aufgehoben, es habe eine Ordnungswidrigkeit nicht festgestellt, ist eine Ausübung der Disziplinarbefugnis wegen desselben Sachverhalts nur aufgrund solcher Tatsachen oder Beweismittel zulässig, die dem Gericht bei seiner Entscheidung nicht bekannt waren (§ 94 Abs. 3 Satz 3 BNotO).

c) Maßnahmen im Disziplinarverfahren (§ 97 BNotO)

aa) Übersicht

Im Disziplinarverfahren können folgende Maßnahmen verhängt werden: 10
- **Verweis** (§ 97 BNotO): Er ist der Tadel eines bestimmten missbilligten Verhaltens in ernster, deutlicher Form.
- **Geldbuße** bis 50 000 €, gegen Notarassessoren bis zu 5 000 €, u. U. bis zum Doppelten des erzielten Vorteils.[17]

Verweis und Geldbuße können zusammen ausgesprochen werden. Sie werden durch Disziplinarverfügung der Aufsichtsbehörde verhängt.

Alle anderen Disziplinarmaßnahmen können nur im **gerichtlichen Verfahren** (§ 98 Abs. 1 Satz 2 BNotO) durch das **Disziplinargericht** (erster Rechtszug: OLG, zweiter Rechtszug: BGH) verhängt werden, nämlich:

---

17 Der Präsident des Landgerichts kann allerdings gegen Notare nur Geldbußen bis 10 000 € und gegen Notarassessoren in Höhe von 1.000 € verhängen, § 98 Abs. 3 BNotO.

– **Entfernung vom bisherigen Amtssitz und Zuteilung eines anderen Amtssitzes beim Nur-Notar** (ggf. zusätzlich Verhängung einer Geldbuße), wenn dieser an seinem bisherigen Amtssitz nicht mehr tragbar, aber als Notar noch haltbar ist.

– **Befristete Entfernung aus dem Amt** beim Anwaltsnotar.

– **Dauernde Entfernung aus dem Amt.** Sie ist zu verhängen, wenn der Notar so schwer gegen seine Amtspflichten verstoßen hat, dass er als Notar nicht mehr tragbar ist,[18] z.B. dann, wenn er sich an ihm amtlich anvertrauten fremden Vermögenswerten vergriffen hat,[19] bei vorsätzlicher Falschbeurkundung. Weitere Beispiele s.u.

bb) Die Disziplinarmaßnahmen im Einzelnen

aaa) Verweis

11 Die mildeste in Betracht kommende **Disziplinarmaßnahme** ist gem. § 97 Abs. 1 Satz 1, 1. Alt. BNotO der Verweis. Er bedeutet einen ernsten Tadel.[20]

▶ Beispiele:

  Notar nimmt erstmalig Beurkundungen außerhalb des OLG-Bezirks vor.

  Die Massen- und Verwahrungsbücher sind nicht auf dem Laufenden oder weisen unwesentliche Mängel auf.

  Der Notar hat (leicht) fahrlässig gegen Verwahrungsanweisungen verstoßen.

bbb) Geldbuße

12 In der Auswahlskala der Disziplinarmaßnahmen kommt als nächstschwerere Disziplinarmaßnahme die Geldbuße in Betracht.

Gem. § 97 Abs. 4 Satz 1 BNotO kann Geldbuße gegen Notare bis zu 50 000 €, gegen Notarassessoren bis zu 5 000 € verhängt werden. Beruht die Handlung des Notars, wegen der eine Geldbuße verhängt wird, auf Gewinnsucht, so kann jedoch unabhängig von der 50 000 €-Grenze auf Geldbuße bis zum Doppelten des erzielten Vorteils erkannt werden (§ 97 Abs. 4 Satz 2 BNotO). Gewinnsucht in diesem Sinne ist nicht identisch mit dem Begriff gleichen Namens in StGB-Vorschriften oder mit Bereicherungsabsicht i.S.d. StGB. Das Tatbestandsmerkmal der Gewinnsucht i.S.d. § 97 Abs. 4 Satz 2 BNotO liegt bereits vor, wenn der Notar »durch das ihm zur Last gelegte

---

18 BGHSt 20, 73.
19 BGHSt 15, 372; BGHZ 34, 244, 255.
20 Arndt/Lerch/Sandkühler/*Sandkühler* § 97 BNotO Rn. 26.

Dienstvergehen vermögensrechtliche Vorteile erstrebt und erzielt, die gesetzeswidrig oder nach der anerkannten Standesauffassung unerlaubt oder unangemessen sind«.[21] Nicht erforderlich ist, dass die Verfehlung in »erster Linie« dem Zweck der Gewinnerzielung gedient hat.[22]

Als Beispiele kommen in Betracht: Einnahmen aus unerlaubter Werbung, aus einer fortgesetzten Tätigkeit außerhalb des Amtsbereichs i.S.d. § 10a BNotO – Amtsgerichtsbezirks – oder die Erzielung von Gebühren aus Verträgen, deren Beurkundung der Notar nach § 4 Abs. 2 BeurkG hätte ablehnen müssen.

ccc) Verweis und Geldbuße

Zulässig als Disziplinarmaßnahme ist auch die Verhängung von Verweis und Geldbuße (§ 97 Abs. 1 Satz 2 BNotO).[23] Diese kombinierte Verhängung kommt bei schwerwiegenderen Fällen schuldhafter Verstöße gegen zentrale Amtspflichten in Betracht, insbesondere, wenn der Notar bereits zuvor disziplinarrechtlich in Erscheinung getreten war.   **13**

▶ **Beispiel:**

Der Notar war an illegalen Firmenbestattungen beteiligt. Damit hatte er gegen § 14 Abs. 2, Abs. 3 Satz 2 BNotO verstoßen. Der PräsLG erteilte einen Verweis und verhängte eine Geldbuße in Höhe von 8.000 €.

ddd) Entfernung vom bisherigen Amtssitz

Die Disziplinarmaßnahme der Entfernung vom bisherigen Amtssitz kann im förmlichen Disziplinarverfahren lediglich gegen **Nurnotare**, nicht jedoch gegen Anwaltsnotare verhängt werden (§ 97 Abs. 2 Satz 1 BNotO). Ist die Entscheidung rechtskräftig, ist dem betroffenen Nurnotar nach Anhörung der Notarkammer unverzüglich ein neuer Amtssitz zuzuweisen (§ 97 Abs. 2 Satz 2 BNotO). Eine solche Maßnahme kommt z.B. infrage, wenn ein Nurnotar ein schwerwiegendes – dem Ansehen des Notarstands abträgliches – Dienstvergehen begangen hat, das am Ort der Amtsausübung einen nicht unerheblichen Publizitätsgrad erreicht hat und die kombinierte Verhängung eines Verweises und einer Geldbuße nicht mehr ausreicht. Der Notar darf gleichsam am Ort seiner Amtsausübung »nicht mehr tragbar sein«, ohne dass bereits seine end-   **14**

---

21 Arndt/Lerch/Sandkühler/*Sandkühler* § 97 Rn. 30.
22 Arndt/Lerch/Sandkühler/*Sandkühler* § 97 BNotO Rn. 30; a.A. Schippel/Bracker/*Hermann* § 97 Rn. 8.
23 Vgl. auch BGH DNotZ 1973, 174, 180.

gültige Amtsentfernung erforderlich erscheint (Grundsatz der Verhältnismäßigkeit).

eee) Geldbuße und Entfernung vom bisherigen Amtssitz

15 Nach § 97 Abs. 2 Satz 3 BNotO kann – gegen Nurnotare – neben der Entfernung vom bisherigen Amtssitz auch eine Geldbuße verhängt werden.

fff) Zeitlich befristete (temporäre) Entfernung aus dem Amt

16 Bei der zeitlich befristeten Entfernung aus dem Amt handelt es sich um eine Disziplinarmaßnahme, die lediglich gegen **Anwaltsnotare** verhängt werden kann (§ 97 Abs. 3 Satz 1 BNotO). Die temporäre Entfernung ist u. a. ein Ausfluss des Grundsatzes der Verhältnismäßigkeit. Sie soll der Konstellation Rechnung tragen, dass bei – im Zweifel wiederholten – schuldhaften Verstößen gegen zentrale notarielle Amtspflichten des Anwaltsnotars einerseits die Verhängung einer Geldbuße oder die kombinierte Verhängung von Verweis und Geldbuße nicht mehr ausreichen, andererseits aber die endgültige Entfernung aus dem Amt als Notar (noch) als zu hart erscheint.[24]

Die Maßnahme kann nur im Rahmen eines förmlichen Disziplinarverfahren ausgesprochen werden (§ 98 Abs. 1 Satz 22 BNotO).

Nach § 97 Abs. 3 Satz 2 BNotO darf bei einer temporären Entfernung des Anwaltsnotars aus dem Amt des Notars – nach Ablauf der Frist – die erneute Bestellung nur versagt werden, wenn sich der Betroffene in der Zwischenzeit – in seiner Eigenschaft als Rechtsanwalt oder außerberuflich – eines Verhaltens schuldig gemacht hat, das ihn unwürdig erscheinen lässt, das Amt eines Notars wieder auszuüben. Um nur ein Beispiel – außerhalb des Bereichs strafbarer Handlungen – zu nennen:

▶ **Beispiel:**

Nachdem der Anwaltsnotar wegen wiederholter Treuhandverstöße erheblichen Umfangs temporär aus dem Amt als Notar entfernt worden ist, begeht er Treuhandverstöße in Bezug auf Gelder, die er als Rechtsanwalt zur Verwahrung auf Rechtsanwaltsanderkonten entgegengenommen hatte. Zu denken ist aber auch z.B. an eine Kumulierung grober Fälle von Gebührenüberhebungen im anwaltlichen Bereich, ohne dass der Nachweis der Betrugsabsicht geführt werden müsste.

Wie das Wort »nur« (»... nur versagt werden, wenn...«) indiziert, hat das Justizministerium bzw. im Falle der Delegierung der PräsOLG nach Ablauf

---

24 Arndt/Lerch/Sandkühler/*Sandkühler* § 97 Rn. 40.

der Frist anlässlich der Entscheidung über den Antrag auf erneute Bestellung des Betroffenen zum Notar lediglich ein gebundenes/eingeschränktes Versagungsermessen. Hat sich der Betroffene nämlich in der Zwischenzeit keines Verhaltens schuldig gemacht, das ihn unwürdig erscheinen lässt, das Amt des Notars wieder auszuüben, muss es ihn nach Ablauf der Frist erneut zum Notar bestellen. Dies gilt auch dann, wenn es seine »Stelle« wieder besetzt hatte und nach Ablauf der Frist an sich objektiv kein Bedürfnis für die Bestellung eines weiteren Notars besteht. Ein etwaiges mangelndes Bedürfnis scheidet als Versagungsgrund schlicht aus.

ggg) Dauernde Entfernung aus dem Amt

Die dauernde Entfernung aus dem Amt (§ 97 Abs. 1, 3. Alt. BNotO) im Wege **17** eines förmlichen Disziplinarverfahrens (§ 98 Abs. 1 Satz 2 BNotO) ist ihrer Natur nach die schwerwiegendste Disziplinarmaßnahme. Auf sie kann sowohl bei Nurnotaren als auch bei Anwaltsnotaren erkannt werden. Bei Anwaltsnotaren gilt die Besonderheit, dass die endgültige Entfernung aus dem Amt gem. § 97 Abs. 5 BNotO zugleich die **Ausschließung aus der Rechtsanwaltschaft** zur Folge hat.

Die endgültige Entfernung aus dem Amt kommt insbesondere in Betracht, wenn ein Nurnotar, der bereits von seinem Amtssitz entfernt worden war oder, wenn ein Anwaltsnotar, gegen den bereits die Disziplinarmaßnahme der befristeten Entfernung aus dem Amt verhängt worden war, erneut schuldhaft zentrale Amtspflichten verletzt und es sich nicht um einen Einzelfall mit Fahrlässigkeitsvorwurf handelt. Zu denken ist hier aber auch an vorsätzliche Dienstvergehen eines bisher noch nicht disziplinarrechtlich in Erscheinung getretenen Nur- oder Anwaltsnotars, sofern sie den Kernbereich[25] der notariellen Tätigkeit betreffen und zugleich strafrechtlich relevant sind. Insoweit bieten sich als Beispiele die Veruntreuung[26] anlässlich der Verwahrung von Fremdgeldern auf dem Notaranderkonto (§ 266 StGB), oder schwerwiegende Fälle der Falschbeurkundung im Amt (§ 348 StGB)[27] oder Mitwirkung an unredlichen oder unerlaubten Geschäften[28] an.

---

25 Beispiele für Pflichtverletzungen im Kernbereich s. bei Arndt/Lerch/Sandkühler/*Sandkühler* § 97 BNotO Rn. 11.
26 BGH DNotZ 2001,567 ff.
27 Ausführlich zum Tatbestand des § 348 StGB *Grüner/Köhler* notar 2018, 105ff.
28 BGH DNotZ 1975, 524.

▶ Beispiele:

Der BGH hat die dauernde Entfernung z.B. bestätigt bei einem Notar, der Teile der Niederschrift nach Unterschriftsleistung durch Reinschriften ersetzt hat.[29] S. hierzu unten Rdn. 320.

Zur Amtsenthebung wegen Verwendung widersprüchlicher Maklerklauseln und Verstoß gegen Gebührenerhebungspflicht;[30] siehe auch unten Rdn. 388.

hhh) Disziplinarverfahren/Gang des Disziplinarverfahrens

18 Das Disziplinarverfahren gliedert sich in
   – das behördliche Disziplinarverfahren (§§ 17 bis 44 BDG)
   – mit den Verfahrensschritten: Einleitung, Durchführung und Abschluss sowie
   – ggf. das gerichtliche Disziplinarverfahren (§§ 45 ff. BDG).[31]

iii) Amtsenthebung außerhalb des förmlichen Disziplinarverfahrens

19 Der Notar kann auch außerhalb eines förmlichen Disziplinarverfahrens nach § 50 BNotO durch die Aufsichtsbehörde seines Amtes enthoben werden, z.B. wenn er die vorgeschriebene Haftpflichtversicherung nicht unterhält (§ 50 Abs. 1 Nr. 10 BNotO), wenn er wiederholt grob gegen Mitwirkungsverbote des § 3 Abs. 1 BeurkG verstößt (§ 50 Abs. 1 Nr. 9 a BNotO)[32] oder wenn

---

29 DNotZ 1999, 351 ff.
30 *Genske* notar 2016, 158.
31 Ausführlicher *Kilian/Sandkühler/vom Stein* Kap. 6 IV.
32 BGH: »*Eine Amtsenthebung kommt wegen der zu beachtenden Verfassungsgrundsätze – insbesondere die durch Artikel 12 Abs. 1 GG geschützte Berufsfreiheit und das aus dem Rechtsstaatsprinzip fließende Verhältnismäßigkeitsgebot – erst in Betracht, wenn nach einer Gesamtbewertung der Pflichtverletzung die Entfernung aus dem Amt notwendig ist, um den mit den Mitwirkungsverboten des § 3 Abs. 1 BeurkG verfolgten Zweck zu erreichen*« (BGH, Beschl. v. 22.03.2004 – NotZ 26/03, DNotZ 2004, 888).

seine wirtschaftlichen Verhältnisse[33] oder die Art seiner Wirtschaftsführung oder der Durchführung von Verwahrungsgeschäften die Interessen der Rechtsuchenden gefährden (§ 50 Abs. 1 Nr. 8 BNotO); Vermögenslosigkeit, Überschuldung oder weisungswidrige Verfügung über Fremdgelder sind im letzteren Fall nicht vorausgesetzt.[34][35] Eine ungeordnete Wirtschaftsführung kann gem. § 54 Abs. 1 Nr. 2 BNotO auch eine **vorläufige Amtsenthebung** rechtfertigen.

▶ Beispiel:

Eine nicht nur vereinzelnd nachlässige Handhabung steuerlicher Verpflichtungen stellt eine für einen Notar nicht hinnehmbare Art der Wirtschaftsführung dar, die die Amtsenthebung gem. § 50 Abs. 1 Nr. 8, 2.Alt. BNotO rechtfertigen kann.[36]

▶ Beispiel für eine Amtsenthebung:[37]

Ein Notar, der in unzulässiger Weise Kettenkaufverträge beurkundet hat, ist durch Beschluss des Bundesgerichtshofs (BGH) vorläufig seines Amtes enthoben worden. Die endgültige Amtsenthebung steht noch aus.   **20**

Der Notar hatte Kaufverträge beurkundet, wobei einige sogar für denselben Tage geplant waren. Es wurden der Ankauf eines Grundstücks und anschließend der Weiterkauf an einen anderen Käufer beurkundet, wobei der Kauf-

---

33 BGH DNotZ 2017, 314 Rn 6: Notar ist wiederholt erst nach Beantragung von Zwangsvollstreckungsmaßnahmen bereit, die titulierten Forderungen zu begleichen; auf ein Verschulden kommt es dabei nicht an.
BGH Urt. v. 26.11.2012 – NotZ (Drfg 11/12):
»Die Zerrüttung der wirtschaftlichen Verhältnisse eines Notars ist regelmäßig anzunehmen, wenn gegen ihn Zahlungsansprüche in erheblicher Größenordnung bestehen oder gerichtlich geltend gemacht werden, Pfändungs- und Überweisungsbeschlüsse gegen ihn erlassen werden, fruchtlose Pfändungsversuche unternommen, Verfahren zur Abgabe der eidesstattlichen Versicherung gem. § 807 ZPO eingeleitet oder Haftbefehle zur Erzwingung dieser Versicherung gegen ihn erlassen worden sind. Sie begründen die Gefahr, dass der Notar Kostenvorschüsse nicht auftragsgemäß verwendet oder gar zur Tilgung eigener Verbindlichkeiten auf ihn treuhänderisch anvertrauter Gelder zurückgreift. Hierzu genügt eine abstrakte Gefährdung der Interessen der Rechtsuchenden. Es ist nicht erforderlich, dass sich bereits in einem konkreten Fall Anhaltspunkte haben, der Notar könne auf Grund einer wirtschaftlichen Zwangslage sachwidrigen Einflüsse auf seine Amtsführung nicht entgegen treten oder er habe gar bereits Fremdgelder weisungswidrig für sich verbraucht«.
34 BGH DNotZ 1991, 94.
35 Zum Begriff des Vermögenszerfalls eines Anwalts: BGH NJW 1991, 2083.
36 BGH ZNotP 2013, 276.
37 BGH, Beschluss v. 08.11.2013, NotSt (B) 1/13, DNotZ 2014 S. 301 f

preis binnen allerkürzester Zeit ohne besonderen Grund sprunghaft unge-
rechtfertigt in die Höhe geschossen war.

Die Beurkundung von solchen Kettenkaufverträgen mit erheblichen Differenzen zwischen dem An- und dem Verkaufspreis ist möglicherweise nicht nur
nichtig, der Notar darf sie zudem in keinem Fall beurkunden. Macht er es
doch, kann dies strafrechtlich relevant sein. Darüber hinaus ist er aber als
Notar nicht mehr tragbar, wenn er solche sittenwidrigen Verträge beurkundet.
Aufgrund seiner Rechtspflegefunktion ist ein Notar auf die Achtung und das
Vertrauen der Bevölkerung angewiesen. Gefährden seine Handlungen das ent-
gegengebrachte Vertrauen in die Zuverlässigkeit und Rechtmäßigkeit seiner
Amtsführung, so ist der Kernbereich des Notaramts betroffen. Solche Pflicht-
verletzungen wiegen besonders schwer. Der Notar muss seine Mitwirkung bei
Handlungen versagen, mit denen erkennbare unerlaubte oder unrechtliche
Zwecke verfolgt werden (§ 14 Abs. 2 BNotO, § 4 BeurkG). Verstößt er hierge-
gen, ist er für das Amt eines Notars ungeeignet. Es muss ihm entzogen werden.
Siehe auch Rdn. 29.

IV. Verjährung und Tilgung

21   Dienstvergehen, die lediglich eine Missbilligung, einen Verweis oder eine
Geldbuße rechtfertigen, verjähren in 5 Jahren (§ 95a BNotO). Die Frist
beginnt mit der tatsächlichen Vollendung des Dienstvergehens.[38] Diese Frist
wird durch die Einleitung des Disziplinarverfahrens (§ 17, 18 BDG), die Erhebung der Disziplinarklage (§ 34 BDG) oder die Erhebung der Nachtragsdis-
ziplinarklage (§ 53 BDG) **unterbrochen** (§ 95a Abs. 1 Satz 2 BNotO). Von
da ab läuft eine neue 5-Jahres-Frist. Sie ist für die Dauer des Widerspruchver-
fahrens (§§ 41 bis 43 BDG), des gerichtlichen Disziplinarverfahrens oder für
die Dauer einer Aussetzung des Disziplinarverfahrens entsprechend § 22 BDG
gehemmt (§ 95a Abs. 1 Satz 2 u. 3 BNotO).

Ermahnungen durch die Notarkammer und Missbilligungen durch die Aufsichtsbehörde sind nach 5 Jahren zu tilgen (§ 110a Abs. 5 BNotO).

Eintragungen über einen Verweis oder Geldbuße sind nach 10 Jahren zu tilgen. Tilgung bedeutet, dass die entsprechenden Vorgänge aus den Akten entfernt und vernichtet werden. Sie dürfen bei späteren Disziplinarmaßnahmen
nicht berücksichtigt werden (§ 110a Abs. 1 BNotO).

Die Tilgungsfrist beginnt mit der Unanfechtbarkeit der Maßnahme.

Die übrigen disziplinarrechtlichen Maßnahmen unterliegen keiner Tilgung.

---

38 Arndt/Lerch/Sandkühler/*Sandkühler* § 95a Rn. 6.

Eintragungen über strafgerichtliche Verurteilungen oder über andere Entschei- 22
dungen in Verfahren wegen Straftaten, Ordnungswidrigkeiten oder der Verletzung von Berufs- oder Amtspflichten, die nicht zu einer Disziplinarmaßnahme, einer Ermahnung oder Missbilligung geführt haben, sind nach 5
Jahren zu tilgen, wenn der Notar einen entsprechenden Antrag stellt (§ 110a
Abs. 6 BNotO).

V. Zuständigkeit bei Verstößen eines Anwaltsnotars gegen das Tätigkeitsverbot als Anwalt und damit einhergehender Verletzung der notariellen Neutralitätspflicht

Begeht ein Anwaltsnotar, sein Notarvertreter oder Notariatsverwalter eine Ver- 23
fehlung, muss entschieden werden, ob diese im Disziplinarverfahren oder im
anwaltsgerichtlichen Verfahren für Rechtsanwälte geahndet werden muss.
§ 110 BNotO stellt darauf ab, ob die Verfehlung vorwiegend mit dem Amt als
Notar oder der Tätigkeit als Rechtsanwalt in Zusammenhang steht. Hiernach
entscheidet sich das Verfahren. Wenn ein solcher Zusammenhang nicht besteht
oder dies zweifelhaft ist, so ist, wenn es sich um einen Anwaltsnotar handelt,
im anwaltsgerichtlichen Verfahren für Rechtsanwälte zu entscheiden (§ 110
Abs. 1 Satz 2 BNotO).

▶ Beispiel:

Beispiel: Der Anwaltsnotar hat eine Unterhaltsvereinbarung nach einer
Scheidung beurkundet. Nach Jahren kommt es zum Streit zwischen den
geschiedenen Eheleuten wegen der Höhe des Unterhalts. Der Anwaltsnotar
vertritt im Prozess einen der Beteiligten. Er verstößt damit gegen § 45
Abs.1. BRAO und verletzt zugleich seine noch fortwirkende notarielle
Neutralitätspflicht.

Nach der Rechtsprechung des BGH[39] ist in einem solchen Fall, wenn der
Notar eine von § 45 Abs. 1 Nr. 1 BRAO erfasste Beurkundung vorgenommen
hat, von einem Übergewicht der anwaltlichen Pflichtverletzung im Verhältnis
zu gleichzeitig verwirklichtem Amtspflichtverstoß auszugehen.[40] Infolge dessen ist in einem solchen Fall ein anwaltsgerichtliches Verfahren geboten. Bleiben Zweifel, ob ein Übergewicht eines anwaltlichen Pflichtenverstoßes anzu-

---

39 BGH ZNotP 2013, 118. Bespr. von *Hermann* ZNotP 2014, 408 f.
40 Anderer Ansicht Arndt/Lerch/Sandkühler/*Sandkühler* § 110 Rn. 23, Eylmann/Vaa-
   sen/*Lohmann* § 110 BNotO Rn. 14.

nehmen ist, ist bereits eine Ahndung im notariellen Disziplinarverfahren ausgeschlossen, da kein Übergewicht des notariellen Amtspflichtverstoßes feststeht.[41]

Weitere Ausführungen zum Tätigkeitsverbot s.u. Kap. C Abschnitt V, Rdn. 102.

---

41 BGH ZNotP 2013, 118.

B. Allgemeine Mitwirkungsverbote

Das Fundament des Notarberufes ist das Vertrauen, das den Notaren als **24** Berufsstand entgegengebracht wird. Vertrauen setzt Wahrheitsliebe, allseitige Offenheit, sachkundige Informationen aller Beteiligten und große Zurückhaltung in der Beurteilung streitiger Fragen zwischen den Beteiligten voraus. Raffinement und Finessen, Verschleierungstaktik und Halbwahrheiten sind nicht Sache des Notars. Der passionierte Rechtsanwalt muss sich davor hüten, solche in seinem Beruf bis zu einem gewissen Grade gängige Praktiken im Amt des Notars Einfluss gewinnen zu lassen, womöglich zum Vorteil des einen und zum Nachteil des anderen Beteiligten.[42] S. auch die Berufsrichtlinienempfehlung der BNotK,[43] die die Landeskammern bis auf geringe Abweichungen übernommen haben, so z.B. die Richtlinien der Westf. Notarkammer:

I. Wahrung der Unabhängigkeit und Unparteilichkeit des Notars[44]
1. Der Notar ist unabhängiger und unparteiischer Rechtsberater und Betreuer sämtli- **25** cher Beteiligten.
2. Der Notar hat auch bei der Beratung und der Erstellung von Entwürfen sowie Gutachten auf einseitigen Antrag seine Unparteilichkeit zu wahren. Dasselbe gilt für Auskünfte und Mitteilungen an Beteiligte über vorangegangene Urkundstätig-

---

42 *Lindheimer* Standesrecht im Einführungskurs für Anwaltsnotare.
43 Siehe Anhang 1.
44 Ausführlich hierzu *Weingärtner/Wöstmann* S. 164 ff.

keit sowie für die Vertretung von Beteiligten in Verfahren, insbesondere in Grundbuch- und Registersachen, in Erbscheinsverfahren, in Grunderwerbsteuer-, Erbschafts- und Schenkungsteuerangelegenheiten sowie in Genehmigungsverfahren vor Behörden und Gerichten.

Die Notare erfüllen die ihnen nach Gesetz und Verordnung auferlegten Pflichten im hohen Maße. In Einzelfällen wird das Vertrauen jedoch leider – abgesehen von den Fällen der Veruntreuung – nachhaltig insbesondere auch durch seine Mitwirkung an verbotenen, nichtigen oder anfechtbaren Geschäften beeinträchtigt. Schon der böse Schein der Parteilichkeit trübt das Bild des gewissenhaften Notars (§ 14 Abs. 3 Satz 2 BNotO).

Nachfolgend sollen einige Beispiele aufgeführt werden, die erfahrungsgemäß – zumindest im Bereich des Anwaltsnotariats – die Dienstaufsicht wiederholt beschäftigt haben.

I. Teilnahme an strafbaren Handlungen

1. Kreditbetrug

▶ Beispiel:

26   Die Vergabe eines Kredites bei einem größeren Bauvorhaben wird davon abhängig gemacht, dass der Bauträger den Banken gegenüber nachweist, 2/3 der Objekte verkauft zu haben. Der Notar beteiligt sich an Scheinverträgen, um diese Quote zu erreichen. Die Verträge werden der Bank eingereicht; anschließend werden einige Verträge wieder annulliert, ohne dass die Bank benachrichtigt wird.

▶ Beispiel:

Der Notar beurkundet einen Kaufvertrag über ein Eigenheim. Kaufpreis: 400 000 €. In einer gesonderten Urkunde wird der Kaufpreis auf 300 000 € herabgesetzt. Der Vertrag über 400 000 € wird der kreditierenden Bank eingereicht, um den Wert des Grundstücks zu dokumentieren. Der wahre Kaufpreis wird verschwiegen.

In einem vom BGH[45] entschiedenen Fall ist der Notar wegen Beihilfe zum Betrug zu 5 Jahren Freiheitsstrafe verurteilt worden. Außerdem ist ein Berufsverbot ausgesprochen worden.

Weitere Fälle siehe oben Rdn. 11 ff.

---

45 DNotZ 2001, 566 ff.

Zur Frage, wie der Notar sich verhalten soll, wenn er erst später erfährt, dass er einen falschen Kaufpreis beurkundet hat, s.u. Rdn. 40 f.

2. Steuerbetrug

▶ Beispiel:

Die Parteien vereinbaren und zahlen einen höheren Preis, lassen aber den niedrigeren beurkunden. Sie wollen auf diesem Wege Steuern sparen oder versuchen, nicht versteuerte Gelder »umzusetzen«.   **27**

Verträge, bei denen ein falscher Kaufpreis beurkundet wird, sind nichtig. Der beurkundete Vertrag ist unwirksam, weil er ein Scheingeschäft ist; die mündliche Preisabsprache ist ungültig, weil sie nicht beurkundet worden ist. Der mündlich geschlossene, unwirksame Vertrag wird allerdings durch die Auflassung und Eintragung im Grundbuch geheilt (§ 311b Abs. 1 Satz 2 BGB).

Falls jedoch die Wirksamkeit des Rechtsgeschäftes zudem noch von einer behördlichen Genehmigung abhängig ist, wird der Vertrag überhaupt nicht wirksam, da das tatsächlich Vereinbarte nicht genehmigt ist. Die Parteien können sich deshalb u. U. noch nach Jahren auf die Nichtigkeit des Vertrages berufen und die Rückabwicklung fordern. Abgesehen von diesen Bedenken können sich die Vertragspartner wegen Betruges und Steuerhinterziehung strafbar machen. Außerdem läuft der Käufer Gefahr, keine Gewährleistungsansprüche geltend machen zu können.[46] Der Notar begibt sich zusätzlich in die Gefahr der Erpressbarkeit durch Vertragspartner.

Auch der umgekehrte Fall ist denkbar, dass nämlich die Vertragsparteien mit Wissen des Notars einen höheren Kaufpreis beurkunden als tatsächlich mündlich vereinbart worden ist, z.B. um Vorkaufsberechtigte abzuschrecken, ihr Vorkaufsrecht auszuüben.

3. »kick-back«-Geschäfte[47]

Besondere Vorsicht ist bei den »kick-back« oder »cash-back«-Verfahren geboten.   **28**

▶ Beispiel:

Den noch verschuldeten Interessenten wird der Kauf einer völlig überteuerten Immobilie zum angeblichen Abbau von Schulden angeboten. Es wird vereinbart, dass Teile des Kaufpreises als »kick-back« an den Käufer zurück-

---

46 OLG Hamm NJW 1986, 136.
47 Ausführlicher *Winkler* § 4 Rn. 28a.

fließen. Der Rückfluss an den Käufer deckt allerdings nur einen Teil der Differenz zwischen dem tatsächlichen Wert der Immobilie und dem Kaufpreis. Der restliche Differenzbetrag wird als Innenprovision an den Vermittler ausgeschüttet. Damit der Erwerber das notwendige Finanzierungsdarlehen erhält, wird der Immobilienwert gegenüber dem Kreditinstitut übertrieben und die Unterlagen zur Bonitätsprüfung des Käufers manipuliert.

▶ **Weiteres Beispiel:**[48]

Der Verkäufer zahlt auf das Notaranderkonto einen Betrag ein, der später mit dem Restkaufpreis an ihn wieder ausgezahlt wird.

Der BGH[49] hat in einem solchen Fall groß angelegten Kreditbetruges eine außerordentliche Pflicht des Notars angenommen, den Treugeber trotz Vorliegens der formalen Voraussetzungen vor der Abwicklung des Treuhandvertrages zu warnen und ggf. von der Auszahlung des Geldes abzusehen, wenn für ihn erkennbar wird, dass dieser möglicherweise aus einem erst jetzt ersichtlich gewordenen Umstand durch eine Auszahlung geschädigt werden kann.

Ausführlicher: *Blaeschke* Rn. 940 ff.

4. Kettenkaufverträge

29 Besondere Aufmerksamkeit ist bei den sog. »**Kettenverträgen**«[50] geboten. Hier beteiligt sich der Notar möglicherweise an strafbaren Handlungen. Ein gutes Beispiel gibt folgende Entscheidung des BGH:[51]

> »Insbesondere im Zusammenhang mit »Schrottimmobilien« wurden in der Vergangenheit – gerichtsbekannt – diverse betrügerische Geschäftsmodelle entwickelt. So kaufen etwa eigens zu diesem Zweck gegründete Gesellschaften als Zwischenerwerber minderwertige, sanierungsbedürftige Wohnungen auf, um diese unmittelbar anschließend – teilweise unter Einschaltung eines Vermittlers – zum doppelten Preis an einen Zweiterwerber weiter zu verkaufen. Oftmals beurkundet ein Notar beide Kaufverträge. Finanziert wird der 2. Kauf von gutgläubigen Banken oder Versicherungen. Diese überweisen dem Notar die Darlehnssumme häufig mit der Auflage, die Auszahlung an den Verkäufer erst dann vorzunehmen, wenn durch den Erwerber ein Eigenkapitalnachweis in bestimmter Höhe – ggf. auch durch Einzahlung zur Sicherheit abgeschlossene Lebensversicherung oder Bausparverträge – erbracht ist. Die Auszahlung des Darlehens

---

48 KG MittBayNot 2014, 86 ff.
49 N.v., vgl. *Ganter* WM 1993, Sonderbeilage 1, 9.
50 Siehe auch oben Rdn. 20.
51 BGH DNotZ 2011, 91 f. s.a. OLG Celle, Beschl. v. 11.05.2009 – Not 2/09 MittNotK Koblenz, Nr. 1/2010.

erfolgt dann ggf. unter Verletzung des Treuhandauftrages; der – oft vermögenslose – Erwerber erhält als Anreiz aus dem hohen Überschuss der Finanzierung eine »Kick-Back-Zahlung«,[52] von der die finanzierenden Banken naturgemäß nichts wissen; das Kreditengagement wird binnen kurzer Zeit notleidend, die dinglichen Sicherungen decken angesichts des weit überhöhten Kaufpreises nur einen Bruchteil des Darlehens. Nutznießer des ganzen sind jeweils die Zwischenerwerber.«

Angesichts der exorbitanten Differenzen zwischen Kauf- und Verkaufspreisen könne – so der BGH – der Notar erkennen, dass es bei den von ihm beurkundeten Verträgen nicht mit rechten Dingen zugehe.

Ob jemand ein gutes oder schlechtes Geschäft macht, ist zwar vom Notar grundsätzlich nicht zu überwachen. Bei systematischer Vorgehensweise ist jedoch Vorsicht geboten. Soweit ersichtlich, wurden in den vorgenannten Entscheidungen erstmals Preissteigerungen um 60–70 % beanstandet. Die konkrete Grenze zwischen »noch erlaubter« und »bedenklicher« Preissteigerung steht indes auch heute nicht genau fest.[53] Häufig wird der rasante Preisanstieg mit vorgenommenen oder beabsichtigten Renovierungskosten begründet. In dem vom BGH[54] entschiedenen Fall war die Differenz zwischen den Kaufpreisen des Ersterwerbers (32.000,00 €) und des Zweitverkaufs (120.000,00 €) derart exorbitant, dass sich dem Notar nach den derzeitigen Erkenntnissen auch als Laie in Bausachen aufgedrängt hat, dass sie nicht durch die Renovierungskosten erklärbar ist.

Ausführlich zur Frage eines auffälligen Missverhältnisses siehe *F. Mayer*: Sittenwidrigkeit und Äquivalenzstörungen – das wucherähnliche Geschäft, in DNotZ 2013, 644 und BGH NJW/RR 2014, 633: Vorläufige Amtsenthebung wegen Beurkundung von Kettenkaufverträgen.

II. Vorgetäuschte notarielle Prüfungstätigkeit

▶ Beispiel:

Eine Treuhänderin verpflichtete sich, für Interessenten (Gesellschafter) eine   30
Sportanlage zu bauen. Die Interessenten sollten ihre Einlagen auf ein Treuhandkonto des Notars einzahlen. In dem Vertrag hieß es: »Mit einem unabhängigen Notar wird eine Vereinbarung getroffen, der die Freigabe der Mittel bei Vorliegen bestimmter Voraussetzungen regelt.« Voraussetzung war, dass der Notar die Gelder, die auf dem Treuhandkonto eingezahlt waren, nur dann freigeben durfte, wenn 75 % des Gesellschaftskapitals gezeichnet

---

52 S. vorigen Abschnitt, Rdn. 28.
53 Notar 2011, 196.
54 DNotZ 2011, 71.

waren. Die Zahlungen an den Notar erfolgten vereinbarungsgemäß mit der entsprechenden Weisung, die Gelder nur auszuzahlen, wenn 75 % des Gesellschaftskapitals gezeichnet (also nicht eingezahlt, nur gezeichnet) seien und der Notar dies bescheinigte. Da sich nicht genügend Zeichner fanden, zeichneten kurzerhand der Treuhändler selbst, seine Ehefrau und sein Sohn. Damit waren 75 % gezeichnet, der Notar bescheinigte dies und gab die Gelder frei. Der Treuhänder konnte später die Gelder nicht einzahlen: Das Objekt platzte. Es blieben eine Bauruine und betrogene Anleger.

Der Notar darf keinesfalls an Rechtsgeschäften mitwirken, in denen seine Mitwirkung lediglich dazu dient, dem Geschäft einen Anstrich der Seriosität zu geben.[55] Wenn für ihn auch nur der Verdacht besteht, dass durch seine Einschaltung ein besonderer Vertrauenstatbestand erweckt wird, den er gar nicht erfüllen kann, muss er seine Mitwirkung verweigern. Das ist z.B. dann der Fall, wenn bei objektiver Prüfung nur die Möglichkeit besteht, dass ein trügerischer Schein an Sicherheit durch seine treuhänderische Tätigkeit erweckt wird, also tatsächlich eine **eigenverantwortliche** Prüfung nicht möglich ist.

▶ Weiteres Beispiel:

31   Wiederholt hatten ausländische Unternehmen Darlehen in ungewöhnlicher Höhe zu angeblich günstigen Konditionen angeboten. Die Annahme des Darlehensvertrages – manchmal auch nur das Angebot des Darlehensempfängers – wird von der Einschaltung eines Notars abhängig gemacht. Bereits mit notarieller Unterschrift wird eine außerordentlich hohe Vermittlungs- und Bearbeitungsgebühr fällig. Die Auszahlung des Darlehens soll dann – was dann allerdings nicht passiert – über ein Sonderkonto des Notars erfolgen.

Die Einschaltung des Notars war in diesen Fällen nicht notwendig und sollte dem Unternehmen nur den Anstrich der Seriosität geben. Hier muss der Notar seine Amtstätigkeit verweigern.[56]

---

55 III. 2 der Richtlinien der Berufsausübung für Notare besagt ausdrücklich: *»2. Der Notar darf nicht dulden, dass sein Amt zur Vortäuschung von Sicherheiten benutzt wird. Der Notar darf insbesondere Geld, Wertpapiere und Kostbarkeiten nicht zur Aufbewahrung oder zur Ablieferung an Dritte übernehmen, wenn der Eindruck von Sicherheiten entsteht, die durch die Verwahrung nicht gewährt werden. Anlass für eine entsprechende Prüfung besteht insbesondere, wenn die Verwahrung nicht im Zusammenhang mit einer Beurkundung erfolgt.«*

56 S. auch *Weingärtner* Das notarielle Verwahrungsgeschäft, Rn. 9 ff.

▶ Weiteres Beispiel:

Ein Immobilienhändler verspricht die Verdoppelung einer Geldeinlage binnen kurzer Zeit. Die Anleger sollen das Geld beim Notar hinterlegen, der die Gelder nur dann an den Immobilienhändler auszahlen darf, wenn dieser zuvor eine unwiderrufliche Abtretungserklärung über seine Ansprüche gegen Käufer, die bei ihm eine Eigentumswohnung kaufen wollen, abgibt. Der Anleger wiegt sich durch die Einschaltung des Notars in Sicherheit, ohne zu bedenken und zu prüfen, ob die abgetretenen Ansprüche werthaltig und durchsetzbar sind.

Die Beispiele könnten fortgesetzt werden. Immer dann, wenn der Notar letztlich nur eine **Geldsammelstelle** sein soll, ist äußerste Vorsicht geboten.

III. Kenntnis des »unredlichen« Zwecks – Problem der Verschwiegenheitspflicht

Immer dann, wenn die Mitwirkung bei Handlungen verlangt wird, mit denen   **32** erkennbar unerlaubte oder unredliche Zwecke verfolgt werden, muss der Notar seine Amtstätigkeit verweigern, § 14 Abs. 2 BNotO, §§ 4, 61 BeurkG (§ 54d BeurkG a.F.). Unredliche Zwecke sind zwar nicht verboten, aber mit der Rechts- und Sittenordnung nicht zu vereinbaren, wie z.B. der Fall der »Überverbriefung«.[57] Die bloße Möglichkeit, dass das Geschäft unerlaubten oder unredlichen Zwecken dient, reicht nicht aus. Hierfür müssen hinreichende Anhaltspunkte vorliegen.

Der Notar darf z.B. seine weitere Amtstätigkeit nicht allein deswegen versagen, weil ein Beteiligter hoch verschuldet ist und die abstrakte Möglichkeit besteht, dass der Tatbestand des § 3 AnfG oder der §§ 129 ff. InsO verwirklicht wird.[58] S.u. Rdn. 45.

Im Einzelfall kann der Notar gehalten sein, weitere Nachfragen zu stellen und dann ggf. weiteren Verdachtsmomenten nachgehen. Er hat allerdings keine Ermittlungsbefugnisse und es ist auch nicht seine Aufgabe, wie ein Richter zu entscheiden.[59] Ohne besonderen Anlass ist er nicht verpflichtet, Ermittlungen anzustellen.[60] Der Notar muss aber jedes Wissen – sein berufliches oder priva-

---

57 *Ganter*, DNotZ 2013, 166; BGH NJW 2010, 1764 Rn. 16.
58 Arndt/Lerch/Sandkühler/*Sandkühler* § 14 Rn. 104.
59 Vgl. BGH DNotZ 1978, 373, 374; OLG Düsseldorf MittRhNotK 1988, 49; OLG Hamm DNotZ 1994, 122 und 1983, 702; *Brambring* DNotZ 1990, 615, 640; *Haug* DNotZ 1982, 595; *Reithmann* WM 1991, 1496.
60 Schippel/Bracker/*Kanzleiter* § 14 Rn. 20; s. auch *Winkler* § 54d BeurkG Rn. 14.

tes – verwerten, wenn es die Absichten der Beteiligten erkennbar macht.[61] Soweit der Verdacht einer unredlichen Handlungsweise besteht, wird er auf Aufklärung drängen müssen.

Liegen ihm konkrete Verdachtsgründe vor, so muss er ihnen nachgehen und den Beteiligten Gelegenheit geben, sie auszuräumen.[62] Werden sie nicht ausgeräumt, sollte er seine Tätigkeit verweigern.

So darf er z.B. nicht beurkunden, wenn er die Überteuerung eines Grundstücks (z.B. Kaufpreis doppelt so hoch wie Verkehrswert) erkennt. Die bloße Erkennbarkeit steht der positiven Kenntnis gleich, wenn sich die sittenwidrige Überteuerung nach den Umständen des Einzelfalles aufdrängen musste.[63] Siehe auch Rdn. 29.

33 Dass der Notar an Geldwäschegeschäften[64] nicht mitwirken darf, ist selbstverständlich. Nicht immer einfach ist die Frage zu beantworten, ob es sich im Einzelfall hier noch um erlaubte Beratung oder um Teilnahme an einem verbotenen Geldwäschegeschäft handelt. Ausführlicher unter Rdn. 252 ff

34 Auch bei bloßen Unterschriftsbeglaubigungen hat der Notar § 4 BeurkG zu beachten, wonach er verpflichtet ist, eine Mitwirkung an erkennbar unerlaubten oder unredlichen Handlungen zu verweigern.

▶ Beispiel:

Mehrfach wurde die Erteilung einer Apostille nach dem Übereinkommen zur Befreiung ausländischer öffentlicher Urkunden von der Legalisation zur notariellen Unterschrift unter einen Beglaubigungsvermerk beantragt, der die Unterschrift unter einen Schenkungsvertrag über einen Pkw als »humanitäre Hilfe« und für die Versorgung eines Invaliden betraf. Hierbei war aufgefallen, dass ein Formular verwendet wurde und die Beglaubigung jeweils von einem anderen Notar im selben Bezirk vorgenommen wurde. Die Urkunde ist in dieser Art aufgenommen worden, um bei den russischen Einfuhrbehörden einen Steuervorteil zu erzielen. Im Falle einer normalen Einfuhr war damals eine Steuer i.H.v. 2 000 US Dollar fällig, bei Schenkungsverträgen jedoch nur 200 US Dollar.

Die Schenkung wurde also nur vorgetäuscht, um eine Steuerhinterziehung gegenüber dem russischen Fiskus zu erreichen.

---

61 Schippel/Bracker/*Kanzleiter* § 14 Rn. 20, *Lerch* § 4 Rn. 13.
62 *Lerch* § 4 Rn. 15, Arndt/Lerch/Sandkühler/*Sandkühler* § 14 Rn. 94.
63 So BGH NotBZ 2008, 397 zur Aufklärungspflicht einer Bank.
64 Siehe die Anwendungsempfehlungen der Bundesnotarkammer im Anhang 10.

Zur Problematik bei einer Mitwirkung bei Beglaubigungen für Reichsbürger **35**
siehe LG Arnsberg, Beschl. v. 10.12.2015 – 4 T 1/15 in MittBayNot 2017,
297.

1. Die Beteiligten kennen den »unredlichen« Zweck

Wie soll sich der Notar verhalten, wenn er erkennt, dass eine oder beide Par- **36**
teien mit der Beurkundung einen »unredlichen« Zweck verfolgen?

▶ Beispiel:

> Ein Ausländer will die Ehe mit einem deutschen Staatsangehörigen einge- **37**
> hen, um eine Aufenthaltsgenehmigung zu erlangen. Es soll vereinbart wer-
> den, dass eine eheliche Gemeinschaft nicht begründet werden soll und dass
> nach der standesamtlichen Eheschließung und nach Erhalt der Aufenthalts-
> genehmigung des Ausländers die Scheidung beantragt werden soll.[65]

Hier ist für den Notar zweifellos der »unredliche Zweck« erkennbar. Die wis-
sentliche Mitwirkung des Notars an »Scheinehen«-Verträgen ist nicht nur stan-
deswidrig; der Notar verletzt seine Amtspflichten. Nach § 14 Abs. 2 BNotO,
§ 4 BeurkG hat er seine Mitwirkung an Handlungen zu versagen, mit denen
erkennbar unerlaubte oder unredliche Zwecke verfolgt werden.

Entsprechendes gilt – allerdings jeweils nur bezogen auf die Vorbereitung des
Abschlusses einer »Scheinehe« –, wenn der Notar bei Verträgen mitwirkt,
wonach güterrechtliche Ansprüche ausgeschlossen werden sollen und der deutsche Ehepartner für die Dauer und aus Anlass der Eheschließung keine Kosten
oder sonstige finanziellen Einbußen tragen soll.[66]

▶ Weiteres Beispiel:

> A und B wollen eine Schein-GmbH gründen, um Subventionen zu
> erlangen.

2. Nur eine Partei handelt unredlich

▶ Beispiel:

> Der Notar erkennt, dass eine unerfahrene, geschäftsungewandte Person von **38**
> einem Betrüger geprellt werden soll.[67]

---

65 Ähnlicher Fall: Mitwirkung bei einem Ehevertrag mit einem von der Ausweisung
   bedrohten Ausländer (BGH Beschl. v. 17.01.2018 – XII ZB 20/17; siehe auch
   Rdschr. der BNotK Nr.8/17 zur missbräuchlicher Vaterschaftsanerkennung.
66 Ausführlich zu dem Meinungsstreit: DNotI-Report 1998, 9 f. und 1998, 149 und
   ausführlich zu diesem Problem *Reul* MittBayNot 1999, 248.
67 BGH BB 1967, 59.

Grundsätzlich braucht der Notar über die Vertrauens- und Kreditwürdigkeit eines Vertragspartners nicht zu belehren;[68] eine Ausnahme besteht aber z.B. im obigen Fall. Wenn der Notar hier die rechtliche und tatsächliche Lage dem anderen Vertragsteil nicht durch Belehrung klarmachen kann, gebietet ihm § 4 BeurkG, die Amtshandlung abzulehnen.[69]

39   Schwieriger sind die Fälle, in denen die »Unredlichkeit« höchst wahrscheinlich, aber nicht sicher ist. Hier kann folgende Faustregel *Haugs*,[70] geringfügig abgeändert, helfen:

> »Wenn der Notar es für höchst wahrscheinlich hält, dass der andere Vertragspartner illiquid ist oder gar betrügerisch handelt, so kann und darf er nicht etwa auf die Schulden oder Vorstrafen hinweisen, muss aber dessen Vertragspartner vor etwaigen Risiken derart warnen, dass entweder ausreichende Sicherheiten gegeben werden oder dass das vorgesehene Geschäft nicht abgeschlossen wird.
>
> Im Hinblick auf die gegenseitige Offenbarungspflicht der Vertragsparteien besteht auch die Möglichkeit, den einen – unsoliden – Beteiligten unter Fristsetzung aufzufordern, dem oder den anderen Beteiligten die erforderliche Erklärung über verschwiegene Umstände zu geben. Anderenfalls werde er, der Notar, von sich aus aufklären oder die Amtstätigkeit ablehnen. «

Jedenfalls hat der Notar zunächst den Verdachtsmomenten nachzugehen und die Beteiligten um Aufklärung zu ersuchen.[71] S.o. Rdn. 32.[72]

3. Nachträgliche Kenntnis der Unredlichkeit[73]

40   Erkennt der Notar nach der Beurkundung die Nichtigkeit des Geschäfts oder die Rechtswidrigkeit des verfolgten Zwecks, so hat er seine weitere Mitwirkung zu versagen. Er muss versuchen – soweit es ihm möglich ist –, den schädigenden Erfolg zu verhindern.[74]

---

68   BGH DNotZ 1967, 323.
69   Armbrüster/Preuß/Renner/*Preuß* § 4 Rn. 26, s. auch § 61 BeurkG n.F.
70   Grundkurs 1985 Bd. V Rn. 19.
71   *Lerch* § 4 Rn. 14.
72   S. hierzu auch BGH DNotZ 1988, 392, und *Krekeler* Anwaltsblatt 1993, 71 und *Haug* Rn. 434 ff., *Keller* DNotZ 1995, 99, *Weingärtner*, Das notarielle Verwahrungsgeschäft zu § 54d, *Schlüter/Knippenkötter* Rn. 127 ff.
73   Ausführlicher *Winkler* § 4 Rn 44.
74   OLG Zweibrücken MittBayNotK 1995, 162, Arndt/Lerch/Sandkühler/*Sandkühler* § 14 Rn. 92, *Winkler* § 4 Rn 44.

Er darf den Vertrag nicht weiter vollziehen[75]. So hat er z.B. die Vorlage der Urkunden zum Vollzug beim Grundbuchamt zu unterlassen.[76] Er darf auch keine Ausfertigungen erteilen.[77] Ggf. hat er die Beteiligten auf die erkannten Gefahren hinzuweisen, u. U. auch unter Bruch seiner Schweigepflicht.

▶ Beispiel:

> Der Notar erfährt, dass die Parteien nachträglich den Kaufpreis herabgesetzt haben. Die ursprüngliche Vereinbarung war nur zur Täuschung der kreditierenden Bank über den wahren Wert erfolgt.

Der Vorstand der angefragten Notarkammer, die in diesem Falle befragt wurde, hat die Auffassung vertreten, dass die Amtsverweigerung des Notars für die noch ausstehenden Verträge berechtigt sei. Er verneinte allerdings eine Offenbarungspflicht gegenüber den Banken, soweit der Notar die Verträge bereits abgewickelt hatte. Soweit dies nicht der Fall sei – so die Notarkammer –, solle der Notar den Banken anheimstellen, die Beleihungsfähigkeit des finanzierten Kaufobjektes zu überprüfen.

Der BGH[78] hat in einem entsprechenden Fall ausgeführt:[79]

> Ein Notar muss ein unter seine Schweigepflicht fallendes Wissen sogar voll preisgeben, wenn er damit strafbare Handlungen verhindern kann. Denn die Pflicht, dem Unrecht zu wehren, geht dem Schutz des Notargeheimnisses vor.

Ausdrücklich bestimmt § 61 BeurkG (§ 54d BeurkG a.F), dass der Notar bei   **41** Verwahrungsgeschäften von der Auszahlung abzusehen hat, wenn hinreichende Anhaltspunkte dafür vorliegen, dass er bei Befolgung einer unwiderruflichen Weisung an der Erreichung unerlaubter oder unredlicher Zwecke mitwirken würde. Auch hier geht es um nachträgliche Erkenntnis des Notars, da er ansonsten schon die Übernahme des Treuhandgeschäfts hatte ablehnen müssen.[80] Hatte er die Kenntnis bereits vorher, gilt die Verpflichtung nach § 61 BeurkG (wortgleich mit § 54d BeurkG a.F), ebenso.[81]

---

75 OLG Frankfurt Beschl. v.30.03.2017 – 20 W 391/15: auch wenn nur die hohe Wahrscheinlichkeit einer Schwarzgeldabrede besteht, darf der Notar seine weitere Amtstätigkeit verweigern.
76 Armbrüster/Preuß/Renner/*Preuß* § 4 Rn. 15, OLG Hamm MittRheinNotK 1994, 183.
77 *Lerch* § 4 Rn. 15; *Ganter* S. 8.
78 DNotZ 1978, 373.
79 S. auch *Schlüter/Knippenkötter* Rn. 131 ff.
80 Im Einzelnen s. hierzu *Weingärtner* Das notarielle Verwahrungsgeschäft Rn. 220.
81 BGH NotBZ 2009, 187.

IV. Beurkundung von nichtigen, heilbaren oder »anfechtbaren« Rechtsgeschäften

1. Nichtige – heilbare Rechtsgeschäfte

42 § 4 BeurkG verbietet dem Notar, Beurkundungen über Rechtsgeschäfte vorzunehmen, die ohne jeden vernünftigen Zweifel unwirksam sind und auch nicht geheilt werden können.[82]

▶ **Beispiele:**

Der Notar soll eine letztwillige Verfügung eines Heimbewohners zugunsten des Heimträgers mit dessen Wissen beurkunden (Verstoß gegen § 14 Abs.1 HeimG). Es liegt allerdings kein Verstoß vor, wenn der Heimträger erst nach Eintritt des Erbfalls hiervon erfährt.[83]

Der Notar soll einen Vertrag beurkunden, in dem ein Teil sich verpflichtet, sein künftiges oder einen Bruchteil seines künftigen Vermögens zu übertragen oder mit einem Nießbrauch zu belasten (§ 311b Abs. 2 BGB). Nichtig ist auch ein Vertrag nach § 311b Abs. 4 BGB über den Nachlass, Pflichtteil oder Vermächtnis eines noch lebenden Dritten.

Auf Kindesunterhalt kann für die Zukunft nicht verzichtet werden (§ 1614 Abs. 1 BGB).[84] Auch ein teilweiser Verzicht auf zukünftigen Unterhalt ist unwirksam (§§ 1614, 134 BGB).

Bei Unterhaltsvereinbarungen kann grundsätzlich auch nicht auf Trennungsunterhalt verzichtet werden (§§ 1360 a Abs. 3, 1361 Abs. 4 BGB i.V.m. § 1614 BGB).[85]

Der Notar darf die Unterschrift des Erblassers unter einem mit Schreibmaschine geschriebenen Testament nicht beglaubigen oder eine Erbscheinsverhandlung auf der Grundlage eines solchen oder eines maschinenschriftlichen Testaments beurkunden.

Der Notar beurkundet die »formularmäßige isolierte« Einbeziehung der Gewährleistungsregelung der VOB/B in einem Bau- oder Bauträgervertrag. Nach der Rechtsprechung des BGH[86] ist diese Klausel wegen Verstoßes

---

82 BGH DNotI-Rep. 2000, 146; OLG Hamm NJWE-VHR 1997, 202 ff., *Schlüter/ Knippenkötter* Rn. 113.
83 BGH Urt. v. 26.10.2011 – IV Z.B. 33/10 – DNotI-Report 2/2012.
84 Einzelheiten s. *Viefhues*, Fehlerquellen in familiengerichtlichen Verfahren, Rn. 414 ff.
85 OLG Zweibrücken FamRZ 2009, 142, *Viefhues*, Fehlerquellen in familiengerichtlichen Verfahren, Rn. 1446 ff.
86 BGH NJW 1985, 315.

gegen das AGB-Gesetz unwirksam. Der Notar begeht eine Amtspflichtverletzung, wenn er die »isolierte« Beurkundung vornimmt.[87]

Der Notar beurkundet eine Zwangsvollstreckungsunterwerfung ohne Fälligkeitsnachweis in einem Bauträgervertrag.[88]

S. hierzu auch unten Rdn. 140 ff.[89]

▶ Weiteres Beispiel:

Ein Grundstück mit einem darauf befindlichen Rohbau sollte verkauft werden. Da sich die Beteiligten über den Kaufpreis für den Rohbau nicht einigen konnten, wurde zunächst nur ein Kaufvertrag über das Grundstück und für den Keller des Rohbaus abgeschlossen, wobei der Notar jedoch wusste, dass der Bau bereits weiter fortgeschritten war. Obwohl sich die Beteiligten auch später nicht über den restlichen Kaufpreis einigten, wurde der Kaufvertrag vollzogen. Da die Käufer ihre Kreditverbindlichkeiten nicht erfüllen konnten, wurde das erworbene Objekt später zwangsversteigert.

Der BGH[90] bestätigte, dass der Notar durch die Beurkundung des formnichtigen (weil unvollständigen) Kaufvertrages sowie dessen Vollzug gegen seine Amtspflichten verstoßen hat.[91] Erkennt der Notar nachträglich die Nichtigkeit eines von ihm beurkundeten Vertrages, hat er den weiteren Vollzug abzulehnen.[92]

Der Notar darf allgemein erkennbar unwirksame Rechtsgeschäfte auch dann   43
nicht beurkunden oder beglaubigen, wenn das Gesetz Heilungsmöglichkeiten vorsieht.[93]

▶ Beispiel:

Vor Beurkundung einer Auflassung hat der Notar zu prüfen, ob eine »nach § 311b Satz 1 BGB erforderliche Urkunde« i.S.d. § 925a BGB in wirksamer Form (besonders bei Urkunden einer ausländischen Beurkundungsperson) vorliegt. Ist diese Frage zu verneinen, hat er entweder eine (ggf. nochmalige) gleichzeitige Beurkundung anheimzustellen oder die Beurkundung abzulehnen.[94]

---

87 Rundschreiben der Landesnotarkammer Bayern vom 28.01.1986.
88 BGH DNotZ 1999, 53; MittRhNotK 1999, 373.
89 Ausführlich hierzu: *Reithmann/Röll/Geßele* Rn. 37; DNotI-Report 1997, 58.
90 Urt. v. 20.07.2000 – IX ZR 434/98.
91 DNotI-Report 17/2000.
92 BGH DNotZ 1987, 558; *Winkler* § 4 Rn 44.
93 BGH WM 1992, 1666.
94 Armbrüster/Preuß/Renner/*Preuß* BeurkG § 4 Rn. 15.

Rechtsgeschäfte, die nicht unwirksam, aber rechtlich undurchführbar sind, darf der Notar beurkunden, muss aber die Beteiligten darüber belehren.[95]

2. »Anfechtbare« oder möglicherweise unwirksame Rechtsgeschäfte

44 Zu den Mitwirkungsverboten nach §§ 3 ff. BeurkG s.u. Kap. C

45 Da der Notar eine Beurkundung grundsätzlich nicht ablehnen darf, fragt es sich, wie er sich bei »anfechtbaren« Rechtsgeschäften verhalten muss, z.b. dann, wenn die Merkmale der speziellen Insolvenzanfechtung (§§ 129 ff. InsO) vorliegen. Grundsätzlich darf er die Beurkundung nicht ablehnen. Eine Ausnahme gilt jedoch im Falle des § 131 InsO (inkongruente Deckung), weil hier häufig der Straftatbestand des § 283c oder d StGB gegeben ist. Selbst wenn die Tatbestände der Absichtsanfechtung (§ 133 InsO) oder der Schenkungsanfechtung (§ 134 InsO) vorliegen, darf er seine Amtstätigkeit nur verweigern, wenn das Rechtsgeschäft darüber hinaus sittenwidrig ist (§ 138 BGB), auf ein Scheingeschäft hinausläuft oder strafbare Handlungen enthält. Die diese Umstände begründenden Tatsachen müssen für den Notar unzweifelhaft feststehen, bevor er die Beurkundung ablehnen darf.[96] Er hat jedoch bereits bei einem konkreten Verdacht auf Vorliegen eines Anfechtungsgrundes entsprechend zu belehren.[97] Falls ihm nach der Beurkundung Tatsachen bekannt werden, die zur Ablehnung der Beurkundung geführt hätten, hat er eine Vorlage der Urkunde zum Vollzug, z.B. beim Grundbuchamt, zu unterlassen.[98] Nach § 61 BeurkG (§54d BeurkG a.F.) hat er von der Auszahlung vom Anderkonto abzusehen (s.u. Rdn. 476).

46 Für die Fälle, in denen eine Vereinbarung möglicherweise unwirksam ist, z.B. weil eine bedenkliche Zinsvereinbarung protokolliert werden soll, gilt Folgendes:

▶ Beispiel:

Ein Mahnverfahren ist gem. § 688 Abs. 2 Nr. 1 ZPO nicht zulässig, wenn die Zinssätze die Marke von 12 % über dem jeweiligen Basiszinszatz übersteigen.

---

95 BGH NotBZ 2004, 341= MittBayNot 2004, 72.
96 S. hierzu BGH DNotZ 1989, 54 f. Ausführlicher mit Hinweisen: Ganter DNotZ 2004, 421 ff., Schippel/Bracker/*Kanzleiter* § 14 Rn. 13, Schlüter/Knippenkötter Rn. 127 ff., Fembacher MittBayNot 2006, 213.
97 Arndt/Lerch/Sandkühler/*Sandkühler* § 14 Rn. 97; Armbrüster/Preuß/Renner/*Preuß* § 4 Rn. 21.
98 BGH DNotZ 1987, 558, Schippel/Bracker/*Kanzleiter* § 4 Rn. 21, Armbrüster/Preuß/ Renner/*Preuß* § 4 Rn. 21; *Lerch* § 4 Rn. 11.

Entsprechend dem gesetzgeberischen Gedanken soll das summarische Verfahren ausgeschlossen sein, damit eine richterliche Überprüfung derartiger Zinssätze im ordentlichen Verfahren gesichert ist. Gleichzeitig bedeutet das, dass der Gesetzgeber im § 688 Abs. 2 ZPO nicht die Grenze der Sittenwidrigkeit eines Zinssatzes festgelegt hat.

Bei der Aufnahme notarieller Urkunden i.S.d. § 794 Abs. 1 Nr. 5 ZPO ist der Notar somit verpflichtet, bei Erreichen oder Überschreitung dieser Grenze im Einzelfall zu prüfen, ob der Zinssatz durch Gründe gerechtfertigt ist (z.B. überhöhtes Risiko).

Sollte sich dabei Sittenwidrigkeit des Zinssatzes herausstellen oder die Umstände dies nahelegen, so muss der Notar seine Mitwirkung verweigern, andernfalls steht es ihm frei, ob er an der Urkunde mitwirkt.

In jedem Fall stellt ein Überschreiten der Zinsgrenze des § 688 Abs. 2 Nr. 1 ZPO einen ausreichenden Grund i.S.d. § 15 Abs. 1 BNotO dar, die Mitwirkung zu verweigern.

Vorsorgevollmachten werden vielfach erst zu einem Zeitpunkt errichtet, in denen der körperliche und geistige Zustand des Vollmachtgebers Anlass zu Zweifel über dessen Geschäftsfähigkeit geben kann. In einer solchen Situation werden an den Notar nach § 11 BeurkG besondere Anforderungen gestellt. Er sollte sich in einem ausführlichen Gespräch von der Geschäftsfähigkeit des Beteiligten überzeugen. Sofern die erforderliche Geschäftsfähigkeit außer Frage steht, ist anders als bei der Prüfung der Testierfähigkeit (vgl. § 28 BeurkG) kein ausdrücklicher Vermerk in der Niederschrift über die Geschäftsfähigkeit erforderlich. Ansonsten s.u. Rdn. 48.

Patientenverfügungen (§ 1901a BGB) sind höchstpersönliche Erklärungen. **47** Eltern können deshalb für ihr geistig behindertes Kind keine wirksame Patientenverfügung errichten. Erforderlich ist die Einwilligungsfähigkeit i.S. einer natürlichen Einsichts- und Steuerfähigkeit.

Problematisch können Erklärungen von Mitgliedern religiöser Gemeinschaften **48** sein, die z.B. eine Bluttransfusion ablehnen, insbesondere dann, wenn solche Verfügungen von Minderjährigen getroffen werden. Hier bestehen Bedenken wegen der Fähigkeit zu einer strafrechtlich rechtfertigenden Einwilligung, der zuverlässigen Feststellung der dazu erforderlichen Einsichtsfähigkeit und wegen des Spannungsverhältnisses grundsätzlich weiterhin den Eltern gem. §§ 1626, 1629, 1666 BGB zustehenden, verfassungsrechtlich geschützten (Art. 6 Abs. 2 GG) Personensorgerecht, ganz abgesehen von der rechtlichen Problematik der Fortgeltung der Verfügung im Grenzbereich zwischen Leben und Tod nach

Verlust der Entscheidungsfähigkeit.[99] Aber auch die Beschränkung auf die reine Unterschriftsbeglaubigung ist problematisch. Zwar bezieht sich deren Erklärungswert gem. § 39 BeurkG lediglich auf die Echtheit der Namensunterschrift und nicht auf ihre materielle Wirksamkeit. Gleichwohl kann nicht verkannt werden, dass ein mit Dienstsiegel versehener Beglaubigungsvermerk eines Notars grundsätzlich geeignet ist, den Erklärungsempfänger, der i. d. R. Rechtslaie ist, zu beeindrucken und in seiner Entscheidung zu beeinflussen.

Der Präsident des OLG Hamm hat für diesen Problemfall (Erklärung eines Minderjährigen) folgende Empfehlung ausgesprochen (19.03.1990 – 3830 I – 1.113):

> Nach § 11 Abs. 1 BeurkG soll der Notar die Beurkundungen ablehnen, wenn nach seiner Überzeugung einem der Beteiligten die erforderliche Geschäftsfähigkeit fehlt; Zweifel an der erforderlichen Geschäftsfähigkeit soll er in der Niederschrift feststellen. Dementsprechend hat er die Beglaubigung der Unterschrift eines beschränkt Geschäftsfähigen unter einer Patientenverfügung der hier in Rede stehenden Art abzulehnen, wenn diesem nach seiner – des Notars – Überzeugung die geistige und sittliche Reife fehlt, die Tragweite und Bedeutung der allgemeinen Ablehnung einer Blutübertragung zu ermessen. Verbleiben dem Notar insoweit Zweifel, hat er dem Beglaubigungsvermerk in entsprechender Anwendung des § 11 Abs. 1 BeurkG einen Zusatz des Inhalts beizufügen, dass die rechtliche Wirksamkeit der Erklärung nicht abschließend geprüft worden ist. Ein solcher Vermerk begegnet der rechtsirrigen Vorstellung, dass mit der Beglaubigung der Unterschrift auch die rechtliche Wirksamkeit der unterschriebenen Erklärung bestätigt werde.

Der Notar darf kein Testament beurkunden, indem bestimmt ist, dass er die Person des Testamentsvollstreckers bestimmen soll.[100] Ausführlicher unten Rdn. 97 f.

49   Zur Problematik der heterologen Insemination s. Rundschreiben der BNotK vom 11.12.1997.[101]

V. Missbräuchliche Gestaltungen des Beurkundungsverfahrens

50   Um der Gefahr zu begegnen, dass ein wirtschaftlich oder intellektuell unterlegener Beteiligter eines Rechtsgeschäfts keine ausreichende Sachaufklärung, Beratung und Belehrung durch den Notar erhält oder ihm die Chance von Verhandlungen mit dem Vertragspartner entzogen wird, hat der Gesetzgeber den Abs. 2a in § 17 BeurkG eingeführt.

---

99   Vgl. *Hirsch* ZRP 1986, 240.
100   ZNotP 2012, 471 = MitBayObLG 2013, 166, besprochen von *Grause* in NotBZ 2013, 19; S.u. Rdn. 97.
101   Abgedruckt in *Weingärtner* Notarrecht, 8. Aufl. Ord. Nr. 263.

Ausführlich hierzu s.u. Rdn. 127 ff.

Darüber hinaus haben die Notarkammern in Anlehnung an die Empfehlungen 51
der Bundesnotarkammer zu den Richtlinien für die Berufsausübung der
Notare unter II. einen Katalog aufgestellt, um gewisse Beurkundungsverfahren
einzuschränken oder zu verbieten. Im Einzelnen s. hierzu unten Rdn. 134 ff.

C. Mitwirkungsverbote nach dem Beurkundungsgesetz und der BRAO

52 Die strikte Beachtung der Grenzen zwischen Anwalts- und Notartätigkeit liegt nicht nur im Interesse der Mandanten, die Anspruch auf eine unabhängige

Beratung haben; sie ist auch wichtig, wenn das – keineswegs unumstrittene – Institut des Anwaltsnotars erhalten bleiben soll.

Deshalb ist in I 3 der Richtlinien für die Amtspflichten der Notare ausdrücklich geregelt, dass der Anwaltsnotar rechtzeitig gegenüber den Beteiligten klarzustellen hat, ob er als Rechtsanwalt oder als Notar tätig wird. Dies muss sich im Übrigen auch aus seinen Schriftsätzen erkennen lassen. So ist die Unterzeichnung mit »Rechtsanwalt und Notar« unzulässig. Wird er als Rechtsanwalt tätig, lautet der Zusatz »Rechtsanwalt«, wird er als Notar tätig, lautet der Zusatz »Notar«.

I. Verschärfung der Mitwirkungsverbote

Kurzer Überblick – ausführlicher unter Rdn. 63 ff. **53**

Nach § 14 Abs. 3 Satz 2 BNotO hat der Notar jedes Verhalten zu vermeiden, das den Anschein eines Verstoßes gegen die ihm gesetzlich auferlegten Pflichten, insbesondere den Anschein der Abhängigkeit oder Parteilichkeit erzeugt. Das bedeutet, dass er seine Mitwirkung nicht nur in den im Einzelnen aufgeführten Fällen des § 3 BeurkG ablehnen muss, sondern darüber hinaus im konkreten Fall seine Mitwirkung verboten sein kann.[102]

Eine besonderer Beachtung verdient § 3 Abs. 1 Nr. 4 BeurkG im Bereich des Anwaltsnotariat. In ihm ist ein Mitwirkungsverbot in Angelegenheiten einer Person festgelegt, mit der sich der Notar zur gemeinsamen Berufsausübung verbunden oder mit der er gemeinsame Geschäftsräume hat.[103] Damit darf der Notar nicht mehr für seinen »Partner« (Sozius, Notar, Anwalt, Steuerberater, Wirtschaftsprüfer) beurkunden. Dies gilt auch für einseitige Willenserklärungen[104] oder Unterschriftsbeglaubigungen[105] (str., s. hierzu aber Rdn. 76 ff.).

Das Mitwirkungsverbot in Angelegenheiten einer Person, deren gesetzlicher **54** Vertreter der Notar ist oder deren vertretungsberechtigtem Organ er angehört oder zu der er in einem ständigen Dienst- oder ähnlichen Geschäftsverhältnis steht (§ 3 Abs. 1 Nr. 5, 6, 8), wird auch auf die Fälle erstreckt, in denen das Näheverhältnis nicht zu dem beurkundenden Notar selbst, sondern lediglich

---

102 S. I. der Richtlinien für die Berufsausübung der Notare (abgedruckt im Anhang 1). Beispiel: BGH Beschl. v. 13.11.2017 – Not(St(Brfg) 3/17/24 ff.: Der Notar nimmt eine Amtshandlung vor, die einen wirtschaftlichen Vorteil für bei ihm beschäftiges Personal bedeutet. Ausführlich *Genske* notar 2018, 185.
103 Ausführlicher unten Rdn. 74.
104 Armbrüster/Preuß/Renner/*Armbrüster* § 3 Rn. 22.
105 Armbrüster/Preuß/Renner/*Armbrüster* § 3 Rn. 11 u. 34; Arndt/Lerch/Sandkühler/ *Sandkühler* § 16 Rn. 70; Grziwotz/Heinemann/*Grziwotz* § 3 Rn. 15.

zu seinem Sozius oder zu einer Person, mit der er sich zur gemeinsamen Berufsausübung verbunden oder mit der er gemeinsame Geschäftsräume hat, besteht. So darf er z.B. nicht beurkunden, wenn der »Partner« i. o. S. in seiner Eigenschaft als Testamentsvollstrecker oder Insolvenzverwalter auftreten will. Zum Begriff der gemeinsamen Geschäftsräume s.u. Rdn. 75.[106]

55 **Mitwirkungsverbote bestehen in Angelegenheiten einer Gesellschaft,** an der der Notar mit mehr als 5 % der Stimmrechte oder mit einem anteiligen Betrag des Haftkapitals von mehr als 2 500 € beteiligt ist. Damit ist die Beurkundung in gesellschaftsrechtlichen Angelegenheiten bei einer Beteiligung an der Gesellschaft weitgehend ausgeschlossen (Nr. 9). So darf er z.B. nicht eine Prokurabestellung beurkunden, wenn er in der dargestellten Weise an der Kapitalgesellschaft beteiligt ist. Ausführlich unten Rdn. 96.

56 Nach **§ 3 Abs. 1 Nr. 7 BeurkG** besteht ein Beurkundungsverbot in Angelegenheiten einer Person, für die der Notar oder sein Sozius außerhalb seiner Amtstätigkeit in derselben Angelegenheit bereits tätig war oder ist, es sei denn, diese Tätigkeit wurde im Auftrage aller Personen ausgeübt, die an der Beurkundung beteiligt sein sollen. Damit ist die Beurkundung in derselben Angelegenheit in allen Fällen ausgeschlossen, wenn nicht die genannte Ausnahmebestimmung vorliegt. Auf die Frage der parteilichen Interessenwahrnehmung kommt es nicht mehr an. Der Begriff »in derselben Angelegenheit« wird wie im bisherigen Recht relativ weit ausgelegt. Entscheidend ist der einheitliche Lebenssachverhalt.[107]

Das Verbot greift unabhängig davon ein, ob die Vorbefassung des Notars oder seines »Partners« noch andauert oder bereits abgeschlossen ist. Auch vergangene Angelegenheiten werden erfasst.

Ausführlicher unten Rdn. 81 ff.

57 Die Verbote gelten selbstverständlich auch für **überörtliche – einschließlich internationale – Sozietäten** und die nunmehr erlaubten Sternsozietäten (§ 59a BRAO, §§ 15 ff. AktG).[108]

Die Verbote gelten auch für »**verfestigte**« **Kooperationen** (s.u. Rdn. 78).

58 Die Mitwirkungsverbote gelten auch für den **Notarvertreter und -verwalter** (§§ 41 Abs. 2, 57 BNotO), und zwar in »doppelter« Weise, weil diese sich der

---

106 Außerdem *Winkler* § 3 Rn. 76; *Lerch* § 3 Rn. 32, *Lerch* in BWNotZ Heft 2/99.
107 Vgl. *Winkler* BeurkG § 3 Rn. 114 mit verschiedenen Beispielen.
108 Kritisch hierzu *Lerch* NotBZ 2008, 222, *derselbe* in Arndt/Lerch/Sandkühler § 27 Rn. 9 ff.

Ausübung des Amtes auch insoweit zu enthalten haben, soweit die Tätigkeit dem von ihnen vertretenen Notar untersagt wäre.

Die Verletzung der Mitwirkungsverbote führt zu scharfen Sanktionen. Wenn der Notar wiederholt grob gegen Mitwirkungsverbote verstößt, hat dies zwingend die Amtsenthebung zur Folge.[109] **59**

Der Notar muss durch geeignete Vorkehrungen dafür sorgen (§ 28 BNotO/ VI 1.2 RiLi), dass ein etwaiger Zusammenhang zwischen früherer (z.B. anwaltlicher) Tätigkeit und neuem notariellen Auftrag bemerkt wird. Hierzu wird i. d. R. ein Beteiligtenverzeichnis anzulegen sein. § 15 DONot schreibt die Mindestanforderungen für die Führung eines solchen Verzeichnisses vor.[110]

Die Dokumentationspflicht erstreckt sich jedoch **nur auf die Fälle des § 3 Abs. 1 Nr. 7, § 3 Abs. 1 Nr. 8 und § 3 Abs. 2 BeurkG.** Ausführlich unten Rdn. 111 ff.[111] **60**

Der Notar ist verpflichtet, nicht nur dafür zu sorgen, dass für seine Anwaltsmandate ein Beteiligtenverzeichnis angelegt wird, sondern er ist auch verpflichtet, durch entsprechende Vereinbarungen dahin zu wirken, dass die mit ihm verbundene Person das Beteiligtenverzeichnis führt (VI 2 RiLi).[112] Gegebenenfalls kann er hierzu disziplinarrechtlich angehalten werden.

Insbesondere aber ist er nach § 3 Abs. 1 letzter Satz BeurkG gehalten, vor der Beurkundung nach einer Vorbefassung i. o. S. (Nr. 7) zu fragen und in der Urkunde dies zu vermerken.[113] Der Vermerk könnte etwa wie folgt lauten: **61**

---

109 S. Einschränkung des BGH (ZNotP 2004, 370 = DNotZ 2004, 888): Eine Amtsenthebung gem. § 50 Abs. 1 Nr. 9 BNotO (jetzt: § 9a) kommt wegen der zu beachtenden Verfassungsgrundsätze – insb. die durch Art. 12 Abs. 1 GG geschützte Berufsfreiheit und das aus dem Rechtsstaatsprinzip fließende Verhältnismäßigkeitsgebot – erst in Betracht, wenn nach einer Gesamtbewertung der Pflichtverletzungen die Entfernung aus dem Amt notwendig ist, um den mit den Mitwirkungsverboten des § 3 Abs. 1 BeurkG verfolgten Zweck zu erreichen.

110 Unten VI, Rdn. 111; ausführlich hierzu Weingärtner/Gassen/Sommerfeldt/*Weingärtner* zu § 15 DONot.

111 Und *Weingärtner/Gassen/Sommerfeldt/Weingärtner* § 15 DONot Rn.5 ff.

112 Ausführlich hierzu *Weingärtner/Wöstmann* D VI Rn. 24.

113 Der Gesetzgeber hat offensichtlich die Mahnung des BGHs (DNotZ 1974, 2013) nicht so ernst genommen. Diese lautet: »*Ein Übermaß an Bedenklichkeitsvermerken würde das notarielle Urkundswesen zum Schaden des Urkundsrechts und das Ansehen des Notariats mit einem Schein formaler Zweifel belasten.*« Zutreffend auch die Bemerkung *Hellers/Vollraths* in MittBayNot 1998, 328): »*Die Reaktionen der Beteiligten reichen vom verständnislosen Blick über – in Abhängigkeit von der vermuteten Pensionsreife des Amtsträgers graduell unterschiedliche – Mitleidsbezeugungen (»Ja, Herr Notar, wenn Sie schon das selber nicht mehr wissen…), bis hin zum kollegialen Gelächter von Vertretern befreundeter rechtsberatender Berufe angesichts der Blüten, die das notarielle Streben nach Richtigkeitsgewähr so treibt.*«

► **Beispiel:**

Ich habe – nach ausführlicher Erklärung – nach einer Vorbefassung i. S. v. § 3 Abs. 1 Nr. 7 BeurkG gefragt. Sie wurde von den Beteiligten verneint.

oder:

► **Beispiel:**

Ich habe – nach ausführlicher Erklärung – nach einer Vorbefassung i. S. v. § 3 Abs. 1 Nr. 7 BeurkG gefragt. Diese liegt vor. Es handelt sich jedoch um eine solche i.S.d. Nr. 7 letzter Satzteil.[114]

Die Praxis erlaubt, den Vermerk bei einer bloßen Unterschrifts- oder Abschriftsbeglaubigung wegzulassen.[115]

Die Beurkundung einer anderen als der gegebenen Antwort dürfte den Straftatbestand der Falschbeurkundung im Amt nach § 348 StGB erfüllen, was den Verlust des Notaramtes zur Folge haben könnte. Außerdem ist der Notar seines Amtes zu entheben, wenn er wiederholt grob gegen Mitwirkungsverbote gem. § 3 Abs. 1 BeurkG verstößt (§ 50 Abs. 1 Nr. 9 a BNotO, s.o. Rdn. 59).

62   Um die Einhaltung der Mitwirkungsverbote dienstaufsichtlich überprüfen zu können, hat der Notar den mit der Prüfung Beauftragten nach § 93 Abs. 4 BNotO Verzeichnisse und Bücher pp. vorzulegen und Zugang zu den Anlagen zu gewähren, mit denen personenbezogene Daten automatisiert bearbeitet werden. Außerdem sind die Personen, mit denen sich der Notar zur gemeinsamen Berufsausübung verbunden oder mit denen er gemeinsame Geschäftsräume hat oder hatte, verpflichtet, den Aufsichtsbehörden Auskünfte zu erteilen und Akten vorzulegen, soweit dies für die Prüfung der Einhaltung der Mitwirkungsverbote erforderlich ist.

---

114 Der Vorbefassungsvermerk ist keine gebührenauslösende Tätigkeit nach § 145 Abs. 1 Satz 2 KostO (OLG Celle, Nds. Rpfl. 2000, 13).

115 JM NRW – (3830 I B.54) Erlass v. 03.02.2002, BNotK DNotZ 2002, 485, *Brambring* FGPrax 2003, 195. Zu recht kritisch hierzu *Winkler* § 3 Rn. 133, s. Rdn. 53 u. 72.

II. Gesetzessystematik der Mitwirkungsverbote im Einzelnen

1. Grundsatz: Unparteilichkeit des Notars – Vermeidung des bösen Scheins

Oberster Grundsatz ist die in § 14 Abs. 1 Satz 2 und 3 BNotO normierte   63
Unparteilichkeit des Notars. Schon der Schein der Parteilichkeit muss vermieden werden. S. auch im Anhang 1 RiLi.[116]

Selbst wenn ein Fall nicht unter diese Tatbestände der Beurkundungsverbote zu subsumieren ist, kann nach § 14 BNotO eine Beurkundung abzulehnen sein.

▶ Beispiel:

> Beurkundung bei Beteiligung eines gleichgeschlechtlichen Partners, mit dem der Notar in nicht eingetragener Lebenspartnerschaft lebt,[117] s.u. Rdn. 71.

Der Notar muss generell schon den »bösen« Schein der Parteilichkeit vermeiden, § 14 Abs. 3 BNotO. Als unparteiischer Betreuer von Beteiligten kann es ihm niemals gestattet sein, die Rolle eines Parteivertreters zu übernehmen oder hierfür auch nur den Anschein zu erwecken.

> »Der passionierte Rechtsanwalt, dem nach Charakter, Neigung und Temperament die Rolle des Parteivertreters auf den Leib zugeschnitten ist, hat es insoweit als Anwaltsnotar schwer, seine Neigung und sein Temperament zu zügeln, wenn er als Notar die Betreuung der Beteiligten, sei es bei der Beurkundung, sei es in anderer Weise, aus der Distanz objektiver, neutraler, unparteiischer Betrachtung unter Berücksichtigung verschiedenartiger Interessen mehrerer Beteiligter übernehmen will. Denn Betreuung ist nun einmal etwas anderes als Parteienvertretung, die Interessenvertretung ist«.[118]

Um den »bösen« Schein zu vermeiden, ist der Notar auch gehalten, Äußerlich-   64
keiten bei dem Beurkundungsvorgang zu beachten.

▶ Beispiele:

> Übernimmt er für den Mandanten erkennbar vom Bauträger vorformulierte Verträge, werden die Verträge in den Geschäftsräumen des Bauträgers abgeschlossen, liest der Geschäftsführer des Bauträgers den Vertrag vor oder wird der Vertreter des Bauträgers mit besonderer Konzilianz wegen weiterer zu

---

116 Ausführlich *Weingärtner/Wöstmann* B I.
117 Winkler § 3 Rn. 65a.
118 *Lindheimer* Einführungskurs für Anwaltsnotare.

erwartender Aufträge behandelt, so erzeugt er sicherlich Misstrauen in der Person des anderen Beteiligten.

▶ **Weitere Beispiele:**

Ein Kreditinstitut macht die Mitwirkung seines »Hausnotars« zur Voraussetzung des Geschäftes.

Ein Bauträger drängt auf Beurkundung durch seinen »Hausnotar«. Zur Vereinfachung hat er in seinen Vertragsentwürfen bereits den Namen des Notars eingesetzt.

Wenn der Notar hiervon Kenntnis hat, muss er die anderen Beteiligten auf die Unzulässigkeit dieser Praxis hinweisen und sie darüber belehren, dass sie selbstverständlich berechtigt seien, einen anderen Notar aufzusuchen. Die Tatsache dieser Belehrung soll er in seiner Niederschrift beurkunden. Unterlässt er die Belehrung, setzt er sich der Gefahr disziplinärer Verfolgung aus.

Gegen die regelmäßige Inanspruchnahme eines Notars durch einen bestimmten Beteiligten ist grundsätzlich nichts einzuwenden. Es darf jedoch nicht der Anschein der Abhängigkeit entstehen. Ein solcher Anschein kann aber angenommen werden, wenn der Notar einen »Geschäftsbesorgungsvertrag« mit einem Beteiligten (z.B. einem Bauträger) abschließt. Der Notar darf dann aber nicht im Rahmen dieses Geschäftsbesorgungsverhältnisses tätig werden, sondern nur als Amtsträger.[119]

2. Absolute Ausschließungsgründe gem. §§ 6, 7 BeurkG

65   Ein Verstoß hat die volle (§ 6 BeurkG) oder teilweise (§ 7 BeurkG) Unwirksamkeit der Beurkundung der Willenserklärung zur Folge.

▶ **Beispiele:**

Notar beurkundet einen Kaufvertrag zwischen seiner Ehefrau und einem Dritten. Nach § 6 ist die Beurkundung unwirksam.

Ein Vertreter tritt für die Ehefrau auf. Die Beurkundung ist ebenfalls unwirksam.

Die Ehefrau tritt als Vertreter für A beim Kaufvertrag mit B auf. Auch dies ist nach § 6 BeurkG verboten.

A und B wollen einen Vertrag zugunsten der Ehefrau des Notars schließen. Der Notar darf nach § 7 nicht beurkunden.[120]

---

119 KG Beschl. v. 21.02.2017 – Not 4/16.
120 Ausführlich: in Armbrüster/Preuß/Renner/*Armbrüster*, §§ 6, 7, *Winkler* §§ 6, 7.

3. Relative Ausschließungsgründe gem. § 3 Abs. 1 BeurkG

Keine Muss-, sondern Sollvorschrift, d.h. die Vorschriften sind zu beachten, 66
führen jedoch nicht zur Unwirksamkeit der Beurkundung. Sie werden unten
Rdn. 71 ff. in einem besonderen Kapitel ausführlich behandelt.

4. Ablehnungsrecht der Beteiligten gem. § 3 Abs. 2 und 3 BeurkG

Die Beteiligten haben das Recht, den Notar abzulehnen. In den aufgeführten 67
Fällen hat der Notar die Pflicht, die Beteiligten z.B. darauf hinzuweisen, dass
er in anderer Angelegenheit die eine oder andere Partei anwaltlich vertritt. Ein
entsprechender Vermerk ist in der Urkunde aufzunehmen.

Von Bedeutung ist insbesondere die 2. Alt des § 3 Abs. 2 BeurkG, die einigen
Anwaltsnotaren völlig unbekannt zu sein scheint.

▶ Beispiel:

> Der Anwaltsnotar N soll einen Kaufvertrag zwischen A und B beurkunden.
> N bearbeitet zur selben Zeit – sei es ein zivilrechtliches oder strafrechtli-
> ches – Mandat für den A. Dieses Mandat steht absolut in keinem Zusam-
> menhang mit der begehrten Beurkundung.

Da das Mandat noch nicht abgeschlossen ist, muss der Notar den B darauf
hinweisen, dass er ein Ablehnungsrecht hat. Dies hat der Notar in der Urkunde
zu vermerken.

Ist das Mandat abgeschlossen, bedarf es keines Hinweises. § 3 Abs. 1 Nr. 7
BeurkG greift ebenfalls nicht ein, weil es sich **nicht** um dieselbe Angelegenheit handelt.

▶ Weiteres Beispiel:

> Nicht der Anwaltsnotar N, sondern sein in derselben Praxis tätiger Kollege
> bearbeitet ein zivilrechtliches Mandat für den A.

Da regelmäßig die zivilrechtliche Vollmacht auf die gesamte Sozietät oder
Bürogemeinschaft ausgedehnt ist, ist der Anwaltsnotar ebenfalls zu dem entsprechenden Hinweis wie oben verpflichtet; anders, wenn die Vollmacht nur
auf den Kollegen beschränkt ist, wie z.B. die Strafprozessvollmacht.

Inhaltlich muss der Anwaltsnotar nur darauf hinweisen, dass er einen oder 68
mehrere Beteiligte bereits in anderer Sache vertritt. Aus der anwaltlichen
Schweigepflicht folgt, dass das Vormandat nur dem Grunde nach – nicht
inhaltlich – offenzulegen ist. *Eylmann*[121] ist der Auffassung, dass die bloße

---

121 Eylmann/Vaasen/*Miermeister/de Buhr* zu § 3 BeurkG Rn. 64,.

Mandatierung des Anwalts bereits unter die Schweigepflicht fällt und der Notar sich folglich vor einem entsprechenden Hinweis von seiner Schweigepflicht entbinden lassen muss. Würde eine Entbindung von der Schweigepflicht abgelehnt, müsste er die Beurkundung gem. § 14 Abs. 2 BNotO verweigern.

69 Eine Belehrungsformulierung könnte z.b. wie folgt lauten:

> Der Notar weist die an der Beurkundung beteiligten Personen darauf hin, dass er (bzw. ein mit ihm gem. § 3 Abs. 1 Ziff. 4 BeurkG verbundener Kollege) in anderer Sache anwaltlich vertritt. Der Verkäufer/Käufer erklärt, von seinem Recht, dem Notar den Beurkundungsauftrag zu entziehen, nicht Gebrauch machen zu wollen.

▶ **Weiteres Beispiel:**

> Der Notar soll eine Angelegenheit einer AG beurkunden, in der er Mitglied des Aufsichtsrats (nicht des Vorstands, s.u. Rdn. 80) ist.

Er muss über die Verweisung in § 3 Abs. 3 auf Abs. 2 die Beteiligten auf ihr Ablehnungsrecht hinweisen.

5. Selbstablehnung wegen Befangenheit gem. § 16 Abs. 2 BNotO

70 Der Notar kann seine Tätigkeit ablehnen, wenn nach seiner Überzeugung ein Beteiligter bei verständiger Würdigung Grund haben kann, an der vollen Unparteilichkeit zu zweifeln z.B. wegen persönlicher Beziehungen zu einer der Parteien, s.o. Rdn. 63 f. So z.B. wenn er eine Beurkundung durchführen soll, an der sein gleichgeschlechtlicher Partner, mit dem er in nicht eingetragener Lebenspartnerschaft lebt.[122]

III. Die einzelnen Mitwirkungsverbote nach § 3 Abs. 1 BeurkG

1. Allgemein

a) Begriff der Angelegenheit und der Beteiligung

71 Unter »**Angelegenheit**« ist der Lebenssachverhalt mit den sich daraus ergebenden Rechtsverhältnissen zu verstehen[123] und die Beziehung, die Personen zu diesem Sachverhalt haben.[124]

---

122 *Winkler* § 3 Rn 65a; Ausführlicher *Winkler*, Eylmann/Vaasen/*Eylmann* und *Lerch* jeweils zu § 16 BeurkG.

123 Eylmann/Vaasen/*Miermeister/de Buhr* § 3 BeurkG Rn. 7.

124 *Leske* S. 271; *Winkler* § 3 Rn. 114: »einheitlicher Lebenssachverhalt und der Gesamtzusammenhang«:. Arndt/Lerch/Sandkühler/*Sandkühler* § 16 Rn. 76.

Ob jemand **Beteiligter** ist, bestimmt sich nach materiellem Recht und nicht danach, ob er am Beurkundungsvorgang teilnimmt.[125] Deshalb ist an einer einseitigen empfangsbedürftigen Willenserklärung auch der Empfänger beteiligt,[126] z.B. bei Abgabe eines Angebots, s.u. Rdn. 72. Ob der Gesetzeszweck, Gefahren für die notarielle Unabhängigkeit abzuwehren, auch bei **einseitigen nicht empfangsbedürftigen** Willenserklärungen und Unterschriftsbeglaubigungen ein Beurkundungsverbot rechtfertigt, ist streitig (s.u. Rdn. 77). Die gesetzliche Regelung ist jedoch eindeutig (s. § 16 BNotO); es liegt allerdings ein gesetzgeberischer Fehler vor,[127] der m. E. nicht durch Nichtbeachtung korrigiert werden darf. Der Gesetzgeber sollte hier bald eine Korrektur vornehmen.

Der Notar muss daher zuvor immer prüfen, ob z.B. einer der Beteiligten bereits durch ihn in dieser Angelegenheit anwaltlich beraten worden ist.

b) Einzelfälle

Einzelfälle – alphabetisch geordnet –   72

Abschriften, beglaubigte: Es handelt sich nur um die Angelegenheit des Antragstellers.[128]

Abtretung: Sie hat für den Schuldner nur mittelbare Wirkung und ist daher nicht dessen Angelegenheit.[129]

Ausfertigung: Bei der Erteilung einfacher oder vollstreckbarer Ausfertigungen sind stets Gläubiger und Schuldner beteiligt, s. auch unten: **Vollstreckbare Ausfertigung**.

Bürgschaft: Die Bestellung einer Bürgschaft ist eine Angelegenheit nicht nur des Sicherungsgebers und des Gläubigers, sondern **auch** des Schuldners.[130]

Dritte: Hängt die Wirksamkeit eines Rechtsgeschäfts von der **Zustimmung eines Dritten** ab, z.B. die Veräußerung oder Belastung eines Erbbaurechts von

---

125 Eylmann/Vaasen/*Miermeister/de Buhr* § 3 Rn. 8, *Winkler* § 3 Rn. 24 f.

126 Armbrüster/Preuß/Renner/*Armbrüster* § 3 BeurkG Rn. 22; Eylmann/Vaasen/*Miermeister/de Buhr* § 3 BeurkG Rn. 10, *Winkler* § 3 Rn. 26.

127 *Winkler* § 3 BeurkG Rn. 17.

128 *Winkler* § 3 Rn. 59, Schippel/Bracker/*Vetter* § 16 BNotO, Rn. 28, Armbrüster/Preuß/Renner/*Armbrüster* § 3 Rn. 36, *Lerch* § 3 Rn. 36;*Leske* S. 145, **a.A.** Eylmann/*Miermeister/de Buhr* § 3 BeurkG Rn. 17 Anm. 25.

129 *Winkler* § 3 BeurkG Rn. 29.

130 *Winkler* § 3 BeurkG Rn. 29.

der Zustimmung des Grundstückseigentümers, so ist **auch** der Dritte sachlich beteiligt.

Erbausschlagung: Sie berührt **auch** die Rechtsstellung derer, die dadurch erben werden,[131] nicht hingegen die Rechtsstellung von Pflichtteilsberechtigten, Vermächtnisnehmern und Nachlassgläubigern.[132]

Eidesstattliche Versicherung: Sie ist die Angelegenheit aller deren Rechtsstatus berührt wird, z.B. beim Erbscheinsantrag sind alle Personen, die ein Erbrecht in Anspruch nehmen, beteiligt, nicht jedoch der Testamentsvollstrecker, Nachlassverwalter, Vermächtnisnehmer und Pflichtteilsberechtigte.[133]

Einseitige Willenserklärung: Einseitige **nicht empfangsbedürftige** Willenserklärungen betreffen nur die Personen, die die Willenserklärungen abgeben. **Empfangsbedürftige** Willenserklärungen betreffen **auch** den Adressaten (s. hierzu auch oben Rdn. 71).

Fälligkeitsmitteilung: Erteilt der Notar – z.B. bei Abwicklung eines Kaufvertrages nach dem sogenannten Direkt-Zahlungsmodell – die Fälligkeitsbestätigung, so sind die Vertragsparteien und die Bank beteiligt.

Geschäftsführung ohne Auftrag: Sie ist **auch** eine Angelegenheit des Geschäftsführers, da dieser daraus berechtigt und verpflichtet wird.

Grundpfandrecht: Die Bewilligung der Eintragung eines Grundpfandrechts betrifft **auch** den Gläubiger.

Löschungsbewilligung: Bei der Löschungsbewilligung durch den Gläubiger ist **auch** der Eigentümer sachbeteiligt.

Nachlassverzeichnis: Beteiligt sind die Erben und Pflichtteilsberechtigten[134] (s. auch unten Vermögensverzeichnis).

Notarbestätigung: Beteiligt sind der Antragsteller sowie diejenigen Personen, deren Verhältnisse die Bestätigung behandelt und in deren Interesse sie erteilt wird.[135]

Schuldanerkenntnis: Es handelt sich um eine Angelegenheit sowohl des Gläubigers als auch des Schuldners.

---

131 *Lerch* § 3 BeurkG Rn. 15.
132 *Winkler* § 3 BeurkG Rn. 29.
133 Eylmann/Vaasen/*Miermeister/de Buhr* § 3 BeurkG Rn. 20; *Winkler* § 3 BeurkG Rn. 53.
134 Eylmann/Vaasen/*Miermeister/de Buhr* § 3 BeurkG Rn. 27.
135 Eylmann/Vaasen/*Miermeister/de Buhr* § 3 BeurkG Rn. 29.

Siegelungen: Sie sind Angelegenheiten aller Personen, für und gegen die sie erfolgen.[136]

Testament: S. Verfügung von Todeswegen.

Unterschriftsbeglaubigung mit Entwurf: Hat der Notar die Erklärung selbst entworfen, ist dies eine Angelegenheit aller an der Beurkundung materiell Beteiligten.[137]

Unterschriftsbeglaubigung ohne Entwurf: Es handelt sich um eine Angelegenheit des Unterzeichners, aber auch derjenigen Person, deren Rechtsstellung nach dem Inhalt der Urkunde berührt wird.[138] Sie ist daher grundsätzlich so zu behandeln wie die Unterschriftsbeglaubigung mit Entwurf.[139]

Verfügung von Todes wegen: Sie ist eine Angelegenheit des Erblassers, aber auch der Bedachten (Erben, Vermächtnisnehmer) und der etwa als Testamentsvollstrecker benannten Personen; nicht hingegen derjenigen, die durch eine Auflage begünstigt werden.

Verlosungen: Sie ist allein eine Angelegenheit des Veranstalters.

Vermögensverzeichnis: Beteiligt sind der Antragsteller, der Eigentümer, der Taxator sowie die Personen, die infolgedessen berechtigt oder verpflichtet werden.[140]

Versammlungsbeschluss einer juristischen Person: Er ist Angelegenheit der Gesellschaft, ihrer Organe (Vorstand, Geschäftsführer, Aufsichtsrat) und der Gesellschafter, die in der Versammlung persönlich zugegen oder vertreten sind; die nicht anwesenden Gesellschafter sind nicht beteiligt, es sei denn, die zu fassenden Beschlüsse berühren gerade sie besonders.[141]

Versteigerung: Sie ist eine Sache des Veräußerers, des Erstehers und aller Bieter.[142]

Vertretungsbescheinigung: Bei der Erteilung einer Vertretungsbescheinigung nach § 21 BNotO sind der Antragsteller, der Vertretene und der Vertreter

---

136 *Leske* S. 157.
137 Armbrüster/Preuß/Renner/*Armbrüster* § 3 BeurkG Rn. 34; Eylmann/Vaasen/*Miermeister/de Buhr* § 3 BeurkG Rn. 17, *Leske* S. 146.
138 Armbrüster/Preuß/Renner/*Armbrüster* § 3 BeurkG Rn. 35; *Winkler* § 3 BeurkG Rn. 37, *Lerch* § 13 Rn. 36.
139 *Arndt/Lerch/Sandkühler* § 16 BNotO Rn. 71; *Leske* S. 149; einengend Eylmann/Vaasen/*Miermeister/de Buhr* § 3 BeurkG Rn. 17, wenn auch kritisch.
140 Eylmann/Vaasen/*Miermeister/de Buhr* § 3 BeurkG Rn. 21, *Winkler* § 3 Rn. 58.
141 Eylmann/Vaasen/*Miermeister/de Buhr* Rn. 19. Ausführlich: *Winkler* § 3 Rn. 38 ff.
142 Eylmann/Vaasen/*Miermeister/de Buhr* § 3 Rn. 23; *Winkler* § 3Rn. 55.

sowie derjenige beteiligt, in dessen Interesse die Bescheinigung verwendet werden soll.[143]

Vertrag zugunsten Dritter: Er ist auch eine Angelegenheit des Dritten.

Vollmachterteilung: Sie ist sowohl eine Angelegenheit des Bevollmächtigten als auch des Bevollmächtigenden.

Vollstreckbare Ausfertigung: Beteiligte sind Schuldner, Gläubiger oder sonstiger Antragsberechtigter.[144]

Vollstreckungsunterwerfung: Beteiligt ist **auch** der Gläubiger.

Wechselprotest: Er ist die Angelegenheit aller Personen, für die protestiert wird, sowie für sämtliche Wechselverpflichteten.[145]

2. Die Mitwirkungsverbote im Einzelnen

a) Eigene Angelegenheiten des Notars, seines Ehegatten pp. oder nahen Verwandten (Nr. 1 bis 3)

73   Das Verbot gilt auch in Angelegenheiten des früheren Ehegatten und des jetzigen oder früher eingetragenen Lebenspartners.

Der **nichteheliche Lebenspartner** ist jetzt in Ziff. 2a aufgeführt, nicht jedoch der mit dem Notar in einer nicht eingetragenen gleichgeschlechtlichen Partnerschaft lebt; eine Ablehnungspflicht kann sich aber aus § 14 Abs. 3, 16 Abs. 2 BNotO ergeben, s.o. Rdn. 63.[146]

Unter Eigenbeteiligungen fallen auch Tätigkeiten in Zusammenhang mit einer Funktion als **Verwalter kraft Amtes** wie Testamentsvollstrecker, Zwangs- oder Insolvenzverwalter. Als Verwalter kraft Amtes ist der Notar nicht Vertreter i.S.d. Abs. 1 Satz 1 Nr. 5, sondern es besteht aufgrund der Mitberechtigung und Mitverpflichtung Eigenbeteiligung i.S.d. Nr. 1, sodass der Notar von allen Beurkundungen ausgeschlossen ist, die sich auf die verwaltete Vermögensmasse beziehen. Ist der Notar **Mitglied einer Personengesellschaft** (BGB-Gesellschaft, OHG) oder eines nicht rechtsfähigen Vereins, so ist er von der Beurkundung von Rechtsgeschäften für diese ausgeschlossen, weil er als Gesellschafter mitberechtigt und verpflichtet wird.

---

143 Armbrüster/Preuß/Renner/*Armbrüster* § 3 Rn. 51.

144 *Winkler* § 3 Rn. 22a.

145 *Leske* S. 155; *Winkler* § 3 Rn. 56.

146 Ebenso Eylmann/Vaasen/*Miermeister/de Buhr* § 3 Rn. 31; *Winkler* § 3 Rn. 65a.

▶ Beispiel:

Ein Notar, der eine Grundschuldbestellung mit dinglicher Zwangsvollstreckungsunterwerfung beurkundet hatte, wird nach Jahren im Wege der Einzelrechtsnachfolge gesamthänderisch Miteigentümer des belasteten Grundstücks und damit Mitschuldner der Grundschuld. Für ihn besteht nunmehr nach seiner ursprünglichen notariellen Handlung für jede weitere Amtstätigkeit ein Mitwirkungsverbot als Anwalt. Er ist auch gehindert, die Klauselumschreibung auf sich selbst vorzunehmen.

b) Angelegenheiten verbundener Personen (Nr. 4)

Der Tatbestand des Nr. 4 geht über den Begriff der Bürogemeinschaft hinaus. **74** Er erfasst entsprechend dem Wortlaut bereits das gemeinsame Halten von Geschäftsräumen, also die bloße Raumnutzung und setzt nicht zusätzlich die gemeinsame Beschäftigung von Personal oder die gemeinsame Nutzung weiterer sachlicher Mittel voraus. Auch freie Mitarbeiter und angestellte Rechtsanwälte können das Mitwirkungsverbot auslösen.[147] Erfasst sind **auch örtliche und überörtliche Gemeinschaften** in Form einer BGB-Gesellschaft oder Partnergesellschaft.

Bei dem Tatbestandsmerkmal der **gemeinsamen Berufsausübung** wird im **75** Wesentlichen darauf abgestellt, ob Gewinn und Verlust gemeinsam getragen werden, während die **gemeinsamen Geschäftsräume** nur auf den äußerlichen Eindruck abstellen, also ob allen Partnern der Zugang zu allen Räumen gewährt wird und auch die technischen und sonstigen sächlichen Mittel, wie z.B. Computer und Schreibtische, gemeinsam genutzt werden. Es kommt dabei auch nicht darauf an, ob alle für eine Bürogemeinschaft benötigten sachlichen Mittel den Partnern zur Verfügung stehen, sondern es genügt eines dieser Instrumentarien. Dadurch soll Missbräuchen in der Weise entgegengewirkt werden, dass verschiedene Räume angemietet werden, aber mehr oder weniger der technische Apparat gemeinsam genutzt wird. Bei den gemeinsam genutzten Räumen wird primär auf die tatsächliche Nutzung und den Besitz i.S.d. § 854 BGB abzustellen sein und weniger auf intern geregelte Mietverhältnisse. Abzustellen ist immer auf die **Sicht eines objektiven, mit den konkreten Gegebenheiten nicht vertrauten Mandanten.**

Während der Notar bei Beurkundungen mit eigenen Verwandten nach § 3 **76** Abs. 1 Nr. 3 BeurkG nicht mitwirken darf, besteht kein Mitwirkungsverbot

---

147 *Vaasen/Starke* DNotZ 1998, 669; Eylmann/Vaasen/*Miermeister/de Buhr* § 3 BeurkG
Rn. 33.

für Beurkundungen unter Beteiligung des Ehegatten oder von Verwandten eines Sozius oder sonst zur gemeinsamen Berufsausübung verbundenen Personen.[148] Allerdings sollte er, um den Schein der Parteilichkeit auszuschalten, die Parteien darauf hinweisen.

Anders, wenn ein Notarvertreter handelt; denn der Notarvertreter soll sich der Ausübung des Amtes nicht nur insoweit enthalten, als § 3 BeurkG auf ihn selbst zutrifft (§ 39 Abs. 2 BNotO), sondern auch insoweit, als dem von ihm vertretenen Notar die Amtsausübung untersagt wäre (§ 41 Abs. 2 BNotO).[149] Die Mitwirkungsverbote, die für den Notar bestehen, schlagen damit auch auf den Notarvertreter durch. Dem Notarvertreter ist daher auch eine Beurkundung unter Beteiligung von Verwandten des Notars selbst verboten.[150]

Ausgeschlossen wird der zur Berufsausübung verbundene Notar über die Erstreckungsklausel der Nr. 4 somit bei allen Beurkundungen, die für den Sozius, wenn er selbst beurkunden würde, als eigene Angelegenheiten unter Nr. 1 fallen würden. Der Notar darf somit nicht beurkunden, wenn die vom Sozius als Testamentsvollstrecker verwaltete Masse betroffen ist. Die Beurkundung der Ernennung des Sozius als Testamentsvollstrecker ist ausgeschlossen.

Nach der zunächst fast einhelligen Meinung durfte der Notar keine Beurkundungen vornehmen, in denen z.B. der Sozius als Vertreter für eine andere Person auftritt.

Dementsprechend hat auch das OLG Celle[151] entschieden, dass das Verbot selbstverständlich auch für den Vertreter ohne Vertretungsmacht gilt.

▶ **Beispiel:**

Die Eheleute hatten – vertreten durch ihre Anwälte – eine Auseinandersetzungsvereinbarung ausgehandelt. Bei der Beurkundung des Vertrages beim Notar trat für eine der Ehepartner der Sozius des Notars, der als Anwalt des Ehepartners den Vertrag ausgehandelt hatte, als vollmachtsloser Vertreter auf. Das Gericht[152] sah hierin einen eindeutigen Verstoß gegen § 3

---

148 *Winkler* in Festschrift für Geimer S. 1509.
149 *Winkler* § 3 BeurkG Rn. 13, *Winkler* in Festschrift für Geimer S., 1510.
150 *Winkler* § 3 Rn. 13.
151 ZNotP 2004, 117 f.
152 Beschluss des OLG Köln vom 12.03.2009 (2 X [Not] 22/08).

Abs. 1 Satz 1 Nr. 4 BeurkG und hat ausdrücklich betont, dass hier kein Ausnahmefall vorgelegen habe.[153]

Durchführungsvollmachten auf den Sozius wären demnach nach dem Gesetzeswortlaut ebenso unzulässig.   **77**

Die Praxis und ein Teil der Literatur sehen dies jedoch nicht so eng. Der Notarsenat des OLG Köln[154] hat eine Disziplinarverfügung aufgehoben und inzidenter ausgesprochen, dass die Beglaubigung diverser Unterschriften der beruflich mit ihm verbundenen Personen nicht gegen das Mitwirkungsverbot aus § 3 Abs. 2 Satz 1 Nr. 4 BeurkG verstoße.[155]

Darüber hinaus legt der Senat durch teleologische Reduktion das Beurkundungsverbot dahin aus, dass die Vorschrift nach dem Willen des Gesetzgebers dann nicht greift, wenn eine Gefährdung für das Vertrauen in die Unparteilichkeit des Notars von vornherein ausgeschlossen und auch kein entsprechender Anschein entstehen kann. Er führt aus:

»Auch bei diesen Geschäften ist aus der maßgeblichen Sicht eines objektiven, mit den konkreten Gegebenheiten vertrauten Beobachters auch nicht im Ansatz der Anschein einer Gefährdung der Unparteilichkeit und Unabhängigkeit des Notars erkennbar, so dass auch diese Beurkundungsvorgänge nach dem Sinn und Zweck der Vorschrift des § 3 Abs. 1 Nr. 4 BeurkG von dem Mitwirkungsverbot auszunehmen sind, denn wenn – wie hier – der Sozius als Vertreter für alle materiell an der Beurkundung Beteiligten auftritt, von allen gleichermaßen bevollmächtigt ist und die abzugebenden Willenserklärungen allesamt gleichlautend und gleich gerichtet sind, kann schlechterdings nicht der Eindruck entstehen, dass der Notar über seinen Sozius der einen oder anderen Partei näher stehen, ihr besonders zugetan und deshalb nicht unparteiisch sein könnte.«[156]

Der Entscheidung lag u. a. folgender Sachverhalt zugrunde:

Der Notar sollte in einer gesellschaftsrechtlichen Angelegenheit eine Beurkundung für eine größere Firmengruppe vornehmem Der Geschäftsführer der verschiedenen Unternehmen wünschte, dass er durch einen Sozius des Notars vertreten würde. Bei den Geschäften handelte es sich um solche im Binnenbereich der Unternehmens-

---

153 Das Gericht hat gleichzeitig auf den sich aufdrängenden Widerspruch, dass das Auftreten einer Bürokraft als Vertreter ohne Vertretungsmacht durchaus zulässig gewesen wäre, ausgeführt, dass sich dies daraus erkläre, dass mit Hilfskräften keine gemeinsamen Berufsausübung im Sinne der Vorschrift bestehe.
154 OLG Köln DNotZ 2006, 553, RNotZ 2005, 298, Kammerreport Hamm 2004, 40 f.
155 Ebenso *Leske* S. 273; **a.A.** *Winkler* § 3 Rn. 131 ff.
156 Im Ergebnis ebenso: *Leske* S. 273.

gruppe. Die Sozii vertraten den Geschäftsführer auch bei Gesellschaftsgründungen und bei Protokollierungen von Hauptversammlungen.

Nach der Entscheidung des OLG Köln liegt entgegen dem strengen Wortlaut des § 3 Abs. 1 Nr. 4 BeurkG kein Verstoß vor, weil der Sozius als Vertreter für **alle** materiell an der Beurkundung Beteiligten aufgetreten, **von allen** gleichermaßen bevollmächtigt war und die abgegebenen **Willenserklärungen gleichlautend und gleichgerichtet** waren. Es könne – so das OLG – schlechterdings nicht der Eindruck entstehen, dass der Notar über seinen Sozius der einen oder anderen Partei näher stehe, ihr besonders zugetan und deshalb nicht unparteiisch sein könne.

Der Senat beruft sich u. a. auf *Armbrüster/Leske*.[157] *Armbrüster*[158] weist aber auch unter Berufung auf *Litzenburger*[159] darauf hin, dass damit letztlich der gesamte sachliche Anwendungsbereich des § 3 infrage gestellt und damit die Rechtssicherheit gefährdet werden könnte.[160]

Die entsprechende Frage besteht bei den sog. **Durchführungsvollmachten** auf den Notar selbst oder auf einen mit ihm beruflich verbundenen Kollegen. *Arndt/Lerch/Sandkühler,*[161] *Eylmann,*[162] *Winkler,*[163] *Armbrüster*[164] halten die Vollzugs-, Durchführungs- oder Abwicklungsvollmachten auf den Kollegen für zulässig.

Dem folgt nunmehr auch die Praxis.[165]

Die **Richtlinien für den OLG-Bezirk Hamm** erlauben in II 3 ausdrücklich die Beurkundung von Vollzugsvollmachten für den Notar selbst oder eine Person i.S.d. § 3 Abs. 1 Satz 1 Nr. 4 BeurkG.

Dabei ist allerdings zu bedenken, dass die »Gesetzgebungskompetenz« der Kammer nicht soweit gehen kann, einen eindeutigen Wortlaut des Gesetzgebers abzuändern; es sei denn, man hält die teleologische Reduktion im vorliegenden Falle für erlaubt.

---

157 ZNotP 2002, 46, 47.
158 Armbrüster/Preuß/Renner/*Armbrüster* § 3 BeurkG Rn. 72.
159 In Bamberger/Roth/*Litzenburger* § 3 BeurkG Rn. 11.
160 Ebenso *Winkler* § 3 Rn. 78.
161 § 16 Rn. 55.
162 Eylmann/Vaasen/*Miermeister/de Buhr* § 3 BeurkG Rn. 4.
163 *Winkler* § 3 Rn. 78, 79.
164 Armbrüster/Preuß/Renner/*Armbrüster* § 3 BeurkG Rn.71.
165 OLG Hamm, OLG Frankfurt, Kammerreport 1/2004, JM Nds in Kammerreport 2004, 110.

Die Mitwirkungsverbote gelten auch für die **»verfestigten Koope-**   78
rationen«.[166]

Die BNotK hat hierzu zutreffend u. a. ausgeführt:

* Kooperationen in Form vertraglicher Vereinbarungen dürfen die Unabhängigkeit und Unparteilichkeit des Notars nicht beeinträchtigen. Das Notaramt als solches kann ebenso wenig Gegenstand einer vertraglichen Kooperationsvereinbarung wie einer Sozietätsvereinbarung sein. Ferner sind das Verbot der Vermittlungstätigkeit (§ 14 Abs. 4 BNotO), das Verbot der Gebührenteilung (§ 17 Abs. 1 Satz 4 BNotO) sowie die sonstigen notariellen Amtspflichten (z. B. Verschwiegenheitspflicht, § 18 BNotO) zu beachten, und zwar auch im Hinblick auf die Kooperation eines Anwaltsnotars in seiner Eigenschaft als Rechtsanwalt.
* Wird eine Kooperation nach außen verlautbart, insbesondere auf Geschäftspapieren, in Kanzleibroschüren, auf Kanzleischildern oder in ähnlicher Weise, ist von einer »verfestigten« Kooperation auszugehen, die einer Verbindung zur gemeinsamen Berufsausübung gleichzusetzen ist. Es greifen dann in vollem Umfang die Beschränkungen des § 9 BNotO sowie die entsprechenden Mitwirkungsverbote nach § 3 BeurkG ein.
* Liegt einer nach außen verlautbarten Kooperation tatsächlich keine feste Vereinbarung zugrunde, wird zumindest der Anschein einer Verbindung zur gemeinsamen Berufsausübung erweckt, so dass mit Blick auf § 14 Abs. 3 Satz 2 BNotO dennoch die Vorschriften der §§ 9 BNotO und 3 BeurkG zu beachten sind. Im Übrigen ist eine solche Kooperationskundgabe ohne feste Vereinbarung als irreführende und damit unzulässige Werbung anzusehen.

c) Notar als gesetzlicher Vertreter (Nr. 5)

Ist der Notar gesetzlicher Vertreter einer natürlichen Person, so ist er gem. § 3   79
Abs. 1 Satz 1 Nr. 5 BeurkG wie nach der alten Rechtslage an der Beurkundung
sämtlicher Angelegenheiten gehindert, an denen der Vertretene beteiligt ist.

Gesetzlicher Vertreter sind z.B.: Vater, Mutter, Vormund, Betreuer. Gesetzliche
Vertreter juristischer Personen werden von Nr. 6 erfasst.

Das Verbot erstreckt sich auch auf die Person, mit der sich der Notar zur
beruflichen Zusammenarbeit verbunden hat.

d) Der Notar als Angehöriger eines vertretungsberechtigten Organs (Nr. 6)

Der Notar darf nicht in Angelegenheiten einer Person mitwirken, deren vertre-   80
tungsberechtigtem Organ er oder ein Mitglied seiner Sozietät oder Büroge-

---

166 BNotK in DNotZ 2001, 500; *Weingärtner/Wöstmann* D V 19 ff., jetzt auch PräsOLG Hamm, Rd. Schr. v. 20.09.2004 – 3831 – 1.260; **a.A.** Notarkammer Frankfurt am Main Rdschr. 2/93 S. 18, Notarkammer Berlin ZNotP 1997, 130 f.

meinschaft angehören, z.B. GmbH-Geschäftsführer, Vorstandsmitglieder von AGs, Genossenschaften, Stiftungen, Vereinen. Ein Notar bspw., der zulässigerweise dem Vorstand einer kleinen Grundstücks-AG angehört, darf den Grundstückserwerb der Gesellschaft nicht beurkunden. Das Mitwirkungsverbot gilt auch dann, wenn nicht er, sondern ein Sozius oder eine sonstige Person i.S.d. Nr. 4 im Vorstand der Gesellschaft ist.

Die Vorschrift umfasst nicht die Mitgliedschaft im Aufsichtsrat. Diese fällt unter § 3 Abs. 3 Nr. 1 i.V.m. § 3 Abs. 2, s.o. Rdn. 69.

e) Vorbefassung in derselben Angelegenheit (Nr. 7)

aa) Die notarielle Vorbefassung löst kein Mitwirkungsverbot aus

▶ Beispiel:

81   Der Notar fertigt im Auftrag einer Partei einen Vertragsentwurf. Später soll er den Vertrag entsprechend beurkunden.

Der Notar ist nach Nr. 7 hieran nicht gehindert. Bei der notariellen Vorbefassung war er nämlich bereits verpflichtet, den Vertragsentwurf so zu entwerfen, dass er allen später Beteiligten gerecht wird. **Notarielle Vorbefassung schadet nicht.**

I. Ziff. 2 RiLi (s. Anhang 1) postuliert dies ausdrücklich für die Tätigkeiten, bei denen formell nur ein Beteiligter vorhanden ist. Der nur zur Erstellung eines Vertragsentwurfes beauftragte Notar verletzt mithin seine Amtspflicht, wenn er einen Entwurf erstellt, der erkennbar die Interessen des anderen nicht gleichwertig berücksichtigt.

▶ Weiteres Beispiel:

Der Notar hat ein gemeinschaftliches Testament beurkundet. Er ist nicht gehindert, später den Testamentswiderruf eines Beteiligten zu beurkunden.

bb) Nicht notarielle Vorbefassung

82   Erfasst wird jedoch jedwede Vorbefassung beruflicher, geschäftlicher oder sonstiger Art, etwa eine Vorbefassung als Anwalt, Steuerberater oder Wirtschaftsprüfer

Gegenüber der Auslegungsregel des § 24 Abs. 2 BNotO ist der Anwaltsnotar nach I. 3 RiLi (s. Anhang 1) verpflichtet, rechtzeitig klarzustellen, ob er als Rechtsanwalt oder als Notar tätig wird. »Rechtzeitig bei Beginn seiner Tätigkeit« bedeutet, dass der Anwaltsnotar zum frühstmöglichen Zeitpunkt, in dem für den objektiven Betrachter erkennbar wird, ob es sich um den Antrag eines anwaltlichen Mandats oder um das Nachsuchen einer notariellen Tätigkeit handelt, ausdrücklich klarstellt, in welcher Eigenschaft diese Tätigkeit entfaltet wird. Dadurch werden auch in der Praxis häufig auftretende Streitigkeiten zur Gebührenrechnung vermieden.

cc) Private Vorbefassung

Streitig ist, ob auch eine **private Vorbefassung** das Mitwirkungsverbot aus- 83
löst.[167] M. E. wird sie auch erfasst.

Nr. 7 ist demnach – wie von *Eylmann*[168] vorgeschlagen – wie folgt zu verstehen:

> War oder ist der Anwalt selbst oder sein Sozius oder Partner als Rechtsanwalt, Patent-
> anwalt, Steuerberater, Wirtschaftsprüfer, vereidigter Buchprüfer oder in sonstiger
> Weise, die auch privates Handeln einschließt, in einer Angelegenheit tätig, ist diese
> für ihn als Notar tabu.

Da somit nach zutreffender Meinung auch die private Vorbefassung von Nr. 7 84
erfasst wird, gilt die Vorschrift auch für den **Nur-Notar**.[169]

Im Übrigen gilt die Vorschrift für den **Nur-Notar** auch deshalb, weil er z.B. 85
Nebentätigkeiten als Schiedsrichter, Testamentsvollstrecker, Insolvenzverwalter,
Vormund ausgeübt haben kann oder er z.B. Mitglied eines Grundeigentümer-
oder Mietvereins ist[170] oder wenn ein Anwalt zum Notarvertreter bestellt werden sollte. Solange er und ggfs. sein Sozius keine Tätigkeit ausgeübt haben,
die ein Mitwirkungsverbot auslösen können, braucht er aber die Dokumentationen nach § 15 DONot nicht zu führen.[171]

Nachdem der Gesetzgeber auch die Sternsozietäten (§ 59a Abs. 1 BRAO, s.o.
Rdn. 57) zugelassen hat, gilt das Mitwirkungsverbot auch in den Fällen, in
denen Personen vorbefasst waren oder sind, die zwar nicht selbst dem Notar
beruflich verbunden sind, jedoch mit einer Person, die Sozius oder Bürogemein-
schafter des Notars ist, zur gemeinsamen Berufsausübung verbunden sind
oder mit dieser gemeinsame Geschäftsräume haben. Das Verbot erfasst insbe-

---

167 **Bejahend:** *Eylmann* NJW 1998, 29, 31; Eylmann/Vaasen/*Eylmann* § 3 BeurkG
    Rn. 42; *Leske* S. 24 ff.; *Brambring* FGPrax 1998, 201. **Verneinend:** Armbrüster/
    Preuß/Renner/*Armbrüster* § 3 Rn. 83; *Heller/Vollrath* MittBayNot 1998, 324; *Lerch*
    BWNotZ 19,41,48; *Winkler* § 3 Rn. 110a.
168 NJW 1998, 2931.
169 Armbrüster/Preuß/Renner/*Armbrüster* § 3 BeurkG Rn. 85 m.w.Z.
170 Statt vieler: Kilian/Sandkühler/vom Stein/*Elsing* § 12 Rn. 38.
171 *V. Campe* NotBZ 2000, 36.

sondere auch den Fall, dass ein Anwaltsnotar an eine Rechtsanwaltskanzlei in der Weise angegliedert wird, dass er nur mit einem der Kanzleianwälte eine Sozietät oder Bürogemeinschaft bildet.[172]

dd) Beispiele für ein Mitwirkungsverbot wegen Vorbefassung

▶ Beispiel:

86   A lässt sich vom Anwaltsnotar bei seinen Überlegungen zum Kauf eines bestimmten Grundstücks anwaltlich beraten. Später soll dieser den Kaufvertrag beurkunden. Wegen seiner Vorbefassung darf er dies nicht.

▶ Weiteres Beispiel:

Der mit dem Notar verbundene Steuerberater empfiehlt dem Mandanten eine steuerlich günstige Vertragsformulierung.

Es besteht ein Beurkundungsverbot.

Anders, wenn der Steuerberater dem Mandanten nur allgemein geraten hat, aus steuerlichen Gründen irgendein Grundstück zu kaufen.

Ebenfalls besteht kein Beurkundungsverbot, wenn der Notar zur Vorbereitung der Beurkundung die Beratung des Steuerberaters seines Büros in Anspruch nimmt.

▶ Weiteres Beispiel:

87   Ist der Anwaltsnotar als Anwalt von jemandem mit der Regulierung seiner Verbindlichkeiten betraut, darf er für seinen Mandanten, obwohl nur in seinem Auftrage handelnd, ein Schuldanerkenntnis oder die Bestellung eines Grundpfandrechts nicht beurkunden, weil materiell rechtlich auch der Gläubiger an diesem Notariatsvorgang beteiligt ist.[173] S.o. Rdn. 72.

▶ Weiteres Beispiel:

Ein Anwaltsnotar vermakelt ein Grundstück. Anschließend beurkundet er den Kaufvertrag, der Voraussetzung für die Verpflichtung des Versprechenden zur Entrichtung des Maklerlohnes ist.

88   Bereits die Grundstücksvermittlung ist dem Notar nach § 14 Abs. 4 BNotO verboten. Das Verbot richtet sich uneingeschränkt auch an den Anwalt, der selbst nicht Notar, aber mit einem Notar in Sozietät verbunden ist.[174] Der

---

172 Ausführlicher *Winkler* § 3Rn. 101a.
173 *Eylmann* NJW 1998, 2931.
174 BGH BB 2001, 695.

Vermittlungsvertrag ist nach § 134 BGB nichtig.[175] Mit der Beurkundung verstößt der Notar ebenfalls gegen § 14 BNotO.

▶ Weitere Beispiele:

Der Anwaltsnotar vertritt in einem Eherechtsstreit einen der Ehepartner.　89
a) Er soll im Einverständnis beider Partner die Scheidungsvereinbarung beurkunden.
b) Er soll nur das Angebot seines Mandanten zum Abschluss dieser Vereinbarung an den Ehepartner beurkunden.
c) Das Ehescheidungsverfahren ist vollkommen beendet und abgerechnet. Der Notar soll jedoch noch im Einverständnis der geschiedenen Eheleute eine Auseinandersetzung beurkunden, die im Ehescheidungsverfahren übersehen worden war.
d) Ein Anwaltsnotar vertrat in einem Scheidungsverfahren einen Ehegatten anwaltlich. Später beurkundete er einen Grundstückskaufvertrag zwischen den vormaligen Ehepartnern, in diesem geregelt war, dass mit der Erfüllung der Zahlungsverpflichtung des Erwerbers sämtliche wechselseitigen Zugewinnausgleichansprüche erledigt seien. Obgleich das Anwaltsmandat die Regelung des Zugewinnausgleichs nicht zum Gegenstand hatte und die Vertragsklausel lediglich deklaratorische Bedeutung hatte, verstieß der Notar gegen das Mitwirkungsgebot des § 3 Abs. 1 Satz 1 Nr. 7 BeurkG.[176]

In allen Fällen ist dem Notar jetzt eine Mitwirkung nach § 3 Abs. 1 Satz 7 BeurkG verboten, selbst dann, wenn der in seiner Praxis tätige Anwalt und nicht er selbst verantwortlich tätig gewesen war. Die Regelung der Scheidungsfolgen steht mit der Ehescheidung selbst in einem so engen Zusammenhang, dass es sich nach allgemeiner Meinung um einen einheitlichen Lebenssachverhalt handelt und damit um »dieselbe Angelegenheit« i.S.d. § 3 Abs. 1 Nr. 7 BeurkG. Das Beurkundungshindernis entfällt nach der Neufassung des § 3 BeurkG auch nicht nach Abschluss des Anwaltsmandats.

▶ Weiteres Beispiel für ein Beurkundungsverbot:

Der Anwaltsnotar gibt seinem Mandanten, der wegen einer Geldforderung (z.B. einer Unterhaltsforderung) verklagt ist, den Rat, den Kläger wegen des nicht zu bestreitenden Teils der Forderung klaglos zu stellen　90

175　BGH DNotZ 1991, 318.
176　BGH Beschl. v. 26.11.2012, ZNotP 2013, 31 = DNotZ 2013, 310 m. Anm. *Armbrüster/Leske*, bespr. auch von *Hermann* ZNotO 2014, 407 f.

und sich bei ihm in einer vollstreckbaren Urkunde der Zwangsvollstreckung unterwerfen.

Auch hier ist ihm verboten, die Beurkundung vorzunehmen. S.o. Rdn. 72.

Anders sind die Fälle zu beurteilen, in denen der Notar zuvor als Anwalt tätig war und er diese Tätigkeit im Auftrag aller (formell und materiell beteiligten) Personen ausgeübt hat, die an der Beurkundung beteiligt sein sollen.

▶ Beispiel:

Der Anwaltsnotar berät in einer Erbstreitigkeit sämtliche Miterben, es kommt ein Vergleich zustande, die Miterben beauftragen ihn als Notar, den Erbauseinandersetzungsvertrag zu beurkunden.

Das ist dem Notar nach der Neuregelung des § 3 Abs. 1 Nr. 7 BeurkG möglich. (»Es sei denn, diese Tätigkeit wurde im Auftrag aller Personen ausgeübt, die an der Beurkundung beteiligt sein sollen.«)

▶ Weiteres Beispiel:

91   Steuerliche Beratung eines Unternehmens, die zur Gründung einer Ein-Mann-GmbH führt.

Hier darf der Notar den GmbH-Vertrag beurkunden, auch wenn er selbst oder sein Sozius die steuerliche Beratung vorgenommen hat.

92   Wird der Notar zunächst als **Mediator** tätig, ist er nicht Interessenvertreter einer Partei. Er darf nach Durchführung einer Mediation z.B. eine Scheidungsfolgenvereinbarung beurkunden.[177]

93   Problematisch können die Fälle sein, in denen der mit dem Notar verbundene Wirtschaftsprüfer oder Steuerberater ein **dauerndes Beratungsmandat** erhalten hat. Der zuständige Berichterstatter des Rechtsausschusses hat vor dem Deutschen Bundestag ausgeführt:

»Die Intention dieses Mitwirkungsverbotes ist es, den Begriff dieselbe Angelegenheit nicht einengend, sondern im Gesamtzusammenhang zu werten. So fällt die Beurkundung eines Rechtsgeschäftes, das lediglich Teil oder Folge des durch steuerliche oder wirtschaftliche Überlegungen intendierten Vorgangs ist, in den von Nr. 7 erfassten Bereich des Mitwirkungsverbotes. Dieses Beispiel erfasst die Sozietät mit einem Wirtschaftsprüfer oder Steuerberater eben auch in der Weise, dass der in einer Sozietät verbundene Notar an der Beurkundung gehindert ist, wenn diese Beurkundung mit den von dem Unternehmen verfolgten wirtschaftlichen oder steuerlichen Zielen zu

---

177 *Mihm* DNotZ 1999, 19.

tun hat, an deren Festlegung der Steuerberater oder der Wirtschaftsprüfer beratend beteiligt war.«

Für dauernde Beratungsverhältnisse – wie sie vor allem in Berufsverbindungen unter Beteiligung von Steuerberatern oder Wirtschaftsprüfern vorkommen – hat dies zur Folge, dass aus dem mandatsbezogenen Mitwirkungsverbot des § 3 Abs. 1 Satz 1 Nr. 7 BeurkG häufig ein mandantenbezogenes Verbot wird.[178]

Der Notar hat die Beachtung der Vorschrift durch den Vorbefassungsvermerk zu dokumentieren. Einzelheiten s.o. Rdn. 61.

ee) Sozietätswechsel

Der Berufsrechtsausschuss der BNotK[179] hat hierzu zutreffend ausgeführt   94
– Wechselt ein Anwaltsnotar die Sozietät, wird die abgebende Sozietät mit dem Ausscheiden des Anwaltsnotars von einem Vorbefassungsausschluss frei, weil eine frühere Berufsverbindung nicht von § 3 Abs. 1 Satz 1 Nr. 7 i.V.m. Nr. 4 BeurkG erfasst ist.
– Die aufnehmende Sozietät hingegen wird von den früheren eigenen Vorbefassungen des Sozietätswechslers betroffen, weil das Mitwirkungsverbot nach § 3 Abs. 1 Satz 1 Nr. 7 BeurkG auch abgeschlossene Tätigkeiten erfasst und es dabei nicht darauf ankommt, dass die Tätigkeit in der gleichen Sozietät ausgeübt wurde.
– Waren nur frühere Sozien des Sozietätswechslers mit einer Angelegenheit befasst, nicht aber der Sozietätswechsler selbst, wird der Sozietätswechsler mit der Beendigung der Berufsverbindung von dem Vorbefassungsausschluss frei und damit auch die neue Sozietät nicht betroffen.
– Eine eigene Vorbefassung des Anwaltsnotars setzt eine über die bloße Mitmandatierung hinausgehende aktive Befassung voraus. Erfasst sind auch vorbereitende oder unterstützende Tätigkeiten ohne Außenwirkung.
– Der Umstand, dass in einer Sozietät das Mandat in der Regel der gesamten Sozietät und damit auch dem Sozietätswechsler erteilt wird, löst als solches keine eigene Vorbefassung aus. War der Sozietätswechsler Sozius (d.h. Partner) oder Scheinsozius der früheren Sozietät, folgt hieraus auch kein generelles Mitwirkungsverbot gem. § 14 Abs. 3 Satz 2 i.V. m. § 16 Abs. 2 BNotO. Je nach den besonderen Umständen kann sich jedoch im Einzelfall hieraus eine Pflicht zur Enthaltung der Amtsausübung ergeben. Im Anschluss an die vorstehende Problematik stellt sich die Frage der Reichweite der Dokumentationspflichten gem. § 28 BNotO i.V. m. § 15

---

178 *Vaasen/Starke* DNotZ 1998, 671.
179 BNotK Intern 1/2001.

DONot n.F. im Falle eines Sozietätswechsels, insbesondere soweit die aufnehmende Sozietät von einer früheren, eigenen Vorbefassung des Sozietätswechslers betroffen sein kann. Der Ausschuss kam nach ausführlicher Erörterung der Problematik zu der Auffassung, dass der amtierende Notar, der eine eigene Dokumentation über seine eigene, nicht notarielle Tätigkeit führt, diese Dokumentation in die neue Sozietät mitnehmen soll und auch mitnehmen kann. Für den angehenden Anwaltsnotar, der noch keine eigene Dokumentation geführt hat, soll dies indes nicht gelten. In diesem Fall ist mit späterer Bestellung keine Rückdokumentation erforderlich. Grundsätzlich gilt, dass eine mitzunehmende Dokumentation sensibel zu behandeln ist und der neuen Sozietät nicht allgemein zur Verfügung bzw. zur Kenntnis gegeben werden, sondern nur für den Zweck der – auch elektronischen – Einsichtnahme im konkreten Fall vorgehalten werden darf.

Vollständiger Abdruck in *Weingärtner/Gassen/Sommerfeldt* § 15 DONot Rn. 17

f) Bevollmächtigung oder Dienst/Geschäftsverhältnis des Notars (Nr. 8)

95 Hier ist darauf hinzuweisen, dass der Anwaltsnotar Verbindungen mit Syndikusanwälten vielleicht meiden sollte, denn die schließen ihn auch von späteren Beurkundungen für dieses Unternehmen aus. Die in § 3 Abs. 1 Nr. 8 erwähnte anwaltliche Bevollmächtigung erfasst nur noch die Fälle, in denen der Anwaltsnotar schon bevollmächtigt war, aber noch keine Tätigkeit aufgenommen hatte.

Der Notar darf nicht mitwirken, wenn eine enge wirtschaftliche und rechtliche Bindung oder eine Weisungsgebundenheit besteht, die seine Unabhängigkeit infrage stellt wie bei einem Dienstvertrag mit fester Vergütung.[180] Da bereits die Unabhängigkeit des Notars der Eingehung eines solchen Angestelltenverhältnisses entgegensteht, hat die Vorschrift praktische Relevanz nur für den Fall, dass eine mit dem Notar zur gemeinsamen Berufsausübung verbundene Person in einem ständigen Dienst- oder Geschäftsverhältnis steht. Auch dann darf der Notar für das Unternehmen keinerlei Beurkundungen vornehmen. Wie bisher nach überwiegender Auffassung ist dabei auch weiterhin auf das Kriterium der Weisungsunabhängigkeit abzustellen, das bei Steuerberatern und Wirtschaftsprüfern ebenso wie Rechtsanwälten in Ausübung des freien Berufes in der Regel gegeben ist. Auch für Dauerberatungsmandate von soziierten Wirtschaftsprüfern oder Steuerberatern ergibt sich somit innerhalb der Auslegung und Anwendung der Nr. 8 nicht generell ein Ausschlusstatbestand. Es

---

180 *Mihm* DNotZ 1999, 23 mit w. Zitaten.

ist aber jeweils zu prüfen, ob bei diesen Dauerberatungsmandaten ein Ausschluss über die Vorbefassung mit derselben Angelegenheit gemäß Nr. 7 eingreift. S. auch oben Rdn. 91.

g) Gesellschaftsbeteiligung des Notars (Nr. 9)

Das Mitwirkungsverbot knüpft alternativ an eine Beteiligung des Notars an 96 mit mehr als 5 % der Stimmrechte oder einen anteiligen Betrag des Haftkapitals von mehr als 2 500 €. Mit der Anknüpfung an die Beteiligung i.H.d. €-Betrages sollen auch prozentual niedrige Beteiligungen an Kapital starken Gesellschaften erfasst werden können, wobei mit dem Grenzwert von 2 500 € berücksichtigt werden soll, dass der Marktwert regelmäßig ein Vielfaches des Nominalwertes der Beteiligung ausmacht.

Auch Genossenschaften fallen hierunter, jedoch nicht Beteiligungen an Personengesellschaften. Diese fallen unter § 3 Abs. 1 Satz 1 Nr. 1.

Eine Geschäftsbeteiligung des Ehepartners ist unschädlich.

Der Aufschließungstatbestand des Nr. 9 erstreckt sich auch nicht auf Sozien, da der Tatbestand keinerlei Bezug auf die Nr. 4 nimmt.

IV. Bestellung des Notars oder seines Sozius zum Testamentsvollstrecker

Lit.-Hinweis:

Reimann, Notare als Testamentsvollstrecker, DNotZ 1994, 659–670.

Nach § 7 BeurkG ist eine Beurkundung von Willenserklärungen insoweit 97 unwirksam, als diese darauf gerichtet ist, dem Notar einen rechtlichen Vorteil zu verschaffen. Demnach ist es ihm auch verwehrt, eine Beurkundung vorzunehmen, in der er zum Testamentsvollstrecker bestellt wird (§ 27 BeurkG). Der Notar darf nicht einmal ein Testament beurkunden, in dem bestimmt ist, dass er die Person des Testamentsvollstreckers bestimmen soll.[181] § 7 Nr. 1 BeurkG verbietet einschränkungslos die Verschaffung eines rechtlichen Vorteils. Der BGH sieht den rechtlichen Vorteil für den Notar darin, dass ihm durch die Befugnis zur Ernennung eines Testamentsvollstreckers im Sinne von § 2198 Abs. 1 Satz 1 BGB eine Verbesserung seiner Rechtsposition eingeräumt wird, auf die er keinen vertraglichen oder gesetzlichen Anspruch hat.

Erkennt der Notar, dass der Erblasser ihn zum Testamentsvollstrecker ernen- 98 nen will, muss er die Beurkundung ablehnen (§ 14 Abs. 2 BNotO; §§ 4, 7,

---

181 BGH, ZNotP 2012, 471 = MitBayObLG 2013, 166, besprochen von *Krause* NotBZ 2013, 19.

27 BeurkG). Missachtet er dieses Mitwirkungsverbot, ist die Beurkundung insoweit gemäß § 125 BGB nichtig.[182] Keine Bedenken bestehen, wenn der Erblasser in einem **eigenhändigen oder von einem anderen Notar beurkundeten Testament** den Notar, der seinen letzten Willen beurkundet hat, zum Testamentsvollstrecker bestellt.[183]

99 Vorsicht ist geboten, wenn in einer gesonderten schriftlichen Verfügung der Notar als Testamentsvollstrecker benannt wird und eine unmittelbare Verknüpfung zwischen den Schriftstücken zu sehen ist.[184] Errichtet also der Erblasser nach Beurkundung eines notariellen Testaments, das die Berufung des Urkundsnotars nicht enthält, ein weiteres eigenhändiges Testament[185] mit der Bestimmung des Urkundsnotar als Testamentsvollstrecker, so ist das zulässig.[186] Anders, wenn der Erblasser das Zusatztestament durch Übergabe einer verschlossenen Schrift als öffentliches Testament errichtet (§ 2232 BGB), weil es auf die Kenntnis des Notars von seiner Bestellung nicht ankommt. Übergibt der Erblasser dem Notar nach Abschluss der Beurkundung einer letztwilligen Verfügung gemäß § 2231 Nr.1 BGB mit der Anordnung der Testamentsvollstreckung eine verschlossene letztwillige Verfügung, in der der Urkundsnotar zum Testamentsvollstrecker bestimmt wird, so ist das wirksam, auch wenn beide Verfügungen vom Notar in einem Umschlag in die amtliche Verwahrung des Nachlassgerichts gegeben werden[187] (Abkehr von OLG Bremen Beschl. v. 24.09.2015, 5 W 23/15[188]).

Gleichwohl ist wegen der wechselnden Rechtsprechung zu empfehlen, beide Urkunden »räumlich« streng zu trennen.

100 Klauseln in einem notariellen Testament, wonach der Erblasser das Nachlassgericht »ersucht, nach Möglichkeit den beurkundenden Notar zum Testaments-

---

182 *Reimann*, DNotZ 1994, 659, 661; *Bengel/Reimann*, Beck'sches Notarhandbuch, 5. Aufl., Abschn. C, Rn. 43; DNotIReport 12/1999, S. 102.

183 LG Göttingen DNotZ 1952, 445; *Winkler* § 27 Rn. 9 m.w. Hinweisen.

184 OLG Bremen, Beschl. v. 24.09.2015, 5 W 23/15, NJW-RR 2016, 76 = MittBayNot 2016, 34; a.A. OLG Bremen, Beschl. v. 10.3.2016 – 5 W 50/15, MDR 2016, 531 = MittBayNot 2016, 344 = NJW-RR 2016, 979 = NotBZ 2016, 426.

185 Auch wenn dies in den Räumen des Notars geschieht (OLG Köln, Beschl. v. 05.02.2018 – 2 Wx 275/17, RNotZ 2018, 336.

186 *Winkler* § 27 Rn. 9; OLG Köln Beschl. v. 05.02.2018 – 2 Wx 275/17, RNotZ 2018, 336.

187 OLG Bremen, Beschl. v. 10.03.2016 – 5 W 50/15, MDR 2016, 531 = MittBayNot 2016, 344 = NJW-RR 2016, 979 = NotBZ 2016, 426.

188 NJW-RR 2016, 76 = MittBayNot 2016, 347.

vollstrecker zu ernennen«, werden im Schrifttum und in der Rechtsprechung überwiegend als zulässig erachtet.[189]

Sie dürften auch dienstrechtlich nicht zu beanstanden sein, soweit nicht besondere Umstände hinzutreten, die darauf hindeuten, dass die wiederholte Verwendung der Klausel vom Notar selbst initiiert worden ist. Die Auswahl des Testamentsvollstreckers steht nämlich in diesem Fall allein im pflichtgemäßen Ermessen des Nachlassgerichts; der betreffende Notar kann also nicht sicher sein, mit dieser Aufgabe betraut zu werden. Bei der Ausübung des Ermessens kann das Gericht unter Umständen den Gesichtspunkt berücksichtigen, dass etwa der vorgeschlagene Notar jahrelang als Vertrauensperson den Erblasser rechtlich beraten hat.[190]

Die früher streitige Frage, ob der beurkundende Notar seinen Sozius zum   **101**
Testamentsvollstrecker bestimmen kann, ist – obgleich der BGH dies vor der Gesetzesänderung gestattet hatte[191] – nunmehr entschieden: § 3 Abs. 1 Satz 4 BeurkG verbietet dies.[192]

V. Anwaltliche Tätigkeit nach vorheriger notarieller Tätigkeit (§ 45 BRAO)[193]

Der Anwaltsnotar darf als Anwalt nicht tätig werden, wenn er in derselben   **102**
Rechtssache als Notar, Notarvertreter oder Notariatsverwalter bereits tätig gewesen war (§ 45 Abs. 1 Nr. 1 BRAO). Das Verbot gilt auch, wenn er in dieser Eigenschaft eine Urkunde aufgenommen und deren Rechtsbestand oder Auslegung streitig ist oder die Vollstreckung aus ihr betrieben wird (§ 45 Abs. 1 Nr. 2 BRAO). Das Verbot ergibt sich auch aus § 14 BNotO.

---

189 LG Göttingen DNotZ 1952, 445; Armbrüster/Preuß/Renner/*Seger* § 27 Rn. 6; *Winkler* § 27 Rn. 9.
190 JM NW, Erl. v. 14.04.1989 – 3831 I C. 29 –; **a.A.** JM BW, Erl. v. 04.07.1989 – 3830 – II/204: Klauseln der genannten Art sollten vermieden werden, da der Eindruck der Beeinflussung des Notars besteht; ebenso ablehnend: Hess. Min. d.J., da eine Verquickung der Amtstätigkeit mit eigenen wirtschaftlichen Interessen des Notars, nämlich dem Erstreben einer zusätzlichen Vergütungsquelle, verhindert werden müsse, um das Ansehen des Notarstandes, insbesondere hinsichtlich seiner Unabhängigkeit, zu erhalten. Dieser Gedanke überwiege auch bei den Fällen, in denen der beurkundende Notar als Vertrauter des Testators objektiv am ehesten für das Amt des Testamentsvollstreckers geeignet sein mag.
191 BGH NJW 1997, 946.
192 *Winkler* § 27 BeurkG Rn. 10.
193 Ausführlich Feuerich/Weyland/*Böhnlein* zu § 45 BRAO.

Der Verstoß führt regelmäßig zur Nichtigkeit des Geschäftsbesorgungsvertrags zwischen Rechtsanwalt und Mandanten,[194] sodass er auch nicht liquidieren kann. Ob ein Verstoß auch die dem Rechtsanwalt erteilte Prozessvollmacht unwirksam macht, ist zweifelhaft.[195] Dagegen spricht zu Recht, dass die Vollmacht von dem zugrunde liegenden Rechtsgeschäft unabhängig ist und ihre Wirksamkeit sich grundsätzlich allein nach prozessualen Grundsätzen bestimmt.[196] Indes nimmt der BGH[197] bei Verstoß gegen ein auch dem Schutz des vertretenen dienenden Gesetzes, etwa bei unerlaubter Rechtsberatung, die Unwirksamkeit auch der Vollmacht an. Jedenfalls darf der Anwalt keine Kosten für seine Tätigkeit berechnen.[198]

Der Anwaltsnotar muss sich bewusst sein, dass ein Verstoß gegen die o. Vorschriften der BRAO zugleich ein Verstoß gegen seine fortdauernden notariellen Pflichten (§ 14 BNotO) ist.

Das Verbot gilt auch für den in Sozietät oder Bürogemeinschaft verbundenen oder verbunden gewesenen Anwalt, § 45 Nr. 3 BRAO. Außerdem ist ein allgemeiner Grundsatz des anwaltlichen Berufsrechts, dass jeder Sozius seine Tätigkeit in allen Fällen zu versagen hat, in denen auch nur einer der anderen Sozien zur Versagung verpflichtet wäre.[199]

103 Dies gilt auch im Rahmen **überörtlicher Sozietäten**. Der Rechtsuchende kennt die inneren Strukturen der Sozietät nicht; jeglicher Anschein einer Einflussnahme auf den Sozius muss vermieden werden.

▶ Beispiele:

104 Ein Anwaltsnotar hat einen Grundstückskaufvertrag beurkundet. Als der Käufer Sachmangel geltend macht, richtet der Notar mehrere Schreiben an die Verkäuferin, in denen er u.a. ausführte, dass der vereinbarte Haftungsausschluss nicht greife. Mit der vorangegangenen notariellen Tätigkeit ist es nicht zu vereinbaren, in Streitfällen bestrittene oder zweifelhafte Rechte die Interessen einer Partei wahr zu nehmen[200]

Der Notar hat einen Gütertrennungsvertrag beurkundet. Später soll er einen der Ehepartner im Scheidungsverfahren vertreten. Das Verbot gilt auch,

---

194 BGH AnwBl 2011,65; Feuerich/Weyland/*Böhnlein* § 45 Rn. 41.
195 Verneinend BGH NJW 1993, 1926, Feurich/Weyland/*Böhnlein* § 45 Rn. 43.
196 OLG Köln Anwaltsblatt 1980, 71, OLG Hamm DNotZ 1989, 632.
197 BGHZ 154, 286, BGH NJW 2003, 2091.
198 OLG Hamm B. v. 13.10.05 – 23 W 238/05.
199 Feuerich/Weyland/*Böhnlein* § 45 Rn. 39.
200 BGH Beschl. v. 23.11.2015 – NotSt (Brfg) 5/15 Rn 8.

wenn er nur ein »einseitiges« Schuldanerkenntnis zur Unterhaltszahlung beurkundet hat. Auch das Angebot macht nämlich den anderen zum sachlich Beteiligten.

Der Notar, der eine vollstreckbare Urkunde errichtet hat, darf nicht den Auftrag übernehmen, die Vollstreckung aus dieser Urkunde durchzuführen.[201]

Der Notar berät die Gründer einer GmbH und beurkundet einen GmbH-Gesellschaftsvertrag. Es kommt später zu einem Rechtsstreit, in dem es um die Auslegung der errichteten Urkunde und/oder um den Beweis von begleitenden Beratungsgesprächen geht.

Der Anwaltsnotar, der in diesen Beispielen einen der Beteiligten vertritt, verstößt gegen § 45 BRAO.

▶ **Weitere Beispiele:**

Der Anwaltsnotar hat als Notar einen Urkundsentwurf gefertigt. Die Beur-   **105**
kundung wird jedoch von einem anderen Notar vorgenommen. Später kommt es zu Auslegungsstreitigkeiten. Einer der Beteiligten beauftragt den Anwaltsnotar, der den Entwurf gefertigt hat, mit seiner Interessenvertretung. Auch hier besteht ein Vertretungsverbot.

▶ **Weiteres Beispiel:**

Der Notar beurkundet eine Vollmachtserklärung des A für B. Später widerruft er im Auftrage des A die Vollmacht; der Widerruf ist eine unzulässige Anwaltätigkeit, da B als Empfänger der Vollmachtserklärung auch Beteiligter des Urkundengeschäfts war.

▶ **Weiteres Beispiel:**

A hat vor dem Notar ein öffentliches Testament durch Übergabe einer   **106**
offenen Schrift errichtet. § 45 BRAO verbietet ihm, später in dieser Angelegenheit anwaltlich tätig zu werden.

Zwar hat der Notar nicht den Wortlaut der Erklärung beurkundet. Er hat aber durch seine notarielle Tätigkeit bewirkt, dass das privatschriftlich niedergelegte Testament die Bedeutung eines öffentlichen Testaments erlangt (§ 2232 BGB), und damit an der »Aufnahme« einer Urkunde mitgewirkt.[202]

---

201 DNotZ 1963, 251.
202 Feuerich/Weyland/*Böhnlein* § 45 Rn. 13.

▶ **Abwandlung:**

107   A hat seine letztwillige Verfügung durch Übergabe einer verschlossenen Schrift an den Notar errichtet.

Hier hat der Notar keinerlei Prüfungs- oder Einwirkungsmöglichkeiten auf den Inhalt der Schrift; er kann also später als Anwalt in dieser Angelegenheit tätig werden. Entsprechendes gilt, wenn der Notar lediglich die **Beglaubigung einer Unterschrift** vornimmt und die Ordnungsmäßigkeit der Beglaubigung nicht infrage gestellt wird. Hier darf er später anwaltlich tätig werden.

Anders, wenn er auf Ersuchen des unmittelbar oder materiell-rechtlichen Beteiligten den **Entwurf** gefertigt hat. Hier ist er gem. § 24 BNotO tätig geworden und darf keinen Beteiligten gegen den anderen als Rechtsanwalt vertreten.[203]

▶ **Weitere Beispiele:**

108   Der Notar verteidigt einen Beteiligten aus zuvor getätigten notariellen Akten, wobei Gegenstand des Strafverfahrens der Schutz des Eigentums eines am Amtsgeschäft Beteiligten gegen einen anderen Beteiligten ist.

Der Anwaltsnotar, der eine Verfügung von Todes wegen beurkundet hat, vertritt Ansprüche von gesetzlichen Erben, Vermächtnisnehmern und Pflichtteilsberechtigten.

Der Anwaltsnotar vertritt einen der Beteiligten in der Geltendmachung von nachträglich entstandenen Einwendungen gegen seine Urkunde wie Erlass, Aufrechnung, Stundung.

▶ **Weiteres Beispiel:**

Der Notar hat Aufträge zur Beurkundung von Gesellschaftsverträgen, erbrechtlichen Regelungen, kindschaftsrechtlichen Vorgängen erhalten, ohne dass es zur Beurkundung kommt; während der Vorbereitung ergibt sich Streit unter den Parteien. Vertritt er anschließend einen der Beteiligten anwaltlich, so handelt er gegen seine Notarpflichten.

▶ **Weiteres Beispiel:**

Der Notar hat ein Nachlassverzeichnis aufgenommen. Die anwaltliche Vertretung des Erklärenden ist i. d. R. ausgeschlossen.[204]

---

203 *Hartstang*, S. 190. S. auch die umfangreiche Aufzählung bei *Hartstang*, S. 189 f.
204 OLG Koblenz NotBZ 2008, 37.

▶ **Weiteres Beispiel:**[205]

Der Notar beurkundete den Verkauf einer Eigentumswohnung. Der Verwalter machte die Erteilung seiner Zustimmung von der Befreiung bestehender Wohngeldrückstände abhängig. Der mit dem Notar in Sozietät verbundene Anwalt forderte den Verwalter zur Erteilung der Zustimmung unter Fristsetzung auf und drohte die Einleitung eines gerichtlichen Ersetzungsverfahrens an. Der Verwalter erteilte daraufhin die Zustimmung. Die Anwaltssozietät klagte die Kosten der anwaltlichen Vertretung für das Anforderungsschreiben ein. Das OLG versagte den Anspruch im Hinblick auf § 45 Abs. 1 Satz 1 III BRAO, da diese Vorschrift ein gesetzliches Verbot i.S.d. § 134 BGB bedeute.

Die dargestellten Grundsätze gelten im Übrigen auch für **die freiwillige** 109
Gerichtsbarkeit. Ein Notar darf im Verfahren der **freiwilligen Gerichtsbarkeit** nicht als Verfahrensbevollmächtigter eines Beteiligten gem. § 24 Abs. 1 Satz 2 BNotO tätig werden, wenn andere Beteiligte mit gegensätzlichen Interessen privater Art in dem Verfahren auftreten. Ergibt sich daher im Verfahren der freiwilligen Gerichtsbarkeit, dass ein Gegner auf gleicher Ebene vorhanden ist, der den vom Notar für einen Beteiligten gestellten Antrag bekämpft und könnte der Interessenstreit mit entsprechend geänderten Anträgen auch Gegenstand eines Zivilprozesses sein, so ist dem Notar eine weitere Vertretung einseitiger Interessen versagt.[206] Diese Grundsätze sind auch zu beachten, wenn der Notar einen Erbscheinsantrag beurkundet hat und es sodann zum Streit zwischen Erbprätendenten kommt. Dem Anwaltsnotar ist in diesem Fall die Vertretung eines oder mehrerer Beteiligter verboten.[207] Entsprechendes gilt für ein Zwangsversteigerungsverfahren.[208]

Eine bloße Verteidigung des Erbscheinsantrages im Rahmen des FamFG-Verfahrens ist allerdings möglich (s. Rdn. 25)

Auch bei Amtshandlungen besonderer Art, insbesondere bei **Verwahrungsgeschäften**, aus denen sich nachträglich Streit zwischen den Beteiligten ergibt, darf der Notar nicht für die eine oder andere Partei tätig sein. So darf z.B. der Notar nicht den einen Vertragspartner im Auftrage des anderen durch Mahnung in Verzug setzen.

---

205 OLG Hamm Beschl. v. 17.06.2004 – 15 W 225/04 – Kammerreport Hamm 2004, 39.
206 BGH DNotZ 1969, S. 503; OLG Stuttgart DNotZ 1964, 738.
207 OLG Köln NJW-RR 1993, 698.
208 BGH NJW 1969, 929; kritisch hierzu *Litzenburger* NotBZ 2005, 239.

Zur Frage, ob ein Verstoß gegen § 45 BRAO im notariellen Disziplinarverfahren oder im anwaltsgerichtlichen Verfahren zu ahnden ist (§ 110 BNotO), s.o. Kap. A Abschnitt V, Rdn. 23.

VI. Dokumentation zur Einhaltung der Mitwirkungsverbote (§ 15 DONot)

110   S. auch Angang 4, EDV-Empfehlungen für Notare, Notarprüfer und Softwarehersteller im Hinblick auf eine dienstordnungsgerechte Führung der Bücher, Verzeichnisse und Übersichten im Notariat. Ausführlich *Weingärtner/Gassen* zu § 15 DONot.

1. Regelungsbefugnis

111   Nach § 28 BNotO hat der Notar durch geeignete Vorkehrungen die Wahrung der Unabhängigkeit und Unparteilichkeit seiner Amtsführung, insbesondere die Einhaltung der Mitwirkungsverbote sicherzustellen. Ergänzend hierzu bestimmt § 67 Abs. 2 Satz 3 Nr. 6 BNotO die Richtlinienkompetenz der Notarkammern für nähere Regelungen über die Art der nach § 28 BNotO zu treffenden Vorkehrungen.

Entsprechend dieser Vorgabe haben die Kammern in Anlehnung an die Richtungsempfehlungen der Bundesnotarkammer[209] in ihren Satzungen bestimmt, dass der Notar als Vorkehrungen i.S.d. § 28 BNotO Beteiligtenverzeichnisse oder sonstige zweckentsprechende Dokumentationen zu führen hat, die eine Identifizierung der in Betracht kommenden Personen ermöglichen.

Die § 15 DONot bestimmt die Mindestanforderungen für ein solches Beteiligtenverzeichnis.

Bedenken gegen die Regelungskompetenz der DONot bestehen insoweit nicht.[210] Die DONot legt lediglich das Gesetz und die Satzung aus, indem sie die inhaltlichen Anforderungen auflistet, die eine Dokumentation mindestens erfüllen muss, um »zweckentsprechend« im Sinne der Richtlinien bzw. »geeignet« im Sinne von § 28 DONot zu sein. Gesetz und Richtlinien fordern nicht etwa nur das unerlässliche Minimum. Die Worte »geeignete« und »zweckentsprechende« Vorkehrungen bzw. Dokumentationen sind so zu verstehen, dass eine praktische, zweckmäßige und das Regelungsziel sachgerecht erfüllende Lösung gefordert wird.[211]

---

209   Abgedr. in *Weingärtner* Notarrecht Ord. Nr. 130.
210   *Harborth* DNotZ 2002, 435 ff.; *Maaß* ZNotP 2001, 331 f.
211   Ausführlich: Eylmann/Vaasen/*Miermeister/de Buhr* § 15 DONot; Armbrüster/Preuß/ Renner/*Eickelberg* § 15 DONot Rn. 8 ff.; *Weingärtner/Wöstmann* S. 266 ff.

Da § 28 BNotO nicht verlangt, dass ein Beteiligtenverzeichnis, schriftlich zu führen ist, kann dies demgemäß auch nicht die DONot verlangen. Dies ist jetzt auch durch Abs. 2 des § 15 DONot klargestellt.

2. Beschränkung der Dokumentation zur Überprüfung der Mitwirkungsverbote nach § 3 Abs. 1 Nr. 1 und Nr. 8 1. Alt., Abs. 2 BeurkG (§ 15 Abs. 1 Satz 1 DONot)[212]

Mit dem geforderten Beteiligtenverzeichnis soll lediglich die Einhaltung der **112**
Mitwirkungsverbote nach
- § 3 Abs. 1 Nr. 7 BeurkG (Vorbefassung außerhalb der Amtstätigkeit),
- § 3 Abs. 1 Nr. 8 BeurkG (Bevollmächtigung in derselben Angelegenheit) und
- § 3 Abs. 2 BeurkG (frühere Tätigkeit in derselben Angelegenheit oder gegenwärtige Bevollmächtigung in anderer Sache)
gewährleistet werden.

Alle anderen Mitwirkungsverbote sind von § 15 DONot nicht erfasst. Das bedeutet jedoch keine Befreiung von der Prüfung der übrigen Mitwirkungsverbote.

§ 15 schreibt weiter vor, welche Mindestvoraussetzungen an das Beteiligtenverzeichnis zu stellen sind.

3. Der verpflichtete Personenkreis

Verpflichtet zur Führung des Beteiligtenverzeichnisses ist der (Anwalts-) Notar. **113**
Er muss dafür sorgen, dass die mit ihm verbundene Person i. S. v. § 3 Abs. 1 Nr. 4 BeurkG, also die Person, mit der er sich zur gemeinsamen Berufsausübung verbunden oder mit der er gemeinsame Geschäftsräume hat, ebenso ein Verzeichnis führt.

Hierbei ist zu beachten, dass der Tatbestand des Nr. 4 über den Begriff der **114**
Bürogemeinschaft hinausgeht. Er erfasst entsprechend dem Wortlaut bereits das gemeinsame Halten von Geschäftsräumen, also die bloße Raumnutzung, und setzt nicht zusätzlich die gemeinsame Beschäftigung von Personal oder die gemeinsame Nutzung weiterer sächlicher Mittel voraus. Auch freie Mitarbeiter und angestellte Rechtsanwälte können das Mitwirkungsverbot auslösen.[213] Erfasst sind also auch überörtliche Gemeinschaften in Form einer BGB-Gesellschaft, Partnergesellschaft, das Einstellungsverhältnis mit einem

---

212 Ausführlich: Weingärtner/Gassen/Sommerfeldt/*Weingärtner* § 15 Rn. 4 ff.
213 *Vaasen/Starke* DNotZ 1998, 669.

Rechtsanwalt oder auch Anstellungsverhältnis mit einem freien Mitarbeiter. Bei dem Tatbestand der gemeinsamen Berufsausübung wird im Wesentlichen darauf abgestellt, ob Gewinn- und Verlust gemeinsam getragen werden, während die gemeinsamen Geschäftsräume nur auf den äußerlichen Eindruck abstellen, also ob allen Partnern der Zugang zu allen Räumen gewährt wird und auch die technischen und sonstigen sächlichen Mittel, wie z.B. Computer und Schreibtische, gemeinsam genutzt werden. Es kommt dabei auch nicht darauf an, ob alle für eine Bürogemeinschaft benötigten sächlichen Mittel den Partnern zur Verfügung stehen, sondern es genügt eines dieser Instrumentarien. Dadurch soll Missbräuchen in der Weise entgegen gewirkt werden, dass verschiedene Räume angemietet werden, aber mehr oder weniger der technische Apparat gemeinsam genutzt wird. Bei den gemeinsam genutzten Räumen wird primär auf die tatsächliche Nutzung und den Besitz i.S.d. § 854 BGB abzustellen sein und weniger auf intern geregelte Mietverhältnisse.[214]

115   Da auch bei »verfestigten« Kooperationen die Mitwirkungsverbote nach § 3 BeurkG zu beachten sind (s.o. Rdn. 78), muss der Notar darauf drängen, dass auch die mit ihm verbundene »Kooperation« ein für ihn einsichtbares Beteiligtenverzeichnis führt. Von einer »verfestigten« Kooperation ist auszugehen, wenn eine Kooperation nach außen verlautbart wird, insbesondere auf Geschäftspapieren in Kanzleibroschüren, auf Kanzleischildern oder in ähnlicher Weise. Selbst wenn in diesen Fällen tatsächlich keine feste Vereinbarung zugrunde liegt, wird zumindest nach außen der Anschein einer Verbindung zur gemeinsamen Berufsausübung erweckt (s.o. Rdn. 78).

116   Der Notar ist daher verpflichtet, nicht nur dafür zu sorgen, dass für seine Anwaltsmandate ein Beteiligtenverzeichnis angelegt wird, sondern er ist auch verpflichtet, durch entsprechende Vereinbarungen dahin zu wirken, dass die mit ihm verbundene Person das Beteiligtenverzeichnis führt.[215] Gegebenenfalls kann er hierzu disziplinarrechtlich angehalten werden oder ihm ist die Sozietät pp. zu untersagen.[216] Eine von der Justizverwaltung an den Sozius gerichtete Auflage, ein Beteiligtenverzeichnis zu führen, ist unzulässig.[217]

117   § 15 DONot gilt grundsätzlich auch im Bereich des **Nurnotariats**, wird hier jedoch eine wesentlich geringere Rolle spielen als im Bereich des Anwaltsnotariats. Nebentätigkeiten des Nurnotars (z.B. als Schiedsrichter, Testamentsvoll-

---

214   Ausführlich hierzu *Mihm* DNotZ 1999, 8; *Lerch* § 3 Rn. 31.
215   *Weingärtner/Wöstmann* VI Rn. 21, S. 268.
216   Armbrüster/Preuß/Renner/*Eickelberg* § 15 DONot Rn. 25; OLG Celle Nds.Rpfl. 2006, 152.
217   OLG Celle Nds.Rpfl. 2006, 152.

strecker, Insolvenzverwalter, Vormund) können auch die Mitwirkungsverbote auslösen. Solange ein Notar (gegebenenfalls sein Sozius) solche Tätigkeiten nicht ausübt, die Mitwirkungsverbote nach § 3 Abs. 1 Nr. 7 und Nr. 8 Alt. 1 BeurkG auslösen können, braucht er die Dokumentationen nicht zu führen.[218]

4. Sozietätswechsel

S.o. Rdn. 94.   **118**

Wechselt ein Anwalt in eine Anwaltsnotariatspraxis, nimmt er seine Vorbefassung sozusagen als »Altlast« mit. Der aufnehmende Notar darf bei Vorbefassung des neu eingetretenen Kollegen nicht tätig werden.[219] Fraglich ist, ob der wechselnde Anwaltsnotar oder der Anwalt, der noch kein Notar ist, seine Dokumentation mitnehmen muss. Der BNotK-Ausschuss[220] vertritt hierzu folgende Auffassung, der zuzustimmen ist:

> Der Ausschuss kam nach ausführlicher Erörterung der Problematik zu der Auffassung, dass der amtierende Notar, der eine eigene Dokumentation über seine eigene, nicht notarielle Tätigkeit führt, diese Dokumentation in die neue Sozietät mitnehmen soll und auch mitnehmen kann. Für den angehenden Anwaltsnotar, der noch keine eigene Dokumentation geführt hat, soll dies indes nicht gelten. In diesem Fall ist mit späterer Bestellung keine Rückdokumentation erforderlich. Grundsätzlich gilt, dass eine mitzunehmende Dokumentation sensibel zu behandeln ist und der neuen Sozietät nicht allgemein zur Verfügung bzw. zur Kenntnis gegeben werden, sondern nur für den Zweck der – auch elektronischen – Einsichtnahme im konkreten Fall vorgehalten werden darf.

5. Mindestanforderungen an die Dokumentation

S. hierzu auch Grundsätze zur Auslegung des § 15 DONot-Beteiligtenver-   **119**
zeichnisses der Notarkammer Hamm (Jetzt: Westfälische. Notarkammer), abgedruckt bei *Weingärtner/Gassen* § 15 Rn. 15. Festzuhalten ist die **Identität der Person**, für welche der Notar oder eine andere Person im Sinne von § 3 Abs. 1 Nr. 4 BeurkG außerhalb seiner Amtstätigkeit in derselben Angelegenheit bereits tätig war oder ist oder welche der Notar oder eine Person im Sinne von § 3 Abs. 1 Nr. 4 Beurkundungsgesetz bevollmächtigt hat.

---

218 V. *Campe* NotBZ 2000, 367. Zur Frage des Vorbefassungsvermerk s. *Hermanns* MittRhNotK 1998, 359; *Lischka* NotBZ 1998, 208; *Vollrath* MittBayNot 1998, 322; Armbrüster/Preuß/Renner/*Eickelberg* § 15 DONot Rn. 16.
219 S. hierzu ausführlich Rundschreiben der BNotK 22/2001.
220 BNotK Intern 1/2001.

Die Identität muss zweifelsfrei aus den Angaben erkennbar sein. Diese müssen einen »Abgleich mit der Urkundenrolle und dem Namensverzeichnis« ermöglichen, d.h. die Angaben müssen praktisch identisch sein. Es sind also entsprechend § 8 Abs. 4 Satz 2 DONot (Eintragung in die Urkundenrolle) der Familienname, bei Abweichung von Familiennamen auch der Geburtsname, der Wohnort oder der Sitz, und bei häufig vorkommenden Familiennamen weitere Unterscheidungsmerkmale anzugeben wie z.B. Geburtsdaten oder nähere Anschriften. Entsprechend § 8 sind in Vertretungsfällen auch der Vertreter sowie der Vertretene aufzuführen.[221] Die Angaben zur Person stellen dabei das unerlässliche Minimum dar.

120   Zu einer sachgerechten, dem Gesetz Rechnung tragenden Lösung gehört aber mehr, nämlich auch die Angabe des **Geschäftsgegenstandes**. Erst sie ermöglicht es – sowohl dem Notar als auch der Dienstaufsicht – bei Einsicht in die Dokumentation zu erkennen, welche Tätigkeit die Vorbefassung erfasst, und um anhand der Dokumentation zu entscheiden, ob der Notar selbst vor der Aufnahme des neuen Urkundsgeschäfts oder der Notarprüfer zur Kontrolle die anwaltlichen Handakten oder die des nicht anwaltlichen Partners heranziehen muss.

Darauf hinzuweisen ist, dass in dem Verzeichnis ausnahmslos alle Mandate zu erfassen sind, einschließlich sämtlicher Beratungsmandate, selbst wenn diese sich in einem einzigen Gespräch ohne Anlage einer Akte erschöpfen.[222]

Keinesfalls genügen Angaben wie »Zivilrechtssache« und »Beitreibungssache«.[223] Sie sind nämlich nicht geeignet, bereits ohne Rückgriff auf die entsprechenden Handakten festzustellen, ob möglicherweise ein Fall der Vorbefassung vorliegt.

Wie konkret der Geschäftsgegenstand anzugeben ist, wird – auch nach Kammerbezirken – unterschiedlich beurteilt. *Harborth*[224] vertritt die Ansicht, dass der Geschäftsgegenstand in einem Konkretisierungsgrad angegeben werden muss, der dem der Angabe des Geschäftsgegenstandes in der Urkundenrolle (§ 8 Abs. 5 Satz 1 DONot) entspricht, also z.B. »Verkehrsunfallsache«, »Ehescheidung«, »Unterhaltsrechtsstreit« Eine pauschale Beschreibung (Familienrecht, Erbrecht, Gesellschaftsrecht, Arbeitsrecht) genüge generell nicht.

---

221   Im Einzelnen s. Weingärtner/Gassen/Sommerfeldt/*Weingärtner* § 8 Rn. 14.

222   So ausdrücklich noch einmal betont durch Rundverfügung des Präsidenten des OLG Frankfurt vom 04.07.2002, 3831 E-I/3–2535/01.

223   OLG Celle Nds.Rpfl. 2004, 213 f.

224   *Harborth* DNotZ 2002, S. 438.

M. E. muss die Angabe so gefasst sein, dass – ausgerichtet am Zweck der Mitwirkungsverbote – schon aus dem Beteiligtenverzeichnis die abschließende Prüfung eines Vorbefassungsverbotes möglich ist. Dabei können generalisierende Bezeichnungen gewählt werden, z.B. »Mietstreitigkeit« ohne Angabe der streitgegenständlichen Wohnung. Der Notar und auch die Dienstaufsicht sollte jedenfalls aufgrund der Bezeichnung erkennen können, ob möglicherweise ein Vorbefassungsverbot vorliegt, um dann ggfs. nachzuforschen, z.B. durch Einsicht in Handakten oder durch Nachfragen bei den Urkundsbeteiligten.

Einige Kammern halten allgemeine Bezeichnungen für ausreichend. Die »Berliner-Liste«, der sich auch Schleswig-Holstein angeschlossen hat, hält folgende Kennzeichnung für ausreichend: **121**

Arbeitsrecht, Bau- und Anlagenrecht einschließlich Architektenrecht, EG-Recht/Internationales Privatrecht, Erbrecht, Familienrecht, Immobilienrecht, Insolvenzrecht, Kommunikations- und EDV-Recht, Medienrecht, Staats-, Verwaltungs- und Planungsrecht, Steuer- und Abgabenrecht, Strafrecht, sonstiges Zivil- und Handelsrecht, Umweltrecht, Unternehmensrecht, Verkehrs- und Transportrecht, Versicherungsrecht, Wettbewerbsrecht, gewerblicher Rechtsschutz.

Weitere Rechtsgebiete können sein: Arztrecht, Landwirtschaftsrecht, Mietrecht, Sozialrecht etc.

Der Notar wird sich an die Empfehlungen seiner Kammer halten können.

Zweckmäßig ist jedenfalls eine feinere Untergliederung, weil sie im Einzelfall die Heranziehung der betreffenden Handakte entbehrlich macht.

Nicht erforderlich ist, dass der Anwaltsnotar selbst den Gegenstand des Mandats ermittelt und bezeichnet. Er kann diese Aufgabe – bei gelegentlicher Überprüfung – an zuverlässige Mitarbeiter delegieren.[225] **122**

§ 15 Abs. 3 regelt ergänzend, dass zusätzliche Vorkehrungen nicht erforderlich sind, wenn der Notar Vorkehrungen, die die Voraussetzungen des § 15 Abs. 1 und 2 erfüllen, bereits zur Einhaltung anderer gesetzlicher Regelungen trifft. In Betracht kommen hier insbesondere die Register, die im Bereich des Anwaltsnotariats bereits zur Überprüfung anwaltlicher Tätigkeitsverbote gem. § 45 BRAO geführt werden. Das kann allerdings nur dann ausreichen, wenn in diesem Register auch z.B. reine Beratungstätigkeit aufgeführt wird, selbst **123**

---

225 A.A. Präs. OLG Frankfurt am Main 3831 E – 1/3 – 2535/01 – 04.07.2002 und Notarkammer Braunschweig Kammerreport 3/2001.

wenn diese sich in einem einzigen Gespräch ohne Anlage einer Akte erschöpfen.

6. Keine Dokumentationspflicht der Prüfung

124 Der Notar braucht die von ihm im Einzelfall, durchgeführte Prüfung nicht zu dokumentieren. Dies empfiehlt sich aber.

Beispiel für eine Dokumentation, die der jeweiligen Handakte vorgeheftet sein könnte:

▶ **Vorblatt – Interessenkollisionsprüfung***

Die Prüfung sämtlicher Beteiligter dieses Vorgangs im Beteiligtenverzeichnis ergab:
1. Eintrag vorhanden?

❑   keine Einträge   >>> keine weitere Veranlassung, Prüfung beendet
❑   folgende Einträge:
Beteiligter   Vorgang   Aktennummer

2. Sachzusammenhang (falls Eintrag vorhanden)?

❑   nein: aa)   laufender Vorgang: >>> Hinweis nach § 3 Abs. 2
                                                          Satz 1, 2. Halbsatz, § 3
                                                          Abs. 2 Satz 2 BeurkG

                      bb)   abgeschlossener   >>> keine weitere Veranlassung
                             Vorgang:
❑   ja: >>> keine Mitwirkung möglich!
      weitere Prüfung   a)   Beiziehung der Akte
      erforderlich:
                                                    b)   Befragung des Sachbe-
                                                         arbeiters
                                                    c)   Befragung der Beteiligten

Ergebnis der weiteren Prüfung:
3. Ergebnis der Kollisionsprüfung

❑   Mitwirkung möglich:
      ❑   Hinweis gemäß § 3 II 2 BeurkG erforderlich
      ❑   kein Hinweis erforderlich
❑   keine Mitwirkung möglich
Prüfung durchgeführt von   ….   am ….,   ….
(Sachbearbeiter/in)   (Datum)   (Unterschrift)

*   **Entwurf: Notar a.D. *Ehlers* in Dortmund.**

D. Unzulässige Beurkundungsverfahren nach § 17 Abs 2a, 13 Abs 2 BeurkG; Abschnitt II. der Richtlinien für die Berufsausübung der Notare

Nach § 17 Abs. 2a BeurkG hat der Notar sicherzustellen, dass der materiell-rechtlich Beteiligte auch tatsächlich über Umfang und Folgen eines Rechtsgeschäfts belehrt wird.   **125**

Die RiLi-Empf. der BNotK (Anhang 1) und die RiLi der Ländernotarkammer z.T. mit geringfügigen Abweichungen haben dies zudem unter II. 1. und 2. deutlich zum Ausdruck gebracht.

Zu beachten ist, dass die Richtlinien hier nur allgemein geltende Regeln aufgestellt haben. Zusätzlich sind z.B. beim Verbrauchervertrag weitere Belehrungspflichten zu beachten, s. hierzu unten Rdn. 144 ff.

I. Beurkundung mit Vertretern mit oder ohne Vollmacht

1. Allgemein

126   Der notariell beurkundete Abschluss eines Grundstückskaufvertrages durch einen Bevollmächtigten oder einen vollmachtlosen Vertreter ist materiell rechtlich unbedenklich, sofern nicht das Gesetz die persönliche Anwesenheit erfordert (z.B. bei der Auflassung).

Bei einem solchen Beurkundungsverfahren ist jedoch nicht gewährleistet, dass der materiellrechtlich Beteiligte, der bei der Beurkundung vertreten wird, ausreichend belehrt wird. Es galt schon immer der Grundsatz, der Notar darf keinesfalls daran mitwirken, dass die im Beurkundungsrecht verankerte Prüfungs- und Belehrungspflicht, die letztlich dem Schutz des materiell Betroffenen dient, mithilfe einer besonderen Beurkundungstechnik umgangen und ersetzt wird durch die zwar formal korrekte, aber sinnentwertete Belehrung des Vertreters. Adressat der Belehrung muss der Vertretene bleiben, wenn die Belehrung ihrer Schutzfunktion Genüge tun soll.

Sollte – abweichend von den nachfolgenden Überlegungen – ein Vertreter mit oder ohne Vollmacht auftreten, so hat der Notar in jedem Fall zu prüfen, dass von ihr sachgerecht Gebrauch gemacht wird. Bestehen Bedenken, muss er die Zustimmung der vertretenen Parteien einholen. Hält er zusätzliche Aufklärungen oder Belehrungen für notwendig, muss er die Beteiligten unmittelbar einschalten.

Zum Haftungsrisiko des vollmachtlosen Vertreters s.u. Rdn. 295.

Zur Haftung des Mitarbeiters s.u. Rdn. 139.

2. Belehrungspflichten nach § 17 Abs. 2a Satz 1 BeurkG

127   Der Gesetzgeber hat aus diesem Grunde den Abs. 2a Satz 1 in § 17 BeurkG eingefügt. Der Notar soll das Beurkundungsverfahren so gestalten, dass die Einhaltung der Pflichten nach den Abs. 1 und 2 des § 17 BeurkG gewährleistet ist. Die Richtlinien für die Berufsausübung der Notare – Satzungen der Ländernotarkammern – haben daher näher konkretisiert, wie der betreffende Passus des § 17 BeurkG auszulegen ist.

128   Die Richtlinien (Satzungen der einzelnen Kammern) unterscheiden sich unwesentlich. Nach den Richtlinien der Westf. Notarkammer (s. Anhang 1) sind die nachgenannten Verfahrensweisen in der Regel unzulässig.

systematische Beurkundung mit vollmachtlosen Vertretern;[226]

– siehe unten Rdn. 134 ff. –

systematische Beurkundung mit bevollmächtigten Vertretern, soweit nicht durch vorausgehende Beurkundung mit dem Vollmachtgeber sichergestellt ist, dass dieser über den Inhalt des abzuschließenden Rechtsgeschäfts ausreichend belehrt werden konnte;

– siehe unten Rdn. 134 ff. –

systematische Beurkundung mit Personen, mit denen sich der Notar zur gemeinsamen Berufsausübung verbunden hat oder mit denen er gemeinsame Geschäftsräume unterhält, oder mit Mitarbeitern des Notars als Vertreter. Ausgenommen sind Vollzugsgeschäfte; kein Vollzugsgeschäft ist die Bestellung von Finanzierungsgrundpfandrechten;

– siehe unten Rdn. 136 –

systematische Aufspaltung von Verträgen in Angebot und Annahme;[227] soweit die Aufspaltung aus sachlichen Gründen gerechtfertigt ist, soll das Angebot vom belehrungsbedürftigeren Vertragsteil ausgehen.

– siehe unten Rdn. 140 –

Unzulässig ist auch die missbräuchliche Auslagerung geschäftswesentlicher Vereinbarungen in Bezugsurkunden (§ 13 a BeurkG).

– siehe unten Rdn. 143 –

Zulässig ist die Beurkundung von Vollzugsvollmachten für den Notar selbst oder eine Person im Sinne des § 3 Abs. 1 Satz 1 Nr. 4 BeurkG.

– siehe oben Rdn. 77 –

Die Notarkammer Frankfurt hat den Begriff »*systematisch*« zutreffend durch **129** »*planmäßig* und *missbräuchlich*« ersetzt.[228] Nicht erst die Durchführung mehrerer atypisch gestalteter Beurkundungsverfahren kann den Anschein der Par-

---

226 OLG Celle, Urt. v. 1.12.2017 – Not 13/17: »Abgesehen von den Fällen eines planmäßigen oder systematischen Vorgehens begründet § 17 Abs. 2a Satz 1 BNotO aber kein generelles Verbot von Beurkundungen unter Heranziehung vollmachtloser Vertreter. Vielmehr bleibt eine solche Vorgehensweise zulässig, wenn sie im Einzelfall sachlich gerechtfertigt ist. Das kommt beispielsweise in Betracht, wenn der (später) vollmachtlos Vertretene selbst den Notar hierum bittet, etwa weil er sich im Ausland aufhält. Zwar kann der Notar den Vertretenen in solchen Fällen nicht persönlich über die rechtliche Tragweite und die mit dem Rechtsgeschäft verbundenen Risiken belehren. Das kann aber zumindest bei einfach gelagerten Fällen durch die rechtzeitige Übersendung eines Entwurfs kompensiert werden, verbunden mit der Bitte um Rücksprache im Fall von Änderungswünschen oder offenen Fragen.«.

227 Ausführlich zur Rechtsprechung zur Frage der Aufspaltung in Angebot und Annahme *Genske* notar 2016, 153 f.

228 Ebenso *Winkler* § 17 Rn. 29 ff.

teilichkeit und der Abhängigkeit erwecken, sondern im ersten Fall kann der böse Schein hervorgerufen werden.[229]

Weitere Hinweise s.u. Rdn. 130 – 132

3. § 17 Abs. 2a Satz 2 BeurkG

130   Strengere Anforderungen gelten nach Abs. 2a Satz 2 Nr. 1 BeurkG, nach dem bei der Beurkundung von Verbraucherverträgen rechtsgeschäftliche Erklärungen des Verbrauchers von diesem persönlich oder durch eine (gemeint: seine) Vertrauensperson abgegeben werden müssen.

Ausführlich zum Verbrauchervertrag s.u. Rdn. 145.

Soll also ein Verbrauchervertrag (Definition s.u. Rdn. 145) beurkundet werden, so soll der Notar den Vertrag mit einem Vertreter des Verbrauchers nur dann beurkunden, wenn er davon überzeugt ist, dass dieser dessen Vertrauensperson ist.

Zum Begriff der Vertrauensperson s.u. Rdn. 154. Mitarbeiter des Notars sind i.d.R. nicht als vom Gesetzgeber gewollte »Vertrauensperson« anzusehen. Das ist mittlerweile h.M.[230] Sie sind Vertrauenspersonen des Notars und haben dessen Weisungen zu folgen. S. auch unten Rdn. 132.

131   Weiterhin können aber **Mitarbeiter des Notars** (auch Berufskollegen in der Praxis, s.o. Rdn. 77) Erklärungen zur Beseitigung verfahrensrechtlicher Eintragungshindernisse abgeben. Eintragungsanträge, Identitätserklärungen, Rangbestimmungen, Klarstellung des Grundbuchstandes oder der Grundstücksbezeichnung können von den Mitarbeitern erklärt werden. Streitig ist auch hier[231] (s.u. Rdn. 137), ob die **Auflassung** – sofern man sie nicht mit einer Mindermeinung in den Kreis der Vollzugsgeschäfte unmittelbar einbezieht – hierunter fällt.[232] Siehe auch Rdn. 137.

---

229 Eylmann/Vaasen/*Frenz*, § 17 BeurkG Rn. 31; a.A. *Vollhardt*, Handbuch für das Notariat, Nr. 51 a, S. 199; *Sorge* DNotZ 2002, 600.

230 *Grziwotz* § 17 Rn. 73. *Sorge* DNotZ 2002, 593; *Hertel* ZNotP 2002, 287; *Solveen* RNotZ 2002, 321, *Winkler* FG Prax 2004, *Weingärtner/Wöstmann* B II 32; *Helms* ZNotP 2005, 16 **zu verneinen sein**. **A.A.** *Strunz* ZNotP 2002, 389; *Mohnhaupt* NotBZ 2002, 250; *Maaß* ZNotP 2002, 460.

231 Ebenso *Winkler* § 17 Rn. 526,;.Ablehnend: *Brambring*, DAI, Änderungen des BGB und des BeurkG durch das OLG-Vertretungsänderungsgesetz, S. 31; *Weingärtner/Wöstmann* S. 191. Ausführlicher Armbrüster Preuß/Renner/*Armbrüster* § 17 Rn.207.

232 Eindeutig nein, nur in Ausnahmefällen zulässig: BGH Urt. v. 20.07.2015 NotSt (Brfg) 3/15, DNotI-Rep. 2015, 172.

Wegen der unterschiedlichen Auffassungen und fehlender gerichtlicher Klärung sollte der Notar hier zurückhaltend sein.

Als unzulässig wird man jedenfalls die Vollmachten auf Mitarbeiter des Notars   **132**
zur Bestellung von **Finanzierungsgrundschulden** ansehen müssen.[233]
Maaß[234] hält sie für zulässig, wenn bei der Beurkundung des Hauptvertrages
der Verbraucher selbst zugegen oder durch eine Vertrauensperson vertreten war
und der Notar im Rahmen dieser Beurkundung die erforderlichen Belehrungen auch hierfür gegeben hat. Mit *Brambring*[235] ist diese Ansicht abzulehnen.
Die Belastung des Grundstücks (und das damit regelmäßig verbundene
Schuldanerkenntnis) ist ein Verbrauchervertrag, der ebenso bedeutend und
einschneidend sein kann wie der Grundstückskaufvertrag selbst. Mitarbeiter
des Notars sind keine vom Gesetzgeber gewollten »Vertrauenspersonen«, da sie
nicht »im Lager« der Verbraucher stehen, sondern sich vielmehr als Angestellte
des Notars dessen unparteiischen Stellung annähern (s.u. Rdn. 130).[236]

Das schließt natürlich nicht aus, dass im Einzelfall von diesem strengen
Grundsatz eine Ausnahme gemacht werden kann, wenn der Notar bereits beim
Hauptvertrag den Verbraucher ausführlich über die Problematik und die rechtliche Tragweite einer solchen Vollmacht belehrt und ihm der betreffende Mitarbeiter vorgestellt wird (s.u. Rdn. 143 ff.). Allerdings ist hier aus den obigen
Gründen äußerste Zurückhaltung geboten.

Im Übrigen sind auch hier die Richtlinien für die Berufsausübung der Notare[237] zu beachten, s. folgenden Abschnitt Rdn. 137, die teilweise geringfügig
voneinander abweichen. Die Notarkammer Hamm[238] hat hierfür ein Merkblatt erstellt, das den Beteiligten ausgehändigt werden kann. Im Übrigen s.
folgenden Abschnitt Rdn. 134 – 140.

---

233 *Winkler* § 17 Rn.52; Armbrüster/Preuß/Renner/*Armbrüster* § 17 Rn. 205; BGH
    DNotZ 2016, 72: keine Mitarbeiterbestellung für Grundschulden bei Verbraucherverträgen; siehe auch unten Rdn. 157, 158.
234 ZNotP 2002, 458.
235 *Brambring*, DAI, Änderungen des BGB und des BeurkG durch das OLG-Vertretungsänderungsgesetz, S. 31; *Winkler* in FS für Geimer 2002, 1517; *Weingärtner*/
    Wöstmann S. 198 mit w. Zit.
236 Im Ergebnis ebenso *Sorge* DNotZ 2002, 603.
237 S. Anhang 1.
238 Jetzt: Westfälische Notarkammer.

4. Abschnitt II. der Richtlinien für die Berufsausübung der Notare

133   Vgl. oben Rdn. 128 und Anhang 1.

a) Allgemein

134   Sowohl bei den Verbraucherverträgen als auch bei sonstigen Beurkundungen sind die Satzungen der Kammern, die sich im Wesentlichen an den Richtlinienempfehlungen der BNotK orientieren, zu beachten. S.o. Rdn. 128.

Abgesehen von den Fällen eines planmäßigen oder systematischen Vorgehens begründet § 17 Abs. 2a Satz 1 BNotO aber kein generelles Verbot von Beurkundungen unter Heranziehung vollmachtloser Vertreter.[239]

Die aus der jeweiligen Satzung der Kammern zu entnehmende Beschränkung (systematische Beurkundung mit vollmachtlosen Vertretern) gilt allerdings nicht, wenn die Beurkundung mit vollmachtlosen Vertretern oder auch mit bevollmächtigten Vertretern für einen Beteiligten erfolgt, der einer ausdrücklichen Belehrung nicht bedarf, z.B. bei Behörden, Bauträgern, Immobilienhändlern und Banken.

Im Übrigen sollte die Beurkundungsart mit bevollmächtigten oder vollmachtlosen Vertretern nur in Ausnahmefällen gewählt werden, z.B. wenn ein Vertragsbeteiligter wegen Alters, Krankheit oder Vorliegens eines sonstigen triftigen Grundes nicht selbst an der Verhandlung teilnehmen kann und er deswegen darum bittet, einen Vertreter für sich auftreten zu lassen. Ein Ausnahmefall liegt auch dann vor, wenn nach der Gestaltung des Vertrages eine persönliche Beratung nicht unbedingt notwendig ist.

135   Wenn im Einzelfall der Mitarbeiter von der Vollmacht Gebrauch macht, hat der Notar zu prüfen, ob sie sachgerecht ausgeübt wird. Bestehen Bedenken, muss er die Zustimmung der vertretenen Parteien einholen. Hält er eine zusätzliche Aufklärung oder Belehrung für notwendig, muss er die Beteiligten unmittelbar einschalten.

Der Notar ist nicht verpflichtet, die Notarangestellten anzuweisen, von der ihnen erteilten Vollmacht Gebrauch zu machen.[240]

Wenn für einen am Rechtsgeschäft materiell Beteiligten ein Bevollmächtigter aufgrund **isolierter Vollmacht** auftritt, sollte der Notar – auch außerhalb eines Verbrauchervertrages – dieses Beurkundungsverfahren nur dann akzeptieren, wenn er davon ausgehen kann, dass es sich um eine Vertrauensperson des

---

239 OLG Celle Urt. v. 01.12.2017 – Not 13/17; DNotI 2/2018, 12.
240 OLG Schleswig-Holstein, U. v. 14.07.2016 – 11 U 126/15.

Vertretenen handelt. Im Übrigen hat er bei der Beurkundung einer isolierten Vollmacht zu prüfen, ob auch ein sachlicher Grund für die Bevollmächtigung eines Dritten gegeben ist (z.B. bevorstehender längerer Auslandsaufenthalt), ob der Vollmachtgeber von sich aus oder auf Veranlassung eines Dritten die Erteilung der Vollmacht wünscht und ob der Bevollmächtigte eine Vertrauensperson des Vollmachtgebers ist oder nicht. In jedem Fall ist er verpflichtet, wenn er nicht gar die Beurkundung ablehnt, den Vollmachtgeber über die kaum kalkulierbaren Risiken der Erteilung einer Vollmacht an eine ihm nicht bekannte Person zu belehren.

b) Bevollmächtigung von Mitarbeitern des Notars

Nach den Richtlinien (s.o. Rdn. 128) bestehen auch keine Bedenken gegen **136** die Bevollmächtigung von **Notariatsmitarbeitern** bei den sog. **Durchführungsvollmachten**.[241] Hier werden die Mitarbeiter bevollmächtigt, verbindliche Erklärungen bei der Beseitigung auftretender Eintragungshindernisse, z.B. aufgrund grundbuchrechtlicher Zwischenverfügungen oder für Identitätsfeststellungen, Rangbestimmung, Mitteilung für vormundschaftliche Genehmigungen, abzugeben. Die erteilte Vollmacht berechtigt die Mitarbeiter aber nur zur Vertretung der Parteien, soweit Hindernisse formeller Art, die dem Vollzug des Vertrages entgegenstehen, beseitigt werden sollen, nicht aber zur Änderung einer Hauptleistungspflicht aus dem Kaufvertrag.[242]

In jedem Fall sollte der Notar, bevor er Durchführungsvollmachten auf einen Mitarbeiter beurkundet, sich überlegen, ob er nicht – auch wegen einer möglichen Haftung der Mitarbeiter (s. dazu unten Rdn. 139) – von einer Durchführungsvollmacht absieht und sich selbst »bevollmächtigen« lässt, derartige Erklärungen durch die Errichtung einer **Eigenurkunde** abzugeben.

Wenn der Notar sich in dieser Weise »bevollmächtigen« lässt, so ist dies keine »Vollmacht« im juristischen Sinn. Mit dem Auftrag wird seine Rechtsposition nicht erweitert, vielmehr wird er um originäre Amtsgeschäfte ersucht (z.B. Stellung, Änderung, Rücknahme von Vollzugsanträgen beim Grundbuchamt oder Registergericht usw.). Die von dem Notar aufgrund solcher »Vollmachten« erstellten Eigenurkunden verstoßen nicht gegen § 7 oder § 3 Abs. 1

---

241 Zur Reichweite sog. Vollzugsvollmachten s. OLG Naumburg, Beschl. v. 01.03.2018 – 12 Wx 49/17; OLG Düsseldorf DNotZ 2013, 30. Der Notar ist nicht verpflichtet, die Notarangestellten anzuweisen, von der ihnen erteilten Vollmacht Gebrauch zu machen (OLG Schleswig-Holstein Urt. v. 14.07.2016 – 11 U 126/15 NotBZ 2017, 74). Er muss lediglich die Voraussetzungen einer evtl. Auflassungsvollmacht prüfen.
242 BGH NotBZ 2002, 251 ff. = MittBayNot 2002, 527.

BeurkG, da sie nicht den Notar begünstigen, sondern der Durchführung des Amtsgeschäfts dienen sollen.[243]

137   Auch hier besteht Streit darüber, ob die **Auflassung** zu den Vollzugsgeschäften gehört, ebenso wie die **Finanzierungsgrundschulden**,[244] s. hierzu die einzelnen Satzungen der Kammern (bejahend für Auflassung: Stuttgart, Schleswig-Holstein, Braunschweig, Kassel; bejahend für Grundpfandrecht: Stuttgart, Frankfurt, vorausgesetzt vorhergehende Belehrung im Vertrag, ausdrücklich verneinend II 1 c RiLi der Westf. und Rheinischen NotK, s.o. Rdn. 130 f.).[245]

138   Haben die Beteiligten dem Notar eine entsprechende Vollmacht erteilt, so gilt diese auch für seinen amtlich bestellten Vertreter[246] sowie für den Verwalter.[247]

Die Neufassung des § 13 FGG a.F., jetzt §§ 10 bis 12 FamFG, und des § 79 ZPO durch das Gesetz zur Neuregelung des Rechtsberatungsgesetzes hat keine Auswirkungen auf die Durchführungsvollmachten für Notarangestellte und Finanzierungsvollmachten.[248]

Im Übrigen wird auf die Ausführungen von *Brambring*[249] und *Weingärtner/ Wöstmann*[250] verwiesen.

c) Die Haftung des Mitarbeiters als Durchführungsbevollmächtigter

139   Wie bereits angedeutet ist die auf den Mitarbeiter erteilte Durchführungsvollmacht nicht ohne Risiko für diesen. Der BGH hat hierzu in seiner Entscheidung vom 14.11.2002[251] Stellung genommen. Danach ist eine Haftung des Notars und des Mitarbeiters nebeneinander möglich. Der Notar kann sich bei eigener Fahrlässigkeit nicht darauf berufen, nur subsidiär zu haften.

Im Einzelnen:

---

243   *Reithmann* in Anm. zu OLG Frankfurt in MittBayNot 2001,226; vgl. Armbrüster/ Preuß/Renner/*Armbrüster* § 3 BeurkG Rn. 60f; Eylmann/Vaasen/*Miermeister/de Buhr* § 3 BeurkG Rn. 4; *Blaeschke* Rn. 818.

244   Verboten: Armbrüster/Preuß/Renner/*Armbrüster* § 17 Rn. 182; siehe auch Rdn. 157, 158, 132.

245   Ausführlicher *Weingärtner/Wöstmann* S. 207.

246   LG Düsseldorf MittBayNot 2002, 526.

247   LG Schwerin NotBZ 2001, 392.

248   Ausführlich RdSchr. der BNotK 24/2008 und 26/2008.

249   In DNotI-Report 1998, 185.

250   *Weingärtner/Wöstmann*, S. 208.

251   BGH ZNotP 2003, S. 71 ff., DNotI-Report 2003 S. 14, DNotZ 2003, 836 m. Anm. *Peters*.

Entgegen der vom OLG Oldenburg als Vorinstanz vertretenen Auffassung[252] eines Haftungsverzichts (stillschweigend vereinbart oder aufgrund einer zugunsten des Angestellten ergänzenden Vertragsauslegung) hält der BGH eine Haftung des Mitarbeiters grundsätzlich für gegeben. Der Mitarbeiter wird bei der Auflassungserklärung – dieser Fall lag der BGH-Entscheidung zugrunde – nicht als Hilfsperson des Notars für dessen Amtstätigkeit tätig, sondern aufgrund eines privatrechtlichen Auftrages der Beteiligten. Er haftet dementsprechend diesen gegenüber. Entsprechendes muss generell für die Durchführungsvollmacht gelten.

Bei einer fehlerhaften Ausübung der Vollmacht wird regelmäßig ein Notarverschulden vorliegen, weil der mit dem Urkundsvollzug betraute Notar kraft seines Amtes prüfen muss, ob die vertraglich festgelegten Voraussetzungen für die abzugebenden Erklärungen vorliegen. Diese Prüfung darf er nicht seinem Personal überlassen,[253] und zwar selbst dann nicht, wenn seinem Personal Auflassungs- oder Vollzugsvollmacht erteilt worden ist. Gleichwohl kann die Haftung des Mitarbeiters neben der des Notars bedeutsam werden, z.B. wenn der Notar keinen hinreichenden Versicherungsschutz hat und selbst illiquide ist.[254]

In der Entscheidung betont der BGH noch einmal ausdrücklich, dass es regelmäßig nach den Vorstellungen aller Beteiligten unbeschadet der Vollmachtserteilung vorrangige Sache des mit dem Urkundsvollzug betrauten Notars ist zu prüfen, ob die vertraglich festgelegten Voraussetzungen für die rechtsgeschäftliche Erklärung des Mitarbeiters erfüllt sind. Es wird deshalb in vielen Fällen, in denen ein Notariatsangestellter von einer ihm erteilten Auflassungsvollmacht objektiv fehlerhaft Gebrauch macht, schon an dessen (schuldhafter) Pflichtverletzung fehlen, sodass die »Außenhaftung« des Mitarbeiters nur selten neben der Haftung des Notars nach § 19 Abs. 1 BNotO zum Tragen kommen wird. Jedenfalls – so der BGH – sei das Verschulden ausgeschlossen, wenn sich der Mitarbeiter auf die Prüfung der Voraussetzungen durch den Notar selbst verlasse, **anders jedoch, wenn der Mitarbeiter die Entscheidung über die Vollmachtsausübung selbst getroffen hat**. Im letzteren Falle haftet der Mitarbeiter selbst.

Der Notar kann sich nicht, wenn ihm lediglich Fahrlässigkeit vorgeworfen wird, darauf berufen, dass er nur **subsidiär** nach seinem Mitarbeiter hafte. Aufgrund des in der Regelung über die Berufshaftpflichtversicherung (§ 19a

---

252 DNotI-Report 2002 S. 70.
253 Vgl. BGH NJW 1989, 586.
254 Ausführlich Haug/*Zimmermann* (3.Aufl.) Rn. 352ff.

Abs. 1 Satz 1 BNotO) mitberücksichtigten Umstands, dass es wegen der bestehenden arbeitsvertraglichen Verbundenheit auch bei einer derartigen Fallkonstellation letztlich Sache des Notars ist, für »Bürofehler« einzustehen, ist es
allein sach- und interessengerecht, dass der Geschädigte gleich den Notar in
Anspruch nehmen kann, er also nicht die »bürointernen« Verantwortlichkeiten
abklären und gegebenenfalls erst den Umweg über die Auftragshaftung des
Angestellten einschlagen muss mit der Folge, dass sich der Notariatsangestellte
seinerseits gezwungen sieht, seinen Freistellungs- oder Regressanspruch gegen
den Notar geltend zu machen.

Wegen des grundsätzlichen Haftungsrisikos des Mitarbeiters ist der Notar verpflichtet zu überprüfen, ob seine Mitarbeiter versicherungsmäßig vollständig
abgesichert sind. Nach § 19a Abs. 1 Satz 1 BNotO hat er eine Berufshaftpflichtversicherung zur Deckung der Haftpflichtgefahren für Vermögensschä-
den zu unterhalten, die sich aus seiner Berufstätigkeit und der Tätigkeit von
Personen ergeben, für die er haftet.[255] Inwieweit aufgrund der damaligen Risi-
kobeschreibung in den Allgemeinen Versicherungsbedingungen für die Vermö-
gensschaden-Haftpflichtversicherung von Notaren[256] das »Bevollmächtigtenri-
siko« für Notariatsangestellte vollständig abgesichert ist,[257] hat der BGH
dahingestellt sein lassen.[258]

Grundsätzlich sollte der Notar die Erteilung von Durchführungsvollmachten
durch die Möglichkeit der Errichtung einer Eigenurkunde ersetzen, s.o.
Rdn. 136.

Zur fehlerhaften Ausfüllung eines Überweisungsformulars durch einen Mitarbeiter s.u. Rdn. 461.

II. Systematische Aufspaltung von Verträgen in Angebot und Annahme

140 S.o. Rdn. 128. Ausführlich Armbrüster/Preuß/Renner/*Armbrüster* § 17,
Rn. 185 ff., *Winkler* § 17, Rn. 57 ff.; *Genske* notar 2016, 153 f.

---

255 BGH ZNotP 2003, S. 71 ff., DNotI-Report 2003 S. 14, DNotZ 2003, 836 m.
    Anm. *Peters.*
256 Abgedr. in DNotZ 1995, 721 ff.
257 Arndt/Lerch/Sandkühler/*Sandkühler* § 19a Rn. 27 ff.
258 Vgl. auch Rundschreiben der BNotK Nr. 7/2000 v. 09.03.2000.

In der Regel ist nach Ziff. II, 1 d Richtlinien die systematische Aufspaltung von Verträgen in Angebot und Annahme unzulässig;[259] nach LG Berlin[260] spricht eine unzulässige »systematische« Aufspaltung von Verträgen dafür, wenn ein Notar bei 9,45 % der gesamten Beurkundungen eines Jahres ohne Sachgrund eine Aufspaltung von Angebot und Annahme vornimmt.

▶ Fallbeispiel:[261]

> Der Notar hatte im Jahre 2011 bei fast jeder 10. Urkunde den Vertrag in ein Angebot und in einen weiteren Vertrag der Annahme aufgespalten. Bei einem so hohen Anteil kann schon von einer systematischen und damit unzulässigen Aufspaltung ausgegangen werden.

Ist ein sachlicher Grund für die getrennte Beurkundung von Angebot und   141
Annahme gegeben (Zif. II, 1 Rili), verlangt der Sinn der Vorschrift, dass das Angebot vom belehrungsbedürftigen Vertragsteil erklärt wird, damit über das Verlesen des gesamten Vertragstextes die Belehrung und Beratung durch den Notar gewährleistet ist.[262]

Wenn z.B. das Angebot vom Bauträger oder einem gewerbsmäßigen Immobilienverkäufer abgegeben wird und der belehrungsbedürftige Erwerber lediglich die Annahme erklären soll, verstößt der Notar mit diesem Verfahren, wenn es *systematisch oder planmäßig*[263] missbräuchlich erfolgt, gegen die ihm nach § 17 Abs. 2a BeurkG auferlegte Belehrungspflicht.

Wenn der Notar eine Annahmeerklärung zu einem Grundstückskaufvertrag beurkundet, ohne dass ihm die von einem anderen Notar beurkundete Angebotserklärung vorliegt, erschöpft sich nach der Rechtsprechung des BGH[264] die Pflicht zur Rechtsbelehrung bei der Beurkundung der Annahme eines vorgegebenen Vertragsangebots in der Aufklärung über die rechtliche Bedeutung der Annahmeerklärung. Der Inhalt des Vertragsangebots, dem die Annahme gilt, gehört nicht zur rechtlichen Tragweite des in einem solchen Fall beurkundeten Geschäfts. Der Umfang der geschuldeten Belehrung gem. § 17 Abs. 1 BeurkG ist auf die rechtlichen Auswirkungen der Annahmeerklärung, damit

---

259 Ausführlich zur Rechtsprechung zur Frage der Aufspaltung in Angebot und Annahme *Genske* notar 2016, 153 f.; BGH NotSt(Brfg)6/15 – DNotZ 2016, 876 = MitBayNot 2016, 439.
260 Entsch. v. 02.03.2012 – 82 OH 124/11.
261 LG Berlin, Beschl. v. 02.03.2012 – 82 OH 124/11.
262 S. hierzu auch *Weingärtner/Wöstmann* C II 94 ff.
263 Zum Begriff s.o. Rdn. 129.
264 BGH U.v. 08.12.2011 – III ZR 255/10, DNotZ 2012, 356 f = MittBayNot 2013, 169 m. Anm. *Sorge*; BGH NJW 1994,1344; s. auch *Rupp* notar 2012, 139.

abstrakt auf die Verfahren beschränkt, die mit jedem Kaufvertrag verbunden sind. Gleichwohl sollte in der Praxis unbedingt darauf hingewirkt werden, sich die nach § 130 Abs.1 BGB erforderliche Ausfertigung des Angebots vorlegen zu lassen. Entscheidend können immer noch die Umstände des Einzelfalles sein, worauf auch der BGH hingewiesen hat.[265]

Dass die Aufspaltung in Angebot und Annahme gefährlich sein kann, selbst wenn das Angebot vom Käufer ausgeht, zeigt *Winkler*[266] am Urteil des BGH vom 04.03.2004[267] auf.

Zur Belehrungspflicht des Zentralnotars s. das grundlegende Urteil des BGH v. 04.03.2004.[268]

III. Sammelbeurkundungen nach § 13 Abs. 2 BeurkG

142   Abgesehen davon, dass die einzelnen Vertragsparteien das Recht auf gesonderte Verlesung haben, darf der Notar keinesfalls im Einzelfall abweichende Passagen in Gegenwart der an dem bestimmten Vertrag nicht beteiligten Personen vorlesen, da dies gegen seine Verschwiegenheitspflicht verstößt, es sei denn, die Beteiligten sind mit diesem Verfahren einverstanden.

Schwerwiegendere Bedenken ergeben sich jedoch daraus, dass mit der wachsenden Zahl von Beteiligten deren Scheu, Fragen an den Notar zu richten, zunimmt. Einige Richtlinien (z.B. RiLi der Landesnotarkammer Bayern, RiLi der Westf.NotK s. Anhang 1) sprechen daher auch nur von der Zulässigkeit von allenfalls drei oder fünf Niederschriften bei verschiedenen Beteiligten.[269]

IV. Missbräuchliche Auslagerung geschäftswesentlicher Vereinbarungen in Bezugsurkunden

143   Bei Bauträgerverträgen und Verträgen über bundesweit vertriebene Immobilien, bei denen der Grundstückskaufvertrag mit weiteren Verträgen (z.B. Finanzierungsvermittlungs-, Mietgarantie-, Geschäftsbesorgungsvertrag) verbunden ist, wird häufig mit einer »Verweisungsurkunde« gearbeitet, in die wesentliche Teile des zu beurkundenden Rechtsgeschäfts »ausgelagert« werden, um hierauf bei der Beurkundung nach § 13a BeurkG verweisen zu können.

---

265 *Rupp* notar 2012, 159, *Sorge* in Anm. zum Urteil des BGH U.v. 08.12.2011 – III ZR 255/10 in MittBayNot 2013, 170f.
266 FGPrax 2004, 182.
267 NJW 2004, 1865.
268 NotBZ 2004, 347 ff.
269 S. hierzu ausführlich in Armbrüster/Preuß/Renner/*Armbrüster* § 17 Rn. 191; *Weingärtner/Wöstmann* S. 210.

Sobald die Niederschrift nicht selbst die wesentlichen Teile des Rechtsgeschäfts enthält, verstößt dieses Verfahren gegen das Gebot der sachgerechten Gestaltung des Beurkundungsverfahrens. Dagegen ist unbedenklich, bei der Beurkundung eines Bauträgervertrages auf die notariell beurkundete Teilungserklärung nach § 13 BeurkG zu verweisen, die als Anlage der Baubeschreibung[270] beigefügt ist.

Die Möglichkeit der Bezugnahme gem. § 13a BeurkG wird dann missbräuchlich eingesetzt, wenn nach dem Schutzzweck der Belehrungspflicht mit Rücksicht auf die Geschäftswesentlichkeit des Inhaltes die Erklärung in die verlesene Urkunde hätte aufgenommen werden müssen und damit nicht sichergestellt ist, dass der entsprechende Vertragsteil in jedem Fall auch zur Kenntnis der Belehrungsbedürftigen gelangt.[271]

Im Einzelnen s. die jeweiligen Satzungen der Kammern.[272]

V. Besondere Pflichten des Notars bei Verbraucherverträgen

Durch die Vorschrift soll der **Verbraucher** vor übereilten beurkundungspflichtigen rechtsgeschäftlichen Erklärungen geschützt werden. Jeder Versuch, ihn von der Belehrung durch den Notar auszuschließen, soll ausgeschlossen werden.   144

Ausführliche Hinweise finden sich im **Rdschr. der BNotK Nr. 20/2003 v. 28.04.2003**.

1. Begriff des Verbrauchervertrages

Die Definition des Verbrauchervertrages ergibt sich aus §§ 310 Abs. 3, 13, 14   145 BGB. Es sind Verträge zwischen einem Unternehmer und einem Verbraucher. **Unternehmer** ist jede natürliche oder juristische Person, die bei Abschluss eines Rechtsgeschäfts in Ausübung ihrer gewerblichen oder selbständigen beruflichen Tätigkeit handelt (§ 14 BGB), z.B. auch Notare, Rechtsanwälte, Ärzte, Steuerberater pp. Existenzgründer sind Unternehmer und keine Verbraucher.[273]

Auch die *öffentliche Hand* kann Unternehmer sein, z.B. wenn sie als kommu-   146 nale Wohnungsbaugesellschaft einen Bauplatz verkauft. Ansonsten ist zu unterscheiden, ob sie ein Rechtsgeschäft mit einem Verbraucher abschließt, das

---

270 Siehe unten Rdn. 403.
271 *Starke* in Neues Berufsrecht für Notare S. 26.
272 Hierzu ausführlich auch *Weingärtner/Wöstmann* S. 211.
273 OLG Düsseldorf, B. v. 04.05.2004, DNotI-Report 2/2005.

ebenso auch der private Unternehmer abschließen könnte (Verbrauchervertrag) oder ob das Rechtsgeschäft unmittelbar einem öffentlichen Zweck dient (kein Verbrauchervertrag).[274]

147　Verbraucher ist jede natürliche Person, die ein Rechtsgeschäft zu Zwecken abschließt, die überwiegend weder ihrer gewerblichen noch ihrer selbständigen beruflichen Tätigkeit zugerechnet werden können (§13 BGB)[275], nicht also juristische Personen des privaten oder des öffentliches Rechts, auch nicht gemeinnützige Stiftungen.[276] Auch eine teilrechtsfähige Wohnungseigentümergemeinschaft, wenn an ihr nicht ausschließlich Unternehmer beteiligt sind, fällt unter den Begriff »Verbraucher«.

148　Jede rechtsgeschäftliche Erklärung eines Verbrauchers, die auf Abschluss eines Vertrags mit einem Unternehmer gerichtet ist, löst die Amtspflichten des Notars aus, z.B. jeder Bauträgervertrag, auch der Vertrag, mit dem eine Gesellschaft Wohnungseigentum von einem aufgeteilten Altbau an Verbraucher veräußert.[277]

149　Verträge zwischen Unternehmern oder zwischen Verbrauchern[278] sind nicht erfasst.

150　Aus der systematischen Stellung des § 17 BeurkG im Abschnitt über die Beurkundung von Willenserklärungen folgt, dass § 17 Abs. 2a Satz 2 BeurkG für die Niederschriften nach §§ 8 ff. BeurkG gilt, nicht jedoch für die sonstigen Beurkundungen nach §§ 36 ff. BeurkG, also insbesondere nicht bei Beglaubigung der Unterschrift eines Verbrauchers; auch nicht, wenn der Notar lediglich die Unterschrift des Verbrauchers unter einer Genehmigung zu einem Verbrauchervertrag, z.B. zu einem Grundstückskaufvertrag mit einem Unternehmen,

---

274　*Sorge* DNotZ 2002, 599; *Helms* ZNotP 2005, 16.
275　Der Verbraucherbegriff ist anlässlich der Umsetzung der EU-Verbraucherrechterichtlinie in nationales Recht neu gefasst worden. Danach ist Verbraucher jede natürliche Person, die ein Rechtsgeschäft zu Zwecken abschließt, die *überwiegend* weder ihrer gewerblichen noch ihrer selbstständigen beruflichen Tätigkeit zugerechnet werden können. Maßgeblich ist die materielle Beteiligung, so dass ein Verbrauchervertrag auch dann vorliegt, wenn der beteiligte Verbraucher durch einen Unternehmer – etwa einen Grundstücksmakler – vertreten wird.
276　*Winkler* § 17 Rn. 84.
277　*Brambring* ZfIR 2002, 603.
278　Auch ein Vertrag zwischen zwei Verbrauchern kann durch die Einbeziehung einer Maklerklausel zum Verbrauchervertrag werden. Ausführlich *Bremkamp* RNotZ 2014, 461, *Grziwotz* ZfIR 2006, 189 und *Suppliet* DNotZ 2012, 270, 284.

beglaubigt, ebenso wenig, wenn der Notar einen Entwurf fertigt und die Unterschrift darunter beglaubigt.[279]

Nr. 1 des § 17 Abs. 2a Satz 2 BeurkG gilt für alle Verbraucherverträge, nicht   151
also nur für Immobiliengeschäfte, sondern auch z.B. für die Bestellung von Grundschulden für Banken (s.o. Rdn. 132), während Nr. 2 nur die Erklärungen erfasst, die auf Abschluss eines Vertrages gerichtet sind, der nach § 311b Abs. 1 Satz 1 und Abs. 3 BGB beurkundungspflichtig ist.

Die Vorschrift gilt aber auch für *einseitige Rechtsgeschäfte*, z.B. für Angebote   152
auf Abschluss eines Verbrauchervertrages, nicht jedoch für einseitige Rechtsgeschäfte, die nicht auf Abschluss eines Verbrauchervertrages gerichtet sind, wie z.B. die Teilungserklärung nach § 8 WEG.

Die Vorschriften finden gem. § 310 Abs. 4 BGB auch keine Anwendung auf dem Gebiet des Erb-, Familien- und Gesellschaftsrechts.

2. Ermittlungspflicht des Notars, ob ein Verbrauchervertrag vorliegt

Nach § 17 Abs. 1 Satz 1 BeurkG hat der Notar gemäß seiner Pflicht zur Sach-   153
verhaltsaufklärung auch zu ermitteln, ob ein Verbrauchervertrag vorliegt.[280]
Das kann im Einzelfall schwierig sein.

▶ Beispiele:

Erwirbt ein Steuerberater ein Einfamilienhaus, um einzelne Räume als Praxis zu nutzen, ist entscheidend, welche Nutzung überwiegt.

Eine natürliche Person verkauft ein selbstgenutztes Einfamilienhaus an eine natürliche Person zur Eigennutzung. Es liegt kein Verbrauchervertrag vor.

Entsprechendes gilt, wenn eine juristische Person ein gewerblich genutztes Grundstück an eine andere juristische Person veräußert. Es liegt kein Verbrauchervertrag vor.

Der Bauträgervertrag über ein Einfamilienhaus oder eine Eigentumswohnung ist stets Verbrauchervertrag, auch der Vertrag, mit der eine Gesellschaft Wohnungseigentum in einem aufgeteilten Altbau an Verbraucher veräußert.

---

279 *Brambring* in DAI, Änderung des BGB und des BeurkG durch das OLG-Vertretungsänderungsgesetz, S. 13.
280 *Brambring* in DAI, Änderung des BGB und des BeurkG durch das OLG-Vertretungsänderungsgesetz, S. 28.

Auch die öffentliche Hand kann Unternehmer im Sinne des § 14 Abs. 1 BGB sein. Streitig ist, ob es sich immer um einen Verbrauchervertrag handelt, wenn die öffentliche Hand »gewerblich« handelt oder ob auf Grundlage der Rechtsnatur des Kausalgeschäftes ein Verbrauchervertrag nur dann vorliegt, wenn ein rein privatrechtlicher Kaufvertrag abgeschlossen wird[281] oder ob nach dem Zweck des Vertrags zu unterscheiden ist, mithin kein Verbrauchervertrag vorliegt, wenn der Vertrag unmittelbar einem öffentlichen Zweck dient.

3. Persönliche Anwesenheit des Verbrauchers oder seiner Vertrauensperson

154   Bei Verbraucherverträgen »soll« der Notar darauf **hinwirken** (unbedingte Amtspflicht),[282] dass die rechtsgeschäftlichen Erklärungen von dem Verbraucher **persönlich** oder **durch eine Vertrauensperson** vor ihm abgeben werden (§ 17 Abs. 2a Satz 1 Nr. 1 BeurkG).

Die persönliche Anwesenheit soll gewährleisten, dass der Notar den Willen des Verbrauchers ausreichend feststellen kann und dieser vor und bei der Beurkundung im erforderlichen Umfang aufgeklärt und belehrt wird.

Dementsprechend bestimmen auch die Richtlinien für die Berufsausübung der Notare (II 1), dass die systematische (planmäßige) Beurkundung mit einem bevollmächtigten oder vollmachtlosen Vertreter in der Regel unzulässig ist (s.o. Rdn. 134).

Beim Verbrauchervertrag ist der Gesetzgeber noch strenger: Nur eine **Vertrauensperson** soll den Verbraucher vertreten dürfen.

155   Was unter »**Vertrauenspersonen**« zu verstehen ist, ist – wenn überhaupt – besser durch eine negative Abgrenzung zu charakterisieren. Der Notar kann allenfalls erkennen, ob der vorgeschlagene Bevollmächtigte offensichtlich im »Lager« des Unternehmers angesiedelt ist, nicht aber, ob dieser tatsächlich bereit oder in der Lage ist, die Interessen des Verbrauchers wahrzunehmen und zu unterstützen.[283] Vertrauenspersonen sind im Regelfall der Ehegatte, Lebenspartner, sonstige Familienangehörige, gesetzliche Vertreter, auch geschäftsmäßige Interessenvertreter (Anwalt, Steuerberater), jedenfalls nicht die Personen, die dem Unternehmer näher stehen als dem Verbraucher, keinesfalls der am Vertrag beteiligte Unternehmer. Notarmitarbeiter sind keine Vertrauensperson i.d.S. der einen oder anderen Partei.[284]

---

281 Nachweise im DNotI-Report 2014, 138.
282 OLG Schleswig NotBZ 2007, 454.
283 Vgl. *Maaß* ZNotP 2002, 457.
284 Statt vieler: *Winkler* § 17 Rn. 49.

Bedenken bestehen deshalb auch, wenn der Verbraucher Käufer ist und er dem Unternehmer als Verkäufer eine Beleihungsvollmacht zur Finanzierungsgrundschuld geben soll.[285] Ist dagegen der Verbraucher der Verkäufer, ist es unbedenklich, wenn er dem Unternehmer als Käufer eine entsprechende Vollmacht erteilt.[286]

Mitarbeiter des Notars sind keine vom Gesetzgeber gewollten »Vertrauenspersonen«, da sie nicht »im Lager« des Verbrauchers stehen, sondern sich als Angestellte des Notars mehr dessen unparteiischer Stellung annähern.[287]   **156**

Das schließt natürlich nicht aus, dass im Einzelfall von diesem strengen Grundsatz eine Ausnahme gemacht werden kann, wenn der Notar bereits beim Hauptvertrag den Verbraucher ausführlich über die Problematik und die rechtliche Tragweite einer solchen Vollmacht belehrt hat und ihm der betreffende Mitarbeiter vorgestellt wird.

Jedenfalls ist die vom Notariatsmitarbeiter für Verbraucher abgegebene Erklärung, die vom Umfang der Vollmacht erfasst ist, materiellrechtlich wirksam (§ 164 Abs. 1 BGB).[288]

Bedenken bestehen auch bei **den Vollmachten auf Mitarbeiter des Notars**   **157** zur Bestellung von **Finanzierungsgrundschulden** (s.o. Rdn. 132 u. 137). *Maaß*[289] hält sie für zulässig, wenn bei der Beurkundung des Hauptvertrages der Verbraucher selbst zugegen oder durch eine Vertrauensperson vertreten war und der Notar im Rahmen dieser Beurkundung die erforderlichen Belehrungen auch hierfür gegeben hat, ebenso *Helms*.[290] Mit *Winkler*[291] und *Brambring*[292] ist diese Ansicht abzulehnen. Die Belastung des Grundstücks (und das damit regelmäßig verbundene Schuldanerkenntnis) ist ein Verbrauchervertrag,[293] der ebenso bedeutend und einschneidend sein kann wie der Grund-

---

285 *Brambring* in DAI, Änderung des BGB und des BeurkG durch das OLG-Vertretungsänderungsgesetz, S. 31; *Sorge*, DNotZ 2002, 603.; *Hertel* ZNotP 2002, 288; *Solveen* RNotZ 2002, 321.
286 *Brambring* in DAI, Änderung des BGB und des BeurkG durch das OLG-Vertretungsänderungsgesetz, S. 31.
287 Im Ergebnis ebenso: *Brambring* in DAI, Änderung des BGB und des BeurkG durch das OLG-Vertretungsänderungsgesetz, S. 31, S. 31; *Sorge*, DNotZ 2002, S. 603.
288 OLG Dresden NotBZ 2012, 135.
289 *Maaß* ZNotP 2002, 458.
290 ZNotP 2005, 17.
291 § 17 Rn. 52 ff.
292 *Brambring* in DAI, Änderung des BGB und des BeurkG durch das OLG-Vertretungsänderungsgesetz, S. 31.
293 OLG Schleswig NotBZ 2007, 455.

stückskaufvertrag selbst. Mitarbeiter des Notars sind keine vom Gesetzgeber gewollten »Vertrauenspersonen«, da sie nicht »im Lager« des Verbrauchers stehen, sondern sich als Angestellte des Notars mehr dessen unparteiischer Stellung annähern.[294]

▶ Beispiel:

Der BGH[295] hat bei Beurkundungen von Grundschuldbestellungen durch bevollmächtigte Mitarbeiter des Notars in 180 Fällen eine Geldbuße in Höhe von 3.000 € verhängt.

158   Das schließt natürlich nicht aus, dass im Einzelfall von diesem strengen Grundsatz eine Ausnahme gemacht werden kann, wenn der Notar bereits beim Hauptvertrag den Verbraucher ausführlich über die Problematik und die rechtliche Tragweite einer solchen Vollmacht belehrt und ihm der betreffende Mitarbeiter vorgestellt wird (s.o. Rdn. 132).

159   Die strengen Grundsätze gelten jedoch nicht für die **Durchführungsvollmacht**. Weiterhin können also Mitarbeiter des Notars Erklärungen zur Beseitigung verfahrensrechtlicher Eintragungshindernisse abgeben: Eintragungsanträge, Identitätserklärungen, Rangbestimmungen, Klarstellungen des Grundbuchstandes oder der Grundstücksbezeichnung, nicht jedoch die Bestellung von Finanzierungsgrundpfandrechten (s.o. Rdn. 137 und ausdrücklich z.B. II. 1 c der RiLI der Westf. und der Rhein. Notarkammer). Streitig ist, ob auch die Auflassung – sofern man sie nicht mit der Mindermeinung in den Kreis der Vollzugsgeschäfte unmittelbar einbezieht – hierunter fällt. Wegen der unterschiedlichen Auffassungen sollte der Notar hier zurückhaltend sein. S. auch oben Rdn. 131, 136.[296]

---

294   Im Ergebnis ebenso: *Brambring* in DAI, Änderung des BGB und des BeurkG durch das OLG-Vertretungsänderungsgesetz, S. 31; *Sorge* DNotZ 2002, 603; *Weingärtner/ Wöstmann* B II 89.

295   BGH, Urt. v. 20.7.2015 NotSt (Brfg) 3/15 – DNotZ 2016, 72 = ZNotP 2015,355 = NotBZ 2016,111 f. = notar 2016, 64; DNotI-Rep. 2015, 172: Für irrelevant hält der BGH den Umstand, dass nach den Richtlinien anderer Notarkammern die Bestellung von Grundpfandrechten durch Mitarbeiter des Notars nicht pflichtwidrig sei. Für den Kläger würden alleine die Richtlinien der Notarkammer C. gelten. Es sei zu berücksichtigen, dass sich die Satzungsgewalt der Notarkammer darin erschöpft, bereits in der BNotO angelegte Berufspflichten zu konkretisieren. Angesichts der Regelung des § 17 Abs. 2a Satz 2 Nr. 1 BeurkG bestünden vielmehr Bedenken gegen die Wirksamkeit der Richtlinien von Notarkammern, die in Abweichung von der gesetzlichen Vorschrift die Beurkundung von Finanzierungsgrundpfandrechten durch bevollmächtigte Mitarbeiter des Notars für zulässig erklären.

296   S. auch *Zimmer* Anm. zu OLG Schleswig ZNotP 2007, 407.

4. Ausreichende Gelegenheit zur Auseinandersetzung mit dem Beurkundungsgegenstand

Der Verbraucher soll vor der Beurkundung auseichend Zeit haben, sich mit **160** dem beabsichtigten Rechtsgeschäft auseinanderzusetzen. Er soll sich nicht unter Druck setzen lassen. I.d.R. wird der Notar dem Verbraucher den Vertragsentwurf zusenden. Eine bestimmte Zeitspanne ist – anders beim Immobilienvertrag (s. Rdn. 165) – nicht vorgeschrieben. Es wird jeweils auf den Einzelfall ankommen.

Die Vorschrift gilt für alle Verbraucherverträge, nicht nur für Immobilienge- **161** schäfte, also z.B. auch für die Bestellung von Grundpfandrechten für Banken.

Der Notar ist seines Amts zu entheben, wenn er wiederholt grob gegen Pflich- **162** ten gemäß § 17 Absatz 2a Satz 2 Nr. 2 BeurkG verstößt (§ 50 Abs. 1 Nr.9 BNotO)

Einige Notarkammern, z.B. die Notarkammer Hamm,[297] haben deshalb in **163** ihren Erläuterungen zu dieser Vorschrift die Empfehlung gegeben, in geeigneten Fällen nach der Beurkundung des Kaufvertrages dem Käufer ein Merkblatt zur Grundschuldbestellung auszuhändigen. Das Merkblatt ist im Anhang 3. abgedruckt.

5. 2-Wochen-Frist bei nach § 311b Abs. 1 Satz 1 und Abs. 3 BGB zu beurkundenden Verbraucherverträgen

a) Anwendungsbereich

Die in den vorhergehenden Abschnitten dargestellten Grundsätze gelten für **164** alle Verbraucherverträge, also auch für Immobilienverträge. Für die letzteren gilt die zusätzliche Bestimmung.

Es muss sich um einen Verbrauchervertrag handeln, der unter § 311b Abs. 1 Satz 1 oder Abs. 3 BGB fällt. § 311b Abs. 3 BGB spielt in der Praxis keine erhebliche Rolle. Zu den Geschäften nach § 311b Abs. 1 Satz 1 zählen neben Grundstückskauf- und Bauträgerverträgen bzw. entsprechenden Angebots- und Annahmeerklärungen, insbesondere die Verpflichtung zur Bestellung oder Veräußerung eines Erbbaurechts, Geschäftsbesorgungsverträge mit Vollmachten zum Kauf oder Verkauf eines Grundstücks, die Begründung eines An- und Vorkaufsrechts oder auch der Abschluss eines GbR-Vertrages, wenn er eine Einbringungsverpflichtung für ein Grundstück enthält.[298] Die 2-Wochenfrist

---

297 Jetzt: Westfälische Notarkammer.
298 *Solveen* RNotZ 2002, 321.

gilt hingegen z.b. nicht bei der Beurkundung von Schenkungsversprechen nach § 518 BGB, gesellschaftsrechtlichen Angelegenheiten, Verträgen der Miteigentümer über die Begründung von Wohnungseigentum nach § 3 WEG und die Bestellung von Grundschulden.

b) Regelfrist von 2 Wochen

165   Der Verbraucher soll den Entwurf der notariellen Niederschrift 2 Wochen vor dem Beurkundungstermin in Händen haben, um alle Aspekte, auch die, die nicht Gegenstand der notariellen Belehrung sind, zu überprüfen.[299] Er muss ausreichend Gelegenheit haben, das Objekt zu besichtigen, den Rat eines Fachmannes einzuholen und gegebenenfalls weitere Fragen der Finanzierung zu klären. Der beabsichtigte Text des Rechtsgeschäfts soll vom beurkundenden Notar oder einem Notar, mit dem sich der beurkundende Notar zur gemeinsamen Berufsausübung verbunden hat, dem Verbraucher zur Verfügung gestellt werden, siehe Rdn. 171.

166   Es ist nicht erforderlich, dass er sich bei einer postalischen Übersendung des Textes den Zugangstermin durch ein Einschreiben oder gar eine öffentliche Zustellung nachweisen lässt.[300] Um eine spätere Überprüfung der Einhaltung der Frist zu erleichtern, ist das Datum der Übersendung oder Aushändigung des beabsichtigen Textes in den Akten zu dokumentieren.[301] Bei einer persönlichen Aushändigung an den Verbraucher sollte er einen entsprechenden Aktenvermerk machen oder sich die Aushändigung schriftlich bestätigen lassen. *Heinze*[302] empfiehlt folgende Formulierung:

> »Der Käufer bestätigt, dass er den beabsichtigten Text des heutigen Rechtsgeschäfts am … vom beurkundenden Notar (ggf. per Post, per Fax, per E-Mail) erhalten hat – am (Datum) in den Büroräumen des beurkundenden Notars abgeholt hat.«

Im Übrigen kann davon ausgegangen werden, dass Postsendungen am nächsten Werktag, spätestens am 3. Tag nach der Aufgabe zur Post (vgl. § 41 Abs.2 VwVfG) zugegangen sind.

167   Grundsätzlich kann der Verbraucher auf diese Schutzregelung nicht verzichten, da es sich um eine Amtspflicht des Notars handelt, die nicht zur Disposition steht.[303]

---

299 *Winkler* § 17 Rn. 181: Prüfungs- und Abkühlungsphase.
300 *Heinze* ZNotP 2013, 126.
301 Vgl. BT-Drucks.17/12035, S. 6.
302 *Heinze* ZNotP 2013, 126.
303 BGH, Urt. v. 07.02.2013, NotBZ 2013,174ff = ZNotP 2013. 74 ff = DNotZ 2013, 553 f.= MittBayNot 2013,325; *Sorge* DNotZ 2002, 604; Besprechung von *Schlick* in ZNotP 2013 162 ff.

Die Leitsätze des BGH hierzu lauten:

»1.

Die Regelfrist von zwei Wochen nach § 17 Abs. 2a S. 2 Nr. 2 BeurkG steht nicht zur Disposition der Urkundsbeteiligten.

2.

Ein Abweichen von der Regelfrist kommt nur in Betracht, wenn im Einzelfall nachvollziehbare Gründe – auch unter Berücksichtigung der Schutzinteressen des Verbrauchers – es rechtfertigen, die dem Verbraucher zugedachte Schutzfrist zu verkürzen. Voraussetzung für die Nichteinhaltung der Frist ist deshalb ein sachlicher Grund.

3.

Der Notar hat, so die Regelfrist von zwei Wochen nicht abgelaufen ist und die Zwecke dieser Wartefrist nicht anderweitig erfüllt sind, die Amtspflicht, eine Beurkundung auch dann abzulehnen, wenn diese von den Urkundsbeteiligten gewünscht wird.«

Es kann also durchaus Ausnahmefälle geben, in denen der Notar entweder eine längere[304] oder eine kürzere Frist einräumen kann oder muss. Dies hängt vom Einzelfall ab.   **168**

Eine Unterschreitung der Regelfrist kommt nur in Betracht, wenn ein objektiv zu bestimmender sachlicher Grund vorliegt. Ein solcher sachlicher Grund[305] liegt nur vor, wenn der vom Gesetzgeber bezweckte Übereilungs- und Überlegungsschutz auf andere Weise gewährleistet ist[306]. Das Deutsche Notarinstitut hat eine gutachterliche »Stoffsammlung« zur 2-Wochen-Frist des § 17 Abs. 2 a BeurkG erstellt. Das Gutachten kann auf der Homepage www.dnoti-online-plus.de unter Eingabe der Gutachtennummer 141470 abgerufen werden.

Alleiniger Maßstab dafür, ob im Einzelfall die Frist unterschritten werden darf oder nicht, ist, ob auch ohne deren Wahrung der Verbraucher ausreichend Gelegenheit hatte, sich mit dem Gegenstand der Beurkundung vertraut zu machen.[307] Erst wenn der Notar hiervon überzeugt ist, kann er aus besonderen Anlässen, wenn ein sachlicher Grund vorliegt, von der Regelfrist abweichen.

---

304 *Hertel* ZNotP 2002, S. 289.

305 Indizien für sachlichen Grund finden sich bei *Weber* NJW 2015, 2619. Ausführlich DNotI-Rep. Heft 5/15; Siehe auch *Heckschen/Strnad* ZNotZ 2014, 122: Thema: Inhalt und Grenzen des Anwendungsbereichs von § 17 Abs. 2a Satz 2 Nr. 2 BeurkG.

306 BGH NJW 2013, 1451; DNotZ 2015, 315, NJW 2015, 2646 m. Bespr. *Weber* in NJW 2015, 2619.

307 *Solveen*, RNotZ 2002, S. 324.

Das KG[308] bejahte einen sachlichen Grund in einem Fall, in dem der Käufer sich bereits zum Kauf fest entschlossen hatte und er einen anderweitigen Verkauf durch den Verkäufer befürchtete. Allerdings ist hier besondere Vorsicht geboten, da der »vorgespiegelte Zeitdruck« nicht selten ein wichtiges Mittel für unseriöse Vertriebe ist.[309]

Eine drohende Steuererhöhung (z.B. sogenannte Neujahrsfalle bei der Eigenheimzulage) könnte unter Umständen auch eine besondere Eilbedürftigkeit begründen,[310] oder auch persönliche Gründe, z.B. ein anstehender längerer Krankenhausaufenthalt, Urlaub oder eine Dienstreise des Verbrauchers,[311] aber auch hier ist dem Notar »Hinterfragung« anzuraten.

Kein sachlicher Grund ist nach Ansicht des BGH die Einräumung eines Rücktrittsrechts.[312] Die strenge Frist (2 Wochen) ist auch dann einzuhalten, wenn im Anschluss an eine freiwillige Grundstücksversteigerung der Notar Kaufverträge mit verschiedenen Beteiligten protokolliert. Sie dürfen also nicht sofort beurkundet werden.

Der Notar hat die **Beurkundung abzulehnen**, wenn er den Eindruck hat, dass der Verbraucher noch keine ausreichende Gelegenheit zur Prüfung des Vertrags gehabt hat,[313] ebenso wenn er keinen vernünftigen Grund für die Unterschreitung der Regelfrist sieht.

Die Entscheidung für eine »vorzeitige« Beurkundung hat allein der Notar in eigener Verantwortung zu treffen. Weder der Verbraucher noch der Unternehmer können ihn insoweit von seinen Amtspflichten befreien.

Weicht der Notar berechtigt von der Regelfrist ab, muss er die Gründe in der notariellen Niederschrift angeben, § 17 Abs. 2a Satz 2 Nr. 2 BeurkG n.F

Wenn »im Einzelfall nachvollziehbare Gründe« – auch unter Berücksichtigung der Schutzinteressen des Verbrauchers – es rechtfertigen, die dem Verbraucher zugedachte Schutzfrist zu verkürzen, muss der vom Gesetz bezweckte Überei-

---

308 KG DNotZ 2009, 49.
309 *Junglas* NJOZ 2012, 565.
310 *Winkler* § 17 Rn. 187; Armbrüster/Preuß/Renner/*Armbrüster § 17 BeurkG Rn. 229.*
311 *Winkler*, Fußnote 20 § 17 Rn. 188.
312 BGH Urt. v. 25.06.2015 III ZR 292/14., DNotZ 2015, 797 (bespr. von *Cramer* DNotZ 2015, 725) = ZNotP 2015, 228 = MittBayNot 2016, 79 ff. m. Anm. *Meininghaus*, DNotI-Report 2015, ZfIR 2015, 438 m. Anm. *Lehmann/Richter.*
313 BGH v. 25.06.2015 – III ZR 292/14, DNotZ 2015,261 NJW 2015, 2646 = MDR 2015, 1003 = ZNotP 2015, 228 = BB 2015, 1729 = DB 2015, 7 = ZIP 2015, 1493; BGHZ 196, 166; kritische Anm. v. *Achenbach* in DNotZ 2016,4 ff.

lungs- und Überlegungsschutz auf andere Weise als durch die Einhaltung der Regelfrist gewährleistet sein.

c) Inhalt des Entwurfs

Die Frage wird ausführlich u.a. behandelt von *Schlick* in ZNotP 2013, 162 ff.   **169** und im Würzburger Notarhandbuch Kapitel 2 Grundstückskauf. Der BGH[314] hat viele Fragen hier offen gelassen.

Jedenfalls muss der »beabsichtigte« Text bereits die wesentlichen Vertragspflichten der Parteien enthalten und damit folgerichtig auch den »in Aussicht gestellten« Kaufpreis enthalten[315].

Nicht notwendig ist, dass der **vollständige** Vertragsentwurf übersandt wird. Es ist also kein im Sinne des GNotKG (kostenpflichtiger) Entwurf zu übersenden.[316] Ausreichend kann ein Mustertext[317] sein, der die zur Vorbereitung des Verbrauchers erforderlichen Bestimmungen und Regelungen des späteren Vertrags enthält, also Angaben über den Vertragspartner, die Bezeichnung des Vertragsgegenstands, die voraussichtliche Höhe des Kaufpreises nebst Zahlungsmodalitäten, Regelungen über die Folgen von Sach- und Rechtsmängeln und die Verteilung der Erschließungskosten und sonstiger Kosten.[318] Er muss also alle für die angemessene Vorbereitung des Verbrauchers notwendigen Punkte enthalten[319]. Hierzu gehören auch Ablichtungen der Baubeschreibung (Mindestanforderungen nach Art. 249 § 2 Abs. 1 EGBGB, siehe unten Rdn. 405 und gegebenenfalls der Teilungserklärung. Sinnvoll erscheint deshalb – wie auch *Grziwotz*[320] fordert -, dem Verbraucher den vollständige Entwurf zu übersenden. Der Notar sollte sich stets auf die »sichere« Seite begeben; am wenigsten angreifbar ist i.d.R. die Übersendung eines vollständigen Vertragsentwurfs.

Die bei Verbraucherverträgen in § 17 BeurkG normierte Amtspflicht des Notars dient dazu, den Parteien Gelegenheit zu geben, sich vorab mit dem Gegenstand der Beurkundung auseinander zu setzen; sie dokumentiert noch

---

314 BGH, Urt. v. 07.02.2013, NotBZ 2013,174ff = ZNotP 2013. 74 ff = DNotZ 2013, 553 f. *Sorge*, DNotZ 2002, 604.
315 Vgl. BGH DNotZ 2015, 316.
316 *Winkler* § 17 Rn. 167.
317 *Brambring* in DAI, Änderung des BGB und des BeurkG durch das OLG-Vertretungsänderungsgesetz S. 35, vgl. Armbrüster/Preuß/Renner/*Armbrüster* § 17 Rn. 220f.
318 *Solveen* RNotZ 2002, 324; *Litzenburger* NotBZ 2002, 283.
319 *Winkler* § 17 Rn. 168.
320 ZfIR 2002, S. 667.

nicht den endgültigen Parteiwillen. Daraus folgt nach Auffassung des BGH,[321] dass allein durch die Vorlage des Vertragsentwurfes die Vermutung der Vollständigkeit und Richtigkeit notarieller Urkunden nicht widerlegt werden kann.

170   **Änderungen des Vertragstextes, die** auf Veranlassung des Verbrauchers zurückgehen, sollen nicht die Notwendigkeit einer neuen 2-Wochen-Frist auslösen. Kommen die Änderungswünsche vom Unternehmer, so stellt das Rundschreiben der BNotK auf die Wesentlichkeit der beabsichtigten Änderung ab; teilweise wird differenziert, ob die vom Unternehmer gewünschten Änderungen für den Verbraucher nachteilig sind (was einen neuen Fristablauf auslösen soll).[322]

d) Übersendungsverpflichteter

171   Nach der Gesetzesänderung, die am 01.10.2013 in Kraft getreten ist, muss der beurkundende **Notar** oder der Notar, mit dem er sich zur gemeinsamen Berufsausübung verbunden hat, den Entwurf übersenden, nicht also etwa der Unternehmer, ein für diesen tätigen Vertriebsmitarbeiter oder der Makler. Dadurch soll erreicht werden, dass der Notar und nicht der Unternehmer als für die den Vertrag verantwortliche Person angesehen wird. Der Verbraucher wird sich deshalb auch – wenn er Fragen hat – an den Notar und nicht etwa an den Unternehmer wenden.

e) Dokumentationspflicht

172   Es ist nicht erforderlich, dass der Notar sich bei einer postalischen Übersendung des Textes den Zugangstermin durch ein Einschreiben oder gar eine öffentliche Zustellung nachweisen lässt.[323] Um eine spätere Überprüfung der Einhaltung der Frist zu erleichtern, ist das Datum der Übersendung oder Aushändigung des beabsichtigten Textes in den Akten zu dokumentieren, bei einer persönlichen Aushändigung an den Verbraucher sollte er einen entsprechenden Aktenvermerk machen oder sich die Aushändigung schriftlich bestätigen lassen. *Heinze*[324] empfiehlt folgende Formulierung:

> »Der Käufer bestätigt, dass er den beabsichtigten Text des heutigen Rechtsgeschäfts am … vom beurkundenden Notar (ggf. per Post, per Fax, per E-Mail) erhalten hat – am (Datum) in den Büroräumen des beurkundenden Notars abgeholt hat.«

---

321 BGH NJW 2017, 175.
322 *Grziwotz* § 17 Rn. 81.
323 *Heinze* ZNotP 2013, 126.
324 *Heinze* ZNotP 2013, 126.

Weicht der Notar berechtigt von der Regelfrist ab, muss er die Gründe in der notariellen Niederschrift angeben, § 17 Abs. 2a Satz 2 Nr. 2 BeurkG n.F.

f) Konsequenzen bei Nichtbeachtung der Regelfrist

Wie bereits oben Rdn. 155 ausgeführt, hat der Notar die Beurkundung abzu-   **173** lehnen, wenn er den Eindruck hat, dass der Verbraucher noch keine ausreichende Gelegenheit zur Prüfung des Vertrages gehabt hat. Inhaltlich handelt es sich um eine Sollvorschrift, die der Notar einzuhalten hat, die jedoch **nicht zur Unwirksamkeit** der Beurkundung führt. Ein Verstoß gegen die Einhaltung der Regelfrist kann zu Schadensersatzforderungen gegen den Notar führen.[325] Er kann außerdem disziplinarrechtlich belangt werden.

Verstößt er »wiederholt grob« gegen die Plichten des § 17 Abs. 2a Satz 2 Nr. 2 BeurkG, kann er nach der entsprechenden Gesetzesänderung des § 50 Abs. 1 Nr. 9b BNotO sogar seines Amtes enthoben werden, sofern feststeht, dass er für das Notaramt untragbar ist.

---

325 BGH ZNotP 2013, 74 ff. Die Ursächlichkeit des Schadenseintritts muss aber gegeben sein, vgl. OLG Hamm, Urt. v. 29.03.2017 – I-11 U73/16 Rn. 32, besprochen von *Genske* notar 2018,179.

E. Wiederkehrende Fehler bei der Führung der Bücher

Vorbemerkung

§ 5 DONot n.F.:

174 **Abs. 3 Satz 2:** Im Rahmen der elektronischen Datenverwaltung bedient sich die Notarin oder der Notar zur automationsgestützten Führung der Bücher und Verzeichnisse der hierfür nach § 27 Abs. 3 betriebenen Systeme und darf die für die Führung dieser Bücher und Verzeichnisse erforderlichen Daten auf diesen Systemen verarbeiten; die Vertraulichkeit und Integrität der Daten sind durch geeignete Verfahren nach dem jeweiligen Stand der Technik sicherzustellen.

Satz 3: Die Notarin oder der Notar hat eine Bescheinigung des Systembetreibers darüber einzuholen, dass es sich um ein System nach § 27 Abs. 3 handelt und welche Verfahren zur Anwendung kommen.«

Zur elektronischen Führung der Bücher siehe auch unten I Rdn. 558 ff. (*Löffler*).

Ab dem 1. Januar 2020 **muss** jede Notarin und jeder Notar ein Urkundenverzeichnis und ein Verwahrungsverzeichnis führen. Sie ersetzen die Urkundenrollen und die Masse- und Verwahrungsbücher.

Das Urkundenverzeichnis tritt an die Stelle der Urkundenrolle, stellt also gewissermaßen das »Inhaltsverzeichnis« der elektronischen Urkundensammlung dar. Es existiert ausschließlich elektronisch. Weil man ein elektronisches Verzeichnis ganz einfach nach unterschiedlichen Kriterien durchsuchen kann, ersetzt es gleichzeitig auch das Namensverzeichnis zur Urkundenrolle. Im Urkundenverzeichnis werden künftig auch wichtige Informationen zur Urkunde eingetragen, die heute auf der Urschrift zu vermerken sind, so etwa, wem und an welchem Tag eine Ausfertigung der Urkunde erteilt wurde.

Das Verwahrungsverzeichnis ersetzt die Masse- und Verwahrungsbücher und die dazu gehörigen Namensverzeichnisse, betrifft also vor allem die Notaranderkonten. Vom Verwahrungsverzeichnis wird es ebenfalls keine Papierversion geben, es existiert wie das Urkundenverzeichnis ausschließlich elektronisch.

Nur der Notar und seine Mitarbeiter können beide Verzeichnisse lesen.

Im Folgenden wird vornehmlich die »konservative« Führung der Bücher besprochen. Im Übrigen siehe unten I Rdn. 558 ff. (*Löffler*).

I. Generalakte (§ 23 DONot)[326]

Die Generalakten sind entweder nach **Sachgebieten** geordnet zu gliedern oder mit **fortlaufenden Blattzahlen** zu versehen. Sie müssen im letzten Fall dann auch ein **Inhaltsverzeichnis** enthalten.Die Generalakten sind 30 Jahre aufzubewahren (§ 5 Abs. 4 DONot).   **175**

In der Generalakte sind die Durchschriften der **Meldungen nach § 10a Abs. 3 BNotO** über Beurkundungen außerhalb des Amtsbereichs abzuheften (s.u. Rdn. 225 ff.).

Im Übrigen gehören zu den Generalakten alle Vorgänge, die die Amtsführung im Allgemeinen betreffen, nämlich: **176**

- der Schriftverkehr mit den Aufsichtsbehörden, z.B. zu **Nebentätigkeiten, Verhinderungsfällen, Vertreterbestellungen,**
- die **Berichte** über die **Prüfung der Amtsführung** und der dazugehörende Schriftwechsel,
- der **Schriftverkehr mit der Notarkammer** und der Notarkasse oder der Ländernotarkasse,
- der Schriftverkehr mit dem **Datenschutzbeauftragten** und sonstige Unterlagen zum Datenschutz, Siehe auch unten I Rdn. 505 ff. (*Löffler*)
- Originale oder Ablichtungen der Unterlagen über die **Berufshaftpflichtversicherung** einschließlich des Versicherungsscheins und der **Belege über die Prämienzahlung,**
- Niederschriften über **die Verpflichtungen** gem. § 26 BNotO, § 1 des Verpflichtungsgesetzes nach Maßgabe von § 4 Abs. 1 DONot, (Muster bei bnotk.de abrufbar); siehe unten Rdn. 177.
- Verschwiegenheitsvereinbarung mit dem Dienstleister (§ 26a BNotO) (Muster bei bnotk.de abrufbar) Siehe unten Rdn. 178
- die Anzeigen gem. § 27 BNotO (Berufsverbindung),
- Prüfzeugnisse, Bescheinigungen und vergleichbare Erklärungen,

---

326 Ausführlicher: *Weingärtner/Gassen/Sommerfeldt* zu § 4 DONot.

– mit der Zertifizierung verbundene Schriftstücke. Hierzu gehört nach § 17 Abs. 1 Satz 1 DONot auch die Bescheinigung des Erstellers der Notariatssoftware, wonach nachträglich unbemerkte Veränderungen von Eintragungen in den Büchern nicht möglich sind.[327] Die Bescheinigung muss ausdrücklich auch spätere Veränderungen des Programms umfassen; andernfalls ist für jede Veränderung (Update, Hotfix, Fehlerbereinigung, Oberflächenrefresh, neues Rollout-Release usw.) eine gesonderte Bescheinigung einzuholen.

– generelle Bestimmungen gem. § 5 Abs. 4 Satz 1 dritter Spiegelstrich (Wird die Verlängerung der Aufbewahrungsfrist nur im Einzelfall angeordnet, genügt auch weiterhin, dass die Anordnung zu den jeweiligen Nebenakten genommen wird.)

– Fortbildungsnachweise. Da einige Richtlinien der Notarkammern Teilnahmenachweise von Fortbildungsveranstaltungen fordern, sind diese auch zu den Generalakten zu nehmen.[328]

– Anzeigen gemäß § 27 Abs.4 Satz 4 BNotO.

– **geldwäscherelevante Vorgänge**
  • allgemeine Risikoanalyse (z.B. gemäß Anlage des Rdschr. der BNotK)[329];
  • interne Sicherungsmaßnahmen (z.B. gemäß Anlage des Rdschr.);

– Rundschreiben der Notarkammern *können* auch zur Generalsakte genommen werden. Es empfiehlt sich aber, hierfür einen gesonderten Ordner anzulegen.[330]

– Mietverträge, Arbeitsverträge, Buchhaltungs- und Steuerunterlagen können wegen ihrer sensiblen Daten außerhalb der Generalakte verwahrt werden. Aus demselben Grund wird man dem Notar auch gestatten dürfen, ihn betreffende Disziplinarvorgänge als Sachgebiet im Sinne von Abs. 2 auszugliedern und getrennt aufzubewahren.[331]

---

327 In der Entwurfsbegründung des Niedersächsischen JM ist ausdrücklich klargestellt, dass es dem Notar auch künftig selbstverständlich möglich ist, ein eigenes Programm zu erstellen oder sich der Standardprogramme (Word, Excel u. a.) zu bedienen, um seine Bücher zu führen. Die Ausstellung einer dienstlichen Erklärung (und ihre Hereinnahme in die Generalakten) kann in diesem Fall nicht verlangt werden.

328 Armbrüster/Preuß/Renner/*Eickelberg* § 23 Rn. 7: jedenfalls empfehlenswert.

329 Auslegungs- und Anwendungshinweise für die Umsetzung der Sorgfaltspflichten und der internen Sicherungsmaßnahmen für Notarinnen und Notare herausgegeben (abgeduckt im Anhang 10)

330 Armbrüster/Preuß/Renner/*Eickelberg* § 23 Rn. 8.

331 Armbrüster/Preuß/Renner/*Eickelberg* § 23 Rn. 4; *Blaeschke*, Rn. 294.

Vorgänge, die nicht das Notariat betreffen, dürfen nicht in der Generalakte verwahrt werden. Es dürfen insbesondere keine Schriftstücke, die lediglich eine Anwaltstätigkeit betreffen, in der Generalakte abgeheftet werden.

Sofern Schriftwechsel – der unter der obigen Aufzählung einzuordnen ist – elektronisch geführt wird, ist er ausgedruckt zur Generalakte zu nehmen.

Hinzuweisen ist zur Belehrung der Mitarbeiter auf folgendes: **177**

Nach der Neufassung des § 26 BNotO besteht die Pflicht des Notars zur förmlichen Verpflichtung nur für die die »von ihm beschäftigen« Personen, nicht aber für »bei ihm beschäftigte« Personen (siehe folgende Rdn. 178). Fehlt die Unterschrift des Notars, spricht eine gewisse Vermutung dafür, dass eine echte Belehrung überhaupt nicht erfolgt ist. § 26 BNotO erfasst also nur arbeitsvertraglich beschäftigte Mitarbeiter. Für freie Mitarbeiter und andere Personen, namentlich Dienstleister, gilt § 26 a BNotO. Neben der Belehrungspflicht tritt nunmehr eine weitere Pflicht des Notars, nämlich die Einhaltung der Verschwiegenheitspflicht seitens der beim ihm beschäftigten Personen zu überwachen (§ 26 Satz 4 BNotO). Er hat in geeigneter Weise auf die Einhaltung der Verschwiegenheitspflicht durch die bei ihm beschäftigten Personen hinzuwirken.

Neu eingeführt ist der § 26a BNotO. Die BNotK hat in ihrem Rundschreiben   **178** N2.4/2018 vom 17.04.2018 ausführliche Hinweise für die Praxis gegeben. Es ist unten im Anhang unter Nr. 13 abgedruckt. Hier folgen nur einige Hinweise: Die neue Vorschrift regelt die Verschwiegenheitspflicht bei Inanspruchnahme von Dienstleistungen. Der Begriff des Dienstleisters ist in § 26 a Abs. 1 Satz 2 BNotO wie folgt definiert:

> Ein Dienstleister ist hier eine andere Person oder Stelle, die vom Notar im Rahmen seiner Berufsausübung mit Dienstleistungen beauftragt wird.

Nach der Gesetzesbegründung fallen hierunter neben IT-Dienstleistungen bspw. auch Reinigungsdienste, Sicherheitsdienste sowie Personen, die mit der Durchführung konkreter Zwangsvollstreckungsmaßnahmen befasst sind[332]. Gem. § 26 a Abs. 2 u. 3 BNotO ist der Notar bei der Einbeziehung eines Dienstleisters verpflichtet, diesen sorgfältig auszuwählen und zur Verschwiegenheit zu verpflichten. Er muss zudem die Zusammenarbeit mit ihm unverzüglich beenden, wenn die Einhaltung der Verschwiegenheitspflicht nicht gewährleistet ist.

---

332 Vgl. BT-Drucks. 18/11936 S. 38.

179   Der Vertrag mit dem Dienstleister bedarf der Schriftform. Gemeint ist offensichtlich nur, dass die Verschwiegenheitsverpflichtung als solche und nicht die
gesamte vertragliche Vereinbarung mit dem Dienstleister unterschrieben werden muss. Auf die schriftliche Verschwiegenheitsvereinbarung kann verzichtet
werden, wenn der Dienstleister bereits nach § 1 des Verpflichtungsgesetzes
förmlich verpflichtet wurde (vgl. § 26 a Abs. 6 Satz 1 BNotO).

180   Anwaltsnotare, die sich mit anderen Berufsgeheimnisträgern zu einer Sozietät
zusammengeschlossen haben, müssen darauf achten, dass dann, wenn Dienstleister gemeinsam genutzt werden, die strengeren Vorschriften der BNotO eingehalten werden.

181   Bei einem **einheitlichen Beschäftigungsverhältnis** zu mehreren Notaren
genügt eine einmalige Verpflichtung durch einen Notar (§ 26 BNotO). Dieser
nimmt die Belehrung zu seinen Generalakten. Die übrigen Notare sollten
jedoch entweder eine Abschrift der Belehrung oder einen entsprechenden Vermerk zu ihrer Generalakte nehmen; nur so ist gewährleistet, dass jeder Notar
sich darüber vergewissert, ob und wie die Belehrung vorgenommen worden
ist und dass sich bei fehlender Belehrung nicht jeweils der eine Notar auf den
anderen zu seiner Entlastung berufen kann.

182   War ein Beschäftigungsverhältnis zwischen den Beteiligten beendet und wird
es später wieder neu begründet, muss die Verpflichtung wiederholt werden.
Entsprechendes gilt, wenn Beschäftigte aus einem anderen, z.B. erloschenen
Notariat übernommen werden (§ 4 Abs. 2 DONot).

▶ **Zu beachten ist:** Hinsichtlich der Verschwiegenheitsvereinbarung gemäß
§ 26a BNotO muss jeder Notar die Vereinbarung mit dem Dienstleister
abschließen. Dies kann in einer Urkunde geschehen, die von jedem Berufs-
träger unterzeichnet wird. Eine Abschrift ist in der jeweiligen Generalakte
des Notars abzuheften.

II. Urkundenrolle (§§ 7, 8 DONot)

183   Siehe Vorbemerkung Rdn. 174

184   Ausführlich hierzu
- EDV-Empfehlungen (BNotK) Stand 2005
- Armbrüster/Preuß/Renner/*Eickelberg, Weingärtner/Gassen/Sommerfeldt* je-
  weils zu §§ 7, 8 DONot,
- *Blaeschke* Rn. 373 ff.

In der Regel wird die Urkundenrolle nicht persönlich vom Notar, sondern von dessen Mitarbeitern geführt. Verantwortlich ist jedoch der Notar. Er hat durch Stichproben die ordnungsgemäße Führung der Bücher zu prüfen.[333]

Anlass zu Beanstandungen geben immer wieder folgende Punkte:

a) **Ordnungsgemäße Ausfüllung des Titelblattes**, § 7 Abs. 1 DONot. Häufig fehlen Datum, Unterschrift des Notars und/oder der Abdruck des Amtssiegels.　185

b) Wird die Urkundenrolle nach § 14 DONot in **Loseblattform** geführt, können die für das Titelblatt vorgeschriebenen Feststellungen nicht sofort getroffen werden. Nach Ablauf des Kalenderjahres sind die Einlageblätter zu heften und mit Schnur und Siegel zu verbinden (§ 14 Abs. 1 Satz 5, § 30 DONot). Dann muss auch das Titelblatt vollständig ausgefüllt werden.　186

c) Der **Notarvertreter** führt die Urkundenrolle des vertretenen Notars in der üblichen Weise weiter. Lediglich der Beginn und das Ende der Vertretung sind in der Urkundenrolle einzutragen (§ 33 Abs. 5 DONot). Die Vermerke brauchen nicht mehr mit Datum und Unterschrift versehen zu werden. Sie sollten etwa wie folgt lauten:　187

»Am 01.10.2018 ist Frau Rechtsanwältin Teresa van Ghemen zur Vertreterin für Herrn Notar Jonathan Valentinus amtlich bestellt worden.«

Es folgen dann die weiteren Eintragungen bis zur Beendigung der Vertretung. Dann ist einzutragen:

»Am 16.10.2018 ist die Vertretungszeit beendet.«

Der Vermerk ist auch erforderlich, wenn keine Urkundengeschäfte getätigt worden sind (§ 33 Abs. 5 Satz 3 DONot). Der Vermerk würde dann lauten:

»Vom 01.10. bis 16.10.2018 war Frau Rechtsanwältin Teresa van Ghemen amtlich bestellte Vertreterin für Herrn Notar Jonathan Valentinus.«

Das Verwahrungs- und Massenbuch ist in der üblichen Weise weiterzuführen.

Zur Bestellung eines Notarvertreters siehe unten Rdn. 242.

Abs. 4 gibt klare Vorgaben, wie die Vertretereigenschaft im **elektronischen Medium** nachzuweisen ist. Die (Papier-) Vertreterbestellung ist entweder durch die Aufsichtsbehörde mit elektronischer Signatur als Abschrift zu fertigen oder elektronisch zu beglaubigen. Sie muss mit dem zu signierenden Dokument verbunden sein.

---

333 OLG Celle NdsRpfl. 1998, 45.

Handlungen des Vertreters vor seiner Bestellung sind unwirksam, auch wenn der Vertreter selbst Notar ist. Die von ihm vorgenommenen Beurkundungen müssen wiederholt werden. Eine rückwirkende Bestellung des Vertreters ist nicht möglich.[334] Beurkundet ein »Notarvertreter« einen Vertrag, nachdem die Vertretungszeit bereits abgelaufen ist, ist die Beurkundung nichtig, auch dann, wenn er selbst Notar ist.[335]

Ausführlich hierzu: *Peterßen*.[336]

188   Die **Beendigung der Vertretung** braucht nur noch angezeigt zu werden, wenn sie vorzeitig erfolgt (§ 33 Abs. 6 Satz 2 DONot).

189   **d)** Grundsätzlich sind **alle Beurkundungen in Form einer Niederschrift einzutragen**, nicht also Angelegenheiten, die unter §§ 23, 24 BNotO fallen (Beratung, Verwahrungsangelegenheit und Entwürfe, unter denen der Notar *keine* Unterschrift beglaubigt hat).

Weitere Einzelheiten s. *Weingärtner/Gassen/Sommerfeldt* zu § 8 DONot

190   **e)** Die **Eintragungen** in der Urkundenrolle haben **zeitnah, spätestens binnen 14 Tagen** zu erfolgen. Das gilt auch bei Führung der Urkundenrolle per EDV für den Ausdruck. Überholte Zwischenausdrucke dürfen vernichtet werden (§ 17). Gemeint sind damit aber nur Wiederholungen früherer Ausdrucke zuvor **nicht abgeschlossener** Seiten, § 17 Abs. 1 Satz 3 DONot n.F.

Bereits abgeschlossene Seiten dürfen nicht vernichtet werden. Vielmehr sind evtl. neu entstehende Ausdrucke zu vernichten.

191   **f)** Bei Eintragungen in der Urkundenrolle ist nach dem **amtlichen Muster** der Familienname anzugeben, bei Abweichungen vom Familiennamen auch der Geburtsname, der Wohnort oder der Sitz und bei häufig vorkommenden Familiennamen weitere der Unterscheidung dienende Angaben.

Zur Verbesserung der Dienstaufsicht – aber auch um das Bewusstsein des Notars zu wecken – ist Abs. 4 in § 8 aufgenommen worden. Danach ist in Spalte 2a aufzuführen, wo das notarielle Amtsgeschäft vorgenommen worden ist. Ist das Amtsgeschäft in der Geschäftsstelle vorgenommen worden, genügt der Vermerk »Geschäftsstelle«, andernfalls sind die genaue Bezeichnung des Ortes, an dem Amtsgeschäft vorgenommen wurde, und dessen Anschrift anzugeben.

---

334 *Bischoff*, in: Würzburger Notarhandbuch, Teil 1 Kap.1 Rn. 74.
335 A.A. *Haug*, Amtshaftung, Rn. 119.
336 RNotZ 2008, 181 ff.

Es bestehen keine Bedenken, wenn die Spalte 2 a »handschriftlich« von der bisherigen Spalte 3 abgetrennt wird, und dort die Eintragung vorzunehmen.

Bei Unterschriftsbeglaubigungen ist der Ort der Entgegennahme der Unterschrift oder der Unterschriftsbestätigung entscheidend, auch wenn der Beglaubigungsvermerk erst in der Geschäftsstelle gefertigt wird.

Weitere Ausführungen zur Beurkundung außerhalb der Geschäftsstelle siehe Rdn. 225 und *Weingärtner/Gassen/Sommerfeldt* § 32 Rn. 55 ff.

g) Bei **mehreren Beteiligten** muss jeder Einzelne angegeben werden. Sind   192
jedoch mehr als zehn Personen aufzuführen, genügt eine zusammenfassende Bezeichnung, z.B. »Erbengemeinschaft nach Friedrich E.«. Bei Beurkundungen in gesellschaftlichen Angelegenheiten ist auch die Gesellschaft aufzuführen.

h) Wird ein Beteiligter vertreten, ist gem. § 9 Abs. 4 DONot in Spalte 3   193
sowohl der **Vertreter** als auch der **Vertretene** einzutragen. Das gilt auch bei bloßen **Unterschriftsbeglaubigungen**. Beide sind auch im alphabetischen Namensverzeichnis einzutragen.

i) Der **Geschäftsgegenstand** ist stichwortartig, aber präzise anzugeben. Zu   194
vermeiden sind farblose Angaben wie:

»Vertrag«, »Kaufvertrag«, »Vertragsangebot«, »Vertragsannahme«, »Beurkundung«, »Vereinbarung«.

Bei Geschäften, die – wie vielfach bei Grundstücksveräußerungen – aus einem schuldrechtlichen und einem dinglichen Teil bestehen, brauchen beide nicht mehr als Teile des Geschäftes angegeben zu werden. Es genügt also die Eintragung:

»**Grundstückskaufvertrag**«.   195

Unterschriftsbeglaubigungen ohne Entwurf sind nunmehr wie folgt einzutragen:

»**Unterschriftsbeglaubigung ohne Entwurf**«.

Der Geschäftsgegenstand kann angegeben werden, und zwar nach dem amtli-   196
chen Muster in Klammern:

»**(Grundschuldbestellung) und**

Unterschriftsbeglaubigung ohne Entwurf«.

Wenn der Notar jedoch auch den **Entwurf der Urkunde** gefertigt und sodann   197
die Unterschrift beglaubigt hat, müssen diese beiden Tatsachen aus der Gegenstandsbezeichnung zu ersehen sein. Außerdem ist der Geschäftsgegenstand

anzugeben. Hat der Notar z.B. den Entwurf einer Anmeldung zum Handelsregister gefertigt und die Unterschrift beglaubigt, hat er einzutragen:

»Anmeldung zum Handelsregister und

Unterschriftsbeglaubigung mit Entwurf«

oder kürzer:

»Anm. HR, Entw. u. U.-Begl.«.

198   Wird der **Inhalt** einer in der Urkundensammlung befindlichen Urkunde später durch eine andere Urkunde **berichtigt, aufgehoben, geändert oder ergänzt**, ist dies jeweils wechselseitig in Spalte 5 zu vermerken (§ 8 Abs. 6). Vergessen wird oft der Vermerk bei der **älteren** Urkunde. Wird die Urkundenrolle per EDV-Anlage geführt, muss der Notar zum althergebrachten Schreibmaterial greifen, um den Vermerk anzubringen. Nur durch wechselseitige Hinweise ist gewährleistet, dass bei einem späteren Heraussuchen der Haupturkunde anhand der Urkundenrolle nicht übersehen wird, dass der Inhalt der Urkunde ganz oder teilweise abgeändert oder ergänzt worden ist.

▶ Beispiel:

Unter Urkunde 1/17 ist ein Grundstückskaufvertrag beurkundet. Der Fälligkeitstermin des Kaufpreises wird später in Urkunde 7/17 hinausgeschoben. In Spalte 5 ist bei Urkunde 1/17 einzutragen:

»Geändert durch Urkunde 7/17«

und bei Urkunde 7/17 in Spalte 5

»vergleiche Nr. 1/17«.

Um die wechselseitige Zusammengehörigkeit der Urkunden zu sichern, bestimmt die DONot gleichzeitig, dass auch auf den Urkunden selbst die wechselseitigen Hinweise eingetragen werden, also muss z.B. auf Urkunde 1/17 vermerkt werden:

»geändert durch Urkunde Nr. 7/17«.

Dieser Vermerk ist in die späteren Ausfertigungen und Abschriften der Haupturkunde zu übernehmen.

Der Notar läuft sonst Gefahr, dafür zu haften, wenn er infolge des fehlenden Vermerks eine spätere Änderung übersieht.[337]

---

337   BGH WM 1986, 197 = DNotZ 1986, 415.

Möglich ist, auch die später errichtete Urkunde bei der früheren aufzubewahren (§ 18 Abs. 2 DONot).

S.u. Rdn. 206.

In Spalte 5 des Registers ist in jedem Fall unter der späteren Urkunde der   **199**
entsprechende Vermerk: »verwahrt bei Nr. ...« einzutragen, s. amtliches Muster Nr. 2.

j) In das nach § 9 DONot zu führende **Erbvertragsverzeichnis** hat der Notar   **200**
jeden Erbvertrag, den er in Verwahrung behält und auch andere Urkunden in
das Erbvertragsverzeichnis einzutragen,[338] wenn sie Erklärungen enthalten,
nach deren Inhalt die Erbfolge geändert wird. Das folgt aus § 34a BeurkG,
§§ 9 Abs. 3, 20 Abs. 2 Satz 2 DONot. Nicht einzutragen sind: die Erbverträge,
die sofort an das Amtsgericht abgeliefert werden. Die Eintragungen sind jahr-
gangsweise mit laufender Nummer zu versehen und zeitnah, spätestens 14
Tage nach der Beurkundung einzutragen. Sie sind zum Jahresende auszudrucken; frühere Ausdrucke sind zu vernichten (§ 17 Abs. 2 Satz 3 DONot n.F.).

Die DONot kommt dem praktischen Bedürfnis des Notariatsbüros entgegen,   **201**
wenn sie dem Notar gestattet, anstelle des Erbvertragsverzeichnisses die Ausdrucke der Bestätigungen der Registerbehörde in einer Kartei aufzubewahren
(§ 9 Abs. 2 DONot).

Eine weitere Abschrift des Ausdrucks der Bestätigung ist gem. § 20 Abs. 2
DONot bei der Urkunde in der Urkundensammlung aufzubewahren, s.u.
§ 20 DONot.

Die einzelnen Ausdrucke sind in zeitlicher Reihenfolge zu ordnen und mit
laufenden Nummern zu versehen. Da das Verzeichnis die Funktion hat, die in
§ 20 Abs. 5 DONot vorgeschriebene Verfahrensweise bei Erbverträgen, die
länger als 30 Jahre in Verwahrung sind, zu ermöglichen, scheidet eine alphabe-
tische Ordnung des Verzeichnisses der vom Notar (bzw. von seinem Amtsvor-
gänger) verwahrten Erbverträge aus. Nur die vorgeschriebene zeitliche Reihenfolge dieses Registers (Kartei) wird der Funktion dieses Verzeichnisses gerecht.
Bei späterer Ablieferung sind die Vermerke (Nachlassgericht und Tag der
Abgabe) auf die Benachrichtigungsschreiben zu setzen.

M.E. ist es geboten, – ähnlich wie bei erledigten Massen –, die Ausdrucke
nach erfolgter Abgabe der Verträge gesondert aufzubewahren.

---

338 A.A. *Schippel/Bracker* § 9 Rn. 2; Eylmann/Vaasen/*Kanzleiter* § 9 Rn. 2; Armbrüster/
    Preuß/Renner/*Eickelberg*, § 9 DONot Rn. 5.

Nach Ansicht des JM NW ist das in Karteiform geführte Verzeichnis dem Datenschutzbeauftragten zu melden, wenn es im automatisierten Verfahren geführt wird.

Zur Aufbewahrung der Erbverträge s. *Weingärtner/Gassen/Sommerfeldt* § 7 Rn. 10 und zur regelmäßigen Durchsicht des Registers *Weingärtner/Gassen/Sommerfeldt* § 20 Rn. 19 DONot.

Wird der Erbvertrag später in besondere amtliche Verwahrung gegeben oder an das AG abgeliefert, sind das Gericht und der Tag der Abgabe in das Erbvertragsverzeichnis einzutragen (§ 9 Abs. 3 DONot). Sofern der Notar noch keine beglaubigte Abschrift des Erbvertrages hat, wird er diese mit einer Kostenberechnung für die Urkundensammlung fertigen.

Ebenso hat er einen Widerruf durch Rücknahme des Erbvertrages (s. ausführlich dazu unten § 20 DONot) im Erbvertragsverzeichnis zu vermerken.

III. Notaranderkontenliste (§ 12 Abs. 5 DONot)

202   Siehe Vorbemerkung Rdn. 174

Die Anderkontenliste ist ein Verzeichnis der Kreditinstitute, bei denen der Notar Anderkonten oder Anderdepots eingerichtet hat. Das Verzeichnis kann auch als Kartei geführt werden. Anzugeben sind:
1. Name und Anschrift des Kreditinstituts,
2. Nummer des Anderkontos bzw. Anderdepots,
3. Nummer der Masse,
4. Beginn und Beendigung eines jeden Verwaltungsgeschäfts,
5. ferner sind gegebenenfalls einzutragen die Nummer des Festgeldanderkontos.

203   **Nach Abwicklung** einer hinterlegten Masse sind die sie betreffenden Angaben mit **Rotstift durchzustreichen** oder **durch andere eindeutige Weise zu kennzeichnen** (§ 12 Abs. 6). Die Regelung soll der Dienstaufsicht eine bessere Kontrolle der Verwahrungsgeschäfte ermöglichen. Vorausgesetzt ist allerdings, dass der ungetreue Notar auch zusätzlich noch so »dumm« ist, dass er die Anderkontenliste gewissenhaft führt, um seine Unkorrektheiten auch deutlich genug zu demonstrieren.

Die Liste muss stets aktuell sein. Wird sie automationsgestützt geführt, ist sie nach Speicherung auszudrucken. Frühere Ausdrucke sind zu vernichten, § 17 Abs. 2 Satz 2 u. 3 DONot n.F.[339]

---

339 Ausführlich *Weingärtner* Das notarielle Verwahrungsgeschäft Rn. 283 ff.

IV. Urkundensammlung

Ab 1.1.2022 sind alle neu errichtete Urkunden verpflichtend zu digitalisieren und als »elektronische Fassung der Urschrift« im Elektronischen Urkundenarchiv für 100 Jahre zu verwahren. Ausfertigungen und Abschriften können dann unmittelbar von dieser elektronischen Fassung erteilt und die Papierurschriften nach einem Übergangszeitraum vernichtet werden. Dann gibt es jede Notarurkunde auch »digital«.   **204**

Parallel wird die Papierfassung der Urkunde für 30 Jahre bei der Notarin oder dem Notar bzw. der nachfolgenden Verwahrstelle aufbewahrt. Das Bundesjustizministerium hat die Möglichkeit, diesen Zeitraum später weiter zu reduzieren.

Ausführlich unten Rdn. 271 ff. (*Löffler*)

a) Die Urkunden sind möglichst bald zur Urkundensammlung zu nehmen.   **205**
Zwar kann nicht verlangt werden, dass die Urkunde sofort zur Sammlung gebracht wird. In der Regel wird mit der Beurkundung noch die weitere Abwicklung der Angelegenheit verbunden sein (Mitteilungspflichten, Bescheinigungen, Einholen von Genehmigungen usw.).[340] Es würde den praktischen Bedürfnissen des notariellen Dienstbetriebes nicht entsprechen, wenn die Urkunde wegen jedes einzelnen Arbeitsganges der Urkundensammlung entnommen und wieder eingefügt werden müsste. Es wird jedoch zu verlangen sein, die Urkunden zur Sammlung zu nehmen, sobald der Erledigungsstand der Angelegenheit dies ohne Erschwerung zulässt.[341]

b) Die strikte **Einhaltung der Nummernfolge** kann im Einzelfall unzweckmä-   **206**
ßig sein, wenn Urkunden, die zu verschiedenen Zeiten errichtet worden sind, sachlich zusammengehören, z.B. wenn eine frühere Urkunde ergänzt oder berichtigt worden ist. § 18 Abs. 2 DONot lässt daher zu, dass Urkunden, die frühere Urkunden berichtigen, ändern, ergänzen oder aufheben oder Vertragsannahme, Auflassungs- oder Genehmigungserklärungen beinhalten, bei der »Haupturkunde« verwahrt werden. Sie sind dann nach § 18 Abs. 2 Satz 2 DONot an die Haupturkunde **anzukleben** oder nach § 30 DONot **beizuheften**. Sie können dann in die Ausfertigungen und Abschriften der Haupturkunde aufgenommen werden.

Werden sie nicht zusammengeheftet, soll auf der Haupturkunde ein Hinweis auf die spätere Urkunde erfolgen (**§ 18 Abs. 2 DONot**), z.B.

---

340 Armbrüster/Preuß/Renner/*Eickelberg* § 18 Rn. 15.
341 JM Nds. im Mitteilungsblatt der Rechtsanwalts- und Notarkammer Celle 1966, 4 und Erlass des JM NW vom 10.01.1972.

»geändert durch Urk.Nr. 91/19«.

Dieser Vermerk ist in die späteren Ausfertigungen und Abschriften der Haupturkunde zu übernehmen, § 18 DONot. Der Notar läuft sonst Gefahr, dafür zu haften, wenn er infolge des fehlenden Vermerkes eine spätere Änderung übersieht.[342]

207   Im Übrigen s. die detaillierte Regelung in § 18 DONot.

Unter der Nummer der »Nachtragsurkunde«, die bei der Haupturkunde aufbewahrt wird, hat der Notar ein Blatt mit der Aufschrift »verwahrt bei Urk.Nr. …« in die Sammlung zu legen. Das ist insbesondere für den Fall sinnvoll, dass entgegen der Vorschrift versehentlich der wechselseitige Hinweis in die Urkundenrolle nicht erfolgt ist.

208   c) Auf Wunsch des Erblassers oder der Vertragschließenden soll der Notar **beglaubigte Abschriften der Verfügung von Todes wegen** zurückbehalten, § 20 Abs. 1 Satz 3 DONot. Wegen des Geheimhaltungsinteresses der Testierenden erscheint es angebracht, diesen Wunsch der Beteiligten in der Urkunde zu vermerken.

209   Die Abschriften sollen (§ 20 Abs. 4) in einem verschlossenen Umschlag aufbewahrt werden, was natürlich wenig nutzt, wenn in der Nebenakte eine weitere Kopie offen verwahrt wird. Bleiben Erbverträge in der Verwahrung des Notars (§ 34 Abs. 3 BeurkG), können sie außerhalb der Urkundensammlung gesondert aufbewahrt werden; über jeden Erbvertrag, den der Notar gesondert verwahrt, muss jedoch für die Urkundensammlung ein Vermerk entsprechend § 18 Abs. 4 DONot gefertigt werden.

Ein Ausdruck der Bestätigung der Registerbehörde über jede Registrierung zu einer erbfolgerelevanten Urkunde im Sinne von § 78b Abs. 2 Satz 1 BNotO im Zentralen Testamentsregister ist in der Urkundensammlung bei der Urkunde, deren beglaubigter Abschrift oder dem Vermerkblatt (§ 18 Abs. 4 Satz 2, § 20 Abs. 1 Satz 1 und 2) aufzubewahren.

Ein Ausdruck der Bestätigung der Registerbehörde über die Registrierung der Rückgabe im Zentralen Testamentsregister ist in der Urkundensammlung bei dem Vermerkblatt oder der beglaubigten Abschrift oder bei der Urkunde nach Satz 3 aufzubewahren.

Weitere Einzelheiten s. *Weingärtner/Gassen/Sommerfeldt* zu § 20 DONot.

---

342 BGH WM 1986, 197; DNotZ 1986, 418.

d) Die Abschriften von Urkunden, deren Unterschriften nicht notariell verwahrt werden, müssen nur dann noch beglaubigt werden, wenn dies nach anderen Vorschriften erforderlich ist (§ 19 Abs. 3 DONot).[343]

V. Massen- und Verwahrungsbuch

Ab 01.01.2020 gilt § 59a BeurkG (Verwahrungsverzeichnis). Hiernach führt **210** der Notar ein elektronisches Verzeichnis über Verwahrungsmassen, die er nach § 23 BNotO und nach §§ 57 und 62 BeurkG entgegen nimmt (Verwahrungsverzeichnis). Das Verwahrungsverzeichnis ist im elektronischen Urkundenarchiv (§ 78h BNotO) zu führen. Erfolgt die Verwahrung im Vollzug eines vom Notar in das Urkundenverzeichnis einzutragenden Amtsgeschäfts, soll der Notar im Verwahrungsverzeichnis auf die im Urkundenverzeichnis zu der Urkunde gespeicherten Daten verweisen, soweit diese auch in das Verwahrungsverzeichnis einzutragen wären. Weitere Einzelheiten siehe NotBZ 2018, 53 f.

Ausführlich: siehe unten Rdn. 453 (*Löffler*).

Hier soll nur auf einige Punkte hingewiesen werden:

a) Jede **Einzahlung** und jede **Ausgabe** muss **am Tage** des Einganges oder der **211** Ausgabe sowohl in das Verwahrungs- als auch in das Massenbuch eingetragen werden (**tagegerechte Buchung**, § 10 Abs. 2 DONot, siehe auch unten. Der Notar kann sich nicht zur Entschuldigung verspäteter Eintragungen auf Personalschwierigkeiten berufen. Dies gilt auch bei automationsgestützter Führung der Bücher; der Ausdruck muss tagegerecht erfolgen (§ 17).

b) Erhält der Notar einen **Scheck**, hat er ihn ebenfalls sofort einzutragen und **212** nicht erst, wenn der Betrag auf dem Anderkonto gutgeschrieben worden ist. Stellt sich heraus, dass der Scheck ungedeckt ist, wird er auf der Ausgabenseite als Ausgabe aufgeführt (§ 10 Abs. 4 DNotO). Auszahlungen sind bereits mit Hingabe des Schecks zu buchen und nicht erst, wenn das Konto belastet wird.

Bei bargeldlosem Zahlungsverkehr ist am Tage des Eingangs des Kontoauszu- **213** ges einzutragen, und zwar nicht unter dem **Wertstellungsdatum**, sondern unter dem **Datum des Eingangs des Kontoauszuges**, § 10 Abs. 3

---

[343] Ausführlich hierzu *Weingärtner/Gassen/Sommerfeldt* zu § 19 DONot.

DONot.[344][345] Die Kontoauszüge sind daher mit dem Eingangsdatum zu versehen (§ 10 Abs. 3 Satz 3 DONot).

Bei bargeldlosem Zahlungsverkehr **über das System der elektronischen Notaranderkontenführung** sind die Eintragungen unter dem Datum des Abrufs der Umsatzdaten am Tag des Abrufs vorzunehmen; Notarinnen und Notare haben die Umsätze unverzüglich abzurufen, wenn sie schriftlich oder elektronisch Kenntnis von neuen Umsätzen erlangt haben (§ 10 Abs.3 s.2 DONot).

Soweit Notaranderkonten elektronisch geführt werden, sind in Spalte 3 des **Massenbuches** bei Überweisungen vom Notaranderkonto neben dem Namen des Empfängers auch dessen Bankverbindung und der Verwendungszweck der Überweisung und ist bei Einzahlungen auf das Notaranderkonto neben dem Namen des Überweisenden oder des Einzahlers der Verwendungszweck anzugeben.

214 c) **Zinsgutschriften, Abgeltungsteuer und Bankkosten** sind einzeln zu buchen; es darf nicht lediglich der Saldo festgehalten werden.

Falls hinsichtlich der Zinsen auf dem Kontoauszug der Bank nur der Saldo erscheint, ist dieser in die Bücher zu übernehmen; sofern die Bank den vollen Zinsbetrag gutgeschrieben hat und die Abgeltungsteuer dann gesondert abgebucht wird, sind beide Buchungen in den Büchern festzuhalten. Nur auf diese Weise ist eine Übereinstimmung zwischen den Kontoauszügen der Bank und den notariellen Büchern gegeben und nachzuvollziehen.

Bei Jahresschluss wird die Zinsen- und Spesenabrechnung für das alte Jahr verbucht, soweit die Belege noch im alten Jahr zugegangen sind. Zinsen und Spesen, deren Kontobelege dem Notar erst im neuen Jahr zugehen, werden auch erst im neuen Jahr eingetragen.[346]

215 d) Die von den Kreditinstituten erteilten Bescheinigungen über einbehaltene **Abgeltungsteuer** sind Wertpapiere i.S.d. DONot. Dieses Wertpapier ist Teil der Verwahrungsmasse. Wegen der Vorschriften zur buchmäßigen vollständigen Erfassung aller Hinterlegungsgeschäfte müsste es im Verwahrungs- und

---

344 In Schleswig-Holstein darf auch – dann aber konsequent – unter dem Wertstellungsdatum gebucht werden, § 10 Abs. DONot.

345 BVerfG (ZNotP 2012, 269 ff) und BGH (ZNotP 2010, 38) haben bestätigt, dass die Landesjustizverwaltung befugt ist, im Rahmen ihrer Dienstaufsicht solche Weisungen zu erteilen.

346 *Weingärtner/Gassen/Sommerfeldt* § 11 Rn. 12; *Weingärtner* Das notarielle Verwahrungsgeschäft Rn. 270.

Massenbuch (bzw. Kartei) verbucht werden. Dies wird aus Zweckmäßigkeitsgründen aber nicht verlangt.

e) Wenn Gelder im Einverständnis der Beteiligten auf ein **Festgeldkonto** 216
gebucht werden, so ist die Geldbewegung zwischen dem Anderkonto und dem
Festgeldkonto nicht in den Büchern zu erfassen (§ 10 Abs. 2); es kann jedoch
durch einen Vermerk im Massenbuch auf sie hingewiesen werden; es sind
lediglich die Kontoauszüge und Überweisungsträger beider Konten zur Belegsammlung zu nehmen. Die Nummer des Festgeldkontos muss aber im Massenbuch in der stichwortartigen Bezeichnung der Masse vermerkt werden. Die
Zinsgutschriften sind selbstverständlich unverzüglich als Einnahme in den
Büchern einzutragen.

VI. Nebenakten

Einzelheiten zur Nebenakte und Blattsammlung siehe Kommentierungen zu 217
§ 22 DONot. Hier soll nur auf zwei Problemkreise hingewiesen werden.

Vor dem Hintergrund der Einführung des elektronischen Urkundenarchivs
und der zunehmenden Bedeutung des elektronischen Rechtsverkehrs geht der
Gesetzgeber davon aus, dass die Notare zunehmend auch ihre Nebenakten
elektronisch führen werden, um mehrere Datenhaltung und Medienbrüche
zu vermeiden und durch Verknüpfung und Weiterwendung weiterer Daten
Mehrwerte erzielen. Die Notare können ihre Akten und Verzeichnisse in
Papierform oder elektronisch führen, soweit die Form nicht durch oder aufgrund eines Gesetzes vorgeschrieben ist. (§ 35 Abs. 2 Satz 1 BNotO)[347]; § 35
tritt am 01.01.2020 in Kraft. Weitere Einzelheiten siehe unten Rdn. 572
(*Löffler*).

1. Aufzeichnungs- und Aufbewahrungspflichten bei geldwäscherelevanten Geschäften

Durch das GwG (neu)[348] sind weitere Vorgänge festzuhalten: 218

Die BNotK empfiehlt insoweit in ihrem Rdschr.[349] (D IV) bei geldwäscherelevanten Vorgänge folgende Dokumente in der Nebenakte aufzubewahren. Aufzuzeichnen und aufzubewahren sind:

---

347 *Damm,* DNotZ 2017, 431.
348 G. v. 23.06.2017, BGBl. I Nr. 39 S. 1822 ff.
349 Auslegungs- und Anwendungshinweise für die Umsetzung der Sorgfaltspflichten und
   der internen Sicherungsmaßnahmen für Notarinnen und Notare herausgegeben
   (abgedruckt im Anhang 10)

– die zur Identifizierung erhobenen Daten der Beteiligten (insbesondere Ausweiskopien);
– die eingeholten Informationen zur wirtschaftlichen Berechtigung (insbesondere Registerauszüge, Gesellschafterlisten u. Ä.);
– konkrete Risikobewertung des Vorgangs und etwaige Einstufung des Risikos für die Beurteilung der Angemessenheit der vereinfachten, allgemeinen oder verstärkten Sorgfaltspflichten (z.B. auf Verfügungsbogen);
– ggf. die aufgrund des festgestellten Risikos veranlassten weiteren Maßnahmen und Ermittlungen sowie deren Ergebnisse, insbesondere im Rahmen verstärkter Sorgfaltspflichten;
– ggf. bei genauerer Prüfung einer möglichen Meldepflicht die Erwägungsgründe sowie eine nachvollziehbare Begründung des Ergebnisses.

Weitere Einzelheiten zum GWG siehe unten Rdn. 252 ff.

2. Nebenakten bei Verwahrungsgeschäften

219   Nach § 22 DONot hat der Notar für jedes Verwahrungsgeschäft eine gesonderte Blattsammlung zu führen. Die Nebenakte läuft neben der normalen Handakte. Bei einem Grundstückskaufvertrag – verbunden mit einem Verwahrungsgeschäft – müssen also zwei Blattsammlungen geführt werden. Dies ist für den Notar sicherlich unrationell; Zweck ist die schnelle Überprüfung der Abwicklung des Verwahrungsgeschäftes durch den Notar und die Dienstaufsicht. Die beiden Blattsammlungen können selbstverständlich in einen Ordner – jedoch inhaltlich getrennt – zusammengefasst werden.

Zur gesonderten Blattsammlung gehören insbesondere auch die Verwahrungsanweisung (§ 54a BeurkG) oder eine (unbeglaubigte) Abschrift derselben sowie die **Belege** über die Ein- und Ausgaben (letztere mit der Ausführungsbestätigung der Bank) – versehen mit der Nummer der Masse (§ 13 Abs. 5 DONot) – und die korrespondierenden **Bankauszüge** – versehen mit dem Eingangsdatum.

Die gesonderte Blattsammlung enthält also alle Unterlagen, die die unmittelbare Abwicklung des Verwahrungsgeschäftes berühren.

220   Sie sieht also im Regelfall wie folgt aus:
1. sämtliche Verwahrungsanträge und -anweisungen (§ 57 Abs. 2 bis 4 BeurkG) im Original oder in Abschrift, s.u. Rdn. 434 f.
2. die Treuhandaufträge und Verwahrungsanweisungen im Original oder in Abschrift, die dem Notar im Zusammenhang mit dem Vollzug des der Verwahrung zugrunde liegenden Geschäfts erteilt worden sind (§ 57 Abs. 6 BeurkG),

3. Änderungen oder Ergänzungen der Verwahrungsanweisungen und Treuhandaufträge im Original oder in Abschrift,
4. die Annahmeerklärungen (§ 57 Abs. 2 Nr. 3, Abs. 5 BeurkG),
5. die mit der Nummer der Masse versehenen Belege über die Einnahmen und Ausgaben mit den notwendigen Ausführungsbestätigungen (§ 27 Abs. 4 Satz 6 DONot),
6. die mit der Nummer der Masse versehenen Kontoauszüge (§ 27 Abs. 4 Satz 6 DONot), sofern das Notaranderkonto elektronisch geführt wird, an deren Stelle die Mitteilungen über neue Umsätze,
7. eine Durchschrift der Abrechnung (§ 27 Abs. 4).
8. eine Durchschrift der an die Kostenschuldner übersandten Kostenrechnung (§ 19 Abs.6 GNotKG), wenn die Kosten der Masse entnommen worden sind.

Ggf. sind die »Entlassungserklärungen« aus dem Treuhandverhältnis zu den Nebenakten zu nehmen. Selbstverständlich gehören zu der Blattsammlung auch die Treuhandaufträge der Banken.[350]

In diesem Zusammenhang ist darauf hinzuweisen, dass aus den Akten des **221** Notars erkennbar sein muss, dass er den Treuhandauftrag **persönlich** geprüft und angenommen hat. Dies muss nach § 57 Abs. 5 BeurkG dadurch dokumentiert werden, dass er unter Angabe des Datums seine Unterschrift auf das Schriftstück (Urschrift) setzt.

Nach § 5 Abs. 4 DONot müssen diese Nebenakten nach 7 Jahren vernichtet **222** werden, sofern nicht im Einzelfall ihre weitere Aufbewahrung erforderlich ist.[351] Die Frist beginnt mit dem ersten Tage des auf die letzte inhaltliche Bearbeitung folgenden Kalenderjahres (§ 7 Abs. 4 Satz 3). Durch die ab 01.01.2009 geltende Ergänzung des § 5 Abs. 4 Satz 1 dritter Spiegelstrich DONot kann der Notar nunmehr auch generell für einzelne Arten von Rechtsgeschäften – wie z.B. Verfügungen von Todeswegen – die Verlängerung anordnen. Die Anordnung ist in der Generalakte aufzubewahren. Wird die Verlängerung der Aufbewahrungsfrist nur im Einzelfall angeordnet, genügt auch weiterhin, dass die Anordnung zu den jeweiligen Nebenakten genommen wird.

Bestimmen andere Rechtsvorschriften, dass bestimmte Schriftstücke länger aufzubewahren sind, so gehen diese Fristen vor.

---

350 Ausführlicher *Weingärtner/Gassen/Sommerfeldt* Erläuterungen zu § 22 DONot.
351 Zu empfehlen ist, eine dauernde Aufbewahrung aller Vorgänge anzuordnen.

Bei der Vernichtung der Akten muss gewährleistet sein, dass keinem Unbefugten Einsicht gestattet wird.[352]

Zur Frage des Rechts zur Einsicht in Nebenakten s. BGH DNotZ 2013, 751 ff.

VII. Namensverzeichnis

223 Ausführlich hierzu *Weingärtner/Gassen/Sommerfeldt*.[353]

Siehe oben Vorbemerkung Rdn. 174

Die Eintragungen in dem Namensverzeichnis sollen zeitnah, vorzugsweise nach der Beurkundung oder Annahme des Verwahrungsantrages, spätestens jedoch zum Vierteljahresschluss erfolgen (§ 13 Abs. 2 DONot). § 17 Abs. 2 Satz 2 DONot sieht vor, dass Namensverzeichnisse lediglich zum Jahresschluss auszudrucken sind. Diese Neuregelung soll dem Umstand Rechnung tragen, dass Namensverzeichnisse letztlich nur Unterverzeichnisse zur Urkundenrolle und zum Massenbuch sind und über diese Bücher hinaus keine neuen Daten ausweisen.

Besonders ist darauf hinzuweisen, dass – ebenfalls wie in § 8 DONot – auch hier jeweils der Vertreter und auch der Vertretene eingetragen wird.

VIII. Hinweis zum Bezug von Zeitschriften

224 Ausreichend ist, wenn die DNotZ, das Verkündungsblatt der Bundesnotarkammer, dem Notar über den mit ihm in Bürogemeinschaft tätigen Notar zur Verfügung steht (§ 32 Abs. 2 BNotO). Die übrigen in § 32 DONot geforderten Verkündungsblätter sind zunehmend elektronisch verfügbar. Teilweise erscheinen die Blätter bereits ausschließlich elektronisch, so bspw. das Nordrhein-Westfälische Justizministerialblatt. Mit Rundschreiben Nr. 10/2010 hat die BNotK ihre Ausführungen im Rundschreiben Nr. 27/2003 bestätigt und i.Ü. die Möglichkeiten des elektronischen Bezuges und der elektronischen Aufbewahrung von Pflichtpublikationen empfohlen. Der Notar genügt seiner Verpflichtung zum Bezug der Pflichtpublikationen (§ 32 BNotO) jedoch nicht mit der bloßen Lesemöglichkeit im Internet.[354]

Der »Online«-Bezug reicht nur aus, wenn der Notar nachweist, dass er regelmäßig Informationen abruft.[355] Erforderlich ist, dass der Notar regelmäßig

---

352 Ausführlicher hierzu: *Weingärtner/Gassen/Sommerfeldt* § 5 DONot.
353 Kommentar zur DONot § 13.
354 KG, Beschl. v. 18.06.2012 – Not 26/11.
355 Vgl. *Bücker/Viefhues*, ZNotP 2003, 323.

auf diese Online-Publikationen zugreift und der tatsächliche Zugriff durch Protokolle nachweisbar ist. Als – für die Geschäftsprüfung – geeignete Nachweise für den Bezug über das Internet kommen in Betracht: der Nachweis eines entgeltlichen Abonnements, bei unentgeltlichem »Online-Abruf« die Vorlage der Protokolldatei als Nachweis der Internetadresse, über welche der unentgeltliche Bezug erfolgt, und die regelmäßige Abspeicherung der Gesetzes- und Amtsblätter auf der eigenen Computeranlage (Festplatte, Diskette, CD-ROM).[356]

Siehe auch unten Rdn. 501 (*Löffler*)

---

[356] Vgl. *Bücker/Vieſhues*, ZNotP 2003, 323 und s. Rundschr. der BNotK Nr. 27/2003 v. 25.05.2003 und 10/2010.

F. Häufige Fehlerquellen

I. Auswärtsbeurkundungen

1. Beurkundungen außerhalb des Amtsbezirks

Gemäß § 11 Abs. 2 BNotO darf der Notar Urkundentätigkeiten außerhalb **225**
seines Amtsbezirks nur vornehmen, wenn Gefahr im Verzug besteht oder die
Aufsichtsbehörde es genehmigt hat. Gefahr im Verzug ist gegeben, wenn eine
unabwendbare Eilbedürftigkeit für die vorzunehmende Amtshandlung besteht.
Dies ist dann der Fall, wenn die Beurkundung durch einen örtlich ansässigen
Notar nicht vorgenommen werden kann, ohne dass ihr Zweck gefährdet wäre,
d.h. der Urkundengewährungsanspruch der Beteiligten nicht mehr erfüllt werden könnte.[357]

Amtsbezirk des Notars ist der Oberlandesgerichtsbezirk, in dem er seinen
Amtssitz hat. Die gleichwohl außerhalb des Amtsbezirkes vorgenommene
Beurkundung ist zwar nicht unwirksam (§ 11 Abs. 3 BNotO), sie kann aber
zu Aufsichtsmaßnahmen Anlass geben.[358]

Zuständig für die Genehmigung ist der Präsident des für den Notar zuständigen Oberlandesgerichts. Dieser soll sich mit dem Präsidenten des Oberlandesgerichtsbezirks in Verbindung setzen, in dessen Bezirk die Urkundentätigkeit
vorgenommen werden soll. Im Einzelnen ist dies geregelt in den jeweiligen
AVNot der Länder.

---

357 BGH B. v. 13.03.2017 – NotSt (Brfg) 1/16 NotBZ 2017, 433. 1.; Beck RS 2017,
     108586 Rn. 4 f,; BGH DNotZ 2017, 633 f.
358 Die Angabe eines falschen Beurkundungsorts ist zwar strafrechtlich unbeachtlich
     (BGHSt 4 Str 198/98), führt aber zwingend zu dienstrechtlichen Maßnahmen. Aus-
     führlich *Grüner/Köhl*er. notar 2018, 83 ff.

Die Beschränkung der örtlichen Zuständigkeit ist auch zu beachten, wenn der Zweck der Beurkundung darin liegt, ein dem Notar bei einer Beurkundung unterlaufenen Gestaltungsfehler zu korrigieren.[359] Es ist z.B. auch keine Gefahr im Verzug, wenn der Verkäufer mit einem – ihm nicht zustehenden – Rücktrittsrecht droht. Auch eine Vergrößerung des Verzugsschadens, ein Ansehensverlust des Klienten oder das Bestreben des Notars, einen Gestaltungsfehler schnell und kostenneutral zu korrigieren, reichen für die Annahme »Gefahr in Verzug« nicht aus[360].

226   Hat ein Notar bei Gefahr im Verzuge Urkundstätigkeit außerhalb seines Amtsbezirks ohne Genehmigung der Aufsichtsbehörde vorgenommen, hat er hiervon unverzüglich die Aufsichtsbehörde oder nach deren Bestimmung die Notarkammer zu benachrichtigen (§§ 11, 10a Abs. 3 BNotO).[361] Außerdem soll eine Abschrift der Meldung zu den Generalakten genommen werden. Wenn die Überschreitungskompetenzen gegeben sind, ist der Notar allerdings auch im Rahmen des § 15 BNotO zur Urkundentätigkeit verpflichtet, andernfalls er sich möglicherweise Amtshaftungsansprüchen nach § 19 BNotO aussetzt.[362]

Verboten ist dem Notar nur die auswärtige Urkundstätigkeit i.S.d. §§ 20 bis 22 BNotO. Ihm ist es deshalb nicht verwehrt, auch außerhalb des Amtsgerichts- bzw. Oberlandesgerichtsbezirks Urkundsbeteiligte zu beraten, Urkundenentwürfe zu fertigen (§ 24 BNotO) und bei der Beurkundung durch den örtlich zuständigen Notar als Betreuer und Berater teilzunehmen.

227   Die Beurkundungstätigkeit des Notars ist auf das deutsche Hoheitsgebiet beschränkt.[363] Abgesehen davon würde für eine Genehmigung § 11 Abs. 2 BNotO gelten.[364] Nach § 11a BNotO ist er aber befugt, einen im Ausland

---

359 BGH B. v. 13.03.2017 – NotSt (Brfg) 1/16 NotBZ 2017, 433. 1., Beck RS 2017, 108586 Rn 4 f,; BGH DNotZ 2017, 633 f.
360 *Hager/Möller-Teckhof,* NJW 2017, 1865.
361 Z.B. in NW an die Notarkammer; in Nds: an das Landgericht, § 14 AVNotnds.
362 *Bohrer* Beck'sches Notarbuch L I Rn. 65.
363 Arndt/Lerch/Sandkühler/*Lerch* § 11 BNotO Rn. 14; offengelassen vom BGH, Urt. v. 04.03.2013 (ZNotP 2013, 113).
364 BGH, Urt. v. 04.03.2013 ZNotP 2013,114: »Aus dem Sinn des § 11 Abs. 2 BNotO, die Beschränkungen des § 11 Abs. 1 BNotO und damit die einer den Erfordernissen einer geordneten Rechtspflege entsprechenden Versorgung der Rechtsuchenden mit notariellen Leistungen zu sichern (§ 4 BNotO), sowie aus der Regelung, dass bei Gefahr im Verzug eine Berechtigung auswärtige Urkundstätigkeit (§ 11 Abs. 2, 1.Alt.BNotO) vorliegen kann, lassen sich die – restriktiven – Anforderungen für die Genehmigung mit der notwendigen Klarheit ableiten.« S. auch *Geimer* NJW 2013, 2625 u. *Hermann* ZNotP 2014, 404 f.

bestellten Notar auf dessen Ersuchen bei seinen Amtsgeschäften zu unterstützen und sich zu diesem Zweck ins Ausland zu begeben, soweit nicht die Vorschriften des betreffenden Staates entgegenstehen. Er hat hierbei die ihm nach deutschem Recht obliegenden Pflichten zu beachten. Er darf aber keine Beurkundung vornehmen, auch nicht eine Erklärung oder Unterschrift entgegennehmen, um diese dann im Inland zu »beurkunden«.[365] Umgekehrt darf ein im Ausland bestellter Notar nur auf Ersuchen eines inländischen Notars im Geltungsbereich dieses Gesetzes kollegiale Hilfe leisten.

2. Beurkundungen außerhalb des Amtsbereichs

Neben dem Gebot, grundsätzlich nur im Amtsbezirk tätig zu werden, ist dem   228
Notar auch nicht gestattet, außerhalb seines **Amtsbereiches** (in der Regel der Amtsgerichtsbezirk) Urkundstätigkeit vorzunehmen (§ 10a Abs. 2 BNotO), sofern nicht besondere berechtigte Interessen der Rechtsuchenden ein Tätigwerden außerhalb des Amtsbereichs gebieten (s. auch IX. der Berufsrichtlinien, s. im Anhang 1). Es ist also ein gesteigertes Hilfsbedürfnis erforderlich.

Die Abgrenzung, wann ein solcher Fall gegeben ist, kann im Einzelfall schwie-   229
rig sein.

Die Richtlinienempfehlungen der BNotK sehen folgende Regelung vor, die auch im Wesentlichen von den Notarkammern der Länder übernommen worden sind:

»9.1 Der Notar soll seine Urkundstätigkeit (§§ 20 bis 22 BNotO) nur innerhalb seines Amtsbereichs (§ 10 a BNotO) ausüben, sofern nicht besondere berechtigte Interessen der Rechtsuchenden ein Tätigwerden außerhalb des Amtsbereichs gebieten. Besondere berechtigte Interessen der Rechtsuchenden liegen insbesondere dann vor, wenn
a) Gefahr im Verzug ist;
b) der Notar auf Erfordern einen Urkundenentwurf gefertigt hat und sich danach aus unvorhersehbaren Gründen ergibt, dass die Beurkundung außerhalb des Amtsbereichs erfolgen muss;[366]
c) der Notar eine nach § 21 GNotKG[367] zu behandelnde Urkundstätigkeit vornimmt;
d) in Einzelfällen eine besondere Vertrauensbeziehung zwischen Notar und Beteiligten, deren Bedeutung durch die Art des vorzunehmenden Rechtsgeschäfts unterstrichen werden muss, dies rechtfertigt und es den Beteiligten unzumutbar ist, den Notar in seiner Geschäftsstelle aufzusuchen.«

---

365 BGH NJW 98, 2830 = DNotI-Rep. 98, 128.
366 Kammerreport Hamm 5/2009 S. 34: zu beachten ist, dass die Überschreitung nach der Fertigung des Entwurfs erfolgen muss.
367 Jetzt § 21 GNotKG.

230 Allerdings muss die Bedeutung dieses Vertrauensverhältnisses durch die Art des vorzunehmenden Rechtsgeschäfts unterstrichen werden. Eine einfache Unterschriftsbeglaubigung außerhalb des Amtsbereichs lässt sich deshalb nur in seltensten Fällen mit einer besonderen Vertrauensbeziehung begründen.[368] Ausführlich hierzu: *Weingärtner/Wöstmann*.[369]

231 Nach § 10a Abs. 3 BNotO sind Urkundstätigkeiten außerhalb des Amtsbereiches unverzüglich der Aufsichtsbehörde oder nach deren Bestimmungen der Notarkammer, der der Notar angehört, unter **Angabe der Gründe** mitzuteilen. Beurkundungen **außerhalb der Geschäftsstelle** sind im begrenzten Umfang erlaubt.

232 Auch bei Unterschriftsbeglaubigungen müssen der Amtsbezirk und Amtsbereich beachtet werden. Zwar setzt sich die Unterschriftsbeglaubigung aus zwei Teilakten zusammen; nur können diese beiden Teilakte nicht in der Weise aufgespalten werden, dass die Unterschriftsleistung vor dem Notar oder die Anerkennung der Unterschrift durch den Notar an einem Ort außerhalb des Amtsbezirks vorgenommen wird, da dies bereits Amtshandlungen des Notars sind. Die amtliche Kenntnisnahme von der Vollziehung oder Anerkennung der Unterschrift außerhalb des engeren räumlichen Amtsbereichs oder des Amtsbezirks stellt daher eine unzulässige Amtstätigkeit dar, die disziplinarrechtlich von der Dienstaufsicht geahndet wird.

3. Beurkundungen außerhalb der Geschäftsstelle

233 In Übereinstimmung mit dem Beschluss des Bundesverfassungsgerichts[370] ist in den Satzungen der Notarkammern der Länder mit geringfügigen Abweichungen (z.B. IX. RiLi der Rhein. und der Westf. Notarkammer, entsprechend den Richtlinienempfehlungen der Bundesnotarkammer (s. im Anhang 1) bestimmt, dass Amtsgeschäfte außerhalb der Geschäftsstelle vorgenommen werden dürfen, wenn sachliche Gründe vorliegen. Eine Amtstätigkeit außerhalb der Geschäftsstelle ist unzulässig, wenn dadurch der Anschein von amtswidriger Werbung, der Abhängigkeit oder Parteilichkeit besteht oder der Schutzzweck des Beurkundungserfordernisses gefährdet wird (IX RiLi).

234 Soweit im Einzelfall durch das Tätigwerden außerhalb der Geschäftsstelle die Unabhängigkeit und die Verpflichtung zur Unparteilichkeit gefährdet wird, die Klarheit der Amtsführung leidet oder die Gefahr des Anscheins einer Partei-

---

368 Kammerreport Hamm 5/2009 S. 34.
369 S. 351 ff.
370 DNotZ 2000, 790 f.

lichkeit des Notars entstehen kann, ist von der Beurkundung außerhalb der Geschäftsstelle Abstand zu nehmen.

Bei der Vermeidung des Anscheins von Abhängigkeit oder Parteilichkeit geht **235** es um den Schutz des Ansehens des gesamten Notarstandes in der Öffentlichkeit. Deshalb ist auf die Sicht einer alle Umstände des Einzelfalls beobachtenden und insgesamt bewertenden fragenden Öffentlichkeit abzustellen.[371] Der Notar darf sich auch dem äußeren Erscheinungsbild nach nicht zum Diener einer Partei machen, für die er ständig tätig ist. Er muss vielmehr den nötigen Abstand wahren, um nicht in den Geruch eines Parteivertreters zu kommen. Das gilt gerade für häufige Beurkundungen außerhalb der Geschäftsstelle für Unternehmen, die vermehrt mit Grundstücksgeschäften zu tun haben und häufig Beurkundungen vornehmen lassen müssen. In solchen Fällen ist streng darauf zu achten, dass die »auswärtige« Urkundentätigkeit nicht auf einen bestimmten Betrieb konzentriert wird, weil dadurch der Eindruck einer besonders nahen Parteibeziehung entsteht, die mit der Unabhängigkeit des Notaramtes unvereinbar ist. Dies gilt im besonderen Maße bei Beurkundungen für Bauträgergesellschaften.[372]

Hat der Notarvertreter seine Geschäftsstelle außerhalb des Amtsbereichs des **236** vertretenen Notars, ist es m.E. auch möglich, dass der außerhalb des Amtsbereichs residierende Vertreter Amtshandlungen in seiner Geschäftsstelle für den Vertretenen vornimmt. Allerdings wird es nicht ermessensfehlerhaft sein, wenn die Aufsichtsbehörde in solchen Fällen die Bestellung eines außerhalb des Amtsbereichs residierenden Vertreters ablehnt. Dies gilt insb. dann, wenn es zu einem Missbrauch bei überörtlichen Sozietäten kommen kann.

4. Beurkundungen in Zweigstellen

Nach Wegfall des anwaltlichen Zweigstellenverbots ist nach wie vor das Führen **237** **weiterer notarieller Geschäftsstellen** unzulässig. Daher darf keine Tätigkeit des Anwaltsnotars in der anwaltlichen Zweigstelle den Anschein erwecken, als wenn es sich um eine zweite Geschäftsstelle des Notars handelt. Nur unter dieser Voraussetzung darf er im beschränkten Umfang auch dort notariell tätig werden. Zur Abgrenzung hat der Präsident des OLG Oldenburg[373] den Grundsatz aufgestellt: Von einer weiteren notariellen Geschäftsstelle i.S.d. § 10

---

371 BGH NotZ 14/2000, Urt. v. 31.07.2000, S. 8; BGH NotZ 18/2000, Urt. v. 20.11.2000, S. 7.
372 Ausführlich *Weingärtner/Wöstmann* S. 357 ff.
373 Kammerrep. Oldenburg, Report 2008, 190.

Abs. 4 BNotO sei auszugehen, wenn sich der Anteil der in der anwaltlichen Zweigstelle angefallenen Urkundsgeschäfte auf 20 % (oder mehr) des gesamten jährlichen Urkundsaufkommens des Jahres beläuft. Diese Abgrenzung ist m. E. viel zu großzügig. Die in den RiLi gesetzten Grenzen müssen in jedem Fall eingehalten werden.

238   Das OLG Köln[374] sieht ein Indiz für eine weitere Geschäftsstelle, wenn sich am Ort der auswärtigen Beurkundung auch die Bücher des Notars (z. B. Urkundenrolle, Massenbuch, Verwahrungsbuch) befinden oder wenn der Notar am auswärtigen Beurkundungsort Personen beschäftigt, die förmlich zur Verschwiegenheit verpflichtet sind. Das OLG Celle wählt u.a. einen kostenrechtlichen Ansatz, in dem es darauf abstellt, ob der Notar eine zusätzliche Gebühr für eine Auswärtsbeurkundung in Rechnung stellt.Das KG hat entschieden, dass dem Anwaltsnotar jedenfalls verboten ist, auf seinem Praxisschild der Zweigstelle auch die Bezeichnung Notar zu führen, wenn das Schild keinen Hinweis darauf enthält, dass sich hier nicht die Geschäftsstelle des Notars befindet. Das BVerfG[375] hat die hiergegen erhobene Verfassungsbeschwerde nicht angenommen und bestätigt, dass das Verbot der Führung der Amtsbezeichnung »Notar« auf einem solchen Kanzleischild verfassungsrechtlich zulässig, ja sogar geboten sei. Eine Irreführung ist infolgedessen dann nicht gegeben, wenn auf dem Kanzleischild z.B. »Geschäftsstelle als Notar in X-Ort« steht.[376] Die Anbringung des Wappens ist hier aber nicht gestattet.

5. Beurkundung außerhalb üblicher Geschäftsstunden

239   Sie ist zulässig, wenn hierzu ein sachlicher Grund besteht, etwa weil die Beteiligten übereinstimmend einen außerhalb der Geschäftszeiten liegenden Termin wünschen oder eine starke terminliche Inanspruchnahme des Notars eine andere Terminierung nicht ermöglicht. Besteht aus der Sicht des Notars kein sachlicher Grund für eine Amtstätigkeit außerhalb der üblichen Geschäftszeiten, kann er die sofortige Urkundstätigkeit nach § 15 BNotO ablehnen.[377]

---

374 2X(Not)15/06, DNotZ 2008, 149.
375 BVerfG 19.08.2008 – 1 BvR 623/08 – DNotZ 2009, 792; Kammerreport Hamm 2008 Heft 4 S. 60.
376 S. auch RdSchr. BNotK Nr. 1/09 vom 02.01.2009 u. 12/08 v. 30.04.2008.
377 *Bischoff*, in: Würzburger Notarhandbuch Teil 1. Kap. 1 Rn. 62; Schippel/Bracker/ Püls § 10 BNotO Rn. 8.

II. Bezeichnung als Notar – Notarvertreter

Ausführlich *Peterßen*.[378]   **240**

a) Fehlende Bezeichnung des Notars im Urkundeneingang, ist unschädlich.[379]   **241**

b) Der Vertreter darf erst tätig werden, wenn die Vertreterbestellung durch   **242**
den Präsidenten des Landgerichts erfolgt und ihm die schriftliche Bestellung
ordnungsgemäß mitgeteilt worden ist (§ 40 BNotO). Dabei genügt die mündliche (telefonische) Mitteilung nicht. Die Bestellung eines Notarvertreters
erfolgt durch einen Verwaltungsakt, der erst durch Bekanntgabe an den Vertreter wirksam wird. Immer noch verbreitete Meinung[380] ist, dass jede Form der
Verlautbarung, also auch die mündliche oder fernmündliche genügt, wenn die
Aufsichtsbehörde ihre Entscheidung bereits schriftlich niedergelegt hat.

Das kann heute nicht mehr gelten,[381] denn seit dem 01.09.2009 erklärt § 64a
BNotO generell für Verwaltungsverfahren nach der BNotO das Verwaltungsverfahrensgesetz für anwendbar. Nach § 43 VwVfG wird ein Verwaltungsakt
gegenüber demjenigen, für den er bestimmt ist, erst in dem Zeitpunkt wirksam, in dem er ihm bekannt gegeben wird. § 41 VwVfG regelt, dass ein
schriftlicher Verwaltungsakt auf dem Postweg oder elektronisch übermittelt
wird, wobei er am 3. Tag nach Absendung als bekannt gegeben gilt. Diese
Zugangsfiktion greift nicht zulasten des Empfängers, diesem steht also, wenn
es für ihn günstig ist, der Beweis offen, ihm sei der Verwaltungsakt schon
früher zugegangen.[382] Im Ergebnis bedeutet dies, dass ein schriftlicher Verwaltungsakt erst wirksam wird, wenn er dem Empfänger zugeht, er also die tatsächliche Verfügungsgewalt über das Schriftstück erhält, während die telefonische Unterrichtung hierfür nicht ausreicht.[383] Würde er jetzt bereits eine
Beurkundung vornehmen, wäre diese unwirksam. Um die Sache zu beschleuni-
gen, bietet es sich an, die Vertreterbestellung per Telefax oder per EGVP zu
übermitteln.

---

378 RNotZ 2008, 181 ff. Zur Vergütung des Notarvertreters s. *Lerch*, NotBZ 2013, 462.
379 DNotI Rep. 2006, 8 ff.
380 Arndt/Lerch/Sandkühler/*Lerch* § 40 Rn. 3; *Bischoff*, in: Würzburger Notarhandbuch
    Teil 1. Kap. 1 Rn. 74.
381 *Blaeschke* auf der Tagung der Notarprüfer 2012 in Wustrau, nunmehr auch Arm-
    brüster/Preuß/Renner/*Eickelberg* § 33 DONot Rn. 11.
382 Stelkens/Bonk/Sachs/*Stelkens*, Verwaltungsverfahrensgesetz, 7. Aufl. § 41 Rn. 125.
383 Stelkens/Bonk/Sachs/*Stelkens* § 41 Rn. 70 f.

243   Handlungen des »Vertreters« vor seiner Bestellung sind unwirksam, auch wenn der »Vertreter« selbst Notar ist. Entsprechendes gilt, wenn die Vertretung abgelaufen ist.[384] S.o. Rdn. 187.

244   c) Die Beifügung der Amtsbezeichnung (Notarvertreter) ist nur eine Sollvorschrift, die Verletzung führt daher nicht zur Unwirksamkeit der Beurkundung. Infolgedessen kann auch die versehentliche Unterzeichnung als »Notar« nicht zur Unwirksamkeit der Beurkundung führen; der Zusatz kann nach § 44a Abs. 2 Satz 1 BeurkG mit einem Nachtragsvermerk richtiggestellt werden.[385]

245   Der Nachtragsvermerk muss stets den Tag der Berichtigung angeben, um klarzustellen, dass die Berichtigung nach Abschluss der Beurkundung erfolgte. Eine Ortsangabe ist aber wohl entbehrlich, wenn sie aus dem Siegel zu ersehen ist.

Zu Änderungen in Niederschriften s. unter Rdn. 314 ff.

III. Angaben zur Person der Beteiligten nach dem BeurkG, der DONot und dem GwG

1. Identitätsfeststellung nach §§ 10, 40 Abs. 4 BeurkG, § 26 DONot

246   Wegen der außerordentlichen Bedeutung einer Amtshandlung für das Rechtsleben, wegen des öffentlichen Glaubens der Urkunden und der Sicherheit des Rechtsverkehrs hat der Notar äußerste Sorgfalt auf die Feststellung der Identität der Beteiligten zu legen (§§ 10, 40 Abs. 4 BeurkG; § 26 DONot).[386]

Die Feststellung, auf welche Weise sich ein Notar Gewissheit (§ 10 Abs. 1 Satz 1 BeurkG n.F.) über die Identität der an einem Beurkundungsvorgang beteiligten Personen verschafft hat, gehört – anders als die Identität dieser Person selbst – nicht zu den rechtlich erheblichen Tatsachen im Sinne von § 348 Abs. 1 StGB.[387] Der BGH[388] hat allerdings die Frage, ob die vom Notar getroffene Feststellung der Identität der erschienenen Person an der Beweiskraft des § 415 ZPO teilnimmt, offen gelassen, da im konkreten Fall jedenfalls ein nach 415 Abs. 2 ZPO möglicher Gegenbeweis geführt worden sei, dass die angeblich beteiligte Person gar nicht existiert.

247   Hier soll nur auf Fehler hingewiesen werden, die wiederholt Anlass zu Beanstandungen gaben:

---

384 BGH DNotI-Rep. 1998, 128.
385 Vgl. Gutachten des DNotI 5/2011 S. 36.
386 Ausführlich *Weingärtner/Gassen/Sommerfeldt*, Erläuterungen zu § 26 DONot.
387 BGH NJW 2004, 3195 ff.
388 Urt. v. 21.09.2010, DNotZ 2011, 340.

Der Notar muss *persönlich* den Ausweis in Augenschein nehmen. Er kann ihn zwar durch seine Büroangestellten, die die Urkunde vorbereiten, vorprüfen lassen, muss sich jedoch von der Identität des Ausweisinhabers mit dem im Ausweis Bezeichneten persönlich überzeugen. Die Feststellung der Identität ist ein Teil der Beurkundungstätigkeit und damit ein hoheitlicher Akt.[389]

Nach § 26 Abs. 2 Satz 2 DONot **ist** bei allen Beurkundungen und Beglaubigungen neben dem Namen die Angabe des **Geburtsdatums** jetzt zwingend vorgeschrieben. Bei abweichenden Familiennamen ist auch der Geburtsname anzugeben.   **248**

Ein Verstoß gegen diese Vorschrift mindert die Beweiskraft der vom Notar errichteten Urkunde jedoch nicht; das Grundbuchamt ist deshalb auch nicht berechtigt, die beantragte Eintragung abzulehnen oder durch Zwischenverfügung von der Behebung des Verstoßes abhängig zu machen.

Die Angabe des Berufes ist nicht vorgeschrieben. Wohnort und Wohnung sind anzugeben. Von der Angabe der Wohnung ist abzusehen, wenn dies in besonders gelagerten Ausnahmefällen zum Schutz gefährdeter Beteiligter oder ihrer Haushaltsangehörigen erforderlich ist.   **249**

In Vertretungsfällen kann anstelle des Wohnortes und der Wohnung angegeben werden:
a) bei Vertreterinnen und Vertretern von juristischen Personen des öffentlichen[390] Rechts die Dienst- oder Geschäftsanschrift der vertretenen Person,
b) bei Mitarbeiterinnen oder Mitarbeitern der Notarin oder des Notars die Anschrift der Geschäftsstelle der Notarin oder des Notars.

Sinn der Regelung ist, diesen Beteiligten Nachfragen oder Vorhaltungen unter ihrer persönlichen Anschrift zu ersparen.

Nach § 10 BeurkG soll der Notar in der Niederschrift angeben, wie er sich durch Vorlage des Personalausweises Gewissheit über die Person verschafft hat. Der Vermerk: »ausgewiesen durch einen mit Lichtbild versehenen Personalausweis« ist ausreichend. Weitere Angaben wie ausstellende Behörde, das Datum der Ausstellung der Urkunde und deren Geschäftsnummer können nicht verlangt werden,[391] anders bei Beurkundungen, die dem GeldwäscheG unterfallen, s.u. Rdn. 261. **Gleichwohl sind die genauen Angaben zu empfehlen.**   **250**

---

389 Armbrüster/Preuß/Renner/*Eickelberg*, § 26 DONot Rn. 8.
390 …, nicht des privaten Rechts.
391 OLG Frankfurt, Beschl. v. 10.10.1988, Not 4/88; *Lerch* § 10 Rn. 5.

Der Notar kann dadurch später leicht nachweisen, dass ihm der Ausweis tatsächlich vorgelegen hat.[392]

251 Auch ein ungültig gewordener Ausweis kann zur Feststellung der Identität ausreichen, wenn keine Zweifel an der Identität bestehen.[393] Anders bei der Identifikation nach dem GwG (s. Rdn. 252 ff.). Bei der Vorstellung der Beteiligten durch Dritte ist deren Glaubwürdigkeit zu prüfen.[394]

Eickelberg[395] weist zu Recht auf das Problem älterer Menschen in Pflegeheimen hin, die oft keine Ausweise vorlegen und auch keine mehr besitzen. In solchen Fällen sollte sich der Betreffende vom Pflegepersonal des Heimes vorstellen lassen, also den Weg über den »Erkennungszeugen« gehen. Der Notar sollte dann aber einen besonderen Vermerk fertigen, wenn er keine weiteren Erkenntnisse über den Erkennungszeugen hat.

Die Anfertigung einer Ablichtung und damit auch die Aufbewahrung eines vorgelegten Ausweises ist zulässig, § 26 Abs. 1 Satz 2 DONot. Eine Einwilligung ist hierzu nach der Neuregelung in § 26 DONot nicht notwendig.

Verweigert ein Beteiligter die Aufnahme der Angaben in die Urkunde, muss der Notar gleichwohl beurkunden; entscheidend ist allein die Tatsache der Identifizierung.[396] Ausländer sind nach der VO zur Durchführung des Zuwanderungsgesetzes[397] passpflichtig. Verfügen sie nicht über Pässe ihres Heimatlandes, stellen deutsche Behörden gem. § 4 der VO sog. Passersatzpapiere aus. Diese enthalten häufig den Hinweis der ausstellenden Behörde, dass die Personenangaben auf den eigenen Angaben des Inhabers beruhen. Diese Ersatzpapiere lassen deshalb in der Regel eine sichere Identifizierung nicht zu. Es ist daher geboten, die Identifikation auf der Grundlage solcher Ausweisdokumente abzulehnen. Die Beteiligten haben sich dann an die Botschaft oder Konsulate ihrer Heimatländer zu wenden.[398] Bestehen die Beteiligten auf der Aufnahme der Niederschrift, soll der Notar seine Zweifel in dieser aufnehmen.[399]

---

392 *Klein* MittBayNot. 1992, 222.
393 OLG Frankfurt DNotZ 1989, 640; *Winkler* § 10 Rn. 19; Armbrüster/Preuß/Renner/*Eickelberg* § 26 DONot Rn. 9.
394 S. auch *Weingärtner/Gassen* § 26 DONot.
395 Armbrüster/Preuß/Renner/*Eickelberg* § 26 DONot Rn. 18.
396 *Renner* NotBZ 2002, 436.
397 V. 25.11.2004, BGBl. I. 2945.
398 MittNotKKO I 1 u. 2/2008 S. 8.
399 *Winkler* § 10 Rn. 21; Ausführlich zu diesen Fragen: *Grüner/Köhler* notar 2018, 110 ff.

Entsprechendes gilt, wenn im Rahmen notariellen Tätigwerdens ein Ersatz-Personalausweis im Sinne des § 6a Abs. 3 Personalausweisgesetz vorgelegt wird. Dies begründet einen konkreten Verdacht, um nachzuforschen, ob hierbei die Mitwirkung des Notars bei Handlungen verlangt wird, mit denen unerlaubte oder unredliche Zwecke verfolgt werden.[400]

Kann der Notar bei einer Unterschriftsbeglaubigung (§ 40 Abs.3 Satz 1 BeurkG) die Identität nicht mit Gewissheit feststellen, entfällt der Zweck der Beglaubigung; der Notar **muss** die Unterschriftsbeglaubigung ablehnen.[401]

Alle personenbezogenen Daten der Beteiligten darf der Notar ohne Einwilligung der Betroffenen erheben Dies gilt auch über der reinen Identifizierung der Beteiligten dienenden Daten hinaus.[402]

2. Identitätsfeststellung nach dem GwG (Gesetz über das Aufspüren von Gewinnen aus schweren Straftaten)[403]

Vorbemerkung

▶ Fall:

Die BNotK hat im Jahresbericht 2003 auf einen Fall hingewiesen, in dem   **252** das Notaranderkonto lediglich als Sammelkonto eingesetzt worden war. Auf ein Notaranderkonto waren kontinuierlich über hundert Einzahlungen – teilweise in bar – von über fünfzig verschiedenen Personen einer ausländischen Volksgruppe eingegangen, so dass sich ein Guthaben i.H. eines siebenstelligen Euro-Betrages ergeben hätte. Verwendungszweck sollte angeblich der Erwerb einer Immobilie sein. Das Guthaben war durch den Notar per Überweisung dann an verschiedene Empfänger bei deutschen Kreditinstituten abgeführt worden. Ein deutsches Kreditinstitut hat gegen den Notar Anzeige wegen des Verdachts der Geldwäsche erstattet.

Weitere Fälle siehe Rdn. 275.

Am 26.06.2017 ist das neue GwG in Kraft getreten.[404] Es soll dazu beitragen zu verhindern, dass die wahre Herkunft von illegal erwirtschafteten Geldern oder Gegenständen durch Transport, Transformierung, Überweisung, Konver-

---

400 *Genske* notar 2016,153; Kilian/Sandkühler/von Stein/*Stuppi/Tykwer* § 11 B Rn.70.
401 Armbrüster/Preuß/Renner/*Preuß* § 40 Rn. 22. Ausführlich zu diesen Fragen: *Grüner/Köhler* notar 2018, 110 ff.
402 *Genske* notar, 2018 177.
403 Vom 23.06.2017, BGBl. I Nr.39 S.1822 ff.
404 G. v. 23.06.2017, BGBl. I Nr. 39 S. 1822 ff.

tierung oder Vermischung mit legalen Geschäften verschleiert oder verheimlicht wird.

Verstöße gegen die vom GwG auferlegten Pflichten (Identifizierung/Aufzeichnungs- und Aufbewahrungspflichten etc.) können als Ordnungswidrigkeit mit erheblichen Geldbußen geahndet werden(§ 56 GWG). Der Notar kann sich auch nach § 261 Abs. 1 u. 2 StGB strafbar machen, wenn er leichtfertig nicht erkennt, dass der Gegenstand der Finanztransaktion aus einer Vortat im Sinne des § 261 StGB herrührt.

253   Nach § 2 Abs. 1 Nr. 10 GwG unterliegen den allgemeinen Identifizierungspflichten bei der Ausübung ihrer beruflichen Tätigkeit neben Kredit- und Finanzdienstleistern auch:
   – Rechtsanwälte,
   – Rechtsbeistände, die Mitglied einer Rechtsanwaltskammer sind,
   – Patentanwälte und
   – **Notare**,
wenn sie für ihre Mandanten an der Planung oder Durchführung von geldwäscherelevanten Geschäften mitwirken.

Zu den nach dem Gesetz Verpflichteten zählen also auch die Notare. Die Bundesnotarkammer hat Musteranwendungsempfehlungen als »Auslegungs- und Anwendungshinweise für die Umsetzung der Sorgfaltspflichten und der internen Sicherungsmaßnahmen« für Notarinnen und Notare herausgegeben (abgeduckt unter Anhang 10). Sie sind zwar keine Auslegungs- und Anwendungshinweise im Sinne des § 51 Abs. 8 Satz 2 GwG, da Aufsichtsbehörde der Präsident des Landgerichts ist (§ 50 Nr. 5 GwG). Gleichwohl sind sie in der Praxis zurzeit die beste Arbeitshilfe. Deshalb hat auch z.B. das Ministerium der Justiz NRW empfohlen, die Musteranwendungsempfehlungen der Bundesnotarkammer zu genehmigen.

Die folgenden Ausführungen stützen sich wesentlich auf das o. a. Rundschreiben[405].

a) Einbeziehung des Notars

254   Nach § 2 Abs. 1 Nr. 10 GWG unterliegen die Notare und die o.a. Berufsgruppen den allgemeinen Identifizierungspflichten bei der Ausübung ihrer beruflichen Tätigkeit, wenn sie für ihre Mandanten an der Planung oder Durchführung von geldwäscherelevanten Geschäften mitwirken:

---

405 Abgedruckt im Anhang 10.

a) Kauf und Verkauf von Immobilien oder Gewerbebetrieben (einschließlich Bauträgerverträgen),

b) Verwaltung von Geld, Wertpapieren und sonstigen Vermögenswerten ihres Mandanten,

c) Eröffnung oder Verwaltung von Bank-, Spar- oder Wertpapierkonten,

d) Beschaffung der zur Gründung, zum Betrieb oder zur Verwaltung von Gesellschaften erforderlichen Mittel,

e) Gründung, Betrieb oder Verwaltung von Treuhandgesellschaften, Gesellschaften oder ähnlichen Strukturen

oder wenn sie im Namen und auf Rechnung des Mandanten außerhalb einer bestehenden Geschäftsbeziehung Immobilientransaktionen durchführen.

Die Sorgfaltspflichten beginnen bereits mit der Begründung einer Geschäftsbeziehung. Alle notariellen Tätigkeiten bei Geschäften, die im Katalog des § 2 Abs. 1 GwG enthalten sind, unterliegen den Sorgfaltspflichten nach dem GwG. Hierzu zählen auch Unterschriftbeglaubigungen i.S.d. § 40 BeurkG genauso wie Vollmachten, wenn sie die o.a. Gegenstände unmittelbar betreffen, also z.B. Vollmachten zur Veräußerung eines Grundstücks, aber nicht allgemeine Vollmachten wie General- und Vorsorgevollmachten. **255**

Die Führung von Anderkonten enthält in geldwäscherechtlicher Hinsicht besondere Gefahren[406]. **256**

Nicht umfasst sind Schenkungen, Übergabeverträge, sämtliche Vorgänge, die auf Begründung, Änderung oder Löschung sonstiger Rechte an einem Grundstück gerichtet sind (insbesondere Grundpfandrechte), familienrechtliche, erbrechtliche Angelegenheiten (Einzelheiten siehe o.a. Rundschreiben C). **257**

b) Risikoanalyse

Ausführlich Rdschr. der BNotK im Anhang 10 unter D. **258**

§ 5 GwG verlangt vom Notar eine **allgemeine Risikoanalyse**,[407] die sich nach Art und Umfang nach seiner Geschäftstätigkeit richtet. Er hat diese Risikoanalyse zu dokumentieren, regelmäßig zu überprüfen und ggf. zu aktualisieren und der Aufsichtsbehörde auf Verlangen die jeweils aktuelle Fassung der Risikoanalyse zur Verfügung zu stellen.

Die Maßnahmen zur internen Sicherung müssen nicht dokumentiert werden, dies ist aber zum Nachweis der Überwachung und Aktualisierung sinnvoll.

---

406 Siehe unten Rdn. 450.
407 Ausführlich Rdschr. IV.

259   Die Bundesnotarkammer hat in Anlagen[408] zu ihrem Rundschreiben Muster zur Durchführung einer solchen Risikoanalyse entworfen. Sie empfiehlt die Dokumentation der Risikoanalyse in der Generalakte abzuheften.

260   Neben der **allgemeinen** Risikobewertung bedarf es im Einzelfall einer **konkreten** Risikobewertung[409] des jeweiligen Vorgangs (§ 10 Abs. 2 GwG). In den Anlagen 1 und 2 zu dem Gesetz sind Faktoren für ein potentiell geringeres Risiko und ein potentiell höheres Risiko aufgeführt. Das Maß des zumutbaren Aufwands für den Notar hinsichtlich der Maßnahmen der Identifizierung, Verifizierung etc. steigt in dem Maße, in dem sich das Risiko erhöht. In der Regel ist das Risiko bei Notariatsgeschäften gering, weil bereits das BeurkG und die berufsrechtlichen Vorschriften das Geldwäscherisiko in der Praxis eklatant verringern.[410] Die Vornahme und das Ergebnis der konkreten Risikobewertung sind in der Handakte zu dokumentieren. Weitere Einzelheiten ergeben sich aus dem Rundschreiben der Bundesnotarkammer unter E.

c) Identifizierungspflicht

aa) Identifizierung natürlicher Personen

261   Identifizieren nach § 11 GwG bedeutet grundsätzlich[411] bei **natürlichen Personen**, «*durch angemessene Prüfung des vor Ort*[412] *vorgelegten Dokuments*» (§ 13 Abs.1 GwG) aufgrund eines gültigen Personalausweises oder Reisepasses (§ 12) festzustellen:
– den Namen (Nachname und mindestens ein Vorname)
– das Geburtsdatum
– den Geburtsort
– Staatsangehörigkeit
– die Wohnanschrift.[413]

262   Zur Überprüfung dieser Angaben sind festzuhalten:
– Art,
– Nummer,

---

408   Siehe Anlagen zum Rdschr. im Anhang 10.
409   Ausführlich Rdschr. E.
410   Ausführlich Rdschr. E im Anhang 10.
411   Siehe unten Rdn. 269.
412   Dies wird ohnehin schon nach § 10 BeurkG gefordert.
413   Ausführlich: *Grüner/Köhler* notar 2018, 105, Identitätsprüfung – oder: Was ist in der Beurkundung hinsichtlich der Identifizierung zu beachten, insbesondere dann, wenn amtliche Dokumente ohne Anschrift vorgelegt werden?

- Gültigkeit
- Bezeichnung der ausstellenden Behörde

des mit einem Lichtbild versehenen Ausweispapiers.

Nicht ausreichend ist die Identifizierung durch andere Ausweise ohne Lichtbild oder Erkennungszeugen pp. wie nach § 10 BeurkG, § 26 DONot erlaubt (s.o. Rdn. 246 ff). Zur Vereinfachung ist eine Kopie des Ausweises (Vorder- und Rückseite[414]) zu empfehlen. Die Vorlage eines Führerscheins mit Lichtbild ist nicht ausreichend.

Bei Staatsangehörigen eines Mitgliedstaates der europäischen Union oder eines   **263** Vertragsstaates des Einkommens über den europäischen Wirtschaftsraum (Island, Liechtenstein und Norwegen) sowie Staatsangehörige der Schweiz wird die inländische Ausweispflicht ebenfalls mit einem von diesen Staaten ausgestellten Personalausweis oder Reisepass erfüllt. Ein nicht freizügigkeitsberechtigter Drittstaatsangehöriger kann die inländische Ausweispflicht hingegen grundsätzlich nur dann durch einen in Deutschland durch zwischenstaatliche Vereinbarungen per allgemeiner Verfügung des Bundesministeriums anerkannten ausländischen Pass oder einem von den deutschen Behörden ausgestellten Passersatz (§§ 3, 4 AufenthaltG) bzw. eine Bescheinigung über die Aufenthaltsgenehmigung (§ 64 Abs. 1 AsylVfG) erfüllen.

Zu beachten ist allerdings, dass Ersatzpapiere in der Regel keine sichere Identi-   **264** fizierung zulassen. Soweit diese Papiere den Hinweis der ausstellenden Behörde enthalten, dass die Angaben auf den eigenen Angaben des Inhabers beruhen, besteht für den Notar keine Gewissheit über die Identität des Beteiligten. Insoweit ist auch auf die DNotI-Gutachten 145516/15 und 154337/17 hinzuweisen.

Die Identifizierung kann auch anhand einer qualifizierten elektronischen Signatur erfolgen (§ 12 SAbs.1 Nr. 2 u. 3 GwG, § 2 Nr. 3 SignaturG). Da jedoch im Beurkundungsverfahren der formell Beteiligte persönlich anwesend sein muss, dürfte diese Form der Identifizierung kaum von Bedeutung sein.

Von der Identifizierung kann gem. § 11 Abs.3 GwG abgesehen werden, wenn   **265** die Person dem Notar persönlich bekannt **und** wenn sie bei früherer Gelegenheit nach Maßgabe des Geldwäschegesetzes identifiziert worden ist. Der Name und der Umstand, dass bereits früher eine den Anforderungen des GwG entsprechende Identifizierung stattgefunden hat, sind aber jedenfalls in den Nebenakten festzuhalten. Bei Zweifel im Hinblick auf eine bereits durchgeführte Identifizierung muss eine erneute Identifizierung erfolgen.

---

414 Aus der Rückseite ist die ausstellende Behörde erkennbar.

266   Das GwG geht grundsätzlich davon aus, dass die Erfüllung der Pflichten auch unter Zuhilfenahme von Mitarbeitern erfolgen kann. Die Verantwortung für die Erfüllung trägt aber immer der nach dem Geldwäschegesetz Verpflichtete selbst.

267   Tritt ein Vertreter auf, so ist nach § 11 Abs. 4 Nr. 1, 12 Abs. 1, 13 Abs. 1 GwG nur dieser zu identifizieren, da sich die Identifizierungspflicht immer nur auf die formell Beteiligten, also die Erschienenen bezieht. Sind also Gesellschaften beteiligt, ist als formell beteiligt immer nur die die Gesellschaft vertretene natürliche Person zu identifizieren, nicht aber die Gesellschaft selbst.

268   Wird ein Notarvertreter, Notariatsverwalter oder Amtsnachfolger tätig und ist eine frühere Identifizierung dokumentiert und die Ausweiskopie noch vorliegt, bedarf es keiner neuen Identifizierung. Aber auch hier wird Voraussetzung sein, dass einem Mitarbeiter des Notars der Betreffende persönlich bekannt ist. Der amtierende Notar sollte sich unbedingt die frühere Dokumentation vorlegen lassen.

269   Gem. § 14 Abs. 2 Nr. 2 GwG kann bei einem **geringeren Geldwäscherisiko** (s. dazu oben Rdn. 259) die Identifizierung auch auf Grundlage von sonstigen Dokumenten, Daten oder Informationen einer glaubwürdigen und unabhängigen Quelle durchgeführt werden, d. h. Insbesondere auf Grund von abgelaufenen Ausweisdokumenten, die jedoch eine Identifizierung noch ermöglichen. E 2 des u.a. Rundschreibens.

270   Hat der Beteiligte seinen Ausweis vergessen, darf die Beurkundung trotzdem stattfinden (§ 10 Abs.9. GwG): der Notar muss aber darauf hinwirken, dass die Identifizierung nachgeholt wird (§ 11 Abs.1 Satz 2 GwG): er ist nach eigenem Ermessen berechtigt, Abschriften und Ausfertigungen solange zurückzuhalten sowie Vollzugshandlungen zu unterlassen.

bb) Identifizierung von juristischen Personen und Personengesellschaften

271   § 11 Abs, 4 Nr.2 GwG regelt die Angaben zur **Identifizierung von juristischen Personen und Personengesellschaften.**[415] Danach müssen Firma, Rechtsform, Registernummer (soweit vorhanden), Anschrift des Sitzes oder der Hauptniederlassung und Namen des Vertretungsorgans oder der gesetzliche Vertreter festgestellt werden. Zur Feststellung der Namen der Vertreter dürfte es bei juristischen Personen und Personenhandelsgesellschaften genügen, einen

---

415 Anwendungsempfehlung der BNotK (Stand Juli 2013) C II 2a.

Registerauszug zu den Nebenakten zu nehmen.[416] (Einzelheiten § 12 Abs.2 GwG).

cc) Identifizierung des wirtschaftlich Berechtigten (§11 Abs. 5 GwG)

Gibt der zu Identifizierende an, nicht auf eigene Rechnung zu handeln, erfolgt   **272**
die Feststellung der Identität nach § 11 Abs. 5 GwG. Wirtschaftlich Berechtigter[417] ist

– jede natürliche Person, in deren Eigentum oder unter deren Kontrolle der Vertragspartner letztlich steht, oder
– die natürliche Person, auf deren Veranlassung eine Transaktion letztlich durchgeführt oder eine Geschäftsbeziehung letztlich begründet wird (§ 3 GWG).

Das bedeutet z.B. für Gesellschaften, dass jede natürliche Person, welche unmittelbar oder mittelbar mehr als 25 % der Anteile hält oder mehr als 25 % der Stimmrechte kontrolliert »mit angemessenen Mitteln« identifiziert werden muss. Nach § 11 Abs. 5 GwG genügt zur Feststellung der Identität der Name. Soweit dies in Ansehung des im Einzelfall bestehenden Risikos der Geldwäsche oder der Terrorismusfinanzierung angemessen ist, können weitere Identifizierungsmerkmale erhoben werden. Geburtsdatum, Geburtsort und Anschrift des wirtschaftlich Berechtigten dürfen unabhängig vom festgestellten Risiko erhoben werden. Im Regelfall kann sich der Notar auf Angaben der Beteiligten zum Namen des wirtschaftlich Berechtigten verlassen, so dass keine weiteren Maßnahmen erforderlich sind.

Bei Zweifel an der Richtigkeit der Angaben der Beteiligten oder bei einer   **273**
konkreten höheren Risikobewertung kann sich empfehlen, folgende Dokumente einzusehen und in der Nebenakte oder elektronisch abzulegen:
– bei der Vertretung von im Handelsregister eingetragenen Gesellschaften
  • Handelsregisterauszüge oder Gesellschafterlisten oder vergleichbare
  • Registerdokumente
– bei der Vertretung nicht im Handelsregister eingetragener Gesellschaften
  • Gesellschaftsverträge, Satzungen oder Gesellschafterbeschlüsse
– bei Treuhandverhältnissen
  • Treuhandaufträge

Die BNotK empfiehlt, zur Vereinfachung der Dokumentation, Handelsregis-   **274**
terauszüge oder Gesellschafterlisten stets zur Nebenakte zu nehmen oder elektronisch abzulegen. Zur Identifizierung des wirtschaftlich Berechtigten kann

---

416 Anwendungsempfehlung der BNotK (Stand Juli 2013) im Anhand 12.
417 Im Einzelnen siehe Rdschr. im Anhang 10 unter E III.

auch auf das Transparenzregister zurückgegriffen werden. Dies ist aber nicht zwingend erforderlich (§ 23 Abs.1 Nr.2 GwG).

dd) Besondere Hinweise zum Verwahrungsgeschäft

275 Da dem Notar verboten ist, Bargeld anzunehmen (§ 57 BeurkG), werden insoweit nur ausnahmsweise Geldwäschegeschäfte in Frage kommen. Aber bei Zahlungen über Anderkonto ist dies nicht ausgeschlossen.

▶ Beispiele[418]

Ein Notar nimmt Überweisungen auf einem Anderkonto von einem Käufer für einen Kauf entgegen. Nach dem der Kauf scheitert, soll der Notar die eingezahlten Mittel an einen Dritten zahlen, der in einem risikobehafteten Staat in Europa wohnhaft ist.

Der Verkäufer verkauft sein Grundstück zu einem hohen Kaufpreis an den Käufer. Der Notar erfährt, dass der Verkäufer einen Teil des Kaufpreises nach Vollzug auf ein drittes Konto des Käufers zurück überweisen wird

In beiden Fällen besteht der Verdacht der Geldwäsche.

276 Als »Vertragspartner« der Bank i.S.d. GwG wird aus deren Sicht der Notar für einen oder mehreren wirtschaftlich Berechtigten tätig (§ 11 Abs. 6 Satz 3 GwG). Diese sind bei beidseitiger Verwahrung (z.B. bei einer Kaufvertragsabwicklung) beide Anweisenden (Verkäufer und Käufer). Bei einseitiger Verwahrung nur der Anweisende. Keine Mitteilungspflicht besteht hinsichtlich des den Kaufpreis finanzierenden Kreditinstituts, auch wenn diese die Einzahlung auf Notaranderkonto mit zusätzlichen Treuhandauflagen verbindet.

Im Falle der einseitigen Hinterlegung, z.B. durch einen Finanzierungsgläubiger zum Zwecke der Umschuldung, ist in der Regel nur der Hinterleger anzugeben. Der spätere Empfänger der hinterlegten Beträge fällt nicht unter die Angabepflicht des Notars (vgl. DNotI-Report 6/04, März 2004 zur damaligen Rechtslage, die heute entsprechend weiter gilt).

277 Wenn sich der Geldwäscheverdacht erst während der Verwahrungstätigkeit ergibt, sollte der Notar unbedingt von einer Auszahlung nach § 61 BeurkG zunächst absehen und ggf. auf das Beschwerdeverfahren nach § 15 Abs. 2 BNotO verweisen. Im Übrigen s. unten Rdn. 464.

Die Identifizierungspflicht besteht auch bei der Verwahrung von Kostbarkeiten i. S. des § 62 BeurkG.

---

418 Rdsschr. B I.

d) Aufzeichnungs- und Aufbewahrungspflicht

Nach § 8 GwG besteht eine detaillierte Aufzeichnungs- und Aufbewah-   278
rungspflicht.

Die Anfertigung und Aufbewahrung einer Kopie des Ausweises ohne Zustimmung des Betroffenen oder des Registerauszuges ist möglich, ebenso die Speicherung auf Datenträger unter der Voraussetzung jederzeitiger Verfügbarkeit.

Im Falle der Einsichtnahme auf elektronisch geführte Register- oder Verzeich-
nisdateien gilt die Anfertigung eines Ausdrucks als Aufzeichnung der darin
enthaltenen Angaben (§ 8 Abs. 2 GWG).[419] Die jeweiliger Risikoanalyse und
die Entscheidungsgründe zur Risikobewertung sind beim jeweiligen Geschäfts-
vorfall aufzubewahren.

Die Aufbewahrungspflicht beträgt mindestens 5 Jahre. Anschließend seien die   279
Unterlagen unverzüglich zu vernichten (§ 8 Abs.4 GwG), sofern nicht andere
Vorschriften entgegenstehen. Demgemäß dürfen die Aufzeichnungen gemäß
§ 5 Abs. 4 DONot) 7 Jahre aufbewahrt werden. Zu empfehlen ist, generell
eine längere Aufbewahrungszeit zu verfügen.

Zweckmäßig sollten die Daten m. E. nicht in der Handakte, sondern getrennt
in einem Sammelordner aufbewahrt werden, um im Falle eines Auskunftsersuchens der Staatsanwaltschaft eine Vermischung mit den der Verschwiegenheitspflicht unterliegenden Daten zu vermeiden.

e) Anzeigepflicht bei Verdachtsfällen (§ 43 f. GwG)

Eine Anzeige hat elektronisch zu erfolgen, nur bei Störung der elektronischen   280
Übermittlung auf dem Postweg (§ 45 GwG), wenn dem Notar Tatsachen
bekannt sind oder nachträglich bekannt werden, die darauf hindeuten (Einzelheiten § 43 GwG), dass eine Geldwäsche oder »*dass eine Tat nach § 261 StGB
oder eine Terrorismusfinanzierung begangen oder versucht wurde oder wird*«.
Dabei können die ihm von der Bundesnotarkammer in dem Rundschreiben
aufgeführten Anhaltspunkte wertvolle Hilfe leisten (Siehe Rdschr.II abgeduckt
im Anhang 10).

Eine Anzeigepflicht besteht aufgrund seiner Verschwiegenheitspflicht jedoch
nur, wenn der Notar die Gewissheit hat, dass er an einem Geldwäschegeschäft
mitwirken soll.

Besondere Verdachtsmomente können aufgrund des internationalen Hinter-
grundes, Auffälligkeiten bei den Beteiligten und bei ungewöhnliche n Vertrags-

---

419 Anwendungsempfehlung der BNotK (Stand Juli 2013) C VI 5 im Anhang 12.

gestaltungen bestehen. Der Notar soll einen Sachverhalt nach allgemeinen Erfahrungen und seinem beruflichen Erfahrungswissen unter dem Blickwinkel seiner Ungewöhnlichkeit und Auffälligkeit im jeweiligen geschäftlichen Kontext würdigen.

281   Anhaltspunkte, die auf Geldwäsche gem. § 261 StGB oder auf eine Tat hindeuten könnten, die der Finanzierung einer terroristischen Vereinigung (§§ 129a, 129b StGB) dient oder dienen soll, sind in einem Rundschreiben des Bundeskriminalamtes (Stand Oktober 2003) zusammengestellt.[420]

Die Financial Intelligence Unit (FIU) – angesiedelt beim BKA – veröffentlicht regelmäßig durch Newsletter aktuelle Entwicklungen, die auf Geldwäsche hindeuten. Die Newsletter können im PDF-Format auf der Homepage des BKA unter www.bka.de passwortgeschützt abgerufen werden.

Nach § 8 Abs. 1 Nr. 4 GwG hat der Notar seine Überlegungen und eine nachvollziehbare Begründung seines Bewertungsergebnisses eines Sachverhalts hinsichtlich der Meldepflicht nach § 43 Abs. 1 GwG in der jeweiligen Nebenakte aufzuzeichnen und aufzubewahren. Sie können aber auch elektronisch abgespeichert werden. Die Aufzeichnungen und sonstigen Belege sind 5 Jahre ab Ende des Kalenderjahres aufzubewahren, in dem die notarielle Amtstätigkeit mit Vollzugmitteilung beendet wurde. Befinden sich die Aufzeichnungen in der Nebenakte, so gelten die dortigen Fristen (§ 5 Abs.4 DONot: 7 Jahre).

282   Die Verdachtsanzeige ist an die Zentralstelle für Finanztransaktionsuntersuchen zu richten (Einzelheiten F II im o.a. Rdschr siehe unten Anhang 10).

283   Der Notar ist gem. § 43 Abs. 2 GwG zur Anzeige wegen seiner Verschwiegenheitpflicht nur verpflichtet, wenn er weiß, dass das Mandatsverhältnis zum Zwecke der Geldwäsche, der Terrorismusfinanzierung oder einer anderen Straftat genutzt wird oder wurde. Hegt er lediglich den Verdacht, besteht keine Meldepflicht. Hegt er den Verdacht – ohne eine Gewissheit zu haben – sollte er das weitere Vorgehen mit seiner regionalen Notarkammer oder mit der Aufsichtsbehörde besprechen, die ebenfalls zur Verschwiegenheit verpflichtet sind.

Er kann auch um eine Entscheidung der Aufsichtsbehörde nachsuchen (§ 18 Abs. 3 BNotO).

---

420 Erarbeitet von der Zentralstelle für Verdachtsanzeigen im Bundeskriminalamt in Zusammenarbeit mit der Bundesrechtsanwaltskammer, der Bundesnotarkammer der Bundessteuerberaterkammer, der Wirtschaftsprüferkammer, dem Landeskriminalamt NRW, dem Bayerischen Landeskriminalamt, dem Justizministerium des Landes NRW und dem Bayerischen Staatsministerium der Justiz.

Von der Anzeige darf er seinen Mandanten nicht unterrichten (§ 47 GwG).   **284**
Nach der Verdachtsanzeige darf die angetragene Finanztransaktion nicht ausgeführt werden. Die Zentralstelle kann die weitere Durchführung der Transaktion untersagen, um den Anhaltspunkten nachzugehen und die Transaktion
zu analysieren. Sie ist auch berechtigt, »anderweitige Anordnungen« in Bezug
auf die Transaktion zu treffen (§ 40 Abs. 1 Satz 2 Nr. 3 GwG). Zeigt der Notar
einen Verdachtsanfall an, der sich später nicht bestätigt, so kann er wegen der
Anzeige nicht verantwortlich gemacht werden, es sei denn, die Anzeige ist
vorsätzlich oder grob fahrlässig unwahr erstattet worden.

f) Interne Sicherungsmaßnahmen   285

Ausführlich Rdschr. der BNotK D II[421]   286

Der Notar hat sicher zu stellen, dass die Mitarbeiter über die Methoden der
Geldwäsche und die Terrorismusfinanzierung und die nach dem Geldwäschegesetz bestehenden Pflichten unterrichtet werden. Die BNotK empfiehlt, den
Mitarbeitern die Anwendungsempfehlung[422], insbesondere die Geldwäschetypologien, die sie unter B aufgezählt hat, zu vermitteln, über aktuelle Entwicklungen zu informieren, sie zu verpflichten, ihm Verdachtsmomente zu melden
und dies zu dokumentieren.

Die Mitarbeiter müssen auch wissen, dass sie vertrauliche Informationen, insbesondere über ihre Vorgesetzte, melden können (»Whistleblowing«). Sie können unter Wahrung der Vertraulichkeit ihrer Identität Verstöße gegen geldwäscherechtliche Vorschriften an geeigneten Stellen berichten, so z.B. an Notar
oder an die zuständige Notarkammer.

Zur Dokumentation der internen Sicherungsmaßnahmen dient Teil 6 zum o.a.
Rundschreiben der Bundesnotarkammer.

Nach § 52 GwG hat der Notar bestimmte Mitwirkungspflichten gegenüber   **287**
den Aufsichtsbehörden – also gegenüber dem Präsidenten des Landgerichts.
Die Pflichten überschneiden sich mit denen für Notare bereits in § 93 Abs. 4
BNotO vorgesehenen, umfassenden Mitwirkungspflichten. In § 51 Abs. 5
Satz 1 GwG ist zudem vorgesehen, dass einem »Verpflichteten, dessen Tätigkeit einer Zulassung bedarf«, unter bestimmten Voraussetzungen »die Ausübung des Geschäfts oder des Berufs vorübergehend untersagt oder ihm gegenüber die Zulassung widerrufen« werden kann.

---

421   Abgedruckt im Anhang 10.
422   Siehe Rdschr. der BNotK B. im Anhang 10.

Die Bestellung eines Geldwäschebeauftragten ist nicht mehr vorgeschrieben. Nach § 7 Abs. 3 GwG kann zwar die Aufsichtsbehörde anordnen, dass ein Geldwäschebeauftragter in der Praxis bestellt wird, wenn er es »für angemessen erachtet«. Das kommt jedoch für den Notarbereich nicht in Betracht.

IV. Anwesenheit der Beteiligten

288   Die gleichzeitige Anwesenheit der Beteiligten ist bei der Auflassung; die persönliche Anwesenheit z.b. bei der Errichtung von letztwilligen Verfügungen, sowie bei der Rückgabe von Erbverträgen aus der notariellen Verwahrung[423] unerlässlich.

Hier soll nur ein Beispiel aus der Praxis gebracht werden, um zu zeigen, wie schnell ein Notar durch Kulanz in eine, missliche Situation geraten kann.

▶ Beispiel:

Eheleute wollen ein Grundstück an einen Rechtsanwalt A verkaufen. Der Notar hat den Grundstückskaufvertrag vorbereitet und mit den Beteiligten einen Beurkundungstermin vereinbart. Drei Stunden vor dem Termin erscheint der Ehemann, da er zum vereinbarten Termin nicht erscheinen kann. Der Notar liest ihm ordnungsgemäß den Vertrag mit der Auflassungserklärung vor, und der Ehemann unterschreibt.

Zum vereinbarten Termin erscheinen die übrigen Beteiligten, der Vertrag wird vorgelesen und unterschrieben.

Da im Urkundeneingang die Ehefrau bereits maschinenschriftlich eingetragen war, verzichten die Beteiligten, insbesondere Rechtsanwalt A, auf eine Berichtigung.

Nach Eintragung im Grundbuch beruft sich der Rechtsanwalt A auf die Unwirksamkeit des Vertrages, insbesondere der Auflassung.

---

423 Ausführlich Rundschreiben der BNotK im Anhang 12, s. auch *Weingärtner/Gassen/ Sommerfeldt* § 32 Rn. 210 ff.

Der Kaufvertrag konnte wohl zwar sukzessiv beurkundet werden.[424] Für die Auflassung war allerdings die gleichzeitige Anwesenheit unabdingbare Voraussetzung.

Abgesehen von den in diesem Falle unumgänglichen Disziplinarmaßnahmen und Strafverfahren haftete der Notar dem Geschädigten wegen Vorsatzes ohne die Möglichkeit, sich auf eine anderweitige Ersatzmöglichkeit zu berufen. Außerdem tritt in einem solchen Fall die Haftpflichtversicherung des Notars wegen vorsätzlicher Pflichtverletzung nicht ein.

In einem vom BGH entschiedenen Fall[425] hatte der Notar einen Vertrag beurkundet, obwohl einer der bezeichneten Beteiligten nicht anwesend war; es wurde die damals höchstmögliche Geldbuße von 50 000 DM verhängt.

V. Vertretung

S. zunächst oben Kap. D I 4 b, Rdn. 134 (Verbot der systematischen Einschaltung von Vertretern). **289**

1. Vollmacht

Nach § 12 BeurkG sollen bei der Verhandlung vorgelegte Vollmachten und Ausweise über die Berechtigung eines gesetzlichen Vertreters der Niederschrift in Urschrift oder in beglaubigter Abschrift beigefügt werden. Die Vollmacht bzw. der Vertretungsausweis ist anzukleben oder anzuheften. Sie kann zum Gegenstand der Ausfertigung gemacht werden, wenn sie mit ihr durch Schnur und Siegel verbunden ist. **290**

Die Feststellung, dass und in welcher Form – **Urschrift oder Ausfertigung; beglaubigte Abschrift reicht nicht** – die Vollmacht dem Notar vorgelegen hat, ist eine voll wirksame notarielle Bescheinigung i.S.d. § 20 Abs. 1 BNotO. Sie bindet insbesondere das Grundbuchamt, das nun nicht noch einmal die

---

424 Es ist m. E. statthaft, wenn auch keineswegs zu empfehlen, Vertragsantrag und -annahme getrennt, aber in derselben Niederschrift zu beurkunden, indem zunächst der Antrag protokolliert, vorgelesen, vom Antragenden genehmigt und unterschrieben wird und sodann – nachdem sich der Anbietende entfernt hat und der andere Vertragsteil erschienen ist – die Annahme gleichfalls in die Niederschrift aufgenommen und diese insgesamt – einschließlich der Erklärung des Antragenden – dem Annehmenden vorgelesen, von ihm genehmigt und unterschrieben und schließlich auch vom Notar unterschrieben wird (RG 69, 130; RG JW 1909, 272, OLG Hamburg NJW 1993, 3076; Eylmann/Vaasen/*Limmer* § 13 BeurkG Rn. 9. S. auch *Winkler* § 13 Rn. 26 Verlesen in Abschnitten).
425 DNotZ 2000, 535 m. Anm. von *Feuerich*.

Vorlage der Urschrift oder Ausfertigung verlangen kann, sondern sich auf die Prüfung der Vollmacht durch den Notar verlassen kann und verlassen muss.[426]

Deshalb hat der Notar auch die Vertretungsmacht, d.h. die Vollmacht, umfassend zu prüfen.[427]

Er hat auch die Existenz des Vertretenen zu prüfen.[428]

291   Zu beachten ist, dass die Vollmacht der Form des Hauptgeschäfts entsprechen muss, wenn sich der Vollmachtgeber durch sie zum Abschluss des formbedürftigen Rechtsgeschäfts **bindet**.[429]

292   Bestehen Zweifel gegen die Vertretungsmacht, soll der Notar die Beteiligten über die Rechtslage belehren und einen entsprechenden Vorbehalt gem. § 17 Abs. 2 Satz 2 BeurkG in die Urkunde aufnehmen.[430] Steht der Mangel der Vertretungsmacht fest und erscheint eine Genehmigung durch den Vertretenden ausgeschlossen, hat der Notar die Beurkundung abzulehnen.[431]

2. Vertretungsbescheinigung

293   Nach § 21 BNotO ist der Notar zuständig, Bescheinigungen über eine Vertretungsberechtigung auszustellen, sofern sich diese aus einer Eintragung im Handelsregister oder in einem ähnlichen Register ergibt.[432] Er darf die Bescheinigung aber nur ausstellen, wenn er zuvor das Register oder eine beglaubigte Abschrift desselben eingesehen hat. Für Fehler bei der Einsicht durch Dritte – die zulässig ist – haftet der Notar nach der Rechtsprechung des Bundesgerichtshofes zur fehlerhaften Grundbucheinsicht über den Grundgedanken des § 278 BGB.[433]

Der Notar muss den Tag der Einsichtnahme in das Register oder den Tag der Ausstellung der Abschrift in der Bescheinigung angeben (§ 21 Abs. 2 Satz 2 BNotO). Dies wird oft vergessen.

---

426 OLG Stuttgart DNotZ 1952, 183; OLG Frankfurt Rpfleger 1972, 306.
427 BGH DNotZ 1989, 43; BGH NJW 1993, 2745; BGH Urt. v. 26.06.97 – IX ZR 163/16.
428 BGH, Beschl. v. 13.11.2017 – NotSt(Brfg) 4/17; siehe auch DNotI Rep. 2018,29.In dem Fall war die »vertretene« ein angeblich in Malta existierende Limited. Dem Notar wurde ein Verweis erteilt.
429 *Lerch* § 12 Rn. 5; Armbrüster/Preuß/Renner/*Piegsa* § 12 Rn. 8.
430 BGH NJW 1993, 2745.
431 BGH WM 1988, 545 = DNotZ 1989, 43; BGH Urt. v. 26.06.97 – IX ZR 163/96.
432 Ausführlich: *Gassen/Wegerhoff* Elektronische Beglaubigung und elektronische Handelsregisteranmeldung in der Praxis.
433 BGH DNotZ 1986, 581 = NJW 1996, 464 = BGHZ 131, 200.

Die Einsicht soll zeitnah erfolgen, nicht länger als 6 Wochen vor dem abzuschließenden Rechtsgeschäft.[434]

Nach § 21 Abs. 3 sind die Notare nunmehr auch zuständig, Bescheinigungen
über eine durchs Rechtsgeschäft begründete Vertretungsmacht, d.h. Voll-
machtbescheinigungen, auszustellen, allerdings nur dann, wenn sie sich zuvor
durch Einsichtnahme in eine öffentliche oder öffentlich beglaubigte Vollmachtsurkunde über die Begründung der Vertretungsmacht Gewissheit verschafft haben. In der Bescheinigung ist gem. § 21 Abs. 3 Satz 3 BNotO anzugeben, in welcher Form und an welchem Tag die Vollmachtsurkunde ihm
vorgelegen hat.

In notariellen Urkunden ist häufig folgende Formulierung zu finden: 294

> »Frau Petra Dörken, hier handelnd als alleinvertretungsberechtigte Geschäftsführerin
> der Dr. E. Schüle GmbH.«

Es folgt dann keine weitere Feststellung darüber, ob der Notar das Handelsregister eingesehen hat.

Eine wirksame Vertretungsbescheinigung i.S.d. § 21 BNotO liegt nicht vor.
Für den Außenstehenden – insbesondere für den juristischen Laien – entsteht
jedoch der Eindruck, als wenn der Notar die Vertretungsberechtigung beschei-
nige. Zu empfehlen ist hier die Formulierung:

> »… erschien Frau Tilmanns, die erklärte, nicht im eigenen Namen, sondern für die …
> GmbH zu handeln.«

Für den Notar stellt sich in diesem Zusammenhang häufig die Frage, inwieweit
der Nachweis der Vertretungsberechtigung der handelnden Personen von
Gesellschaften, die sich ausländischer Gesellschaftsformen bedienen, geführt
werden kann. Insbesondere ist fraglich, inwieweit der deutsche Notar berechtigt ist, auf der Grundlage der Einsichtnahme in ein ausländisches Register,
das im Internet öffentlich zugänglich ist, eine Vertretungsbescheinigung gem.
§ 21 BNotO zu erstellen.[435] Hier kann auf die Veröffentlichung von *Wach-
ter*[436] und auf ein Gutachten des DNotI[437] verwiesen werden, das sich aus-

---

434 Eylmann/Vaasen/*Limmer*§ 21 BNotO Rn. 12 m.w.H.
435 Hierzu OLG Schleswig Rpfleger 2008, 498, MittNotKKO Teil I Nr. 4/2008
   S. 1060/2008, 498.
436 Handelsregisteranmeldung der inländischen Zweigniederlassung einer englischen
   Private Limited Company, NotBZ 2/2004.
437 S. auch *Winkler* § 12 Rn. 25.

führlich mit den damit verbundenen Fragen im Hinblick auf eine englische »private limited company by shares« auseinandersetzt.

3. Vertreter ohne Vollmacht[438]

295   S. zunächst oben Kap. D, Rdn. 134 Systematische Beurkundung mit vollmachtlosen Vertretern, Vertretung beim Verbrauchervertrag (D V 3) und II. der RiLi der Ländernotarkammern (D I 4) und im Anhang 1.

Der von einem Vertreter ohne Vertretungsmacht abgeschlossene Vertrag ist schwebend unwirksam, damit auch die evtl. in ihm enthaltene Verwahrungsanweisung, sodass bis zur Genehmigung keine Bindungswirkung eintreten kann.[439]

Wird in dem Vertrag aufgenommen, dass der Beteiligte versprach, die Genehmigung nachzureichen, übernimmt er hierfür die Garantie und macht sich u. U. schadenersatzpflichtig.[440] Der Notar hat deshalb mit dem Vertreter ohne Vertretungsmacht dies genau zu erörtern und ihm zu raten, eine solche Erklärung nur abzugeben, wenn nicht der geringste Zweifel daran besteht, dass der ohne Vertretungsmacht Vertretene das Rechtsgeschäft auch genehmigen werde. Dies gilt insbesondere auch dann, wenn der Notar einen in seinem Büro Beschäftigten als vollmachtlosen Vertreter auftreten lässt. Hier ist schon deshalb Vorsicht geboten, weil der oder die Beschäftigte hierfür möglicherweise nicht versichert ist. Insbesondere aber ist zu beachten, dass der Vertrag so lange unwirksam ist, bis der Vertretene die Erklärung genehmigt hat.[441]

Zur eigenen Sicherheit sollte der Notar in der Urkunde vermerken, dass er die Beteiligten über die schwebende Unwirksamkeit belehrt hat. Nach Urteil des BGH v. 25.04.1990 (IX ZR 37/90) liegt die Beweislast beim Notar.

Genehmigt der vollmachtlos Vertretene den Vertrag nicht, kann der Notar die Kosten von dem vollmachtlosen Vertreter einfordern.[442]

296   Der notariell beurkundete Abschluss eines Grundstückskaufvertrages durch einen vollmachtlosen Vertreter begegnet keinen materiellrechtlichen Bedenken. Die Genehmigung des Handelns des vollmachtlosen Vertreters ist formlos

---

438 Ausführlicher Armbrüster/Preuß/Renner/*Piegsa* § 12 BNotO Rn. 15 ff.
439 KG DNotZ 1987, 169.
440 Armbrüster/Preuß/Renner/*Piegsa* § 12 BeurkG Rn.18.
441 BGH DNotZ 1983, 53; *Weingärtner/Gassen* § 32 Rn. 83, vgl. auch BGH NJW 1996, 2037.
442 BGH Urt. v. 09.11.2012 -V ZR 182/11- DNotZ 2013, 288.

zulässig[443] und bedarf wegen § 29 GBO lediglich der Unterschriftsbeglaubigung.[444]

§ 17 Abs. 2a BeurkG und II. der RiLi der Ländernotarkammern bringen eine gesetzliche Beschränkung.: (s.o. Kap. D I 4, Rdn. 134 f.).

Nach § 17 Abs. 2a BeurkG soll der Notar das Beurkundungsverfahren so   297
gestalten, dass die Einhaltung der Pflichten nach § 17 Abs. 1 und 2 BeurkG
gewährleistet ist. Gestaltungsformen des Beurkundungsverfahrens, die geeignet
sind, die Belehrungspflichten des Notars zu unterlaufen, werden daher an dieser Vorschrift, die durch II. der RiLi noch konkretisiert wird, zu messen sein:
die **planmäßige Beurkundung** unter Beteiligung vollmachtloser Vertreter,[445]
die systematische Beurkundung aufgrund isolierter Vollmachten oder die systematische Beurkundung mit Mitarbeitern des Notars als Vertreter spricht der
erste Anschein für den Verstoß gegen § 17 Abs. 2a BeurkG.[446] Ausführlicher
s.o. Rdn. 127 ff. und 134 ff.

Die Beurkundung eines Grundstückskaufvertrages mit Auflassung in der   298
Weise, dass der Verkäufer auch als vollmachtloser Vertreter für den Käufer
auftritt, ist sachlich nur dann gerechtfertigt und damit zulässig, wenn im Einzelfall diese atypische Form der Beurkundung vereinbart oder durch besondere
Umstände gerechtfertigt ist.[447]

VI. Feststellung der Geschäftsfähigkeit

▶ Hinweis: ausführlich OLG Hamm, Urt. v. 08.07.2015 – 11 U 180/14 zu   299
den Anforderungen an die Amtspflicht des Notars zur Prüfung der
Geschäftsfähigkeit.

---

443 S. zu dieser Problematik *Lerch* ZRP 1998, 347.
444 BGH NJW 1994, 979 = DNotZ 1994, 764 = MittBayNot 1994, 414 m. Anm.
     Korte.
445 OLG Celle, Urt. v. 1.12.2017 – Not 13/17: «*Abgesehen von den Fällen eines planmä-
     ßigen oder systematischen Vorgehens begründet § 17 Abs. 2a Satz 1 BNotO aber kein
     generelles Verbot von Beurkundungen unter Heranziehung vollmachtloser Vertreter. Viel-
     mehr bleibt eine solche Vorgehensweise zulässig, wenn sie im Einzelfall sachlich gerechtfer-
     tigt ist. Das kommt beispielsweise in Betracht, wenn der (später) vollmachtlos Vertretene
     selbst den Notar hierum bittet, etwa weil er sich im Ausland aufhält. Zwar kann der
     Notar den Vertretenen in solchen Fällen nicht persönlich über die rechtliche Tragweite
     und die mit dem Rechtsgeschäft verbundenen Risiken belehren. Das kann aber zumindest
     bei einfach gelagerten Fällen durch die rechtzeitige Übersendung eines Entwurfs kompen-
     siert werden, verbunden mit der Bitte um Rücksprache im Fall von Änderungswünschen
     oder offenen Fragen.*».
446 DNotI-Rep. 1998, 16.
447 BayObLG NJW-RR 1993, 1429 = DB 1993, 1508 = BB 1993, 1168.

Die Prüfung der Geschäftsfähigkeit liegt **grundsätzlich im Ermessen des Notars**. Er muss dieses Ermessen aber mit der seiner Verantwortung als Notar entsprechenden pflichtgemäßen Sorgfalt ausüben.[448] Im Allgemeinen kann der Notar von der Geschäftsfähigkeit der Beteiligten ausgehen, da es sich bei der Geschäftsunfähigkeit um eine von der Regel abweichende Ausnahmeerscheinung handelt.[449] Er braucht deshalb keine besonderen Nachforschungen anzustellen.[450]

300 Wenn allerdings **äußere Umstände** oder der bei der Verhandlung gewonnene Eindruck Anlass zu **Zweifel** geben, hat er diesen nachzugehen und weitere Nachforschungen vorzunehmen.[451] Da der Notar kein Mediziner ist, wird er schon im eigenen Interesse bei einem Arzt oder bei kompetentem Pflegepersonal Rücksprache halten.

301 Aufgrund Erfahrungen in verschiedenen Disziplinar- und Beschwerdeverfahren sollte es sich der Notar zur Regel machen, **bei schwer erkrankten und bettlägerigen Patienten** – zumindest im Krankenhaus – immer zu versuchen, mit einem Arzt oder einer sachkundigen Pflegekraft Rücksprache zu halten und aus Gründen der **Beweiserleichterung** dies auch in der Urkunde zu vermerken. Im Einzelfall kann sich ein Vermerk auch hinsichtlich des Umstandes anbieten, dass ein **Arzt oder Pfleger** nicht erreichbar oder zu konkreten Aussagen nicht bereit war.

Besondere Sorgfalt ist auch geboten, wenn der Verdacht einer Demenzerkrankung gegeben ist. Ab einem gewissen Lebensalter steigt das Risiko der Geschäftsunfähigkeit wegen dieser Erkrankung, die bei oberflächlicher Betrachtung leicht übersehen werden kann. Die Betroffenen bauen regelmäßig ein gewisses »Fassadenverhalten« auf, das zumindest kurzfristig ein unauffälliges und höfliches Gespräch mit Dritten erlaubt.

302 Die Feststellungen, die der Notar trifft, sind gem. § 11 BeurkG grundsätzlich in der Urkunde niederzulegen. Allerdings ist anerkannt, dass bestimmte sachliche Gründe es rechtfertigen können, von dem Vermerk in der Niederschrift eine Ausnahme zu machen. Feststellungen hinsichtlich der Geschäftsfähigkeit können dann im Einzelfall außerhalb der Niederschrift niedergelegt werden, wenn die berechtigte Sorge besteht, dass der Beteiligte durch die Feststellungen

---

448 OLG Oldenburg DNotZ 1974, 20.
449 Vgl. BGHZ 18, 184, 189.
450 Siehe auch *Zimmer* NotBZ 2018, 176 ff.
451 OLG Celle MittBayNot 2008 S. 492; OLG Frankfurt DNotZ 1978 S. 505;
     OLG Hamm Urt. v. 8.7.2015, 11 U 180/14.
     OLG Celle MittBayNot 2008, 492.

in der zu verlesenden Niederschrift in seinem Selbstwertgefühl ernsthaft verletzt und damit seelischen Schaden nehmen könnte.[452]

Ist der Notar überzeugt, dass dem Beteiligten die erforderliche Geschäftsfähigkeit fehlt, hat er die Beurkundung abzulehnen.[453]

Bei letztwilligen Verfügungen gilt § 28 BeurkG. Danach soll der Notar in der   303
Niederschrift seine Wahrnehmungen über die erforderliche Geschäftsfähigkeit[454] des Erblassers vermerken. Zur Testamentserrichtung genügt zwar die Testierfähigkeit, nicht aber zum Abschluss eines Erbvertrages. Hier muss die Geschäftsfähigkeit geprüft werden (§ 2275 BGB).[455] Ansonsten braucht nach § 11 BeurkG der Notar sich nur dann über die Geschäftsfähigkeit zu äußern, wenn daran Zweifel bestehen.

I.Ü. darf hier auf die zusammenfassende Übersicht bei *Kersten/Bühling und Würzburger Notarhandbuch*[456] verwiesen werden, in welcher die wichtigsten Gesichtspunkte bei der Abfassung einer Verfügung von Todes wegen zusammengefasst sind.[457]

Bei ausländischen Beteiligten ist die Geschäftsfähigkeit besonders zu prüfen,   304
da sich die Frage der Geschäftsfähigkeit sich gemäß Art. 7 EGBGB nach dem an die Staatsangehörigkeit anknüpfenden Personalstatut des Minderjährigen oder Betreuten richtet. So kann z.B. eine Rückverweisung auf das Domizil in Betracht kommen.[458] Bei Beteiligten unter 21 Jahren mit ausländischer Staatsangehörigkeit kann nicht davon ausgegangen werden, dass diese die nötige Geschäftsfähigkeit besitzen.[459] Ist ein Beteiligter danach nicht vollständig geschäftsfähig, muss geklärt werden, wer ihn gesetzlich vertritt und, ob die

---

452 Eylmann/Vaasen/*Limmer* § 11 BeurkG Rn. 7; Armbrüster/Preuß/Renner/*Piegsa* § 11 BeurkG Rn. 29.
453 OLG München, NJW/RR 2015 S. 1034 RN 13; OLG Hamm RNotZ 2016 S. 60. Schippel/Bracker/*Kanzleiter* § 14 Rn. 14.
454 Zur Geschäftsfähigkeit des Erblassers siehe. BGH Beschl. v. 12.11.2015 – V ZR 66/15; BGH FamRZ 2014, 749, BGHZ 198, 381.
455 Ausführlich hierzu *Winkler,* § 28 BeurkG Rn. 3.
456 Kersten/Bühling/*Wegmann* § 108 u. Würzburger Notarhandbuch Teil 4.
457 Ausführlich hierzu auch: Reithmann/*Röll/Geßele,* Rn. 688 ff.
458 Kilian/Sandkühler/vom Stein/*Jäger* B 19: Beck'sches Notarhandbuch/*Zimmermann,* Teil H, Rn 71 »so in Dänemark und Norwegen«.
459 Kilian/Sandkühler/vom Stein/*Jäger* B 19: Mehr als 21 Jahre verlangt aber kein Staat für den Eintritt der Volljährigkeit; Länderliste in Würzburger Notarhandbuch/ *Emmerling de Oliveira,* Teil 7 Kap. 5, Rn 14.

Genehmigung z.B. eines Gerichtes erforderlich ist.[460] Die Frage des sich auf das Sorgerecht und die gesetzliche Vertretung anwendbaren Rechts richtet sich u.a. nach dem Übereinkommen über die Zuständigkeit, das anzuwendende Recht, die Anerkennung, Vollstreckung und Zusammenarbeit auf dem Gebiet der elterlichen Verantwortung und der Maßnahmen zum Schutz von Kindern (KSÜ), der EUEheVO, Art. 21 EGBGB und in seltenen Fällen noch nach dem Haager Minderjährigenschutzabkommen (MSA).[461]

VII. Grundbucheinsicht – Einsicht in Grundakten

1. Einsichts- und Mitteilungsrecht des Notars – »berechtigtes Interesse«

305 **Siehe auch** Rundschreiben der Bundesnotarkammer Nr. 14/2013 vom 10.06.2013

Nach § 43 GBV hat der Notar das Recht zur Einsicht bzw. zum Abruf des Grundbuchinhalts, ohne dass er ein berechtigtes Interesse darlegen muss.

306 Die **Weitergabe/Mitteilung** des Grundbuchinhalts ist aber nur zulässig, wenn dem Notar das berechtigte Interesse i.S.d. § 12 GBO dargelegt wird.

Zur Differenzierung »berechtigter Einsichtnahme« und »unberechtigter Weitergabe« der Daten sowohl für Notare als auch für Mitarbeiter siehe Beschluss vom OLG Hamm v. 11.04.2017 – 15 VA 18/16.[462]

§ 133a Abs. GBO stellt klar, dass Notare demjenigen, der ein berechtigtes Interesse gem. § 12 GBO darlegt, den Inhalt des Grundbuchs mitteilen darf, und zwar dann, wenn die Grundbucheinsicht im Zusammenhang mit einer Beratung, Beurkundung oder Beglaubigung erfolgt ist, aber auch in den Fällen der sog. »isolierten Grundbucheinsicht«, d.h. in denjenigen Konstellationen,

---

460 Kilian/Sandkühler/vom Stein/*Jäger* B 19:Vgl. hierzu z.B. *Fetsch* RNotZ 2007, S. 466 m.w.N.; Würzburger Notarhandbuch/*Emmerling de Oliveira*, 4. Aufl., Teil 7 Kap. 5, Rn. 1f ff. mit Länderbericht.
461 Kilian/Sandkühler/vom Stein B 19.
462 Ein Notar, der erlaubterweise am automatisierten Grundbuchabrufverfahren beteiligt war, hatte Einsicht in das Grundbuch genommen. Vorausgegangen war ein notarielles Beratungsgespräch zur Übertragung einer Immobilie aus einem Nachlass. Der Mandant selber war hinsichtlich des Grundstücks in keiner Weise berechtigt. Der Notar erörterte mit ihm verschiedene Ausgestaltungsmöglichkeiten eines Eigentumserwerbs. In diesem Zusammenhang teilte der Notar ihm auch mit, mit welchen Rechten das Grundstück in Abteilung III belastet war. Der Notar war berechtigt, das Grundbuch einzusehen, er war jedoch nicht zur Weitergabe der persönlichen Daten berechtigt.

in denen die Einsichtnahme in das Grundbuch und die Erteilung eines Grundbuchabdruckes nicht im Zusammenhang mit einer Beratung, Beglaubigung oder Beurkundung durch den Notar steht.[463] Er entscheidet über das »berechtigte Interesse«, allerdings nicht, wenn eine Einsichtnahme im öffentlichen Interesse oder zu wissenschaftlichen Forschungszwecken erfolgen soll. Hierfür sind weiterhin ausschließlich die Grundbuchämter zuständig.

Die Entscheidung, wann ein berechtigtes Interesse vorliegt, kann im Einzelfall schwierig sein.   **307**

▶ **Beispiele für berechtigtes Interesse[464]:**

Einsicht des Kauf- oder Mietinteressenten, um zu prüfen, ob eine Wohnung noch mit öffentlichen Mitteln gefördert wird, ob die Zwangsversteigerung angeordnet ist oder die Wohnung in einem Sanierungsgebiet liegt.

Ermittlung des Eigentümers, um gegen diesen Schadensersatzansprüche geltend machen zu können.

Die engere Familie (Ehegatte, Eltern, Kinder) hat aus dem etwa in § 1365 BGB zum Ausdruck kommenden Gesichtspunkt der Erhaltung ihrer wirtschaftlichen Grundlage heraus ein gegenseitiges Einsichtsrecht, z.B. im folgendend Fall:

Die Tochter, deren Mutter im Altenheim lebte, beantragte Einsicht in das Grundbuch, um festzustellen, ob die Mutter noch Grundbesitz habe. Sie hatte im Pflegeheim von dritten Personen gehört, ihre Mutter habe keine Grundstücke mehr. Da sie als einzige unterhaltspflichtige Verwandte befürchtete, dass auf sie hohe Kosten für die Unterbringung zukommen könnten, wollte sie Gewissheit haben. Das berechtigte Interesse wurde bejaht. Die Tochter müsse Kenntnis vom Grundbuchstand haben, um ggf. mithilfe eines Betreuers zu überprüfen, ob die von ihrer Mutter vorgenommenen Rechtsgeschäfte wirksam seien.[465]

▶ **Beispiele für fehlendes berechtigtes Interesse:**

Ein Sohn beantragt Grundbucheinsicht mit der Begründung, sein leiblicher Vater sei Eigentümer eines Anwesens gewesen, in dem er – der Vater – auch seinen Lebensabend verbringen wolle. Nunmehr habe er erfahren, sein hochbetagter Vater sei auf Wohnungssuche. Er benötige Grundbuchein-

---

463 Der neu eingefügte § 133a sieht eine Öffnungsklausel zu Gunsten der Länder vor, wonach die isolierte Grundbucheinsicht beim Notar nicht gestattet werden kann.
464 Ausführliche Zusammenstellung von *Böhringer* DNotZ 2016, 24.
465 LG Stuttgart, Beschl. v. 26.02.1998, 1 T 1/98.

sicht, um zu prüfen, ob sein gesundheitlich angeschlagener und hilfsbedürftiger Vater unter Ausnutzung einer eingeschränkten Geschäftsfähigkeit, einer erheblichen Willensschwäche oder sonstigen Abhängigkeit sein Anwesen einer seiner Töchter übereignet hat, ohne sich ein lebenslängliches Wohnrecht zu sichern. Wenn dies zutreffe – so der Sohn – schließe er aus, dass sein Vater der Hilfe bedürfe. Das Gericht lehnt ab: Angesichts der vielfältigen Möglichkeiten lasse sich ein sicherer Schluss auf eine Hilfsbedürftigkeit, eine Übervorteilung oder auch finanzielle Schwierigkeit als Folge der Überlassung, die eine Betreuungsbedürftigkeit auslösen können, nicht ziehen. Ein rechtliches Interesse fehle deshalb.[466]

Der Antragsteller wollte lediglich Informationen über die Vermögensverhältnisse seines Schuldners erlangen, weil er in Erfahrung bringen wollte, ob der Schuldner Eigentümer der von ihm bewohnten Wohnung ist. Falls dies nicht der Fall sein sollte, wolle er wissen, wer der Eigentümer sei.[467]

Der Eigentümer des angrenzenden Grundstücks will einen Grundbuchauszug, um. Wegerechte und ähnliches nachzuweisen. In der Regel besteht kein rechtliches Interesse. Der Notar kann aber auf der Grundlage einer Grundbucheinsicht eine notarielle Bestätigung über das Bestehen oder Nichtbestehen der Belastung geben.

Ein Grundstückseigentümer will Unterlassungs- und Beseitigungsansprüche (§ 1004 BGB) gegen unzulässige Maßnahmen auf dem Nachbargrundstück geltend machen. Die bloße Grundstücksnachbarschaft begründet zwar noch kein berechtigtes Interesse an der Einsichtnahme in das Grundbuch. Werden auf dem Nachbargrundstück jedoch Maßnahmen vorgenommen, die Anlass für einen drohenden Nachbarschaftskonflikt geben könnten (hier: unzulässige Aufschüttungen), hat der betroffene Grundstücksnachbar ein berechtigtes Interesse daran, durch Grundbucheinsicht den Nachbarn und damit den Antragsgegner bestimmen zu können.

Insbesondere einem Anwaltsnotar ist es nicht gestattet, die Abfragemöglichkeit bspw. auch für die Bearbeitung eines Anwaltsmandats zu nutzen, es sei denn, es liegen ausnahmsweise die Voraussetzungen für eine Einsicht vor. Ein Anspruch auf Einsicht in das Grundbuch kommt ihm aus eigenem Recht nur zu, wenn er ein eigenes rechtliches Interesse gem. § 12 Abs. 1 GBO geltend machen kann. Hierzu reicht die Darlegung, dass die Grundbucheinsicht zur Durchsetzung anwaltlicher Honoraransprüche gegenüber

---

466 OLG München DNotZ 2011, 928.
467 OLG Schleswig 2 W 234/10.

einem in diesem Grundbuch nie eingetragenen früheren Mandanten benötigt werde, nicht aus.[468]

Kein Einsichrecht des Anwalts wegen eines rückständigen Honorars[469]

Das bloße Vorliegen eines Maklerauftrages ist in der Regel nicht geeignet, das berechtigte Einsichtsinteresse zu bejahen. Wenn der Makler behauptet, eine bestimmte Immobilie vermittelt zu haben, und daher den Kaufpreis der angeblich von ihm vermittelten Immobilie erfahren will, hat er ein berechtigtes Interesse an einer Grundbucheinsicht, eine Einsichtnahme in die Grundakten aber nur dann, wenn eine beträchtliche Wahrscheinlichkeit für die behauptete Entstehung des Provisionsanspruchs besteht.[470]

§ 133a Abs. 3 GBO schreibt eine Protokollierung über die Mitteilung des   308
Grundbuchinhalts vor. Die Regelung betrifft jedoch nur Ausnahmefälle, denn nach Abs. 4 des § 133a ist eine Protokollierung nicht notwendig, wenn die Mitteilung der Vorbereitung oder Ausführung eines sonstigen Amtsgeschäfts nach § 20 oder § 24 Abs. 1 BNotO dient oder der Grundbuchinhalt dem Auskunftsberechtigten (dem Eigentümer des Grundstücks oder dem Inhaber eines grundstücksgleichen Rechts) nach Abs. 3 Satz 2 mitgeteilt wird. Eine Protokollierungspflicht besteht deshalb nur in den Fällen der sog. »isolierten Grundbucheinsicht«, wenn die Mitteilung des Grundbuchinhalts nicht an den Eigentümer oder Inhaber eines grundstücksgleichen Rechts erfolgt. In diesem Fall muss das Protokoll gem. § 85a GBV erhalten:
– das Datum der Mitteilung – die Bezeichnung des Grundbuchblatts,
– die Bezeichnung der Person, der der Grundbuchinhalt mitgeteilt wurde, und ggf. die Bezeichnung der von dieser vertretenen Person oder Stelle
– darunter die Angabe, ob ein Grundbuchabdruck erteilt wurde.

Die **Protokollierung des Grundbuchamtes**, die strichprobenweise Überprüfung des Protokolls des Grundbuchamtes und die damit verbundene Dokumentation des Notars dienen zur Erleichterung der Dienstaussicht, um unzulässige, ggf. kommerzielle Nutzung zu verhindern.

Nach § 133a Abs. 1 GBO i.V.m. § 85 Satz 2 GBV sind die Notare auch   309
zuständig, **amtliche Grundbuchabdrucke** zu erteilen. Der Abdruck ist zu unterschreiben und mit dem Amtssiegel zu versehen. Mehrere Blätter sind entsprechend § 44 BeurkG mit Schnur und Prägesiegel zu versehen. Der vom Notar erteilte Grundbuchabdruck ist gem. § 85 GBV mit der Aufschrift

---

468 OLG Celle Beschl. v. 05.04.2013 4 W 31/2013.
469 OLG Celle Beschl. v. 03.04.2013 – 4 W 31/13.
470 OLG Stuttgart, Beschl. v. 28.09.2010, 8 W 412/10, WuM 2011 S. 116.

»Abdruck« und dem Hinweis auf das Datum des Abrufs des Grundbuchdatums zu versehen.

2. Pflicht zur Einsicht

310 Der Notar hat das Grundbuch einzusehen oder durch eine vertrauenswürdige andere Person[471] einsehen zu lassen (§ 21 BeurkG); nur ausnahmsweise kann er nach eingehender Belehrung der Beteiligten hiervon absehen.[472] Bedient er sich einer Hilfsperson, haftet er entsprechend dem Grundgedanken des § 278 BGB für diesen wie für eigenes Verschulden.[473]

Der Notar ist nicht verpflichtet, in der Urkunde festzuhalten, dass er das Grundbuch eingesehen hat. Hat er sich jedoch über den Grundbuchinhalt nicht unterrichtet, so soll er in der Urkunde aufnehmen, dass er dies den Beteiligten mitgeteilt hat und dass diese **trotz Belehrung über die damit verbundenen Gefahren** auf einer sofortigen Beurkundung bestanden haben (§ 21 BeurkG). Der Zusatz

>»trotz Belehrung über die damit verbundenen Gefahren«

fehlt nicht selten.

311 Liegen keine Umstände vor, die eine Änderung der Eintragung möglich erscheinen lassen, so ist der Notar nicht verpflichtet, unmittelbar vor der Beurkundung eine eingeholte Grundbucheinsicht zu überprüfen.[474] Überwiegend[475] sieht man als Normalfall einen Zeitraum von 2 bis 4 Wochen an. Vorsorglich sollte der Notar bei einer Frist von mehr als 2 Wochen eine entsprechende Belehrung aufnehmen. Seitdem die Notare die Möglichkeit haben, Grundbücher in ganz Deutschland jederzeit elektronisch einzusehen, sollten sie möglichst tagesaktuelle Grundbuchauszüge einholen. Unmittelbar vor der Beurkundung kann es auch geboten sein, einen (gebührenfreien) Aktualitäten-

---

471 Haftung für Mitarbeiter, wenn der Notar das Grundbuch durch sie einsehen lässt (BGH, Urt. v. 23.11.1995, IX ZR 213/94, WM 1996 S. 81 = NJW 1996 S. 200).
472 Vgl. OLG Hamm, Urt. v. 27.06.1978, 10 U 272/77, VersR 1979 S. 676; s. auch: BGH, Urt. v. 12.07.1968, VI ZR 91/66, WM 1968 S. 1149; BGH, DNotZ 1969 S. 173, 496.
473 BGHZ 131, 200 = NJW 96, 464 = DNotZ 1996, 581.
474 OLG Frankfurt DNotZ 1985, 244, *Lerch* § 21 Rn. 8: Vier Wochen.
475 Eylmann/Vaasen/*Frenz*, § 21 BeurkG Rn. 2; ausführlich: Armbrüster/Preuß/Renner/ *Preuß*, § 21 BeurkG Rn. 13.

nachweis[476] einzuholen. Hieraus ergibt sich, wann die letzte Eintragung erfolgt ist.

Die **Grundakten** gehören nicht zum Grundbuchinhalt, über den sich der   **312** Notar zu informieren hat. Er ist also nicht verpflichtet zu überprüfen, ob sich beim Grundbuchamt noch unerledigte Eintragungsanträge befinden;[477] es sei denn, dass bestimmte Anhaltspunkte hierfür gegeben sind,[478] Wie z.b. aufgrund eines Vermerks des Grundbuchbeamten im Grundbuch[479] oder die Grundbucheintragung auf Vorgänge Bezug nimmt, die aus den Grundakten ersichtlich sind (z.B. Eintragungsbewilligung oder eine Baubeschränkung[480]).

Beim Verkauf einer Eigentumswohnung braucht der Notar ohne besondere Umstände, etwa weil Zweifel am Umfang des Sondereigentums bestehen, nicht in die Grundakten Einsicht zu nehmen, selbst wenn in dem von ihm einzusehenden Wohnungsgrundbuch auf die in den Grundakten befindliche Eintragungsbewilligung Bezug genommen wird. Es bedarf dann auch keines Hinweises auf die unterbliebene Einsichtnahme oder darauf, dass sich nur mit ihr der Umfang des Sondereigentums ermitteln lasse.[481]

Der Notar ist nicht verpflichtet, von sich aus das **Baulastenverzeichnis** einzusehen oder auf dieses hinzuweisen.[482] Ein Hinweis in diese Richtung erscheint jedoch angebracht.

---

476 In KV Nr. 32011 zum GNotKG ist geregelt, dass der Notar die Kosten für die Datenabrufe als Auslagen erstattet bekommt.

477 OLG Köln, Urt. v. 28.11.1988, 7 U 47/88, DNotZ 1989 S. 454: 6 Wochen vorher eingeholt.

478 Ausführlich hierzu: Arndt/Lerch/Sandkühler/*Sandkühler* § 21 Rn. 150, *Winkler* § 21 Rn. 19 ff. NotBZ 2009, 56. Ausführlich zur Frage der Einsicht siehe BGH MittBayNot 2009, 317 = NotBZ 2009, 56: Beim Verkauf einer Eigentumswohnung braucht der Notar ohne besondere Umstände, etwa weil Zweifel am Umfang des Sondereigentums bestehen, nicht in die Grundakten Einsicht zu nehmen, selbst wenn in dem von ihm einzusehenden Wohnungsgrundbuch auf die in den Grundakten befindliche Eintragungsbewilligung Bezug genommen wird. Es bedarf dann auch keines Hinweises auf die unterbliebene Einsichtnahme oder darauf, dass sich nur mit ihr der Umfang des Sondereigentums ermitteln lasse.

479 OLG Karlsruhe Beschl. v. 03.03.2015 – 14 Wx 16/15, *Ott* notar 2015, 198. LG München MittBayNot 1978, 238.

480 Zugehör/Ganter/Hertel/*Ganter*, Rn. 896.

481 BGH MittBayNot 2009, 317 = NotBZ 2009, 56 ff. = ZNotP 2009, 77–79.

482 OLG Schleswig NJW-RR 1991, 96.

VIII. Änderungen und Zusätze (§ 44a BeurkG)

313 S. ausführlich hierzu *Weingärtner/Gassen/Sommerfeldt* zu § 28 DONot

Entscheidend ist nicht, dass die Urschrift »sauber« ist; Streichungen und Änderungen sprechen vielmehr dafür, dass der Notar den Ursprungstext mit den Beteiligten eingehend erörtert hat. Die Parteien erhalten ohnehin eine »saubere« Ausfertigung oder Abschrift ohne irgendwelche Hinweise auf Änderungen oder Streichungen. Die »unberichtigten« Ausfertigungen und Abschriften können eingezogen und unter Berücksichtigung des Berichtigungsvermerks neu ausgefertigt werden.[483]

Zu unterscheiden ist zwischen den Änderungen und Zusätzen vor und nach Abschluss der Niederschrift.[484]

1. Änderungen vor Abschluss der Niederschrift

314 Als oberster Grundsatz gilt, dass nichts ausgeschabt, durchge»x«t oder sonst unleserlich gemacht werden darf (§ 28 DONot). Die Benutzung von Tipp-Ex, der Korrekturtaste bei druckkorrekturfähigen Schreibmaschinen[485] oder dgl. ist daher unzulässig.[486]

Nach § 44a BeurkG[487] sind Zusätze und sonstige »nicht nur geringfügige Änderungen« am Schluss vor den Unterschriften oder am Rande zu vermerken und im letzteren Falle von dem Notar besonders zu unterzeichnen. Ob eine Änderung geringfügig ist, entscheidet nicht ihr Umfang, sondern ihre Bedeutung im konkreten Fall.[488]

315 Geringfügige Änderungen sind insbesondere die Verbesserung einer falschen Schreibweise, die Streichung eines doppelt geschriebenen Wortes[489] oder die nachträgliche Berichtigung der falschen Schreibweise eines Mädchennamens.[490] Nicht geringfügig sind alle Änderungen, die sich auf den Inhalt der Urkunde auswirken oder auswirken können.[491]

---

483 *Grziwotz* § 49 BeurkG Rn. 9.
484 Ausführlicher *Weingärtner/Gassen/Sommerfeldt* zu § 28 DONot.
485 Falls sie noch im Gebrauch sein sollten, siehe die damaligen Bedenken des JM von 1900 im Vorwort.
486 Ausführl. *Weingärtner/Gassen/Sommerfeldt* zu § 28 DONot.
487 § 44b BeurkG gilt erst ab 01.01.2022.
488 Armbrüster/Preuß/Renner/*Preuß* § 44a Rn. 6.
489 Armbrüster/Preuß/Renner/*Preuß* § 44a Rn. 6.
490 Hans. OLG DNotZ 1951, 422.
491 Armbrüster/Preuß/Renner/*Preuß* § 44a Rn. 4.

Der Fehler muss offensichtlich sein, sich alsofür jeden Außenstehenden aus Umständen, die auch außerhalb der Urkunde liegen können, ergeben[492]. Die Grenze der offensichtlichen Unrichtigkeit ist dann überschritten, wenn die Erklärung der Vertragsparteien durch die Nachtragserklärung einen anderen Sinn erhalten könnte.[493]

Wichtig ist, dafür zu sorgen, dass jeglicher Zweifel daran ausgeschlossen ist, **316** ob die Einschaltungen oder Durchstreichungen dem Aussteller zuzurechnen sind, anderenfalls entfällt insoweit die Beweiskraft der Urkunde nach § 415 Abs. 1 ZPO und das Gericht hat darüber nach freier Überzeugung zu entscheiden.[494]

Im Zweifel ist daher zweckmäßig – unabhängig davon, ob die Änderungen innerhalb oder außerhalb des laufenden Textes erfolgen –, die Ergänzung oder Änderung als vom Notar geändert kenntlich zu machen.

Wenn der Umfang der Änderung keinen Anlass zu Zweifeln gibt, genügt der Randvermerk:

»geändert«

mit der Unterschrift des Notars und der Beifügung seiner Amtsbezeichnung.

Der Abdruck des Dienstsiegels ist nicht notwendig.[495]

Größere Änderungen und Ergänzungen werden i. d. R. am Schluss des Proto- **317** kolls vor der Schlussformel über die Verlesung und Genehmigung mit einem Hinweis auf die Stelle der Urkunde angebracht, wo sie einzufügen sind.

▶ Beispiel:

»Auf Seite 4 ist bei dem Zeichen V einzufügen:

(es folgt der einzufügende Text)«.

Nicht ausreichend ist der gelegentlich zu findende Vermerk am Schluss der Urkunde:

»Vorstehend insgesamt…Wörter eingefügt,…Wörter gestrichen«.

Die einzelnen Änderungen müssen aufgeführt werden.[496]

---

492 *Lerch* BeurkG 5. Aufl. § 44a Rn. 8 ff.
493 OLG München, Beschl. v. 22.9.2017 – 34 Wx 68/17.
494 BGH BB 1994, 1316 = NJW 1994, 2768, *Winkler* § 44a Rn. 14.
495 OLG Schleswig, Beschl. v. 16.06.2010 – 2 W 86/10.
496 Vgl. OLG Hamm JMBl. NW 1957, 235: *Blaeschke* Rn. 568.

318   Übersehen wird oft, dass bei der Benutzung eines Formulars auch Streichungen nicht geringfügige Änderungen sein können und deshalb vom Notar als Änderung im obigen Sinne gekennzeichnet werden müssen.[497] Zitat aus einem Urteil des OLG Hamm:[498]

> »In diesem (Formular) sind die vorgedruckten Teile über die Bestellung einer beschränkt persönlichen Dienstbarkeit und eines Vorkaufsrechts durchgestrichen. Es handelt sich dabei also um eine Änderung, und zwar eine solche nicht geringfügiger Art. Sie mussten deshalb als solche in der Urkunde besonders bezeichnet werden. Hier hat der Notar bei der Beurkundung selbst die vorgenommenen Streichungen nicht besonders vermerkt. Er hat jedoch nach der Beanstandung durch das Grundbuchamt am Rande der Urkunde den Satz beigefügt »auf vorstehender Seite habe ich 24 Wörter gestrichen und Abs. a und 7 Wörter hinzugesetzt sowie auf vorstehender Seite habe ich Abs. 2 und 60 Wörter gestrichen«. Darunter hat er seinen Namen mit Amtsbezeichnung ohne Dienststempel oder Dienstsiegel gesetzt. Damit ist § 29 Abs. 3 (jetzt § 30) DONot nicht genügt. Aus § 29 Abs. 4 (jetzt § 30 DONot) und dem Zweck dieser Ordnungsvorschrift ergibt sich nämlich, dass die Beifügung am Rande vor Abschluss der Niederschrift erfolgen muss. Eine danach erfolgte Beifügung hat nicht dieselbe Wirkung.
>
> Da die Durchstreichung nicht ordnungsgemäß besonders vermerkt ist, kann dadurch die Beweiskraft der Urkunde beeinträchtigt werden. Ob das der Fall ist, ist nach der Erfahrung des täglichen Lebens zu beurteilen.«

319   Der Grundbuchrechtspfleger darf allerdings die nicht formgerechte Änderung nach Ansicht des OLG Hamm[499] nur dann beanstanden, wenn begründete Zweifel vorliegen, dass die Änderung nachträglich vorgenommen worden ist.[500]

320   Unzulässig ist z.B. folgende Verfahrensweise:

Während der notariellen Verhandlung werden Änderungen im Text der Niederschrift durch den Notar handschriftlich vermerkt. Nach den notwendigen Belehrungen etc. wird der Text der Niederschrift einschließlich der handschriftlichen Änderungen verlesen, von den Beteiligten genehmigt und unterschrieben. Sodann fertigt der Notar die Urkunde aus und stellt dadurch die Urschrift her. Erst **danach** ersetzt er die Seiten, auf denen Änderungen vorgenommen worden sind, durch korrigierte Seiten, sodass die Änderungen nicht mehr erkennbar sind. Es ist zu unterstellen, dass der geänderte Text auf den

---

497 OLG Hamm JMBl. NW 1957, 234; 1956, 283.
498 JMBl. 1957, 235.
499 Rpfleger 1957, 113, 114.
500 Vgl. ausführlich hierzu DNotI 1997, 133.

neu ausgedruckten Seiten richtig wiedergeben wird. Sodann wird diese korrigierte Fassung als **Urschrift** zur Urkundensammlung genommen.

Die Notarkammer Hamm hat ausdrücklich darauf hingewiesen, dass dieser Umgang mit der Urschrift beurkundungsrechtlich und dienstrechtlich **unzulässig** ist. Ein solches Verhalten erfüllt zudem den Straftatbestand des Verwahrungsbruches gem. § 133 StGB. Nach Ausfertigung der Urkunde durch den Notar sind Änderungen der Urschrift unzulässig, es sei denn, es handelt sich um offensichtliche Schreibfehler i.S.d. § 44a BeurkG (Rdn. 245).

Der BGH hat die dauernde Entfernung eines Notars bestätigt, der in dieser Weise gehandelt hat.[501]

S. aber BGH zur Protokollierung eines Hauptversammlungsbeschlusses.[502]

2. Zusätze und Änderungen nach Abschluss der Niederschrift[503]

Nach Abschluss der Niederschrift sind Änderungen, Zusätze und Berichtigungen nicht mehr zulässig,[504] auch dann nicht, wenn die Beteiligten den Notar hierzu ermächtigen.[505] Lediglich offensichtliche Unrichtigkeiten,   **321**

▶ Beispiele:

Verkäufer – Käufer, Gläubiger – Schuldner, Mieter – Vermieter usw.

und offensichtliche Wortauslassungen können durch einen vom Notar unterschriebenen Nachtragsvermerk richtiggestellt werden (§ 44a Abs. 2 BeurkG). Der Nachtragsvermerk ist am Schluss nach den Unterschriften oder auf einem besonderen, mit der Urkunde zu verbindenden Blatt niederzulegen und mit dem Datum der Richtigstellung zu versehen.

Ansonsten muss eine 2. neue Niederschrift gefertigt werden (§ 44a Abs. 2   **322** Satz 3 BeurkG), und zwar unter Mitwirkung der bisherigen Beteiligten. Sämtliche Beteiligten haben erneut zu unterzeichnen. Galten für die Aufnahme der Haupturkunde besondere Formerfordernisse, so sind auch diese bei der Beurkundung oder Änderung zu beachten.

---

501 DNotZ 1999, 351 ff.
502 DB 2009, 500 = MittBayNot 2009, 245: »Keine Änderung der notariellen Niederschrift«.
503 Ausführlich *Hager* u. *Müller-Feckhoff* in notar 2012, 1917.
504 OLG Hamm, JMBl. NW 1957, S. 235.
505 BGHZ 56, 159.

▶ **Beispiel:**

Bei einer Auflassung ist die Parzellennummer unrichtig angegeben worden. Aus dem Gesamtzusammenhang der Urkunde ist die richtige Nr. auch nicht erkennbar.

In der Berichtigungsverhandlung ist die gleichzeitige Anwesenheit beider Vertragsteile nach § 925 BGB erforderlich. Erforderlich sind weiter Unterschrift und Siegel des Notars, außerdem soll der Ort angegeben werden.[506]

323   Offensichtlich ist eine Unrichtigkeit dann, wenn sie sich aus der Urkunde selbst ergibt, aber auch dann, wenn sich dies aus anderen Umständen (z.B. aus anderen Unterlagen oder Register) für jeden[507] ergibt, der diese Umstände kennt.[508] Es genügt damit auch, wenn die Unrichtigkeit jedenfalls für den Urkundennotar offensichtlich ist.[509]

Lehnt der Notar eine Berichtigung nach § 44a BeurkG ab, weil er sie für unberechtigt hält, haben die Betroffenen kein Rechtsmittel.[510]

324   Stellt sich die offensichtliche Unrichtigkeit erst nach Ausscheiden des Notars aus dem Amte heraus, so kann der Notariatsverwalter bei einer offensichtlichen Unrichtigkeit die Richtigstellung vornehmen, allerdings ist hier die Einschränkung zu machen, dass eine solche Berichtigung durch ihn nur in den Fällen möglich ist, in denen sich die offensichtliche Unrichtigkeit aus der in Rede stehenden Urkunde unmittelbar selbst ergibt. Lässt sich die offensichtliche Unrichtigkeit lediglich aus sonstigen, außerhalb der eigentlichen Urkunde liegenden Umstände herleiten, was an sich für eine Berichtigung i.S.d. § 44a BeurkG ausreichend ist, so scheidet eine solche Berichtigung durch den Notariatsverwalter aus. Er hat weder mit den Beteiligten die anlässlich der Beurkundung maßgeblichen Gespräche geführt noch die Urkunde selbst aufgenommen.

325   Befindet sich die Urkunde bereits in der Verwahrung des Amtsgerichts, so ist dieses berechtigt, die offensichtliche Unrichtigkeit zu beheben, aber nur – dem

---

506 *Blaeschke* Rn. 577.
507 OLG München DNotZ 2012,503: für einen außenstehenden Dritten, kritisch hierzu *Reger* MittBayNot 2012, 505.
508 *Winkler* § 44a BeurkG Rn. 18; *Limmer*, in: Würzburger Notarhandbuch Teil 1 Kap. 2 Rn. 277; s. auch BFH NotBZ 2013,302.
509 *Kanzleiter* DNotZ 1999, 292, 303 ff.; *Winkler*, § 44a BeurkG Rn. 19; Armbrüster/ Preuß/*Preuß*, § 44a BeurkG Rn. 14; Gutachten DNotI-Rep. 2000, 73: s. dazu auch *Bergermann* RNotZ 2002, 568.
510 OLG Köln RNotZ 2007, 354.

obigen Grundsatz folgend – dann, wenn sich die offensichtliche Unrichtigkeit aus der Urkunde selbst ergibt. Die Berechtigung des verwahrenden Amtsgerichts ergibt sich aus § 51 Abs. 1 Satz 3 BNotO, § 45 Abs. 2, 4 und 5 BNotO entsprechend.

Hat der Notar nur eine Unterschrift beglaubigt, ist eine nachträgliche Änderung des darüber stehenden Textes zulässig, da die Unterschriftsbeglaubigung nur die Echtheit der Unterschrift bescheinigt, nicht dagegen die Echtheit des darüberstehenden Textes.[511] Steht fest, dass eine Bewilligung nach der Beglaubigung der Unterschrift nicht von dem Unterzeichner, sondern von einem Dritten geändert worden ist, ist die Vollmacht des Dritten zur Änderung der Erklärung im Grundbuchverfahren gem. § 29 GBO durch öffentliche oder öffentlich beglaubigte Urkunde nachzuweisen.[512]

Eine notarielle Niederschrift über eine **Hauptversammlung einer Aktiengesellschaft** kann der Notar durch eine ergänzende Niederschrift ohne Beteiligung des Versammlungsleiters oder die in der Hauptversammlung anwesenden Aktionäre berichtigen.[513]

IX. Verweisung – Bezugnahme auf andere Urkunden – Schlussvermerk – Anwesenheit bei Verlesung – keine Bildschirmverlesung

1. Verweisung – Bezugnahme – Schlussvermerk

Zu unterscheiden ist zwischen der sog. ersetzenden Verweisung und der bloßen Bezugnahme (sog. unechte Verweisung).

326

Die **Bezugnahme** ist an die Förmlichkeit der Verlesung nicht gebunden. Sie stellt lediglich einen Hinweis auf Erklärungen, Rechtsverhältnisse oder tatsächliche Umstände dar, die nicht zum beurkundungsbedürftigen Inhalt des Rechtsgeschäfts gehören.[514] Eine unechte Verweisung in diesem Sinne liegt z.B. vor, wenn bei der gesonderten Beurkundung einer Vertragsannahme auf die Angebotserklärung Bezug genommen wird.[515] Nichts anderes gilt für die Beurkundung der Genehmigung eines von einem vollmachtlosen Vertreter geschlossenen Vertrages. Auch hier dient die Bezugnahme lediglich der Kenn-

---

511 LG Kassel RNotZ 2003, 147.
512 KG Beschl. v. 04.09.2012 – 1 W 154/12 – MittBayNot 2013, 77.
513 BGH, Urt. v. 10.10.2017 – II ZR 375/15, NJW 2018, 52 = NotBZ 2018, 41; DNotZ 2018,324 mit Anm. *Lubberich.*
514 Armbrüster/Preuß/Renner/*Piegsa* § 9 BeurkG Rn. 33 ff.; *Blaeschke* Rn. 932.
515 OLG Düsseldorf, JurBüro 1980, 1563; Eylmann/Vaasen/*Limmer* § 9 Rn. 17; *Brambring* DNotZ 1980, 281, 288 f. m. w. Beisp.

zeichnung (Identifizierung) der zu genehmigenden Erklärungen; diese brauchen deshalb nicht verlesen zu werden.[516]

327   Anders die **Verweisung**. Sie verlangt verfahrensrechtliche Verlesung – Ausnahme s. Rdn. 330 – der beigefügten Schriftstücke, Karten usw. und führt dazu, dass die beigefügten Schriftstücke usw. Teile der Niederschrift, also beurkundet sind.

Nach § 9 Abs. BeurkG müssen Anlagen – zumindest in dieser beschriebenen Form der Verweisung – mitbeurkundet werden:
– **Baubeschreibung**,[517]
– **Baupläne** beim Verkauf eines noch nicht fertiggestellten Hauses;
– **Teilungserklärung** vor Grundbucheintragung;
– **Aufteilungsplan** vor Fertigstellung des Hauses und vor Eintragung des Wohnungseigentums im Grundbuch;
– **Lageplan** beim Verkauf einer Teilfläche;
– **Begründung schuldrechtlicher Verpflichtungen** für die andere Vertragspartei, die von der einen Vertragspartei bereits einseitig niedergelegt worden sind (z.B. bei Verkauf von Wohnungseigentum, wenn in Teilungserklärungen nach § 8 WEG eine Auskunftspflicht der künftigen Wohnungseigentümer enthalten ist oder wenn in der Gemeinschaftsordnung Bestimmungen enthalten sind, die nicht Inhalt des Sondereigentums geworden sind: etwa die Verpflichtung, dem Verwalter Vollmacht zu erteilen).[518]

328   Wenn in der Urkunde auf eine Anlage förmlich verwiesen worden ist, genügt nach *Limmer*[519] der bloße Schlussvermerk: »Vorgelesen, genehmigt und unterschrieben« nicht – sofern die Anlagen von den Parteien nicht unterschrieben worden sind –, da aus diesem nicht eindeutig hervorgehe, ob die Anlage verlesen wurde bzw. vorgelegen habe. Das OLG Celle[520] und der BGH[521] haben allerdings die Klausel für ausreichend erachtet.[522]

---

516 BGH MittBayNot 1988, 227.
517 BGH NotBZ 2008, 464, NotBZ 2009, 28. Jetzt ausdrücklich § 650 j BGB, siehe ausführlich Rdn. 405.
518 Vgl. BGH DNotZ 1979, 406; *Brambring* DNotZ 1980, 294.
519 *Limmer*, in Würzburger Notarhandbuch Teil 1 Kap. 2 Rn. 92.
520 Rpfleger 1983, 310.
521 NJW 1994, 1289.
522 H.M. s. *Limmer* in Eylmann/Vaasen § 9 BeurkG Rn. 24; *Winkler* § 9 Rn. 56. Vergleiche zu dem Problem auch: BGH MittBayNot 1996, 429.

Um bei einer anderen Auffassung der Gerichte nicht Gefahr zu laufen, dass eine Anlage als nicht verlesener Bestandteil angesehen wird, sollte die Formulierung lauten:

>»Diese Niederschrift einschließlich der Anlage wurde den Erschienenen von dem Notar vorgelesen, von ihnen genehmigt und wie folgt unterschrieben.«[523]

Bei **Einbeziehung von Karten**, Zeichnungen und Ähnlichem sollte es im Text der Urkunde z.B. heißen:

>»Die Fläche ist in dem dieser Niederschrift beigefügten Lageplan rot umrandet und mit den Buchstaben a, b, c, d gekennzeichnet. Auf ihn wird verwiesen. Der Lageplan wurde den Beteiligten zur Durchsicht vorgelegt.«

Jedenfalls darf kein Zweifel darüber bestehen, auf welche Schriftstücke verwiesen wird;[524] es darf kein Zweifel über den Gegenstand der Beurkundung bestehen.[525]

§§ 13 Abs. 1 Satz 1 BeurkG schreibt grundsätzlich die Verlesung der vom Notar gefertigten Niederschrift vor. Nach § 13a Abs. 1 Satz 1 BeurkG braucht jedoch, wenn in der Niederschrift auf eine andere notarielle Niederschrift – nicht ausreichend auf einen Entwurf – verwiesen wird, die nach den Vorschriften über die Beurkundung von Willenserklärungen errichtet worden ist, diese nicht verlesen zu werden, wenn die Beteiligten erklären, dass ihnen der Inhalt der anderen Niederschrift bekannt ist, und sie auf das Vorlesen verzichten. **329**

§ 14 Abs. 1 BeurkG[526] schränkt die Vorlesungspflicht bei Bilanzen, Inventaren, Nachlassverzeichnissen oder sonstigen Bestandsverzeichnissen über Sachen, Rechte und Rechtsverhältnisse ein, wenn diese in einem Schriftstück aufgenommen worden sind, auf das in der Niederschrift verwiesen und das dieser beigefügt wird. Eine Verlesung ist dann nicht notwendig, wenn die Beteiligten auf das Verlesen verzichten. Zahlenwerk und sonstige Aufzählungen von rein tatsächlicher Bedeutung können somit aus der Verlesungspflicht ausgeklammert werden, allerdings nur soweit sie sich auf einen real existierenden Bestand beziehen. Der Begriff des Bestandsverzeichnisses knüpft an die Formulierung in § 260 BGB an. Beschreibungen oder auch Auflistungen von Gegen- **330**

---

523 So auch *Limmer* in Eylmann/Vaasen § 9 Rn. 24.
524 BGH MittRhNotK 1997, 19.
525 BGH DNotZ 1995, 35.
    Zur Beweislast bei Verweisung s. BGH-Report 2003, 1122 m. Anm. *Winkler* BGH, MittBayNot 2004, 137;.
526 Ausführlich: *Kanzleiter* DNotZ 1999, 298.

ständen, die erst noch beschafft oder hergestellt werden müssen, bspw. die **Baubeschreibung** im Rahmen eines Bauträgervertrages unterfallen dagegen nach wie vor der uneingeschränkten Vorlesepflicht, da sie häufig im besonderen Maße zur Konkretisierung wesentlicher vertraglicher Rechte und Pflichten herangezogen werden.

331 Folgende Regeln müssen beachtet werden, da ansonsten die Beurkundung unwirksam ist:

a) auf das nicht verlesene Schriftstück muss **in der Niederschrift verwiesen** werden, also die Beteiligten müssen erklären, dass der Inhalt des Schriftstücks Gegenstand ihrer Vereinbarung ist;

b) die Beteiligten müssen auf das Vorlesen verzichten; dies **muss** nach § 14 Abs. 3 **in der Niederschrift festgestellt** werden;

c) das Schriftstück **muss** der Niederschrift **beigefügt** werden, also nach § 44 Satz 2 BeurkG mit Schnur und Prägesiegel mit der Niederschrift verbunden werden.

Darüber hinaus hat der Notar Soll-Vorschriften zu beachten, die für ihn unbedingte Amtspflichten sind:

d) das Schriftstück ist den Beteiligten zur Kenntnisnahme vorzulegen und von ihnen zu unterschreiben;

e) besteht das Schriftstück aus mehreren Seiten, ist **jede Seite** von ihnen, also von **allen Beteiligten** zu unterzeichnen (nicht nur Paraphe);

f) der Notar hat in der Niederschrift festzustellen, dass den Beteiligten das beigefügte Schriftstück zur Kenntnisnahme vorgelegt worden ist.

Generell ist immer zu beachten, dass die missbräuchliche Auslagerung geschäftswesentlicher Vereinbarungen in Bezugsurkunden unzulässig ist (II. RiLi s.o. Rdn. 143 und Anhang 1).

2. Anwesenheit des Notars bei Verlesung

332 Nach § 13 Abs. 1 Satz 1 Halbsatz 1 BeurkG muss die Niederschrift in Gegenwart des Notars den Beteiligten vorgelesen, von ihnen genehmigt und eigenhändig unterschrieben werden. Auch wenn dies nicht ausdrücklich in der Niederschrift selbst festgestellt sein sollte (§ 13 Abs. 1 Satz 2 BeurkG ist Sollvorschrift), bezeugt der Notar danach durch seine Unterschrift die Tatsache des ununterbrochenen Zugegenseins.[527] Diese Erklärung betrifft eine rechtlich erhebliche Tatsache im Sinne des Tatbestands, da sie am öffentlichen Glauben der Urkunde teilhat. In einem Fall, in dem der BGH die Verurteilung des

---

527 BGHSt 26, 49.

Notars bestätigt hat, hatte der Notar das Verlesen der Niederschrift seiner Angestellten überlassen und sich selbst im Nebenzimmer, dessen Türen zwar offen standen, das aber keinen Sichtkontakt gewährte, aufgehalten.

Zur Anwesenheit der Beteiligten s. Rdn. 288.

3. Keine Verlesung vom Bildschirm, durch Abspielen vom Tonband oder Wiedergabe durch Sprachcomputer

Zu verlesen ist die Niederschrift; Sie muss durch eine Person erfolgen; es **333** genügt nicht die Wiedergabe durch ein Spracherkennungssystem[528] oder das Abspielen eines Tonbandes. Auch die unmittelbare Verlesung von Bildschirmen genügt nicht den Anforderungen des § 13 Abs. 1 BeurkG, da es sich bei dem auf Bildschirm sichtbaren Text nicht um eine körperliche Niederschrift im Sinne dieser Vorschrift handelt.[529] Dieser Grundsatz gilt auch, wenn ein bereits ausgedruckter Text verlesen und anschließend während der Beurkundungsverhandlung am Bildschirm noch einmal geändert wird. Hier stellt sich lediglich die Frage, ob neben dem geänderten Teil auch die unverändert übernommenen, aber neu ausgedruckten Teile der Urkunde erneut zu verlesen sind. Die BNotK kommt nach eingehender Prüfung zu dem zutreffenden Ergebnis, dass aufgrund der Vergleichbarkeit der für die rechtliche Bewertung maßgebenden Aspekte unter gleichlaufender Interessenlage sowie der Unerheblichkeit der verbleibenden Unterschiede zur Sammelbeurkundung § 13 Abs. 2 BeurkG auf die Verlesung eines Neuausdrucks analog angewendet werden kann.[530] Das führt für die Praxis zu folgenden von der BNotK im obigen Rundschreiben aufgeführten Alternativen und Empfehlungen:

Zur Verringerung des somit auch bei analoger Anwendung von § 13 Abs. 2 **334** BeurkG noch bestehenden Unwirksamkeitsrisikos unter gleichzeitiger Minimierung des Verlesungsaufwandes kommen folgende Möglichkeiten in Betracht:

– Bei nur geringfügigen Änderungen können lediglich hand- oder maschinenschriftliche Zusätze am Rand bzw. am Schluss der Urkunde unter Beachtung von § 30 Abs. 3 und 4 DONot (jetzt § 44 a BeurkG) vorgenommen werden. Dazu wird ggf. eine sog. Leseabschrift erteilt, bei der die

---

528　DNotI-Gutachten vom 11.12.2008, Faxabruf-Nummer 88758; *Blaeschke* Rn 917; Ausführlicher *Winkler* § 13 Rn. 12a.

529　Merkblatt der Bundesnotarkammer vom 03.07.1997, abgedruckt in *Weingärtner* Notarrecht 8. Aufl. Ord.-Nr. 151; *Kanzleiter* DNotZ 1997, 265; OLG Frankfurt DNotZ 2000, 513.

530　Im Ergebnis ebenso: *Winkler* § 13 Rn. 13 ff.; **a.A.** *Ehlers* NotBZ 1997, 109.

Änderungen, insbesondere die handschriftlichen Änderungen, in Maschinenschrift im fortlaufenden Text eingefügt werden können.

- Bei wenigen, aber längeren Änderungen empfiehlt sich folgende Verfahrensweise: Der zu ändernde Text wird handschriftlich auf den bereits ausgedruckten Seiten gestrichen. Der neue Text wird auf dem Computer geschrieben und der Neuausdruck wird – unter entsprechender Verweisung an der handschriftlich gestrichenen Stelle im Text – als letzte Seite der Urkunde ergänzt und isoliert verlesen.

- Bei zahlreichen und gleichzeitig längeren Änderungen bietet jedoch der Neuausdruck der jeweils geänderten Seiten die beste Übersichtlichkeit. Dabei empfiehlt sich auch im Rahmen der Übereinstimmungsprüfung bei analoger Anwendung des § 13 Abs. 2 BeurkG zusätzlich die Überprüfung der Seitenumbrüche. Minimiert werden kann der Verlesungsaufwand in diesem Fall durch folgende Maßnahmen:

- Der Neuausdruck beginnt erst genau ab der geänderten Passage. Der auf dieser Seite vorangegangene Text bleibt in Form des Vorausdruckes Bestandteil der Niederschrift und braucht somit keinesfalls erneut verlesen zu werden. Die geänderten Passagen und der Rest der Seite werden handschriftlich gestrichen.

- Soweit Änderungen innerhalb des laufenden Textes erfolgen, können die neu ausgedruckten Seiten mit dem Zusatz »a« gekennzeichnet werden, so dass die fortlaufenden Seiten von der Änderung unberührt bleiben.

- Bei dieser Verfahrensweise beschränkt sich die erneute Verlesung bzw. Überprüfung der Übereinstimmung jeweils auf den Text nach der Änderung

- der geänderte Text muss ohnehin neu verlesen werden – bis zum Beginn der folgenden Seiten.

X. Die Unterschriften

1. Die fehlende Unterschrift des Notars

335 Ausführlich: DNotI 5/2011, S. 36.

336 Häufiger als vermutet wird bei Geschäftsprüfungen festgestellt, dass der Notar seine Unterschrift unter der Originalurkunde vergessen hat. Er sollte sich daher angewöhnen, seine Unterschrift zeitlich unmittelbar nach der Unterschriftsleistung der übrigen Beteiligten auf die Urkunde zu setzen.

Der Notar kann aber eine versehentlich unterbliebene Unterschrift jedenfalls bis zu dem Zeitpunkt nachholen, in dem noch keine Ausfertigung erteilt worden ist, danach nur durch eine »Nachtragsverhandlung«.[531] Anderer Ansicht sind *Piegsa*,[532] *Winkler*[533] u. *Limmer*,[534] die auch noch nach diesem Zeitpunkt die Nachholung ohne Nachtragsverhandlung zulassen. Nach ihnen stellt die Nachtragsverhandlung eine reine Fiktion dar, da das bloße Nachholen der Unterschrift praktisch und begrifflich nicht »Verhandlung« sein könne. Nach *Piegsa*[535] genügt es, wenn neben der nachgeholten Unterschrift das Datum angegeben wird. Wenngleich in Rechtsprechung und Literatur umstritten ist, ob es für die Nachholung der Unterschrift einer Nachtragsverhandlung bedarf, ist nicht zuletzt aus haftungsrechtlichen Gründen im Hinblick auf den »sichersten Weg« eine solche Nachtragsverhandlung empfehlenswert.[536]

Zu empfehlen ist folgende Formulierung:

»Die vorstehend am …aufgenommene Verhandlung wurde von mir heute am … fortgesetzt und durch meine Unterschrift abgeschlossen.«   337

Dortmund, den 30.7.2019

Fastermann, Notar

Weder der Notarvertreter noch der -verwalter können die Unterschrift nachholen. Die Beteiligten müssen neu protokollieren lassen.[537]

2. Die fehlende Unterschrift eines der Beteiligten

Haben die Beteiligten nicht unterschrieben, kann nach OLG Düsseldorf[538]   338 die fehlende Unterschrift im Wege der **Nachtragsverhandlung** nachgeholt werden.[539]

Generell ist Folgendes zu beachten:[540]
- Nachholung der vergessenen Unterschrift eines Beteiligten kann nur im Wege einer Nachtragsbeurkundung durch eine neue Niederschrift erfolgen.
- Hinsichtlich des Inhalts der Nachtragsniederschrift über die Nachholung der Unterschrift ist zum Ausdruck zu bringen, dass der Beteiligte die

---

531 *Keidel* DNotZ 1957, 589; LG Aachen DNotZ 1976, 432; *Lerch* § 13 Rn. 32.
532 Armbrüster/Preuß/Renner/*Piegsa* § 13 Rn. 73f.
533 § 13 Rn. 88.
534 In Eylmann/Vaasen § 13 BeurkG Rn. 23.
535 Armbrüster/Preuß/Renner/*Piegsa* § 13 BeurkG Rn. 74.
536 DNotI-Rep. 1998, 35.
537 Armbrüster/Preuß/Renner/*Piegsa* § 13 BeurkG Rn. 75. Ausführlich hierzu: DNotI-Rep. 1998, 34 ff., *Lischka* NotBZ 1999, 8 ff., Kammerreport Hamm 2/2005, S. 52.
538 DNotZ 2000, 299.
539 Ausführlich Armbrüster/Preuß/Renner/*Piegsa* § 13 Rn. 62 ff.
540 Hierzu ausführlich DNotI-Report v. 25.05.2001, Dokumenten-Nr. 11219.

Unterschrift versehentlich unterlassen hat und jetzt nachholt. Gleichzeitig hat er hierbei zu bestätigen, dass ihm die Niederschrift am Tage der Errichtung vorgelesen wurde und dass er sie damals in Gegenwart des Notars und der übrigen Beteiligten genehmigt hat.

– Nicht gefordert wird dagegen, dass der Beteiligte, der die Unterschrift vergessen hat, nachträglich die »Originalurkunde« unterschreibt. Eine derartige nachträgliche Unterschriftsleistung ist nach Ansicht des Notarinstituts nicht möglich. Die seinerzeitige Niederschrift war mit der Unterschrift des Notars bereits abgeschlossen, so dass das nachträgliche Einfügen der Unterschrift eine unzulässige Änderung der Urkunde darstellen würde.

3. Unterschrift mit vollem Familiennamen

339 Ausführlich: DNotI Report 4/2013 S. 32.

340 Die Unterschriften der Beteiligten müssen den vollen Namen enthalten; der Vorname oder der Anfangsbuchstabe des Nachnamens genügt nicht.[541] Die Unterzeichnung mit dem bloßen Vornamen ist unzureichend;[542] der Familienname reicht allerdings aus.[543]

Die Unterschrift muss nicht lesbar sein; sie muss aber einen die Identität des Unterschreibenden ausreichend kennzeichnenden individuellen Schriftzug aufweisen, der einmalig ist, entsprechende charakteristische Merkmale haben, sich als Wiedergabe eines Namens darstellen und die Absicht einer vollen Unterschriftsleistung erkennen lassen.[544]

---

541 OLG Stuttgart DNotZ 2002, 543 mit ablehnender Anm. von *Kanzleiter* DNotZ 2002, 520 ff.

542 Ausnahme: BGH ZNotP 2003, 142 = DNotZ 2003, 269: Ggf. kann bei bestimmten Personengruppen auch die Unterzeichnung notarieller Urkunden ausschließlich mit dem Vornamen genügen, nämlich dann, wenn er die Person des Unterzeichnenden eindeutig kennzeichnet. Das ist dann der Fall, wenn sie unter diesem Vornamen in der Öffentlichkeit allgemein bekannt ist, wie z.B. kirchliche Würdenträger und Angehörige des Hochadels.

543 BGH ZNotP 2003, 142 = DNotZ 2003, 269, heftig kritisiert von *Brambring* FGPrax 2003, 194, *Kanzleiter* MittBayNot 2003, 197. Unterzeichnet die Beteiligte die notarielle Niederschrift mit ihrem ehemaligen Familiennamen, dürfte dies nichts an der Wirksamkeit der Unterschrift (§ 13 Abs. 1 BeurkG) sowie an der wirksamkeitsrelevanten hinreichenden Bezeichnung der Beteiligten i. S. v. § 9 Abs. 1 Satz 1 BeurkG ändern. Ausführlich zum Meinungsstreit zu den Anforderungen an die Unterschrift i. S. v. § 13 Abs. 1 Satz 1 BeurkG s. DNotI Report 4/2013 S. 32.

544 Ausführlich: *Renner* Die Namensunterschrift NotBZ 2003, 178 ff.

XI. Heftung und Siegelung der Urkunde

Jede Urkunde, die mehr als einen Bogen oder ein Blatt umfasst, ist nach § 44   **341**
BeurkG (§ 29 DONot) zu heften. Nach der AV des JM NW vom
17.03.1980[545] hat die Heftung im oberen Drittel der Urkunde zu geschehen,
damit eine Beschädigung der Heftschnur, die nach § 30 DONot in den Lan-
desfarben gehalten sein soll, beim Lochen und Abheften vermieden wird.[546]

Die notariellen Urkunden sollen einen ausreichend breiten Heftrand haben
(4–5 cm), damit die am Rande stehenden Worte noch nach der Heftung zu
lesen sind.

Der Notar ist aber nicht verpflichtet, eine aus mehreren Teilen bestehende   **342**
Urkunde so zu heften, dass die Kopierfähigkeit der verbundenen Schriftstücke
erhalten bleibt. Sind Teile der Urkunde lesbar, aber aufgrund der Heftung
nicht kopierfähig, muss er die Urkunde nicht neu heften.[547] Er darf aber
bei fehlerhafter Heftung (z.b. falsche Reihenfolge, fehlende Blätter) das Siegel
aufbrechen, die Verbindung lösen und eine neue Verbindung herstellen.[548]
Das gilt auch, wenn der Urkunde Anlagen beigefügt worden sind, die nachträglich dringend benötigt werden, wie z.B. Erbschein oder Testamentsvollstreckerzeugnis.[549]

Gegen eine automatische Heftung bestehen keine Bedenken, wenn deren Halt-   **343**
barkeit sichergestellt ist. Neue Siegelungstechniken (z.B. selbstklebende Siegel-
sterne mit flexibler Prägeeinlage) dürfen nur verwendet werden, wenn sie nach
neuem Prüfungszeugnis der Papiertechnischen Stiftung in Heidenau zugelassen
sind (§ 31 DONot).

Soll der Notar auf einem ihm vorgelegten Dokument, auf dem auch ein Pass-   **344**
foto des Erschienenen angebracht ist, die Identität des Auftraggebers mit dem
Passfoto bestätigen, so ist zu empfehlen, den Beteiligten entsprechend den
Vorgaben des § 10 BeurkG in der Urkunde zu bezeichnen und alsdann weiter
zu vermerken, dass dieser ein Lichtbild vorgelegt hat mit der Behauptung,
dieses Lichtbild stelle ihn selbst dar. Darüber hinaus dürfte es dem Notar
unbenommen sein, auf der Grundlage des vorgelegten Lichtbildes und der in
der Urkunde erfolgten Wiedergabe einer amtlichen Wahrnehmung dann auch

---

545 JMBl. S. 890.
546 I.Ü. s. *Weingärtner/Gassen/Sommerfeldt* § 30 Fn. 1.
547 BGH, Beschl. v. 11.11.2010 – V ZB 143/10, DNotZ 2011, 543 = ZflR 3/2011,
    S. 101 ff.; Grziwotz/Heinemann/*Heinemann* § 44 BeurkG Rn. 12.
548 BGH DNotZ 2011, 542 = MittBayNot 2011, 167 mit ausf. Hinweisen.
549 Armbrüster/Preuß/Renner/*Eickelberg* § 30 DONot Rn. 7; *Winkler* § 44 BeurkG
    Rn. 3.

selbst die Schlussfolgerung zu ziehen, dass die erschienene Person mit der Person auf dem Foto identisch ist.

345 Erforderlich ist jedoch, dass das Lichtbild, welches letztlich Gegenstand der notariellen Niederschrift ist, entsprechend den Vorgaben des Beurkundungsgesetzes bzw. der DONot mit der eigentlichen Tatsachenniederschrift verbunden wird. Maßgeblich ist § 44 BeurkG i.V. m. §§ 30, 31 DONot. Für die notwendige dauerhafte Verbindung kommt es entscheidend darauf an, dass diese Verbindung »mit Schnur und Prägesiegel« erfolgt. Eine bloße »Stempelung« der Fotografie mit dem Notarsiegel genügt nicht.[550]

XII. Mitteilungspflichten

346 Auch hier soll nur – ohne Anspruch auf Vollständigkeit – auf die häufigsten Beanstandungen hingewiesen werden:[551] Hinzuweisen ist auf die Merkblätter der Oberfinanzdirektionen der Länder über die steuerlichen Beistandspflichten der Notare auf den Rechtsgebieten Grunderwerbsteuer, Erbschaftsteuer (Schenkungsteuer), Ertragsteuer. Zu beachten ist, dass Rechtsgeschäfte auch mehreren Steuern unterliegen können und deshalb auch mehrere verschiedene Anzeigen erforderlich sind, z.B. bei einem Übergabevertrag: Grunderwerb- und Schenkungssteuer.

Sofern Absendevermerke vorgesehen sind, sollten sie – nicht unbedingt vom Notar – unterschrieben werden, wenngleich die DONot dies nicht verlangt. So lässt sich später leicht feststellen, wer für unterlassene oder falsche Angaben die Verantwortung trägt.

1. Gründung pp. von Kapitalgesellschaften

347
348 Nach § 54 Einkommensteuer-Durchführungsverordnung hat der Notar dem in § 20 AO bezeichneten Finanzamt eine beglaubigte Abschrift aller aufgrund gesetzlicher Vorschrift aufgenommenen oder beglaubigten Urkunden, die die Gründung, Kapitalerhöhung oder -herabsetzung, Umwandlung oder Auflösung von Kapitalgesellschaften oder die Verfügung über Anteile an Kapitalgesellschaften zum Gegenstand haben, zu übersenden. Zu den Kapitalgesellschaften gehören auch die SE und vergleichbare ausländische Rechtsformen (private limited companies). Es besteht die Pflicht, »Dokumente, die im Rahmen einer Anmeldung einer ausländischen Kapitalgesellschaft mit Sitz im Ausland zur

---

550 Kammerreport Hamm 2003, 41 unter Berufung auf ein Gutachten des DNotI.
551 S. Merkblatt über steuerliche Mitteilungspflichten, abgedruckt im Anhang 14 in der Vorauflage.

Eintragung in das Handelsregister diesem zu übersenden« und auch an das für die Gesellschaft zuständige Finanzamt zu übersenden. Erstmals sind sie auch bei einer bloßen Unterschriftsbeglaubigung (ohne Entwurf) zu einer Anzeige verpflichtet.

Die Abschrift ist binnen 2 Wochen, von der Aufnahme oder Beglaubigung der **349** Urkunde an gerechnet, einzureichen. Sie soll mit der Steuernummer und IdNr (§ 139b AO) gekennzeichnet sein, mit dem die Kapitalgesellschaft bei dem Finanzamt geführt wird. Die Absendung der Urkunde ist auf der zurückbehaltenen Urschrift der Urkunde bzw. auf einer zurückbehaltenen Abschrift zu vermerken. Den Beteiligten dürfen die Urschrift, eine Ausfertigung oder beglaubigte Abschrift der Urkunde erst ausgehändigt werden, wenn die Abschrift der Urkunde an das Finanzamt abgesandt ist.

Unterschriftsbeglaubigungen sowie Beglaubigungen von Abschriften unterfallen nicht der Mitteilungspflicht. Aufschiebend bedingte Veränderungen über Anteile an einer Kapitalgesellschaft muss der Notar dem Finanzamt mitteilen, nicht aber den späteren Bedingungseintritt. Bei getrennten Beurkundungen von Angebot und Annahme soll erst die Annahme die Mitteilungspflicht auslösen.[552]

Hat der Notar in Fällen, in denen er »Dokumente« zur Anmeldung inländischer Zweigstellen von ausländischen Kapitalgesellschaften dem Handelsregister zugeleitet hat, dem Finanzamtssitz der inländischen Geschäftsleistung (§ 20 AO) mindestens eine beglaubigte Abschrift der Handelsregisteranmeldung zukommen zu lassen (§ 54 Abs. 1 Satz 2 EStDV).[553]

Der Notar ist nicht verpflichtet, eine in fremder Sprache errichtete Urkunde für das Finanzamt zu übersetzen.[554]

Ausführlicher *Winkler* § 51 Rn. 67 ff., *Blaeschke* Rn. 1026 ff.

2. Grunderwerbsteuerpflichtige Vorgänge

Sie sind dem zuständigen Finanzamt binnen 2 Wochen[555] anzuzeigen (§ 18 **350** Abs. 3 GrEStG), insbesondere auch Vorverträge, Optionsverträge sowie Kauf- und Verkaufsangebote und andere Rechtsgeschäfte, die den Anspruch auf Übereignung eines Grundstücks begründen. Auflassungen sowie Rechtsge-

---

552 BNotK DNotZ 1998, 531.
553 *Türlicher/Wachter* ZNotP 2008, 113.
554 KG DNotI-Report 2001, 19.
555 Unabhängig vom Eintritt einer Bedingung, Ablauf einer Frist oder Genehmigung. Beachte: ab 01.01.2018 neue Vordrucke.

schäfte, die den Anspruch auf Übertragung eines Anteiles oder mehrerer Anteile einer Gesellschaft begründen, wenn zum Vermögen der Gesellschaft ein Grundstück gehört, sind dem zuständigen Finanzamt durch Übersendung einer Abschrift der Urkunde anzuzeigen, ebenso Grundbuchberichtigungen, die einen Eigentumswechsel betreffen. Die Anzeigen müssen auch erfolgen, wenn der Rechtsvorgang von der Besteuerung ausgeschlossen ist (§ 18 Abs. 3 Satz 2 GrEStG), auch wenn eine Unbedenklichkeitsbescheinigung entbehrlich ist.[556]

Der Notar muss in der von ihm nach § 18 GrEstG zu erstattenden Anzeige auch die Identifikationsnummer (IdNr.) gem. § 139b AO oder die Wirtschafts-Identifikationsnummer (W-IdNr.) gem. § 139c AO des Veräußerers und des Erwerbers angeben (§ 20 Abs. 1 Nr. 1 GrEStG). Veräußerungsanzeigen, die sich auf Anteile an einer Gesellschaft beziehen, müssen außer der Firma und dem Ort der Geschäftsführer nach § 20 Abs. 2 Nr. 1 GrEStG auch die W-IdNr. der Gesellschaft enthalten, wenn diese vom Bundeszentralamt für Steuern vergeben worden ist. Der Notar muss die Veräußerungsmitteilung auch dann innerhalb der 2-Wochen-Frist des § 18 Abs. 3 GrEStG an das zuständige Finanzamt übersenden, wenn ihm ein Beteiligter seine Identitätsnummer trotz Aufforderung (noch) nicht mitgeteilt hat. Um seiner Amtspflicht zu genügen, sollte der Notar dem Finanzamt den Grund für die fehlende Angabe der Identifikationsnummer nennen und – wenn mit deren Mitteilung noch zu rechnen ist – hierfür eine Fristverlängerung beantragen.

Das Finanzamt ist nicht berechtigt, die Unbedenklichkeitsbescheinigung wegen fehlender Angabe einer Identifikationsnummer zurückzuhalten.

Der Notar hat auf der Urschrift der Urkunde – in den Fällen, in denen eine Urkunde entworfen und beglaubigt worden ist, auf der zurückbehaltenen beglaubigten Abschrift – den Absendetag zu vermerken. Eine Empfangsbestätigung des Finanzamtes sieht das Gesetz nicht mehr vor (§ 18 Abs. 5 GrEStG).

Ausführlicher *Winkler* § 51 Rn. 53 ff; *Blaeschke* Rn. 1015 ff

3. Übertrags- und Schenkungsverträge

351   Hier sind insbesondere auch anzuzeigen: Rechtsgeschäfte, die z.T. oder der Form nach entgeltlich sind, aber nach den Umständen, die bei der Beurkun-

---

556 Zusammenstellung der Entbehrlichkeit der Unbedenklichkeitsbescheinigung im Beck'sches Notarhandbuch, 4. Aufl., S. 1684 f. Die Anzeigepflicht gem. § 22 GrEStG besteht auch dann, wenn einzelne Länder – wie z.B. NRW – für bestimmte Erwerbsvorgänge Ausnahmen von der Vorlagepflicht von Unbedenklichkeitsbescheinigungen zugelassen haben, AV des JM vom 17.05.2011 (3850-I.50).

dung oder sonst bekannt geworden sind, eine Schenkung oder Zweckzuwendung unter Lebenden enthalten (§ 7, 8 ErbStDV).

Anzeigepflichtig sind deshalb z.b. Teilschenkungen in Form von Veräußerungsverträgen, wenn das Entgelt unter dem Wert des veräußerten Gegenstandes liegt oder als Gegenleistung nur ein Wohn- oder Verpflegungsrecht usw. eingeräumt wird. Die Bestellung von Hypotheken oder sonstigen Grundpfandrechten und deren Abtretung zugunsten naher Angehöriger ist anzuzeigen, falls der Schuldgrund nicht einwandfrei ersichtlich ist.

Anzuzeigen sind auch die eröffneten **Verfügungen von Todes wegen, die abgewickelten Erbauseinandersetzungen,** die beurkundeten Vereinbarungen der Gütergemeinschaft und die beurkundeten **Schenkungen** und **Zweckzuwendungen.**

Bestehen Zweifel, ob ein Vorgang der Erbschaftsteuer/Schenkungsteuer unterliegt, ist dem Finanzamt eine Anzeige zu erstatten, um diesem zu ermöglichen, die Steuerpflicht zu prüfen.

Die Anzeige ist auch zu erstatten, wenn der Vorgang von der Besteuerung ausgenommen ist.

Wird der Notar im Rahmen der Abwicklung eines Kaufvertrages über ein **352** Nachlassgrundstück angewiesen, einen Teil des hinterlegten Kaufpreises (Surrogat) unmittelbar an eine erbberechtigte Person außerhalb des Geltungsbereiches des Erbschaftsteuergesetzes auszuzahlen, so haftet er i.H.d. ausgezahlten Betrages für die Erbschaftsteuer, soweit dies vorsätzlich oder fahrlässig vor Entrichtung oder Sicherstellung der Steuer geschieht (§ 20 Abs. 6 Satz 2 ErbStG). Soweit im Einzelfall möglich, empfiehlt sich zur Vermeidung der Haftung, mit dem zuständigen Finanzamt zu vereinbaren, das Vermögen an die Berechtigten im Inland vollständig auszuzahlen.

Der **Absendevermerk** ist auf die Urschrift zu setzen (§ 13 Abs. 2, 5 **353** ErbStD[557]). Anzugeben ist der Absendetag und das Finanzamt, an welches die Anzeige übermittelt wurde.[558]

Ausführlicher *Winkler* § 51 Rn. 64 ff; *Blaeschke*, Rn. 1085 ff.

---

557 *Weingärtner* Notarrecht Ord.-Nr. 531.
558 Im Einzelnen s. das Merkblatt zu den Mitteilungspflichten: abgedruckt im Anhang 14.

4. Mitteilungen an Gutachterausschuss

354 Grundstücksveräußerungen (entgeltliche) sind gem. § 195 BauGB dem zuständigen Gutachterausschuss anzuzeigen. Dem Ausschuss ist eine Abschrift der Urkunde zu übersenden. Zweckmäßig sollte die Absendung auf der Urschrift des Vertrages vermerkt werden.[559] Anlagen zum Vertrag und weitere Urkunden, auf die sich der Vertrag bezieht, dürfen nicht übersandt werden. Dies gilt auch für Teilungserklärungen und Leistungsbeschreibungen.

5. Mitteilungspflicht nach § 28 Abs. 1 BauGB[560]

355 Unter www.dnoti.de/arbeitshilfen kann jeweils eine aktuelle Übersicht über bestehende Vorkaufsrechte abgerufen werden.

356 Da die Angabe sämtlicher im Vertrag enthaltener Regelungen zur Prüfung des Bestehens oder Nichtbestehens eines Vorkaufsrechtes der Gemeinde nicht notwendig sei, hält der Datenschutzbeauftragte nur die Anwendung eines zweistufigen Verfahrens für mit dem Verhältnismäßigkeitsgrundsatz und dem Datenschutzrecht vereinbar.[561] Danach ist es erforderlich, dass der Gemeinde zunächst lediglich ein Auszug aus dem Kaufvertrag mitgeteilt wird, der sich auf die zur Prüfung über das Bestehen oder Nichtbestehen des Vorkaufsrechts notwendigen Angaben beschränkt (Tatsache des Kaufes, Kaufvertragsparteien, genaue Bezeichnung des Grundstücks und die Angabe, ob bebaut oder unbebaut). Erst eine entsprechende Anfrage der Gemeinde rechtfertige eine Übersendung des vollständigen Kaufvertragsinhalts.

Dieses zweistufige Verfahren führt zu einem verwaltungsmäßigen Mehraufwand und zeitlichen Verzögerungen bei der Kaufvertragsabwicklung, weil im Hinblick auf die 2-Monatsfrist des § 28 Abs. 2 BauGB aufgrund der Rechtsprechung des BGH[562] ohnehin der vollständige Kaufvertrag vorgelegt werden muss. Die bloße Untätigkeit einer Gemeinde im zweistufigen Verfahren steht einem Verzicht auf Ausübung des Vorkaufsrechts nicht gleich.

357 Notare, die dem zweistufigen Verfahren folgen, haben deshalb über die zuvor beschriebenen Folgen des Verfahrens zu belehren (§ 17 BeurkG), um den

---

559 *Weingärtner/Gassen/Sommerfeldt* § 32 Rn. 251.
560 Ausführlich *Winkler* § 20 Rn. 4 ff.
561 Hierauf hat der Landesbeauftragte für Datenschutz und Informationsfreiheit NW in seinem Rundschreiben vom 05.12.2003 (26.9.2.0 – 2149/03 –) ausdrücklich hingewiesen. S. auch Schr. des Ministeriums für Städtebau und Wohnen des Landes NRW vom 28.04.2004 (II A I-901.3). In DNotI-Report 2018, 130 hat das DNotI die Praxis nochmals als richtig bestätigt.
562 NVwZ 1995, 101.

Urkundenbeteiligten die Möglichkeit zu geben, übereinstimmend als ihren Willen zu Protokoll zu geben, dass seitens des Notars unverzüglich der vollständige Vertrag der Gemeinde vorgelegt wird (§ 28 Abs. 1 Satz 1 BauGB).

Die Mitteilung im »zweistufigen Verfahren« könnte in der ersten Stufe wie folgt gehandhabt werden:

▶ Briefbogen des Notars

Betr.: Ausübung des Vorkaufsrechts gem. §§ 24 ff. BauGB

Sehr geehrte Damen und Herren,

mit Vertrag vom … (UR-Nr.)

hat

wohnhaft in

das im Grundbuch von

eingetragene Flurstück … der Flur … der

Gemarkung

belegen in

an

wohnhaft in

verkauft.

Die Übergabe soll am … erfolgen.

Es wird um Mitteilung gebeten, ob ein gesetzliches Vorkaufsrecht gemäß §§ 24 ff. BauGB, § 3 WoBauErG und nach landesrechtlichen Verordnungen des DSchG bestehen könnte.

Sollte ein Vorkaufsrecht nicht bestehen oder nicht ausgeübt werden, wird um Übersendung eines entsprechenden Negativattests zu Händen des Notars gebeten.

Falls die Ausübung eines Vorkaufsrechts in Betracht käme, bitte ich um entsprechende Mitteilung, damit Ihnen dann nähere Angaben zum Vertragsinhalt gemacht werden können.

Mit freundlichen Grüßen

Notar

6. Mitteilungspflicht bei erbfolgerelevanten Rechtshandlungen

Einschneidende Änderungen sind ab 01.01.2012 dadurch eingetreten, dass alle   358
erbfolgerelevanten Verfügungen elektronisch dem Zentralen Testamentsregister gemeldet werden müssen. (§§ 78 ff. BNotO, 34a BeurkG).

359 Bei Änderungen oder nach Eintritt eines Erbfalles muss gewährleistet sein, dass das Nachlassgericht alle die Erbfolge berührenden Erklärungen des Erblassers erfährt. Um dies sicherzustellen, begründet § 34a BeurkG nach Errichtung erbfolgerelevanter Urkunden Benachrichtigungspflichten. Nachlässigkeiten hierbei sind mit außerordentlichen Haftungsrisiken verbunden. Die Notare sind verpflichtet, die Verwahrangaben für sämtliche von ihnen errichteten erbfolgerelevanten Urkunden elektronisch an die das Zentrale Testamentsregister führende Registerbehörde (§ 78 Abs. 2. 1 BNotO) zu übermitteln. Abweichend von der bisherigen Rechtslage besteht die Benachrichtigungspflicht auch dann, wenn die erbfolgerelevanten Urkunden nicht in ihrer Verwahrung verbleiben, sondern in die besondere amtliche Verwahrung durch das Nachlassgericht gegeben werden.

360 Erbfolgerelevante Urkunden (§ 78a BNotO) sind:
– Testamente
– Erbverträge
– Sonstige Urkunden mit Erklärungen, welche die Erbfolge beeinflussen können, insb. Aufhebungsverträge, Rücktritts- und Anfechtungserklärungen[563]
– Erb- und Zuwendungsverzichtsverträge
– Ehe- und Lebenspartnerschaftsverträge
– Rechtswahlen
nicht jedoch Erklärungen nach Eintritt des Erbfalls.

Ist nicht auszuschließen, dass durch eine Urkunde die Erbfolge beeinflusst wird, besteht die Pflicht zur Registrierung.

Weitere Einzelheiten s. Rundschreiben der BNotK (zentrales Testamentsregister) Nr. 18/2011; *Weingärtner/Gassen/Sommerfeldt* zu § 20 DONot

7. Hinweis auf Registrierung von Vorsorgevollmachten

361 Nach § 20a BeurkG soll der Notar auf die Möglichkeit der Registrierung bei dem zentralen Vorsorgeregister der BNotK (§ 78a Abs. 1 BNotO) hinweisen. Der Belehrungsvermerk braucht nicht dokumentiert zu werden; das ist aber empfehlenswert.

---

563 Die Urschrift der Widerrufserklärung nach § 2271 Abs. 1 BGB bewahrt der Notar auf; sie wird nicht in die besondere amtliche Verwahrung des Nachlassgerichts gebracht. Die Registrierung der Urkunde erfolgt als »sonstige« Urkunde im Zentralen Testamentsregister (§ 78b Abs. 2 BNotO).

Der Notar soll bei der Beurkundung darauf hinwirken, dass bei der Registrierung auch Angaben zur Person des Bevollmächtigten und möglichst auch der Aufbewahrungsort der Vollmacht erfolgen.[564]

8. Rechtswahl nach § 15 Abs. 2 EGBGB

Die **Rechtswahl gem. § 15 Abs. 2 EGBGB** (Güterstand verschiedener Staats- 362 angehöriger) ist ebenfalls nach § 20 Abs. 2 DONot dem Standesamt zu melden, da sich dies beim Tode eines Ehepartners auf den Erbteil auswirken kann (§ 1371 BGB).[565]

S.o. Rdn. 360: auch Meldepflichten gem. § 34a BeurkG.

9. Meldepflicht nach dem Personenstandsgesetz

Nach § 1597 BGB, § 44 Abs. 3 PStG, § 56 Abs. 5 Nr. 1a PStV muss der 363 Notar eine beglaubigte Abschrift des von ihm beurkundeten Vaterschaftsanerkenntnisses[566] dem Vater, der Mutter, dem Kind und dem Standesbeamten, der die Geburt des Kindes beurkundet hat, übersenden. Die Absendung der Abschrift ist auf der Urkunde zu vermerken.[567]

Selbst wenn der Inhalt nach dem Willen des Anerkennenden geheim bleiben soll, ist der Notar verpflichtet, beglaubigte Abschriften der Urkunde nicht nur an die Mutter des Kindes, sondern auch dem Standesamt und das Kind bzw. dem gesetzlichen Vertreter zu übersenden, ohne sich auf seine Verschwiegenheitspflicht berufen zu können.[568]

Ebenso sind Mutterschaftsanerkenntnisse anzeigepflichtig wie auch Einbenennungen oder Änderungen des Familiennamens.

Der Absendevermerk auf der Urkunde ist zu empfehlen.[569]

10. Meldepflicht nach § 379 FamFG

Wenn der Notar amtliche Kenntnis von einer unrichtigen unvollständigen 364 oder unterlassenen Anmeldung zum Handels-, Partnerschafts- oder Genossen-

---

564 Rdschr. der BNotK Nr. 14/2007 vom 05.06.2007.
565 S. hierzu MittNotK Koblenz, abgedruckt in *Weingärtner* Notarrecht 8. Aufl. Ord.-Nr. 270 a.
566 Evtl. auch bei Mutterschaftsanerkenntnis (§ 44 Abs. 3 PStG, § 56 Abs. 5 Nr. 1c PStV).
567 Ausführlich hierzu *Blaeschke*, Rn. 1400.
568 OLG Hamm DNotZ 1986, 428.
569 *Blaeschke* Rn. 1403.

schaftsregister erhält, muss er nach § 379 FamFG (§ 125a FGG a.F.) dem Registergericht Mitteilung machen.[570]

11. Weitere Mitteilungs-/Anzeigepflichten

365 Nach dem **Geldwäschegesetz** kann eine Anzeigepflicht bestehen (s.o. Rdn. 283). Bei der Bildung eines Teilhypotheken-, Teilgrundschuld- oder Teilrentenschuldbriefen hat der Notar das Grundbuchamt zu benachrichtigen, das

---

570 Bis 2013 konnte in Deutschland in das Geburtenregister nur »männlich« oder »weiblich« eingetragen werden. Diesen Zwang zur Festlegung des Geschlechts wertete der Deutsche Ethikrat als einen nicht zu rechtfertigenden Eingriff in das Persönlichkeitsrecht und das Recht auf Gleichbehandlung Intersexueller gemäß Art. 3 Abs. 3 des Grundgesetzes.
»Mit Wirkung zum 1. November 2013 ergänzte daraufhin der Deutsche Bundestag § 22 Abs. 3 PStG. Kann das Kind weder dem weiblichen noch dem männlichen Geschlecht zugeordnet werden, so ist der Personenstandsfall seitdem ohne eine solche Angabe in das Geburtenregister einzutragen.[10] Ebenfalls ist nach höchstgerichtlicher Rechtsprechung im Falle von Intersexualität auch eine nachträgliche Löschung des Geschlechtseintrages möglich.[11][12][13][14].
Der Antrag einer intersexuellen Person aus dem Jahr 2014 auf Änderung ihres Geschlechtseintrags von »weiblich« auf »inter/divers«[15] wurde in allen Instanzen zurückgewiesen.[11][12][13] Der in der Rechtssache angerufene Bundesgerichtshof (BGH) wies die Rechtsbeschwerde als unbegründet ab, die Ausführungen des OLG hielten rechtlicher Überprüfung stand. Zu Recht habe das OLG »eine Änderung der Eintragung im Geburtenregister in »inter« bzw. »divers« bereits deshalb abgelehnt, weil eine solche nach geltendem Recht nicht möglich ist«, was »sich schon aus dem eindeutigen Wortlaut der §§ 21 [und] 22 PStG« ergebe. Es entspräche auch, wie den Gesetzgebungsmaterialien zu entnehmen sei, nicht dem Willen des Gesetzgebers, ein weiteres Geschlecht zu schaffen. Es komme »auch keine (verfassungskonforme) Auslegung dahin in Betracht, dass das Tatbestandsmerkmal Geschlecht in § 21 Abs. 1 Nr. 3 PStG nicht nur das weibliche oder männliche, sondern auch ein drittes Geschlecht wie etwa ›inter‹ oder ›divers‹ umfasst«.[12].
Eine gegen die Entscheidung des BGH gerichtete Verfassungsbeschwerde war seit Anfang September 2016 vor dem Bundesverfassungsgericht (BVerfG) anhängig.[15] Am 10. Oktober 2017 stellte das Gericht fest, dass eine Pflicht zur Angabe des Geschlechts mit Art. 3 Abs. 3 Satz 1 des Grundgesetzes unvereinbar ist, wenn sie dabei Personen, deren Geschlechtsentwicklung gegenüber einer weiblichen oder männlichen Geschlechtsentwicklung Varianten aufweist und die sich selbst dauerhaft weder dem männlichen noch dem weiblichen Geschlecht zuordnen, keinen positiven Geschlechtseintrag ermöglicht, der nicht »weiblich« oder »männlich« lautet.[16][17]«
Eintrag aus Wikipedia.

den Stammbrief ausgestellt hat, und die Herstellung unter Angabe der Gruppe und Nummer des Teilbriefs sowie des Betrages mitzuteilen.[571]

Weitere Einzelheiten s. *Weingärtner/Gassen/Sommerfeld* § 32 Rn. 256 ff., *Blaeschke* Rn. 1940 ff. Benachrichtigungsvermerke sind bei der Urkunde aufzubewahren.

---

571 Armbrüster/Preuß/Renner/*Preuß* § 51 BeurkG Rn. 34.

G. Besondere Einzelprobleme

366 Im Folgenden handelt es sich überwiegend um **Hinweise** oder Empfehlungen. Der Notar ist ein **»unabhängiger Träger eines öffentlichen Amtes«** (§ 1 BNotO). Die Befugnisse der Aufsichtsbehörden enden dort, wo in diese gesetzlich garantierte Unabhängigkeit des Notars eingegriffen wird. Wie der Richter in seiner Entscheidung und in dem zur Entscheidung hinführenden Verfahren nur an das Gesetz gebunden und insoweit von jeder wie auch immer gestalteten Aufsicht freigestellt ist, so bedarf auch der Notar bei der Abwicklung des einzelnen Amtsgeschäftes der Unabhängigkeit.[572] Dabei muss dem Notar bei der Ausübung der ihm übertragenen Aufgaben auch ein gewisser Entscheidungsspielraum eingeräumt werden. Die Amtsaufsicht darf daher wohl eingreifen, wenn z.B. der Notar ein nicht mehr geltendes Gesetz anwendet oder ein geltendes Gesetz außer Acht lässt oder sich über zwingende Verfahrensvorschriften hinwegsetzt. Dagegen können Auslegungsfehler, unzutreffende Anwendungen unbestimmter Rechtsbegriffe, unzutreffende Ermessensentscheidungen rechtlich nicht geahndet werden, selbst dann nicht, wenn die vom

---

572 *Schippel* DNotZ 1965, 601.

Notar gewählte Auslegung unter keinem denkbaren Gesichtspunkt aufrechterhalten werden kann.[573] S.o. Kap. A I Rdn. 2 f.

Im Folgenden soll jedoch nicht jeweils unterschieden werden, ob eine andere 367 Handhabung durch den Notar in den angesprochenen Fällen ein Recht zur Beanstandung gibt; entscheidend soll vielmehr sein, dass hier Hinweise gegeben werden, **um eine mögliche Haftung des Notars auszuschalten.**

I. Aufnahme von eidesstattlichen Versicherungen[574]

Ausführlich zu eidesstattlichen Versicherungen und Eide in der notariellen 368 Praxis siehe *Klingsch/von Stralendorff* notar 2017, 3 f.

Nach § 22 Abs. 2 BNotO darf der Notar nur eidesstattliche Versicherungen **aufnehmen**, wenn für eine **Behörde** oder **sonstige Dienststelle** eine tatsächliche Behauptung oder Aussage glaubhaft gemacht werden soll; eidesstattliche Versicherungen, die nur für Privatpersonen bestimmt sind, darf er deshalb nicht beurkunden. Zur **Abnahme** einer eidesstattlichen Versicherung s. § 22 Abs. 1 BNotO.

Um feststellen zu können, ob der Notar dieses beachtet hat, erscheint eine Zweckverlautbarung in der Urkunde angebracht.[575]

▶ Beispiele:

Ein Mandant bittet den Notar, eine eidesstattliche Versicherung aufzunehmen,
a) weil er und eine Privatperson die Glaubhaftmachung einer Tatsache mittels eidesstattlicher Versicherung vertraglich vereinbart haben,
b) weil er sich als Schiedsrichter nicht habe bestechen lassen,
c) weil die Satzung einer juristischen Person – z.B. Dachverband von Sportorganisationen zur Teilnahme von ausländischen Sportlern an Wettbewerben im Inland – die eidesstattliche Versicherung als besonderes Mittel der Glaubhaftmachung einer Tatsache vorsieht,
d) weil eine Sparkasse es verlangt,
e) weil eine private Haftpflichtversicherung dies verlangt,
f) weil er unter Umgehung eines gerichtlichen Beweissicherungsverfahrens die Erklärungen im späteren Prozess dem Gericht vorlegen will,
g) wobei er im letzten Fall einen der Beteiligten im Prozess vertritt.

---

573 *Schippel* DNotZ 1965, 601; *Weingärtner/Gassen/Sommerfeldt* § 32 Rn. 176 ff.
574 Ausführlich *Böhringer* DNotZ 2012, 241 ff.
575 *Weingärtner/Gassen/Sommerfeldt* § 32 Rn. 176.

Es fragt sich daher, ob der Notar in den obigen Fällen die eidesstattliche Versicherung aufnehmen muss, aufnehmen darf oder seine Tätigkeit verweigern muss.

369   Nach § 22 Abs. 2 BNotO ist Folgendes zu prüfen:

a) Ist die Behörde, für die die eidesstattliche Versicherung bestimmt ist, zur Abnahme einer solchen befugt? Die eidesstattliche Versicherung genießt nämlich nur dann die Strafsanktion des § 156 StGB.

Behörden dürfen eidesstattliche Versicherungen nur zur Sachverhaltsermittlung und nur dann verlangen, wenn die Abnahme der eidesstattlichen Versicherung über den betreffenden Gegenstand und in dem betreffenden Verfahren durch Gesetz oder Rechtsverordnung vorgesehen und die Behörde durch Rechtsverordnung für zuständig erklärt ist (§ 27 VwVfG).[576]

Kürzer: Dies ist nur der Fall, wenn die Abgabe einer falschen eidesstattlichen Versicherung nach § 156 StGB strafbar wäre.

370   Strafbar ist deshalb z.B. auch nicht eine eidesstattliche Versicherung im strafrechtlichen Ermittlungsverfahren für die Staatsanwaltschaft.[577]

371   Die Abgabe einer eidesstattlichen Versicherung außerhalb der Zuständigkeit der diese entgegennehmenden Stelle ist rechtlich wirkungslos und setzt den Erklärenden nicht der Gefahr der Strafverfolgung aus: Eine eidesstattliche Versicherung kann niemals zu einem strafrechtlich geschützten Beweismittel werden, wenn der den Beweis erhebenden Behörde die Zuständigkeit i.S.d. § 156 StGB fehlt. Bereits die Aufnahme einer solchen wirkungslosen eidesstattlichen Versicherung erweckt den unzutreffenden Anschein, die von einem Notar an Eides statt versicherte Aussage könne erhöhte Glaubwürdigkeit beanspruchen.

---

576 Beispiel: Es ging um die Frage, ob die Aufnahme eidesstattlicher Versicherungen von Pferdebesitzern, deren Pferdepass (Equidenpass) abhandengekommen war, zur Vorlage beim westfälischen Pferdestammbuch oder vergleichbaren Stellen zulässig ist. Da die Verpflichtung zur Ausstellung dieser Pässe nach § 44 Viehverkehrsordnung im unmittelbaren Zusammenhang mit der Eindämmung und Bekämpfung von Tierseuchen steht, konnte man die Ausstellung der Pässe als öffentliche Aufgabe im Sinne § 1 Abs. 4 VwVfG ansehen. Dafür sprach auch, dass in der entsprechenden europäischen Richtlinie (90/426/EWG des Rates vom 26.06.1990 zur Festlegung der viehseuchenrechtlichen Vorschriften für das Vorbringen von Equiden und für ihre Einfuhr in Drittländern (zuletzt geändert durch die Richtlinie 2004/68/EG des Rates vom 26.04.2004/68/EG) die den Pass ausstellenden Stellen als »Behörden« bezeichnet werden. Im Bereich des OLG Hamm stand es deshalb im Ermessen der Notare, ob sie solche eidesstattliche Versicherungen aufnehmen.

577 BayObLG NJW 1998, 1577.

Bei der Amtsausübung hat der Notar jedoch die Pflicht, jeden falschen Anschein zu vermeiden, durch welchen Beteiligte oder Dritte in die Gefahr eines Irrtums geraten können.[578]

309,1Dementsprechend sind auch »eidesstattliche Versicherungen« über die Vermögenslosigkeit zur Vorlage bei der Bank rechtlich wirkungslos. Da aber andererseits die Banken hier ihren insolventen Kunden helfen wollen, erscheint es zweckmäßig, derartige Erklärungen zur Vermögenslosigkeit als reine Willenserklärungen zu beurkunden und gleichzeitig die Beteiligten – auch die Banken – darüber aufzuklären, dass keine strafrechtlich relevante eidesstattliche Versicherung vorliegt.

b) Wenn die Behörde daher im konkreten Fall zur Entgegennahme der eidesstattlichen Versicherung befugt ist, muss der Notar die eidesstattliche Versicherung auch aufnehmen. Nach § 15 BNotO ist er hierzu verpflichtet. **372**

Wenn Zweifel bestehen, ob die Behörde in diesem Sinne zuständig ist und dieses nicht abschließend zu klären ist, so muss der Notar nach § 17 Abs. 2 Satz 2 BeurkG verfahren und seine Bedenken und die Belehrung in der Niederschrift vermerken.

Formulierungsvorschlag nach *Dieterle*:[579]

> »Nach Hinweis des Notars auf die Bedeutung einer eidesstattlichen Versicherung, insbesondere auf die strafrechtlichen Folgen falscher Angaben, versichere ich hiermit an Eides statt, dass mir nichts bekannt ist, was der Richtigkeit meiner Angaben entgegensteht. Der Notar hat mich darauf hingewiesen, dass im heutigen Beurkundungstermin nicht abschließend geklärt werden kann, ob diese Behörde zur Abnahme der eidesstattlichen Versicherung zuständig ist und ob die strafrechtlichen Folgen der §§ 156, 163 StGB daher überhaupt eintreten.«

Der Notar ist jedoch nicht verpflichtet, in jedem Fall zu prüfen, ob der ersuchenden Behörde diese Befugnis zusteht.[580] Wenn er aber Zweifel an der Zuständigkeit hat, hat er die Beteiligten auch darüber zu unterrichten. **373**

Weiß der Notar, dass die Behörde zur Abnahme der eidesstattlichen Versicherung im konkreten Fall nicht zuständig ist, muss er die Beurkundung ablehnen, selbst wenn der Erschienene trotz entsprechender Belehrung die Beurkun-

---

578 BGH DNotZ 1973, S. 245, 248. Stellungnahme des BNotK vom 23.07.1996, in der die Zuständigkeit einer Sparkasse verneint wird, s. obiger Fall d). S. auch Kammerreport Hamm 5/2003 S. 41 u. *Winkler* § 38, Rn. 6.
579 BWNotZ 1987, 13.
580 Armbrüster/Preuß/Renner/*Preuß* § 38 BeurkG Rn. 12; ebenso *Winkler* § 38 Rn. 8.

dung wünscht;[581] andernfalls begeht er eine Dienstpflichtverletzung.[582] Keinesfalls darf eine in der Presse zu veröffentlichende Behauptung in die Form einer notariell beurkundeten »Eidesstattlichen Versicherung« gekleidet werden, um ihr größere Glaubwürdigkeit zu verleihen.[583]

374   Um zu dokumentieren, dass der Notar tatsächlich die o.g. Prüfung auch vorgenommen hat, soll er in der Urkunde den Verwendungszweck der eidesstattlichen Versicherung angeben.[584]

In den eingangs aufgeführten Fällen a)–e) darf der Notar somit die eidesstattliche Versicherung nicht aufnehmen.

375   Er ist jedoch berechtigt, die eidesstattliche Versicherungserklärung des Mandanten entgegenzunehmen und lediglich die Unterschrift zu beglaubigen.[585] Er kann sogar die eidesstattliche Versicherung entwerfen und dann die Unterschriftsbeglaubigung vornehmen. Diese Form der Beurkundung soll er zwar möglichst vermeiden, sie ist aber nicht unzulässig, da die vor der Unterschriftsbeglaubigung stehende Erklärung eine Privaterklärung bleibt, auch wenn sie der Notar entworfen hat.[586]

376   In dem oben gewählten Beispiel d) (eidesstattliche Versicherung für ein Zivilverfahren) ist die Aufnahme der eidesstattlichen Versicherung nach § 22 Abs. 2 BNotO zwar nicht unzulässig; der Notar hat aber die Beteiligten darüber zu belehren, dass im gerichtlichen Prozessverfahren i. d. R. Glaubhaftmachung nicht genügt, sondern voller Beweis erbracht werden muss.[587]

Im Fall g) darf er allerdings dann nicht die Versicherung aufnehmen, da er als Anwalt einen materiell Beteiligten vertritt, § 16 BNotO, § 3 Abs. 1 Nr. 7 u. 8 BeurkG. Das gilt auch für die Unterschriftsbeglaubigung, wenn er als Notar den Entwurf gefertigt hat.

---

581 Armbrüster/Preuß/Renner/*Preuß* § 38 BeurkG Rn. 12; *Winker* § 38 Rn. 8; *Lerch* § 38 Rn. 10.

582 Armbrüster/Preuß/Renner/*Preuß* § 38 BeurkG Rn. 12; *Lerch* § 38 Rn. 6; *Jansen* § 38 Rn. 12, **a.A.** Eylmann/Vaasen/*Limmer* § 38 BeurkG Rn. 13; *Winkler* § 38 Rn. 6.

583 *Reithmann* in Schippel/Bracker § 22 Rn. 19. Ausführlicher: DNotI-Rep. 2006, 80.

584 Armbrüster/Preuß/Renner/*Preuß* § 38 Rn. 12.

585 Statt vieler *Blaeschke* Rn. 1114.

586 H.M., statt vieler Armbrüster/Preuß/Renner/*Preuß* § 38 BeurkG Rn. 13; Eylmann/ Vaasen/*Limmer* § 22 BNotO Rn. 10.

587 Armbrüster/Preuß/Renner/*Preuß* § 38 Rn 13.

II. Fernbeglaubigung

Die Unterschriftsbeglaubigung setzt sich aus zwei Teilakten zusammen: Der 377
erste Teil besteht in der Vollziehung oder Anerkennung der Unterschrift »in
Gegenwart« des Notars (§ 40 Abs. 1 BeurkG); der zweite Teil ist der Vermerk
des Notars nach §§ 39, 40 Abs. 3 BeurkG, durch den er die Echtheit der
Unterschrift einer bestimmten Person beglaubigt. Beide Teile sind Amtshandlungen des Notars, die er nur innerhalb der Grenzen seines Amtsbezirks vornehmen darf. Es liegt daher eine unzulässige – wenn auch wirksame – Auswärtsbeurkundung vor, wenn der Notar zwar die Echtheit der Unterschrift erst
in seinem Amtsbereich beglaubigt, aber die Unterschrift vorher außerhalb seines Amtsbereichs vor ihm vollzogen oder anerkannt worden ist:[588]

Fernbeglaubigungen kommen sicherlich selten, aber gelegentlich, insbesondere
bei Unterschriftsbeglaubigungen ohne Entwurf vor.

Nach § 40 BeurkG soll der Notar eine Unterschrift nur beglaubigen, wenn sie
in seiner Gegenwart vollzogen oder anerkannt wird. Das bedeutet jedoch
nicht, dass er in Ausnahmefällen berechtigt sein soll, eine Fernbeglaubigung
vorzunehmen. Die Unterschrift muss in Gegenwart des Notars vollzogen oder
vor ihm anerkannt worden sein. Der Notar kann zwar den Entwurf der
Urkunde den Beteiligten zusenden und sie bitten, diese zu unterschreiben. Er
darf die Unterschrift jedoch nur dann beglaubigen, wenn der Beteiligte vor
ihm erklärt, dass dies seine Unterschrift sei. Es genügt nicht, dass die Beteiligten ihm dies schriftlich oder fernmündlich oder gegenüber dem Bürovorsteher
bestätigen oder dass ein Dritter, der den Beteiligten kennt, die Unterschrift als
echt bestätigt.

Erstaunlicherweise werden solche Fernbeglaubigungen nicht selten entdeckt,
und zwar entweder dadurch, dass sich ein Mandant wegen einer anderen Sache
beschwert und dabei gewollt oder ungewollt auf diesen Umstand hinweist
oder in den Handakten des Notars sich ein Schriftwechsel findet, wonach
die Unterschriften zugesandt und von dem Notar beglaubigt zurückgeschickt
worden sind.

---

588 BGH DNotZ 1973, 176.

Fernbeglaubigungen deuten nicht nur auf eine allgemeine Laxheit des Notars hin, sie werden auch dienstrechtlich geahndet.[589]

In einem vom BGH entschiedenen Fall[590] hatte der Notar nach Entdeckung von Fernbeglaubigungen auf sein Amt verzichtet. Der BGH verbot dem Notar wegen seiner Dienstpflichtverletzung den Titel »Notar a.D.« zu tragen.

Bei Wechselprotesten[591] – die allerdings immer seltener anfallen – kann die Versuchung zu einer Fernbeglaubigung bestehen.

378   Nach Art. 21 Abs. 1 Satz 2 WG muss der Notar in der Protesturkunde angeben, dass der Protestgegner zur Vornahme der wechselrechtlichen Leistung vergeblich aufgefordert worden oder nicht anzutreffen gewesen sei oder seine Geschäftsräume oder seine Wohnung sich nicht hätten ermitteln lassen.

Gelegentlich findet sich in den nach § 21 DONot zu errichtenden Vermerkblättern die Wendung

> »Im Auftrage der Stadtsparkasse … begab ich mich heute zum Geschäftslokal derselben in … um den angehefteten Wechsel vorzuzeigen. Das Geschäftslokal war geschlossen.«

In einem solchen Fall könnte der Verdacht bestehen, dass der Notar die Geschäftsstelle überhaupt nicht aufgesucht und er infolgedessen eine Falschbeurkundung vorgenommen hat. Ohne besonderen Grund wird nämlich kaum ein Anlass gegeben sein, das Geschäftslokal eines Kreditinstituts außerhalb der allgemein bekannten Geschäftszeiten aufzusuchen.

Im Übrigen gehört es zu den Amtspflichten des Notars, Vorlegungsversuche außerhalb der bekannten üblichen Geschäftsstunden nach Möglichkeit zu ver-

---

589 *Grüner/Köhler* notar 2018, 105: »Während der BGH (DNotZ 1969, 252 ff.) in früherer Rechtsprechung auf Grundlage der Vorschrift des § 138 Abs. 1 FGG a.F. eine Strafbarkeit wegen Falschbeurkundung ablehnte, wurde sie später -gestützt auf § 40 Abs. 3 S. 2 BeurkG – von der Rechtsprechung bejaht (BGH, Urt. v. 21.3.1977 – NotSt (Brfg) 2/76, DNotZ 1977, 762).Vor dem Hintergrund der neueren Rechtsprechungslinie des BGH, wonach Sollvorschriften der Annahme einer rechtserheblichen Tatsache entgegenstehen, erscheint die Bejahung einer Strafbarkeit wegen Falschbeurkundung in Fällen der »Fernbeglaubigung« allerdings nicht mehr haltbar (zutreffend Schönke/Schröder/Hecker, StGB, 29. Aufl., § 348 Rn 12; Kindhäuser/Neumann/Paeffgen/Puppe/Schumann, StGB, 5. Aufl., § 348 Rn 14; in diese Richtung auch OLG Karlsruhe NJW 1999, 1044, 1045 [OLG Karlsruhe 21.10.1998 – 1 Ss 133/98]; a. A. Lackner/Kühl/Heger, StGB, 28. Aufl., § 348 Rn 7.)«.
590 DNotZ 1988, 259.
591 Ausführlich *Becker*, Der Wechselprotest in den notariellen Praxis, notar 2015, 387 f.

meiden, also den Protestgegner nicht absichtlich zu einer Zeit aufzusuchen, zu der er nach allgemeinen Geschäftsgebräuchen i. d. R. nicht anzutreffen ist.

Bedenken gegen die Wirksamkeit eines sog. Wandprotestes ergeben sich jedenfalls dann nicht, wenn der Wechsel vor Protesterhebung der Zahlstelle vorgelegen, diese nicht gezahlt hat und aus diesem Grund Protestauftrag erteilt worden ist.[592]

Zur Fehlerhaftigkeit von Wechselprotesten s. BdB-Info III/1995 Nr. 14.[593]   379

III. Blankounterschriften

Nach § 40 Abs. 5 BeurkG ist die Beglaubigung von Blankounterschriften   380
zulässig, aber als solche zu kennzeichnen.

Der Notar soll aber eine Unterschrift ohne zugehörigen Text nur beglaubigen, wenn die Beteiligten glaubhaft machen, dass sie die Beglaubigung vor Festlegung des Urkundeninhalts benötigen. Im Beglaubigungsvermerk soll er angeben, dass bei Beglaubigung ein durch die Unterschrift gedeckter Text nicht vorgelegen hat. Zu empfehlen ist, außerdem die Gründe, die die Beteiligten über die Notwendigkeit der Blankounterschrift angegeben haben, festzuhalten.

Wenn der Notar den Eindruck hat, dass die Beglaubigung der Blankounterschrift nur deshalb von ihm verlangt wird, damit er vom Inhalt der Urkunde nicht Kenntnis nehme, muss er den Beglaubigungsvermerk ablehnen.[594]

Die Vorschrift des § 40 Abs. 5 ist entsprechend auch auf Unterschriftsbeglaubi-   381
gungen unter lückenhaftem Text anzuwenden. In solchen Fällen ist es dem pflichtgemäßen Ermessen des Notars überlassen, ob er die Lücken im Beglaubigungsvermerk bezeichnen will.[595] Eine solche Angabe ist jedenfalls nötig, wenn in einer Vollmacht der Name des Bevollmächtigten fehlt oder der Umfang der Vollmacht erkennbar unvollständig bezeichnet ist.

IV. Blankettbeglaubigungen

▶ Beispiel:

Vertreter eines Kreditinstituts vollziehen oder erkennen vor einem Notar   382
ihre Unterschrift an, ohne dass sich da ein Text oder nur ein unvollständiger

---

592 OLG Hamm Urt. v. 01.09.1987 – ZU 94/87 –, MittBayNot 1988, 87.

593 Abgedruckt in *Weingärtner* Notarrecht Ord.-Nr. 302.

594 *Grziwotz/Heinemann* § 40 Rn. 26; Eylmann/Vaasen/*Limmer* § 40 Rn. 26; Armbrüster/Preuß/Renner/*Preuß* § 40 BeurkG Rn. 17 m. w. Zit.

595 Eylmann/Vaasen/*Limmer* § 40 BeurkG Rn. 27; *Winkler* § 40 Rn. 71.

Text befindet. Der Notar setzt zunächst noch keinen Beglaubigungsvermerk hinzu, sondern erst später, nachdem über die Unterschrift ein Text geschrieben bzw. der unvollständige Text ergänzt worden war.

Aus dem Beglaubigungsvermerk war nicht ersichtlich, dass im Zeitpunkt der Anerkennung oder Vollziehung der Unterschrift ein Text nicht bzw. nicht vollständig vorhanden gewesen war.

Hierzu hat die Notarkammer Koblenz (Jahresbericht 1986) zu Recht die Auffassung vertreten, dass dieses Verfahren **unzulässig** sei, da sich aus dem Wortlaut des § 40 Abs. 5 Satz 2 BeurkG ergebe, dass unter Beglaubigung die Vollziehung/Anerkennung der Unterschrift vor dem Notar zu verstehen sei und nicht die Anbringung des Beglaubigungsvermerks. Da im Zeitpunkt der Wahrnehmung des Notars ein Text nicht bzw. nicht vollständig vorhanden gewesen sei, müsse der Beglaubigungsvermerk entsprechend § 40 Abs. 5 BeurkG formuliert werden.

V. Unterschriftsbestätigung

383   Gelegentlich fordern Kreditinstitute in den den Notaren erteilten Treuhandaufträgen auf, eine »**Unterschriftsbestätigung**« unter einer Zweckbestimmungserklärung vorzunehmen, die zur Feststellung dienen soll, dass die Unterschrift des Sicherungsgebers in seiner Gegenwart geleistet worden ist.

Eine derartige Unterschriftsbestätigung ist nicht zulässig, da sie die Beglaubigung einer Unterschrift umgehen soll. Im Zusammenhang mit der amtlichen Bestätigung der Echtheit einer Unterschrift ist der Notar ausschließlich auf das Verfahren und die Vorschriften der öffentlichen Beglaubigung in § 40 BeurkG verwiesen. Andere Echtheitsbestätigungen von Unterschriften auch mit geringerem Aussagewert oder geringeren Voraussetzungen kann der Notar in dieser Eigenschaft nicht vornehmen. Auch die Absicht der Banken, für ihre Kunden die Beglaubigungskosten zu sparen, vermag diese Verfahrensweise nicht zu rechtfertigen. Es bleibt dem Sicherungsgeber im Übrigen unbenommen, das Formular der Sicherungszweckerklärung vor einem Mitarbeiter der Bank unterschreiben oder diesem gegenüber der Ordnungsgemäßheit seiner Unterschrift nachträglich bestätigen zu lassen.

384   Ein Treuhandauftrag, der die Bitte an den Notar enthält, die Unterschrift des Sicherungsgebers unter die Zweckbestimmungserklärung zu bestätigen, entspricht nicht § 40 BeurkG, sodass der Notar in diesen Fällen gehalten ist, seine Mitwirkung zu verweigern. Das bedeutet, dass der Notar schon von vornherein den ihm erteilten Treuhandauftrag daraufhin zu überprüfen hat, ob er ihn annehmen kann. Ist der Treuhandauftrag so erteilt, dass er auf eine unzulässige

Unterschriftsbestätigung hinausläuft, muss der Notar diesen Treuhandauftrag ablehnen.[596]

VI. Unterschriftsbeglaubigung unter einem fremdsprachigen Text

Nach der Stellungnahme der BNotK[597] und der ganz herrschenden Meinung im Schrifttum[598] muss nicht nach einem besonderen Grund für die Unterschriftbeglaubigung eines fremdsprachigen Textes geforscht werden. Vielmehr ist die Unterschriftbeglaubigung zulässig, sofern sich nicht aus den Umständen ein Anhaltspunkt für eine Ablehnung ergibt. Teilweise wird jedoch empfohlen, dass der Notar nach Inhalt und Verwendungszweck der für ihn unverständlichen Urkunde fragt. Außerdem könne der Notar die Beglaubigung nach seinem pflichtgemäßen Ermessen ablehnen. **385**

Zu empfehlen ist allerdings, dass der Notar, der die Sprache der Urkunde nicht versteht, unter der die Unterschrift beglaubigt wird, dies in einem Vermerk festhält. Ausführlich hierzu Stellungnahme des DNotI.[599]

Ausführlicher *Weingärtner/Gassen/Sommerfeldt* § 32 Rn. 185.

VII. Beglaubigung von Fingerabdrücken

Sie entspricht der Beglaubigung einer Unterschrift oder Handzeichens i.S.d. § 39 BeurkG, sodass § 40 BeurkG zumindest analog anzuwenden ist. Es muss also in Gegenwart des Notars vollzogen oder anerkannt werden.[600] **386**

VIII. »Höchstpersönliche« Verwendung der Signaturkarte

Ausführlich unten Rdn. 486 (*Löffler*). **387**

Siehe:IV. der RiLi (abgedruckt im Anhang 1 und Rdschr. der BNotK Nr. 20/ 2007 vom 20.07.2007).

Aus § 39a Satz 2 BeurkG folgt die Verpflichtung des Notars, bei der Erstellung elektronischer notarieller Urkunden die qualifizierte elektronische Signatur **höchstpersönlich** zu erzeugen Bei der in § 39a Satz 2 normierten Pflicht zur höchstpersönlichen Erzeugung der Signatur handelt es sich um eine zwingende Vorgabe des Beurkundungsrechts. Bei Nichtbeachtung ist die Beurkundung unwirksam.

---

596 Informationen der Notarkammer Celle 1988 Heft 2, S. 32.
597 DNotZ 1982, 266, 273 f.
598 *Winkler* § 40 Rn. 44 mit weit. Zit.
599 DNotI-Report 2008, 145 ff.
600 Kammerrep. Hamm 2007 Heft 5 S. 51.

Ein fehlerhaftes Verhalten des Notars führt außerdem zu Disziplinarmaßnahmen. Die Entfernung aus dem Amt kann die Folge sein. Außerdem kann eine Straftat nach § 269 StGB (Fälschung beweiserheblicher Daten) in Betracht kommen. Auch der Dritte – z.b. der Mitarbeiter des Notars – macht sich entsprechend strafbar. Keinesfalls darf der Notar die PIN einem Dritten mitteilen oder sie in der Generalakte verwahren.

Der Besitz einer Zweit- oder Ersatzsignaturkarte ist sinnvoll.

Bei Verdacht eines Missbrauchs hat der Notar dies der Aufsichtsbehörde sowie seiner Notarkammer mitzuteilen. Er hat außerdem unverzüglich die Sperrung zu veranlassen (§ 34 BNotO).

IX. Maklerklausel

388 Ob die Aufnahme einer Maklerklausel zulässig und sinnvoll ist, hängt vom Einzelfall ab.[601] Die BNotK hat bereits in früheren Rundschreiben[602] und jetzt ausführlich im Rd.Schr. 5/15 vom 02.06.2015«[603] Amtspflichten des Notars bei der Beurkundung von Maklerklauseln« unter Bezugnahme auf das Urteil des BGH vom 24.11.2014«[604] zu Recht darauf hingewiesen, dass die standardmäßige Aufnahme eines Provisionsversprechens zugunsten bestimmter Makler den Anschein erwecken könne, der Notar stehe im Lager des Maklers. Die Mitbeurkundung einer solchen Klausel würde daher i.d.R. nur dann gerechtfertigt sein, wenn hierzu ein sachlicher Grund im Verhältnis zwischen den Kaufvertragsparteien bestehe.[605]

Ausführlicher: *Suppliet* DNotZ 2012, 74 f.; *Blaeschke* Rn. 1213. Siehe auch Newsletter der Westfälischen Notarkammer Hamm Juli 2015.

Hier nur einige Hinweise: Entscheidend ist zunächst immer die gründliche Aufklärung des Sachverhalts und des Willens der Beteiligten sowie eine ausführliche Belehrung über die mit der Maklerklausel verbundenen Rechtsfolgen. Für den Regelfall wird den Beteiligten nicht an der Aufnahme einer Maklerklausel gelegen sein, weil die meisten Maklerklauseln zu einer Erhöhung der notariellen Kosten und bei Abgabe eines Schuldanerkenntnisses mit Unterwer-

---

601 Siehe auch: Maklerklausel in notariellen Kaufverträgen NJW-Aktuell 10/2015 S. 14.
602 Rdschr. der BNotK Nr. 7/2002, abgedruckt im Anhang 9.
603 Amtspflichten des Notars bei der Beurkundung von Maklerklauseln – Rundschreiben der BNotK Nr.5/2015, abgedruckt im Anhang 9.
604 BGH DNotZ 2015,314.
605 S.a. Kammerreport Hamm, 2/2010 und 3/2010.

fung unter die Zwangsvollstreckung wegen der Maklerprovision zu einer Verlängerung der Verjährungsfrist führen können.[606]

Grds. sind mehrere Fallkonstellationen zu unterscheiden: 389
a) Der Verkäufer schuldet die Maklerprovision. Es wird jedoch vereinbart, dass der Käufer diese übernehmen soll (Abwälzungsvereinbarung)[607]. Da es sich hier um eine Erhöhung der Gegenleistung handelt, ist die Übernahme der Provision beurkundungspflichtig.[608] Durch die hierdurch bedingte Erhöhung des Kaufpreises, können sowohl bei den Gebühren[609] als auch bei der Grunderwerbsteuer[610] höhere Beträge anfallen. Belehrt er hierüber nicht, muss er damit rechnen, dass er die zusätzlichen Kosten gemäß § 21 Abs.1 Satz 1 GNotKG (früher § 16 KostO) nicht geltend machen kann.[611]
b) Wird von Verkäufer und Käufer je eine Provision geschuldet, ist zu unterscheiden, ob die Vereinbarung lediglich eine Bestätigung der jeweils bestehenden Provisionspflicht sein soll (deklaratorische Klausel) oder ob eine Übernahme i.S.d. Falles a) vorliegt. Im ersteren Falle bedarf es keiner Beurkundung, wohl aber im zweiten Falle. Schuldet von vornherein nur der Käufer eine Provision, ist die Zweckmäßigkeit der Aufnahme der Maklerklausel umstritten.[612] Sie kann sinnvoll sein, um späteren Beweisschwierigkeiten zu vermeiden.[613]
c) Soll dem Makler ein unmittelbarer Anspruch gegeben werden, ist ein echter Vertrag zugunsten Dritter (§ 328 BGB) oder ein Schuldanerkenntnis oder Schuldversprechen anzunehmen. Hier ist Vorsicht geboten, zumal dies dazu führen kann, dass die Provision auch beim Scheitern des Kaufvertrages zu leisten ist. Zudem könnten Zweifel an der Unabhängigkeit des Notars bestehen.[614]

---

606 *Wälzholz* MittBayNot 2000, 358.
607 BNotK Rdschr. 5/15.
608 Vgl. Ganter/Hertel/Wöstmann/*Ganter*, Rn. 1184; a. A. *Lerch* ZfIR 2015, 819.
609 Siehe *Bund* NotBZ 2006,46.
610 OFD Hannover. Vfg. betr. Grunderwerbsteuer: Maklergebühr, Verw.An. v. 05.12.2002 -S.4521–96-StH 232 RNotZ 2003, 337.
611 LG Hannover JurBüro 2006, 91, Korintenberg/*Tiedtke*, 19.Aufl. § 21 Rn 93; OLG Oldenburg NdsRpfl 1999, 320, zweifelhaft: OLG Hamm FGPrax 2012, 269.
612 Einzelheiten s. *Zimmermann*, Ausgewählte Fragen zum Dienst-, Standes- und Beurkundungsrecht, herausgegeben vom Deutschen Anwaltsinstitut e.V. Bochum, S. 233; *Gerkan/Hitzelberger*, NJW 1982, 1742, 2854; NJW 1983, 859; *Gerkan* DNotZ 1983, 227; *Piehler* DNotZ 1983, 23; *Wälzholz* MittBayNot 2000, 357 ff.
613 BNotK Rdschr. 5/15; vergl. *Krauß* notar 2015, 290.
614 BNotK Rdschr. 5/15; *Krauß* notar 2015, 291.

In den Fällen a) und c) wird auch ein Vertrag zwischen zwei Verbrauchern durch die Einbeziehung des Maklers zum Verbrauchervertrag.[615]

Klauseln, in denen sich eine Partei hinsichtlich der geschuldeten **Maklerprovision der sofortigen Zwangsvollstreckung** unterwerfen und die Umschreibung im Grundbuch erst nach Bezahlung der Courtage erfolgen soll, dürften dann zulässig sein, wenn die am Vertrag beteiligten Parteien, also Käufer und Verkäufer, auch ihrerseits den Wunsch zur Aufnahme äußern. In diesen Fällen ist es jedoch dringend erforderlich, die Vertragspartei, die die Maklerprovision schuldet, ausführlich und eindringlich über die Konsequenzen einer solchen Unterwerfungserklärung zu belehren.[616] Eine Möglichkeit, ein solches Ansinnen einer Vertragspartei abzulehnen, besteht nur in den Fällen des § 14 Abs. 2 BNotO. Danach kann der Notar seine Amtstätigkeit versagen, wenn sie mit seinen Amtspflichten nicht vereinbar ist, insb. wenn seine Mitwirkung bei Handlungen verlangt wird, mit denen erkennbar unerlaubte und unredliche Zwecke verfolgt werden.

X. Allgemeine Hinweise zur Belehrungspflicht

390   Die Belehrungspflichten sind so diffizil und umfangreich, dass sie hier nur angedeutet werden können. Man sehe nur die umfangreiche Sammlung der Schadensersatzfälle wegen mangelhafter Belehrung bei *Ganter/Hertel/Wöstmannn*, Handbuch der Notarhaftung. Die Kommentare zu § 17 BeurkG[617] behandeln dieses Thema ausführlich.[618]

Eine gute Zusammenfassung gibt der BGH: im Beschluss vom 24.07.2017 -NotSt(Brfg) 2/16:

»Gemäß § 17 Abs. 1 Satz 1 BeurkG soll der Notar den Willen der Beteiligten erforschen, den Sachverhalt klären und die Beteiligten über die rechtliche Tragweite des Geschäfts belehren. Damit soll gewährleistet werden, dass der Notar eine rechtswirksame Urkunde errichtet, die den Willen der Beteiligten vollständig sowie inhaltlich richtig und eindeutig wiedergibt (vgl. Senatsurteil vom 24. November 2014 – NotSt(Brfg) 1/14, BGHZ 203, 280 Rn. 28; BGH, Urteile vom 21. Januar 2016 – III ZR 160/15, juris Rn. 12; vom 24. April 2008 – III ZR 223/06, ZNotP 2008, 287, juris Rn. 13; vom 19. Oktober 1995 – IX ZR 104/94, NJW 1996, 520, juris Rn. 14 f.; vom 6. November 1986 – IX ZR 125/85, NJW 1987, 1266 juris Rn. 32). Der Notar kann den Willen der Beteiligten aber nur dann richtig erfassen und in eine rechtliche

---

615 *Grziwotz* ZfIR 2006, 189 und *Suppliet* DNotZ 2012, 270, 284.
616 Ebenso *Wälzholz*, MittBayNot 2000, 361, *Krauß* notar 2015, 291.
617 § 17 BeurkG z.B. bei Armbrüster/Preuß/Renner, Grziwotz/Heinemann, Winkler, Eylmann/Vaasen, Lerch, Haug/Zimmermann.
618 S. auch *Kapsa* ZNotP 2007, 404.

Form kleiden, wenn er den zugrundeliegenden Sachverhalt kennt. Deshalb muss er den Tatsachenkern des zu beurkundenden Geschäfts aufklären. Er darf sich dabei zwar regelmäßig auf die tatsächlichen Angaben der Beteiligten ohne eigene Nachprüfung verlassen. Er muss allerdings bedenken, dass Beteiligte entscheidende Umstände, auf die es für das Rechtsgeschäft ankommen kann, möglicherweise nicht erkennen oder rechtliche Begriffe, die auch unter Laien gebräuchlich sind und die sie ihm als Tatsachen vortragen, möglicherweise falsch verstehen (BGH, Urteile vom 19. Oktober 1995 – IX ZR 104/94, NJW 1996, 520 Rn. 15; vom 6. November 1986 – IX ZR 125/85, NJW 1987, 1266 Rn. 32, jeweils m.w.N.).«

Hier soll nur auf Folgendes hingewiesen werden: Wenn der Notar weiß, dass der Urkundenbeteiligte anwaltlichen oder notariellen Rat in derselben Angelegenheit in Anspruch genommen hat, muss er sich vergewissern, dass dieser Anwalt oder ggf. der andere Notar die Belehrung erteilt und der Urkundenbeteiligte diese Belehrung auch verstanden hat.[619] Die Aufklärungspflicht entfällt nicht allein dadurch, dass der Notar weiß, der Urkundenbeteiligte habe einen anwaltlichen oder anderweitig notariellen Rat in derselben Angelegenheit erhalten.[620]

Zu erwähnen ist die Entscheidung des BGH,[621] wonach bei einem übergroßen Geschäftsanfall der Verdacht bestehen kann, eine ausreichende Belehrung der Beteiligten habe nicht stattgefunden und der Notar sei damit seiner Pflicht gem. § 17 BeurkG nicht im erforderlichen Maße nachgekommen. In dem entschiedenen Fall hat der BGH ausgeführt, dass die Dienstaufsichtsbehörde dem Notar eine – wenn auch auf wenige Monate begrenzte – Berichtspflicht über die Zeitdauer des Beurkundungsvorgangs und die Summe der verlesenen Urkundenzeiten aufgeben kann.

Grundsätzlich muss die betroffene Vertragspartei belehrt werden. Dass ein bei der Beurkundung für die abwesende Vertragspartei auftretende Bevollmächtigte im Bilde ist, reicht nicht aus, solange der Notar nicht sicher davon ausgehen kann, dass die Vertragspartei jedenfalls durch den Dritten ausreichend informiert ist. Zur Belehrungspflicht bei Beurkundung einer Annahmeerklärung s.o. Rdn. 141.

Nach § 17 Abs. 2a BeurkG hat der Notar das Beurkundungsverfahren so zu **391** gestalten hat, dass die Einhaltung der Pflichten nach den Absätzen 1 und 2 gewährleistet ist. Hierbei wird insbesondere an die Vertragsgestaltung bei Abschluss von Verträgen mit vollmachtlosen oder auch bevollmächtigten Vertretern gedacht (s.o. Rdn. 126).

---

619 OLG Frankfurt Urt. v. 15.02.2012 – 4 U 129/11.
620 OLG München Urt. v. 17.06.2010 – 1 U 3256/09, *Ganter* DNotZ 2013, 173.
621 BGH MittBayNot 1995, 490 ff. = NJW–RR 1995, 884 ff.

In den Fällen, in denen eine Vertragspartei eine **ungesicherte Vorleistung**[622] erbringt, muss der Notar über die rechtliche Tragweite dieser Vereinbarung belehren und Wege aufzeigen, wie diese Risiken vermieden oder gemindert werden können,[623] (bspw. bei vorzeitiger Besitzüberlassung anlässlich eines Grundstückskaufs[624]). Dies gilt auch dann, wenn die Parteien die risikobehaftete Vertragsgestaltung ausdrücklich wünschen. Diese **doppelte Belehrungspflicht**[625] sollte aus Gründen der Beweiserleichterung auch in die Urkunde aufgenommen werden.[626] Die Beweislast trägt allerdings der Geschädigte.[627]

Der Notar ist auch verpflichtet, den Beteiligten die praktikablen und üblichen Sicherungsmöglichkeiten vorzuschlagen. Indessen geht es zu weit, von ihm zu verlangen, dass er alle nur erdenklichen Sicherungsmöglichkeiten aufzeigt. Der Notar wird z.B. regelmäßig hinreichende Alternativen, die einen Schutz des Vorleistenden bieten, beim Entwurf des Vertrages und der Belehrung der Beteiligten benennen können.[628]

392 Bei **reinen Unterschriftsbeglaubigungen** bestehen keine Belehrungspflichten. Der Notar hat sie aber abzulehnen, wenn der Inhalt der Schrift gegen ein gesetzliches Verbot oder gegen die guten Sitten verstößt oder wenn ein Mitwirkungsverbot in Betracht kommt.[629]

Ihn trifft also nur eine eingeschränkte Prüfungs- und Belehrungspflicht.[630] Zu einer Rechtsbelehrung ist er grundsätzlich nicht verpflichtet.[631] Er muss lediglich prüfen, ob Gründe bestehen, seine Amtstätigkeit zu versagen (§ 40 Abs. 2 i.V. m. §§ 2 bis 5 BeurkG), und die Beteiligten ggf. entsprechend unterrichten.[632] Eine darüber hinaus gehende Belehrungspflicht besteht jedoch, wenn er den Text des Entwurfes formuliert hat, z.B. eine Genehmigungserklärung.

---

622 *Winkler* § 17 Rn. 232 ff.; Checkliste zur Prüfung: *Ganter* NotBZ 2000, 277.
623 BGH NJW-RR 2012,300 Rn. 17; BGH WM 2006, 1592, bespr. von *Lerch* WuB 2007, 59; *Kapsa* ZNotP 2007, 403, *Ganter* DNotZ 2013, 172.
624 BGH DNotZ 2008, 92.5.
625 Siehe auch *Müller-Teckhof* NJW 2018 Punkt 8 zum Urteil des OLG Frankfurt NJOZ 2017, 852 Rn.17.
626 Vgl. BGH DNotZ 2006, 912; BGH NJW 2008, 1321.
627 BGH DNotZ 2008,912; BGH NJW 2008, 1321 Haug/Zimmermann Rn. 607 ff.
628 *Armbrüster/Krause* NotBZ 2004, 329.
629 Kritische Auseinandersetzung von *Winkler* § 17 Rn. 235a; *Winkler* Rpfleger 1972, 256;.
630 Z.B. bei einer Genehmigungserklärung Belehrung nur über das Wirksamwerden des Geschäfts, nicht aber über den Inhalt und die Ausgestaltung (BGH DNotZ 2005, 286, s. aber andere Entscheidung des BGH in NJW – RR 2012, 300).
631 BGH ZNotP 2005, 74; DNotI-Rep. 1/2005.
632 Ganter/Hertel/Wöstmann/*Ganter* Rn. 1376 m.w. N.

Bei einer Genehmigung muss der Notar aber nur über die rechtlichen Folgen einer Genehmigung belehren, d.h. über das Wirksamwerden des Geschäfts, nicht aber über den Inhalt und die Ausgestaltung der Vertretergeschäfts.[633] Möglicherweise kann bei einer bloßen Unterschriftsbeglaubigung aber auch eine betreuende Belehrungspflicht oder Warnpflicht nach § 14 Abs. 1 BNotO zum Schutz der Beteiligten vor unerkannten, aber dem Notar erkennbaren Gefahren eingreifen. In diesem Zusammenhang wird auf die Entscheidung des BGH zur Belehrungspflicht des Zentralnotars vom 04.03.2004.[634] verwiesen.

Nach § 20a BeurkG soll der Notar auf die Möglichkeit der **Registrierung bei** 393
dem zentralen Vorsorgeregister der BNotK (§ 78a Abs. 1 BNotO) hinweisen. Der Belehrungsvermerk braucht nicht dokumentiert zu werden; es ist aber empfehlenswert.[635]

Fraglich kann sein, ob es sich allgemein empfiehlt, die Tatsache der Belehrung 394
in der Urkunde zu vermerken. Im Haftungsprozess kann die Situation für den Notar ungünstig sein, wenn der Kläger behauptet, nicht oder nicht ausreichend belehrt worden zu sein. In der Regel kann sich der Notar an die einzelnen Vorgänge bei der Beurkundung nicht mehr erinnern. Der Richter kann dazu neigen, aus den unbestimmten Erklärungen des Notars ein Eingeständnis seines Verschuldens zu folgern, weil er sich in die Situation des Notars schwer hineinzuversetzen vermag.

Ein Notar kann auch dann Belehrungsvermerke in seine Urkunde aufzunehmen, wenn der Inhalt der Belehrung nicht der (Rechts-) Auffassung oder dem Willen der Urkundenbeteiligten entspricht.[636]

In bestimmten Fällen schreibt der Gesetzgeber ausdrücklich vor, dass die Tatsa- 395
che der Belehrung in die Niederschrift aufgenommen wird. Fehlt die Dokumentation, trifft den Notar die Beweislast für die erfolgte Belehrung.[637]

Hier nur einige Hinweise zu den wichtigsten Fällen:
a) Zweifel über die Wirksamkeit des Rechtsgeschäftes nach § 17 Abs. 2 Satz 2 BeurkG.

---

633 BGHZ 125, 225.
634 NotBZ 2004, 347 ff.
635 Bei der Beurkundung soll er darauf hinwirken, dass bei der Registrierung auch Angaben zur Person des Bevollmächtigten und möglichst auch zum Aufbewahrungsort der Vollmacht erfolgen, Rdschr. der BNotK Nr. 14/2007 vom 05.06.2007.
636 LG Schwerin Beschl.v. 10.10.2016 – 4 T 6/16 notar 2017, 322 m. Anm. *Genske*.
637 BGH NJW 2006, 3065 = NotBZ 2006,318; BGH DNotZ 1990, 441 f. vgl. ausführlich hierzu *Ganter* WM 2000, 656.

b) Nach § 18 BeurkG soll der Notar auf die erforderlichen gerichtlichen oder behördlichen Genehmigungen oder Bestätigungen oder auf etwa darüber bestehende Zweifel die Beteiligten hinweisen und dies in der Niederschrift vermerken. Nach herrschender Meinung hat er die einzelnen Tatbestände einzeln in der Niederschrift anzuführen.[638]

c) Bei Eintragungen im Grundbuch oder im Handelsregister ist über die Unbedenklichkeitsbescheinigung des Finanzamtes (§ 19 BeurkG) zu belehren.

d) Nach § 20 BeurkG ist über die gesetzlichen Vorkaufsrechte zu belehren. Zur Vornahme etwaiger Vorkaufsrechtsanfragen ist er nur verpflichtet, wenn die Beteiligten ihn hierzu beauftragt haben, was allerdings vielfach zweckmäßig sein dürfte.

e) Zur Beurkundung ohne Grundbucheinsicht: siehe oben Rdn. 310.

f) Bei der Abtretung oder Belastung eines Briefpfandrechts muss vermerkt werden, ob der Brief vorgelegen hat, § 21 Abs. 2 BeurkG.

g) Wird die Gültigkeit eines Rechtsgeschäftes möglicherweise durch ausländisches Recht berührt, so sollte der Notar mangels eigener Kenntnis die Beurkundung von der Einholung eines Rechtsgutachtens abhängig machen.[639] Es ist zweifelhaft, ob der bloße Belehrungsvermerk nach § 17 Abs. 3 BeurkG, dass ausländisches Recht in Frage komme, zur möglichen Entlastung bei einer Unwirksamkeit des beurkundeten Geschäftes genügt. Zumindest ist der Vermerk nach § 17 Abs. 2 Satz 2 BeurkG zu bringen.[640]

396   Ob über die vorgeschriebenen oder besonders empfehlenswerten Belehrungsvermerke hinaus weitere Vermerke aufzunehmen sind, hängt von dem jeweiligen Einzelfall ab. Würden alle Belehrungen in der Niederschrift vermerkt, würde der materiellrechtlich bedeutsame Text völlig überwuchert werden. »Ein Übermaß an Bedenklichkeitsvermerken würde das notarielle Urkundenwesen zum Schaden des Urkundenrechts und des Ansehens des Notariats mit einem Schein formaler Zweifel belasten«.[641] Es wäre deshalb auch falsch, aus der Tatsache, dass über eine Vielzahl von Punkten ein Belehrungsvermerk in der Urkunde aufgenommen worden ist, die Belehrung über einen bestimmten Punkt jedoch fehlt, zu folgern, dass insoweit eine Belehrung nicht stattgefunden hat.[642]

---

638 *Winkler* § 18 Rn. 46; bestätigt von BGH NJW 1993, 648.

639 Hinweise in *Weingärtner* Notarrecht Ord.-Nr. 430.

640 S. hierzu auch *Lerch* BWNotZ 1997, 56. Ausführlich: *Schlüter/Knippenkötter* Rn 242.

641 BGH DNotZ 1974, 201.

642 OLG Frankfurt DNotZ 1951, 462.

Allerdings verlangt die Rechtsprechung andererseits immer mehr Belehrungen zum materiellen Recht. Man denke nur an die Auflassungsvormerkung,[643] die Verkürzung der Gewährleistungsfristen (Einbeziehung der VOB, s.o. Rdn. 367), Gewährleistungsausschlussklauseln,[644] Aufrechnungsausschluss beim Verwahrungsgeschäft (s.u. Rdn. 473), rechtliche Unsicherheiten,[645] rechtliche Tragweite,[646] Belehrung nach § 1 Abs.2 Satz2 Schornsteinfeger-Handwerksgesetz (SchfHwG).[647] **397**

XI. Allgemeine Hinweise zum Bauträgervertrag

Literaturhinweise:

Basty, Der Bauträgervertrag, 9. Aufl. 2018 *Meyer*, Ausgewählte Probleme des Bauträgervertrags, RNotZ 2006, 497

1. Grundlagen

Der Bauträgervertrag hat im Rahmen der gesetzlichen Neuordnung des Werkvertragsrechts seit dem 01.01.2018 einen eigenen Untertitel im BGB erhalten, der sich allerdings bislang in zwei Vorschriften erschöpft (§ 650u und § 650v BGB), die festlegen, welche Bestimmungen auf den Bauträgervertrag anzuwenden sind und welche nicht. Wie von der Rechtsprechung schon seit der Schuldrechtsreform zugrunde gelegt, ist der Bauträgervertrag nach seiner Definition in § 650u Abs. 1 Satz 1 BGB (zuvor: § 632a Abs. 2 BGB in der bis zum 31.12.2017 geltenden Fassung) ein Vertrag sui generis, der Elemente verschiedener Rechtsgebiete in sich vereint. Bei der Gestaltung sollte der Notar deshalb berücksichtigen, dass es sich **398**

– jedenfalls um einen gemischten Vertrag mit Kauf- und Werkvertrags-, ggf. auch mit Geschäftsbesorgungselementen,

– regelmäßig um einen Verbrauchervertrag[648] – aber keinen Verbraucher**bau**vertrag, vgl. § 650i Abs. 1 BGB[649] – und

– einen Formularvertrag

---

643 BGH WM 1988, 1752.

644 *Lerch* WuB 2007, 57.

645 OLG Köln BB 1991, 1211.

646 BGH DNotZ 1976, 54; ausführlich: *Schlüter/Knippenkötter* Rn. 343 ff.

647 Der Notar muss belehren, dass der Neueigentümer verpflichtet ist, unverzüglich seine Daten an den Bezirksschornsteinfeger zu geben.

648 Hierzu etwa *Lucenti* NZBau 2010, 469.

649 Der Anwendungsbereich der Vorschrift scheint gering zu sein. Zu denken wäre etwa an Verträge, welche die Errichtung eines Fertighauses zum Gegenstand haben. Dabei wird zu klären sein, ob solche Verträge auch dann noch den (gesamten) »Bau eines neuen Gebäudes« betreffen, wenn der Verbraucher erhebliche Eigenleistungen erbringt, wie etwa die Unterkellerung.

mit einer Vielzahl sich ständig ändernder Rechtgrundlagen (BGB, Art. 244, 249 EGBGB, AbschlagsV, MaBV, WEG) handelt[650].

399   Hinzu kommt, dass das Bauträgerrecht dynamisch ist und »neue« Vertragsklauseln regelmäßig einer gerichtlichen Inhaltskontrolle unterworfen sind.

400   Die Vertragsparteien heißen beim Bauträgervertrag (jetzt) richtig Unternehmer und Besteller, vgl. § 650u Abs. 1 Satz 1 BGB, und nicht – wie vielfach anzutreffen – »Verkäufer« und »Käufer« bzw. »Erwerber«. Einen guten Überblick über deren Rechtsbeziehungen verschafft unverändert das Bauträgermerkblatt der Landesnotarkammer Bayern (Stand 2009, abgedruckt im Anhang 6).

2. Die Prüfung von Bauträgerverträgen

401   Bei der Gestaltung von Bauträgerverträgen sollte darauf geachtet werden, dass
       – der Entwurf des Bauträgervertrags einschließlich der Baubeschreibung dem Verbraucher rechtzeitig vor der Beurkundung vom Notar zur Verfügung gestellt wird, § 17 Abs. 2a Satz 2 Nr. 2 BeurkG, § 650u Abs. 2, § 650j BGB, Art. 249 EGBGB,
       – der dann beurkundete Bauträgervertrag formwirksam ist, §§ 9 Abs. 1 Satz 2, 13, 13a BeurkG,
       – der Notar der Regelung des § 650v BGB (bis zum 31.12.2017: § 632a Abs. 3 BGB) Rechnung trägt,
       – der beteiligte Verbraucher ausreichend über den Vertragsinhalt belehrt wird und
       – ggf. eine Abwicklung über Anderkonto vorgesehen ist.

402   a) Zumindest bei Bauträgerverträgen, die nach dem 01.01.2018 geschlossen werden, ist dem Verbraucher gemäß § 650u Abs. 2, § 650j BGB, Art. 249 § 1, 2 EGBGB (auch) die Baubeschreibung rechtzeitig vor Abgabe seiner Willenserklärung zur Verfügung zu stellen. Rechtzeitig wird dabei sein, wenn der Notar dem Verbraucher die Baubeschreibung – wie für den beabsichtigten Vertragstext in § 17 Abs. 2a Satz 2 Nr. 2 BeurkG vorgesehen – zwei Wochen vor der Beurkundung zur Verfügung stellt.

Ist die Baubeschreibung Gegenstand einer anderen Urkunde, auf die in der späteren Beurkundung verwiesen werden soll, folgt jedenfalls aus §§ 650u Abs. 2, 650v BGB, dass dem Verbraucher auch diese Verweisungsurkunde rechtzeitig zur Verfügung gestellt werden muss.

---

650 Zur rechtlichen Einordnung eingehend *Basty* Rn. 6 ff.

In Anlehnung an *Basty*[651] empfiehlt sich dabei meines Erachtens folgende Formulierung:

> Der Besteller bestätigt, dass er ausreichend Gelegenheit hatte, sich vorab mit dem Gegenstand der Beurkundung und dem Inhalt des Vertrags auseinanderzusetzen. Ihm wurden vom Notar am … ein Vertragsentwurf und die in … genannte Verweisungsurkunde zur Verfügung gestellt.

b) Bei der Prüfung der Formwirksamkeit stehen zunächst die Baubeschreibung 403
und ggf. die Teilungserklärung im Mittelpunkt. Sind diese nicht Gegenstand
von eigenständigen Urkunden, die durch Verweisung gemäß § 13a Abs. 1, 2
BeurkG einbezogen werden sollen, müssen Baubeschreibung und Teilungserklärung vorgelesen werden, wie § 14 BeurkG zeigt, der nur für die dort aufgezählten Erklärungen der Beteiligten die Vorlesungspflicht einschränkt.[652]

Es liegt außerdem auf der Hand, dass die Parteien eines Bauträgervertrags, der
den Erwerb des Grundstücks vom Bauträger und dessen Bebauung durch den
Bauträger zum Gegenstand hat, ein finanzielles Interesse daran haben könnten,
ihren eigentlich einheitlichen Vertrag aufzuspalten, um Notarkosten und
Grunderwerbsteuer zu »sparen«: Beurkundet wird dann nur der Kaufvertrag
über ein unbebautes Grundstück. Nur schriftlich wird (vorher oder nachher)
der Vertrag geschlossen, der die Errichtung des Hauses auf dem Grundstück
zum Gegenstand hat. Erkennt der Notar, dass die Parteien eine solche Aufspaltung anstreben,[653] muss er die Beurkundung nur des Grundstückskaufvertrags
ablehnen, weil er sonst zum einen den bis zu einer etwaigen Heilung (§ 311b
Abs. 1 Satz 2 BGB) formnichtigen Vertrag beurkunden und zum anderen
unredlichen Zielen Vorschub leisten würde (vgl. § 14 Abs. 2 BNotO, § 4
BeurkG).

Zu beachten ist dabei, dass der Formzwang sich auch dann auf den Bebauungs- 404
vertrag erstrecken kann, wenn der Bauvertrag zeitlich vor dem Grundstückskaufvertrag geschlossen wird und die Parteien des Bauvertrags mit den Parteien
des Grundstückskaufvertrags nicht identisch sind;[654] maßgeblich ist immer,
ob beide Verträge nach dem Willen der Parteien voneinander abhängen sollen.
In diesem Fall liegt überdies auch steuerrechtlich ein einheitlicher Erwerbsvorgang vor, so dass sich auch die Aussicht der Parteien, Steuern sparen zu können, zerschlägt, wenn offenbar wird, dass ein Grundstück im Zusammenhang

---

651 *Basty* Rn. 122.
652 Kritisch zur aus seiner Sicht nicht mehr zeitgemäßen Verlesungspflicht *Bohrer* DStR
2012, 1232.
653 Zum Beispiel, weil Bauträgerfirmen üblicherweise nicht am Verkauf von unbebauten
Grundstücken verdienen.
654 BGHZ 186, 345 = DNotZ 2011, 196.

mit dem Erwerb eines unbebauten Grundstücks bebaut wird.[655] Mit der
Gesamtproblematik befasst sich eingehend die Verfügung der Oberfinanzdi-
rektion Münster vom 20.04.2009 (4521-33-St 24-35).[656]

Schließlich sollte der Notar genau erfragen, welche über die regelmäßig stan-
dardisierte Baubeschreibung hinausgehenden Sonderwünsche der Besteller ggf.
schon vor Vertragsschluss hat und welche Arbeiten er ggf. in Eigenleistung
erbringen will. Zu beurkunden sind nämlich alle Vereinbarungen der Parteien,
insbesondere in Ansehung der vertraglichen Hauptleistungspflichten. Entspricht hier das Gewollte nicht dem Beurkundeten, kann der ganze Bauträgervertrag formnichtig sein.

405   **c)** Zu beachten sind die gesetzlichen Mindestanforderungen an die Baubeschreibung und dass diese die erforderlichen Angaben zum Fertigstellungszeit-
punkt enthält:

Der notwendige Mindestinhalt der Baubeschreibung ergibt sich aus Art. 249
§ 2 Abs. 1 EGBGB. Etwas erstaunlich finde ich, dass die Baubeschreibung
nach dem Willen des Gesetzgebers nur »klar«, aber nicht unbedingt für einen
durchschnittlichen Verbraucher verständlich sein muss. Hier werden sich Fol-
geprobleme ergeben, wenn die Baubeschreibung – wie regelmäßig – Geschäftsbedingungen enthält. Diese müssen nämlich für einen durchschnittlichen
Adressaten verständlich sein (§ 307 Abs. 3 Satz 2, Abs., 1 Satz 2 BGB).

Genügt die Baubeschreibung den inhaltlichen Mindestanforderungen nicht,
würde es zu einer im Einzelfall sicher schwierigen Abwägung gemäß § 650u
Abs. 2 BGB, 650k Abs. 2 BGB kommen. Gemäß § 17 Abs. 1 Satz 1, Abs. 2a
BeurkG trifft den Notar gerade die Pflicht, solchen Unwägbarkeiten durch
klare und unzweideutige Wiedergabe des Willens der Parteien und des
erforschten Sachverhalts vorzubeugen.

406   **d)** Die Vertragsabwicklung über ein Anderkonto kommt **nur für die letzte
Rate** und dann auch nur in Betracht, wenn die Hinterlegung **nach vollständiger Fertigstellung** erfolgen soll. Jede Klausel, die eine weitreichendere Hinterlegung vorsieht, führt nach der Rechtsprechung zu einer unangemessenen
Benachteiligung des Verbrauchers gemäß §§ 307, 309 Nr. 2 a) BGB, da durch
die Hinterlegung auf dem Anderkonto die Durchsetzung des eigenen Leistungsverweigerungsrechts beeinträchtigt wird.[657] Hinzu kommt, dass ein

---

655 BFHE 239, 154 = NZM 2013, 108.
656 BeckVerw 159354.
657 BGH NJW 1985, 852. Eingehend *Meyer* S. 511 ff.

berechtigtes Sicherungsinteresse gemäß § 57 Abs. 2 Nr. 1 BeurkG (vormals: § 54a Abs. 2 Nr. 1 BeurkG in der bis zum 08.06.2017 geltenden Fassung) allenfalls bei der Hinterlegung der letzten Rate in Betracht zu ziehen ist.[658]

3. Inhaltskontrolle einzelner Klauseln in Bauträgerverträgen

Der Notar hat auch darauf zu achten, dass sich in dem Vertrag keine Klauseln 407 finden, die Rechte des Verbrauchers einschränken könnten. Folgende Klauseln sind von der Rechtsprechung bereits kassiert worden (ohne Anspruch auf Vollständigkeit):[659]

- Zwangsvollstreckungsunterwerfung mit Nachweisverzicht,[660]
- Umschreibungssperre,[661] also eine Regelung, nach der erst nach vollständiger Kaufpreiszahlung der Notar die Eigentumsumschreibung beantragen darf,
- Verwahrung der letzten drei Raten auf Notaranderkonto,[662]
- Kaufpreisfälligkeit nach Übergabe einer Bürgschaft,[663]
- Fälligkeit des gesamten Restkaufpreises für den Fall des ungenehmigten Einzugs,[664]
- Vermischung der Sicherheiten des § 3 MaBV und des § 7 MaBV,[665]
- Nachforderungsausschluss,[666]
- Vollmacht für den Unternehmer, unbeschränkt Aufträge im Namen des Bestellers zu erteilen,[667]

---

658 Zum Verstoß gegen § 57 Abs. 2 Nr. 1 BeurkG (bzw. § 54a Abs. 3 BeurkG a.F.) bei der nachträglichen Annahme einer Verwahrungsanweisung BGH DNotZ 2009, 45. Ausführlich *Basty*, Rn. 88 ff.

659 Hierzu eingehend etwa *Meyer* S. 511 ff. Ich habe diese Auflistung an seinem Aufsatz orientiert und fortgeschrieben.

660 BGH NJW 2002, 138; DNotZ 1999, 53; OLG Zweibrücken IBR 2003, 308; OLG Düsseldorf BauR 2002, 515.

661 BGH NJW 2002, 28; OLG München BauR 2008, 1011.

662 BGH NJW 1985, 852.

663 OLG Karlsruhe BB 2001, 1325. Nachdem der BGH zunächst dazu neigte, die Klausel für wirksam zu erachten (Vorlagebeschluss an den EuGH v. 02.05.2002 – DNotZ 2002, 652), musste er die Frage wegen der Rücknahme der Revision, die wohl auf einem Hinweis des Vorsitzenden vom 22.12.2004 beruhte, nicht prüfen. Zu diesem bemerkenswerten Rechtsstreit *Basty* DNotZ 2005, 95 und *Kanzleiter* DNotZ 2005, 191.

664 OLG Koblenz NJW-RR 2007, 964.

665 BGH NJW-RR 2003, 1171. Die Klausel ist sogar als Individualvereinbarung gemäß § 134 BGB unwirksam.

666 BGH NJW 2004, 502.

667 OLG Nürnberg NJW 1982, 2326.

- Verkürzung der Verjährungsfrist,[668]
- Ausschluss des Rücktrittsrechts des Verbrauchers,[669]
- Ablösung des Gewährleistungseinbehalts nur durch Bürgschaft,[670]
- Annahmefrist für den Bauträger von 10 Wochen,[671]
- Abtretung der Gewährleistungsansprüche des Unternehmers gegen seine Subunternehmer bei gleichzeitiger Vereinbarung eines Gewährleistungsausschlusses gegenüber dem Unternehmer,[672]
- Klausel, die die Abnahme des Gemeinschaftseigentums durch einen vom Bauträger bestimmbaren Erstverwalter ermöglicht,[673]
- Annahmefrist für den Bauträger von mehr als 6 Wochen, weil regelmäßig eine Annahme innerhalb von vier Wochen erwartet werden kann und diese Frist um nicht mehr als 50% durch AGB verlängert werden darf[674]; dies gilt auch bei finanzierten und beurkundungsbedürftigen Bauträgerverträgen[675] und auch in Verträgen, in denen dem Antragenden ein inhaltlich beschränktes Lösungsrecht vom Vertrag zusteht,[676]
- Vereinbarung, dass die Geltung des AGB-Rechts ausgeschlossen sein soll,[677]
- Klausel, die die nach Entstehen der werdenden Wohnungseigentümergemeinschaft und Abnahme des Gemeinschaftseigentums vertragschließenden Erwerber (»Nachzügler«) an eine durch frühere Erwerber bereits erfolgte Abnahme des Gemeinschaftseigentums bindet,[678]

---

668 OLG Saarbrücken OLGR 2004, 210 (für den Baubetreuer beim Bauherrenmodell).
669 LG Oldenburg BauR 2005, 764; BGH NJW 2002, 511, BGH NJW-RR 2007, 59 und OLG Celle OLGR 2007, 503 (jeweils für die Wandlung nach altem Schuldrecht).
670 OLG Dresden IBR 2008, 651; OLG Braunschweig BauR 2004, 137; vgl. für einen reinen Werkvertrag, bei dem es darauf ankommt, welche Einreden dem Bürgen verbleiben sollen, BGH ZIP 2009, 1703 mit Anmerkungen *Simon* EWiR § 768 BGB 2/09, 741.
671 OLG Dresden RNotZ 2004, 500; vgl. auch OLG Brandenburg BauR 2005, 1685 für eine Klausel, wonach der Käufer an sein Angebot sechs Monate gebunden sein sollte.
672 OLG Köln DNotZ 2012, 126 (im Individualvertrag zwischen zwei Verbrauchern!).
673 BGH NJW 2013, 3360; BGH DNotZ 2017, 171.
674 BGH NJW 2014, 857; vgl. zuvor schon BGH NJW 2013, 3434 und NJW 2014, 1918, 1920); vgl. auch BGH NJW-RR 2017, 114.
675 BGH NJW 2014, 854.
676 BGH NJW 2016, 2173.
677 BGH NJW 2014, 1724.
678 BGH NJW 2016, 2878: § 307 Abs. 1 Satz 1, Abs. 2 Nr. 1 BGB.

– Klausel, nach der sich im vorgenannten Fall auch für Nachzügler die Verjährungsfrist hinsichtlich Mängeln am Gemeinschaftseigentum nach der bereits erfolgten Abnahme richten soll,[679]
– Klausel, durch die eine für sich betrachtet verständliche Klausel zum Verjährungsbeginn durch eine »Abnahme« wegen der Regelungen zur Sachmängelhaftung (Nacherfüllung) ab »Übernahme« unverständlich wird[680].

Unwirksam dürften auch Klauseln sein,[681] die

408

– den Unternehmer zu weitreichenden Änderungen der Teilungserklärung im Namen des Beststellers bevollmächtigen, § 308 Nr. 4 BGB,
– nicht genau (»materialmäßige oder wirtschaftliche Gründe«) eingeschränkte Änderungsvorbehalte hinsichtlich der Bauleistungen enthalten, §§ 308 Nr. 4, 307 Abs. 1 Satz 2 BGB,
– die Fälligkeit von Sonderwünschen unabhängig vom Ratenplan gemäß § 3 Abs. 2 MaBV bestimmen,
– eine Nachzahlungspflicht bei Planungs- und Kalkulationsfehlern des Unternehmers vorsehen, wenn kein vorläufiger Kaufpreis vereinbart wurde (z.B. bei größerer Wohnfläche),
– die Kosten für die Teilungserklärung und Baubeschreibung auf den Beststeller abwälzen oder
– als salvatorische Klauseln eine Verpflichtung zur ergänzenden Vereinbarung festlegen.

4. Fälligkeitsregelungen in Bauträgerverträgen

409

Zu beachten ist, dass im Vertrag die Verpflichtungen bei der Sicherheitsleistung gemäß § 7 Abs. 1 MaBV nicht »modifiziert« worden sind.[682] Regelmäßig wird im Bauträgervertrag zum einen eine Zahlungsvereinbarung auf Grundlage des § 3 Abs. 1, 2 MaBV getroffen.[683] Zugleich will sich der Unternehmer aber die Möglichkeit erhalten, den gesamten Kaufpreis sofort fällig zu stellen, was nur möglich ist, wenn er Sicherheit gemäß § 7 Abs. 1 MaBV leistet.

410

---

679 BGH NJW 2016, 1572 und NJW 2016, 2878: § 309 Nr. 8 b) BGB.
680 BGH NJW 2016, 1575.
681 Einzelheiten bei *Meyer* S. 500 ff; *Lucenti* NZBau 2010, 469 ff.
682 Vgl. etwa BGH NJW 2014, 1728 zur »Vertreten-Müssen-Klausel« mit Anmerkungen u.a. *Vollmer* DNotZ 2014, 274 ff.
683 Eingehend zur typischen Zahlung nach Baufortschritt *Basty* Rn. 444 ff.

a) Rechtliche Grundlagen, insbesondere §§ 3, 7 MaBV

411 Instruktiv ist in diesem Zusammenhang die Besprechung der (etwas älteren) Entscheidung des Bundesgerichtshofs vom 6.05.2003 – XI ZR 33/02 – durch *Riemenschneider.*[684] Er führt verständlich aus:

> »Die Erörterung der mit einer Sicherheitsleistung einhergehenden Probleme setzt voraus, dass man sich über die Dreiecksverhältnisse im Klaren ist, die bestehen, wenn der Unternehmer Zahlungen abweichend vom Ratenplan entgegennehmen will, §§ 1 Satz 2 AbschlagsV, 7 Abs. 1 MaBV:
> - Vertragsverhältnis zwischen Bauträger und Erwerber (Bauträgervertrag)
> - Vertragsverhältnis zwischen Bank und Bauträger (u.a. ein Avalkreditvertrag)([685])
> - Vertragsverhältnis zwischen Bank und Erwerber (u.a. ein Bürgschaftsvertrag).

Der Bauträgervertrag bildet sowohl die Grundlage als auch den Rahmen für die beiden anderen Vertragsverhältnisse. Die Grundlage beinhaltet der Bauträgervertrag deshalb, weil ohne eine entsprechende vertragliche Fälligkeitsregelung der Bedarf für die beiden anderen Vertragsverhältnisse entfällt. Der Bauträger muss sich vertraglich die Möglichkeit einer Sicherheitsleistung gemäß § 7 Abs. 1 MaBV sichern, sofern er unabhängig von den Verpflichtungen des § 3 Abs. 1 und 2 MaBV Zahlungen entgegennehmen will. Sofern entsprechende vertragliche Vorkehrungen fehlen, ist es dem Bauträger ohne Zustimmung des Erwerbers grundsätzlich verwehrt, in Abweichung von § 3 MaBV den Kaufpreis gegen Stellung einer Bürgschaft gemäß § 7 MaBV fällig zu stellen. § 7 MaBV gibt dem Bauträger also keine die Vertragsvereinbarungen verdrängende bzw. ergänzende Befugnis zur Fälligstellung des Kaufpreises. Der Bauträgervertrag enthält des Weiteren die Rahmenbedingungen für die zu gewährende Bürgschaft, denn der Vertrag regelt den Sicherungsanspruch des Erwerbers, nämlich insbesondere Art und Umfang der für die Herbeiführung der Kaufpreisfälligkeit auszureichenden Bürgschaft. Die Erforderlichkeit der Trennung der Vertragsverhältnisse tritt hierbei besonders deutlich zutage. Denn die öffentlich-rechtlichen Anforderungen der MaBV, im vorliegenden Falle des § 7 MaBV, richten sich nur an den Bauträger und nicht an die Bank oder den Erwerber. Ein Verstoß des Bauträgers gegen diese Anforderungen durch unzulässige Vereinbarungen im Bauträgervertrag hat im Regelfall keine unmittelbaren Auswirkungen auf die beiden anderen Vertragsverhältnisse.«

b) Rechtsfolgen der Nichtigkeit einer Fälligkeitsregelung

412 Verstößt die Fälligkeitsregelung eines Bauträgervertrages gegen § 7 Abs. 1 Satz 1 i.V.m. Satz 3 MaBV, ist diese Vereinbarung gemäß § 134 BGB nichtig.[686] Dann muss man sich die Frage stellen, ob nicht die gesamte Fälligkeitsvereinbarung unwirksam ist, zumal es sich ja um einen Formularvertrag handelt. Dies wiederum hätte zur Folge, dass der Bauträger auch keine Raten nach Baufortschritt gemäß § 3 Abs. 1, 2 MaBV verlangen könnte. An die Stelle

---

684 DNotZ 2004, 48, 50 f.; hier wörtlich ohne die dortigen Zitate wiedergegeben.
685 Zu Klauseln in diesem Rechtsverhältnis etwa BGH NJW 2014, 3772.
686 BGH NJW 2014, 1728, 1729.

einer insgesamt nichtigen Zahlungsvereinbarung tritt weder der Zahlungsplan des § 3 Abs. 2 MaBV noch § 650v BGB (vormals: § 632a BGB), sondern allein § 641 Abs. 1 BGB.[687] Hat der Besteller schon Zahlungen geleistet, kann er diese gemäß § 817 Satz 1 BGB zurückverlangen, soweit kein entsprechender Baufortschritt besteht, § 813 Abs. 2 BGB.[688] Daneben besteht ein Schadensersatzanspruch des Bestellers gegen den Unternehmer gemäß §§ 280 Abs. 1, 241 Abs. 2 BGB.

Auch hierzu das Fazit von *Riemenschneider:*[689]

> »Vorstehende Ausführungen verdeutlichen, dass Abweichungen von § 7 Abs. 1 MaBV sowohl in Bezug auf den Bauträgervertrag als auch im Hinblick auf die Bürgschaft in Anbetracht der erheblichen Haftungsgefahren für alle Beteiligten, einschließlich dem beurkundenden Notar, sehr sorgfältig geprüft werden müssen.«

XII. Allgemeine Hinweise zur steuerlichen Belehrungspflicht

Der Notar ist regelmäßig nicht verpflichtet, über die **wirtschaftlichen und steuerlichen Auswirkungen** eines von ihm beurkundeten Rechtsgeschäftes zu belehren oder gar Wege aufzuzeigen, wirtschaftliche oder steuerliche Nachteile zu vermeiden.[690] Eine solche Pflicht kann nur ausnahmsweise in sehr speziellen Einzelfällen bestehen[691] z.B. ist ein Hinweis auf die Haftung nach § 75 AO erforderlich, wenn in einem Unternehmenskaufvertrag die Haftung nach § 25 Abs. 1 HGB gem. § 25 Abs. 2 HGB ausgeschlossen wird.[692]   413

Der BGH[693] geht im Grundsatz von folgenden Erwägungen aus:

> »Der Notar ist regelmäßig nicht nach § 17 Abs. 1 Satz 1 BeurkG aufgrund seiner Pflicht zur Rechtsbelehrung oder seiner allgemeinen Betreuungspflicht aus § 14 Abs. 1 Satz 2 BNotO gehalten, auf steuerrechtliche Folgen des beurkundeten Geschäfts hinzuweisen (BGH Urteil vom 13. Juni 1995 – IX ZR 203/94 – NJW 1995, 2794 [BGH 13.06.1995 – IX ZR 203/94];vom 14. Mai 1992 – IX ZR 262/91 – NJW-RR 1992, 1178, 1180) [BGH 14.05.1992 – IX ZR 262/91]. Denn diese gehören typischerweise

---

687 BGH NJW 2001, 818; BGH NJW 2007, 1947 mit Anmerkungen *Herrler* DNotZ 2007, 895; BGH NJW 2014, 1728, 1729.

688 BGH NJW 2007, 1947, 1949],mit ablehnenden Anmerkungen von *Herrler* DNotZ 2007, 895, 906 ff.

689 DNotZ 2004, 48, 51.

690 BGH DNotZ 2011, 194.

691 BGH NJW-RR 1992, 1178; BGH NJW 1985, 1285; *Schlüter/Knippenkötter* Rn. 176.

692 BGH RNotZ 2008, 49.

693 BGH ZNotP 2007, 468, 469.

nicht zum Inhalt eines Kaufvertrages selbst, sondern ergeben sich kraft Gesetzes als Folgen daraus. Eine sichere Beurteilung der steuerlichen Folgen wird dem Notar allein aufgrund der Beurkundung ebenso wenig möglich sein wie die Klärung der für die Beurteilung maßgeblichen tatsächlichen Verhältnisse des Einzelfalls mit den ihm zur Verfügung stehenden Mitteln (vgl. Senatsurteil vom 26. März 1953 – III ZR 14/52 – DNotZ 1953, 492, 494). Der Notar ist nicht verpflichtet, Tatsachen zu ermitteln, die für das mögliche Eingreifen von Steuertatbeständen von Bedeutung sein können (BGH Urteil vom 13. Juni 1995 – IX ZR 203/94 – NJW 1995, 2794 [BGH 13.06.1995 – IX ZR 203/94]). Im Bedarfsfalle müssen sich die Beteiligten über Steuerfragen von Fachkräften gesondert beraten lassen. Jedoch kann eine erweiterte Belehrungspflicht im Hinblick auf eine in besonderen Umständen des Einzelfalls wurzelnde, den Beteiligten unbewusste steuerliche Gefahrenlage bestehen, wenn der Notar diese erkennt oder zumindest erkennen kann. Inhalt und Umfang der Belehrungspflicht hängen davon ab, wie konkret der Notar die drohenden steuerlichen Folgen kennt. Kennt er sie positiv, muss er davor warnen. Kennt er sie zwar nicht, muss er aber annehmen, dass das geplante Geschäft von allen Beteiligten wegen mangelnder Kenntnis der Rechtslage (BGHZ 58, 343, 348 [BGH 02.05.1972 – VI ZR 193/70]; BGH Urteil vom 2. Juni 1981 – VI ZR 148/79 – WM 1981, 942, 943) nicht erkannte und nicht gewollte steuerliche Auswirkungen haben könnte, muss er empfehlen, die steuerliche Seite von einem Fachmann überprüfen zu lassen (BGH Urteil vom 22. Mai 2003 – IX ZR 201/01 – NJW-RR 2003, 1498). Der Umfang der Belehrungspflicht richtet sich auch danach, ob die Beteiligten einer notariellen Beurkundung geschäftsgewandt und einschlägig beraten sind.«

In §§ 7, 8 ErbStDV[694] ist allerdings die Belehrungspflicht bei **Schenkungen und Zweckzuwendungen** unter Lebenden vorgeschrieben. Hier muss der Notar »auf die mögliche Steuerpflicht« hinweisen,[695] ohne jedoch über die Höhe der Steuerlast zu belehren. Die Belehrungspflicht entfällt nur, wenn die Beteiligten keiner weiteren Aufklärung bedürfen, weil sie eigener Kompetenz über die rechtliche Tragweite informiert sind.[696]

Zur Beratungspflicht des Notars über die Möglichkeit einer steuervermeidenden Kettenschenkung. Siehe ausführlich *Ihle* notar 2017, 57, OLG Frankfurt 4 U 202/14

414   Hinsichtlich der **Grunderwerbsteuer**[697] ist er lediglich verpflichtet, die Beteiligten zu belehren, dass die Eintragung im Grundbuch nicht erfolgen kann, bevor die Unbedenklichkeitsbescheinigung des Finanzamtes vorliegt. Er braucht jedoch nicht über die Höhe der Steuer, nicht einmal darüber, ob sie

---

694 *Weingärtner* Notarrecht Ord.-Nr. 531.
695 OLG Hamm, Urt. v. 27.07.2012 – 11 U 74/11, juris, Rn. 30, 31.
696 LG Schwerin Beschluss v. 10.10.2016 – 4 T 6/16, NotBZ 2016, 477.
697 **Beachte:** seit 01.01.2018 neue Vordrucke für die Veräußerungsanzeige.

überhaupt anfällt, zu belehren, ebenso wenig über die Voraussetzungen einer möglichen Steuerbefreiung.[698]

Keine Belehrungspflicht besteht zur Frage, ob **USt** anfällt und wer sie zu tragen hat.[699]

Es besteht keine Belehrungspflicht, wie sich das Rechtsgeschäft auf die **Einkommensteuer** auswirkt, ob also dem Erwerber eines Hauses Abschreibungen nach dem EStG zustehen, ob der Veräußerer zur **Spekulationssteuer**[700] herangezogen wird oder wegen eines im Betriebsvermögen stehenden Grundstücks Einkommensteuer aus dem Gesichtspunkt der Realisierung stiller Reserven zu zahlen hat.   415

Er muss aber nach § 17 Abs. 1 Satz 2 BeurkG auf die Gefahr einer Steuerpflicht dann hinweisen, wenn er aufgrund besonderer Umstände Anlass zu der Besorgnis haben muss, einem Beteiligten drohe ein Schaden, weil ihm wegen mangelnder Kenntnis der Sachlage von Sachumständen, welche die Bedeutung des zu beurkundenden Rechtsgeschäftes für seine Vermögensinteressen beeinflussen, eine Gefährdung seiner Interessen nicht bewusst ist.[701]   416

Der Notar hat auf die Möglichkeit, dass eine Steuerpflicht entstehen könnte, auch dann hinzuweisen, wenn bei einer durch ihn vorgeschlagenen ungewöhnlichen Konstruktion eines Grundstückskaufvertrages ein unerfahrener Beteiligter die auf die besondere Vertragsgestaltung zurückzuführende Möglichkeit der Begründung einer Steuerpflicht nicht erkennt.[702]

Kennt der Notar konkret drohende steuerliche Nachteile, muss er davor warnen. Kennt er sie zwar nicht, muss er aber annehmen, dass das geplante Geschäft von allen Beteiligten nicht erkannte und nicht gewollte steuerliche Auswirkungen haben könnte, muss er empfehlen, die steuerliche S. von einem Fachmann überprüfen zu lassen.[703]

Wenn der Notar ohne eine dahingehende Verpflichtung über steuerrechtliche Folgen berät und dabei eine unrichtige, unklare oder nicht erkennbar unvollständige Auskunft erteilt und dem Beteiligten hierdurch ein Schaden entsteht, macht er sich ersatzpflichtig.[704] Um sich von vornherein gegen mögliche Scha-   417

---

698 BGH WM 1980, 935.
699 BGH MittBayNot 2008, 69 = DNotZ 2008, 371 m. Anm. *Moes*.
700 LG Dessau-Roßbach Urt. v. 104.2017 – 2 O 154/16, besprochen von *Schulze* NotBZ 2018, 174.
701 BGH VersR 1983, 182.
702 BGH WM 1979, 203.
703 *Winkler* FGPrax 2004, 183.
704 BGH VersR 1983, 182; BGH NJW – VHR 1996, 214.

densersatzansprüche abzusichern, könnte die nachstehende Klausel hilfreich sein.

Der Notar wies die Parteien darauf hin, dass er keine Haftung dafür übernehmen könne, ob etwaige von den Parteien erwartete oder nicht erwartete, mit diesem Vertrag verbundene Steuerfolgen eintreten oder nicht eintreten. Eine steuerliche Beratung durch den Notar ist mit diesem Vertrag nicht verbunden.

Bei der komplizierten Steuergesetzgebung und Rechtsprechung sollte der Notar bei Zweifeln deshalb stets die Hilfe eines Steuerberaters in Anspruch nehmen.

418   Es besteht auch die Möglichkeit, verbindliche Auskünfte über die steuerliche Auswirkung von Rechtsgeschäften durch die Finanzämter zu erhalten (§ 89 AO).

Die Finanzbehörde erteilt keine allgemeinen Auskünfte, sondern gibt jeweils nur Auskunft auf eine konkrete Rechtsfrage bezogen.

XIII. Allgemeine Hinweise zu den Kosten

419   Ausführlich *Sommerfeldt* in Weingärtner/Gassen/Sommerfeldt

Ab dem 01.01.2014 sind sämtliche notarielle Kostenrechnungen mit einer Rechtsmittelbelehrung zu versehen (§ 7a GNotKG). Ausführliche Formulierungsempfehlungen hat *Görk* in DNotZ 2014, 883 ff zusammengestellt. Hier soll nur auf wenige Punkte hingewiesen werden:

1. Belehrungspflicht

420   Der Notar ist grundsätzlich nicht verpflichtet, über die Entstehung der gesetzlich festgelegten Kosten zu belehren. Nur ausnahmsweise trifft ihn unter besonderen Umständen eine Belehrungspflicht. Besondere Umstände können vorliegen, wenn er nach der Höhe der Kosten ausdrücklich gefragt wird. Dann muss er sachlich zutreffend antworten. Er ist ferner verpflichtet, allgemein den kostengünstigsten Weg zur Erreichung des gewünschten Ziel zu wählen, wenn dieser Weg in gleicher Weise sicher und zweckmäßig ist.

Darüber hinaus kommt eine Belehrungspflicht im Hinblick auf die anfallenden Kosten nur dann in Betracht, wenn er aufgrund besonderer Umstände Anlass zu der Besorgnis haben muss, einem der Beteiligten drohe Schaden, weil er sich wegen mangelnder Rechtskenntnisse oder fehlenden Wissens über tatsächliche Umstände einer Gefährdung seiner Interessen nicht bewusst ist. Die besonderen Umstände müssen natürlich für den Notar erkennbar und überprüfbar sein.

Schließlich braucht er grundsätzlich auch darüber nicht zu belehren, dass eine gesamtschuldnerische Haftung der Vertragsparteien vorliegt. Eine Belehrungspflicht besteht in diesem Falle nur dann, wenn er davon Kenntnis hat, dass der Beteiligte, der die Kosten eigentlich übernehmen sollte, zahlungsunfähig ist oder für ihn erkennbar ist, dass dieser zahlungsunfähig wird.[705]

2. Gebührenerlass und Gebührenermäßigung

Nach § 17 Abs. 1 BNotO ist der Notar verpflichtet,[706] die **gesetzlich vorge-** **schriebenen Gebühren** zu erheben. Auch eine Vereinbarung über den Verzicht auf Zinsen ist unzulässig. Ebenso können Vereinbarungen über Ratenzahlungen wegen Verstoßes gegen § 125 GNotKG unzulässig sein. 421

Gebührenerlass und Gebührenermäßigung sind – abgesehen von den gesetzlich vorgeschriebenen Fällen[707] – nur zulässig (§ 125 GNotKG), wenn sie durch eine sittliche Pflicht oder durch eine auf den Anstand zu nehmende Rücksicht geboten sind und die Notarkammer allgemein oder im Einzelfall zugestimmt hat.[708]

Die Kammern haben in ihren Richtlinien entsprechende Regelungen getroffen.

Folgerichtig verbietet § 17 Abs. 1 letzter Satz BNotO zusätzlich das Versprechen und Gewähren von Vorteilen im Zusammenhang mit einem Amtsgeschäft[709] sowie jede Beteiligung Dritter an den Gebühren, s. auch Richtlinien für die Berufsausübung für Notare.[710] Der Notar hat außerdem durch die Ausgestaltung der einer beruflichen Verbindung zugrundeliegenden Vereinbarung sicherzustellen, dass die übrigen Mitglieder der beruflichen Verbindung keinen Vorteil gewähren, die der Notar gemäß Ziff. VI 3.3. RiLi nicht gewähren darf. Vermutlich werden – mehr als offiziell bekannt – **unzulässige** **Gebührenermäßigungen** dadurch gewährt, dass zwar richtige Kostenberechnungen ausgestellt, aber absprachegemäß nicht voll eingefordert werden. Die Aufsichtsbehörde hat daher auch das Recht, stichprobenweise den gesetzlichen

---

705 KG DNotZ 2010 S. 230.
706 BGH NJW 2015, 1883, 1887: Die Gebührenerhebungspflicht der Notare ist wichtigen Gemeinwohlbelangen in Gestalt der Sicherung funktionstüchtiger Rechtspflege und leistungsfähiger Notariate.
707 Z.B. § 91 GNotKG. BGH ZNotP 2013,318: Gebührenermäßigung für Körperschaften, Vereinigungen und Stiftungen, die ausschließlich mildtätige und kirchliche verfolgen; die Verfolgung gemeinnütziger Zwecke allein genügt nicht.
708 Z.B. allgemeine Zustimmung in VI. Nr. 3.2 der Richtlinien der Westfälischen Notarkammer, s. Anhang 1.
709 BGH, Urt. v. 22.03.2018 – 5 StR 566/17.
710 Ausführlich hierzu: *Weingärtner/Wöstmann* S. 269 f.

Ansatz der Notarkosten und deren Einziehung bei dem Kostenschuldner zu überprüfen.[711] Deshalb sind die Kontoauszüge – unabhängig von einer sonstigen Pflicht zur Aufbewahrung – mindestens bis zur nächsten Notarprüfung aufzuheben.

Zum Verbot der Gebührenteilung siehe BGH Beschl. v. 24.07.2017 und OLG Celle Urt. v. 27.04.2017.

422   Zur Strafbarkeit von unerlaubter Gebührenerhebung s. den Beitrag von *Usinger* und *Jung* in wistra Heft 12/11, S. 452 und

Richtungsweisend ist die BGH- Entscheidung,[712] dass bei einer Vereinbarung über eine Gebührenermäßigung mit Versprechen weiterer Beurkundungen der Tatbestand der Bestechung erfüllt sein kann.

423   Verstöße gegen die Pflicht zur Gebührenbeitreibung sind ebenfalls als schwerwiegend zu bewerten und können geahndet werden[713].

3. Einziehung von Kostenforderungen durch Rechtsanwälte oder Inkassounternehmen

424   Die Beauftragung eines Rechtsanwalts mit der Geltendmachung von notariellen Kostenforderungen ist zulässig, die Einschaltung eines Inkassounternehmens dagegen nicht.[714]

Neben rechtlichen Gesichtspunkten spreche für diese Abgrenzung ggü. dem Inkassounternehmen auch der berufspolitische Aspekt, in der Öffentlichkeit nicht mit unlauteren Methoden der Gebühreneintreibung in Verbindung gebracht zu werden. Hinzu kommt, dass der Notar mit der Beauftragung eines Inkassounternehmens auch gegen seine notarielle Verschwiegenheitspflicht gem. § 18 BNotO verstoßen würde. Denn aus der Kostenberechnung ergeben sich sowohl der Umstand, dass jemand den Notar beruflich in Anspruch genommen hat, als auch Ort und Zeit und darüber hinaus der Geschäftswert und der Gebührentatbestand. Damit handele es sich um Tatsachen, die dem Notar unter Ausübung seines Amtes bekannt geworden sind und die auch ihrer Bedeutung nach einer Geheimhaltung bedürfen. Die Geltendmachung

---

711 BGH DNotZ 2004, 235.
712 BGH, Urt. v. 22.03.2018 – 5 StR 566/17, NotBZ 2018, 308.
713 BGH NJW 2015, 1883, 1887 (dauernde Entfernung aus dem Amt); OLG Celle, NdsRpFL 2017, 323 (3 Jahre Entfernung aus dem Amt). Siehe auch BGH U. v. 24.11.2014 – NotSt(Brfg) 1/14. (50.000 € Geldbuße).
714 BNotK in ihrem Rundschreiben Nr. 23/2001 vom 10.07.2001 in Übereinstimmung mit der Auffassung des überwiegenden Teils der Landesjustizverwaltungen.

von notariellen Kostenforderungen durch Rechtsanwälte rechtfertigt zwar eine Durchbrechung der Verschwiegenheitspflicht. Jedoch kann der Notar seinen Gebührenanspruch aufgrund einer mit der Vollstreckungsklausel versehenen Ausfertigung der Kostenberechnung nach den Vorschriften der ZPO beitreiben. Da der Notar als Amtsperson verpflichtet ist, keine unnötigen Kosten entstehen zu lassen, kann er die durch die Beauftragung eines Rechtsanwalts entstehenden Kosten nicht ersetzt verlangen, denn es handelt sich nicht um notwendige Kosten i.S.d. § 788 ZPO.

XIV. Hinweis auf das Erbrecht in Europa

Unter www.successions-europe.eu – einer Informationsplattform für ganz Europa – können Notare Antworten zu den verschiedenen erbrechtlichen Fragen innerhalb Europas (Mitgliedsstaaten der EU und Kroatien) in 23 Sprachen abrufen.   425

H. Fehler beim Verwahrungsgeschäft

Vorbemerkung

426 Die §§ 54a ff. BeurkG a.F. sind durch die völlig identischen §§ 57 ff. BeurkG ersetzt worden (BGBl. I 2017, Nr. 33 S. 1396).

In der hier vorliegenden kurzen Darstellung werden nur die häufigsten in der Praxis auftretenden Fehler behandelt.[715] Beschrieben wird im Wesentlichen auch nur die konservative Führung von Anderkonto, Verwahrungs- und Massenbuch.

---

715 Ausführlich zum Verwahrungsgeschäft: s. *Weingärtner* Das notarielle Verwahrungsge-schäft, 2. Aufl.; *Weingärtner/Gassen/Sommerfeldt* Vor § 27 DONot.

Die elektronische Führung wird ausführlich unter Rdn. 271 ff. (*Löffler*) behandelt.

I. Annahme eines Verwahrungsauftrages (§ 57 BeurkG; § 54a BeurkG a.F.)

1. Berechtigtes Sicherungsinteresse – Hinterlegung oder Direktzahlung

Es muss nach § 57 Abs.2 BeurkG (§ 54a Abs. 2 BeurkG a.F.) ein »**berechtigtes**   427
Sicherungsinteresse« vorliegen. Ansonsten hat der Notar den Auftrag über Direktzahlung abzuwickeln. Der Begriff »berechtigtes Sicherungsinteresse« ist ein unbestimmter Rechtsbegriff und lässt einen **Beurteilungsspielraum**[716] des Notars zu. Nach h. M. ist sein Ermessen jedoch dahin eingeschränkt, dass ein »**objektives**« Erfordernis gegeben sein muss und der übereinstimmende Wunsch der Parteien nicht ausreicht.[717] Die Dienstaufsicht hat aber nur ein eingeschränktes Prüfungsrecht.[718]

Die BNotK hat in den Rdschr. v. 11.01.1996 u. 04.09.2000 (s. Anhang 6 und Anhang 7) eine Orientierungshilfe durch Fallkonstellationen dazu gegeben, wann ein »berechtigtes Sicherheitsinteresse« vorliegt oder nicht.[719]

M. E. darf auch über Notaranderkonto abgewickelt werden, wenn dies nach ausführlicher Belehrung der einverständliche Wunsch aller Beteiligten ist[720]

---

716 OLG Rostock NotBZ 2005, 339; Ganter/Hertel/Wöstmann/*Ganter* Rn. 1537; Eylmann/Vaasen/Hertel/*Hertel* § 54a BeurkG Rn. 8.

717 Statt vieler: *Diehn* § 23 Rn. 14; *Blaeschke* RNotZ 2005, 330; *ders.* Rn. 1369, *Winkler* § 54a Rn. 10 ff.; Arndt/Lerch/Sandkühler/*Sandkühler* § 23 Rn. 47 ff.; *Lerch* Vor § 54a Rn. 10 ff.; Armbrüster/Preuß/Renner/*Renner* § 54a BeurkG Rn. 9 u. 27ff.; *Zimmermann* DNotZ 2000, 165; *Renner* NotBZ 2008, 142 ff.; *Rack* ZNotP 2008, 474 ff.;

718 OLG Frankfurt U. v. 24.06.2014 – 2 Not 1/13 Tz 102 ff. m.w.Z; Armbrüster/Preuß/Renner/*Renner* § 54a BeurkG Rn. 30; OLG Frankfurt (Beschl v. 29.10.2008 – 2 Not 5/08) *»Ist hingegen festzustellen, dass ein Notar sich im Zuge seiner Beurkundungspraxis im Regelfall an die Vorgaben des § 54a BeurkG hält und nicht automatisch in einer Vielzahl von Fällen Verwahrgeschäfte initiiert, kann von einer dienstlichen Verfehlung jedenfalls dann nicht gesprochen werden, wenn die Parteien trotz entsprechender Aufklärung dennoch die Anlegung eines Notaranderkontos wünschen und zudem hierfür auch ein Grund vorhanden ist, der jedenfalls aus der Sicht der Parteien eine hinreichende Begründung für ein solches Vorgehen abzugeben imstande ist.«.*

719 Siehe auch »Gemeinsame Leitlinien zur Auslegung des § 54a BeurkG« – erstellt vom Vorstand der Notarkammer Hamm und PräsOLG Hamm im Anhang 8.

720 Ebenso Grziwotz/Heinemann/*Grziwotz* § 54a BeurkG Rn. 6 mit ausf. Begründung.

und dies ein Ausnahmefall bleibt.[721] So haben z.b. das OLG Köln[722] und das OLG Frankfurt[723] und das LG Dortmund,[724] entschieden, dass jedenfalls keine Falschbehandlung i.S.d. damals geltenden § 16 KostO vorliegt und kein disziplinarrechtlicher Vorwurf gemacht werden kann. Das OLG Celle[725] sieht

---

721 *Weingärtner* Das notarielle Verwahrungsgeschäft Rn. 62; *ders.* DNotZ 1999, 393 ff.; s. auch *Tröder* ZNotP 1999, 462; *Möhrle* DB 2000, 605; ausführlich zum Streitstand: *Winkler* § 54a Rn. 10 ff. Eylmann/Vaasen/*Hertel* § 54a BeurkG Rn. 6f.; Grziwotz/Heinemann/*Grziwotz* § 54a BeurkG Rn. 6 schreibt: »*Bei dem Wunsch der Beteiligten nach Abwicklung eines Grundstückskaufs über Notaranderkonto darf nicht übersehen werden, dass die Eintragung der Auflassungsvormerkung vor Sicherstellung der Kaufpreiszahlung trotz hilfsweiser Löschungsbewilligung immer noch mit einem Restrisiko ggü. der Abwicklung in der Reihenfolge »Einzahlung des Kaufpreises auf Notaranderkonto, Eintragung der Auflassungsvormerkung ...« darstellt. Auch eine Bankbürgschaft als alternative Sicherung bei Kaufpreiszahlung wird von den Beteiligten häufig im Hinblick auf die erlebte Finanzmarktkrise sowie die zahlreichen schwer verständlichen Bestimmungen in Bürgschaftsurkunden der Kreditinstitute als nicht gleichwertig angesehen, was ebenfalls nicht ganz von der Hand gewiesen werden kann. Insofern darf der Notar zwar eine Abwicklung über Notaranderkonto nur von sich aus vorsehen, wo ein berechtigtes Sicherungsinteresse vorliegt. Tut er dies nicht und erklärt er den Beteiligten, dass eine Direktzahlung im konkreten Fall üblich ist und die Abwicklung über Notaranderkonto mit zusätzlichen Kosten verbunden ist, wünschen die Beteiligten dennoch die Abwicklung über Notaranderkonto, so darf entgegen der herrschenden Meinung der Notar die Beurkundung nicht ablehnen. In diesen Fällen haben die Beteiligten das Sicherungsinteresse in der Weise konkretisiert, dass sie keine andere Form der Abwicklung als die Abwicklung über ein Notaranderkonto, was der Notar nicht völlig widerlegen kann, für sich als sicher ansehen.*«. Auch Eylmann/Vaasen/*Hertel* (§ 54a Fn 12) gesteht zu, dass im Einzelfall aus der objektiv nicht begründeten, aber beharrlichen Weigerung der Kaufvertragsparteien, sich auf eine Direktzahlung einzulassen, die subjektiven Gründe sich im Ausnahmefall zu objektivierten verdichten können, wenn der Vertragsschluss ansonsten hieran scheitern würde; ebenso Armbrüster/Preuß/Renner/*Renner* § 54a BeurkG Rn. 30.

722 Das OLG Köln hat ein berechtigtes Sicherungsinteresse allein aus der Tatsache abgeleitet, dass eine Vormerkung eingetragen wurde: NotBZ 2008, 160 = RNotZ 2008, 504 m. Anm. *Sommer*; kritisch: *Renner* ZNotP 2008, 474 ff.

723 Beschl. v. 29.10.2009 – 2 Not 5/08: Das OLG Frankfurt führt aus: »*Ist hingegen festzustellen, dass ein Notar sich im Zuge seiner Beurkundungspraxis im Regelfall an die Vorgaben des § 54a hält und nicht automatisch in einer Vielzahl von Fällen Verwahrungsgeschäfte initiiert, kann von einer dienstlichen Verfehlung jedenfalls dann nicht gesprochen werden, wenn die Parteien trotz entsprechender Aufklärung dennoch die Anlegung eines Notaranderkontos wünschen und zudem hierfür auch ein Grund vorhanden ist, der jedenfalls aus der Sicht der Parteien eine hinreichende Begründung für solches Vorgehen abzugeben im Stande ist.*«.

724 LG Dortmund NotBZ 2002, 187.

725 OLG Celle, Urt. v. 03.03.2011 RNotZ 2011, 371: Der bloße Wunsch der Beteiligten nach einer Verwahrung genügt nicht.

allerdings bereits einen eindeutigen Verstoß gegen die Vorschriften des § 57 Abs.2 Nr.2 BeurkG (§ 54a Abs. 2 Nr. 2 BeurkG a.F.), der eine disziplinarrechtliche Maßnahme rechtfertigen kann, wenn der Notar das Verwahrungsgeschäft allein deswegen durchgeführt hat, weil die Beteiligten es wollten und Dritte in das Geschäft nicht involviert waren. Selbst ein einmaliger Verstoß rechtfertigt nach OLG Celle[726] eine disziplinarrechtliche Ahndung.

Die Schleswig-Holsteinische Notarkammer hält ein »berechtigtes Sicherungsinteresse« für gegeben, wenn die Beteiligten bei der Erfüllung der (bei Direktzahlung) erforderlichen Mitwirkungspflichten erkennbar überfordert wären, z.B. wegen Geschäftsungewandtheit, Alters, Krankheit oder Ortsabwesenheit.[727]

Jedenfalls hat der Notar in jedem Einzelfall zu prüfen, ob ein anderes Abwicklungsverfahren den Interessen der Beteiligten ebenso gut entspricht.

Streitig ist – besser war –, ob ein »berechtigtes Sicherungsinteresse« vorliegt, wenn das finanzierende Kreditinstitut auf einer objektiv nicht notwendigen Abwicklung über Notaranderkonto besteht.[728] M. E. darf jedenfalls eine Finanzierung nicht hieran scheitern. Im Übrigen haben die Banken mittlerweile sich mit der Abwicklung durch Direktzahlung vertraut gemacht.[729]   **428**

Beim Bauträgervertrag[730] besteht ein »berechtigtes Sicherungsinteresse« nur für die letzte Rate und auch nur dann, wenn die Hinterlegung nach vollständiger Fertigstellung erfolgen soll. Jede Klausel, die eine weitergehende Hinterlegung vorsieht, führt nach der Rechtsprechung zu einer unangemessenen Benachteiligung des Verbrauchers (§§ 307, 309 Nr. 2 a BGB); denn durch die Hinterlegung auf ein Anderkonto wird die Durchsetzung des eigenen Leistungsverweigerungsrechts beeinträchtigt.[731]   **429**

Fehlt das »berechtigte Interesse«, liegt nach Hans. OLG Bremen eine unrichtige Sachbehandlung vor; die Hebegebühr darf nicht erhoben werden, nur die Nebentätigkeitsgebühr.[732] Zeigt sich ein Missbrauch, können keine Gebühren   **430**

---

726 Urt. v. 03.03.2011 RNotZ 2011, 367 = MitBayNot 2012, 65.
727 Zum eingeschränkten Prüfungsrecht der Dienstaufsicht s. *Zimmermann* DNotZ 2000, 165; *Rack* ZNotP 2008, 474 ff.; *Renner* ZNotP 2008, 474 ff.
728 Bejahend: Eylmann/Vaasen/*Hertel* § 54a BeurkG in Vorauflage § 54a Rn. 20; verneinend: *Winkler* § 54a Rn. 13; Armbrüster/Preuß/Renner/*Renner* § 54a Rn. 15. Weitere Hinweise bei Ganter/Hertel/Wöstmann/*Hertel* Rn.1589.
729 Armbrüster/Preuß/Renner/*Renner* § 54a Rn.15.
730 Siehe auch oben Rdn. 398 ff.
731 BGH NJW 1985, 852, ausführlich *Meyer* RNotZ 2009, 475.
732 MittBayNot 2005, 428; DNotI-DokNr. 10440.

erhoben werden[733].Die wohl h. M. sieht wohl keine unrichtige Sachbehandlung, wenn kein objektives Interesse besteht, die Parteien aber gleichwohl die Abwicklung über Anderkonto wünschen.[734] Siehe auch Rdn. 427.

431 Als eindeutige Fälle, in denen der Notar kein »berechtigtes Sicherungsinteresse« annehmen kann, sind die Fälle zu betrachten, in denen die Abwicklung über Notaranderkonto nicht der Absicherung einer der Beteiligten, sondern nur der Zahlungsabwicklung dient, also
    – wenn keine dinglich Berechtigten abzulösen sind,
    – bestehende Belastungen übernommen werden oder die Leistungsfreistellung ohne Ablösung möglich ist,
    – die Ablösung von Eigenmitteln des Käufers möglich ist,
    – zur Vereinbarung der Sicherstellung der Grunderwerbssteuerzahlung.[735]
Die Bundesnotarkammer hat in ihrem Rundschreiben vom 11.01.1996 (Anhang 6 bestätigt durch Rundschreiben v. 04.09.2000) Fallkonstellationen gebildet, in denen i.d.R. ein »berechtigtes Sicherungsinteresse« besteht oder nicht besteht. Ebenso haben der Vorstand der Notarkammer Hamm und der Präsident des OLG Hamm Gemeinsame Richtlinien zur Auslegung des § 54 Abs. 2 Ziffer 1 (jetzt § 57) BeurkG entwickelt, ebenso die Schleswig-Holsteinische Notarkammer.

432 Die dort gebildeten Fallgruppen sind eine Orientierungshilfe, um eine »formularmäßig« vorgesehen Verwahrung vorzubeugen. Sie sollen den Notar dazu anhalten, das Vorliegen des berechtigten Sicherungsinteresses in jedem Fall zu prüfen und bei dieser Prüfung besondere Sorgfalt anzuwenden, wenn es sich um eine Konstellation handelt, die keinen der Regelbeispiele entspricht. Die Regelbeispiele für die Bejahung eines berechtigten Interesses bedeuten indes nicht, dass in anderen Fällen ein berechtigtes Sicherungsinteresse durch den Notar nicht bejaht werden könne.

433 Ein berechtigtes Sicherungsinteresse kann z. B. auch durchaus dann vorliegen, wenn i. S. d. gebildeten Fallgruppen kein gesteigertes Abwicklungsrisiko

---

733 OLG Schleswig, B. v. 29.10.2014 – 9 W 196/13 – Jurion RS 2014, 27372.

734 Eylmann/Vaasen/*Hertel* § 54a BeurkG Rn. 6; ausführlicher: *Filzek* § 149 Rn. 5 m.w.H.; siehe auch OLG Düsseldorf, Beschl. v. 29.09.2016, I-10 W 262/16 NotBZ 2017, 53: Der Mangel eines berechtigten Sicherungsinteresses ist nicht mit dem Tatbestand der unrichtigen Sachhandlung gem. § 21 Abs. 1 Satz 1 GNotKG gleich zu setzen. Der Einwand der unrichtigen Sachbehandlung gegen die Abwicklung über Notaranderkonto kann nur bei einem eklatanten Fehler des Notars erhoben werden. Z.B. wenn überhaupt kein Anlass oder ein nachvollziehbarer Grund für die Einzahlung auf Notaranderkonto ersichtlich ist.

735 OLG Schleswig Beschl. v. 29.10.2014 – 9 W 196/13, Jurion RS 2014, 27372.

ersichtlich ist, aber der Notar aufgrund seiner Kenntnisse, die er aus der konkreten Vertragsbesprechung gewonnen hat, und aufgrund seiner Erfahrung es für ratsam hält, den Kaufpreis vor einer Grundbuchbelastung auf ein Anderkonto sicher zu stellen.

2. Verwahrungsvereinbarung/-anweisung (§ 57 Abs. 2 BeurkG; vormals § 54a Abs. 2 BeurkG a.F.)

Der Notar darf Gelder auf Anderkonto (keine Bargeldannahme) nur annehmen, wenn die Voraussetzungen der Verwahrung und der Auszahlung klar und eindeutig schriftlich bestimmt sind. **434**

Geht auf einem Notaranderkonto ein Betrag ein, für den der Notar keine Verwahrungsanweisung[736] erhält, ist dieser Betrag unverzüglich an den Einzahler zurück zu erstatten, es sei denn, eine Verwahrungsanweisung ist in allernächster Zukunft zu erwarten.[737]

Erfolgt die Verwahrungsanweisung nicht in der vom Notar errichteten Urkunde, sondern – z.B. bei einem Treuhandauftrag der finanzierenden Bank – durch ein gesondertes Schreiben, muss er die Annahme ausdrücklich auf dem Original des Treuhandauftrages vermerken. Damit bekundet er zugleich, dass er die Durchführbarkeit des Auftrages geprüft hat.

Nach § 57 Abs.4 BeurkG (§ 54a Abs. 4 BeurkG a.F.) § bedürfen die Verwahrungsanweisung[738] sowie deren Änderung, Ergänzung oder Widerruf der Schriftform. Hierauf sind jedoch die §§ 125,126 BGB nicht anzuwenden.[739] Es reicht die »prozessrechtliche Schriftform«. Das bedeutet, dass der Notar auch einer mündlichen Anweisung folgen muss,[740] allerdings trägt er dann die Beweislast.[741] Er muss aber grundsätzlich auf einer schriftliche Anweisung bestehen. **435**

---

736 Der »Verwahrungsantrag« bedarf keiner Schriftform, wohl aber die Verwahrungsanweisung BGH NotSt (Brfg) 1/17 DNotZ 2008, 44 f.
737 BGH Beschl. v. 16.02.2017, DNotZ 2017, 789.
738 Der »Verwahrungsantrag« bedarf keiner Schriftform, wohl aber die Verwahrungsanweisung BGH NotSt (Brfg) 1/17 – NotBZ 54/18.
739 BGH DNotZ 2006, 56.
740 Armbrüster/Preuß/Renner/*Renner* § 54a BeurkG Rn. 99.
741 BGH DNotZ 2006, 56.

Die **Schriftform** ist nur gewahrt, wenn die Anweisung eigenhändig unterschrieben worden ist.[742] Die Beauftragung per **Telefax**[743] oder **Computerfax** reicht aus, wenn hier eine Unterschrift abgespeichert oder durch Einscannen später im Ausdruck erscheint.[744] Es empfiehlt sich in jedem Fall jedoch, dass der Notar um Nachreichung des unterschriebenen Originals bittet.[745] Eine Faksimileunterschrift genügt nicht.[746] Die elektronische Form reicht, wenn der andere Teil einverstanden ist, Der Aussteller muss seiner Erklärung seine Unterschrift hinzufügen und das elektronische Dokument mit seiner qualifizierten elektronischen Signatur nach dem SignG versehen.[747]

436   **Abänderungen** bedürfen der Schriftform. Bei mündlich geänderten Treuhandaufträgen von Banken stellt sich regelmäßig die Frage der Wirksamkeit. So wird nicht selten die Einwilligung einer vorgezogenen Auszahlung durch einen Sachbearbeiter der Bank zugesagt. Dabei wird nicht beachtet, dass rechtsgeschäftliche Willenserklärungen bei Banken in der Regel wirksam immer nur von zwei Personen abgegeben werden können.[748] Abänderungen in der Hinterlegungsvereinbarung, die in jedem Fall schriftlich zu erfolgen haben, sind u. U. sogar beurkundungsbedürftig.[749] Für die nachträgliche Anweisung, die Gelder als Festgeld anzulegen, genügt die Schriftform.[750]

3. Inhalt der Verwahrungsvereinbarung/-anweisung

a) Grundsatz

437   Der Notar hat darauf hinzuwirken, dass der Treuhandauftrag eindeutig und unmissverständlich formuliert wird. Er hat sich an die ihm hier erteilte Wei-

---

742 Zunehmend gehen insb. Banken dazu über, Treuhandaufträge ohne eigenhändige Namensunterschrift des Sachbearbeiters zu übersenden. Während für Treuhandanweisungen der finanzierenden oder abzulösenden Bank bei der Direktabwicklung der Kaufpreiszahlung keine gesetzlichen Formerfordernisse bestehen, bestimmt § 54a Abs. 4 BeurkG a.F. (§ 57 Beurkg n.F.), dass Verwahrungsanweisungen im Zusammenhang mit der Führung eines Notaranderkontos der Schriftform bedürfen. S.a. *Oppermann*, ZNotP 2006, 176: Treuhandauflagen der finanzierenden Bank.
743 BGH NJW 1998, 367; BGH NotBZ 2005, 360; *Winkler* § 54a Rn. 52.
744 *Winkler* § 54a Rn. 52.
745 Ebenso Armbrüster/Preuß/Renner/*Renner* § 54a BeurkG Rn. 98.
746 LG Schwerin NotBZ 2001, 471; *Winkler* § 54a Rn. 52.
747 *Winkler* § 54a Rn. 52.
748 *Weingärtner* Das notarielle Verwahrungsgeschäft Rn. 99b.
749 Z.B. Abänderungen vor der Auflassungserklärung: BGH Beschl. v. 24.11.2014 – NotZ (Brfg) 6/14, ZNotP 2015, 34 ausführlich *Winkler* § 54 a BeurkG Rn. 55; *Weingärtner* Das notarielle Verwahrungsgeschäft Rn. 98 ff.
750 OLG Hamm notar 2008, 332 m. Anm. *Wudy*.

sung strikt zu halten. Die peinliche Beachtung der Verwahrungsanweisung ist unabdingbar.[751]

Eine Abweichung stellt in aller Regel einen schweren Verstoß gegen seine Amtspflichten dar. Weicht er von den Treuhandaufträgen ab, muss er mit dem Verlust des Haftpflichtversicherungsschutzes rechnen. Schädigungsvorsatz ist nicht erforderlich.[752] Bei schweren Verstößen und eingetretenen Schäden muss er unter Umständen mit einer Entfernung aus dem Amt rechnen.

b) Regelungsbedürftige Punkte

aa) Mehrseitige Treuhandverhältnisse

Hier ist darauf zu achten, dass sich die Treuhandaufträge nicht widersprechen.   438
Der Notar wird sonst notwendigerweise gegen einen der Treuhandaufträge verstoßen. Er ist daher gehalten, die Treuhandaufträge in Einklang zu bringen. Er wird insbesondere auf den Inhalt der Treuhandaufträge der Bank achten müssen und ggf. auf eine konforme Abänderung drängen. Geht die Bank hierauf nicht ein, muss der Notar die Gelder an die Bank zurückzahlen.[753]

In angeblich mehr als 50 % der Fälle sollen die erteilten Treuhandaufträge (dabei insbesondere von Hypothekenbanken und Versicherungen) nicht mit dem Kaufvertrag übereinstimmen.[754]

▶ Beispiel für widersprechende Treuhandaufträge:

In einem zwischen den Parteien geschlossenen Kaufvertrag ist vereinbart, dass die Auszahlung des hinterlegten Betrages bereits dann erfolgen soll, wenn alle Voraussetzungen für die Eigentumsumschreibung vorliegen, jedoch mit Ausnahme der Unbedenklichkeitsbescheinigung. Das ist grundsätzlich richtig und zu empfehlen, weil ansonsten der Käufer durch Nichtzahlung der Grunderwerbsteuer die Ausstellung der Unbedenklichkeitsbescheinigung verzögern kann.[755] Im Treuhandauftrag der Finanzierungsbank findet sich eine solche Einschränkung nicht. Danach darf der Notar erst auszahlen, wenn sämtliche Voraussetzungen für die Eigentumsumschreibung vorliegen. Dazu gehört dann auch die Vorlage der Unbedenklichkeitsbescheinigung.

---

751 OLG Düsseldorf Urt. v. 25.04.2012 – I – 18 U 173/11.
752 OLG Hamm OLG Report 1997, 98 f.
753 Eylmann/Vaasen/*Hertel* § 54a BeurkG Rn. 73.
754 *Maaß* ZNotP 1998, 58.
755 Vgl. OLG Hamm DNotZ 1992, 822.

439   Es empfiehlt sich, in der Treuhandvereinbarung der Vertragsparteien aufzunehmen, dass Treuhandauflagen der finanzierenden Banken vom Notar vorrangig zu erfüllen sind. Damit haben die Parteien im Voraus ihr Einverständnis zu einer abweichenden Regelung gegeben und der Notar hat sich abgesichert.[756]

440   Beim befristeten Treuhandauftrag ist keine vollkommene Sicherung der Vertragsparteien gegeben, da sie nach Fristablauf den jederzeitigen Widerruf befürchten müssen. Die von den Notarkammern und den Kreditinstituten entwickelten »Formulierungsvorschläge für Notarbestätigung und Treuhandauftrag«[757] sagen ausdrücklich, dass in den Fällen, in denen die Hinterlegungsvereinbarung eine unwiderrufliche Hinterlegung fordert, ein Treuhandauftrag mit einer Befristung nicht angenommen werden dürfe.[758]

441   Die Praxis sieht dies allerdings bei der Bankenfinanzierung nicht so streng. Allerdings ist für den Verkäufer unabdingbar, dass die Bank sich für einen Zeitraum mit ihrem Treuhandauftrag bindet, der für den Vollzug des Kaufvertrages ausreicht.[759] Bei drohendem Ablauf der Frist muss der Notar schnellstens auf Verlängerung drängen.

Ist von vornherein erkennbar, dass die Frist zu kurz bemessen ist, ist der Treuhandauftrag zurückweisen.[760]

bb) Zinsen – Abgeltungssteuer

442   Zu regeln ist, wem die auf dem Notaranderkonto anfallenden Zinsen zustehen. Fehlt eine Regelung, so darf der Notar nicht nach seinem Belieben auszahlen. Er muss versuchen, eine Einigung zwischen den Parteien herbeizuführen.

Nach Auszahlungsreife kann mangels anderer Regelung davon ausgegangen werden, dass die Zinsen ab diesem Zeitpunkt dem Verkäufer zustehen.[761]

Bei geringsten Zweifeln sollte der Notar den Parteien einen »Vorbescheid« über seine Vorgehensweise geben (s.u. Rdn. 482 f.).

443   Anderkonten werden hinsichtlich der **Abgeltungssteuer** generell wie Privatkonten behandelt. Wie bisher wird vom Kreditinstitut eine Steuerbescheini-

---

756 Ausführlich hierzu: *Weingärtner* Das notarielle Verwahrungsgeschäft Rn. 108c.
757 Abrufbar bei DNotI; *Weingärtner* Notarrecht Ord.Nr. 298, 298 a.
758 Ebenso *Hertel* Beilage zur ZNotP Heft 12/1998, S. 15.
759 *Weingärtner* Das notarielle Verwahrungsgeschäft Rn. 108h.
760 LG Schwerin NotBZ 2007, 149.
761 Ganter/Hertel/Wöstmann/*Hertel*, Rn. 1681; ausführlich *Weingärtner* Das notarielle Verwahrungsgeschäft Rn. 72 ff.

gung auf den Namen des Notars ausgestellt und durch den Hinweis »Anderkonto« gekennzeichnet.

Das Bundesfinanzministerium führt in seinem Schreiben vom 24.11.2008 unter II.6.c) dazu folgendes aus.

> Der Notar leitet das Original der Steuerbescheinigung an den Auszahlungsberechtigten weiter. In den Fällen, in denen auf der Steuerbescheinigung des Kreditinstituts der Hinweis »Anderkonto« fehlt, erteilt der Notar dem Berechtigten zusätzlich eine Bestätigung darüber, dass er für ihn treuhänderisch tätig war. Der Berechtigte hat im Fall der Veranlagung die Steuerbescheinigung und die Bestätigung dem für ihn zuständige Finanzamt vorzulegen.
>
> Wenn die auf dem Notaranderkonto erzielten kapitalertragsteuerpflichtigen Zinsen zeitanteilig auf Verkäufer und Käufer entfallen, stellt der Notar eine der Anzahl der Beteiligten entsprechende Anzahl beglaubigter Abschriften der Originalbescheinigung her und vermerkt auf der an den jeweiligen Beteiligten auszuhändigenden Abschrift, in welcher Höhe er diesen Zinsen gutgeschrieben hat. Die Berechtigten haben diese beglaubigte Abschrift dem für sie zuständigen Finanzamt vorzulegen.
>
> Wenn die auf einem Notaranderkonto erzielten kapitalertragsteuerpflichtigen Zinsen an mehrere Beteiligte auszukehren sind, die nicht zusammenveranlagt werden, gilt folgendes:
>
> Sind dem Notar die Anteilsverhältnisse bekannt, teilt er die Kapitalerträge und die Kapitalertragsteuer auf die Berechtigten auf;
>
> sind dem Notar die Anteilsverhältnisse nicht bekannt, sind die Kapitalerträge und die hierauf entfallende Kapitalertragsteuer einheitlich und gesondert nach § 180 Abs. 1. Nr. 2 Buchst. a AO festzustellen.

Ausführlicher: Rdschr. der Bundesnotarkammer Nr. 3/2009 v. 13.01.2009.

c) Auszahlungszeitpunkt

Ist keine ausdrückliche Regelung vorhanden, wann ausgezahlt werden soll, ist grundsätzlich davon auszugehen, dass bei einem Grundstückskauf der verfolgte Sicherungszweck erst mit der Umschreibung erfolgt ist.[762]   **444**

Bedenklich ist, das Vorliegen der **Unbedenklichkeitsbescheinigung** des Finanzamtes als Auszahlungszeitpunkt festzulegen, da der Käufer durch die Nichtzahlung der Grunderwerbsteuer die Ausstellung einer Bescheinigung ver-   **445**

---

762 KG DNotZ 1987, 578. BGH NJW-RR 2007, 848, OLG Köln DNotZ 1989, 261: Bei fehlender abweichender Parteivereinbarung ist Erfüllung erst mit der bestimmungsgemäßen Auskehrung des Geldes an den Verkäufer gegeben.

zögern kann; der Notar kann sich hier schadensersatzpflichtig machen.[763] S.o. Rdn. 438.

446 Der Begriff der »**Sicherstellung**« oder »**Gewährleistung einer Eintragung**« – sei es in den Verwahrungsanweisungen der Parteien oder noch häufiger im Treuhandauftrag des kreditierenden Geldgebers – ist unbedingt zu vermeiden,[764] wenn nicht gleichzeitig eindeutig definiert ist, was hierunter zu verstehen ist. Die Bundesnotarkammer hat einen Formulierungsvorschlag erarbeitet.[765]

Wenn gleichwohl die Formulierung »Sicherstellung« verwendet werden soll, so hat der Notar darauf hinzuwirken, dass eine **eindeutige Definition** dieser Voraussetzung mit den Beteiligten festgelegt wird.[766]

447 **Eindeutig wäre die Definition:**

– dass der Grundbuchrechtspfleger die vertragsgerechte Umschreibung des verkauften Grundbesitzes verfügt und der Notar hiervon Kenntnis erlangt hat

oder

– die schriftliche Nachricht des Grundbuchamts über die vertragsgerechte Umschreibung des verkauften Grundbesitzes bei dem Notar eingegangen ist.

Siehe auch die Formulierungsvorschläge **der BNotK im Anhang 6.**

Sollte gleichwohl der Begriff »Sicherstellung« ohne nähere Definition verwandt werden, ist diese – so der BGH[767] – im Allgemeinen nur gegeben, wenn der Eintragungsantrag gestellt ist und alle für die Eintragung notwendigen Unterlagen – einschließlich der Unbedenklichkeitsbescheinigung – dem Grundbuchamt vorliegen und aus dem Grundbuch und den Grundakten bei Antragstellung keine Eintragungshindernisse erkennbar sind.[768]

Ein Zuwarten des Notars bis zum Vollzug der Eintragung kann nicht als pflichtwidrig angesehen werden.[769]

---

763 OLG Hamm DNotZ 1992, 821 f. m.w. N.
764 Ganter/Hertel/Wöstmann/*Hertel*, Rn. 1631.
765 Anlage zum RdSchr. der BNotK 5/1999: Formulierungsvorschläge für Notarbestätigung und Treuhandauftrag.
766 OLG Hamm Urt. v. 02.03.1994 – 11 U 143/93.
767 RNotZ 2003, 225 = NotBZ 2003, 225 = ZNotP 2003, 397 = DNotZ 2004, 218 ff. m. Anm. *Hertel.*
768 Ausführlicher *Weingärtner* Das notarielle Verwahrungsgeschäft Rn. 91 f.
769 So schon KG DNotZ 1987, 578.

Zu beachten ist, dass die Eintragung einer **Auflassungsvormerkung** noch keine ranggerechte Eintragung sichert, da die – akzessorische – Auflassungsvormerkung den Erwerber bzw. seinen Kreditgeber nicht wirkungsvoll schützt, wenn der Kaufvertrag nichtig ist oder – etwa in Rücktrittsfällen – der durch die Auflassungsvormerkung gesicherte Übereignungsanspruch des Käufers wegfällt.[770]

Ob Auszahlungsreife vorliegt, kann der Notar selbstverständlich von seinen Mitarbeitern vorprüfen lassen. Die letzte Entscheidung über das Ob und Wie bei der Durchführung des Vollzuges eines Vertrages trifft jedoch der beauftragte Notar selbst; das Berufen auf zuarbeitende Mitarbeiter oder auf die Vielzahl der zur Bearbeitung anstehenden Fälle kann ihn nicht entlasten.[771]

Der Notar soll möglichst vermeiden, **Feststellungen von Zahlungsvoraussetzungen tatsächlicher Art** zu übernehmen, soweit diese seine juristische Fachkompetenz überschreiten, wie z.B. Feststellung der Fertigstellung eines Bauabschnitts oder Räumung eines Hauses.[772] Wird hierfür kein neutraler Dritter (z.B. der Architekt) bestimmt, hat der Notar die Beteiligten auf die damit verbundenen Risiken hinzuweisen.[773] 448

Übersehen wird oft, genau festzulegen, an wen die Gelder auszuzahlen sind, wenn auf der Empfängerseite mehrere Personen sind. Es empfiehlt sich, bereits in den Vertrag aufzunehmen, zu welchem Bruchteil an wen gezahlt werden soll, oder ob die Zahlung an einen der Beteiligten befreiend wirken soll. Ist eine solche Regelung getroffen, so ist diese zwischen den Betroffenen nur einverständlich abänderbar. Sie kann also nicht von einem der Beteiligten später widerrufen werden (s.u. Rdn. 461).[774] 449

II. Durchführung der Verwahrung (§ 58 BeurkG; vormals § 54b BeurkG a.F., §§ 10 bis 14, 17, 22, 27 DONot)

1. Beachtung des Geldwäschegesetzes

S. hierzu oben Rdn. 252 ff. 450

Bei Vertragsabschluss als auch bei der Einrichtung des Notaranderkontos hat der Notar das GwG (Rdn. 261 ff.) zu beachten.

---

770 Vgl. Rdschr. Rheinische NotK, abgedruckt in *Weingärtner*, Notarrecht Ord.Nr. 299, ausführlich hierzu Ganter/Hertel/Wöstmann Rn. 1759 ff; OLG Celle Nds.Rpfl. 1997, 73.
771 OLG Celle Nds.Rpfl. 1998, 45.
772 *Weingärtner* Das notarielle Verwahrungsgeschäft Rn. 86.
773 BGH ZNotP 2008, 419 = NotBZ 2008, 391.
774 Ganter/Hertel/Wöstmann/*Hertel* Rn. 1639 ff.; ausführlich *Weingärtner* Das notarielle Verwahrungsgeschäft Rn. 94, 158.

▶ **Beispiel (entnommen der FIU NEWSLETTER, 7. Ausgabe (www.bka.de):**

Der Geschäftsführer einer deutschen Firma hatte Häuser günstig aufgekauft und durch Schwarzarbeiter restaurieren lassen, um sie anschließend mit erheblichem Gewinn zu veräußern.

Der Geschäftsführer verkaufte die Immobilien für 8,2 Mio. € und transferierte Teile des Verkaufserlöses auf Konten von Scheinfirmen (unter anderem Vermögensverwaltungs- und Anlageberatungsunternehmen) seines Stiefsohnes. Bei einer deutschen Bank richtete der Notar ein **Notaranderkonto** ein, auf dem Gutschriften i.H.v. ca. 8,2 Mio. € unter dem Verwendungszweck »Darlehen« eingingen. Davon wurden 4,2 Mio. auf das Privatkonto des Geschäftsführers sowie 2,2 Mio. € an die »Vermögensverwaltung« seines Stiefsohnes als »Erlös aus dem Verkauf der Beleihungsobjekte« überwiesen.

Weitere Beispiele siehe Rdn. 464 ff.

Bei der Eröffnung des Anderkontos ist § 154 Abs.2 u. 2a AO zu beachten. Dem Kreditinstitut sind ab 01.01.2018 anzugeben:
– Name und Anschrift des wirtschaftlich Berechtigten,
– bei einer natürlichen Person die Steueridentifikationsnummer bzw.
– die Wirtschafts-Identifikationsnummer eines Unternehmens oder in Ermangelung dieser Nummer die Steuernummer

2. Einlagensicherung der Bank

451 Bei der Auswahl des Kreditinstituts muss der Notar prüfen, ob dieses einer Sicherungseinrichtung für den Insolvenzfall angehört und insoweit eine Einlagensicherung besteht.[775] Die Kreditinstitute sind verpflichtet, darauf hinzuweisen, wenn sie nicht einem Einlagensicherungsverband angeschlossen sind.[776] Allerdings gibt es in Deutschland kaum Kreditinstitute, die keinem Sicherungssystem angeschlossen sind.[777] Zur Einlagensicherung siehe www.bankenverband.de/Einlagensicherung

Die Einlagen von Privatkunden in Deutschland sind zu 100 % durch das Einlagensicherungs- und Anlegerentschädigungsgesetz (EAEG) gesichert – allerdings nur bis zu einer Höhe von 100.000 €. Doch fast alle Banken, ob Sparkassen, Öffentliche Banken oder Direktbanken, bieten durch freiwillige

---

775 BGH DNotZ 2006, 358.
776 Ausführlicher *Weingärtner/Gassen/Sommerfeldt* § 27 DONot Rn. 3.
777 Armbrüster/Preuß/Renner/*Renner* § 54b BeurkG Rn. 8.

Sicherheitsmechanismen einen weit höheren Einlagenschutz als den gesetzlich vorgeschriebenen.

3. Kontoführung

Die Notaranderkonten werden z. Zt. noch überwiegend »konservativ« geführt. 452
Es laufen jedoch Pilotverfahren, die die Führung durch »Datenfernübertragung« erlauben. Dies wird in Zukunft der Regelfall sein. Nach der Änderung
des § 27 Abs. 3 DONot ist die Eröffnung eines Notaranderkontos mittels
Datenfernübertragung zulässig, wenn dem jeweiligen Stand der Technik entsprechende technische und organisatorische Maßnahme zur Gewährleistung
der Vertraulichkeit, Integrität und Authentizität der Überweisungen sowie der
Umsatzdaten getroffen sind.

Wichtigste Grundregel: Die vorsätzliche Vermischung von verwahrten Geldern mit Eigengeldern des Notars oder gar die Verwendung für eigene Zwecke 453
ist ein schwerwiegendes Dienstvergehen, kann als Untreue gem. § 266 StGB
strafbar sein[778] und zum Verlust des Amts führen.

Jede Einnahme und jede Ausgabe muss am Tage der Einnahme oder der Ausgabe sowohl in das Verwahrungs- als auch in das Massenbuch[779] eingetragen
werden (Grundsatz **der tagegerechten Buchung**). Der Notar kann sich zur
Entschuldigung verspäteter Eintragungen nicht auf Personalschwierigkeiten
berufen. Bei **bargeldlosem Zahlungsverkehr** ist nicht unter dem Wertstellungsdatum, sondern unter dem Datum des **Eingangs des Kontoauszugs** einzutragen[780] (§ 10 Abs. 3 DONot).

Zinsgutschriften, Zinsabschlagsteuer, Spesenabrechnungen und Bankkosten 454
sind einzeln zu buchen. **Umbuchungen** auf ein **Festgeldanderkonto** werden

---

778 BGH DNotZ 2017, 789.
779 Siehe oben Rdn. 114 f.
780 Im Beschl. v. 19.06.2012 (BVerfG, Beschl. v. –1 BvR 3017/09, NJW 2012, 2639 =
DNotZ 2012, 945) hat das BVerfG zur Frage der Anderkontenbuchung die Beachtung des § 10 Abs. 3 DONot ausgeführt, dass die Dienstaufsicht den Notar anweisen
darf, Buchungen im Verwahrungs- und Massenbuch unter dem Datum des Eingangs
der Kontoauszüge in seiner Geschäftsstelle und nicht etwa unter dem Wertstellungsdatum der Bank vorzunehmen. In seiner Entscheidung hat der Senat nicht nur
auf die »im Bagatellbereich« liegende Belastung des Beschwerdeführers hingewiesen,
sondern auch deutlich gemacht, dass den Notar die Verpflichtung zur taggerechten
Buchung »nur unwesentlich« belastet.
Sonderregeln gelten für Schleswig-Holstein: »In § 10 Abs. 3 werden folgende Sätze
angefügt: Wahlweise können die Eintragungen auch unter dem Wertstellungsdatum
vorgenommen werden. Die gewählte Handhabung ist konsequent durchzuführen.«.

weder als Einnahme noch als Ausgabe gebucht; es kann jedoch durch einen Vermerk im Massenbuch auf sie hingewiesen werden.[781]

455 Auch bei automationsgestützter Führung der Bücher sind die Ausdrucke an dem Tag vorzunehmen, an dem die Eintragung bei herkömmlicher Führung vorgenommen hätte werden müssen. Auch hier gilt der Grundsatz der tagegerechten Buchung.

456 Bei bargeldlosem Zahlungsverkehr über das System der elektronischen Notaranderkontenführung sind die Eintragungen unter dem Datum des Abrufs der Umsatzdaten am Tag des Abrufs vorzunehmen; Notarinnen und Notare haben die Umsätze unverzüglich abzurufen, wenn sie schriftlich oder elektronisch Kenntnis von neuen Umsätzen erlangt haben. Um die rechtzeitige Eintragung überprüfen zu können, sind die Kontoauszüge mit dem Eingangsdatum zu versehen (§ 10 Abs. 3 Satz 2 DONot).

457 Wurde bei automationsgestützter Führung der Bücher ein **kleinerer** Betrag als im Kontoauszug ausgewiesen gebucht, so erfolgt eine ergänzende Eintragung unter der nächsten laufenden Nummer in der entsprechenden Spalte (Einnahme oder Ausgabe) mit dem Datum des Kontoauszugeinganges. In beiden Büchern erfolgt ein entsprechender Vermerk über die ergänzende Buchung.

458 Wurde ein **größerer** Betrag als im Kontoauszug ausgewiesen, gebucht, erfolgt die Berichtigung durch Stornobuchung des Differenzbetrages mit negativem Vorzeichen in der Spalte (Einnahme oder Ausgabe), in der die fehlerhafte Buchung erfolgt ist. Da das Verwahrungsbuch keine kaufmännische Buchführung darstellt, sondern den tatsächlichen Bestand der verwahrten Geldbeträge wiedergeben soll, ist nur mit der Buchung unter negativen Vorzeichen sichergestellt, dass die Summe der Einnahmen bzw. Ausgaben des Verwahrungsbuches dem tatsächlichen Bestand entspricht.[782]

459 Am Schluss eines jeden Kalenderjahres sind sowohl das Massenbuch als auch das Verwahrungsbuch abzuschließen (Jahresabschluss). Die Summen der Salden der beiden Bücher müssen miteinander übereinstimmen und mit dem Ist-Bestand der Anderkonten.

Die **EDV-Empfehlungen der BNotK** für Notare, Notarprüfer und Softwarehersteller im Hinblick auf eine dienstordnungsgerechte Führung der Bücher, Verzeichnisse und Übersichten im Notariat sehe ich als eine unentbehrliche Hilfe an.

---

781 Ausführlich *Weingärtner/Gassen/Sommerfeldt* § 10 Rn. 19.
782 *Bettendorf* Behandlung von Buchungsfehlern bei automationsgestützter Bücherführung, abgedruckt bei *Weingärtner* Das notarielle Verwahrungsgeschäft Rn. 297.

4. Notaranderkontenliste (§ 12 Abs. 5 DONot)

Eine bestimmte Form der Liste ist nicht vorgeschrieben. Aufzunehmen in das **460** Verzeichnis sind

a) Name und Anschrift des Kreditinstituts
b) Anderkonto- oder Anderdepot-Nummer, auch bei Festgeldanderkonto
c) Nummer der Masse
d) Beginn (erste Buchung) und Beendigung eines jeden Verwahrungsgeschäfts
e) die Angabe der Urkundennummer ist zweckmäßig.

Die Eintragungen müssen stets auf dem neuesten Stand sein.

5. Unverzügliche Auszahlung bei Auszahlungsreife (§ 58 Abs. 3 S. 4 BeurkG (§ 54b Abs. 3 Satz 4 BeurkG a.F.)

Der Zeitpunkt der Auszahlung muss sich aus der Verwahrungsanweisung zwei- **461** felsfrei ergeben. Der Notar darf bei Zweifel den Inhalt einer Verwahrungsan-weisung nicht durch eigene Auslegung bestimmen; er hat vielmehr das Einver-nehmen der Parteien herbeizuführen.[783] Er muss sich strikt an die Auszahlungsanweisungen halten; ihm steht kein Ermessensspielraum zu.[784]

Die Auszahlungsreife ist letztverantwortlich vom Notar persönlich zu überprü- **462** fen. Die Auszahlung hat an den oder die in der Hinterlegungsvereinbarung bestimmten Empfänger zu erfolgen. Schwierigkeiten können sich ergeben, wenn bei mehreren Empfangsberechtigten Streit darüber besteht, an wen die Gelder ausgezahlt werden sollen. Ist in der Hinterlegungsvereinbarung jedoch eine eindeutige Regelung getroffen, so können die Beteiligten diese später nicht einseitig widerrufen.[785]

Die Überweisungsträger können selbstverständlich von Mitarbeitern vorberei-tet werden; das entbindet den Notar jedoch nicht von seinen Kontrollpflich-

---

783 BGH Urt. v. 16.03.2015 – Not (Brfg) 2/14.
784 **Beispiel:** BGH Urt. v. 16.03.2015, MittBayNot 2015, 430: Die Formulierung war: »»… keine sonstigen Umstände bekannt geworden sind, die der Eintragung unserer Grundschuld im vorstehend verlangten Rang entgegen stehen«. Die Formulierung ist auslegungsfähig. Der Notar darf jedoch den Inhalt der Verwahrungsanweisung nicht durch seine Auslegung bestimmen. Er hätte vielmehr entsprechend den Rege-lungen in § 17 BeurkG, § 14 Abs. 1 S. 2 BNotO (Eylmann/Vaasen/Frenz BNotO/ BeurkG 3. Auflage 17 BeurkG Rn. 8) bei der Treugeberin nachfragen und eine Anpassung der Treuhandauflagen der kaufpreisfinanzierenden Antragstellerin erwir-ken müssen.
785 **A.A.** KG DNotZ 2001, 865 m. Anm. *Wegerhoff* = NotBZ 2001, 425, m. Anm. *Hertel*; ausführlich hierzu *Weingärtner* Das notarielle Verwahrungsgeschäft Rn. 158 s.o. Rdn. 449.

ten.[786] Er muss die Überweisung persönlich unterschreiben. Er darf auch nicht etwa für die Zeit seiner Abwesenheit einen blanko unterschriebenen Überweisungsträger bereitstellen.[787]

Obgleich die Auszahlung **unverzüglich** zu erfolgen hat, muss dem Notar eine angemessene Prüfungsfrist bleiben, um sorgfältig die Auszahlungsvoraussetzungen prüfen zu können.[788] Eine Überlegungsfrist von 5 Tagen kann im Einzelfall durchaus angemessen sein.[789] Bei Vorliegen konkreter Anhaltspunkte ist er bspw. verpflichtet, vor einer Auszahlung zu prüfen, ob ein Insolvenzverfahren über das Vermögen des anweisenden Zahlungsempfängers eröffnet ist.[790]

Wenn alle Beteiligten – evtl. nach Beratung durch den Notar – mit der Auszahlung einverstanden sind oder zumindest den Eintritt der Bedingung übereinstimmend anerkennen, liegt kein Grund vor, nicht sofort auszuzahlen. Ansonsten hat der Notar, will er sich später nicht regresspflichtig machen, sorgfältig zu prüfen, ob die Voraussetzungen für die Auszahlung vorliegen. Die Entscheidung kann für ihn schwierig sein, insb. dann, wenn der Treugeber der Auszahlung widerspricht. Der Notar kann sich seiner Entscheidung und Verantwortung jedoch nicht dadurch entziehen, dass er die verwahrten Gelder bei Gericht hinterlegt. Dies kann er nur ausnahmsweise.[791]

Zur Frage, ob und inwieweit der Notar einseitige Weisungen einer der Beteiligten, die im Widerspruch zu der Hinterlegungsvereinbarung stehen, befolgen darf oder muss, siehe unten Rdn. 476 ff. Ohne ausdrückliche Anweisung ist der Notar nicht verpflichtet, für eine besondere Beschleunigung des Geldtransfers über Notaranderkonto zu sorgen.[792]

---

786 BGH WM 2008, 1135; *Lerch* WuB 2008, 805.

787 Ebenso *Lerch* § 54b BeurkG Rn. 6. Fall: OLG Bremen Urt. v. 20.11.2014 – 3 U 17/14. Bei Abwicklung eines Notaranderkontos hatte der Notar die Überweisungsträger blanko unterschrieben und es der Bank überlassen, den konkreten Auszahlungsbetrag festzusetzen. Die Berufshaftpflichtversicherung hat hierfür keine Haftung übernommen, weil der Notar seine Amtspflicht positiv gekannt hat, davon abgewichen ist und der Pflichtenverstoß für einen Schadenseintritt ursächlich geworden ist.

788 *Haug* DNotZ 1982, 545, 553; Armbrüster/Preuß/Renner/*Renner* § 54b BeurkG Rn. 35.

789 *Winkler* § 54b BeurkG Rn. 22, Armbrüster/Preuß/Renner/*Renner* § 54b BeurkG Rn. 35: maximal:, Eylmann/Vaasen/*Hertel* § 54b BeurkG Rn. 34: 2–5 Tage.

790 OLG Zweibrücken MittBayNot 2007, 241.

791 BGH DNotZ 1960, 265 [BGH 21.12.1959 – III ZR 180/58]; KG Rpfleger 1972, 257; OLG Köln DNotZ 1971, 599; OLG Frankfurt DNotZ 1969, 513; OLG Hamm DNotZ 1963, 635; *Bräu*, Rn. 288; ausführlich hierzu *Zimmermann*, DNotZ 1980, 473 und Armbrüster/Preuß/Renner/*Renner*, § 54b BeurkG Rn. 32 f.

792 LG Frankfurt am Main MittBayNotK 1996, 231.

        Weingärtner

Soll nach dem Treuhandauftrag »**Zug um Zug**« bei Eintritt einer bestimmten 463
Voraussetzung (z.B. nach Einreichung der Anträge beim Grundbuchamt) die
Auszahlung veranlasst werden, so wird man nicht unbedingt die Einreichung
des Überweisungsauftrages oder die Auszahlung noch am selben Tage verlangen
gen können; sie hat aber »unverzüglich« nach Einreichung der Anträge beim
Grundbuchamt zu erfolgen.[793]

Im Einzelnen hat das OLG Celle eine korrekte Abwicklung von Zug-um-Zug-
Aufträgen in folgenden Fällen angenommen:[794]
– Einreichung des Überweisungsauftrages bei der Bank am Tag nach der
  Einreichung der Löschungsbewilligung beim Grundbuchamt,[795]
– Einreichung der Löschungsunterlagen beim Grundbuchamt an einem
  Donnerstag, dem 14.01., Absendung des Überweisungsauftrages per Post
  an die Bank am gleichen Tage, Ausführung der Überweisung durch die
  Bank an einem Montag, dem 18.01.[796]
– Einreichung der Löschungsbewilligung an einem Freitag, dem 09.10. beim
  Grundbuchamt, Anweisung an die Bank am Montag, dem 12.10.,[797]
– Übersendung der Löschungsbewilligung an das Grundbuchamt am
  26.01.1994, Eingang dort am 28.01.1994, Auszahlung des Ablösebetrages
  am 31.01.1994 veranlasst.[798]
Als nicht ausreichend hat der Notarsenat angesehen:
– die Einreichung der Löschungsunterlagen an einem Dienstag, dem 29.10.,
  und Anweisung des Ablösebetrages am Montag, dem 04.11., [799]
– einen Zeitraum von 6 Wochen zwischen Einreichung der Löschungsbewilligung und Auskehrung des Ablösebetrages.[800]

---

793 OLG Celle Nds.Rpfl. 1997, 48, 49.
794 Abgedruckt im Erlass des Nds. Ministeriums der Justiz und für Europaangelegenhei-
    ten v. 16.05.1997 – 3836 – 202.11.
795 Not 3/96, S. 2 f., 10 = Nds.Rpfl. 1997, 48, 49; Not 36/95, S 16, Not 37/95, S. 12 =
    Nds.Rpfl. 1997, 47.
796 Not 33/95, S. 3, 10.
797 Not 36/95, S. 7 f., 19.
798 Not 13/96, S. 21 f., 23.
799 Not 36/95, S. 6 f., 17 f.
800 Beschl. v. 27.01.1997 – Not 9/96, S. 18.

6. Absehen von Auszahlung bei unerlaubtem oder unredlichem Zweck

464 U.U muss er Notar nach § 61 BeurkG n.F. (§ 54d BeurkG a.F.) von der Auszahlung absehen, wenn hinreichende Anhaltspunkte[801] dafür vorliegen,
– dass er bei der Befolgung der unwiderruflichen Weisung an der Erreichung unerlaubter oder unredlicher Zwecke mitwirken würde oder
– einem der am Treuhandgeschäft Beteiligten durch die Auszahlung ein unwiederbringlicher Schaden erkennbar droht.

Unerlaubte Zwecke sind solche, die nach der Rechtsordnung verboten sind. Unredliche Zwecke sind zwar nicht verboten, aber mit der Rechts- und Sittenordnung nicht zu vereinbaren, wie z. B. der Fall der »Überbriefung«[802].

▶ **Beispiel:**

Der Notar erfährt nachträglich, dass der von ihm beurkundete Kaufpreis zu hoch angesetzt war, um einen höheren Kredit bei der kreditierenden Bank zu erreichen. Das Darlehen wird gewährt und das Geld auf Treuhandkonto überwiesen.

oder

▶ Der Notar hat bereits bei der Beurkundung des zugrunde liegenden Vertrages gewusst, dass unerlaubte oder unredliche Zwecke verfolgt werden.

Der Notar muss versuchen – soweit es ihm möglich ist –, den schädigenden Erfolg zu verhindern, also die auf dem Anderkonto hinterlegten Gelder nicht auszuzahlen. Er hat weiter z. B. die Vorlage der Urkunden zum Vollzug beim Grundbuchamt zu unterlassen.[803]

▶ **Beispiel für Drohen eines Eintritts eines unwiederbringlicher Schadens:**

Eine Gesellschaft gibt Immobilienanteile, die auch tatsächlich entsprechend dem Ausgabepreis werthaltig sind. Der Notar soll die Anteile Zug-um-Zug gegen Auszahlung der von den Anlegern hinterlegten Gelder aushändigen. Unmittelbar vor dem Übergabetermin erfährt der Notar, dass die Anteile ihren Wert aus irgendwelchen Gründen verloren haben. Eine Auszahlung

---

801 Beispielsweise: KG Urt. v. 12.04.2013 – 6 U 132/11, MitBayNot 2014, 86 ff. zur Frage, wann bei Auszahlung vom Notaranderkonto hinreichende Anhaltspunkte für ihn vorliegen, dass er an der Erreichung unerlaubter oder unredlicher Zwecke zu Lasten der Bank mitwirken würde. Das Urteil behandelt ein Kick-Back-Geschäft.
802 BGH NJW 2010,1764, *Ganter* DNotZ 2013, 166.
803 Armbrüster/Preuß/Renner/*Preuß* § 4 BeurkG; § 54 d BeurkG Rn. 17; *Lerch* §4 BeurkG Rn. 15.

der Gelder an die jetzt bankrotte Gesellschaft würde einen unwiederbringlichen Schaden für die Anleger bedeuten.

Ausführlich zu diesem Thema siehe *Kasper* RNotZ 2018,144 ff.

7. Ausführungsbestätigung[804]

Ist Auszahlungsreife gegeben, muss der Notar die Gelder unverzüglich auszahlen (s.o. Rdn. 461). Auch bei der Auszahlung ist sorgfältig vorzugehen. Der Notar hat anhand der ihm vorliegenden und leicht zugänglichen Unterlagen die Richtigkeit der verwendeten Kontonummern zu überprüfen.[805]   **465**

Werden die Gelder – was der Normalfall sein soll (§ 58 Abs. 3 Satz 5 BeurkG; § 54b Abs. 3 Satz 5 BeurkG a.F.) – durch Überweisung ausgezahlt, so hat der Notar sich die Überweisung schriftlich von dem beauftragten Kreditinstitut bescheinigen zu lassen (Ausführungsbestätigung, § 27 Abs. 3 DONot). Diese muss allein oder in Verbindung mit anderen Belegen den Inhalt des Überweisungsauftrages vollständig erkennen lassen. Sie kann durch Aufdruck eines entsprechenden Stempelabdruckes mit Datumsangabe und handschriftlichen Unterschriften erfolgen. Erfolgt die Erklärung nicht durch Aufdruck, sondern in einer vom Überweisungsträger isolierten, mit Unterschrift versehenen Erklärung, ist diese entweder untrennbar mit der Durchschrift des Überweisungsträgers zu verbinden oder sie muss zusätzlich die wesentlichen Angaben des Überweisungsauftrages enthalten, nämlich:
– Name und Kontonummer des Anweisenden,
– Überweisungsbetrag,
– Name und Kontonummer des Empfängers.

Die üblichen Tageskontoauszüge reichen nicht aus, auch nicht, wenn der von der Bank erstellte – nicht unterschriebene – Kontoauszug sämtliche Angaben enthält, die auch in der Ausführungsbestätigung ausgeführt werden müssen.[806]   **466**

Schleswig-Holstein hat einen Sonderweg gefunden:[807]
1. Der Notar erhält von dem Kreditinstitut ein Schreiben, aus dem hervorgeht, dass dieses für alle Überweisungen von Notaranderkonten gilt und alle von Notaranderkonten ausgeführten Überweisungsaufträge als unwiderruflich behandelt werden. Zusätzlich garantiert das Kreditinstitut in die-

---

804 Ausführlicher: Armbrüster/Preuß/Renner/*Renner* § 27 DONot Rn. 13.
805 BGH ZNotP 2008, 286.
806 BNotK Schreiben vom 26. 07. 1994; *Weingärtner* Das notarielle Verwahrungsgeschäft Rn. 314.
807 Kammernachrichten III/2008 N III 3 § 27 und N III § 13.

sem Schreiben, dass der Auftrag ordnungsgemäß in seinem Geschäftsbereich ausgeführt worden ist, sobald der Kontoauszug eine entsprechende Buchung ausweist. Das Schreiben ist in der Generalakte aufzubewahren.

2. Der Kontoauszug des Notars gibt den Inhalt des Überweisungsauftrages vollständig wieder.

3. Das Kreditinstitut garantiert, dass ein Widerruf oder eine Fehlbuchung auf dem Kontoauszug, der die Ausführung des Überweisungsauftrages gemäß Ziff. 2. ausweist, durch einen von einer Mitarbeiterin oder einen Mitarbeiter des Kreditinstituts unterschriebenen Vermerk kenntlich gemacht werden. Der Kontoauszug ist hierzu nach Aufforderung des Kreditinstituts von der Notarin oder den Notar zur Anbringung des Vermerks vorzulegen.

Eine Besonderheit gilt beim elektronischen Rechtsverkehr § 27 Abs.4 Satz 4 DONot: Es bedarf keiner Ausführungsbestätigung, wenn das beauftragte Kreditinstitut vor erstmaliger Einrichtung eines elektronisch geführten Notaranderkontos schriftlich und unwiderruflich erklärt hat, dass es mit jeder elektronischen Bereitstellung der Umsatzdaten über die Ausführung einer Überweisung gleichzeitig bestätigt, den Überweisungsauftrag mit den in den Umsatzdaten enthaltenen Informationen in seinem Geschäftsbereich ausgeführt zu haben.

8. Verrechnung mit Kostenforderungen (§ 58 Abs.3 S.8 BeurkG; § 54b Abs. 3 Satz 8 a.F.)

467   Die Geldentnahme vom Anderkonto zur Begleichung von Kostenrechnungen des Notars ist nur unter folgenden Voraussetzungen erlaubt:

Es muss sich um **Kosten aus diesem Notargeschäft** (einschließlich der damit zusammenhängenden) handeln.[808] Die Entnahme vom Anderkonto ist allerdings nur dann zulässig, wenn eine gem. § 19 GNotKG **ordnungsgemäß erstellte und zugegangene Kostenrechnung** vorliegt. Die Verrechnung sollte erst nach einer angemessen Frist[809] erfolgen, damit der Betroffene noch Einwendungen erheben kann. Der **Verwendungszweck** ist auf dem Überweisungsträger anzugeben (§ 58 Abs.3 Satz 8 BeurkG; § 54b Abs. 3 Satz 8 BeurkG a.F.). Außerdem muss **Auszahlungsreife** des verwahrten Betrages zugunsten des Kostenschuldners gegeben sein.

468   Unzulässig ist die Entnahme der Hebegebühr, wenn der Notar das Geld an einen Dritten (also nicht an den Auftraggeber/Kostenschuldern) auszuzahlen

---

808 H.M.: Eylmann/Vaasen/*Hertel* § 54a BeurkG § 54b Rn. 39; *Winkler* § 54b Rn. 31; *Lerch* § 54b Rn. 15.

809 *Lerch* § 54b Rn. 11 ca.1 Woche.

hat, es sei denn, dass ihm die Entnahme durch Vereinbarung mit dem Auftraggeber oder dem Dritten ausdrücklich gestattet worden ist.[810]

Eine Durchschrift der an den Kostenschuldner übersandten Kostenrechnung **469** ist nur zu der Nebenakte zu nehmen, wenn die Kosten der Masse entnommen worden sind (§ 22 Abs. 2 Nr. 8 DONot, s.u. Rdn. 472).[811]

9. Abrechnung (§ 27 Abs. 4 DONot)[812]

Im Rahmen einer Treuhandbeziehung ist der Notar verpflichtet, einem Betei- **470** ligten, der Zahlungen auf ein Notaranderkonto erbracht hat, Auskunft über den Bestand und die Abwicklung dieses Kontos zu erteilen, auch wenn die Masse noch nicht abgewickelt ist.[813] Die Beteiligten haben ein Recht auf Einsicht in die Belegsammlung.[814]

Ist die Masse vollständig abgewickelt, ist in jedem Fall den Beteiligten eine nachvollziehbare Abrechnung zu erteilen. Übersendet der Notar lediglich eine Kopie des abgeschlossenen Massenblattes, sollte er darauf hinweisen,[815] dass es sich bei den im Massenbuch aufgeführten Buchungsdaten jeweils um das Datum handelt, an dem der Kontoauszug in seinem Büro eingegangen ist, dass aber die Verzinsung selbstverständlich nach dem Wertstellungsdatum erfolgt ist.[816] Zur Geheimhaltungspflicht s. *Weingärtner/Gassen/Sommerfeldt* § 27 Rn. 40.

Eine Abrechnung bei Vollzug von Grundstückskaufverträgen und vergleichba- **471** ren Rechtsgeschäften ggü. den den Kaufpreis finanzierenden Kreditinstituten erfolgt im Allgemeinen nicht. Sie ist nur auf deren Verlangen zu erteilen. I.Ü. kann der Anspruch nur insoweit bestehen, als das Treuhandverhältnis Bank/ Käufer berührt wird. In diesen Verhältnissen sind die Banken an Erfüllung ihrer Auflagen interessiert, wie z.B. an der dinglichen Sicherung ihres Darlehens, der Eigentumsumschreibung auf den Darlehensnehmer bzw. die Sicherstellung der Eigentumsumschreibung. Auch ggü. den Gläubigern der abzulösenden Grundpfandrechte erscheint eine Abrechnung nicht generell

---

810 Ausführlicher zur Hebegebühr: Armbrüster/Preuß/Renner/*Renner* § 54b BeurkG Rn. 50.
811 Ausführlich hierzu *Weingärtner* Das notarielle Verwahrungsgeschäft Rn. 171 f.
812 Ausführlicher *Weingärtner/Gassen/Sommerfeldt* § 27 Rn. 40.
813 LG Frankfurt a.M. DNotZ 1991, 765; Armbrüster/Preuß/Renner/*Renner* § 27 DONot Rn. 22.
814 LG Frankfurt am Main DNotZ 1991, 765; Armbrüster/Preuß/Renner/*Renner*, § 27 DONot Rn. 22.
815 *Blaeschke* Rn. 1780.
816 Ausführlich *Weingärtner* Das notarielle Verwahrungsgeschäft Rn. 318 ff.

erforderlich, weil sie den Eingang der Ablösungssumme und die Löschung ihrer Grundpfandrechte und damit auch die zeitlichen Abläufe ohnedies erfahren und weitere Auskünfte nicht verlangen können. Was i.Ü. mit dem Kaufpreis geschehen ist, geht sie nichts an.

Zur Versicherung über Vollständigkeit und Richtigkeit der Abrechnung (entsprechend § 259 Abs. 2 BGB) kann der Notar auch von der Dienstaufsicht nicht angehalten werden.

10. Nebenakten (§ 22 DONot)

472   Vor dem Hintergrund der Einführung des elektronischen Urkundenarchivs und der zunehmenden Bedeutung des elektronischen Rechtsverkehrs geht der Gesetzgeber davon aus, dass die Notare zunehmend auch ihre Nebenakten elektronisch führen werden, um mehrere Datenhaltung und Medienbrüche zu vermeiden und durch Verknüpfung und Weiterwendung weiterer Daten Mehrwerte zu erzielen. Die Notare können also ihre Akten und Verzeichnisse in Papierform oder elektronisch führen, soweit die Form nicht durch oder aufgrund eines Gesetzes vorgeschrieben ist (§ 35 Abs. 2 Satz 1 BNotO)[817]; § 35 tritt am 01.01.2020 in Kraft. Weitere Einzelheiten siehe unter I Rdn. 572 (*Löffler*).

Für jedes Verwahrungsgeschäft ist – neben der normalen Handakte – eine Nebenakte zu führen (§ 22 DONot). Sie muss allein aus sich heraus erkennen lassen, ob die Abwicklung über das Notaranderkonto entsprechend der Hinterlegungsvereinbarung/Anweisung erfolgt ist.

Weitere Einzelheiten siehe oben Rdn. 217 f.

11. Verhalten bei Pfändungen[818]

473   Das Notaranderkonto genießt eine Sonderstellung. Gleichwohl können Gläubiger der Vertragsparteien – nicht die des Notars – die auf dem Konto befindlichen Gelder pfänden.

▶ Beispiel:

Nach Beurkundung eines Kaufvertrags wird der Kaufpreis vereinbarungsgemäß beim Notar auf einem Anderkonto hinterlegt. Ein Gläubiger des Verkäufers, der gegen diesen eine Forderung hat, will die hinterlegten Gelder »pfänden«.

---

817 *Damm* DNotZ 2017, 431.
818 Ausführlich: *Winkler* § 54b BeurkG Rn. 41 ff.

Das ist möglich: Wenn durch die Hinterlegung noch keine Erfüllung eingetreten ist,[819] genügt die Pfändung des Kaufpreisanspruchs des Verkäufers gegen den Käufer.[820] (Abkehr von der »Doppelpfändung«).[821] Die mit der Pfändung des Hauptrechts verbundene Beschlagnahme erstreckt ohne weiteres auf alle Nebenrechte, die im Fall einer Abtretung nach §§ 412, 401 BGB auf den Gläubiger übergehen. Damit erstreckt sich automatisch das Pfandrecht auf den »Auskehrungsanspruch« des Käufers gegen den Notar.[822]

Die sachliche Unabhängigkeit des Notars bleibt trotz der Pfändung gewahrt, er hat nun allerdings gegenüber dem Pfändungsgläubiger, dem er auch die »Drittschuldnererklärung« nach § 840 ZPO abzugeben hat,[823] eine Amtspflicht. Eine Auszahlung des hinterlegten Kaufpreises an den Pfändungsgläubiger darf erst erfolgen, wenn dem Pfändungsgläubiger die Forderung zumindest zur Einziehung überwiesen worden ist (§§ 835 Abs. 1, 836 Abs. 1 ZPO).[824]

Entsprechendes muss für die Abtretung gelten. Es genügt die Abtretung des Kaufpreisanspruchs des Verkäufers gegen den Käufer.[825]

Wichtig ist in jedem Fall, dass der Pfändungsgläubiger nicht mehr Rechte **474** erhalten kann als der Schuldner selbst hat.[826] Der unbeteiligte Drittschuldner darf bei einer Pfändung nicht schlechter stehen als bei einer Abtretung oder Verpfändung der gegen ihn gerichteten Forderung. Sollte der Verkäufer bereits vor der Pfändung die Forderung gegen den Käufer an einen Dritten abgetreten haben, geht die Pfändung ins Leere.

Widerspricht ein Beteiligter der Auszahlung an den Pfändungsgläubiger oder **475** verweigert der Notar die gewünschte Auszahlung, so kann der Pfändungsgläubiger – ebenso wie bei einem Prätendentenstreit nach Abtretung oder Pfändung[827] – nach § 15 BNotO vorgehen[828] oder gegen den Widersprechenden – nicht gegen den Notar – auf Zustimmung klagen.

---

819 Regelfall, *Weingärtner* Das notarielle Verwahrungsgeschäft Rn. 120.
820 BGH RNotZ 2017, 55.
821 Nach früherer Ansicht war die Pfändung des Kaufpreisanspruchs und des Auszahlungsanspruch notwendig. (BGH DNotZ 1989, 235; ausführlich hierzu *Kawohl* Rn. 110 ff.; DNotI-Report 2001, 161; *Weingärtner* Das notarielle Verwahrungsgeschäft Rn. 47; *Kesseler* DNotZ 2006, 240.)
822 BGH RNotZ 2017, 55.
823 *Winkler* § 54b Rn. 42.
824 *Kawohl* Rn. 110 ff.
825 Ebenso Würzburger Notarhandbuch Teil Kap.2. Rn.775.
826 BGH MittRhNotK 1989, 87; BGH WM 1985, 238; BGH WM 1985, 833.
827 OLG Frankfurt DNotI-Report 1998, 80.
828 OLG Frankfurt DNotZ 1992, 61; OLG Hamm MittRANotK 1993, 132.

III. Widerruf[829]

1. Schriftform

476 Der Widerruf muss **schriftlich** erfolgen (§ 60 Abs.1 BeurkG; § 54c Abs. 1 BeurkG a.F.); der mündlich erklärte Widerruf kann allerdings ein zu beachtender Hinweis sein, wenn auf die Tatbestände des § 61 BeurkG (§ 54d BeurkG a.F.) hingewiesen wird. Der Notar hat nämlich von der Auszahlung abzusehen, wenn hinreichende Anhaltspunkte dafür vorliegen, dass er bei Befolgung der unwiderruflichen Weisung an der Erreichung unerlaubter oder unredlicher Zwecke mitwirken würde oder einem Auftraggeber durch die Auszahlung der verwahrten Gelder ein unwiederbringlicher Schaden erkennbar droht.[830]

2. Der Widerruf im einseitigen Treuhandverhältnis

477 Um die Widerrufsproblematik zu verstehen, muss man sich die verschiedenen Phasen der Abwicklung vorstellen.

Das lässt sich an der folgenden Skizze – bezogen auf einen Kaufvertrag – wie nachfolgend an dem Zeitstrahl (der von rechts nach links zu lesen ist) darstellen:

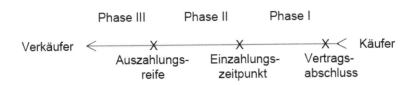

Bis zur Fälligkeit ist grds. der Einzahler allein weisungsberechtigt (Phase I). Mit Eintritt der Fälligkeit besteht bis zur Auszahlungsreife Bindungswirkung zwischen den Beteiligten (Phase II). Grds. darf der Notar in dieser Phase einseitigen Weisungen einer der Beteiligten nicht Folge leisten. Nach Auszahlungsreife ist der **Verkäufer als Empfangsberechtigter** allein weisungsberechtigt (Phase III). Deshalb darf der Notar in diesem Stadium eine einseitige Weisung des **Käufers** nicht befolgen.

---

829 Ausführlicher *Weingärtner/Gassen/Sommerfeldt* vor § 27 DONot Rn. 22.

830 Siehe oben Rdn. 464. Ausführlich hierzu *Weingärtner,* Das notarielle Verwahrungsgeschäft Erläuterung zu § 54d u. *Weingärtner/Gassen/Sommerfeldt* vor § 27 DONot Rn. 41.

Nach der Rechtsprechung des BGH ist der **Treuhandauftrag der finanzierenden Bank** grundsätzlich einseitig und damit bis zu seiner Erledigung frei abänderbar und widerruflich.[831]

Ist der Treuhandauftrag der Bank mit einer Befristung versehen, so wird man allerdings davon ausgehen können, dass die Bank sich bis zum Eintritt dieser Befristung an den Treuhandauftrag gebunden fühlt und bis zu diesem Zeitpunkt einen einseitigen Widerruf ausgeschlossen hat.[832]

Erkennt der Notar, dass der Treuhandauftrag nicht während der von der Bank vorgegebenen Frist ausgeführt werden kann, muss er alsbald darauf drängen, dass diese Frist verlängert wird.

Ein einseitiger Treuhandauftrag liegt z.B. auch vor bei Überzahlung oder Einzahlung vor Fristablauf oder nach Auszahlungsreife.[833] 478

Allerdings darf der Notar bei einem zu beachtenden Widerruf die Gelder auch 479
nicht unverzüglich zurückzahlen; nach § 60 Abs.1 BeurkG (§ 54c Abs. 1 BeurkG a.F.); ist der Widerruf nur insoweit zu beachten, als dadurch Dritten gegenüber bestehende Amtspflichten nicht verletzt werden. Wenn also z.B. der Verkäufer im Vertrauen auf die Einzahlung auf das Notaranderkonto seinerseits eine Leistung erbracht hat, so kann die Rückzahlung nur Zug um Zug gegen Rückabwicklung dieser Leistung erfolgen, also z.B. Rückzahlung des Geldes Zug um Zug gegen Löschung der Finanzierungsgrundschuld und der Auflassungsvormerkung, Rückzahlung des Geldes Zug um Zug gegen Rückgabe des Besitzes.[834]

3. Widerruf im mehrseitigen Treuhandverhältnis[835]

Ausführlich: *Kasper* RNotZ 2018, 143ff 480

Sobald die Bindungswirkung eingetreten ist, ist ein einseitiger schriftlicher Widerruf nur dann zu beachten, wenn »das mit der Verwahrung durchzuführende Rechtsverhältnis aufgehoben, unwirksam oder rückabzuwickeln ist« (§ 60 Abs.3 BeurkG; § 54c Abs. 3 BeurkG a.F.). Das heißt, dass grundsätzlich

831 BGH NJW 1997, 2104; Eylmann/Vaasen/*Hertel* § 54a BeurkG § 54c, Rn. 10; *Winkler* § 54c Rn. 59; *Weingärtner* Das notarielle Verwahrungsgeschäft Rn 191a. Ausführlicher *Weingärtner/Gassen/Sommerfeldt* vor § 27 DONot Rn. 23 ff.

832 *Reithmann* DNotZ 2004, 250; *Weingärtner* Das notarielle Verwahrungsgeschäft Rn. 191a; ausführlicher: *Oppermann* ZNotP 2006, 176.

833 Ausführlich hierzu *Weingärtner* Das notarielle Verwahrungsgeschäft 187 ff.

834 *Brambring* DNotZ 1999, 366; LG Schwerin NotBZ 2001, 231.

835 Ausführlicher *Weingärtner/Gassen/Sommerfeldt* vor § 27 DONot Rn. 22.

schuldrechtliche Einreden wie Aufrechnung, Zurückbehaltungsrecht, Minderungsrechte, Leistungsverweigerungsrechte unbeachtlich sind. (Ausnahme: Fälle des § 61 BeurkG (§ 54d BeurkG a.F.). Nur Einwendungen, die das Rechtsverhältnis »zerstören«, können beachtlich sein, z.b. wirksame Anfechtung, Wandlung. Sie müssen aber schlüssig vorgetragen sein.[836]

481 Da der Notar selbst nicht wie ein Richter entscheiden darf, ob – z.b. bei Anfechtung wegen arglistiger Täuschung – der Vertrag unwirksam und damit die Hinterlegungsvereinbarung/-anweisung unbeachtlich ist, hat er zunächst mit der Auszahlung inne zu halten, die Parteien hiervon zu unterrichten und der widerrufenden Partei aufzugeben, innerhalb einer von ihm festzusetzenden angemessenen Frist nachzuweisen, dass er ein gerichtliches Verfahren zur Herbeiführung einer übereinstimmenden Anweisung rechtshängig gemacht hat (§ 60 Abs.3 Satz 3 BeurkG; § 54c Abs. 3 Satz 3 BeurkG a.F.). Die Fristlänge steht im Ermessen des Notars Die vom Gesetzgeber[837] angedachte Frist von 2 bis 4 Wochen erscheint m.E. zu kurz.

Weist der Widerrufende dies nicht nach, bleibt sein Widerspruch unbeachtlich. Anderenfalls wartet der Notar die Entscheidung des Gerichts ab. Ist dann abzusehen, dass die Gelder längere Zeit auf dem Anderkonto verbleiben werden, wird der Notar die Beteiligten wegen der Möglichkeit einer zinsgünstigeren Festlegung auf Festgeldkonto hinweisen müssen.

482 Der Notar kann die Beteiligten auch auf den Beschwerdeweg nach § 15 Abs. 2 BNotO n.F. hinweisen. Er gibt den Beteiligten – ähnlich wie im Erbscheinverfahren – einen Vorbescheid[838] und kündigt mit Fristsetzung[839] an, wie er zu verfahren gedenkt. Diesen »Beschluss« übersendet er mit einer Rechtsmittelbelehrung nach § 39 FamFG den Beteiligten und weist daraufhin, dass eine Beschwerde nach »Bekanntgabe« binnen eines Monats bei **ihm** eingelegt werden könne.

Beschwerdeberechtigt ist nur, wer durch die Amstverweigerung der Amtshandlung in seinen Rechten beeinträchtigt ist. Hält der Notar die Beschwerde für begründet, so kann er ihr abhelfen, ansonsten hat er die Beschwerde unverzüg-

---

836 Armbrüster/Preuß/*Renner* § 54c Rn.33; *Winkler* § 54c Rn.26; Grziwotz/Heinemann/*Grziwotz* § 54c Rn.16.
837 BT-Drucks. 13/4184 S.38.
838 § 15 gilt auch für den Vorbescheid BT-Drucks. 16/6308, S. 324.
839 Die Fristsetzung für den Vorbescheid wirkt aber nur dann auch als Frist nach § 54c Abs. 3 Satz 3 Nr. 2 BeurkG a.F, (§ 60 Abs. 3 Nr. 2 BeurkG n.F.), wenn dies in der Fristsetzung eindeutig zum Ausdruck kommt, OLG München DNotZ 2008, 777, m. Anm. *Sandkühler*.

lich dem zuständigen Beschwerdegericht – Zivilkammer des Landesgerichts – vorzulegen (§ 64 Abs. 1 Satz 1 FamFG).[840] Das Beschwerdegericht entscheidet dann darüber, ob der Notar ermessensfehlerfrei gehandelt hat. Der Notar hat dann entsprechend der Entscheidung zu handeln.[841]

In dem »Vorbescheid« sollte der Notar den Beschwerdeführer zweckmäßig auch darauf hinweisen, dass dieser innerhalb des Beschwerdeverfahrens eine einstweilige Anordnung mit dem Inhalt erwirken kann, dass er – der Notar – zur augenblicklichen Auszahlung nicht berechtigt sei. Voraussetzung ist allerdings, dass zugleich Beschwerde eingelegt wird.[842]

Zu beachten ist, dass die Fristsetzung für § 60 BeurkG (§ 54c BeurkG a.F.) eine andere ist als die für § 15 BNotO. Der Notar muss deshalb klar zum Ausdruck bringen, welche Fristsetzung er meint.[843]

Sowohl in den Fällen des § 60 BeurkG (§ 54c BeurkG a.F.) als auch in denen **483** des § 15 Abs. 2 BNotO sollte der Notar darauf achten, dass er ggf. nachweisen kann, die entsprechende Belehrung des Betroffenen mit der Fristsetzung vorgenommen zu haben.[844]

Sollte er später auf Schadensersatz wegen unberechtigter Auszahlung oder Nichtauszahlung in Anspruch genommen werden, so kann er sich – wenn er die Parteien auf die obigen rechtlichen Möglichkeiten hingewiesen hat – auf § 19 Abs. 3 BNotO i.V. m. § 839 Abs. 2 BGB berufen, wonach die Ersatzpflicht nicht eintritt, wenn der Geschädigte vorsätzlich oder fahrlässig unterlassen hat, den Schaden durch Gebrauch eines Rechtsmittels abzuwenden.[845]

Ist der Widerruf wirksam erfolgt, so hat der Notar darauf zu achten, dass die **484** Rückzahlung des Geldes nur Zug um Zug gegen Rückabwicklung des von den anderen Parteien Geleisteten erfolgen darf (s.o. Rdn. 479).

---

840 Ausführlicher zur Zulässigkeit der Beschwerde gegen den Vorbescheid: OLG München FPrax 2008, 130, Keidel/*Meyer-Holz* § 58 Rn. 83: Ausführlich *Heinemann* DNotZ 2009, 36 ff.; *Preuß* DNotZ 2010, 280; Armbrüster/Preuß/Renner/*Renner* § 54c BeurkG Rn. 57.

841 OLG Düsseldorf DNotZ 1983, 703 und 1987, 562.

842 OLG Düsseldorf DNotZ 1983, 703 und 1987, 562.

843 OLG München ZNotP 2009, 36 = NotBZ 2008, 201= RNotZ 2008, 554.

844 BGH MittBayNot 2005, 395 zum Zugang von Fälligkeitsbestätigungen m. Anm. *Lichtenwimmer*; s. auch DNotI-Report 2007, 84.

845 *Brambring* DNotZ 1990, 648; DNotI-Report 1997, 184; OLG Frankfurt DNotZ 1967, 587; ausführlich *Weingärtner* Das notarielle Verwahrungsgeschäft Rn 214 f.

I. Elektronischer Rechtsverkehr im weiteren Sinne

I. Fehler im elektronischen Rechtsverkehr

1. Qualifizierte elektronische Signatur

a) Allgemeines

Nachdem die Verpflichtung zum Vorhalten einer Signaturkarte bislang in § 2a **485** DONot geregelt war, wurde durch das Urkundenarchivgesetz nun für die wesentlichen diesbezüglichen Inhalte eine Regelung mit Gesetzesrang in § 33 BNotO geschaffen. Nach § 33 Abs. 1 Satz 1 BNotO muss der Notar über ein auf Dauer prüfbares qualifiziertes Zertifikat eines qualifizierten Vertrauensdiensteanbieters und über die technischen Mittel für die Erzeugung und Validierung qualifizierter elektronischer Signaturen verfügen. Die Begriffe qualifiziertes Zertifikat und qualifizierter Vertrauensdiensteanbieter entstammen der eIDAS-VO (VO [EU] 910/2014). In der Praxis nutzen Notare regelmäßig Signaturkarten der Zertifizierungsstelle der Bundesnotarkammer, jedoch spricht rechtlich grundsätzlich nichts gegen die Verwendung von Karten anderer qualifizierter Vertrauensdiensteanbieter. Diese müssen gewährleisten, dass das Zertifikat unverzüglich gesperrt wird, sobald das Erlöschen des Amtes des Notars oder eine vorläufige Amtsenthebung in das Notarverzeichnis eingetragen wird. Die Signaturkarte ist die praktisch verbreitetste Signaturerstellungseinheit, die die Anforderungen des Anhang II der eIDAS-VO erfüllt; insbesondere ist durch die sichere Speicherung in der Karte sichergestellt, dass der zur Signaturerstellung verwendete private Schlüssel nicht kopiert werden und daher nur einmal vorkommen kann (Anhang II Abs. 1 lit. b eIDAS-VO). Das qualifizierte Zertifikat des Notars muss nach § 33 Abs. 1 Satz 3 BNotO mit einem Attribut versehen sein, welches den Inhaber als Notar ausweist und daneben den Amtssitz des Notars sowie das Land und die Notarkammer enthält, in deren Bezirk der Notar seinen Amtssitz hat. Das Attribut hat die Funktion des Nachweises der Amtsstellung, die das Amtssiegel bei Papierurkunden besitzt.[846] Daher ist es konsequent, dass zusätzlich zur eben erwähnten Sperrung bei Erlöschen des Amtes oder Amtsenthebung nun § 34 Satz 1 Nr. 2 BNotO parallel zu den Vorschriften für das Siegel eine Meldepflicht für den Fall anordnet, dass die qualifizierte elektronische Signaturerstellungseinheit abhandengekommen ist, missbraucht oder manipuliert wurde oder die PIN einer anderen Person bekannt geworden ist.

486   § 33 Abs. 3 Satz 2 BNotO verbietet ausdrücklich die Weitergabe von Signaturkarte und PIN an jede andere Person: Die Signaturkarte ist streng personenbezogen und darf nur vom Notar selbst verwendet werden. Daher verbietet es sich selbstverständlich, die PIN zur Signaturkarte in der Generalakte aufzubewahren. Es ist sinnvoll, eine weitere Signaturkarte als Ersatz vorzuhalten.

b) Persönliche Erzeugung der Signatur

487   Durch das Urkundenarchivgesetz wurde § 39a BeurkG neu gefasst, der einfache Zeugnisse in elektronischer Form regelt. Durch § 39a Abs. 1 Satz 4 BeurkG ist nun klargestellt, dass die persönliche Erzeugung der Signatur Wirksamkeitsvoraussetzung für die Errichtung von elektronischen Vermerkurkunden ist. Neben der sich daraus ergebenden Nichtigkeit der Urkunde kann die Weitergabe von Signaturkarte und PIN an Mitarbeiter und der Gebrauch durch diese zu berufsrechtlichen Sanktionen bis zur Amtsenthebung führen. Außerdem kommt eine Strafbarkeit nach § 269 StGB wegen Fälschens beweiserheblicher Daten in Betracht (vgl. schon oben Rdn. 387).

c) Elektronischer Beglaubigungsvermerk

488   Die derzeit praktisch bedeutsamste Verwendung der qualifizierten elektronischen Signatur für Notare ist die Herstellung von elektronisch beglaubigten Abschriften für den elektronischen Rechtsverkehr. Für den Inhalt des einfachen elektronischen Zeugnisses nach §§ 39a, 39 BeurkG gelten die Anforderungen des § 42 BeurkG. So soll der Notar nach § 42 Abs. 1 BeurkG auch bei der Herstellung einer elektronisch beglaubigten Abschrift feststellen, ob die Vorlage die Urschrift, eine Ausfertigung oder eine beglaubigte oder einfache Abschrift ist. Die für die elektronische Beglaubigung genutzte Software wird den Beglaubigungsvermerk regelmäßig automatisch erstellen; damit das Ergebnis zutreffend ist, muss jedoch darauf geachtet werden, dass die Art der Vorlage in der Software richtig erfasst wird. Gleiches gilt für den Ort und das Datum der Beglaubigung (§ 39a Abs. 2 Satz 2 BeurkG). Um beim Datum insoweit

---

846 *Malzer* DNotZ 2006, 9 (25 f.); *Lutz* in Beck-Online-Großkommentar, Stand 01.11.2017, § 39a BeurkG Rn. 22.

unzutreffende Angaben etwa dann zu vermeiden, wenn von den Mitarbeitern vorbereitete Dokumente erst am Folgetag signiert werden, dürfte sich der Verweis auf das Datum der Signatur anbieten (»<Ort>, am Tag der Signatur«). Er wird für zulässig gehalten, da nicht ersichtlich ist, warum es neben dem in der Signatur dokumentierten Datum einer weiteren Datumsangabe bedürfte.[847]

Wie bei der Abschrift in Papier ist auch bei der elektronischen Abschrift nur die textliche Übereinstimmung erforderlich, nicht die bildliche. Daher ist auch die Verwendung von Reinschriften für die Herstellung der Abschrift zulässig.[848] **489**

d) Vertreternachweis beim einfachen elektronischen Zeugnis

Wirksamkeitsvoraussetzung für ein einfaches elektronisches Zeugnis ist nach § 39a Abs. 2 Satz 1 BeurkG, dass mit dem Zeugnis die Bestätigung der Notareigenschaft durch die zuständige Stelle verbunden wird. Wird eine elektronische Vermerkurkunde durch einen Notarvertreter errichtet, wird dieser regelmäßig seine Amtsträgereigenschaft nicht durch ein Attribut im Zertifikat (s.o.) nachweisen können. Bei Papierurkunden genügt der Siegelabdruck des vertretenen Notars als Nachweis der Vertreterbestellung gegenüber Handelsregister und Grundbuch, weil davon ausgegangen werden kann, dass nur der berechtigte Vertreter über das Siegel verfügen kann (vgl. § 34 Satz 1 Nr. 1 BNotO). Die Weitergabe der mit dem Notarattribut versehenen Signaturkarte samt PIN kommt dagegen wegen § 33 Abs. 3 Satz 2 BNotO nicht in Betracht. Daher hat sich in der Praxis das Verfahren etabliert, eine beglaubigte Abschrift der Vertreterbestellungsurkunde des Präsidenten des Landgerichts (bzw. des OLG) mit dem vom Notarvertreter signierten Dokument zusammen einzureichen. Dabei ist selbstverständlich zu beachten, dass die beglaubigte Abschrift der Vertreterbestellung jedenfalls dann nicht vom Vertreter selbst hergestellt werden kann, wenn dieser nicht unabhängig von der betroffenen Vertreterbestellung wirksam beglaubigen kann (etwa weil er als Sozius des Vertretenen selbst Notar ist). Das ist kein Problem der Mitwirkungsverbote nach § 3 BeurkG, sondern Folge der Tatsache, dass die Beglaubigung des Vertreternachweises selbst des Vertreternachweises bedarf: Die Formgültigkeit des Nachweises würde von der Tatsache abhängen, die nachgewiesen werden soll. Wenn beispielsweise ein Notarassessor oder Rechtsanwalt zum Vertreter bestellt ist, sollte also der vertretene Notar die beglaubigte Abschrift rechtzeitig vor Beginn der **490**

---

847 *Kirchner* MittBayNot 2008, 318 (319); *Lutz* in Beck-Online-Großkommentar, Stand 1.11.17, § 39a BeurkG Rn. 25.

848 Weingärtner/Gassen/Sommerfeldt/*Gassen* Teil 2 Rn. 116 m.w.N.

Vertretung herstellen. Ein Ausschließungsgrund nach § 3 Abs. 1 Nr. 1 BeurkG liegt für ihn nach richtiger Auffassung nicht vor.[849]

2. Elektronische Handelsregisteranmeldung

491   Die elektronische Einreichung von Anmeldungen zum Handelsregister ist seit dem 1. Januar 2007 in § 12 HGB verbindlich vorgesehen. An vielen Notarstellen wird die Herstellung elektronisch beglaubigter Abschriften für die Einreichung zum Handelsregister immer noch die einzige Anwendung des einfachen elektronischen Zeugnisses nach § 39a BeurkG sein,[850] abgesehen von zunehmend vorgeschriebenen elektronischen Grundbuchvorlagen (dazu sogleich unter Rdn. 495 ff.).

492   Bei Softwareprodukten wie XNotar/Signotar erfolgen die Erstellung der Signaturdatei(en) und der Versand zusammen mit den Dokumenten für den Nutzer gewissermaßen unsichtbar im Hintergrund. Ist dies wegen Nutzung von Software, die nicht speziell für den Einsatz bei Registeranmeldungen entwickelt ist, nicht der Fall oder greift der Nutzer in den automatisierten Arbeitsablauf ein, ist sicherzustellen, dass die Signaturdatei abgesehen von der Endung den gleichen Dateinamen wie das signierte Dokument aufweist. Sonst gelingt die Zuordnung auf Empfängerseite regelmäßig nicht, was zur Beanstandung führen wird.

493   Bei der Handelsregisteranmeldung verlangen die Verordnungen der Länder nach § 8a HGB sowie die darauf basierenden Bekanntmachungen über die Einreichungsvoraussetzungen durchgehend, neben den eigentlichen Dokumenten auch bestimmte Daten zur Anmeldung in strukturierter Form als XML-Datei gemäß dem XJustiz-Datensatz einzureichen.[851] Ein beträchtlicher Effizienzgewinn der elektronischen Einreichung ergibt sich daraus, dass das Registergericht die strukturiert übermittelten Daten bei der Vorbereitung der Eintragung zugrunde legen kann und diese nicht neu erfassen muss. Die Beifügung ordnungsgemäßer XML-Dateien dürfte mangels gesetzlicher Anordnung zwar keine Wirksamkeitsvoraussetzung der Anmeldung sein.[852] Jedenfalls besteht aber eine Amtspflicht zur rechtskonformen Einreichung, das heißt auch zur Beifügung der XML-Strukturdaten.

---

849   So im Ergebnis auch Armbrüster/Preuß/Renner/*Armbrüster*, § 3 BeurkG Rn. 5; *Maas*, ZNotP 2007, 82, 84 f.
850   Ebenso Weingärtner/Gassen/Sommerfeldt/*Gassen* Teil 2 Rn. 20.
851   Vgl. etwa für Bayern §§ 2 und 3 der Verordnung über den elektronischen Rechtsverkehr bei den ordentlichen Gerichten (E-Rechtsverkehrsverordnung Justiz – ERVV Ju) vom 15. Dezember 2006 (GVBl. S. 1084).
852   Vgl. Weingärtner/Gassen/Sommerfeldt/*Gassen* Teil 2 Rn. 170 ff.

Vollmachten können elektronisch nicht in Ausfertigung oder Urschrift über- **494** sandt werden. Insoweit genügt bei Registervollmachten nach § 12 Abs. 1 Satz 2 u. 3 HGB die notarielle Bescheinigung nach § 21 Abs. 3 BNotO oder eine (hinreichend aktuelle) elektronische beglaubigte Abschrift.[853]

3. Elektronische Grundbuchvorlage

Anders als die elektronische Handelsregisteranmeldung ist die elektronische **495** Grundbuchvorlage bislang noch nicht bundesweit vorgeschrieben. Flächende-ckend eingeführt ist sie in Sachsen,[854] in weiteren Ländern teilweise. § 135 Abs. 1 Satz 2 Nr. 4 GBO gibt den Landesregierungen die Möglichkeit, durch Rechtsverordnung zu bestimmen, dass Notare zur elektronischen Einreichung von Dokumenten verpflichtet sind (lit. a) und dass sie zusätzlich bestimmte Daten in strukturierter maschinenlesbarer Form zu übermitteln haben (lit. b).

Entsprechend den Rechtsverordnungen der Landesregierungen sind auch bei **496** der elektronischen Grundbuchvorlage XML-Daten erforderlich; die geforder-ten Mindestdaten sind dabei derzeit unter Umständen noch recht beschränkt.[855] Bei den in maschinenlesbarer Form zu übermittelnden Daten ist darauf zu achten, dass die unmittelbare maschinelle Weiterverarbeitung möglich ist. Probleme können etwa entstehen, wenn bei Adressdaten der Betei-ligten unnötigerweise Ortsteile angegeben werden oder wenn die strukturiert erfassten Daten in Einzelheiten nicht mit den Daten in der Urkunde überein-stimmen (etwa bei mehreren Vornamen). Da die Grundbuchämter die in den eingereichten Urkunden enthaltenen Daten zugrunde legen müssen, muss an den Strukturdaten dann manuell nachgearbeitet werden. Der dadurch entste-hende Mehraufwand sollte vermieden werden,[856] zumal die Amtspflichten dem Notar die ordnungsgemäße Einreichung auch der Strukturdaten gebie-ten dürften.

Bei Grundbuchanträgen kann es auf das Vorliegen von Urkunden in Urschrift **497** ankommen, daran ändert auch eine etwaige Verpflichtung zur elektronischen Antragseinreichung nichts (§ 137 Abs. 1 Satz 3 GBO). Praktisch ist das wohl

---

853   Vgl. *Baumbach/Hopt*, HGB, 38. Aufl. 2018, § 12 Rn. 3.

854   Vgl. Anlage 1 zu § 1 der Sächsischen E-Justizverordnung in der Fassung der Bekanntmachung vom 23. April 2014 (SächsGVBl. S. 291), die zuletzt durch die Verordnung vom 11. Dezember 2017 (SächsGVBl. S. 664) geändert worden ist.

855   S. etwa 4.4.2.2. der Bekanntgabe des Einreichungsverfahrens in Baden-Württemberg: »Grundbuchamt, politische Gemeinde, Grundbuchbezirk, Grundbuchblatt, Art der eingereichten Dokumente, Aktenzeichen des Grundbuchamts (falls vorhanden)« (http://www.justizportal-bw.de/, Suchwort »Einreichungsverfahren« [9.6.18]).

856   Vgl. Rundschreiben 6/2018 der Notarkammer Sachsen.

am häufigsten bei Grundschuldbriefen im Zusammenhang mit Löschungsanträgen der Fall (§ 41 Abs. 1 Satz 1 GBO), betrifft aber auch Erbschein und Testamentsvollstreckerzeugnis. Solche besonderen Dokumente sind zu dem im Übrigen in elektronischer Form eingereichten Antrag auf dem Post- oder Botenweg nachzureichen.

Bei Vollmachten lässt sich die Übersendung von Urschrift oder Ausfertigung wie in der Papierwelt durch eine Vollmachtsbescheinigung nach § 21 Abs. 3 BNotO ersetzen. Ebenfalls möglich ist es, die Tatsache des Vorliegens der Vollmacht in der Urkunde festzustellen und als Nachweis eine (elektronisch) beglaubigte Abschrift beizufügen.[857]

4. Andere Amtspflichten im technischen Kontext

a) Erteilung von Grundbuchabdrucken, § 133a GBO

498   Nach § 133a Abs. 1 GBO dürfen Notare demjenigen, der ein berechtigtes Interesse darlegt, den Inhalt des Grundbuchs mitteilen und einen Abdruck erteilen. Die Mitteilung des Grundbuchinhalts im öffentlichen Interesse oder zu wissenschaftlichen und Forschungszwecken ist nach § 133a Abs. 1 GBO jedoch nicht zulässig. Grundsätzlich ist die Auskunft gemäß § 133a Abs. 3 GBO zu protokollieren und der Eigentümer oder Inhaber eines grundstücksgleichen Rechts ist berechtigt, Auskunft aus diesem Protokoll zu verlangen. Für die in der Praxis überwiegenden Fälle der Mitteilung des Grundbuchinhalts im Zusammenhang mit Beurkundung und Beglaubigung sowie Vorbereitung und Vollzug solcher Geschäfte gilt die Protokollierungspflicht nach § 133a Abs. 4 GBO jedoch ebenso wenig, wie wenn die Mitteilung an den Eigentümer (oder Erbbauberechtigten) selbst erfolgt.

499   Zu protokollieren ist aber beispielsweise die Erteilung eines Grundbuchabdrucks an einen persönlichen Gläubiger des Eigentümers, der sich über bestehende Belastungen informieren möchte.[858] Der Inhalt des Protokolls ist in § 85a Abs. 1 GBV geregelt. Festzuhalten sind das Datum der Mitteilung, die Bezeichnung des Grundbuchblatts, die Bezeichnung der Person, der der Grundbuchinhalt mitgeteilt wurde, und gegebenenfalls die Bezeichnung der von dieser vertretenen Person oder Stelle sowie die Angabe, ob ein Grundbuchabdruck erteilt wurde. Eine praktikable Form der Protokollierung ist es, die Titelseite des Grundbuchblatts erneut auszudrucken, darauf die weiteren Angaben zu notieren und die betreffenden Blätter nach Jahrgängen gesammelt

---

857 *Schöner/Stöber*, Rn. 3577.
858 Zum berechtigten Interesse des Gläubigers s. OLG Zweibrücken NJW 1989, 531.

aufzubewahren. Von Vertretern vorgelegte Vollmachten sollten in Kopie ebenfalls dokumentiert werden. Die Protokolle sind nach § 85a Abs. 2 Satz 2, § 83 Abs. 3 GBV nach Ablauf des zweiten auf die Erstellung folgenden Kalenderjahrs zu vernichten.

b) Ausdrucksbeglaubigung nach § 42 Abs. 4 BeurkG

Neben der Beglaubigung, die sich auf den Transfer von Papierdokumenten **500** in die elektronische Form bezieht, kennt das Beurkundungsgesetz auch die Gegenrichtung, nämlich die Beglaubigung des Ausdrucks eines elektronischen Dokuments. Die resultierende Urkunde ist ein einfaches Zeugnis in Form der Beglaubigung, daher findet sich die diesbezügliche Regelung in § 42 Abs. 4 BeurkG. Danach soll der Notar das Ergebnis der Signaturprüfung dokumentieren. Das ist so zu verstehen ist, dass die Dokumentation im Beglaubigungsvermerk und nicht etwa in der Nebenakte des Notars stattzufinden hat.[859] Die Vorschrift ist nur auf Dokumente anwendbar, die mit einer qualifizierten elektronischen Signatur versehen sind.[860] Die Prüfung der Signatur umfasst die Prüfung der Signatur selbst (kryptographische Korrektheit, Bezug zwischen signiertem Dokument und Signatur) sowie die Überprüfung der Gültigkeit und Anwendbarkeit des für die Signatur verwendeten Zertifikats.[861] Dies erfolgt durch eine Signaturanwendung, etwa durch die im notariellen Bereich verbreitete, mit XNotar vertriebene Software SigNotar.

c) Elektronischer Pflichtbezug nach § 32 BNotO

Nach § 32 BNotO hat der Notar das Bundesgesetzblatt Teil I, das Gesetzblatt **501** des Landes, das Bekanntmachungsblatt der Landesjustizverwaltung und das Verkündungsblatt der Bundesnotarkammer zu halten. Unter Halten ist in diesem Zusammenhang der Bezug und die Aufbewahrung für einen gewissen Zeitraum zu verstehen.[862] Dabei besteht keine Verpflichtung, die vor Beginn der Amtstätigkeit erschienenen Ausgaben der genannten Periodika nachträglich zu erwerben und vorzuhalten.[863] Der Pflichtbezug kann auch in elektronischer Form erfolgen, also etwa über den Empfang von E-Mail-Zusendungen

---

859 Armbrüster/Preuß/Renner/*Preuß*, § 42 BeurkG Rn. 17.

860 Grziwotz/Heinemann/*Heinemann*, § 42 Rn. 32.

861 Bundesamt für Sicherheit in der Informationstechnik (BSI), Grundlagen der elektronischen Signatur, 2006, S. 64 ff.

862 Vgl. Diehn/*Diehn* § 32 Rn. 5. Der erforderliche Zeitraum dürfte nicht schematisch bestimmbar sein. Wenn der Inhalt von Rechtsänderungen über Gesetzessammlungen oder elektronische Portale verfügbar ist, dürften die Periodika insoweit ausgesondert werden können (vgl. Schippel/Bracker/*Kanzleiter* § 32 BNotO Rn. 6).

863 Schippel/Bracker/*Kanzleiter*, § 32 BNotO Rn. 1.

oder über den Abruf von Angeboten über das Internet. Die Gesetz- und Ver-kündungsblätter zahlreicher Länder können kostenfrei zum Bezug per E-Mail abonniert werden, für das Bundesgesetzblatt Teil I gibt es mindestens ein kos-tenpflichtiges Angebot.[864] Dabei reicht es für die Aufbewahrung jedenfalls aus, wenn die Inhalte auf einem unter der Verfügungsgewalt des Notars stehenden Server oder Serverspeicherplatz in- oder außerhalb der Notarstelle gespeichert sind und in einem lesbaren Format vorliegen.[865]

502   Inwieweit auch die Möglichkeit zum jederzeitigen Abruf über das Internet von Speicherorten genügt, die nicht der Verfügungsgewalt des Notars unterliegen, bedarf der differenzierten Betrachtung. Das Kammergericht hat in einem Gerichtsbescheid aus dem Jahr 2012 für den Online-Bezug verlangt, dass dem Notar die Veröffentlichung tatsächlich und regelmäßig übersandt wird oder er zumindest den regelmäßigen Abruf nachweisen kann. Zudem müsse dem Notar eine Speicherung oder ein Ausdruck der Daten möglich sein.[866] Dem-nach genügt auch ein regelmäßiger Abruf, wenn dieser nachweisbar ist, was etwa durch geordnete Speicherung in der Verfügungsgewalt des Notars erfol-gen kann. Ein Versand der Inhalte an den Notar (»push«) ist nicht zwingend erforderlich.

503   Der elektronische Pflichtbezug war auch Gegenstand des Rundschreibens der Bundesnotarkammer Nr. 10/2010 vom 1. April 2010.[867] Darin wird zwischen den Anforderungen an den Bezug und an die Aufbewahrung unterschieden. Für ersteren wird die bloße Online-Einsichtsmöglichkeit nicht für ausreichend erachtet, sondern ein Bezug nur für gegeben erachtet, wenn sichergestellt ist, dass der Notar zeitnah und kontinuierlich in dem Papierbezug vergleichbarer Weise informiert wird. Es wird für ausreichend gehalten, dass die jeweils aktu-elle Veröffentlichung unmittelbar per E-Mail übersandt wird. Für die Aufbe-wahrung soll es demgegenüber genügen, wenn diese auf Servern erfolgt, die nicht in der Verfügungsgewalt des Notars stehen, sofern eine gewisse Gewähr für die dauerhafte Verfügbarkeit zum jederzeitigen Download besteht. Das dürfte bei den Verkündungsplattformen der Justizverwaltungen, Angeboten von dauerhaft im Auftrag des Herausgebers der Pflichtpublikation tätigen Unternehmen (wie im Falle des Bundesgesetzblatts) und bei den NotarNet-Angeboten der Fall sein.[868] Das genannte Rundschreiben verlangt für den

---

864   Vgl.   http://www.elrv.info/de/notarverzeichnis-pflichtblattbezug/pflichtblattbezug .php [9.6.18].
865   Diehn/*Diehn* § 32 Rn. 8 f.
866   KG DNotZ 2013, 550 (551 f.).
867   Abrufbar unter http://www.elrv.info/10_RS_2010.pdf [4.8.2018].
868   Diehn/*Diehn* § 32 Rn. 11.

Bezug nicht ausdrücklich eine (elektronische) Übersendung der Inhalte. Nach dem Zweck der Vorschrift, eine zeitnahe und kontinuierliche Unterrichtung sicherzustellen,[869] dürfte insoweit auch eine Benachrichtigung über das Vorliegen einer neuen Ausgabe genügen, wenn diese zugleich zum jederzeitigen Abruf bereitsteht.[870] Da sich die zitierte Entscheidung des Kammergerichts sich dazu nicht zweifelsfrei verhält, wäre zusätzlich zur Speicherung auf einem unter der Verfügungsgewalt des Notars stehenden Speicher zu raten. Denn damit ist neben der Aufbewahrung auch der Nachweis des regelmäßigen Abrufs sichergestellt.

Auch für das elektronische Halten des Pflichtbezugs gilt § 32 Satz 2 BNotO. **504** In einer Sozietät genügt es, wenn ein Sozius die Pflichtblätter elektronisch bezieht und aufbewahrt (siehe schon oben Rdn. 224). Allerdings wird zu verlangen sein, dass auch für denjenigen, der die Pflichtblätter nicht hält, die Zugriffsmöglichkeit jederzeit gesichert ist.[871]

II. Datenschutz im Notariat

1. Verhältnis Datenschutz und Verschwiegenheit

Der Schutz personenbezogener Daten ist gegenüber der notariellen Verschwie- **505** genheitspflicht, wie sie in § 18 BNotO geregelt ist, ein vergleichsweise junges Konzept. Die rechtlichen Regelungen zum Datenschutz haben durch die Anwendbarkeit der Datenschutz-Grundverordnung (DS-GVO) der Europäischen Union zum 25. Mai 2018 gesteigerte Aufmerksamkeit erhalten. Die Regelungen sind auch für die notarielle Tätigkeit bindend; in der konkreten Gestaltung der Büroabläufe darf jedoch nicht aus dem Blickfeld geraten, dass in vielen Fällen Amtspflichten die Erhebung und Verarbeitung von Daten verbindlich vorschreiben. Die nationalen Regelungen vermögen insoweit das vorrangig anwendbare Europäische Recht nicht zu verdrängen. Sie sind in das Regelungskonzept der Datenschutzgrundverordnung jedoch über deren Tatbestände und Öffnungsklauseln einzupassen. Im Folgenden werden ohne zentrale Vorschriften des Datenschutzrechts behandelt, die eine Auswirkung auf die notarielle Amtstätigkeit haben.

---

869 *Gassen* notar 2008, 32 (32); vgl. Schippel/Bracker/*Kanzleiter*, § 32 BNotO Rn. 1.
870 Im Ergebnis ebenso Diehn/*Diehn* § 32 Rn. 11.
871 Vgl. Diehn/*Diehn* § 32 Rn. 18.

2. Allgemeines

a) Anwendbarkeit der DS-GVO und nationalen Rechts

506   Notare sind nach allgemeiner Auffassung öffentliche Stellen der Länder[872] und damit Verantwortliche im Sinne des Art. 4 Nr. 7 DS-GVO. Als solche treffen Sie die Pflichten aus der Verordnung.

507   Mit Anwendbarkeit der DS-GVO tritt auch die Neufassung des Bundesdatenschutzgesetzes in Kraft. Für öffentliche Stellen der Länder gilt das BDSG nach dessen § 1 Abs. 1 Satz 1 Nr. 2, soweit der Datenschutz nicht durch Landesgesetz geregelt ist. Gegenüber dem BDSG sind daher die Datenschutzgesetze der Länder für den Notar vorrangig. Mit der DS-GVO als unmittelbar geltender Verordnung ist eine Vollharmonisierung erfolgt. Das nationale Datenschutzrecht kann nur solche Sachverhalte abweichend regeln, für die dies von der DS-GVO zugelassen wird.

b) Aufsichtsbehörde

508   Welche Stelle als Aufsichtsbehörde für die Überwachung des Datenschutzes bei öffentlichen Stellen zuständig ist, ergibt sich aus dem Landesrecht. Typischerweise ist der Landesbeauftragte für Datenschutz mit den aufsichtlichen Aufgaben betraut (vgl. etwa Art. 15 des Bayerischen Datenschutzgesetzes).

c) Verarbeitung personenbezogener Daten

509   Gegenstand der Regelungen des Datenschutzrechts ist die Verarbeitung personenbezogener Daten. Personenbezogene Daten sind nach Art. 4 Nr. 1 DS-GVO alle Informationen, die sich auf eine identifizierte oder identifizierbare natürliche Person beziehen. Nahezu alle im Zusammenhang mit notariellen Amtsgeschäften aufgezeichneten Informationen lassen sich unter diese Definition subsumieren. Um nur einige Beispiele zu nennen: Name, Anschrift, Geburtsdatum, Eigentümerstellung bezüglich eines Grundstücks, Kontaktdaten, Inhaberschaft des Anteils an einer Kapitalgesellschaft, Kontoverbindungen – alle diese Informationen sind unmittelbar oder mittelbar auf eine natürliche Person bezogen. Auch die Verarbeitung ist in Art. 4 Nr. 2 DS-GVO weit definiert. Sie umfasst »jeden mit oder ohne Hilfe automatisierter Verfahren ausgeführten Vorgang oder jede solche Vorgangsreihe im Zusammenhang mit personenbezogenen Daten wie das Erheben, das Erfassen, die Organisation, das Ordnen, die Speicherung, die Anpassung oder Veränderung, das Auslesen,

---

872 Für das Landesdatenschutzgesetz NRW s. bereits BGHZ 112, 178 = NJW 1991, 568.

das Abfragen, die Verwendung, die Offenlegung durch Übermittlung, Verbreitung oder eine andere Form der Bereitstellung, den Abgleich oder die Verknüpfung, die Einschränkung, das Löschen oder die Vernichtung«. Insbesondere ist belanglos, ob automatisierte Verfahren eingesetzt werden oder nicht. Der sachliche Anwendungsbereich der Verordnung ist in Art. 2 DS-GVO zwar hinsichtlich der nichtautomatisierten Verarbeitung auf Daten beschränkt, die in einem Dateisystem gespeichert sind oder gespeichert werden sollen. Im Bereich der notariellen Tätigkeit dürfte es aber letztlich nur solche Daten geben. Denn das Dateisystem ist in Art. 4 Nr. 6 DS-GVO definiert als jede strukturierte Sammlung personenbezogener Daten, die nach bestimmten Kriterien zugänglich sind, unabhängig davon, ob diese Sammlung zentral, dezentral oder nach funktionalen oder geografischen Gesichtspunkten geordnet geführt wird. Die Amtstätigkeit des Notars ist zu weiten Teilen auf die Beurkundung gerichtet, die zur geordneten, nach bestimmten Kriterien zugänglichen Ablage von Daten in Dateisystemen wie Urkundenrolle und Urkundensammlung führt. ebenso ist die geordnete Vorbereitung von Amtsgeschäften ohne in einem strukturierten System geführte, etwa nach Aktenzeichen zugängliche, Nebenakten nicht denkbar.

d) Rechtsgrundlagen der Datenverarbeitung

Personenbezogene Daten dürfen nach Art. 6 Abs. 1 DS-GVO nur verarbeitet **510** werden, wenn die Verarbeitung zugelassen ist (Verbot mit Erlaubnisvorbehalt). Für die Amtstätigkeit des Notars ergibt sich die notwendige Rechtsgrundlage für die Datenverarbeitung regelmäßig aus den Buchstaben c und e der Regelung. Nach Art. 6 Abs. 1 lit. e DS-GVO ist die Verarbeitung rechtmäßig, wenn sie für die Wahrnehmung einer Aufgabe erforderlich ist, die im öffentlichen Interesse liegt oder in Ausübung öffentlicher Gewalt erfolgt, die dem Verantwortlichen übertragen wurde. Die notarielle Tätigkeit liegt im öffentlichen Interesse im Sinne der Verordnung. Das dürfte unabhängig von der Auffassung des Europäischen Gerichtshofes zur »unmittelbaren und spezifischen Ausübung öffentlicher Gewalt« durch Notare[873] außer Zweifel stehen. Die Verarbeitung im öffentlichen Interesse benötigt nach Art. 6 Abs. 3 Satz 1 DS-GVO eine Rechtsgrundlage im Unionsrecht oder im nationalen Recht. Hier kommen insbesondere die Regelungen des deutschen Berufs- und Beurkundungsrechts in Betracht, im Kern die Bundesnotarordnung und das Beurkundungsgesetz. Die Dienstordnung für Notarinnen und Notare hat als bloße Verwaltungsvorschrift zwar selbst nicht den Charakter förmlichen Rechts, fußt jedoch auf der berufsrechtlich angeordneten Dienstaufsicht (§ 92 BNotO) und

---

873 Vgl. ablehnend EuGH, U.v. 24.5.2011, Kommission/Österreich,C-53/08, Rn. 91 f.

konkretisiert das öffentliche Interesse bezüglich der notariellen Datenverarbeitung inhaltlich.

511 Häufig dürfte auch Art. 6 Abs. 1 lit. c DS-GVO für Datenverarbeitungsvorgänge durch Notare einschlägig sein. Danach ist die zur Erfüllung einer rechtlichen Verpflichtung erforderliche Datenverarbeitung zulässig. In zahlreichen Fällen setzt die Erfüllung berufsrechtlicher Pflichten durch den Notar eine Datenverarbeitung voraus, beispielsweise müssen im Rahmen der Pflicht zur Erforschung des Willens und Aufklärung des Sachverhalts nach § 17 Abs. 1 Satz 1 BeurkG umfangreich Daten erhoben werden. Auch unter Art. 6 Abs. 1 lit. c DS-GVO ist eine Ermächtigungsgrundlage erforderlich; insoweit gelten die Ausführungen zu lit. e entsprechend. Die Datenschutzgesetze der Länder enthalten stellenweise Ermächtigungsgrundlagen für die Datenerhebung in öffentlichem Interesse. So ist etwa in Art. 4 Abs. 1 BayDSG geregelt, dass die Verarbeitung personenbezogener Daten durch eine öffentliche Stelle unbeschadet sonstiger Bestimmungen zulässig ist, wenn sie zur Erfüllung einer ihr obliegenden Aufgabe erforderlich ist.

512 Dagegen dürfte die Einwilligung der betroffenen Person und damit Art. 6 Abs. 1 lit. a DS-GVO bei der notariellen Datenverarbeitung als Erlaubnistatbestand keine Rolle spielen. Denn es würde im Widerspruch mit dem öffentlich-rechtlichen Charakter der Amtstätigkeit stehen, wenn die dazu gehörende Datenverarbeitung unter Einwilligungsvorbehalt stünde. Der Notar ist für die Verarbeitung der für die Erfüllung der ihm auferlegten Amtspflichten erforderlichen Daten gerade nicht auf die Einwilligung der Beteiligten oder Dritter angewiesen.

e) Allgemeine Anforderungen an die Datenverarbeitung

513 Die Datenschutz-Grundverordnung regelt in Ihrem Art. 5 Abs. 1 einige allgemeine Grundsätze der rechtmäßigen Datenverarbeitung. So hat die Datenverarbeitung nach Art. 5 Abs. 1 lit. b DS-GVO grundsätzlich zweckgebunden zu erfolgen. Die Datenerhebung darf nur zu einem oder mehreren im Voraus bestimmten Zwecken erfolgen und die Weiterverarbeitung zu einem anderen Zweck ist prinzipiell unzulässig. Das schließt aus, dass personenbezogene Daten gewissermaßen auf Vorrat gesammelt und bei Bedarf für erst zu einem späteren Zeitpunkt erkennbare Zwecke genutzt werden. Die Zweckbindung wird vom Grundsatz der Datenminimierung flankiert. Nach Art. 5 Abs. 1 lit. c DS-GVO muss die Erhebung und jede weitere Verarbeitung von Daten auf das notwendige Maß beschränkt werden und sich am Zweck der Erhebung orientieren. Diese Anforderungen gelten zwar auch für die Datenerhebung im Zusammenhang mit der notariellen Amtstätigkeit. Effektiv ist der Notar jedoch, wenn er eine Beurkundung vornimmt oder einen Entwurf fertigt, nach

§ 17 Abs. 1 BeurkG zur umfassenden Sachverhaltsaufklärung verpflichtet. Dieser Zweck trägt alle Datenerhebungen, die potentiell eine Auswirkung auf die Gestaltung des Rechtsgeschäfts und die daran anknüpfenden notariellen Belehrungs- und Beratungspflichten haben können. Lediglich personenbezogene Daten, die keinerlei Bezug zum in Aussicht genommenen Rechtsgeschäft haben, darf der Notar nicht erheben und weiterverarbeiten. Solche Daten dürften in der notariellen Praxis kaum auftreten und der absolute Ausnahmefall sein.

Nach dem Grundsatz der Speicherbegrenzung (Art. 5 Abs. 1 lit. e DS-GVO) dürfen Daten nur so lange gespeichert werden, wie das für den jeweiligen Zweck erforderlich ist. Für die im Rahmen der notariellen Amtstätigkeit in Akten und Verzeichnissen festgehaltenen Daten ist dieser Grundsatz für den Regelfall in den Aufbewahrungsfristen konkretisiert, nach deren Ablauf Amtsbestände zu vernichten sind, wenn nicht (ausnahmsweise) im Einzelfall eine weitere Aufbewahrung erforderlich ist (§ 5 Abs. 4 Satz 5 DONot, künftig § 35 Abs. 6 BNotO 2020). **514**

Die allgemeinsten Anforderungen sind in Art. 5 Abs. 1 lit. a DS-GVO genannt; dabei ist die rechtmäßige Verarbeitung zirkulär, es verbleiben die Verarbeitung nach Treu und Glauben sowie die transparente Verarbeitung. Das Gebot der Verarbeitung nach Treu und Glauben dürfte unter anderem Verarbeitungsgestaltungen ausschließen, die sich mit dem Wortlaut des Datenschutzrechts, nicht jedoch mit dessen Zwecken vereinbaren lassen.[874] Das Gebot der transparenten Verarbeitung dürfte es insbesondere dem Verantwortlichen auferlegen, die tatsächlichen Abläufe seiner Verarbeitungsvorgänge als Grundlage der Rechtmäßigkeit seines Handelns darzulegen. In allgemeiner Form belastet Art. 5 Abs. 2 DS-GVO ausdrücklich den Verantwortlichen mit dem Nachweis der Rechtmäßigkeit der Datenverarbeitung: Er muss für die Einhaltung der Grundsätze der Datenverarbeitung sorgen und dies nachweisen können. Deshalb sieht die DSGVO umfangreiche Dokumentationspflichten vor. **515**

f) Besondere Kategorien personenbezogener Daten

Die Datenschutz-Grundverordnung sieht für besonders schutzbedürftige Daten ein besonderes Schutzregime vor. Dabei dürften die personenbezogenen Daten über strafrechtliche Verurteilungen und Straftaten nach Art. 10 DS- **516**

---

874 Zu diesem schwierig operablen Grundsatz etwa *Frenzel* in Paal/Pauly, DS-GVO BDSG, 2. Aufl. 2018, Art. 5 Rn. 18 ff.

GVO in der notariellen Praxis wenig Bedeutung haben.[875] Anders ist dies bei den in Art. 9 Abs. 1 DS-GVO bezeichneten Daten, den so genannten besonderen Kategorien personenbezogener Daten. Bezüglich dieser Daten gilt ein Verarbeitungsverbot mit Erlaubnisvorbehalt (Abs. 1). Die Voraussetzungen der Zulässigkeit der Verarbeitung (Abs. 2–4) unterscheiden sich von den allgemeinen Voraussetzungen nach Art. 6 DS-GVO im Einzelnen, haben mit dem (erheblichen) öffentlichen Interesse nach Art. 9 Abs. 2 lit. g bzw. Art. 6 Abs. 1 Satz 1 lit. e DS-GVO im notariell relevanten Bereich jedoch einen gemeinsamen Kern.

517   Art. 9 DS-GVO erfasst personenbezogene Daten, aus denen die rassische und ethnische Herkunft, politische Meinungen, religiöse oder weltanschauliche Überzeugungen oder die Gewerkschaftszugehörigkeit hervorgehen, sowie die Verarbeitung von genetischen Daten, biometrischen Daten zur eindeutigen Identifizierung einer natürlichen Person, Gesundheitsdaten oder Daten zum Sexualleben oder der sexuellen Orientierung einer natürlichen Person. Im Zusammenhang mit der notariellen Amtsausübung ist vor allem die Verarbeitung von Gesundheitsdaten relevant. Die Verarbeitung von Gesundheitsdaten ist zunächst in Vorschriften für das Beurkundungsverfahren bei spezifischen Einschränkungen der Beteiligten vorgesehen. So verpflichtet § 22 Abs. 1 Satz 3 BeurkG den Notar zu einem Vermerk in der Niederschrift, wenn ein Beteiligter nach eigenen Angaben oder nach der Überzeugung des Notars nicht hinreichend zu hören, zu sprechen oder zu sehen vermag. Regelmäßig wird in solchen Fällen im Rahmen der Urkundenvorbereitung auf der Grundlage der Pflicht zur Sachverhaltsaufklärung nach § 17 Abs. 1 BeurkG auch ein entsprechender Vermerk in der Nebenakte erfolgen. Entsprechendes gilt für die nach § 23 Satz 2, § 24 Abs. 1 Satz 1 und 2, § 25 Satz 2 BeurkG vorgeschriebenen Vermerke. In den genannten Fällen ergibt sich die Zulässigkeit der Verarbeitung aus Art. 9 Abs. 2 lit. g DS-GVO, der allgemeinen Öffnungsklausel des Art. 9 DS-GVO[876]. Diese Vorschrift erlaubt unter anderem eine Verarbeitung, die aus Gründen eines erheblichen öffentlichen Interesses erforderlich ist und die auf Grundlage des Rechts eines Mitgliedsstaates erfolgt, das in angemessenem Verhältnis zu dem verfolgten Ziel steht, den Wesensgehalt des Rechts auf Datenschutz wahrt und angemessene und spezifische Maßnahmen zur Wahrung der Grundrechte und Interessen der betroffenen Person vorsieht. Ein erhebliches öffentliches Interesse liegt ohne Weiteres vor: Denn die Dokumen-

---

875 Denkbar ist, dass solche Daten bei der Vorbereitung von Geschäftsführerversicherungen nach § 8 Abs. 2 Satz 1 GmbHG anfallen.

876 Paal/Pauly/*Frenzel*, Art. 9 DS-GVO Rn. 38: Allgemeine Öffnungsklausel des Art. 9 DS-GVO.

tation des ordnungsgemäßen Beurkundungsverfahrens, das auch bei spezifischen Einschränkungen der Sinneswahrnehmungen und der Äußerungsfähigkeit sicherstellt, dass die beurkundeten Erklärungen auf den Willen des Beteiligten zurückzuführen sind, liegt in einem erheblichen öffentlichen Interesse. Es ist auch kein anderer Weg ersichtlich, dieses Interesse zu bedienen, so dass die Erforderlichkeit der Verarbeitung durch Aufzeichnung in der Niederschrift sowie der vorbereitenden und nachfolgenden Schritte (Nebenaktenaufzeichnung, Abschriftenübersendung an im Vollzug beteiligte Stellen) nicht in Frage zu ziehen sein dürfte. Die genannten Rechtsgrundlagen genügen den Anforderungen der Datenschutz-Grundverordnung. Insbesondere sind mit der notariellen Verschwiegenheitspflicht nach § 18 BNotO und deren Absicherung etwa durch die Strafdrohungen des § 203 StGB, angemessene und spezifische Maßnahmen vorgesehen, um die Rechte der Betroffenen zu wahren.

Eine weitere Fallgruppe ist die Verarbeitung von Gesundheitsdaten im Zusammenhang mit Feststellungen zur Geschäftsfähigkeit der Beteiligten nach §§ 11, 28 BeurkG. Auch hier ergibt sich die Zulässigkeit der Verarbeitung aus Art. 9 Abs. 2 lit. g DS-GVO. Es besteht ein erhebliches öffentliches Interesse daran, das Vertrauen in öffentliche Urkunden zu bewahren, indem einerseits die Beurkundung materiell unwirksamer Rechtsgeschäfte verhindert wird und andererseits Streitigkeiten über die materielle Wirksamkeit beurkundeter Rechtsgeschäfte vermieden werden. **518**

Schließlich können Gesundheitsdaten auch als wesentliche Motivation für besondere rechtliche Gestaltungen Gegenstand der Pflichten nach § 17 Abs. 1 BeurkG sein. Das trifft etwa zu, wenn der unter dem Schlagwort »Behindertentestament« bekannte Regelungskomplex betroffen ist und erbrechtlich zu Gunsten von Personen verfügt werden soll, die aufgrund gesundheitlicher Einschränkungen ererbtes Vermögen nicht selbst verwalten können oder für ihren Lebensunterhalt auf Sozialleistungen angewiesen sind. Hier werden jedenfalls in der Nebenakte in Vorbereitung der Beurkundung Aufzeichnungen unter anderem zu den Beeinträchtigungen und zu deren prognostizierter Fortentwicklung zu erfolgen haben. Auch hier besteht ein – in den Pflichten des § 17 Abs. 1 BeurkG zum Ausdruck kommendes – erhebliches öffentliches Interesse daran, dass die auf die konkrete Interessenlage der Beurkundungsbeteiligten zutreffende rechtliche Gestaltung gewählt wird. Daher ist auch hier die Datenverarbeitung nach Art. 9 Abs. 2 lit. g DS-GVO zulässig. **519**

Im Zusammenhang mit der Aufzeichnung von Daten besonderer Kategorien wird man hinsichtlich der Aufnahme in die Urkunde selbst oder der bloßen Dokumentation in der Nebenakte den Grundsatz der Datenminimierung nach Art. 5 Abs. 1 lit. c DS-GVO zu erwägen haben. Die Nebenakte dürfte dabei im Regelfall der Ort sein, an dem die Datenverarbeitung minimiert ist, weil **520** kein § 51 BeurkG vergleichbares Einsichtsrecht in die Nebenakte besteht und keine Verbreitung über Ausfertigungen und Abschriften für die Beteiligten und für den Vollzug des Geschäfts stattfindet. Eine schematische Verlagerung jeder Aufzeichnung von Daten besonderer Kategorien in die Nebenakte dürfte aber fehlgehen. Denn zunächst bestehen etwa nach § 11, § 28 BeurkG ausdrückliche Pflichten zur Dokumentation notarieller Feststellungen in der Beurkundungsniederschrift. Weiterhin lässt sich aus diesen Vorschriften entnehmen, dass der Gesetzgeber den Text der Niederschrift als den zuverlässigsten Dokumentationsort betrachtet, der neben dem eigentlichen Gegenstand der Niederschrift auch für Begleitinformationen besonderer Wichtigkeit vorgesehen ist. Auch sprechen wesentliche Interessen von Beteiligten und Begünstigten, etwa bei Verfügungen von Todes wegen, für die Dokumentation aller Daten in der Urkunde selbst, die für die Wirksamkeit und Auslegung von wesentlicher Bedeutung sein können. Denn die Nebenakte, die insbesondere der Beurkundungsvorbereitung und -abwicklung sowie dem Nachweis der Erfüllung der diesbezüglichen notariellen Amtspflichten dient, wird nicht selten wegen Ablaufs der Aufbewahrungsfrist schon vernichtet sein, wenn es zum Streit über Wirksamkeit oder Auslegung einer Verfügung von Todes wegen kommt. Weil sich dann aufgrund erheblichen Zeitablaufs zwischen Urkundenerrichtung und Erbfall die tatsächlichen Verhältnisse erheblich geändert haben können, gewinnen die motivierenden Vorstellungen der Beteiligten bei der Errichtung an Bedeutung.

g) Risikobasierter Ansatz und Rechenschaftspflicht, Technikgestaltung

521   Die DS-GVO statuiert nicht allein konkrete materielle datenschutzrechtliche Pflichten. Ihre Vorgaben sind in vielen Fällen nicht als strikte Regeln formuliert, sondern als Prinzipien ausgestaltet, zu deren Umsetzung verschiedene Wege offenstehen und die nicht ohne weiteren Konkretisierungsschritt auf einen Verarbeitungssachverhalt angewandt werden können. Ein Beispiel dafür ist die Verarbeitung nach Treu und Glauben nach Art. 5 Abs. 1 lit. a DS-GVO. Art. 24 Abs. 1 Satz 1 DS-GVO verpflichtet den Verantwortlichen, aufgrund eines risikobasierten Ansatzes die technischen und organisatorischen Maßnahmen zu treffen, die sicherstellen, dass die Datenverarbeitung gemäß DS-GVO erfolgt und dies nachweisbar ist. Zur Risikobewertung sind Art, Umfang, Umstände und Zwecke der Verarbeitung sowie die unterschiedliche Eintrittswahrscheinlichkeit und Schwere der Risiken für die Rechte und Freiheiten natürlicher Personen zu berücksichtigen. Die Nachweisbarkeit erfordert die Dokumentation der technischen und organisatorischen Maßnahmen und stellt eine Wiederholung der Rechenschaftspflicht dar, die bereits in Art. 5 Abs. 2 DS-GVO allgemein angeordnet ist. Art. 25 DS-GVO konkretisiert die

Pflicht zur Vorsehung technischer und organisatorischer Maßnahmen in Bezug auf die Datenschutzgrundsätze und die Gestaltung der technischen Mittel der Datenverarbeitung. Art. 25 Abs. 1 DS-GVO verpflichtet den Verantwortlichen dazu, risikobasiert technische und organisatorische Maßnahmen zu treffen, die der wirksamen Umsetzung der Datenschutzgrundsätze dienen. Die von der Vorschrift genannte Pseudonymisierung[877] dürfte als solche im engeren Sinne im notariellen Alltag für die meisten Verarbeitungsvorgänge nicht ernsthaft in Frage kommen, da die zutreffende Identifizierung und Bezeichnung von Personen gerade zum Kern der Amtspflichten zählt. Daten, die infolge Pseudonymisierung nicht mehr unmittelbar einer natürlichen Person zugeordnet werden können, ermöglichen als solche keine Erfüllung der notariellen Amtspflichten. Die nach Art. 24 Abs. 1 Satz 1 DS-GVO erforderliche Dokumentation muss jedenfalls die bestehenden Risiken nennen, bewerten und die auf dieser Grundlage festgelegten technischen und organisatorischen Maßnahmen festhalten. Das betrifft insbesondere auch die Maßnahmen zur Gewährleistung der Sicherheit der Verarbeitung (Datensicherheit) nach Art. 32 DS-GVO (dazu sogleich unter Rdn. 530).

h) Sonderfrage E-Mail-Kommunikation

Die Kommunikation per E-Mail hat auch im notariellen Büroalltag erhebliche Relevanz. Es ist vertreten worden, die E-Mail-Kommunikation ohne besondere Verschlüsselung bedürfe der Einwilligung aller, deren personenbezogene Daten Inhalt der Nachrichten seien, also nicht nur der Empfänger.[878] Dies würde etwa die Übersendung eines Testamentsentwurfs per E-Mail regelmäßig ausschließen, da die Begünstigten typischerweise überhaupt keine Kenntnis von dem notariellen Amtsgeschäft haben sollen. Der rechtliche Standort dieser Frage in der DS-GVO dürften die technischen und organisatorischen Maßnahmen nach Art. 32 Abs. 1 sein. Unter diesem Gesichtspunkt pauschal die E-Mail als Übermittlungsweg auszuschließen, dürfte dem risikobasierten Ansatz nicht gerecht werden. Im Regelfall dürfte das konkrete Risiko, dass unverschlüsselt[879] versandte E-Mails abgefangen werden, nicht so erheblich sein, dass es deren Verwendung von vornherein verbietet. Das würde einen tiefgreifenden Eingriff in die etablierte Alltagspraxis der Geschäftswelt bedeu-

522

---

877 Aus der Systematik ergibt sich, dass Daten durch Pseudonymisierung nicht den Personenbezug verlieren: Pseudonymisierung ist eine Maßnahme zum Schutz (weiterhin) personenbezogener Daten.

878 *Wagner/Richter* NotBZ 2017, 446 (450 f.) ohne nähere rechtliche Begründung.

879 Das heißt im hiesigen Zusammenhang: ohne Ende-zu-Ende-Verschlüsselung der Inhalte. Bei einem solchen Verfahren wird eine Nachricht beim Absender verschlüsselt und erst beim Empfänger wieder entschlüsselt.

ten, ohne dass die DS-GVO eine ausdrückliche diesbezügliche Anordnung enthielte. Man darf nicht vergessen, dass auch die Kommunikation mittels Brief Vertraulichkeitsrisiken mit sich bringt, wenn das Schriftstück einmal in die Sphäre des Empfängers gelangt ist. In diesem Zusammengang ist auch zu bedenken, dass die Wege zwischen Absender und dessen E-Mail-Server sowie zwischen den Servern von Absender und Empfänger regelmäßig durch Transportverschlüsselung (TLS) gesichert sind. Es ist nicht nachvollziehbar, dass das Risiko, das etwa unverschlüsselte E-Mails abgefangen werden, weil der Empfänger für den Abruf einen Client ohne Transportverschlüsselung nutzt, das Risiko überwiegt, dass der Empfänger ein Schriftstück im öffentlichen Raum vergisst oder verliert. Der DS-GVO ein grundsätzliches Verbot der Kommunikation mittels einfacher E-Mail zu entnehmen, dürfte daher nicht haltbar sein.[880] Das bedeutet nicht, dass für bestimmte Fallgruppen die Risikoabwägung eine ausschließlich verschlüsselte Kommunikation gebieten mag, etwa bei Personengruppen mit besonderer Exposition gegenüber kriminellen Angriffen. Auch sollten selbstverständlich für die Kommunikation zwischen den E-Mail-Clients der Notarstelle und dem Mailserver nur transportverschlüsselte Verbindungen genutzt werden. Das ist heute in aller Regel ohne Weiteres der Fall, sollte aber vom Systembetreuer sichergestellt werden. Für den Einsatz von E-Mails gegenüber den Klienten dürfte eine derartige technische Vorkehrung nach derzeitigem Stand aber im Regelfall einen ausreichenden Schutz im Sinne des Art. 32 DS-GVO gewährleisten, so dass diesbezüglich keine grundsätzliche Änderung der etablierten Abläufe in der Notarstelle geboten scheint.

3. Organisatorische Anforderungen

a) Bestellung eines Datenschutzbeauftragten

523   Als öffentliche Stelle sind Notare nach Art. 37 Abs. 1 lit. a DS-GVO unabhängig von der Anzahl der Beschäftigten verpflichtet, einen Datenschutzbeauftragten zu benennen. Dieser kann nach Art. 37 Abs. 6 DS-GVO ein Beschäftigter des Notars sein oder die Aufgabe aufgrund eines Dienstleistungsvertrags erfüllen. Aufgaben des Datenschutzbeauftragten sind unter anderem die Beratung und Unterrichtung des Notars und der Beschäftigten über die datenschutzrechtlichen Pflichten (Art. 39 Abs. 1 lit. a DS-GVO), die Überwachung der Einhaltung der datenschutzrechtlichen Pflichten (lit. b) und die Zusammenarbeit mit der Aufsichtsbehörde (lit. c). Nach Art. 37 Abs. 5 DS-GVO ist der

---

880 Ebenso *Härting*, http://www.cr-online.de/blog/2018/02/06/verschluesselungspflicht-fuer-anwaelte-intersoft-sorgt-fuer-verwirrung/[30.7.18].

Datenschutzbeauftragte aufgrund seiner beruflichen Qualifikation und insbesondere des Fachwissens in Datenschutzrecht und -praxis sowie der Fähigkeit zu benennen, die vorgenannten Aufgaben zu erfüllen.

Der Notar als Verantwortlicher kann nicht selbst Datenschutzbeauftragter sein. **524** Wenn ein Beschäftigter mit dieser Stellung betraut werden soll, so ist zunächst sicherzustellen, dass eine hinreichende sachliche Qualifikation besteht. Die DS-GVO bringt klar zum Ausdruck, dass eine Bestellung bloß pro forma nicht ausreichend ist. Da die Beschäftigung von in der Hauptsache mit Datenschutzfragen zu befassenden Personen an der einzelnen Notarstelle in der weit überwiegenden Mehrzahl der Fälle wegen der vergleichsweise geringen Größe der Organisation auszuschließen sein dürfte, kommt regelmäßig die Einstellung von in der Hauptqualifikation spezifisch datenschutzrechtlich ausgewiesenem Personal nicht in Betracht. Vielmehr wird regelmäßig eine Person die Aufgabe des Datenschutzbeauftragten übernehmen, die im Wesentlichen mit anderen Aufgaben, etwa der Vorbereitung von Entwürfen und der Abwicklung des Vollzugs betraut ist. Um hier die Benennungspflicht erfüllen zu können, wird für den Erwerb der notwendigen Kenntnisse zu sorgen sein, indem etwa der Besuch geeigneter Fortbildungsveranstaltungen ermöglicht oder adäquates Material zum Selbststudium zur Verfügung gestellt wird. Ein Qualifikationsnachweis gegenüber der Datenschutzaufsicht ist nicht erforderlich. Ein zu benennender Mitarbeiter wird weiterhin gute Kenntnisse über die an der Notarstelle stattfindenden Verarbeitungsvorgänge haben müssen, um die Aufgabe erfüllen zu können. Art. 38 Abs. 2 DS-GVO verpflichtet den Notar, dem Datenschutzbeauftragten die zur Aufgabenerfüllung erforderlichen Ressourcen, den Zugang zu personenbezogenen Daten und Verarbeitungsvorgängen sowie die zur Erhaltung seines Fachwissens erforderlichen Ressourcen zur Verfügung stellen. Daher wird auch laufend etwa eine angemessene Gelegenheit zur Fortbildung zu geben sein.

Der Datenschutzbeauftragte ist bei der Erfüllung seiner Aufgaben weisungsfrei, **525** wie Art. 38 Abs. 3 Satz 1 DS-GVO bestimmt. Wegen der Erfüllung seiner Aufgaben darf er nicht abberufen oder benachteiligt werden (Satz 2 der Regelung). Das neue BDSG konkretisiert dies in § 6 Abs. 4 wie folgt: Die Abberufung des Datenschutzbeauftragten ist nur in entsprechender Anwendung des § 626 BGB zulässig (Satz 1). Sein Arbeitsverhältnis darf nur gekündigt werden, wenn Tatsachen vorliegen, die zur außerordentlichen fristlosen Kündigung berechtigen würden (Satz 2). Schließlich wird dieser Kündigungsschutz um eine Frist von einem Jahr nach Ende der Stellung als Datenschutzbeauftragter ausgedehnt (Satz 3). Die Vorschriften Art. 38 Abs. 3 Satz 2 DS-GVO, § 6 Abs. 4 Satz 1 BDSG dürften die befristete Bestellung eines internen Datenschutzbeauftragten nicht ausschließen. Allerdings dürfte eine bestimmte Mindestdauer der (befristeten) Bestellung zu fordern sein, um eine sachgerechte Aufgabenerfüllung zu ermöglichen.[881]

526 Die Alternative zum Einsatz eines Beschäftigten ist der Rückgriff auf eines der seit geraumer Zeit am Markt erschienenen Angebote externer Datenschutzbeauftragter. Art. 37 Abs. 6 DS-GVO lässt ausdrücklich das Tätigwerden des Datenschutzbeauftragten aufgrund eines Dienstleistungsvertrags zu. Dabei kann Vertragspartner auch eine juristische Person sein, zum Datenschutzbeauftragten wird dann ein Arbeitnehmer dieser juristischen Person bestellt.[882]

527 Die Kontaktdaten des Datenschutzbeauftragten sind nach Art. 37 Abs. 7 DS-GVO zu veröffentlichen. Der Name des Datenschutzbeauftragten ist von der Verpflichtung nicht umfasst.[883] Jedenfalls bei einem internen Datenschutzbeauftragten bedarf es sorgfältiger Abwägung, ob die Bekanntgabe des Namens einen Mehrwert bringt. Berechtigte Anliegen werden den Datenschutzbeauftragten so oder so erreichen; die Bekanntgabe des Namens hat jedoch ein gesteigertes Potential der Beeinträchtigung in der persönlichen Lebensführung, wenn eine Kontaktaufnahme keinen sachlichen Kern besitzt, sondern rein querulatorische Tendenz hat. Hier muss die Fürsorgepflicht des Notars als Arbeitgeber berücksichtigt werden. Als Maßnahme in diesem Sinne kommt etwa die Einrichtung einer Funktions-E-Mail-Adresse anstelle einer namensbezogenen Adresse in Frage (»datenschutz@notardomain.com« anstelle »loeffler@notardomain.com«). Als Weg der Veröffentlichung der Kontaktdaten des Datenschutzbeauftragten kommen etwa die Internetpräsenz der Notarstelle und die nach Art. 13 DS-GVO bereitzustellenden Informationsblätter (dazu unten Rdn. 538 ff.) in Betracht. Auch ein Aushang in den Räumen der Notarstelle, etwa im Wartezimmer, ist denkbar. Weiterhin sind die Kontaktdaten des Datenschutzbeauftragten nach Art. 37 Abs. 7 DS-GVO auch der Aufsichtsbehörde mitzuteilen. Dies ist im notariellen Bereich selbstredend die Aufsichtsbehörde nach Art. 51 DS-GVO, regelmäßig der Landesdatenschutzbeauftragte, und nicht die Dienstaufsichtsbehörde im Sinne von § 92 BNotO.

528 Wenn eine Verbindung zur gemeinsamen Berufsausübung besteht, ändert dies nichts an der grundsätzlichen Pflicht jedes einzelnen Notars, einen Datenschutzbeauftragten für seine Tätigkeit zu benennen. Es ist jedoch – wie in Art. 37 Abs. 3 DS-GVO klargestellt ist – zulässig, die gleiche Person zu benennen bzw. den gleichen Dienstleister zu beauftragen. Dies wird in der Regel

---

881 Kühling/Buchner/*Bergt*, DS-GVO Art. 38 Rn. 29 m.w.N.: Regelmäßig nicht unter zwei Jahren, im Einzelfall auch kürzer.
882 Ebenso Ehmann/Selmayr/*Heberlein* Art. 37 Rn. 44.
883 Ehmann/Selmayr/*Heberlein* Art. 37 Rn. 45.

auch zweckmäßig sein, da sich bei integrierten Arbeitsabläufen und einheitlichen Verarbeitungstätigkeiten in der Sozietät Synergieeffekte bei der Einarbeitung ergeben. Bei Einschaltung eines externen Datenschutzbeauftragten kann der Dienstvertrag, der die Grundlage der Bestellung bildet, mit der Sozietät geschlossen werden.

b) Verzeichnis der Verarbeitungstätigkeiten

Art. 30 DS-GVO verlangt verpflichtend die Erstellung eines Verzeichnisses der Verarbeitungstätigkeiten. Die Ausnahme in Abs. 5 der Vorschrift dürfte für die notarielle Amtstätigkeit keine praktische Relevanz entfalten.[884] Zwar wird es sich bei Notaren ausnahmslos um Einrichtungen handeln, die weniger als 250 Mitarbeiter beschäftigen. Jedoch werden stets die Gegenausnahmen des Risikos für die betroffenen Personen, der nicht nur gelegentlichen Verarbeitung sowie der Verarbeitung von Daten besonderer Kategorien nach Art. 9 Abs. 1 DSGVO erfüllt sein. Die Inhalte des Verarbeitungsverzeichnisses des Verantwortlichen sind in Art. 30 Abs. 1 DS-GVO geregelt, dazu gehören unter anderem die Beschreibung der Kategorien betroffener Personen und der Kategorien personenbezogener Daten, die Zwecke der Verarbeitung, die Kategorien von Empfängern, denen gegenüber Daten offengelegt werden, Löschfristen und die technischen und organisatorischen Maßnahmen zu Datensicherheit nach Art. 32 DS-GVO (dazu sogleich). Für Notarstellen dürften die Verarbeitungsverzeichnisse jedenfalls für die wesentlichen Gruppen von notariellen Amtsgeschäften zusammengefasst werden können, also etwa für Beurkundungen, Unterschriftsbeglaubigungen oder Verwahrungsverhältnisse. Eine gute Orientierung für die Ermittlung der nach Art. 30 Abs. 1 DS-GVO geforderten Angaben dürften die häufig für den Urkundenvollzug verwendeten Laufblätter darstellen, da sich dort den einzelnen Arbeitsschritten etwa Kategorien von Empfängern und Verarbeitungszwecke zuordnen lassen.

529

c) Maßnahmen zum Schutz von Daten

Art. 32 DS-GVO verpflichtet Verantwortliche zu technischen und organisatorischen Maßnahmen zur Gewährleistung der Datensicherheit und konkretisiert damit die allgemeine Verpflichtung des Art. 24 DS-GVO. Auch diese Vorschrift sieht einen risikobasierten Ansatz vor, der den Stand der Technik, die Implementierungskosten, Art und Umfangs, die Umstände und die Zwecke der Verarbeitung sowie die unterschiedliche Eintrittswahrscheinlichkeit und Schwere des Risikos für die Rechte und Freiheiten natürlicher Personen

530

---

884 *Wagner/Richter* NotBZ 2017, 446 (450).

berücksichtigt. Organisatorische Maßnahmen werden durch Gestaltung der Betriebsabläufe und entsprechende Weisungen an die Mitarbeiter umgesetzt, technische Maßnahmen durch entsprechende technische Einrichtungen. Da sich Notarstellen in ihrer Organisation, dem Geschäftsanfall, den räumlichen Gegebenheiten und einer Vielzahl weiterer Faktoren unterscheiden, ist es nicht möglich, die für jede Notarstelle passenden technischen und organisatorischen Maßnahmen generalisiert festzulegen. Dazu bedarf es einer Risikoanalyse im Einzelfall, aus der erst unter Berücksichtigung der eben genannten allgemeinen Gesichtspunkte wie der Implementierungskosten die technischen und organisatorischen Maßnahmen abgeleitet werden können. Bei der Risikoanalyse dürfte zu berücksichtigen sein, dass eine Notarstelle wegen der persönlichen Amtsausübung typischerweise im Vergleich zu anderen öffentlichen Stellen einen geringeren Organisationsgrad, flache Hierarchien sowie leicht überschaubare Strukturen aufweist; dies dürfte das Gefährdungspotential beträchtlich reduzieren.[885]

Als technisch-organisatorische Maßnahmen kommen unter anderem in Betracht:
– Angemessener Einbruchschutz,
– Sicherstellung, dass nur Mitarbeiter und sonstige Befugte Zugang zum Arbeitsbereich ohne Publikumsverkehr haben,
– Anweisungen zum Umgang mit Akten und sonstigen Dokumenten im Publikumsbereich,
– Datenverschlüsselung (Art. 32 Abs. 1 lit. a DS-GVO),
– Wirksame Maßnahmen zur sicheren Dokumentenvernichtung (Papier) und Datenlöschung (EDV),
– Beschränkung der Speicherorte für personenbezogene Daten,
– Anweisungen zur Verwendung von Speicherorten,
– Einrichtung eines geeigneten Zugangs- und Berechtigungskonzepts,
– Datenschutzkonforme Ausgestaltung des Vertragsverhältnisse mit Dritten, insbesondere Abschluss von Auftragsverarbeitungsvereinbarungen

d) Meldung und Mitteilung bei Vorfällen

531 Art. 33 DS-GVO statuiert bei Verletzungen des Schutzes personenbezogener Daten eine Meldepflicht innerhalb von 72 Stunden gegenüber der Aufsichtsbehörde mit bestimmten Mindestinhalten sowie eine Dokumentationspflicht. Praktische Relevanz dürfte dies vor allem haben, wenn Amtsbestände oder sonstige personenbezogenen Daten (wie etwa Rechnersysteme oder Datenträ-

---

885 Vgl. *Klingler* RNotZ 2013, 56 (75).

ger) abhandenkommen oder beschädigt werden, etwa bei Einbruch in die Notarstelle.

Neben der Meldepflicht besteht nach Art. 34 DS-GVO eine Pflicht zur Benachrichtigung der betroffenen Personen. Diesbezüglich bestehen jedoch einige Ausnahmen. So kann etwa bei hinreichender Sicherung der betroffenen Daten gegen Zugang durch Unbefugte nach Art. 34 Abs. 3 lit. a DS-GVO von einer Mitteilung abgesehen werden. Das dürfte etwa der Fall sein, wenn ein entwendeter Datenträger wirksam verschlüsselt ist. Nach § 29 Abs. 1 Satz 3 BDSG geht außerdem die Verschwiegenheitspflicht der Mitteilungspflicht vor. Entsprechende Regelung enthalten auch die Landesdatenschutzgesetze. Schließlich besteht gemäß Art. 34 Abs. 3 lit. c DS-GVO eine weitere Ausnahme für den Fall, dass eine individuelle Benachrichtigung mit unverhältnismäßigem Aufwand verbunden wäre. Es muss dann stattdessen eine öffentliche Bekanntmachung oder eine ähnliche Maßnahme erfolgen.

532

Art. 34 Abs. 4 DS-GVO statuiert Anordnungs- und Entscheidungsbefugnisse der Aufsichtsbehörde im Zusammenhang mit der Mitteilung an betroffene Personen. Allgemein wird es bei Datenschutzvorfällen geboten sein, die Erfordernisse hinsichtlich der Mitteilung an Betroffene mit der Aufsichtsbehörde abzustimmen. Zur zweckmäßigen Berücksichtigung der notariatsspezifischen Besonderheiten unter Einbeziehung der Erfahrung aus anderen Fällen dürfte sich dabei eine vorherige Kontaktaufnahme mit der jeweiligen regionalen Notarkammer anbieten.

533

e) Auftragsverarbeitung

Auftragsverarbeiter ist nach der Definition in Art. 4 Nr. 8 DS-GVO eine »natürliche oder juristische Person, Behörde, Einrichtung oder andere Stelle, die personenbezogene Daten im Auftrag des Verantwortlichen verarbeitet«. Eine Auftragsverarbeitung liegt etwa vor, wenn ein IT-Dienstleister mit einem Fernwartungsprogramm auf einen Rechner des Notars zugreift. Regeln für das Verhältnis zwischen Verantwortlichem und Auftragsverarbeiter enthält Art. 28 DS-GVO. Nach dessen Abs. 3 bedarf die Auftragsverarbeitung einer rechtlichen Grundlage durch Vertrag oder ein anderes Rechtsinstrument. In einzelnen Fällen kann die Auftragsverarbeitung eine direkte Grundlage in Gesetz oder Rechtsverordnung haben[886], wie dies etwa bei den ab 2020 von der Bundesnotarkammer für die Notare bereitzustellenden Systemen des Elektronischen Urkundenarchivs der Fall sein wird. Im Regelfall wird jedoch eine vertragliche Regelung erforderlich sein, die bestimmte Inhalte nach Art. 28

534

---

886 Vgl. Paal/Pauly/*Martini* Art. 28 DS-GVO Rn. 26.

Abs. 3 DS-GVO haben muss. So müssen Gegenstand und Dauer der Verarbeitung, Art und Zweck der Verarbeitung, die Art der personenbezogenen Daten, die Kategorien betroffener Personen und die Pflichten und Rechte des Verantwortlichen festgelegt sein. Bezüglich der gegenseitigen Rechte und Pflichten zwischen Auftragsverarbeiter und Verantwortlichem verlangt Art. 28 Abs. 3 Satz 2 DS-GVO etwa die Verpflichtung des Auftragsverarbeiters, personenbezogene Daten nur auf dokumentierte Weisung des Verantwortlichen zu verarbeiten und dem Verantwortlichen alle erforderlichen Informationen zum Nachweis der Einhaltung der im Zusammenhang mit der Auftragsverarbeitung bestehenden Pflichten zur Verfügung zu stellen.

535   Der Vertrag über die Auftragsverarbeitung ist nach Art. 28 Abs. 9 DS-GVO schriftlich zu schließen, wobei die Aufzeichnung in einem elektronischen Format genügt. Die Anforderungen an die Authentizitätssicherung sind umstritten; die Textform des § 126b BGB dürfte den Anforderungen genügen.[887] Jedenfalls genügt die elektronische Form des § 126a BGB (mit qualifizierter elektronischer Signatur).[888]

536   Bereits vor Anwendbarkeit der DS-GVO bestand nach dem Bundesdatenschutzgesetz und nach einigen Landesdatenschutzgesetzen eine Verpflichtung zum Abschluss von Verträgen über die Auftragsdatenverarbeitung. Allerdings sind die Regelungen der DS-GVO mit den früher anwendbaren inhaltlich nicht gänzlich kongruent. Daher sollten bestehende Vereinbarungen an den neuen Rechtsstand angepasst werden.

537   Eine gewisse Überschneidung, aber keinesfalls gegenseitige Ersetzbarkeit besteht mit den nach § 26a BNotO abzuschließenden Verschwiegenheitsvereinbarungen (dazu oben Rdn. 178 ff.). Diese sind zwingend schriftlich (im Sinne des deutschen Rechts) abzuschließen und unterscheiden sich hinsichtlich Inhalt und Kreis der zu verpflichtenden Dritten.

4. Pflichten gegenüber Beteiligten und Dritten

a) Informationspflicht

538   Werden personenbezogene Daten bei der betroffenen Person erhoben, so verpflichtet Art. 13 DS-GVO den Verantwortlichen, dieser zum Zeitpunkt der Erhebung bestimmte Informationen zur Verfügung zu stellen. Für den Notar relevant sind dabei im Wesentlichen: Name und Kontaktdaten des Notars,

---

887 Ebenso Ehmann/Selmayr/*Bertermann* Art. 28 Rn. 9 m.w.N.
888 BeckOK Datenschutzrecht/*Spoerr*, 24. Edition (01.05.2018) Art. 28 DS-GVO Rn. 103.

Kontaktdaten des Datenschutzbeauftragten, die Zwecke und Rechtsgrundlagen der Datenverarbeitung, die Empfänger oder Kategorien von Empfängern der personenbezogenen Daten, die Speicherdauer, das Bestehen eines Auskunfts- und Berichtigungsrechts, das Bestehen eines Beschwerderechts bei der Aufsichtsbehörde, ob die Bereitstellung der personenbezogenen Daten gesetzlich vorgeschrieben ist und die Folgen der Nichtbereitstellung. Allgemeine Vorgaben zur Form u.a. der Informationen nach Art. 13 DS-GVO sind in Art. 12 Abs. 1 DS-GVO geregelt: Die Informationen müssen in präziser, transparenter, verständlicher und leicht zugänglicher Form in einer klaren und einfachen Sprache bereitgestellt werden (Satz 1). Die Übermittlung erfolgt schriftlich oder in anderer Form, gegebenenfalls auch elektronisch (Satz 2). Sie hat nach Art. 12 Abs. 5 Satz 1 DS-GVO grundsätzlich kostenfrei zu erfolgen.

Es bietet sich an, zu diesem Zweck ein Informationsblatt zu entwerfen, wobei **539** eine einheitliche Gestaltung für die Mehrzahl der notariellen Amtsgeschäfte in Betracht kommt. Dieses kann den Beteiligten bei der ersten Besprechung ausgehändigt werden oder im Zuge der Anforderung von Daten zur Urkundsvorbereitung übersandt werden (Brief/Fax/E-Mail). Ebenfalls kommt in Betracht, das eigentliche Informationsblatt auf der Internetpräsenz der Notarstelle zum Download anzubieten und an allen geeigneten Stellen, etwa in Schreiben an die Beteiligten, darauf zu verweisen. Die Bundesnotarkammer hat als konkrete Anwendungshilfe die hier als Anhang 12 abgedruckten Informationen über die Datenverarbeitung erarbeitet.

Hinzuweisen ist auf die Ausnahme in Art. 13 Abs. 4 DS-GVO: Danach finden **540** die Informationspflichten nach Art. 13 DS-GVO keine Anwendung, wenn und soweit die betroffene Person bereits über die Informationen verfügt. Daraus dürfte sich etwa ergeben, dass bei einer erstmaligen telefonischen Kontaktaufnahme zum Zwecke der Terminvereinbarung keine umfassende Information erfolgen muss, weil der Anrufer weiß, dass Name und Telefonnummer zum Zwecke der Terminplanung gespeichert werden.

b) Informationspflicht bei anderweitiger Erhebung

Vergleichbare Informationspflichten bestehen nach Art. 14 DS-GVO auch, **541** wenn personenbezogene Daten nicht bei der betroffenen Person erhoben werden. Inhaltlich ist dann zusätzlich über die Kategorien personenbezogener Daten, die verarbeitet werden, und die Quelle zu informieren, aus der die personenbezogenen Daten stammen (Abs. 1 lit. d, Abs. 2 lit. f). Die Information muss spätestens einen Monat nach Erlangung der Daten erfolgen (Abs. 3 lit. a), wenn die Daten zur Kommunikation mit der betroffenen Person verwendet werden sollen, spätestens mit der ersten Kontaktaufnahme (Abs. 3

lit. b) und falls die Offenlegung an einen anderen Empfänger beabsichtigt ist, spätestens zum Zeitpunkt der ersten Offenlegung (Abs. 3 lit. c).

542   In der Praxis dürfte es zweckmäßig sein, auch für diesen Fall ein Informationsblatt vorzuhalten. Dieses dürfte ohne weiteres mit dem unter a) erwähnten Informationsblatt abgedeckt werden können, wenn dieses – wie die in Anhang 12 abgedruckte Anwendungshilfe der Bundesnotarkammer unter ihrer Ziffer 2 – die Kategorien der verarbeiteten personenbezogenen Daten nennt und eine zusätzliche Mitteilung über die Quelle der Datenerhebung erfolgt (etwa im Entwurfsanschreiben). Dieses Informationsblatt sollte spätestens mit der ersten Entwurfsübersendung an irgendeinen Beteiligten auch an den Beteiligten versandt oder sonst zur Verfügung gestellt werden, dessen Daten von dritter Seite mitgeteilt wurden und im Entwurf eingearbeitet sind. Der typische Fall der Erhebung bei einem Dritten dürfte der durch den Makler mit Datenübermittlung erteilte Entwurfsauftrag sein. Wenn einer Vertragspartei der Entwurf zugeschickt wird, muss an die andere Partei wenigstens die nach Art. 14 DS-GVO vorgeschriebene Information versandt werden. Die oben erwähnten allgemeinen Anforderungen des Art. 12 DS-GVO gelten auch für die Informationspflicht nach Art. 14 DS-GVO.

543   Praktisch wichtig ist die Ausnahme des Art. 14 Abs. 5 lit. d DS-GVO. Danach finden die Informationspflichten unter anderem dann keine Anwendung, wenn die personenbezogenen Daten gemäß dem Recht der Mitgliedstaaten dem Berufsgeheimnis unterliegen und daher vertraulich behandelt werden müssen. Daher ist selbstverständlich die Verschwiegenheit nach § 18 BNotO zu wahren, wenn ein Erblasser für die Beurkundung personenbezogene Daten von Begünstigten mitteilt. Hier würde die Information nach Art. 14 Abs. 1 und 2 DS-GVO dazu führen, dass der Notar Daten über den Inhalt einer letztwilligen Verfügung offenlegt, die der Verschwiegenheitspflicht nach § 18 Abs. 1 Satz 1 u. 2 BNotO unterliegen. Diese Offenlegung hat selbstredend zu unterbleiben. Denn damit würde der Notar sich ohne Einwilligung des Erblassers nach § 203 Abs. 1 Nr. 3 StGB strafbar machen.

c) Auskunftspflicht

544   Nach Art. 15 Abs. 1 DS-GVO hat eine betroffene Person Anspruch auf Auskunft gegen den Verantwortlichen, ob und gegebenenfalls welche personenbezogenen Daten verarbeitet werden, sowie Anspruch auf gewisse weitere Informationen. Die mitzuteilenden Informationen sind weitgehend inhaltsgleich mit den nach Art. 13 oder nach Art. 14 DS-GVO erforderlichen. Daher wird ein Informationsblatt, das die rechtlichen Anforderungen von Art. 13 und Art. 14 DS-GVO zu erfüllen vermag, im Regelfall auch für die Erfüllung der Auskunftspflicht nach Art. 15 Abs. 1 DS-GVO genügen. Art. 15 Abs. 1 lit. c

DS-GVO verlangt die Auskunft über die Empfänger oder Kategorien von Empfängern, gegenüber denen eine Offenlegung erfolgt ist oder noch erfolgt. Die damit ausgedrückte inhaltliche Anforderung ist identisch mit derjenigen in Art. 13 Abs. 1 lit. e bzw. Art. 14 Abs. 1 lit. e DS-GVO. Es ist nicht erforderlich, mitzuteilen, welche der ursprünglich vorgesehenen Weiterverarbeitungen schon konkret stattgefunden hat, sondern es müssen insgesamt zutreffend die tatsächlichen und die konkret absehbaren Empfänger im Zeitpunkt des Auskunftsbegehrens angegeben werden.[889] Regelmäßig wir es unschwer möglich sein, mitzuteilen, welche Datenweitergabe bereits tatsächlich erfolgt ist; dann sollte dies im Sinne einer transparenten Information auf ein Auskunftsbegehren auch geschehen.

Mit der Auskunft besteht ein Anspruch auf eine Kopie der verarbeiteten personenbezogenen Daten, Art. 15 Abs. 3 Satz 1 DS-GVO. Dieser Anspruch bezieht sich nur auf die Betroffenendaten. Daten Dritter sind grundsätzlich zu schwärzen oder sonst von der Kopie auszuschließen. Das ist nicht erforderlich, soweit Kopien notariellen Niederschriften bezüglich der darin aufgezeichneten personenbezogenen Daten betroffen sind und der Antragsteller zum Kreise derjenigen gehört, die nach § 51 BeurkG Ausfertigungen und Abschriften verlangen können.   **545**

Für die Auskunftspflicht nach Art. 15 DS-GVO gelten ebenfalls die Anforderungen des Art. 12 DS-GVO. Hinsichtlich der Kosten ordnet Art. 15 Abs. 3 Satz 1 DS-GVO zusätzlich an, dass auch die Erteilung einer Kopie ohne Entgelt zu erfolgen hat.   **546**

Auch der Anspruch nach Art. 15 DS-GVO steht im Ergebnis unter dem Vorbehalt der notariellen Verschwiegenheitspflicht. Dies ergibt sich aus § 29 Abs. 1 Satz 2 BDSG bzw. den entsprechenden Regelungen in den Datenschutzgesetzen der Länder. Danach besteht das Recht auf Auskunft der betroffenen Person gemäß Art. 15 DS-GVO unter anderem nicht, soweit durch die Auskunft Informationen offenbart würden, die nach einer Rechtsvorschrift geheim gehalten werden müssen. Dies schließt den Auskunftsanspruch aus, soweit § 18 BNotO (und damit auch § 203 Abs. 1 StGB) entgegensteht. Ein griffiger Beispielsfall ist das Auskunftsbegehren des potentiellen Erben, der vermutet, in einem Testament erwähnt zu sein. Da Mitteilungen über das Vorhandensein von Urkunden und deren Inhalte grundsätzlich nur an die nach § 51 BeurkG zum Empfang von Ausfertigungen Berechtigten erfolgen dürfen, bietet es sich an, auf ein Auskunftsbegehren zunächst nachzufragen, ob der Anspruchsteller an einer Beurkundung beteiligt war (§ 51 Abs. 1   **547**

---

889 Vgl. Gola/*Franck*, DS-GVO, 2017, Art. 15 Rn. 9.

Nr. 1 BeurkG) oder die Aufnahme einer anderen Niederschrift als einer solchen über Willenserklärungen beantragt hat (§ 51 Abs. 2 Nr. 2 BeurkG). Verneint der Anspruchssteller dies und ist es auch tatsächlich nicht der Fall, schließt § 18 BNotO einen denkbaren Anspruch nach Art. 15 DS-GVO aus. Dann kann unabhängig davon, ob tatsächlich personenbezogene Daten zwar verarbeitet werden, aber keine Auskunft erteilt werden darf, eine schriftliche Information darüber erteilt werden, dass keine auskunftsfähigen Daten vorliegen und wegen der entstehenden Verschwiegenheitspflicht nach § 18 BNotO im Übrigen Auskunftsansprüche generell ausgeschlossen sind.

d) Rechte auf Berichtigung und Löschung

548   Von geringerer Bedeutung für die notarielle Praxis dürften die in Art. 16 bzw. 17 DS-GVO geregelten Rechte auf Berichtigung bzw. Löschung sein. Nach Art. 16 DS-GVO kann die betroffene Person die unverzügliche Berichtigung sie betreffender unrichtiger personenbezogener Daten verlangen. Für die Datenverarbeitungsvorgänge und Speicherorte, die der Dokumentation vergangener Vorgänge dienen, wie etwa errichtete Urkunden oder vorhandene Bestandteile der Nebenakten, kommt eine solche Berichtigung grundsätzlich nicht in Betracht. Denn eine Adresse, die sich zwischenzeitlich geändert hat, ist in der Urkunde dann richtig beurkundet, wenn der betroffene Beteiligte sie zum Zeitpunkt der Beurkundung so angegeben hat. Ein Berichtigungsanspruch dürfte dagegen bestehen, soweit die in der Notarstelle zur Erleichterung der Kommunikation und der Zuordnung von Beteiligten geführte Personendatenbank (typischerweise Bestandteil der Notarsoftware) betroffen ist.[890]

549   Das Recht auf Löschung und die Pflicht zur Löschung nach Art. 17 DS-GVO dürften in der notariellen Praxis, abgesehen von der schon von der Dienstordnung vorgeschriebenen Vernichtung von Unterlagen nach Ablauf der Aufbewahrungsfrist (§ 5 Abs. 4 Satz 5 DONot, zukünftig § 35 Abs. 6 BNotO 2020), kaum eine Rolle spielen. Denn Art. 17 Abs. 3 lit. b DS-GVO macht eine Ausnahme von der Löschungspflicht unter anderem, soweit die Verarbeitung erforderlich ist zur Erfüllung einer rechtlichen Verpflichtung, die die Verarbeitung nach dem Recht der Union oder der Mitgliedstaaten, dem der Verantwortliche unterliegt, erfordert, oder zur Wahrnehmung einer Aufgabe, die im öffentlichen Interesse liegt oder in Ausübung öffentlicher Gewalt erfolgt, die dem Verantwortlichen übertragen wurde. Diese Ausnahme wird regelmäßig für die im Rahmen der notariellen Amtstätigkeit verarbeiteten personenbezo-

---

890 Vgl. *Klinger* RNotZ 2013, 57 (71) zur vergleichbaren früheren Rechtslage nach DSG NRW.

genen Daten vorliegen (vgl. die Ausführungen zu Art. 6 DS-GVO oben Rdn. 510). Der Notar ist etwa verpflichtet, die Urkundensammlung und die Urkundenrolle für 100 Jahre und die Nebenakten für wenigstens 7 Jahre aufzubewahren (§ 5 Abs. 4 Satz 1 DONot). Da die Einwilligung der betroffenen Person für den Notar in kaum einem Fall die Grundlage der Datenverarbeitung sein dürfte, kommt zudem der Löschungsgrund des Widerrufs der Einwilligung nach Art. 17 Abs. 1 lit. b DS-GVO praktisch nicht zum Tragen. Die Geltendmachung eines vermeintlichen Löschungsanspruchs bewirkt bei rechtmäßiger Datenverarbeitung im notariellen Kontext mangels entsprechender Regelungen (vgl. den Katalog des Art. 18 DS-GVO für die Einschränkung der Verarbeitung) kein (einstweiliges) Verarbeitungsverbot, das etwa dem weiteren Vollzug einer Urkunde entgegenstehen könnte.

e) Pflicht zur Folgemitteilung

Nach Art. 19 DS-GVO muss der Verantwortliche unter anderem nach einer **550** Berichtigung personenbezogener Daten aufgrund von Art. 16 DS-GVO dies allen Empfängern, denen personenbezogene Daten offengelegt wurden, mitteilen, es sei denn, dies erweist sich als unmöglich oder ist mit einem unverhältnismäßigen Aufwand verbunden. Ein denkbarer Fall ist eine unrichtig erfasste steuerliche Identifikationsnummer. Wird die richtige Nummer mit dem Begehren nach Berichtigung mitgeteilt, muss der Notar nach Art. 19 Satz 1 DS-GVO eine etwa gegenüber dem Finanzamt bereits abgesandte Veräußerungsanzeige noch richtigstellen. Auf Verlangen muss er die betroffene Person nach Art. 19 Satz 2 darüber unterrichten. Die Richtigstellung dürfte sich, im Beispielsfall wie in vergleichbaren Fällen, unabhängig von den Vorschriften der DS-GVO auch aus den allgemeinen Dienstpflichten ergeben.

III. Fehler bei der Nutzung zentraler Systeme der Bundesnotarkammer

1. Zentrales Testamentsregister

Am 1. Januar 2012 hat das von der Bundesnotarkammer betriebene Zentrale **551** Testamentsregister den Betrieb aufgenommen. Dort werden Verwahrangaben zu allen notariellen oder gerichtlich verwahrten erbfolgerelevanten Unterlagen erfasst. Die entsprechenden notariellen Registrierungspflichten sind in § 34a Abs. 1 und 2 BeurkG und § 78d Abs. 2 BNotO geregelt. Registrierungspflichtig sind nach diesen Vorschriften Errichtung und Änderung erbfolgerelevanter Urkunden und die Rückgabe eines Erbvertrags aus der notariellen Verwahrung. In der Testamentsregister-Verordnung finden sich nähere Regelungen zu den übermittlungspflichtigen Daten. Nach § 2 Abs. 2 Satz 1 ZTRV müssen in jeder Übermittlung alle in § 1 Satz 1 der Verordnung geregelten Verwahrangaben enthalten sein; lediglich die Geburtsregisternummer kann nachgereicht werden. Diese Nachreichung muss dann jedoch auch zuverlässig erfolgen, da die Geburtenregisternummer für eine eindeutige Zuordnung der Person von wesentlicher Bedeutung ist. Besonderes Augenmerk sollte weiterhin auf die in § 1 Satz 1 Nr. 1 genannten Daten des Erblassers gelegt werden. Insbesondere Familienname, Geburtsname, Vorname und Geschlecht sowie Tag und Ort der Geburt sind von entscheidender Bedeutung, um eine erbfolgerelevante Urkunde im Sterbefall einer bestimmten Person zuordnen zu können. Ungenauigkeiten und fehlende Angaben können hier dazu führen, dass eine registrierte Urkunde einem nach § 7 Abs. 1 Satz 1 ZTRV mitgeteilten Sterbefall nicht richtig zugeordnet werden kann. Die Daten müssten regelmäßig ohne Weiteres vorliegen, wenn sich die an einer erbfolgerelevanten Urkunde Beteiligten mit einem Reisepass oder (deutschen) Personalausweis ausgewiesen haben. Das dürfte der am häufigsten vorkommende Fall der Erfüllung der notariellen Identifizierungspflicht nach § 10 Abs. 1 BeurkG sein.

552 Die nach § 1 Nr. 1 lit. c ZTRV vorgeschriebenen Daten über Geburtsstandesamt und Geburtenregisternummer bei Beurkundung der Geburt im Inland erfordern häufig ein gesondertes Beibringen durch die Beteiligten. Hier bietet es sich an, auf die Notwendigkeit dieser Daten möglichst frühzeitig hinzuweisen, etwa bei einer Besprechung oder bei Übersendung eines Urkundenentwurfs. Als Auslandsfall, in dem es kein deutsches Geburtsstandesamt und keine geboten Registernummer gibt, betrachtet die Registerbehörde alle Fälle, bei denen die Geburt außerhalb des heutigen Staatsgebietes der Bundesrepublik stattgefunden hat. Dies schließt, namentlich bei einem Geburtsort in den ehemaligen deutschen Ostgebieten, nicht aus, auch in diesen Fällen ein bekanntes Geburtsstandesamt und eine bekannte Geburtenregisternummer zu registrieren.[891] Das Auffinden der Urkunden wird durch solche Angaben erleichtert, falls die entsprechenden Daten im Sterbefall auch von dem zuständigen Standesamt an die Registerbehörde übermittelt werden. Das ist regelmäßig der Fall, weil diese Daten in der überwiegenden Mehrzahl der Fälle beim Standesamt vorliegen.

553 Wichtig ist in diesem Zusammenhang weiterhin, dass eine Meldung als Auslandsfall nur dann erfolgen darf, wenn keine inländische Beurkundung der Geburt stattgefunden hat. Eine inländische Beurkundung der Geburt liegt namentlich auch vor in Fällen der Nachbeurkundung der Geburt nach § 36 PersStG. Diese sind nicht als Auslandsfälle zu melden.

---

891 Vgl. die Information der Registerbehörde auf http://www.testamentsregister.de/zentrales-testamentsregister/registerinhalt-ztr/erblasser [30.7.2018].

Welche Urkunden erbfolgerelevant und damit registrierungspflichtig sind, wird   **554**
in § 78d Abs. 2 Satz 1 BNotO definiert: Testamente, Erbverträge und alle
Urkunden mit Erklärungen, die die Erbfolge beeinflussen können. Als Beispiele sind dort genannt Aufhebungsverträge, Rücktritts-und Anfechtungserklärungen, Erb-und Zuwendungsverzichtsverträge, Ehe-und Lebenspartnerschaftsverträge und Rechtswahlen. Neben Verfügungen von Todes wegen ist
insbesondere die Vereinbarung der Gütertrennung erbfolgerelevant wegen
§ 1371 und § 1931 Abs. 4 BGB. Keinen Einfluss auf die Erbfolge hat dagegen
ein reiner Pflichtteilsverzicht nach § 2346 Abs. 2 BGB. Dieser ist zwar im
Bürgerlichen Gesetzbuch redaktionell als Sonderfall des Erbverzichtsvertrags
geregelt, hat jedoch keinen Einfluss auf die Erbfolge, sondern lediglich auf
nach dem Erbfall bestehende schuldrechtliche Ansprüche.[892]

Das zentrale Testamentsregister ist auch die Schnittstelle für die Mitteilung   **555**
von Sterbefällen an Verwahrstellen. Der Notar hat nach § 34a Abs. 3 BeurkG
Erbverträge und sonstige erbfolgerelevante Erklärungen an das Nachlassgericht
abzuliefern. Vor dem Hintergrund der Verschwiegenheitsverpflichtung aus
§ 18 BNotO ist auf den Wortlaut von § 34a Abs. 3 Satz 2 BeurkG bezüglich
sonstiger Urkunden, d.h. Urkunden, die nicht Erbverträge sind, hinzuweisen:
aus solchen Urkunden hat der Notar nur die Erklärungen, nach deren Inhalt
die Erbfolge geändert werden kann, dem Nachlassgericht mitzuteilen, und
zwar in beglaubigter Abschrift. Dies bedeutet, dass nur eine auszugsweise
beglaubigte Abschrift, beschränkt auf die erbfolgerelevanten Inhalte, zu übersenden ist (§ 42 Abs. 3 BeurkG).

2. Zentrales Vorsorgeregister

Für das seit dem Jahr 2004 von der Bundesnotarkammer betriebene Zen-   **556**
trale Vorsorgeregister nach § 78a BNotO besteht keine Registrierungspflicht.
Es ist lediglich verpflichtend über die Möglichkeit zur Registrierung zu
belehren.[893] Der elektronische Anfrageweg stellt die Abrufmöglichkeit zu
jeder Zeit und gerade auch in Eilfällen sicher.[894] Dann müssen Einträge
aber auch gefunden werden können und dann den Inhalt des zugrunde
liegenden Dokuments richtig wiedergeben, soweit dies vorgesehen ist.
Notare erhalten als institutionelle Nutzer einen Login für https://www.zvr-
online.de/und können die Meldungen über Online-Formulare erfassen. Auch

---

892 *Diehn* DNotZ 2011, 676 (678), der jedoch die Registrierungsfähigkeit aus prakti-
    schen Gründen für denkbar hält.
893 Zur Hinweispflicht nach § 20a BeurkG siehe oben Rdn. 361.
894 Hoeren/Sieber/Holznagel/*Viefhues*, Multimedia-Recht, Stand 45. EL Juli 2017,
    Teil 24 Rn. 22.

hier ist die zutreffende Erfassung der nach § 1 VRegV einzutragenden Daten von entscheidender Bedeutung. Pflichtangaben sind nach § 2 Abs. 1 Satz 2 VRegV nur die Angaben nach § 1 Abs. 1 Nr. 1 lit. a, c bis g, also die Angaben zur Person des Vollmachtgebers mit Ausnahme des Geburtsnamens. Wenn weitere Daten eingetragen werden sollen, müssen diese jedoch zutreffend sein. Neben den persönlichen Daten von Vollmachtgeber und Bevollmächtigtem muss insbesondere auf die Richtigkeit der nach § 1 Abs. 1 Nr. 5 VRegV vorgesehenen Angaben zum Inhalt der Vollmacht geachtet werden. Danach ist anzugeben, ob Vermögensangelegenheiten erfasst sind (lit. a), Gesundheitssorge, besonders riskante bzw. endgültige medizinische Maßnahmen und Maßnahmen der ärztlichen Zwangsbehandlung (lit. b), Aufenthaltsbestimmung, Unterbringung und freiheitsentziehende Maßnahmen (lit. c) sowie sonstige persönliche Angelegenheiten (lit. d). Nach § 1 Abs. 1 Nr. 6 VRegV können auch besondere Anordnungen oder Wünsche über das Verhältnis mehrerer Bevollmächtigter zueinander (lit. a), für den Fall, dass das Betreuungsgericht einen Betreuer bestellt (lit. b), und hinsichtlich Art und Umfang medizinischer Versorgung (lit. c) eingetragen werden. Für die Angaben zur Betreuerbestellung und zu Art und Umfang medizinischer Versorgung erlaubt das System derzeit die strukturierte Eintragung der Information, ob solche besonderen Anordnungen oder Wünsche in der registrierten Urkunde enthalten sind. Ebenso ermöglicht das System die Erfassung von persönlichen Daten einer als Betreuer vorgeschlagenen Person. Die Angaben zum Verhältnis mehrerer Bevollmächtigter untereinander und weitere Details zu den Anordnungen und Wünschen nach § 1 Abs. 1 Nr. 6 VRegV können über ein Freitextfeld erfasst werden. Damit sollte sparsam umgegangen werden. In diesem Bereich dürfte sich nämlich vieles nicht für die Erfassung im Register eignen, wie etwa ausführlichere Angaben zum Art und Umfang medizinischer Versorgung oder zum Willensbildungsprozess mehrerer Bevollmächtigter untereinander. In diesem Fall dürfte regelmäßig der Hinweis darauf genügen, dass die Urkunde solche Angaben enthält. Die Registrierung dient nur dem Auffinden der Urkunde und der Vorabinformation über ihre Existenz. Der Rückgriff auf die Urkunde wird nicht ersetzt. Wenn man nun im Freitext Inhalte aus der Urkunde beschreibt, entsteht im Normalfall kein nachvollziehbarer Nutzen, dafür aber die Gefahr, dass sich versehentlich Abweichungen vom tatsächlichen Inhalt der Urkunde ergeben.

3. Notarverzeichnis

557 Nach § 78l BNotO ist auch die Führung des Notarverzeichnisses der Bundesnotarkammer aufgetragen. Die den Notar betreffenden Daten werden überwiegend ohne sein Zutun von der jeweiligen Notarkammer bzw. der Bundesnotar-

kammer eingetragen (§ 78l Abs. 3 Satz 2 BNotO). Anders ist dies bei den nach § 78l Abs. 3 Satz 1 Nr. 7 bzw. 8 BNotO eintragungsfähigen Kommunikationsdaten (Telefon, Telefax, E-Mail, Website) bzw. Sprachkenntnissen. Diese kann der Notar über das Notarportal der Bundesnotarkammer[895] selbst einpflegen. Die zutreffende Angabe liegt im eigenen Interesse.

IV. Urkundenarchivgesetz: Akten und Verzeichnisse ab 2020

1. Gestuftes Inkrafttreten der Änderungen

Eine ganze Reihe von Änderungen im notariellen Berufsrecht hat sich durch das Gesetz zur Neuordnung der Aufbewahrung von Notariatsunterlagen und zur Einrichtung des Elektronischen Urkundenarchivs bei der Bundesnotarkammer sowie zur Änderung weiterer Gesetze vom 1. Juni 2017 (hier kurz: Urkundenarchivgesetz) ergeben. Teilweise sind diese Änderungen bereits in Kraft, wie etwa die oben (Rdn. 485) dargestellte Regelung der BNotO zur qualifizierten elektronischen Signatur. Zu größten Teil werden die Änderungen jedoch erst zum 1. Januar 2020 bzw. zum 1. Januar 2022 in Kraft treten. Grob gesagt wird ab dem Jahr 2020 die elektronische Verzeichnisführung eingeführt, ab dem Jahr 2022 zusätzlich die elektronische Urkundenaufbewahrung.　558

Durch die zeitlich gestreckte Einführung kann einerseits die technische Infrastruktur gestuft aufgebaut werden. So wird ab dem Jahr 2020 bereits eine sichere Benutzerverwaltung erforderlich sein, ebenso wie gegenüber dem allgemeinen Internet abgesicherte Kommunikationswege zwischen den Notarstellen und den zentralen Einrichtungen der Bundesnotarkammer. Ab dem Jahr 2022 muss dann die sichere Speicherung größerer Datenmengen durch die Rechenzentren geleistet werden, wenn Dokumente in der elektronischen Urkundensammlung verwahrt werden. Unter anderem muss der Beweiswert von Signaturen erhalten werden und durch komplexe kryptographische Absicherungen ist zu gewährleisten, dass nur die Notarin oder der Notar und die Mitarbeiter auf die verwahrten Urkunden zugreifen können, es aber in keiner Situation dazu kommen kann, dass der Schlüssel zum Zugriff auf Urkunden dauerhaft verloren geht.　559

Andererseits wird den einzelnen Notarstellen nicht die gesamte technische Umstellung in einem Schritt zugemutet. Bereits die Umstellung der Verzeichnisführung bringt Änderungen im Büroablauf mit sich.　560

895　https://intern.bnotk.de/[9.6.2018].

2. Ausgestaltung durch Rechtsverordnung über Akten und Verzeichnisse

561 Gerade diese ab den Jahren 2020 und 2022 wirksam werdenden Änderungen werden tiefgreifende Auswirkungen auf den Alltag der notariellen Berufsausübung haben. Die vom Notar zu führenden Akten und Verzeichnisse werden künftig erstmals auf gesetzlicher Ebene definiert. Fanden sich bislang solche Regelungen allein in der Verwaltungsvorschrift DONot, sind in den zukünftig geltenden Fassungen von Beurkundungsgesetz und Bundesnotarordnung nun einzelne Akten und Verzeichnisse der Notare erwähnt, nämlich das Urkundenverzeichnis (§ 55 Abs. 1 BeurkG 2020), das Verwahrungsverzeichnis (§ 59a Abs. 1 BeurkG 2020), die Urkundensammlung, die elektronische Urkundensammlung und die Erbvertragssammlung (§ 55 Abs. 3 BeurkG 2022). Der derzeit noch in der DONot verwendete Begriff der »Bücher« wird abgeschafft, stattdessen gibt es in Zukunft nur noch »Akten und Verzeichnisse«.[896]

562 Durch das Urkundenarchivgesetz wurde in die Bundesnotarordnung ein neuer Abschnitt 4a eingefügt, der mit »Führung der Akten und Verzeichnisse« überschrieben ist und neben der Ermächtigungsgrundlage zum Erlass einer Rechtsverordnung in § 36 BNotO lediglich den am 1. Januar 2020 in Kraft tretenden § 35 BNotO umfasst, der allgemeine Vorgaben zur Führung von Akten enthält. Das sind Grundsätze der Aktenführung, Regeln über die Form der Führung von Akten und Verzeichnissen, bezüglich der zulässigen Aufbewahrungsorte und hinsichtlich der mit der Führung von Akten und Verzeichnissen an der Notarstelle betrauten Personen.

563 Auf die praktischen Details wird man sich erst dann einstellen können, wenn die neu geschaffenen Ermächtigungsgrundlagen ausgenutzt und die entsprechenden Verordnungen erlassen sind. Für die notarielle Berufsausübung wird dabei die Verordnungen nach § 36 BNotO die größte Bedeutung haben. § 36 Abs. 1 Satz 1 BNotO ermächtigt das Bundesministerium der Justiz und für Verbraucherschutz, durch Rechtsverordnung mit Zustimmung des Bundesrats »die näheren Bestimmungen zu treffen über die vom Notar zu führenden Akten und Verzeichnisse, über deren Inhalt sowie die Art und Weise ihrer Führung«. Die entsprechenden Regelungen finden sich zum Großteil bislang in der DONot, die sich ab dem Inkrafttreten der Verordnungen auf einen Rumpf reduzieren wird. Die Verordnung ist bislang nicht erlassen und es sind keine Entwürfe veröffentlicht. Tragfähige Aussagen zum Inhalt sind daher derzeit noch nicht möglich. Es ist jedoch davon auszugehen, dass die Verordnung im Wesentlichen die bewährten Regelungen der DONot fortführt, soweit

---

896 Vgl. dazu die Begründung des Regierungsentwurfs BT-Drs. 18/10607, S. 56.

nicht durch das Urkundenarchivgesetz Änderungen vorgezeichnet sind. Das ist etwa insoweit der Fall, als die Verzeichnisse elektronisch und nicht mehr in Papierform geführt werden und allgemein die elektronische Aktenführung zugelassen wird.

3. Elektronisches Urkundenarchiv: technisch zentral, organisatorisch dezentral

Ausdrücklich regelt § 78i Satz 1 BNotO, dass der Zugang zum Urkundenver- **564** zeichnis, zum Verwahrungsverzeichnis und zu den im elektronischen Urkundenarchiv verwahrten Dokumenten ausschließlich der für die Verwahrung zuständigen Stelle zusteht. Das überträgt die für die papierförmige Führung von Akten und Verzeichnissen geltende Rechtslage in die elektronische Welt. Die Amtsbestände des Notars sind zwar öffentliche Sachen und rechtlich seiner privaten Disposition entzogen. Allein zuständig für die Aufbewahrung und den sonstigen Umgang mit den Amtsbeständen ist jedoch der Amtsträger, aus dessen Amtstätigkeit sie hervorgegangen sind, oder dem sie – etwa nach § 51 Abs. 1 oder 3 BNotO – zur Verwahrung zugewiesen sind. Andere Stellen oder sonstige Dritte haben auf die in notariellen Verzeichnisse oder die notariell verwahrten Dokumente keinen eigenen Zugriff. Im Elektronischen Urkundenarchiv gilt das insbesondere auch für die Notarkammern, für die Bundesnotarkammer als Urkundenarchivbehörde und für die Aufsichtsbehörden (§ 93 Abs. 4 Satz 3 BNotO 2022).

Die Bundesnotarkammer betreibt gemäß § 78h Abs. 1 BNotO als Urkunden- **565** archivbehörde das Elektronische Urkundenarchiv als ein zentrales elektronisches Archiv, das den Notaren die Führung der elektronischen Urkundensammlung, des Urkundenverzeichnisses und des Verwahrungsverzeichnisses ermöglicht. Der technische Betrieb des elektronischen Urkundenarchivs wird also zentral gewährleistet. Funktional – und insbesondere das stellt § 78i Satz 1 BNotO klar – erfolgt die Verzeichnisführung und Urkundenverwahrung jedoch dezentral: Jeder Notar führt seine eigenen Verzeichnisse, jeder Notar führt seine eigene elektronische Urkundensammlung. Die Bundesnotarkammer betreibt lediglich die zentrale Infrastruktur, die dafür die technische Grundlage bereitet – so wie etwa ein E-Mail-Anbieter auf einem zentralen Server jedem Nutzer ein individuelles Postfach einrichtet. Der Zugang zu den im Urkundenarchiv gespeicherten Daten steht der Bundesnotarkammer nicht zu. Nach § 78h Abs. 2 BNotO ist sie vielmehr zur Gewährleistung der Vertraulichkeit der im Elektronischen Urkundenarchiv enthaltenen Daten für den gesamten Aufbewahrungszeitraum verpflichtet. Sie muss in diesem Zusammenhang nach § 78i Satz 2 BNotO die technischen und organisatorischen Maßnahmen dafür treffen, dass der Zugang zu den Daten ausschließlich der für die Verwahrung zuständigen Stelle zusteht, das heißt dem Notar und nach seiner Bestimmung seinen Mitarbeitern.

566   Die genaueren Einzelheiten der Berechtigungsverwaltung sowie der sonstigen technischen Gestaltung und des technischen Betriebs des Urkundenarchivs regelt das Bundesministerium der Justiz und für Verbraucherschutz im Wege einer Rechtsverordnung auf der Grundlage von § 78h Abs. 4 BNotO. Diese ist bislang noch nicht erlassen.

4. Gebührenfinanzierung

567   Die Finanzierung des aufwändigen technischen Systems Elektronisches Urkundenarchiv erfolgt nach § 78j Abs. 1 Satz 1 BNotO durch Gebühren. Dabei hat der Gesetzgeber für die Führung des Urkundenverzeichnisses keine gesonderten Gebühren vorgesehen, wohl aber für das Verwahrungsverzeichnis. Die für letzteres anfallenden Gebühren treffen nach § 78j Abs. 2 Satz 1 Nr. 2 BNotO den Notar. Die Gebühren für die Aufnahme von Dokumenten in die elektronische Urkundensammlung sind dagegen gemäß § 78j Abs. 2 Satz 1 Nr. 1 BNotO grundsätzlich von den Beteiligten zu tragen. Nur, wenn Bestände aus der Zeit vor dem 1. Januar 2022 nachträglich digitalisiert werden, treffen die Gebühren die für die Verwahrung zuständige Stelle, § 78j Abs. 2 Satz 1 Nr. 1 lit. a–c BNotO.

568   Eine Gebührensatzung der Bundesnotarkammer bestimmt die Höhe der Gebühren; sie bedarf der Genehmigung des Bundesministeriums der Justiz und für Verbraucherschutz, § 78j Abs. 4 BNotO. Bei den von den Urkundsbeteiligten zu tragenden Gebühren werden diese unmittelbare Gebührenschuldner gegenüber der Urkundenarchivbehörde. Wie etwa auch bei den Gebühren für das Zentrale Testamentsregister (§ 78g Abs. 2 Satz 3 BNotO) können die Notare die Gebühren für den Gebührengläubiger entgegennehmen, § 78j Abs. 2 Satz 3 BNotO. Damit lässt sich im Normalfall vermeiden, dass den Beteiligten für eine Beurkundung mehrere Kostenrechnungen verschiedener Stellen zugehen.

5. Änderungen zum 1. Januar 2020

a) Urkundenverzeichnis statt Urkundenrolle ab 2020

569   Gemäß dem neu gefassten § 55 BeurkG 2020 ist ab dem 1. Januar 2020 das Urkundenverzeichnis im Elektronischen Urkundenarchiv (§ 78h BNotO) zu führen. Das Urkundenverzeichnis löst die heutige Urkundenrolle sowie das Erbvertragsverzeichnis und das dazugehörige Namensverzeichnis ab. Es ist ein elektronisches Verzeichnis über Beurkundungen und sonstige Amtshandlungen, wie die Legaldefinition in § 55 Abs. 1 BeurkG 2020 festlegt. Zusätzlich

zu den Funktionen der abgelösten Verzeichnisse der DONot wird das Urkundenverzeichnis ab dem Jahr 2022 auch die Funktion des technischen Verzeichnisses haben, dass die elektronische Urkundensammlung mit den darin zu einem bestimmten Eintrag im Urkundenverzeichnis gespeicherten Dokumenten erschließt.

Das bei den papierförmigen Verzeichnissen gesondert vorgesehene Namensverzeichnis (§ 13 DONot) wird verzichtbar, da in dem datenbankförmigen elektronischen Verzeichnis problemlos Suchen nach bestimmten Kriterien, wie etwa dem Namen, möglich sind und als Suchergebnis Listen und sonstige Auswertungen erstellt werden können. Auch die derzeit in § 25 DONot vorgesehene Übersicht über die Urkundsgeschäfte soll sich weitgehend automatisch aus dem Urkundenverzeichnis erzeugen lassen. Die Ausgestaltung des Urkundenverzeichnisses im Einzelnen ist der noch zu erlassenden Rechtsverordnung nach § 36 BNotO überlassen. Eine zusätzliche Funktion gegenüber der Urkundenrolle ergibt sich jedoch bereits aus § 49 Abs. 4 BeurkG 2020: Der Vermerk darüber, wem und an welchem Tag eine Ausfertigung erteilt worden ist, erfolgt nicht mehr auf der Urschrift sondern im Urkundenverzeichnis.

b) Verwahrungsverzeichnis statt Verwahrungs- und Massenbuch

Wie das Urkundenverzeichnis die Urkundenrolle, das Namensverzeichnis und das Erbvertragsverzeichnis ersetzt, wird das Verwahrungsverzeichnis nach § 59a BeurkG an die Stelle des Verwahrungsbuchs und des Massenbuchs treten. Durch die Umstellung auf ein elektronisches System kann hier die doppelte Aufzeichung wegfallen, da es eine reine Frage der Anzeige ist, ob die Eintragungen nach Verwahrungsverhältnissen (wie bislang im Massenbuch) oder chronologisch (wie bislang im Verwahrungsbuch) sortiert sind. Auch die Einzelheiten des Verwahrungsverzeichnisses werden durch Rechtsverordnung geregelt werden (§ 59 BeurkG).

c) Zulassung der elektronischen Aktenführung

Unter den Regeln der DONot zur Aktenführung sind Nebenakten nur in Papierform gestattet; elektronische Aufzeichnungen sind nur Hilfsmittel. Das entnimmt man der Formulierung »Blattsammlungen« in § 22 Abs. 1 DONot.[897] Der ab dem 1. Januar 2020 in Kraft tretende § 35 Abs. 2 Satz 1 BNotO gibt dagegen die Wahl zwischen Papierform und elektronischer Form für notarielle Akten und Verzeichnisse frei, soweit nicht die Form durch Gesetz oder aufgrund eines Gesetzes vorgeschrieben ist. Solche gesetzlichen Vorgaben

570

571

572

---

897 Weingärtner/Gassen/Sommerfeldt/*Weingärtner* § 22 DONot Rn. 10.

bestehen etwa für die Urschriften, die Erbvertrags- und die Urkundensammlung (Papierform) und für Urkundenverzeichnis sowie Verwahrungsverzeichnis (elektronisch im Elektronischen Urkundenarchiv). Bei den Nebenakten zu Urkundsgeschäften ist eine – von der BNotO ermöglichte – Einschränkung dieser Art durch die Rechtsverordnung nach § 36 BNotO nicht zu erwarten, besteht doch gerade bei den zu Urkundenvorbereitung und -vollzug geführten Nebenakten ein großes Potential an Effizienzgewinnen durch Umstellung auf elektronische Führung. Auch wäre sonst die liberale Grundregel des § 35 Abs. 2 Satz 1 BNotO ihres größten Anwendungsfeldes beraubt. Die gesetzliche Regelung lässt auch Raum für die Führung von Akten, die papierförmige und elektronische Bestandteile haben (Hybridakte) sowie für eine Nebenaktenführung, die einzelne Nebenakten elektronisch, andere in Papierform ausprägt (gemischte Aktenführung). Insbesondere bei der Hybridaktenführung wird die Rechtsverordnung, soweit sie sie zulässt, Vorgaben zur Transparenz und Verfügbarkeit des gesamten Akteninhalts machen müssen, die etwa durch Verweise sichergestellt werden könnten.

573 Die Zulassung der elektronischen Aktenführung wird aller Voraussicht nach keine Verpflichtung zur elektronischen Aktenführung mit sich bringen. Anders als bei den zwingend elektronisch zu führenden Verzeichnissen über Urkundsgeschäfte und über Verwahrungsverhältnisse wird insofern also keine Umstellung der Büroabläufe zum 1. Januar 2020 erforderlich. Vielmehr kann jeder Notar selbst entscheiden, ob, wann und in welchem Umfang er die Möglichkeiten der elektronischen Aktenführung für seine Amtsausübung einsetzen möchte. Insbesondere kann in der verbreiteten Art und Weise weiterhin mit papierförmigen Ausdrucken und sonstigen Dokumenten sowie ergänzend mit den nun gesetzlich in § 35 Abs. 2 Satz 2 BNotO ausdrücklich anerkannten Hilfsmitteln der Aktenführung gearbeitet werden. So können beispielsweise wichtige E-Mails ausgedruckt zur Akte genommen werden, parallel aber während der Vorbereitung und dem Vollzug der Urkunde als Hilfsmittel im E-Mail-Programm gespeichert bleiben.

574 Der Ort der Führung elektronischer Akten und Verzeichnisse ist nach § 35 Abs. 4 BNotO 2020 auf die Geschäftsstelle, das Elektronische Urkundenarchiv und den Elektronischen Notaraktenspeicher beschränkt. Unzulässig ist damit schon auf gesetzlicher Ebene die Nutzung privater Server- oder Cloud-Dienste für die Führung der Nebenakten.

575 Der Betrieb des eben erwähnten Elektronischen Notaraktenspeichers ist nach § 78k Abs. 1 BNotO ebenso wie der Betrieb des Elektronischen Urkundenarchivs der Bundesnotarkammer aufgetragen. Das Gesetz beschreibt den Elektronischen Notaraktenspeicher als einen zentralen elektronischen Aktenspeicher, der den Notaren die elektronische Führung ihrer nicht im Elektronischen

Urkundenarchiv zu führenden Akten und Verzeichnisse sowie die Speicherung sonstiger Daten ermöglicht. Die gesetzliche Beschreibung der möglichen Funktionen ist vergleichsweise weit. Neben der Aktenführung im eigentlichen Sinn ist etwa auch die im Auftrag der Beteiligten erfolgende Verwahrung von Datenbeständen wie etwa Quellcodes oder vertragsrelevanter Unterlagen aus Due-Diligence-Prüfungen denkbar. Es wird im Wesentlichen der Bundesnotarkammer überlassen bleiben, den genauen Funktionsumfang festzulegen und auf die Bedürfnisse der notariellen Praxis abzustimmen. Insbesondere ist auch eine Anreicherung um Spezialfunktionen, die die Aktenführung und -verwahrung unterstützen, im Laufe der Zeit denkbar. Dabei könnte in einer ersten Ausbaustufe zunächst die sichere Archivierung der Nebenakten zu abgeschlossenen Amtsgeschäften vorgesehen werden. Zu den angebotenen Spezialfunktionen kann etwa die beweiswerterhaltende Archivierung gemäß den Vorgaben der Technischen Richtlinie 03125 des BSI (TR-ESOR) gehören.

Die Nutzung des Elektronischen Notaraktenspeichers durch die Notare ist **576** freiwillig, da daneben die elektronische Aktenführung in der Geschäftsstelle selbst zulässig bleibt. Die Finanzierung des Dienstes wird durch Gebühren erfolgen, die gemäß § 78k Abs. 2 Satz 3 BNotO vom Notar zu tragen sind und gemäß § 78k Abs. 3 BNotO kostendeckend sein müssen. Nach § 78k Abs. 4 BNotO werden die Gebühren durch Satzung der Bundesnotarkammer mit Genehmigung des BMJV festgelegt. Die Einzelheiten zum technischen Betrieb und der Datensicherheit des Elektronischen Notaraktenspeichers werden in einer – zum gegenwärtigen Zeitpunkt noch nicht erlassenen – Rechtsverordnung des BMJV auf Grundlage der Ermächtigung in § 78k Abs. 5 BNotO geregelt.

Es ist anzunehmen, dass die Regelungsdichte bezüglich der elektronischen **577** Aktenführung gegenüber den derzeitigen vergleichsweise knappen Bestimmungen in § 22 Abs. 1 DONot zunehmen wird. Denn in der elektronischen Welt, die mit einer nicht unmittelbar sinnlich wahrnehmbaren Verkörperung von Inhalten arbeitet, besteht ein gesteigertes Bedürfnis, insbesondere Transparenz und Verfügbarkeit der Aktenbestände sicherzustellen, namentlich für nachfolgende Verwahrstellen. Die Einzelheiten wird die Rechtsverordnung nach § 36 BNotO zu regeln haben. Die Regelungsziele sind teilweise bereits in der Ermächtigungsgrundlage enthalten, so verlangt § 36 Abs. 1 Satz 2 Nr. 3 BNotO Maßnahmen zur Gewährleistung der Vertraulichkeit, der Integrität, der Transparenz und der Verfügbarkeit auch über die Amtszeit des Notars hinaus und nennt insbesondere Datenformate und Schnittstellen als Regelungsgegenstände. Die Transparenz wird eine gewisse Strukturierung der Akten erfordern, die Sicherstellung der Verfügbarkeit wird gewisse Vorgaben zu den zulässigen Dateiformaten notwendig machen, da sonst zu einem späteren Zeitpunkt Datenbestände in veralteten Spezialformaten unter Umständen zwar noch vorhanden sind, mangels geeigneter Hard- und Software aber nicht mehr gelesen werden können.

578   Um eine effiziente voll elektronische Aktenführung zu ermöglichen, wird es kaum verzichtbar sein, auf spezialisierte Produkte von Notarsoftwareherstellern zurückzugreifen. Diese müssen es ermöglichen, die bei der Vorbereitung von Beurkundungen und dem Vollzug von Urkunden anfallenden Dokumente wie etwa E-Mails, Textverarbeitungsdokumente und PDF-Dateien rasch und bequem sortiert abzulegen und wieder verfügbar zu machen. Wünschenswert ist eine gewisse Einheitlichkeit bei den Datenstrukturen, die idealerweise die Übernahme von Datenbeständen in andere Softwareprodukte ermöglichen könnte. Es wird abzuwarten sein, ob der Verordnungsgeber diesbezügliche Vorgaben machen wird.

6. Änderungen zum 1. Januar 2022

a) Urkundenverwahrung in der elektronischen Urkundensammlung

579   Ab dem 1. Januar 2022 wird der Notar nach § 55 Abs. 3 BeurkG 2022 auch eine elektronische Urkundensammlung im Elektronischen Urkundenarchiv zu führen haben. Die dort verwahrten elektronischen Dokumente stellt § 56 Abs. 3 BeurkG 2022 rechtlich den Papierdokumenten gleich, aus denen sie übertragen wurden. Für die elektronische Fassung der notariellen Urschrift ist dies durch § 45 Abs. 2 BeurkG 2022 nochmals klargestellt. Für den Beweiswerterhalt der in der elektronischen Urkundensammlung verwahrten Dokumente währen der Aufbewahrungsdauer ist die Bundesnotarkammer als Urkundenarchivbehörde verantwortlich, wie sich aus § 78h Abs. 2 Satz 2 BNotO ergibt.

Vor der Einstellung in die elektronische Urkundensammlung wird aus den in Papierform errichteten Urkunden eine elektronische Fassung der Urschrift erzeugt. Die Anforderungen an diese Überführung in die elektronische Form werden im neuen § 56 BeurkG 2022 festgelegt. Die Vorschrift verpflichtet den Notar in Abs. 1 Satz 1 bei der Übertragung der Dokumente in die elektronische Form durch geeignete Vorkehrungen »nach dem Stand der Technik« sicherzustellen, dass die elektronischen Dokumente mit den in Papierform vorliegenden Schriftstücken inhaltlich und bildlich übereinstimmen. Ausdrücklich hinzuweisen ist darauf, dass – anders als bei der Beglaubigung von (elektronischen) Abschriften – die bloß inhaltliche Übereinstimmung nicht genügt. Nach den bereits erwähnten § 45 Abs. 2 BeurkG 2022 und § 56 Abs. 3 BeurkG 2022 stehen die elektronischen Fassungen der Urschrift gleich, können sie also ersetzen. Das ist nur gerechtfertigt, wenn auch die bildliche

Übereinstimmung Ziel der Übertragung ist. Aus Gründen der Rechtssicherheit hat der Gesetzgeber jedoch die auf die Übereinstimmung gerichteten Vorkehrungen nach dem Stand der Technik als Amtspflicht ausgestaltet, nicht als Wirksamkeitsvoraussetzung. Zur Ermittlung des Stands der Technik kann auf technische Regelwerke zurückgegriffen werden. Einschlägig für das ersetzende Scannen ist die bereits in der Begründung des Regierungsentwurfs erwähnte Technische Richtlinie 03138 (TR-RESISCAN) des Bundesamtes für Sicherheit in der Informationstechnik.[898] Die Vorgaben der Richtlinie müssen auf den speziellen Fall des Scannens in Notarstellen unter Berücksichtigung der Vorgaben des notariellen Berufsrechts angepasst werden. Planungen der Bundesnotarkammer sehen vor, einen Musterprozess zu entwickeln und der Zertifizierung zu unterziehen, der eine vergleichsweise einfache Umsetzung durch den Notar – zugeschnitten auf die Verhältnisse seines Büros – ermöglichen soll.

Nach § 56 Abs. 1 Satz 2 BeurkG 2022 muss der Notar einen Vermerk anbringen, der die inhaltliche und bildliche Übereinstimmung bestätigt und den Ort und die Zeit seiner Ausstellung enthält. Das elektronische Dokument und der Vermerk müssen nach § 56 Abs. 1 Satz 4 BeurkG 2022 mit einer qualifizierten elektronischen Signatur (qeS) des Notars versehen werden. Dies entspricht im Großen und Ganzen dem für die Beglaubigung von durch Einscannen hergestellten elektronischen Abschriften angewandten Verfahren[899] – mit dem Unterschied, dass es für die elektronische Urkundensammlung auch auf bildliche Übereinstimmung ankommt.   **580**

Die elektronische Urkundensammlung ist die elektronische Entsprechung der papierförmigen Urkundensammlung. Voraussichtlich wird die Rechtsverordnung nach § 36 BNotO hinsichtlich des Inhalts einen weitest gehenden Gleichlauf mit der Urkundensammlung vorsehen und sich für beide Sammlungen an den derzeitigen Regelungen in § 18 DONot orientieren.   **581**

Die in der elektronischen Urkundensammlung gespeicherte elektronische Fassung der Urschrift ermöglicht durch ihre rechtliche Gleichstellung mit der in Papier vorliegenden Urschrift die Erteilung von Ausfertigungen und Abschriften ohne Rückgriff auf das Papier. Das ergibt sich bereits systematisch aus § 45 Abs. 2 BeurkG 2022, für die Variante des Ausdrucks stell § 49 Abs. 1 Hs. 2 BeurkG 2022 dies jedoch nochmals ausdrücklich klar. Wie bei der Abschriftsbeglaubigung eines Ausdrucks nach § 42 Abs. 4 BeurkG ist nach § 49 Abs. 2 Satz 3 BeurkG auch für die als Ausdruck erzeugte Ausfertigung auf Grundlage der elektronischen Urkundensammlung die Dokumentation des Ergebnisses   **582**

---

898 BT-Drs. 18/10607, S. 89.
899 Vgl. oben Rdn. 488.

der Signaturprüfung vorgesehen. Wegen der Gleichstellung mit der Papierurschrift nach § 45 Abs. 2 BeurkG 2022 ist es dem Notar aber – ganz wie bei Ausfertigungen aufgrund der Papierurkunde – gestattet, der Ausfertigung eine Reinschrift zu Grunde zu legen. Zur Prüfung der Übereinstimmung mit der Urschrift genügt der Rückgriff auf die in der elektronischen Urkundensammlung verwahrte elektronische Fassung.

583 Das Vorliegen einer elektronischen Fassung der Urschrift in der elektronischen Urkundensammlung wird aus den eben erwähnten Gründen eine nicht unerhebliche Erleichterung im Büroablauf mit sich bringen. Daher gestattet § 119 BNotO 2022 Notaren, Notarkammern und Amtsgerichten, nachträglich die von ihnen verwahrten Unterlagen der Jahrgänge vor 2022 freiwillig zu scannen, in die elektronische Urkundensammlung einzustellen und dazu ein Urkundenverzeichnis anzulegen. Die Aufbewahrungsfrist für die betreffenden Papierbestände richtet sich dann nach den ab 2022 geltenden Regelungen, § 119 Abs. 2 BNotO 2022. Die Gebührenpflicht trifft in diesem Fall nach § 78j Abs. 2 Satz 1 Nr. 1 lit. a bis c BNotO die digitalisierende Stelle.

b) Verkürzte Aufbewahrungsfristen

584 Die Rechtsverordnung nach § 36 BNotO wird nach Abs. 1 Satz 2 Nr. 2 BNotO auch die Aufbewahrungsfristen zu regeln haben. Bereits sicher absehbar ist, dass die Aufbewahrungsfrist für die in Papier vorliegen Urschriften der Urkunden deutlich hinter den derzeit in § 5 Abs. 4 Satz 1 DONot vorgeschriebenen 100 Jahren zurückbleiben wird. Denn ein wenn nicht der wesentliche Anstoß für frühe Überlegungen zur elektronischen Urkundenverwahrung war die Einsparung von Raum und Aufwand für die Aufbewahrung von Papierbeständen.[900]

c) Besonderheiten bei Verfügungen von Todes wegen

585 Nach § 18 Abs. 4 Satz 1 DONot war bislang die gesonderte Aufbewahrung der notariell verwahrten Erbverträge bloß fakultativ. Dies ändert sich ab dem 1. Januar 2022 mit § 55 Abs. 3 BeurkG 2022, der die Führung einer Erbvertragssammlung anordnet. Der Hintergrund ist, dass es bei Verfügungen von Todes wegen keine elektronische Fassung der Urschrift geben wird. Denn § 34 Abs. 4 BeurkG 2022 regelt, dass die Urschrift einer Verfügung von Todes wegen nicht nach § 56 BeurkG 2022 in die elektronisch Form übertragen werden darf. Daher wird es bei Erbverträgen und Testamenten keine verkürzte Aufbewahrungsfrist für die Papierdokumente und anschließende rein elektro-

---

900 BT-Drs. 18/10607, S. 37; vgl. bereits *Weichselbaumer* MittBayNot 2001, 452 (453).

nische Verwahrung geben. Die gesonderte Aufbewahrung der Erbverträge in der Erbvertragssammlung ermöglicht die einfache und sichere Handhabung der gegenüber der Urkundensammlung abweichenden Aufbewahrungsfrist.

d) Änderung der Nachfolgeverwahrung

Nach dem geltenden § 51 Abs. 1 Satz 1 BNotO werden die Amtsbestände   **586** eines Notars, der seinen Amtssitz in einen anderen Amtsgerichtsbezirk verlegt oder dessen Amt erloschen ist, vom Amtsgericht in Verwahrung genommen. Nach Satz 2 der Regelung kann die Landesjustizverwaltung die Verwahrung einem anderen Amtsgericht oder einem Notar übertragen. Letzteres ist im Bereich des Nurnotariats die gängige Praxis: Der am selben Amtssitz neu bestellte Notar erhält die Verwahrung der Bestände des »Amtsvorgängers« übertragen. An dieser Praxis wird sich voraussichtlich nichts ändern. Die Grundsatzregelung des § 51 Abs. 1 Satz 1 BNotO wird ab dem 1. Januar 2022 jedoch die Verwahrung durch die Notarkammer vorsehen. Das wird vor allem im Bereich des Anwaltsnotariats dazu führen, das die Notarkammern die insbesondere für die Verwahrung von Urkunden und die Erteilung von Abschriften und Ausfertigungen geeigneten Strukturen aufbauen müssen. Sie erhalten auch einen eigenen Zugang zu den Systemen des Elektronischen Urkundenarchivs, soweit sie für die Verwahrung dort verzeichneter oder gespeicherter Bestände zuständig sind.

e) Regelungen zur Hinzufügungen auf der Urschrift

Werden Urkunden gleichzeitig elektronisch und in Papierform aufbewahrt,   **587** muss sichergestellt sein, dass sie während der parallelen Aufbewahrung inhaltlich übereinstimmen. Probleme können sich ergeben, wenn nachträglich Korrekturen nach § 44a Abs. 2 Satz 1 BeurkG vorgenommen oder Nachträge errichtet werden. Für korrigierende Nachtragsvermerke ist in § 44a Abs. 2 Satz 4 BeurkG 2022 festgelegt, dass sie nur noch auf einem gesonderten, mit der Urkunde zu verbindenden Blatt niedergelegt werden dürfen, wenn die elektronische Fassung bereits in der elektronischen Urkundensammlung verwahrt wird. Eine vergleichbare Regelung dürfte die Rechtsverordnung nach § 36 BNotO auch für andere Fälle vorsehen, in denen ein Vermerk auf der Urschrift gesetzlich vorgeschrieben ist, also etwa für § 18 Abs. 4 GrEStG.

In § 44b BeurkG 2022 wurde nun auf Gesetzesebene eine Regelung für Nach-   **588** tragsurkunden neu eingeführt, die eine andere Niederschrift inhaltlich berichtigen, ändern, ergänzen oder aufheben. Bei solchen Urkunden muss bei der ursprünglichen Urkunde durch einen unterschriebenen und mir dem Datum versehenen Nachtragsvermerk auf die andere Niederschrift verwiesen werden (»Vermerk über eine Nachtragsbeurkundung«, § 44b Abs. 1 Satz 1 BeurkG

2022) oder die Nachtragsurkunde wird bei der ursprünglichen Urkunde verwahrt (§ 44b Abs. 1 Satz 3 BeurkG 2022). In der elektronischen Urkundensammlung bedeutet gemeinsame Verwahrung, dass die Dokumente nur gemeinsam abgerufen werden können (§ 78h Abs. 3 Satz 1 BNotO). Da auszugsweise Abschriften und Ausfertigungen aber nach § 78h Abs. 3 Satz 2 BNotO i.V.m. § 42 Abs. 3, § 49 Abs. 5 BeurkG unbeschadet dessen weiterhin zulässig sind, wird ein gesonderter Abruf aufgrund ausdrücklicher Auswahl durch den Notar möglich bleiben.

Anhänge

Anhang 1 Richtlinien für die Amtspflichten und sonstigen Pflichten der Mitglieder der Notarkammer

Alle 21 Notarkammern haben entsprechende – z.T. leicht abweichende – Richtlinien auf der Grundlage der Empfehlungen der Bundesnotarkammer erlassen.

Die Empfehlungen der Bundesnotarkammer dienen dem Schutz des Vertrauens, das dem Notar entgegengebracht wird, und der Wahrung des Ansehens des Berufsstandes. Sie sind ungeachtet der unterschiedlichen Organisationsformen Ausdruck des einheitlichen Notariats in Deutschland.

Gemäß § 78 Abs. 1 Nr. 5 Bundesnotarordnung hat die Bundesnotarkammer Empfehlungen für die von den Notarkammern nach § 67 Abs. 2 Bundesnotarordnung zu erlassenden Richtlinien auszusprechen. Diese wurden durch Beschluss der Vertreterversammlung vom 29. Januar 1999 erlassen (Deutsche Notar-Zeitschrift 1999, S. 258) und zuletzt durch Beschluss vom 28. April 2006 geändert (Deutsche Notar-Zeitschrift 2006, S. 561).

I. Wahrung der Unabhängigkeit und Unparteilichkeit des Notars

1.1. Der Notar ist unparteiischer Rechtsberater und Betreuer sämtlicher Beteiligten.

1.2. Der Notar hat auch bei der Beratung und der Erstellung von Entwürfen sowie Gutachten auf einseitigen Antrag seine Unparteilichkeit zu wahren. Dasselbe gilt für die gesetzlich zulässige Vertretung eines Beteiligten in Verfahren, insbesondere in Grundbuch- und Registersachen, in Erbscheinsverfahren, in Grunderwerbsteuer-, Erbschaft- und Schenkungsteuerangelegenheiten sowie in Genehmigungsverfahren vor Behörden und Gerichten.

2. Weitere berufliche Tätigkeiten des Notars sowie genehmigungsfreie oder genehmigte Nebentätigkeiten dürfen seine Unabhängigkeit und Unparteilichkeit nicht gefährden.

3. Der Anwaltsnotar hat rechtzeitig bei Beginn seiner Tätigkeit gegenüber den Beteiligten klarzustellen, ob er als Rechtsanwalt oder als Notar tätig wird.

II. Das nach § 14 Abs. 3 BNotO zu beachtende Verhalten

1. Der Notar hat das Beurkundungsverfahren so zu gestalten, daß die vom Gesetz mit dem Beurkundungserfordernis verfolgten Zwecke erreicht werden, insbesondere die Schutz- und Belehrungsfunktion der Beurkundung gewahrt und der Anschein der Abhängigkeit oder Parteilichkeit vermieden wird. Dies gilt insbesondere, wenn eine große Zahl gleichartiger Rechtsgeschäfte beurkundet wird, an denen jeweils dieselbe Person beteiligt ist oder durch die sie wirtschaftliche Vorteile erwirbt. Dazu gehört auch, daß den Beteiligten ausreichend Gelegenheit eingeräumt wird, sich mit dem Gegenstand der Beurkundung auseinanderzusetzen. Demgemäß sind die nachgenannten Verfahrensweisen in der Regel unzulässig:

a) systematische Beurkundung mit vollmachtlosen Vertretern;

b) systematische Beurkundung mit bevollmächtigten Vertretern, soweit nicht durch vorausgehende Beurkundung mit dem Vollmachtgeber sichergestellt ist, daß dieser über den Inhalt des abzuschließenden Rechtsgeschäfts ausreichend belehrt werden konnte;

c) systematische Beurkundung mit Mitarbeitern des Notars als Vertreter, ausgenommen Vollzugsgeschäfte; gleiches gilt für Personen, mit denen sich der Notar zur gemeinsamen Berufsausübung verbunden hat oder mit denen er gemeinsame Geschäftsräume unterhält;

d) systematische Aufspaltung von Verträgen in Angebot und Annahme; soweit die Aufspaltung aus sachlichen Gründen gerechtfertigt ist, soll das Angebot vom belehrungsbedürftigeren Vertragsteil ausgehen;

e) gleichzeitige Beurkundung von mehr als fünf Niederschriften bei verschiedenen Beteiligten.

2. Unzulässig ist auch die mißbräuchliche Auslagerung geschäftswesentlicher Vereinbarungen in Bezugsurkunden (§ 13 a BeurkG).

III. Wahrung fremder Vermögensinteressen

1. Der Notar hat ihm anvertraute Vermögenswerte mit besonderer Sorgfalt zu behandeln und Treuhandaufträge sorgfältig auszuführen.

2. Der Notar darf nicht dulden, daß sein Amt zur Vortäuschung von Sicherheiten benutzt wird. Der Notar darf insbesondere Geld, Wertpapiere und Kostbarkeiten nicht zur Aufbewahrung oder zur Ablieferung an Dritte übernehmen, wenn der Eindruck von Sicherheiten entsteht, die durch die Verwahrung nicht gewährt werden. Anlaß für eine entsprechende Prüfung besteht insbesondere, wenn die Verwahrung nicht im Zusammenhang mit einer Beurkundung erfolgt.

3. Der Notar darf ihm beruflich anvertrautes Wissen nicht zu Lasten von Beteiligten zum eigenen Vorteil nutzen.

IV. Pflicht zur persönlichen Amtsausübung

1. Der Notar hat sein Amt persönlich und eigenverantwortlich auszuüben.

2. Der Notar darf die zur Erzeugung seiner elektronischen Signatur erforderliche Signatureinheit von Zugangskarte und Zugangscode (sichere Signaturerstellungseinheit) nicht Mitarbeitern oder Dritten zur Verwendung überlassen. Er hat die Signatureinheit vor Missbrauch zu schützen.

3. Der Notar darf lediglich vorbereitende, begleitende und vollziehende Tätigkeiten delegieren. In jedem Fall muß es den Beteiligten möglich bleiben, sich persönlich an den Notar zu wenden. Es darf kein Zweifel daran entstehen, daß alle Tätigkeiten der Mitarbeiter vom Notar selbst verantwortet werden.

4. Der Notar ist verpflichtet, Beschäftigungsverhältnisse so zu gestalten, daß es zu keiner Beeinträchtigung oder Gefährdung der persönlichen Amtsausübung kommt.

5. Vertretungen des Notars dürfen nicht dazu führen, daß der Umfang seiner Amtstätigkeit vergrößert wird.

V. Begründung, Führung, Fortführung und Beendigung der Verbindung zur gemeinsamen Berufsausübung oder sonstiger zulässiger beruflicher Zusammenarbeit sowie zur Nutzung gemeinsamer Geschäftsräume

1. Die Verbindung zur gemeinsamen Berufsausübung, sonstige Formen beruflicher Zusammenarbeit sowie die Nutzung gemeinsamer Geschäftsräume dürfen die persönliche, eigenverantwortliche und selbständige Amtsführung des Notars, seine Unabhängigkeit und Unparteilichkeit sowie das Recht auf freie Notarwahl nicht beeinträchtigen.

2. Dies haben auch die insoweit schriftlich zu treffenden Vereinbarungen zwischen den beteiligten Berufsangehörigen zu gewährleisten (§ 27 Abs. 2 BNotO).

VI. Die Art der nach § 28 BNotO zu treffenden Vorkehrungen

1.1. Vor Übernahme einer notariellen Amtstätigkeit hat sich der Notar in zumutbarer Weise zu vergewissern, daß Kollisionsfälle i. S. des § 3 Abs. 1 BeurkG nicht bestehen.

1.2. Der Notar hat als Vorkehrungen i. S. des § 28 BNotO Beteiligtenverzeichnisse oder sonstige zweckentsprechende Dokumentationen zu führen, die eine Identifizierung der in Betracht kommenden Personen ermöglichen.

2. Der Notar hat dafür Sorge zu tragen, daß eine zur Erfüllung der Verpflichtungen aus § 3 Abs. 1 BeurkG und § 14 Abs. 5 BNotO erforderliche Offenbarungspflicht zum Gegenstand einer entsprechenden schriftlichen Vereinbarung gemacht wird, die der gemeinsamen Berufsausübung oder der Nutzung gemeinsamer Geschäftsräume zugrunde liegt.

3.1. Der Notar hat Gebühren in angemessener Frist einzufordern und sie bei Nichtzahlung im Regelfall beizutreiben.

3.2. Das Versprechen und Gewähren von Vorteilen im Zusammenhang mit einem Amtsgeschäft sowie jede Beteiligung Dritter an den Gebühren ist unzulässig. Insbesondere ist es dem Notar verboten,

a) ihm zustehende Gebühren zurückzuerstatten,

b) Vermittlungsentgelte für Urkundsgeschäfte oder

c) Entgelte für Urkundsentwürfe zu leisten,

d) zur Kompensation von Notargebühren Entgelte für Gutachten oder sonstige Leistungen Dritter zu gewähren oder auf ihm aus anderer Tätigkeit zustehende Gebühren zu verzichten.

3.3. Durch die Ausgestaltung der einer beruflichen Verbindung zugrundeliegenden Vereinbarung ist sicherzustellen, daß die übrigen Mitglieder der beruflichen Verbindung keine Vorteile gewähren, die der Notar gemäß Nummer 3.2. nicht gewähren darf.

VII. Auftreten des Notars in der Öffentlichkeit und Werbung

1.1. Der Notar darf über die Aufgaben, Befugnisse und Tätigkeitsbereiche der Notare öffentlichkeitswirksam unterrichten, auch durch Veröffentlichungen, Vorträge und Äußerungen in den Medien.

1.2. Werbung ist dem Notar insoweit verboten, als sie Zweifel an der Unabhängigkeit oder Unparteilichkeit des Notars zu wecken geeignet oder aus anderen Gründen mit seiner Stellung in der vorsorgenden Rechtspflege als Träger eines öffentlichen Amtes nicht vereinbar ist.

1.3. Mit dem öffentlichen Amt des Notars unvereinbar ist ein Verhalten insbesondere, wenn

a) es auf die Erteilung eines bestimmten Auftrags oder Gewinnung eines bestimmten Auftraggebers gerichtet ist,

b) es den Eindruck der Gewerblichkeit vermittelt, insbesondere den Notar oder seine Dienste reklamehaft herausstellt,

c) es eine wertende Selbstdarstellung des Notars oder seiner Dienste enthält,

d) der Notar ohne besonderen Anlaß allgemein an Rechtsuchende herantritt,

e) es sich um irreführende Werbung handelt.

1.4. Der Notar darf eine dem öffentlichen Amt widersprechende Werbung durch Dritte nicht dulden.

2.1. Der Notar darf im Zusammenhang mit seiner Amtsbezeichnung akademische Grade, den Titel Justizrat und den Professortitel führen.

2.2. Hinweise auf weitere Tätigkeiten i. S. von § 8 Abs. 1, 3 und 4 BNotO sowie auf Ehrenämter sind im Zusammenhang mit der Amtsausübung unzulässig.

3. Der Notar darf sich nur in solche allgemein zugängliche Verzeichnisse aufnehmen lassen, die allen örtlichen Notaren offenstehen. Für elektronische Veröffentlichungen gilt dies entsprechend.

4. Anzeigen des Notars dürfen nicht durch Form, Inhalt, Häufigkeit oder auf sonstige Weise der amtswidrigen Werbung dienen.

5. Der Notar darf sich an Informationsveranstaltungen der Medien, bei denen er in Kontakt mit dem rechtsuchenden Publikum tritt, beteiligen. Er hat dabei die Regelungen der Nrn. 1 und 2 zu beachten.

6. Der Notar darf Broschüren, Faltblätter und sonstige Informationsmittel über seine Tätigkeit und zu den Aufgaben und Befugnissen der Notare in der Geschäftsstelle bereithalten. Zulässig ist auch das Bereithalten dieser Informationen in Datennetzen und allgemein zugänglichen Verzeichnissen. Die Verteilung oder Versendung von Informationen ohne Aufforderung ist nur an bisherige Auftraggeber zulässig und bedarf eines sachlichen Grundes.

7. Der Notar darf in Internet-Domainnamen keine Begriffe verwenden, die eine gleichartige Beziehung zu anderen Notaren aufweisen und nicht mit individualisierenden Zusätzen versehen sind. Dies gilt insbesondere für Internet-Domainnamen, die notarbezogene Gattungsbegriffe ohne individualisierenden Zusatz enthalten oder mit Bezeichnungen von Gemeinden oder sonstigen geografischen oder politischen Einheiten kombinieren, es sei denn, die angegebene Gemeinde oder Einheit liegt im Amtsbereich keines anderen Notars.

VIII. Beschäftigung und Ausbildung der Mitarbeiter

1. Der Notar hat die Beziehungen zu seinen Mitarbeitern so zu gestalten, daß seine Unabhängigkeit und Unparteilichkeit nicht gefährdet werden.

2. Der Notar hat seinen Mitarbeitern neben fachspezifischen Kenntnissen auch die berufsrechtlichen Grundsätze und Besonderheiten zu vermitteln und für angemessene Arbeitsbedingungen zu sorgen.

IX. Grundsätze zu Beurkundungen außerhalb des Amtsbereichs und der Geschäftsstelle

1. Der Notar soll seine Urkundstätigkeit (§§ 20 bis 22 BNotO) nur innerhalb seines Amtsbereichs (§ 10 a BNotO) ausüben, sofern nicht besondere berechtigte Interessen der Rechtsuchenden ein Tätigwerden außerhalb des Amtsbereichs gebieten. Besondere berechtigte Interessen der Rechtsuchenden liegen insbesondere dann vor, wenn

a) Gefahr im Verzug ist;

b) der Notar auf Erfordern einen Urkundentwurf gefertigt hat und sich danach aus unvorhersehbaren Gründen ergibt, daß die Beurkundung außerhalb des Amtsbereichs erfolgen muß;

c) der Notar eine nach § 16 KostO zu behandelnde Urkundstätigkeit vornimmt;

d) in Einzelfällen eine besondere Vertrauensbeziehung zwischen Notar und Beteiligten, deren Bedeutung durch die Art der vorzunehmenden Amtstätigkeit unterstrichen werden muß, dies rechtfertigt und es den Beteiligten unzumutbar ist, den Notar in seiner Geschäftsstelle aufzusuchen.

2. Der Notar darf Amtsgeschäfte außerhalb der Geschäftsstelle vornehmen, wenn sachliche Gründe vorliegen.

3. Eine Amtstätigkeit außerhalb der Geschäftsstelle ist unzulässig, wenn dadurch der Anschein von amtswidriger Werbung, der Abhängigkeit oder der Parteilichkeit entsteht oder der Schutzzweck des Beurkundungserfordernisses gefährdet wird.

X. Fortbildung

1. Der Notar hat die Pflicht, seine durch Ausbildung erworbene Qualifikation in eigener Verantwortlichkeit zu erhalten und durch geeignete Maßnahmen sicherzustellen, daß er den Anforderungen an die Qualität seiner Amtstätigkeit durch kontinuierliche Fortbildung gerecht wird.

2. Auf Anfrage der Notarkammer ist der Notar verpflichtet, über die Erfüllung seiner Fortbildungspflicht zu berichten.

XI. Besondere Berufspflichten im Verhältnis zu anderen Notaren, zu Gerichten, Behörden, Rechtsanwälten und anderen Beratern seiner Auftraggeber

1.1. Der Notar hat sich kollegial zu verhalten und auf die berechtigten Interessen der Kollegen die gebotene Rücksicht zu nehmen.

289

1.2. Notare haben bei Streitigkeiten untereinander eine gütliche Einigung zu versuchen. Bleibt dieser Versuch erfolglos, so sollen sie eine gütliche Einigung durch Vermittlung der Notarkammer versuchen, bevor die Aufsichtsbehörde oder ein Gericht angerufen wird.

2. Ist das Amt eines Notars erloschen oder wird sein Amtssitz verlegt, so ist der Amtsinhaber, dem die Landesjustizverwaltung die Verwahrung der Bücher und Akten übertragen hat (§ 51 BNotO), dazu verpflichtet, die begonnenen Amtsgeschäfte abzuwickeln.

3.1. Ein Notar, dessen Amt erloschen ist, ist verpflichtet, dem Notariatsverwalter für die Verwaltung das Mobiliar, die Bibliothek und die EDV (Hardware und Software) zu angemessenen Bedingungen zur Verfügung zu stellen.

3.2. Hat ein Notar, dessen Amt erloschen oder dessen Amtssitz verlegt worden ist, seine Bücher und Akten auch mittels elektronischer Datenverarbeitung geführt, so ist er verpflichtet, dem Notariatsverwalter und dem Notar, dem die Landesjustizverwaltung die Verwahrung seiner Bücher und Akten übertragen hat (§ 51 BNotO), den Zugriff auf die gespeicherten Daten (Dateien) kostenlos zu ermöglichen. Die Weitergabe der Datenträger bzw. die Bereithaltung der Daten (Dateien) zur Übertragung auf ein anderes System hat ebenfalls unentgeltlich zu erfolgen. Etwaige Kosten einer notwendigen Datenkonvertierung braucht der die Daten überlassende Notar nicht zu übernehmen.

3.3. Für einen vorläufig amtsenthobenen Notar gelten die Nummern. 3.1. und 3.2. entsprechend.

4. Begibt sich der Notar nach Maßgabe des § 11 a BNotO ins Ausland, unterstützt er einen im Ausland bestellten Notar oder nimmt er die kollegiale Hilfe eines im Ausland bestellten Notars in Anspruch, hat er seinen Kollegen in gebotenem Maß darauf hinzuweisen, welchen berufsrechtlichen Bestimmungen er selbst unterliegt.

Anhang 2 Rundschreiben der Rheinischen Notarkammer Nr. 1/2005 – Vollmachten in Bauträgerverträgen

(24.01.2005)

Anlässlich der Geschäftsprüfung von Notarinnen und Notaren ist die Frage aufgeworfen worden, in welchem Umfang bei der inhaltlichen Ausgestaltung von Vollmachten in Bauträgerverträgen über Wohnungs- oder Teileigentum, die zur Änderung der Teilungserklärung und entsprechenden Anpassung des Bauträgervertrages berechtigen, dienst- oder standesrechtliche Schranken zu beachten sind. Ferner sind Inhalt und Grenzen von Änderungs-, Ergänzungs- bzw. Vollzugsvollmachten an Notariatsmitarbeiter in die Diskussion geraten.

I.

1. Im Zusammenhang mit Geschäftsprüfungen ist die Befürchtung geäußert worden, die Beurkundung von Vollmachten, durch die der Bauträger oder ein Mitarbeiter des Notars dazu ermächtigt werden, in weitreichendem Umfang den Leistungsgegenstand zu ändern, insbesondere Änderungen einer Teilungserklärung vorzunehmen, könne nicht nur den Anschein einer einseitigen Bevorzugung des Bauträgers und damit den Anschein der Parteilichkeit des Notars (§ 14 Abs. 1, Abs. 3 BNotO) erwecken, sondern auch gegen das Gebot zur Prüfung und Belehrung gem. § 17 Abs. 1 BeurkG bzw. gegen das Gebot zur sachgerechten Gestaltung des Beurkundungsverfahrens gem. § 17 Abs. 2a BeurkG i.V. m. Abschn. II Ziff. 1 der Berufsrichtlinien der Rheinischen Notarkammer (Notarielles Berufsrecht, 2002, S. 166 ff.) verstoßen. Es wurde insbesondere die Besorgnis zum Ausdruck gebracht, der bevollmächtigte Bauträger könne aufgrund einer weitreichenden Vollmacht unkontrolliert und in missbräuchlicher Weise Änderungen des Kaufvertrages oder der Teilungserklärung vornehmen, die den Interessen eines anderen Vertragsbeteiligten erheblich zuwiderlaufen. Auch sei bei zu unbestimmten Formulierungen nicht mehr gewährleistet, dass der Vollmachtgeber über die Tragweite einer späteren Änderung in der gebotenen Form belehrt werde.

2. Andererseits ist zu berücksichtigen, dass ein unabweisbares praktisches Bedürfnis für die Aufnahme einer mehr oder weniger weitreichenden Änderungsvollmacht bestehen kann. Insbesondere bei großen Bauprojekten kann eine frühzeitige Veräußerung von Eigentumseinheiten ebenso wie die praktische Durchführung des Vorhabens überhaupt davon abhängen, dass die rechtlichen Rahmenbedingungen an später entstehende oder von späteren Käufern gewünschte Bausituationen, die frühere Käufer wirtschaftlich nicht oder nur zumutbar tangieren, zuverlässig und zügig, gegebenenfalls

also ohne persönliche Mitwirkung früherer Käufer, angepasst werden können. Dabei wird eine detailgenaue Beschreibung künftiger Änderungen oftmals nicht möglich sein, weil sich die tatsächliche Entwicklung zum Zeitpunkt der Beurkundung nicht vorhersehen lässt. Die gesicherte Möglichkeit einer zügigen späteren Anpassung kann für den Bauträger eine solche Bedeutung haben, dass ohne sie das Bauvorhaben mit einem nicht mehr tragbaren und nicht auf andere Weise aufzufangenden Risiko verbunden wäre. Insoweit sind Änderungsvollmachten wesentlicher Bestandteil eines praktisch tauglichen Rechtsrahmens für die Errichtung und Veräußerung komplexer Bauvorhaben (zum Ganzen etwa *Basty*, Bauträgervertrag, 4. Aufl. 2002, Rn. 153 ff.; *ders.*, NotBZ 1999, 233; *Grziwotz/Koeble/Riemenschneider*, Handbuch Bauträgerrecht, 2004, 3. Rn. 219; *Friedrich Schmidt*, MittBayNot 1996, 33; *ders./Eue*, in: Münchener Vertragshandbuch, Band 5. Aufl. 2003, Anm. 38 zu I.31).

II.

1. Allgemein anerkannt ist, dass Änderungsvollmachten nicht offensichtlich nach § 308 Nr. 4 BGB (§ 10 Nr. 4 AGBG a.F.) oder nach § 305c BGB (§ 3 AGBG a.F.) unwirksam sind, wenn sie zwar nach außen unbeschränkt erteilt werden, im Innenverhältnis aber Bindungen unterliegen (etwa BayObLG, MittBayNot 1996, 27, 30; RNotZ 2002, 513; DNotZ 2003, 51; RNotZ 2003, 183, 186; einschränkend, aber vereinzelt geblieben LG Düsseldorf, Rpfleger 1999, 217, 218, kritisch zu dieser Entscheidung etwa *Basty*, Bauträgervertrag, Rn. 159; *ders.*, NotBZ 1999, 233, 236).

2. In der berufsrechtlichen Literatur findet sich vielfach der Hinweis, dass bei unbestimmt formulierten Beschränkungen der Vollmacht im Außenverhältnis das zuständige Grundbuchamt der Vollmacht gegebenenfalls die Anerkennung versagt oder dem Bauträger womöglich der Nachweis relevanter Tatsachen nicht in der von § 29 GBO geforderten öffentlichen Form gelingt (hierzu BayObLG, DNotZ 1994, 233; DNotZ 1995, 610 = MittRhNotK 1994, 283; DNotZ 1997, 473; RNotZ 2003, 184; DNotZ 2003, 932; DNotI-Report 1998, 60; OLG Düsseldorf, MittRhNotK 1997, 131; KG, NJW-RR 1995, 1228, 1229). Es wird deshalb überwiegend der Vorschlag unterbreitet, die Vollmacht im Außenverhältnis gegenüber dem Grundbuchamt ohne oder nur mit geringfügigen Einschränkungen zu erteilen, im Innenverhältnis jedoch mit mehr oder weniger weitgehenden und konkretisierten Beschränkungen zu versehen (z.B. *Basty*, Bauträgervertrag, Rn. 158, 168; *ders.*, NotBZ 1999, 233; *ders.*, DNotZ 2003, 934, 935; *ders.*, BTR 2003, 116; *Blank*, Bauträgervertrag, 2. Aufl. 2002, Rz. 32, 91; *Pause*, Bauträgerkauf und Baumodelle, 4. Aufl. 2004, Rn. 100, 113; *Grziwotz/Koeble/Riemenschneider*, 3. Teil Rn. 220; *Krauß*, Immobilienkaufver-

träge in der Praxis, 2. Aufl. 2003, Rn. 1232 unter § 11; *Rapp*, in: Beck'-sches Notarhandbuch, 3. Aufl. 2000, A III Rn. 154; *Hügel*, DNotZ 2003, 517; *Röll*, ZWE 2000, 446; *Schmidt/Eue*, in: Münchener Vertragshand-buch, I.31 sub § 13 und Anm. 38; vorsichtig einschränkend aber etwa *Kolb*, MittRhNotK 1996, 254, 258; *Brambring*, DNotZ 1997, 478 f.).

III.

Im Einvernehmen mit dem Justizministerium des Landes Nordrhein-Westfalen weise ich auf Folgendes hin:

Bei der Formulierung von Änderungsvollmachten hat der Notar einerseits unabweisbaren Praxisforderungen an eine gewisse Flexibilisierung von Tei-lungserklärung und Bauträgervertrag Rechnung zu tragen, andererseits dem Schutz substanzieller Erwerberinteressen zu genügen.

Die jeweils gewählte rechtliche Gestaltung hat beiden Anforderungen gerecht zu werden. Welchen rechtlichen Weg der Notar hierbei im Einzelfall beschrei-tet, obliegt grundsätzlich seiner Gestaltungsverantwortung als unabhängiger Träger eines öffentlichen Amtes (§ 1 BNotO).

1. Durch die Beurkundung von Änderungsvollmachten, die weder ihrem Inhalt nach beschränkt sind noch durch Bindungen im Innenverhältnis den erforderlichen Interessenschutz des Erwerbers berücksichtigen, verfehlt der Notar die ihm obliegende Gestaltungsaufgabe: Solche Vollmachten gewähren dem Bauträger einen in diesem Ausmaß objektiv nicht erforderli-chen Handlungsspielraum unter gleichzeitiger unzumutbarer Gefährdung des Erwerbers. Dies erweckt zugleich den Anschein der Parteilichkeit des Notars.

2. Wie Gerichtsentscheidungen und Fachschrifttum zeigen, hält die Praxis unterschiedliche Vorschläge bereit, auf welche Weise Änderungsvollmach-ten zum Schutz des Erwerbers in praxistauglicher Weise Begrenzungen unterworfen werden können. Vor- und Nachteile solcher Vorschläge sind aus dienst- und standesrechtlichem Blickwinkel nicht zu erörtern. Über die Auswahl des Lösungsansatzes und seine konkrete Ausgestaltung entscheidet der Notar eigenverantwortlich im Rahmen seines Gestaltungsermessens. Dessen Grenzen sind erst überschritten, wenn die gewählte Regelung die beschriebene Gestaltungsaufgabe und den hierbei aufgegebenen Interes-senschutz des Erwerbers evident verfehlt.

3. Von den zahlreichen denkbaren, ggf. zu kombinierenden und im Einzelfall weiter anzupassenden Lösungsvorschlägen aus der Rechtspraxis seien bei-spielhaft erwähnt
   a) als Beschränkungen der Vollmacht im Außenverhältnis:
      ○ die Beschränkung, die Teilungserklärung lediglich zu ändern, »soweit das Sondereigentum des Erwerbers nicht unmittelbar

betroffen ist« (hierzu BayObLG, DNotZ 1995, 610 und BayObLG, DNotZ 1995, 612, 615, jeweils m. Anm. *Röll*) oder »soweit durch die Abänderung die Lage und Gestalt der vertragsgegenständlichen Sondereigentumseinheit nicht berührt wird, auch soweit Gemeinschaftseigentum mitbetroffen wird« (hierzu BayObLG, DNotI-Report 1998, 60; ähnlich *Kolb*, MittRhNotK 1996, 254, 258 f.: »soweit Lage, Größe und Umfang des Sondereigentums nicht geändert werden«);

- o die Beschränkung, dass »der Miteigentumsanteil und die zum Sondereigentum des Käufers gehörenden Räume, ein etwaiges Sondernutzungsrecht des Käufers, die Gemeinschaftsräume und die Gemeinschaftsordnung nicht geändert werden können« (*Brambring*, DNotZ 1997, 478, 480);

- o die Beschränkung der Vollmacht dahingehend, dass von ihr nur vor dem beurkundenden Notar, dessen amtlich bestellten Vertreter oder Amtsnachfolger Gebrauch gemacht werden darf, der Notar die Einhaltung der im Innenverhältnis geltenden Beschränkungen zu überwachen hat (hierzu *Basty*, Bauträgervertrag, Rn. 168; ders., NotBZ 1999, 233, 236; *ders.*, DNotZ 2003, 934, 935; *Blank*, Rn. 31; *Friedrich Schmidt*, MittBayNot 1995, 434, 435; s. auch BayObLG, MittBayNot 1996, 27, 30);

- o eine Beschränkung der Vollmacht in zeitlicher Hinsicht;

b) als Beschränkungen der Vollmacht im Innenverhältnis:

- o eine Bestimmung, die zur Änderung der Teilungserklärung ermächtigt »bei baulichen Veränderungen, die die Wohnung des Käufers nicht unmittelbar berühren« (hierzu BayObLG, DNotZ 1995, 612, 615 m. Anm. *Röll*; BayObLG, MittBayNot 1996, 27, 30 m. Anm. *Friedrich Schmidt*);

- o die Beschränkung, dass durch die Änderung »der Mitgebrauch des gemeinschaftlichen Eigentums nicht (hierzu BayObLGZ 1993, 252, 264, BayObLGZ 1994, 244, 246) oder nicht wesentlich (hierzu BayObLG, DNotZ 1997, 473) eingeschränkt wird«;

 die Beschränkung, die Teilungserklärung nur zu ändern, »soweit dadurch das Kaufobjekt nicht berührt wird« (hierzu BayObLG, DNotZ 2003, 932 m. Anm. *Basty*);

- o eine Bestimmung, wonach Änderungen »das Sondereigentum und/oder Sondernutzungsrechte des Käufers unberührt lassen« müssen (vgl. BayObLG, RNotZ 2003, 183) oder wonach »Gegenstand, Inhalt und Umfang von Sondereigentum und Sondernutzungsrechten des Käufers ohne seine ausdrückliche Zustimmung nicht beeinträchtigt werden dürfen« (*Schmidt/Eue*, in: Münchener Vertragshandbuch, I.31);

- ○ die Beschränkung, dass »bei wirtschaftlicher Betrachtung Inhalt und Umfang des Sondereigentums oder derjenigen Teile des Gemeinschaftseigentums, die dem Käufer zur alleinigen Nutzung zugewiesen sind, nicht beeinträchtigt werden dürfen« (hierzu *Basty*, Bauträgervertrag, Rn. 168);

- ○ die Beschränkung, die Teilungserklärung nur zu ändern, »soweit das Sondereigentum oder Sondernutzungsrechte des Käufers unberührt bleiben« (vgl. OLG Düsseldorf, MittRhNotK 1997, 132; BayObLG, RNotZ 2003, 183);

- ○ die Beschränkung, dass »der vertragliche Verschaffungsanspruch des Käufers bei wirtschaftlicher Betrachtungsweise in Lage und Gestalt durch die Änderung nicht unmittelbar betroffen sein darf, es sei denn, der Käufer hat den Änderungen ausdrücklich zugestimmt« (*Blank*, Rn. 31, 90 f.);

- ○ die Beschränkung, dass dem Erwerber keine zusätzlichen Verpflichtungen auferlegt werden dürfen (hierzu BayObLG, DNotZ 1994, 233; RNotZ 2003, 183);

- ○ eine Beschränkung der Befugnis zur Änderung der Miteigentumsanteile i.H.e. festgelegten Prozentsatzes (hierzu *Kolb*, MittRhNotK 1996, 254, 259);

  eine Beschränkung dergestalt, dass die ändernde Maßnahme einen bestimmten Zweck verfolgen, bspw. dass die Maßnahme zur Erfüllung behördlicher Auflagen notwendig sein muss;

- ○ die Beschränkung, dass Verkehrs- und Gemeinschaftsflächen, soweit sie für die Nutzung durch den Erwerber von Interesse sind, nicht wesentlich verkleinert oder verlegt werden dürfen (hierzu *Basty*, Bauträgervertrag, Rn. 168);

- ○ die Beschränkung, dass von der Vollmacht im Außenverhältnis nur aufgrund einer übereinstimmenden (schriftlichen) Weisung aller Beteiligten im Innenverhältnis Gebrauch gemacht werden darf.

4. Gem. § 17 Abs. 2a BeurkG soll der Notar bei Verbraucherverträgen unter anderem darauf hinwirken, dass die rechtsgeschäftlichen Erklärungen des Verbrauchers von diesem persönlich oder durch eine Vertrauensperson vor dem Notar abgegeben werden.

Diese Vorgabe gilt grundsätzlich auch bei der Ausübung von Änderungsvollmachten in Bauträgerverträgen. Allerdings wird die Beurkundung von abändernden Erklärungen Dritter wie z.B. des Bauträgers in der Regel keinen Bedenken begegnen, wenn die Vollmacht im Außenverhältnis oder im

Innenverhältnis in sachgerechter Weise so weit eingeschränkt ist, dass die erforderliche Belehrung des Erwerbers durch den Notar über den Umfang und die Bedeutung etwaiger Änderungen bereits bei Beurkundung der Vollmacht in ausreichender Weise sichergestellt ist (vgl. hierzu unter dem Gesichtspunkt des § 17 Abs. 2a BeurkG etwa *Brambring*, ZflR 2002, 286, 287; *Huhn/von Schuckmann/Armbrüster*, 4. Aufl. 2003, § 17 BeurkG Rn. 175; *Hertel*, ZNotP 2002, 286, 287; *Solveen*, RNotZ 2002, 318, 321).

5. Bei der Beurkundung von Vollmachten für Mitarbeiter des Notars sind über die vorgenannten Grundsätze hinaus die speziellen standesrechtlichen Vorgaben des Abschn. II Ziff. 1 Buchst. c) der Berufsrichtlinien der Rheinischen Notarkammer zu beachten. Danach ist die systematische Beurkundung unter Mitwirkung von Mitarbeitern des Notars als Vertreter der Beteiligten in der Regel unzulässig. Bei Änderungsvollmachten, die sich in den beschriebenen Grenzen halten, und den auf ihrer Basis aufgenommenen Urkunden geht es indessen nicht um das systematische Fernhalten des Erwerbers von der Beurkundung eines Rechtsgeschäfts und der damit verbundenen Belehrung, sondern um Rechtsgeschäfte, die lediglich aus überwiegend formalrechtlichen Gründen einer Mitwirkung des Erwerbers bedürfen, während seine materiellen Interessen nicht nennenswert tangiert werden. Aus den Berufsrichtlinien kann deshalb die Unzulässigkeit derartiger Mitarbeitervollmachten nicht hergeleitet werden.

6. Im Rahmen der Belehrung nach § 17 Abs. 1 BeurkG ist besonderes Augenmerk darauf zu legen, dass alle Vertragsbeteiligten über die rechtliche Tragweite der konkreten Änderungsvollmacht, insbesondere ihre Reichweite im Außenverhältnis und ihre Bindungen im Innenverhältnis, belehrt werden.

    Der Notar hat gem. § 17 Abs. 1 BeurkG zu erforschen, ob die vorgesehene Änderungsvollmacht von allen Beteiligten gewollt ist. Knüpft die Änderungsvollmacht zur Bestimmung ihres Umfanges an eine wirtschaftliche Betrachtung an (s. z.B. oben Ziff. 3. b) 5. Spiegelstrich), hat der Notar insbesondere zu erforschen, ob der Erwerber bereit ist, das Kaufobjekt in einem mit der Baubeschreibung wirtschaftlich vergleichbaren Zustand hinzunehmen. Der Erwerber, der das Objekt zu Anlagezwecken erwirbt, wird hierzu womöglich eher bereit sein als der Erwerber, der das Objekt selbst bewohnen möchte.

    Der Notar hat besonders sorgfältig zu prüfen, ob eine Beschränkung der Änderungsvollmacht auf ihre Verwendung vor dem beurkundenden Notar, dessen Vertreter oder Amtsnachfolger in Betracht kommt. Mit einer solchen Beschränkung kann einer missbräuchlichen Verwendung der Änderungsvollmacht durch den Bauträger vorgebeugt werden, ohne dass zugleich der Handlungsspielraum des Bauträgers unangemessen beeinträchtigt wird.

7. Sowohl im Hinblick auf § 17 Abs. 2a BeurkG (s. nur *Winkler,* BeurkG, 15. Aufl. 2003, § 17 Rn. 132 m.w. Nachw.) als auch im Hinblick auf die Berufsrichtlinien sind weiterhin unbedenklich zulässig reine Vollzugsvollmachten für Notariatsmitarbeiter im Sinne des Rundschreibens des Präsidenten der Rheinischen Notarkammer Nr. 5/1989 vom 08.12.1989 unter Abschn. I (jetzt Abschn. II Ziff. 1 Buchst. c) der Berufsrichtlinien der Rheinischen Notarkammer), die lediglich *der Abwicklung bzw. Durchführung* des beurkundeten Vertrages dienen. Mit Recht hat der BGH (DNotZ 2002, 866) festgestellt, dass eine Vollmacht an einen Notariatsmitarbeiter, »alle zur Durchführung und etwaigen Ergänzungen (…) des Vertrages noch erforderlichen Erklärungen (…) abzugeben«, nur zur Vertretung berechtige, soweit Hindernisse formeller Art, die dem Vollzug des Vertrages entgegenstehen, beseitigt werden sollen, nicht aber zur Änderung einer Hauptleistungspflicht aus dem Kaufvertrag. Dass eine Vollmacht begrifflich auch zu »Änderungen«, »Berichtigungen« oder »Ergänzungen« des Vertrages ermächtigt, steht ihrer Einordnung als unbedenkliche Vollzugsvollmacht mithin nicht entgegen, solange die Ausübung der Vollmacht auf den Zweck der Abwicklung bzw. der Durchführung des Vertrages beschränkt ist.

Im Übrigen gelten die Ausführungen zu Ziff. 5 für reine Vollzugsvollmachten entsprechend: Vollzugsvollmachten tangieren nicht den Schutzbereich des Verbots eines systematischen Gebrauchs von Vollmachten für Notariatsmitarbeiter. Sie dienen lediglich der Umsetzung bereits getroffener Entscheidungen der Beteiligten.

Anhang 3 Merkblätter der Notarkammer Hamm (jetzt: Westfälische Notarkammer) – Bestellung von Grundschulden durch Mitarbeiter des Notars

Merkblatt Grundschuldbestellung

Gem. § 17 Abs. 2a BeurkG besteht die Verpflichtung, bei Verbraucherverträgen darauf hinzuwirken, dass die Beteiligten genügend Zeit haben, sich mit dem Gegenstand des zu beurkundenden Geschäfts auseinanderzusetzen. In den Anwendungsbereich dieser Vorschrift fallen nach allgemeiner Auffassung auch Grundschuldbestellungen. Das Gesetz sagt indes nicht, auf welche Weise den Beteiligten die Möglichkeit eröffnet werden soll, sich mit dem Gegenstand des Geschäfts zu befassen; insbesondere gilt für Grundschuldbestellungen nur die Zweiwochenfrist des § 17 Abs. 2a Nr. 2 BeurkG.

Die Notarkammer hat deshalb in ihren Erläuterungen zu der neuen Vorschrift (vgl. KammerReport Nr. 4/2003, S. 38) die Empfehlung gegeben, in geeigneten Fallen nach der Beurkundung des Kaufvertrages dem Käufer ein Merkblatt zur Grundschuldbestellung auszuhändigen; zugleich hatte die Kammer angekündigt, ein solches Merkblatt als Entwurf zu formulieren. Nach Abstimmung im Vorstand wird das Merkblatt im Anschluss veröffentlicht. Eine Kopiervorlage ist für die Mitglieder der Notarkammer diesem KammerReport beigefügt. Es handelt sich bewusst nicht um eine rechtsdogmatische Abhandlung, sondern um eine vereinfachende Darstellung für die durchschnittlich aufnahmefähigen Beteiligten. Für kritische Anregungen zu dem Merkblatt ist die Kammer dankbar.

Merkblatt »Kaufpreisfinanzierung und Grundpfandrechte«

Sie wollen eine Immobilie erwerben. Um den von Ihnen geschuldeten Kaufpreis für die Immobilie bezahlen zu können, wollen Sie einen Kredit bei einer Bank, Sparkasse oder Bausparkasse aufnehmen. Sie werden zu diesem Zweck mit dem Kreditinstitut einen Darlehensvertrag abschließen, in dem vor allem die Höhe des Kredits, die Rückzahlungsverpflichtungen und die Höhe des Zinssatzes geregelt werden. Der Darlehensvertrag ist nicht beurkundungspflichtig.

Das Kreditinstitut erwartet von Ihnen, dass Sie ihm für den Kredit eine Sicherheit zur Verfügung stellen. Als Sicherheit dient in der Regel das von Ihnen gekaufte Grundstück, das mit einer Grundschuld belastet wird. Die Grundschuld wird im Grundbuch eingetragen und gibt dem Kreditinstitut die Möglichkeit, das Grundstück durch Zwangsverwaltung oder Zwangsversteigerung zu verwerten, wenn Sie das Darlehen nicht zurückzahlen. In der Regel zahlt das Kreditinstitut den Kredit erst aus, wenn die Grundschuld im Grundbuch eingetragen ist oder wenn die Eintragung sichergestellt ist.

Für die Bestellung der Grundschuld verlangen die Kreditinstitute üblicherweise, dass die von ihnen entwickelten Grundschuldbestellungsformulare benutzt werden, um nicht jeweils im Einzelfall den Inhalt der Grundschuldbestellung im Detail überprüfen zu müssen. Bei Durchsicht des Grundschuldformulars werden Sie feststellen, dass dort Grundschuldzinsen vorgesehen sind, die weit über den mit der Bank vereinbarten Zinssatz für das Darlehen hinausgehen (Grundschuldzinsen i.H.v. 15 bis 20 % sind keine Seltenheit). Hierdurch müssen Sie sich aber nicht beunruhigen lassen. Grundschuldzinsen sind nicht die Zinsen, die für das Darlehen bezahlt werden müssen.

Maßgeblich sind allein die im Darlehensvertrag vereinbarten Zinsen. Grundschuldzinsen dienen aber der Sicherheit der Bank auch für die Fälle einer späteren, nach Ablauf der Festzinszeit zu vereinbarenden Zinshöhe und vor allem für den eventuellen Fall eines Verzuges Ihrerseits bei der Rückzahlung des Darlehens. Durch die Festlegung von hohen Grundschuldzinsen wird zudem eine Flexibilität der Grundschuld erreicht, weil sie später auch für andere Finanzierungszwecke eingesetzt werden kann.

Von wesentlicher Bedeutung ist neben dem Darlehensvertrag noch die so genannte Zweckerklärung. Hierbei handelt es sich um eine Vereinbarung zwischen Ihnen und dem Kreditinstitut über den Umfang der mit der Grundschuld zu sichernden Forderungen, die nicht dem Zwang der notariellen Beurkundung unterliegt. Da die Grundschuld nicht an eine bestimmte Forderung gebunden ist, bestimmt nur die Zweckerklärung, welche Forderungen der Bank gegen Sie mit der Grundschuld abgesichert werden. So kann es sein, dass nach der Zweckerklärung nicht nur der Kredit für den Kauf des Hauses gesichert wird, sondern dass auch alle sonstigen Verbindlichkeiten, die Sie z.B. aus Überziehungskrediten gegenüber dem Kreditinstitut haben, in den Sicherungszweck der Grundschuld mit einbezogen werden. Sie sollten daher der Zweckerklärung besondere Aufmerksamkeit widmen und sich bei Unsicherheiten beraten lassen.

Um dem Kreditinstitut die Möglichkeit zu geben, aus der Grundschuld problemlos vollstrecken zu können, unterwerfen Sie sich der Zwangsvollstreckung. Dadurch wird ein Titel geschaffen, der wie ein Gerichtsurteil wirkt und ein langwieriges und teures Gerichtsverfahren vermeidet. Darüber hinaus verlangen die Kreditinstitute in der Regel zusätzlich, dass Sie ein abstraktes Schuldversprechen mit Zwangsvollstreckungsunterwerfung abgeben. Dadurch erhält die Bank die Möglichkeit, ohne Gerichtsurteil im Wege der Zwangsvollstreckung auf Ihre Einkünfte oder Ihr übriges Vermögen zuzugreifen. Diese Regelung entspricht einer weit verbreiteten Praxis der Kreditinstitute, die u. a. auch dazu dient, bei kleineren Rückständen nicht sofort die Zwangsvollstreckung in Ihr Grundstück betreiben zu müssen.

Die Grundschuldbestellung bedarf der notariellen Beurkundung, es sei denn, ausnahmsweise würde das Kreditinstitut auf die soeben beschriebene Zwangsvollstreckungsunterwerfung verzichten. Für den Fall reicht notarielle Beglaubigung der Bestellung aus. Wenden Sie sich rechtzeitig an Ihren Notar, um die Auszahlungsvoraussetzungen für den Kredit zu schaffen, damit Sie den Kaufpreis innerhalb des vereinbarten Zeitraumes bezahlen können.

Anhang 4 Merkblatt Amtsnachfolge Westfälische Notarkammer

I. Scheiden eine Notarin oder ein Notar aus dem Notaramt aus, kann zur Abwicklung noch laufender Notariatsgeschäfte ein anderer Amtsträger gem. § 51 Abs. 1 Satz 2 BNotO mit der Verwahrung der Urkunden und Akten der ausgeschiedenen Notarin oder des ausgeschiedenen Notars beauftragt werden. Die Verwahrung ist nicht an Fristen gebunden; sie kann mehrere Jahre andauern. Die Verwahrung durch einen »Nur-Rechtsanwalt« ist nicht zulässig. Gem. § 54b Abs. 3 Satz 2 BeurkG kann dem Verwahrnotar daneben die Verfügungsbefugnis über noch laufende Anderkonten eingeräumt werden. Zuständig für die Übertragung der Verwahrung und der bankrechtlichen Verfügungsbefugnis sind die Präsidentinnen und Präsidenten der Landgerichte.

Der verwahrende Notar ist Amtsnachfolger; er wickelt die noch verbliebenen Amtsgeschäfte des ehemaligen Notars im eigenen Namen und auf eigene Rechnung ab. Etwaige Schadensersatzansprüche sind über die Berufshaftpflichtversicherung des verwahrenden Notars abgedeckt. Ein Rechtsverhältnis zwischen dem verwahrenden Notar und der Notarkammer kommt nicht zustande

Da der verwahrende Notar uneingeschränkt Amtsnachfolger des ausgeschiedenen Notars wird, erweisen sich Notariatsverwaltungen oft als überflüssig. Wenn möglich, sollte nach Auffassung der Notarkammer von vornherein statt der Einrichtung einer Notariatsverwaltung die Verwahrung durch einen Notar ins Auge gefasst werden.

II. Kommt die Amtsnachfolge durch einen verwahrenden Notar nicht in Betracht, kann an Stelle des aus dem Amt ausscheidenden Notars gem. § 56 Abs. 2 BNotO zur Abwicklung der laufenden Notariatsgeschäfte bis zur Dauer eines Jahres ein Notariatsverwalter bestellt werden. Die Jahresfrist kann in begründeten Ausnahmefällen über ein Jahr hinaus verlängert werden. Dies ist z.B. anzunehmen, wenn noch nicht alle laufenden Notariatsgeschäfte abgewickelt sind und die weitere Abwicklung durch einen anderen Notar, der die Urkunden, Akten und Bücher gem. § 51 BNotO in Verwahrung nimmt, nicht in Betracht kommt.

Die Übernahme einer Notariatsverwaltung stellt keine Betriebsübernahme i.S.d. § 613a BGB dar. Der Notariatsverwalter übernimmt somit nicht die Verantwortung für das Personal des ausgeschiedenen Notars (LAG Köln ZNotP 1999, 170 für die Übernahme einer Amtsstelle durch einen neu ernannten Notar im Bereich des Nurnotariats).

In den ersten 3 Monate nach seiner Bestellung (Eylmann/Vaasen/Wilke § 56 BNotO Rdnr. 33) darf der Notariatsverwalter gem. § 56 Abs. 2 Satz 3 BNotO neue Notariatsgeschäfte vornehmen. Neu ist ein Notariatsgeschäft dann, wenn bezogen auf den Lebenssachverhalt bisher kein Kosten auslösendes Verfahrensverhältnis zu den Urkundsbeteiligten bestand (Eylmann/Vaasen/Wilke § 56 BNotO Rdnr. 33). Hat der Notariatsverwalter kostenpflichtig beraten oder den Entwurf einer Urkunde angefertigt, darf er darauf basierende Urkunden auch noch nach Ablauf der Dreimonatsfrist protokollieren. Ebenfalls nach Ablauf der Dreimonatsfrist darf er solche Geschäfte beurkunden, die in engem Kontext zu einem früheren Geschäft stehen, wie z.B. die Beurkundung der Sicherungsgrundpfandrechte, die zur Abwicklung eines zuvor beurkundeten Immobiliarkaufvertrages erforderlich sind. Die Pflicht zur Einhaltung der Dreimonatsfrist ist eine berufsrechtliche; ein Verstoß berührt nicht die Wirksamkeit des Amtsgeschäftes (vgl. Beschluss des LG Dortmund vom 26.11.2003, 9 T 905/03; KammerReport der Notarkammer Hamm, Heft 1/2004).

Die Bestellung eines NurRechtsanwalts zum Notariatsverwalter ist im Bereich des Anwaltsnotariats möglich; die Notariatsverwaltung dient auch der Vorbereitung auf das Notaramt. Gem. § 56 Abs. 2 Satz 4 BNotO kann der durch die Rechtsanwaltskammer bestellte Abwickler der Anwaltskanzlei zugleich zum Notariatsverwalter bestellt werden. Empfehlenswert ist die Vereinigung der Kanzleiabwicklung mit der Notariatsverwaltung in einer Hand freilich nicht, weil Interessenkonflikte nicht auszuschließen sind.

Nach § 57 Abs. 1 BNotO untersteht der Notariatsverwalter den für die Notare geltenden Vorschriften. Seine Bestellung erfolgt durch den Präsidenten des OLG; für die Aushändigung der Bestallungsurkunde und die Abnahme des Amtseides (§ 57 Abs. 2 BNotO) sind die Präsidentinnen und Präsidenten der Landgerichte zuständig.

III. Will der aus dem Notaramt ausscheidende Amtsträger seine Amtsbezeichnung mit dem Zusatz »außer Dienst (a. D.)« führen, benötigt er die Genehmigung des Präsidenten des OLG gem. § 52 Abs. 2 BNotO. Hat der Anwaltsnotar nicht nur auf das Notaramt, sondern auch auf die Rechte aus der Zulassung zur Rechtsanwaltschaft verzichtet, muss ihm vor der Gestattung gem. § 52 Abs. 2 BNotO zunächst durch die zuständige Rechtsanwaltskammer die Erlaubnis erteilt worden sein, sich weiterhin Rechtsanwalt zu nennen.

Es empfiehlt sich, rechtzeitig vor dem Ausscheiden aus dem Notaramt die Vermögensschadenshaftpflichtversicherung für das Notarrisiko zu kündigen.

Es existieren zahlreiche Internetangebote, die Branchenbücher oder Adressverzeichnisse zur Verfügung stellen. Aus dem Amt ausscheidende Notare müssen damit rechnen, dass sie mit ihrer Amtsbezeichnung ungefragt und wahrscheinlich auch ungewollt in solchen Verzeichnissen aufgelistet sind und entgegen

§ 52 Abs. 1 BNotO auch bleiben. Es dürfte sich empfehlen, mit einer Recherche über Google oder einen anderen Suchdienst solche Eintragungen zu identifizieren und bei den Betreibern der Seiten darauf zu drängen, den Eintrag nach der Beendigung des Notaramtes zu löschen.

Stand 03.04.2008

Anhang 5 Die Gestaltung von Verträgen über den Erwerb neuer Wohngebäude und Eigentumswohnungen – Bauträgermerkblatt

Landesnotarkammer Bayern

Stand: Mai 2009

Einleitung

I. Inhalt des Merkblatts

1. Dieses Merkblatt informiert über Verträge zum Erwerb neuen Wohnraums von gewerblichen Unternehmern. Es soll typische Risiken derartiger Verträge aufzeigen und Möglichkeiten darstellen, solche Risiken durch ausgewogene Vertragsgestaltung zu vermindern. Es lassen sich jedoch nicht alle Risiken durch Vertragsgestaltung ausschalten; Bonität und Zuverlässigkeit des Vertragspartners sind daneben von entscheidender Bedeutung.

2. Das Merkblatt behandelt
   - den **Bauträger-Vertrag** (Teil A), mit dem ein Haus oder eine Eigentumswohnung verkauft wird, die von einem gewerblichen Verkäufer (= Bauträger) als Bauherr in eigener Regie errichtet wurde oder wird;
   - das »**verdeckte Bauherren-Modell**« (Teil B), das zwar ebenfalls den Erwerb von neuem Wohnraum betrifft, bei dem aber der an sich einheitliche Erwerbsvorgang in einen Grundstückskauf und einen Bauvertrag mit jeweils verschiedenen Vertragspartnern aufgespalten wird.

3. Das Merkblatt befasst sich nicht mit »geschlossenen Immobilienfonds« und ähnlichen Modellen. Erkundigen Sie sich wegen der bei diesen Gestaltungsformen auftretenden Risiken bei Ihrer Notarin oder Ihrem Notar!

II. Wichtige Gesetze

Der Gesetzgeber hat die Interessen desjenigen, der vom Bauträger erwirbt, insbesondere durch folgende Vorschriften geschützt, auf die verschiedentlich verwiesen wird:

1. Das **Bürgerliche Gesetzbuch (BGB)**[1] enthält nicht nur Vorschriften zu (Grundstücks-) Kaufvertrag und (Bau-) Werkvertrag (etwa zu Sachmängeln oder zur Kaufpreiszahlung), §§ 433, 631 ff. BGB), sondern regelt auch, welche Klauseln in **Allgemeinen Geschäftsbedingungen** (AGB) und in

---

1 Den jeweils aktuellen Text des BGB stellt das Bundesjustizministerium im Internet unter www.gesetze-im-internet.de/bgb zur Verfügung.

Verbraucherverträgen (d.h. beim Erwerb durch einen Privatmann von einem gewerblichen Bauträger) unwirksam sind (§§ 305 ff., 310 BGB).

2. Die **Makler- und Bauträgerverordnung (MaBV)**[2] und die darauf verweisende »Verordnung über Abschlagszahlungen bei Bauträgerverträgen«[3] bezwecken, den Erwerber vor dem Verlust seiner dem Bauträger zur Verfügung gestellten Vermögenswerte zu sichern. Kernstück der MaBV sind die §§ 3 und 7, die dem Bauträger untersagen, Voraus- oder Abschlagszahlungen des Erwerbers entgegenzunehmen, bevor bestimmte Sicherungen vorliegen (vgl. Teil A. II. und III.).

3. Die **Beurkundungspflicht** nach § 311b Abs. 1 BGB dient u. a. dem Zweck, die Einhaltung der soeben genannten und anderer Käuferschutzvorschriften sicherzustellen. Beurkundungspflichtig sind alle Verträge, mit denen sich jemand zum Erwerb oder zur Veräußerung von Grundbesitz verpflichtet sowie alle damit im Zusammenhang stehenden Vereinbarungen (z.B. Mietgarantien). Die Beurkundungspflicht erstreckt sich inbesondere auf Sonderwünsche, die bei Vertragsschluss bereits feststehen. Werden Vertragsteile nicht beurkundet, ist der gesamte Vertrag unwirksam; dann schützt auch die Vormerkung den Erwerber nicht (vgl. Teil A. Abschnitt II. Ziff. 2).

III. Aufgaben des Notars

1. Belehrung und faire Vertragsgestaltung

Aufgabe des Notars bei der Beurkundung ist insbesondere die Klärung des Sachverhalts, die Beratung über Gestaltungsmöglichkeiten und die Belehrung über die rechtliche Tragweite des Geschäftes (§ 17 BeurkG[4]). Der Notar ist verpflichtet, eine faire und ausgewogene Vertragsgestaltung vorzuschlagen.

Der Notar kann diese verbraucherschützende Funktion nur erfüllen und auf eine sachgerechte Vertragsgestaltung hinwirken, wenn ihm die Beteiligten den Sachverhalt vollständig vortragen. Insbesondere müssen die Beteiligten dem Notar mitteilen, falls Sonderwünsche abweichend von der Baubeschreibung vereinbart wurden oder falls der Erwerber (entgegen der MaBV) bereits eine Anzahlung geleistet hat.

---

2 www.gesetze-im-internet.de/gewo_34cdv.

3 www.gesetze-im-internet.de/abschlagsv.

4 www.gesetze-im-internet.de/beurkg.

2. Eigene Erkundigungen des Erwerbers

Technische, wirtschaftliche und finanzielle Fragen prüft der Notar als rechtlicher Berater nicht, insbesondere nicht, ob das Objekt nach Lage, Art und Ausstattung den Vorstellungen des Erwerbers entspricht und ob der Preis angemessen ist. **Der Erwerber sollte daher Pläne, Baubeschreibung und das Bauwerk – soweit bereits erstellt – genau prüfen!**

Weiterhin sind dem Erwerber folgende Erkundigungen vor Vertragsschluss zu empfehlen:
- Wurde für das Bauvorhaben eine erforderliche Baugenehmigung erteilt (abzuklären bei der Baugenehmigungsbehörde des Landkreises oder der kreisfreien Gemeinde)?
- Bestehen Rückstände an Erschließungsbeiträgen (bei der Gemeinde)?
- Kann der Bauträger einen Energieausweis nach dem Energieeinspargesetz (EnEG[5]) vorlegen?
- Ggf. bestehen schädliche Bodenveränderungen, die im Altlastenverzeichnis eingetragen sind (Landkreis oder kreisfreie Gemeinde)?

3. Entwurf 2 Wochen vor der Beurkundung

Erwirbt ein Verbraucher von einem gewerblichen Bauträger, so muss der Erwerber den beabsichtigten Text (= Entwurf) des Vertrages mindestens 2 Wochen vor der Beurkundung erhalten (§ 17 Abs. 2a BeurkG). Dies gilt grundsätzlich auch für die **Baubeschreibung** und bei Eigentumswohnungen für die Teilungserklärung (mit Gemeinschaftsordnung).

Die Zwei-Wochen-Frist soll dem Erwerber insbesondere ermöglichen, technische Fragen (etwa hinsichtlich der Bauausführung), finanzielle Fragen (Bankfinanzierung) und ggf. steuerliche Fragen vorab zu klären. Auch kann sich der Erwerber überlegen, was er den Notar zum Vertragsinhalt fragen will. Selbstverständlich steht der Notar auch vor der Beurkundung für Fragen zum Entwurf zur Verfügung.

4. Persönliche Anwesenheit des Erwerbers

Ist der Erwerber Verbraucher, darf der Vertrag grundsätzlich nur bei seiner **persönlichen Anwesenheit** beurkundet werden (§ 17 Abs. 2a BeurkG). Nur so kann der Notar ihn belehren und seine Fragen beantworten. Ist der Erwerber ausnahmsweise verhindert, kann er sich durch eine Vertrauensperson (z.B. durch seinen Ehegatten) vertreten lassen.

---

5 www.gesetze-im-internet.de/eneg.

Der Erwerber sollte darauf bestehen, dass er bei der Beurkundung mit einem **verantwortlichen Vertreter des Bauträgers** zusammentrifft. Denn nur so können beide Teile über den Inhalt des Vertrages und über mögliche Änderungen oder Ergänzungen unter gleichzeitiger Beratung durch den Notar verhandeln. Von einer **Aufspaltung in Angebot und Annahme** ist daher ebenso **abzuraten** wie von einem Vertragsschluss vorbehaltlich Genehmigung.

Soweit die Aufspaltung aus sachlichen Gründen gerechtfertigt ist, soll das Angebot vom Verbraucher ausgehen. Dabei darf die Bindungsfrist des Angebotes nicht unangemessen lang sein.

Teil A. Bauträgervertrag

I. Errichtung des Bauwerkes

1. Teilungserklärung und Gemeinschaftsordnung

Bei Wohnungseigentum (Eigentumswohnungen) regelt die **Teilungserklärung**, welcher Miteigentumsanteil am Grundstück und welche Räume als Sondereigentum zum jeweiligen Wohnungseigentum gehören. Die **Gemeinschaftsordnung** regelt das Verhältnis der Wohnungseigentümer untereinander, etwa die Beschlussfassung im Rahmen der Wohnungseigentümerversammlung oder die Einräumung von **Sondernutzungsrechten** für einzelne Wohnungseigentümer (etwa an Gartenflächen oder an Kfz-Stellplätzen).

Deshalb sollte der Erwerber vor dem Kauf auch die Gemeinschaftsordnung genau durchlesen und ggf. den Notar zu ihrem Inhalt befragen!

2. Baubeschreibung

Die vom Bauträger geschuldete Bauleistung wird vor allem durch **Baubeschreibung** und Baupläne festgelegt. Sie bestimmen Größe, Zuschnitt und Ausstattung der verkauften Immobilie. Die Baubeschreibung muss beurkundet werden, auch wenn der Bauträger die nach der Baubeschreibung geschuldete Leistung zum Zeitpunkt des Vertragsabschlusses bereits ausgeführt hat. Dies kann auch durch Verweisung auf eine andere notarielle Urkunde geschehen.

Aus der Teilungserklärung, der Baubeschreibung oder aus dem Vertrag selbst sollten sich auch die **Wohnfläche** und deren Berechnungsgrundlage ergeben.

Abweichungen und Ergänzungen gegenüber der Baubeschreibung sind in den beurkundeten Vertrag aufzunehmen, ebenso Angaben des Bauträgers über Abweichungen zwischen verwendeten Prospekten und Baubeschreibung bzw. Bauausführung.

Der Bauträger darf sich **Änderungen in der Bauausführung** nur insoweit vorbehalten, als hierfür ein triftiger Grund besteht und sie dem Erwerber unter Berücksichtigung der Interessen des Bauträgers zugemutet werden können (§ 308 Nr. 4 BGB). Davon zu unterscheiden ist eine dem Bauträger erteilte Vollmacht zu Änderungen **der Teilungserklärung**, die den Miteigentumsanteil, das Sondereigentum und Sondernutzungsrechte des Erwerbers nicht unmittelbar berühren.

3. Fertigstellung

Bauträgerverträge sollen einen kalendermäßig bestimmten Fertigstellungstermin enthalten, wobei zwischen **bezugsfertiger Herstellung** und vollständiger Fertigstellung differenziert werden kann. Bei Termin- überschreitungen können dem Erwerber Schadensersatzansprüche zustehen. Für die rechtzeitige Herstellung des Werkes hat der Bauträger eine Sicherheit von 5 % des Vergütungsanspruchs zu leisten (vgl. V). Im Vertrag kann auch eine Vertragsstrafe oder eine Entschädigung für den Nutzungsausfall vereinbart werden. Der Vertrag kann allerdings nicht verhindern, dass das Werk, z.B. wegen Insolvenz des Bauträgers, nicht oder nicht rechtzeitig hergestellt wird.

4. Sonderwünsche

Stehen bei der Beurkundung Sonderwünsche des Erwerbers über eine von der Baubeschreibung abweichende Bauausführung schon fest, so müssen die Sonderwünsche **beurkundet** werden. Andernfalls ist möglicherweise der gesamte Bauträgervertrag unwirksam.

II. Fälligkeit des Kaufpreises: Grundvoraussetzungen

1. Grundsatz

Zahlungen des Erwerbers (auch Anzahlungen) dürfen nach § 3 Abs. 1 MaBV frühestens geleistet werden, wenn
a) der Vertrag notariell beurkundet ist,
b) zum Vertrag etwa notwendige Genehmigungen erteilt sind,
c) der Anspruch des Erwerbers auf Übertragung des Eigentums am Vertragsobjekt durch Eintragung einer Auflassungsvormerkung gesichert ist (unten 2.),
d) die Lastenfreistellung von bestehenden dinglichen Belastungen gesichert ist (unten 3.),

e) die Baugenehmigung erteilt ist oder – wenn eine Baugenehmigung nicht erforderlich ist – nach den baurechtlichen Vorschriften mit dem Bauvorhaben begonnen werden darf (unten 4.) und

f) kein Rücktrittsrecht des Bauträgers (mehr) besteht (unten X).

Zur Höhe der einzelnen Abschlagszahlungen (Raten) s. nachfolgend III.

Nimmt der Bauträger Zahlungen des Erwerbers entgegen, bevor diese Grundvoraussetzungen vorliegen oder die über die zulässigen Raten hinausgehen, so begeht er eine Ordnungswidrigkeit. Außerdem muss er die erhaltenen Zahlungen zurückerstatten.

2. Auflassungvormerkung

a) Sicheren Schutz für die Eigentumsübertragung bietet nur die Eintragung einer Auflassungsvormerkung. Bei Eigentumswohnungen muss die Teilungserklärung im Grundbuch vollzogen und die Vormerkung am einzelnen Wohnungseigentum eingetragen sein.

b) Ist der Bauträger selbst noch nicht als Eigentümer im Grundbuch eingetragen, so gewähren die Abtretung des Übereignungsanspruchs des Bauträgers und der Vermerk der Abtretung bei der Auflassungsvormerkung des Bauträgers im Grundbuch dem Erwerber keine ausreichende Sicherheit.

c) Die Bestätigung des Notars über die Vorlage des Antrags auf Eintragung der Auflassungsvormerkung beim Grundbuchamt kann die Eintragung der Auflassungsvormerkung nicht ersetzen.

3. Sicherung der Lastenfreistellung

Die Vormerkung sichert nur gegen nachrangige (d.h. später eingetragene) Belastungen des Grundstücks. In der Regel ist das Kaufobjekt aber bereits mit einer Grundschuld belastet, die der Bauträger zu seiner Finanzierung benötigt (»**Globalgrundschuld**«). Daher muss auch die Lastenfreistellung von bestehenden Belastungen gesichert sein.

Typischerweise geschieht dies, indem die Bank (Kreditinstitut), die den Bauträger finanziert, dem Erwerber ein **Freigabeversprechen** erteilt, in dem sich die Bank zur Freistellung des Vertragsobjekts von ihrem Grundpfandrecht verpflichtet. Als Bedingung der Freigabe verlangt die Bank meist, dass der Kaufpreis direkt an sie auf ein bestimmtes Konto gezahlt wird; **nur bei Zahlung auf dieses Konto muss die Bank ihre Grundschuld löschen.**

Die MaBV schreibt den Inhalt des Freigabeversprechens genau vor. Insbesondere muss das Freigabeversprechen auch für den Fall gelten, dass das Bauvorhaben nicht vollendet wird; für diesen Fall kann sich die Bank aber auch die

Rückzahlung der geleisteten Zahlungen vorbehalten; allerdings muss sie nie mehr als den anteiligen Wert des Vertragsobjektes zurückzahlen.

Trotz des Freigabeversprechens können dem **Erwerber bei Insolvenz des Bauträgers vor Fertigstellung erhebliche Schäden** entstehen. Denn in der Regel reicht der vom Erwerber noch nicht geleistete Restkaufpreis nicht aus, um das Bauvorhaben zu vollenden. Außerdem kann der Erwerber bei einer Rückerstattung seiner Zahlungen verpflichtet sein, seiner eigenen Bank eine Vorfälligkeitsentschädigung für eine vorzeitige Beendigung des Darlehensvertrages zu bezahlen.

4. Bebaubarkeit

Zur Bebauung eines Grundstücks ist häufig eine Baugenehmigung erforderlich. Wenn jedoch eine Baugenehmigung nicht oder nicht zwingend vorgeschrieben ist, genügt das Vorliegen einer Bestätigung der zuständigen Behörde, dass die Baugenehmigung als erteilt gilt oder nach den baurechtlichen Vorschriften mit dem Bauvorhaben begonnen werden darf. Sehen die landesrechtlichen Bestimmungen eine derartige Bestätigung nicht vor, so genügt eine entsprechende Bestätigung des Bauträgers. In diesem Fall sind Zahlungen erst einen Monat nach Eingang der Bestätigung des Bauträgers beim Erwerber zulässig, damit dieser die Richtigkeit der Bestätigung nachprüfen kann.

III. Fälligkeit des Kaufpreises: Baufortschritt

1. Abschlagszahlungen

Stets ist darauf zu achten, dass den Zahlungen jeweils ein entsprechender Grundstücks- und Bauwert gegenübersteht. Bei Zweifeln kann sich der Erwerber bei einem technischen Fachmann informieren. Durch die Zahlung nach Baufortschritt ist das Fertigstellungsrisiko, das der Erwerber jedes erst zu errichtenden Gebäudes trägt, zwar nicht ausgeschlossen, aber doch vermindert.

2. Sieben Raten nach MaBV

Zahlungen dürfen nicht vor Vorliegen der Voraussetzungen gemäß Abschnitt II fällig werden. Die MaBV sieht dann eine Ratenzahlung entsprechend dem Bauablauf mit bis zu **sieben Raten** (Abschlagszahlungen) vor (§ 3 Abs. 2 MaBV). Die Raten können aus folgenden Teilbeträgen – bezogen auf die volle Vertragssumme unter Einbeziehung von Sonderwünschen – zusammengesetzt werden:

30,0 %	nach Beginn der Erdarbeiten
28,0 %	nach Rohbaufertigstellung, einschließlich Zimmererarbeiten
5,6 %	für die Herstellung der Dachflächen und Dachrinnen
2,1 %	für die Rohinstallation der Heizungsanlagen
2,1 %	für die Rohinstallation der Sanitäranlagen
2,1 %	für die Rohinstallation der Elektroanlagen
7,0 %	für den Fenstereinbau, einschließlich der Verglasung
4,2 %	für den Innenputz, ausgenommen Beiputzarbeiten
2,1 %	für den Estrich
2,8 %	für die Fliesenarbeiten im Sanitärbereich
8,4 %	nach Bezugsfertigkeit und Zug um Zug gegen Besitzübergabe
2,1 %	für die Fassadenarbeiten
3,5 %	nach vollständiger Fertigstellung

Die Zusammensetzung dieser Raten sollte vorab im notariellen Vertrag festgelegt werden. Sofern einzelne dieser Leistungen (»Gewerke«) nicht anfallen (etwa beim Eigenausbau), ist der jeweilige Prozentsatz anteilig auf die übrigen Raten zu verteilen. Eine Unterteilung einzelner Raten ist unzulässig.

IV. Fälligkeit des Kaufpreises: Bürgschaftssicherung

1. Grundvoraussetzungen

Anstelle der Sicherheiten nach vorstehendem Abschnitt II Ziff. 1–4 können Zahlungen des Käufers auch dadurch gesichert werden, dass der Bauträger dem Käufer die selbstschuldnerische Bürgschaft einer Bank, Sparkasse oder Versicherung aushändigt, in welcher der Bürge für alle etwaigen Ansprüche des Erwerbers auf Rückgewähr oder Auszahlung seiner Vermögenswerte einsteht (§ 7 MaBV).

Gesichert werden müssen sämtliche Zahlungen, die der Erwerber geleistet hat. Es reicht daher nicht aus, wenn dem Erwerber nur hinsichtlich eines Teils der von ihm bezahlten Beträge eine Bürgschaft gestellt wird. Daher ist eine **auf die letzte(n) Rate(n) beschränkte Bürgschaft unzureichend**. Unzureichend ist auch eine Bürgschaft, die sich mit dem Baufortschritt reduziert.

2. Zahlung nach Baufortschritt

Zahlungen zu späteren als den in Abschnitt III genannten Zeitpunkten können stets vereinbart werden. Abschlagszahlungen zu früheren Zeitpunkten können jedenfalls dann vereinbart werden, wenn dem Erwerber eine Bürgschaft ausgehändigt wird, die den in vorstehender Ziff. 1. genannten Anforderungen entspricht, und wenn die Zahlungen den Wert der erbrachten Leistungen nicht übersteigen.

V. Fälligkeit des Kaufpreises: Fertigstellungssicherheit

Der Bauträger hat in jedem Fall eine Sicherheit i.H.v. 5 % des gesamten Vergütungsanspruchs für die rechtzeitige Herstellung des Werkes ohne wesentliche Mängel zu leisten. Dabei hat er die Wahl, ob er eine Bürgschaft über diesen Betrag stellt (sog. Vertragserfüllungsbürgschaft) oder die erste Rate entsprechend angepasst wird, der Erwerber also zunächst weniger zahlt. In diesem Fall beträgt die erste Rate nur 25 %, beim Erbbaurecht 15 %.

VI. Finanzierung des Kaufpreises

Bei der Finanzierung des Kaufpreises ist auf Folgendes zu achten:

1. Rechtzeitig Finanzierung abklären!

Bereits vor der Beurkundung des Bauträgervertrages sollte der Erwerber mit seiner Bank die **Finanzierung geklärt** haben. Dann kann die Finanzierungsgrundschuld unmittelbar nach dem Abschluss des Bauträgervertrages beurkundet werden (was auch Grundbuchgebühren sparen kann). In jedem Fall sollte der Erwerber darauf achten, dass die Fälligkeit des Kaufpreises und der Auszahlungszeitpunkt der Darlehensbeträge **aufeinander abgestimmt** sind.

2. Finanzierungsvollmacht

Der Bauträgervertrag wird vom Notar so gestaltet, dass die Finanzierung des Kaufpreises durch Darlehen in banküblicher Weise möglich ist. Dazu gehört die Verpflichtung des Bauträgers, bei der Bestellung von Grundschulden mitzuwirken und im Falle der Bürgschaftssicherung für eine Gestaltung der Bürgschaft zu sorgen, die dem Erwerber eine Finanzierung ermöglicht.

Will der Bauträger – wie in der Regel – bei der Bestellung der Finanzierungsgrundpfandrechte nicht persönlich mitwirken, so kann er den Erwerber zur Abgabe der entsprechenden Erklärungen bevollmächtigen **(Finanzierungsvollmacht)**. Der Erwerber als Betroffener muss an der Beurkundung grundsätzlich selbst teilnehmen oder sich von einer Vertrauensperson vertreten lassen (§ 17 Abs. 2a BeurkG). Die Vertretung des Erwerbers durch den Bauträger oder Angestellte des Notars ist grundsätzlich unzulässig.

3. Erwerb unvermessener Teilflächen

Beim Erwerb von noch nicht vermessenen Teilflächen besteht die Gefahr, dass der Erwerber zur Zahlung von Kaufpreisteilen an den Veräußerer verpflichtet ist, ohne dass deren Finanzierung über Darlehen durch Eintragung entsprechender Grundpfandrechte am Kaufobjekt gesichert werden kann. Hier bieten sich Gestaltungsmöglichkeiten an wie die Bürgschaft (oben IV.), eine Fälligkeit des Kaufpreises erst nach Vollzug der Grundstücksteilung oder – nach Abstimmung mit dem Kreditinstitut des Erwerbers – eine Verpfändung des Eigentumsverschaffungsanspruchs des Erwerbers.

4. Öffentliche Wohnraumförderung

Soweit der Erwerber öffentliche Mittel für den Erwerb einsetzen will, sind die Bekanntmachungen des jeweiligen Bundeslandes über die Mindestanforderungen an Verträge als Voraussetzung der öffentlichen Förderung des Kaufs von Kaufeigenheimen und Kaufeigentumswohnungen zu beachten. Sind die öffentlichen Mittel zum Zeitpunkt des Vertragsschlusses noch nicht bewilligt, kann es erforderlich sein, in den Vertrag ein **Rücktrittsrecht** für den Erwerber aufzunehmen. Die erforderlichen Bewilligungsbedingungen sollte der Erwerber unbedingt vorab mit der Bewilligungsbehörde abklären. Sonst kann die Förderung versagt werden.

VII. Sachmängel

1. Mangel

Die Rechte des Erwerbers bei Baumängeln neu errichteter Bauwerke richten sich nach dem **Werkvertragsrecht des BGB** (§§ 633 ff. BGB), für Sachmängel des Grundstücks nach Kaufvertragsrecht (§§ 434 ff. BGB). Die Verdingungsordnung für Bauleistungen (VOB/B) kann im Bauträgervertrag nicht vereinbart werden.

Ein **Mangel** des Bauwerks liegt vor, wenn es von der **Baubeschreibung** abweicht oder wenn es nicht den anerkannten Regeln der Baukunst oder dem Stand der Technik entspricht. Üblicher Verschleiß ist kein Mangel.

2. Abnahme

Die **Abnahme** ist die Billigung des Werkes als im Wesentlichen vertragsgemäße Leistung (§ 640 BGB). Sie erfolgt regelmäßig bei einer gemeinsamen Besichtigung des Vertragsobjektes durch den Erwerber und den Bauträger. Beim Erwerb einer Eigentumswohnung muss nicht nur die Wohnung selbst (Sondereigentum), sondern auch das **Gemeinschaftseigentum** (z.B. Treppenhaus, Gemeinschaftsräume, Außenwände, Dach) abgenommen werden; hierfür können zwei getrennte Abnahmen vorgesehen werden.

Bei der Abnahme muss sich der Erwerber seine **Rechte wegen ihm bekannter Mängel vorbehalten**; sonst verliert er die Mängelrechte (mit Ausnahme des Anspruchs auf Schadensersatz).

3. Minderung, Rücktritt, Schadensersatz und Aufwendungsersatz

Sind Grundstück oder Bauwerk mangelhaft, kann der Erwerber zunächst Nacherfüllung (**Nachbesserung**, d.h. Beseitigung des Mangels) verlangen und bei deren Fehlschlagen nach seiner Wahl entweder den Kaufpreis **mindern** oder – wenn der Mangel erheblich ist – vom Vertrag **zurücktreten**. Bei Verschulden des Bauträgers kann er auch **Schadensersatz** fordern. Bei Werkmängeln kann er stattdessen wahlweise den Ersatz der zur Beseitigung erforderlichen **Aufwendungen** verlangen.

Beim Kauf neu hergestellter oder erst noch zu errichtender Immobilienobjekte kann das Recht des Erwerbers auf Minderung (Herabsetzung des Kaufpreises) und Rücktritt nicht vertraglich eingeschränkt werden (§ 309 Nr. 8 b) bb) BGB).

Unwirksam ist auch eine Vereinbarung, durch die der Erwerber wegen Sachmängeln auf die Bauhandwerker, Lieferanten, Architekten usw. verwiesen wird und der Bauträger seine eigene Haftung vollständig ausschließt oder von der vorherigen Geltendmachung gegenüber den anderen Baubeteiligten abhängig macht. Der Bauträger muss somit stets selbst die Gewährleistung für Sachmängel übernehmen, auch wenn er im Vertrag zusätzlich seine Ansprüche gegen die Bauhandwerker an den Erwerber abtreten kann – z.B. für den Fall seiner Insolvenz.

Rechte wegen Mängeln des Grundstücks, insbesondere sogenannter **Altlasten**, kann der Bauträger nicht ausschließen, soweit sie das Bauwerk oder seine Benutzbarkeit beeinträchtigen.

4. Verjährung

Die gesetzliche Verjährungsfrist für Rechte wegen Mängeln an Bauwerken beträgt **5 Jahre** ab der Abnahme (oben VII. 2.). Sie kann nicht abgekürzt werden (§§ 309 Nr. 8 b) ff) BGB).

5. Zurückbehaltungsrecht und Bürgschaft

Werden Mängel erkennbar, bevor der Kaufpreis vollständig bezahlt ist, so hat der Erwerber das Recht, einen angemessenen Teil seiner Zahlungen bis zur Mängelbeseitigung zurückzubehalten (**dreifache Mängelbeseitigungskosten** für bei der Abnahme festgestellte Mängel). Solche Zurückbehaltungsrechte können nach § 309 Nr. 2 b) BGB nicht eingeschränkt werden.

Hat der Bauträger eine **Bürgschaft nach § 7 MaBV** gestellt (s.o. Abschnitt IV.), so sichert die Bürgschaft grundsätzlich auch Zahlungsansprüche wegen Sachmängeln, sofern der Erwerber die Mängel spätestens bei der Abnahme geltend macht.

6. Kein vorschneller Rücktritt!

Vorsicht vor einer vorschnellen Rücktrittserklärung wegen Mängeln: Dadurch verliert der Erwerber seinen Vormerkungsschutz und seinen Freistellungsanspruch gegen die Bank. Ihm verbleibt nur ein Rückzahlungsanspruch gegen den Bauträger; dieser ist nicht gesichert und im Falle einer Insolvenz des Bauträgers wertlos.

VIII. Erschließungskosten

Nach der vertraglichen Regelung trägt der Bauträger im Regelfall alle Kosten der Ersterschließung, für naturschutzrechtliche Ausgleichsmaßnahmen u. ä. Erschließungsbeiträge sind unter anderem die Kosten für öffentliche Straßen, Wasserversorgungs- und Abwasseranlagen. Die Kosten für den Anschluss des Gebäudes an die Ver- und Entsorgungsleitungen gehören hingegen zu den Baukosten und sind ebenfalls grundsätzlich im Kaufpreis enthalten.

Die Erschließungsbeiträge nach dem Baugesetzbuch (BauGB) und die Beiträge nach den Kommunalabgabengesetzen ruhen als öffentliche Last auf dem Grundstück. Das bedeutet, dass der Erwerber der Gemeinde für rückständige Erschließungsbeiträge und Kommunalabgaben für die Immobilie haftet, nachdem er Eigentümer geworden ist, wenn der Bauträger seiner Verpflichtung zur Zahlung dieser Beiträge nicht nachgekommen ist. Der Erwerber sollte daher vor der Beurkundung durch Rückfrage bei der Gemeinde klären, ob sämtliche Erschließungsanlagen bereits abgerechnet und die Erschließungskosten durch den Bauträger gezahlt wurden. Sofern dies nicht der Fall ist und die Übernahme der Kosten für die Ersterschließung zum Leistungsumfang des Bauträgers gehört, hat dieser dafür Sorge zu tragen, dass der Erwerber nicht für diese Kosten in Anspruch genommen wird.

IX. Sonstige Rechte des Bauträgers

1. Vollmacht zur Löschung der Auflassungsvormerkung

Dem Bauträger darf keine Vollmacht gegeben werden, das zentrale Sicherungsmittel des Käufers, die Auflassungsvormerkung, zu löschen, auch nicht für den Fall des Rücktritts vom Vertrag.

2. Abbuchungsermächtigung

Eine dem Bauträger gegebene Vollmacht zur Verfügung über Konten des Käufers ist unzulässig.

3. Zwangsvollstreckungsunterwerfung

Eine Zwangsvollstreckungsunterwerfung des Erwerbers wegen seiner Zahlungsverpflichtung ist nach der Rechtsprechung grundsätzlich unzulässig.

X. Rücktrittsrecht des Bauträgers

Rücktrittsrechte des Bauträgers können nur bei einem sachlich gerechtfertigten Grund vereinbart werden (§ 308 Nr. 3 BGB). Das Rücktrittsrecht muss erloschen sein, bevor Zahlungen des Erwerbers fällig werden (§ 3 Abs. 1 Satz 1 Nr. 1 MaBV).

XI. Auflassung

Die Auflassung ist die Erklärung, dass das Grundstückseigentum vom Verkäufer auf den Erwerber übertragen wird. Das Eigentum geht dann mit der Eintragung der Auflassung im Grundbuch auf den Erwerber über (§§ 873, 925 BGB).

Der Bauträger muss die Auflassung Zug um Zug gegen Zahlung des geschuldeten Kaufpreises erklären.

XII. Altbausanierung

Für die Sanierung von Altbauten gelten grundsätzlich die vorstehenden Hinweise entsprechend. Folgende Besonderheiten sind zu beachten:

1. Ratenplan

Die Fälligkeit der ersten Rate (Grundstücksrate) kann unabhängig vom Baubeginn nach Vorliegen der Fälligkeitsvoraussetzungen (oben II. 1. bis 4.) vereinbart werden. Dies gilt auch für die Teilbeträge, die auf bereits erbrachte Leistungen (d.h. in der Altbausubstanz unverändert schon vorhandene Gewerke) entfallen.

2. Sachmängel

Der Bauträger kann seine Haftung für Mängel der Altbausubstanz nicht ausschließen, wenn er sich zu einer umfassenden Sanierung »bis auf die Grundmauern« verpflichtet hat. Für Mängel der von ihm zu erbringenden Leistungen oder für eine Verletzung von Untersuchungspflichten haftet er auf jeden Fall: Der Vertrag kann nichts Abweichendes vorsehen. Der Vertrag sollte daher eine Vereinbarung über die Abgrenzung enthalten und insbesondere auch regeln, zu welchen Untersuchungen an der Altbausubstanz der Bauträger verpflichtet ist.

XIII. Erbbaurechte

Beim Erwerb eines Kaufobjekts im Erbbaurecht gilt nach der MaBV ein abweichender Ratenplan. Die erste Rate (Grundstücksrate) beträgt hier höchstens 20 % des Kaufpreises (anstelle von sonst 30 %); die übrigen Raten erhöhen sich entsprechend.

Besondere Probleme ergeben sich hier bei der Finanzierung des Kaufpreises. Sie sollte daher vor Vertragsschluss geklärt sein. Weitere Risiken ergeben sich aus der Gestaltung des Erbbaurechtsvertrages. Diesen muss der Erwerber zusammen mit dem Entwurf des Bauträgervertrages 2 Wochen vor Vertragsschluss erhalten.

Teil B. Verdecktes Bauherrenmodell

Vorbemerkung

1. Keine Trennung bei Personenidentität

Der Erwerb von Wohnraum kann in zwei Verträge nur aufgespalten werden, wenn **zwei verschiedene Vertragspartner** vorhanden sind. Werden Grundstück und Bauleistung von einer Person angeboten, kann nur ein Bauträgervertrag über die Gesamtleistung abgeschlossen werden. Ist bei Vertragsschluss mit dem Bau bereits begonnen, so gehören die vorhandenen Teile des Bauwerkes kraft Gesetzes dem Grundstückseigentümer.

2. Beurkundungserfordernis

Grundstückskauf- und Werkvertrag sind zur Vermeidung ihrer Nichtigkeit beide notariell zu beurkunden, wenn der Grundstückskaufvertrag nicht ohne den Werkvertrag abgeschlossen worden wäre. Das ist regelmäßig der Fall, wenn Grundstück und Gebäude gemeinsam angeboten waren oder der Unternehmer den Käufer des Grundstücks bestimmen kann oder sich auf sonstige Weise zur Verschaffung des Grundstücks verpflichtet, ebenso wenn der Erwerber eine Gesamtleistung zu einem feststehenden Gesamtpreis erwerben will.

Der durch die Pflicht zur notariellen Beurkundung bezweckte Verbraucherschutz wird nur gewährleistet, wenn beide Verträge beurkundet werden, so dass der Notar die Gestaltung der Verträge im Sinn der nachstehenden Empfehlungen prüfen und beeinflussen und die beabsichtigte Bebauung im Grundstückskaufvertrag berücksichtigen kann. Eine Forderung des Unternehmers, nur den Grundstückskaufvertrag zu beurkunden, sollte der Käufer deshalb im eigenen Interesse ablehnen.

Insbesondere trifft es nicht zu, dass dadurch **Grunderwerbsteuer** gespart werden könnte. Umgekehrt fällt hingegen infolge der Trennung auf die Bauleistung **USt** an.

3. Schutz des Käufers

Baut der Käufer beim verdeckten Bauherrenmodell auf seinem **eigenen, neu erworbenen Grundstück**, so ist er selbst Bauherr und hat daher die damit verbundenen Risiken zu tragen, gegen die er sich nur z.T. versichern kann.

Wird hingegen auf dem **Grundstück eines Dritten** gebaut, so sind für den Käufer die üblichen Sicherungsmittel erforderlich (insbesondere Auflassungsvormerkung und Sicherstellung der Lastenfreistellung, vgl. A. II.).

4. Abhängigkeit der Verträge bei Vertragsstörungen

Der Käufer genießt grundsätzlich nicht den Schutz der für den Bauträgervertrag geltenden Bestimmungen. Infolge der Vertragstrennung berühren Störungen des einen Vertragsverhältnisses (z.B. Nichterfüllung) nicht ohne weiteres den Bestand und die Verpflichtungen aus dem anderen Vertragsverhältnis. Hierüber sollten ausdrückliche vertragliche Regelungen getroffen werden.

Im Interesse des Käufers sollte die Eigentumsverschaffung nicht von der Erfüllung des Werkvertrages abhängen. Umgekehrt kann ggf. dem Käufer ein Rücktrittsrecht auch vom Grundstückskaufvertrag für den Fall eingeräumt werden, dass der Werkvertrag rückabgewickelt wird.

Muss der Käufer hingegen bei einer Rückabwicklung des Werkvertrages auch das Grundstück zurückgeben, so sind die Schutzbestimmungen der MaBV anwendbar.

5. Eigentumswohnungen

Der Erwerb von Eigentumswohnungen im verdeckten Bauherrenmodell ist **wirtschaftlich sehr risikoreich**. Eine ausreichende vertragliche Vorsorge ist in aller Regel nicht möglich, so dass hiervon meist abgeraten werden muss.

I. Fälligkeit des Grundstückskaufpreises

Voraussetzung für die Fälligkeit des Grundstückskaufpreises sollte zunächst sein, dass der **lastenfreie Eigentumsübergang gesichert** ist (vgl. hierzu A. II. 1. bis 3.). Daneben sollte aber auch die **Baugenehmigung** erteilt oder die Bebaubarkeit auf andere Weise (Teil A. II. 4.) gesichert sein. Sonst trägt der Erwerber das Risiko, trotz Zahlung des Kaufpreises das beabsichtigte Gebäude nicht errichten zu können und das nicht in der geplanten Weise bebaubare Grundstück behalten zu müssen.

II. Fälligkeit des Gebäudepreises

Die Gegenleistung für das Gebäude darf nur nachträglich, d.h. für bereits erbrachte Bauleistungen fällig werden (§ 307 Abs. 2 Nr. 1 BGB i.V. m. § 641 BGB). Ratenzahlungen dürfen den Wert der Teilleistungen des Bauträgers nicht übersteigen. Als Anhaltspunkt kann § 3 Abs. 2 Nr. 2 MaBV dienen, der im Bauträgervertrag für den auf die Bauleistung entfallenden Kaufpreisteil die Zahlung in sechs Raten vorsieht (Teil A. III.). Insoweit ist auch eine Fertigstellungssicherheit (Teil A. V.) zu leisten. Die Gegenleistung für das Gebäude sollte auf keinen Fall – auch nicht teilweise – fällig werden, solange nicht der **Grundstückskaufpreis fällig** ist, also der lastenfreie Eigentumsübergang und die Bebaubarkeit gesichert sind (oben Teil A. II.). Andernfalls riskiert der Erwerber, ungesicherte Vorleistungen für einen Bau auf fremdem Grund und Boden zu erbringen.

III. Errichtung des Bauwerks

Bei der Gestaltung des Werkvertrages über die Errichtung des Bauwerkes sind die Hinweise in Teil A. I. zu beachten.

IV. Sachmängel

Während der Grundstücksverkäufer seine Haftung weitgehend ausschließen kann, muss der Unternehmer im Werkvertrag die Gewährleistung für das Gebäude übernehmen. Hierfür gelten die Hinweise in Teil A. VII. entsprechend. Insbesondere kann die VOB/B wegen des vom Unternehmer zu erbringenden Leistungsbündels insoweit grundsätzlich nicht vereinbart werden. Schlechte oder ausbleibende Erfüllung des Werkvertrages haben keinen Einfluss auf den Grundstückskaufvertrag. Der Käufer muss deshalb das Grundstück abnehmen und bezahlen, auch wenn der Unternehmer das Gebäude nicht oder so mangelhaft errichtet, dass der Käufer es eigentlich nicht behalten will. Ein Rücktrittsrecht des Käufers für diesen Fall besteht nur, wenn es mit dem Verkäufer ausdrücklich vereinbart ist.

V. Erschließungskosten

Soweit die entsprechenden Einrichtungen und Anlagen nicht bereits hergestellt und vom Grundstücksverkäufer bezahlt sind, muss der Werkvertrag zur Klarstellung eine Regelung vorsehen, ob Erschließungskosten und Anschlussbeiträge im Preis enthalten sind und ob der Unternehmer den Anschluss des Gebäudes an Ver- und Entsorgungsleitungen vornimmt. Gegenüber der Gemeinde haftet jedoch nicht der Unternehmer, sondern nur der Käufer als Grundstückseigentümer. Im Einzelnen vgl. Teil A. VIII.

VI. Vollmachten

Weitreichende Vollmachten des Käufers für den Unternehmer, die z.T. in Verträgen des verdeckten Bauherrenmodells vorgesehen sind, bringen Risiken und Missbrauchsgefahren mit sich. Sie sind regelmäßig nicht erforderlich und im sonstigen Grundstücksverkehr nicht üblich (oben Teil A. IX.). Insbesondere darf der Unternehmer keine Vollmachten erhalten, Aufträge an Baubeteiligte im Namen des Käufers zu vergeben.

Anhang 6 Rundschreiben der Bundesnotarkammer Nr. 1/ 1996 vom 11.01.1996 – Notarielle Überwachung der Kaufpreiszahlung: Hinterlegung oder Direktzahlung nach Fälligkeitsmitteilung?

▶ Hinweis:

Mit Rdschr. vom 31/2000 vom 04.09.2000 hat die BNotK darauf hingewiesen, dass ihre Ausführungen auch nach Einführung des § 54a BeurkG a.F. (§ 57 BeurkG n.F.) weiter gelten, siehe Anhang 7.

Sehr geehrte Damen und Herren Kolleginnen und Kollegen,

vor dem Hintergrund der Erkenntnisse der Notarkammern und des Vertrauensschadenfonds über die Haftungsträchtigkeit der notariellen Verwahrungstätigkeit – insbesondere der Kaufpreishinterlegung – sollen im folgenden die Vor- und Nachteile der beiden maßgeblichen Verfahrensweisen zur Abwicklung von Grundstückskaufverträgen dargestellt werden. Es handelt sich bei diesen Verfahrensweisen mit jeweils unterschiedlicher regionaler Verbreitung zum einen um die Hinterlegung des Kaufpreises auf Notaranderkonto – nachfolgend als »Hinterlegung« bezeichnet – und zum anderen um die unmittelbare Kaufpreiszahlung auf entsprechende Fälligkeitsmitteilung des Notars hin – nachfolgend als »Direktzahlung« bezeichnet.

Nach der Skizzierung der rechtlichen Vorgaben für die Wahl der Vertragsabwicklungsmethode (I) wird die Direktzahlung als Abwicklungsmethode dargestellt (II). Auf die Schilderung der Fallgruppen, in denen eine Hinterlegung des Kaufpreises auf Notaranderkonto hauptsächlich in Frage kommt (III) folgt die Gegenüberstellung der Risiken der jeweiligen Abwicklungsmethoden (IV) sowie die Darstellung der unterschiedlichen kostenrechtlichen Behandlung (V). Schließlich sollen weiterführende Literaturhinweise gegeben werden (VI).

I. Wahl der Vertragsabwicklungsmethode

Der Notar hat grundsätzlich das Wahlrecht, ob er zur Abwicklung des Kaufvertrags die Direktzahlung oder die Hinterlegung als Abwicklungsmethode vorschlägt. Er ist nicht verpflichtet, Treuhandtätigkeiten zu übernehmen. Eine Pflicht zum Tätigwerden besteht gem. § 15 Abs. 1 Satz 1 BNotO nur für Urkundstätigkeiten i.S.d. §§ 20 bis 22 BNotO. Es stellt sich daher in aller Regel nicht die Frage, ob der Notar berechtigt ist, die Übernahme von Treuhandtätigkeiten abzulehnen. Dieses grundsätzliche Wahlrecht ist jedoch durch zwei wichtige Grundsätze eingeschränkt.

  1. Der die notarielle Tätigkeit beherrschende Grundsatz des sichersten Weges verlangt eine Hinterlegung in den Fällen, in denen eine andere als sicher erkannte Abwick-

lungsmöglichkeit praktisch ausscheidet. Im übrigen sind für die Auswahl des Weges Gründe der Praktibilität genauso zu beachten wie solche der Sicherheit. Sicherheit und Aufwand an Kosten und Zeit sind gegeneinander abzuwägen (Reithmann/Albrecht/Basty, Handbuch der notariellen Vertragsgestaltung, 7. Aufl., 1995, Rn. 35).

2. Umgekehrt bestimmt § 10 Abs. 2 der Richtlinien für die Berufsausübung der Notare die Grenze, ab der die Hinterlegung als Abwicklungsmethode ausscheiden muß, wie folgt:

»Der Notar darf Geld, Wertpapiere und Kostbarkeiten nicht zur Aufbewahrung oder zur Ablieferung an Dritte (§ 23 BNotO) übernehmen, wenn die Möglichkeit besteht, daß Sicherheiten vorgetäuscht werden, die durch die Hinterlegung nicht gewährt werden.«

Demnach ist bereits der falsche Anschein der Gewährung einer Sicherheit zu vermeiden. Eine Hinterlegung darf daher nur stattfinden, wenn dies tatsächlich der Sicherung eines oder mehrerer Beteiligter oder der Behebung von Abwicklungsschwierigkeiten bei der Kaufpreiszahlung dient. Dies kommt positiv in § 11 Abs. 1 Satz 2 DONot zum Ausdruck, der ein solches Sicherungsinteresse der am Verwahrungsgeschäft beteiligten Personen voraussetzt.

Nach der Entscheidung des BGH vom 17.02.1994 (DNotZ 1995, 125, 128) soll die Einschaltung des Notars als Treuhänder bei der Abwicklung eines Grundstückskaufvertrages die Erfüllung der wechselseitigen Vertragspflichten (§§ 433, 434 BGB) sichern und den Vertragspartnern das Risiko einer Vorleistung ersparen.

Der Regierungsentwurf eines Dritten Gesetzes zur Änderung der BNotO sieht auf Vorschlag der Bundesnotarkammer die gesetzliche Bestätigung und Klarstellung dieser Rechtslage durch die Einführung eines neuen § 54a BeurkG vor. Die maßgeblichen Regelungen finden sich in Abs. 2 und 3 dieser Vorschrift.

»(2) Der Notar darf Geld zur Verwahrung nur entgegennehmen, wenn
1. hierfür ein berechtigtes Sicherungsinteresse der am Verwahrungsgeschäft beteiligten Personen besteht,
2. ihm ein Antrag auf Verwahrung verbunden mit einer Verwahrungsanweisung vorliegt, in der hinsichtlich der Masse und ihrer Erträge der Anweisende, der Empfangsberechtigte, die zeitlichen und sachlichen Bedingungen der Verwahrung und die Auszahlungsvoraussetzungen bestimmt sind,
3. er den Verwahrungsantrag und die Verwahrungsanweisung angenommen hat.

(3) Der Notar darf den Verwahrungsantrag nur annehmen, wenn die Verwahrungsanweisung den Bedürfnissen einer ordnungsgemäßen Geschäftsabwicklung und eines ordnungsgemäßen Vollzugs der Verwahrung sowie dem Sicherungsinteresse der am Verwahrungsgeschäft beteiligten Personen genügt.«

Der neue § 54a Abs. 2 BeurkG soll durch das Kriterium des berechtigten Sicherungsinteresses einer »formularmäßig« vorgesehenen Verwahrung entgegenwirken (Begründung zum Regierungsentwurf, Stand: 24.11.1995, S. 100). Fallgruppen, in denen die Hinterlegung auf Anderkonto geboten sein kann, sind nachfolgend unter II. dargestellt.

II. Unmittelbare Kaufpreiszahlung nach Fälligkeitsmitteilung des Notars (Direktzahlung)

Besteht kein berechtigtes Sicherungsinteresse i.S.d. o.g. Grundsätze, sollte die Hinterlegung als Abwicklungsmethode nicht gewählt werden. Dies gilt insbesondere in Fällen, in denen keine rechtskundige Prüfung der Auszahlungsvoraussetzungen durch den Notar erfolgen muß oder nur der Anschein einer solchen Prüfung erweckt wird (dazu im einzelnen unter III).

In Fällen des Fehlens besonderer Gründe für die Anderkontenabwicklung bietet sich die Abwicklung durch Direktzahlung (häufig »bayerische Lösung« oder »süddeutsche Lösung« genannt) an. Die Vertragsabwicklung erfolgt hierbei in folgenden Schritten:

1. Der Käufer bestellt unter Mitwirkung des Verkäufers – in seinem Beisein oder aufgrund einer Finanzierungsvollmacht (dazu unten 6) – die zur Kaufpreisfinanzierung erforderlichen Grundpfandrechte und bewilligt deren sofortige Eintragung in das Grundbuch. Der Käufer tritt mit seiner Auflassungsvormerkung aus dem Kaufvertrag hinter die Grundpfandrechte der ihn finanzierenden Bank zurück. Die Eintragung der Finanzierungsgrundpfandrechte des Käufers und der nachrangigen Auflassungsvormerkung wird sofort beantragt.

2. Der Notar schreibt dann etwa abzulösende Grundpfandrechtsgläubiger des Verkäufers an und bittet um Aufgabe der Forderungen und Übersendung der Löschungsunterlagen zu treuen Händen. Die Eigentümerzustimmung zur Löschung wurde zweckmäßigerweise bereits in die Kaufvertragsurkunde aufgenommen. Die Treuhandaufträge der abzulösenden Gläubiger lauten typischerweise dahin, daß der Notar von den Löschungsunterlagen nur Gebrauch machen darf, wenn sichergestellt ist, daß der jeweils geforderte Rückzahlungsbetrag an den betreffenden Gläubiger des Verkäufers entrichtet wird.

3. Der Notar bestätigt den Kreditinstituten des Käufers die Eintragung des Grundpfandrechts bzw. die Sicherstellung der Eintragung des Grundpfandrechts.

4. Sobald der Notar sämtliche Löschungsunterlagen in Händen hat und auch die weiteren, von ihm zu überwachenden, Fälligkeitsvoraussetzungen vorliegen, stellt er den Kaufpreis gegenüber dem Käufer fällig. Die abzulösen-

den Forderungen teilt der Notar in der Regel durch Ablichtung der Treu-
handschreiben mit.

Das finanzierende Kreditinstitut überweist daraufhin die Beträge an die
abzulösenden Gläubiger. Sofern es sich um mehrere Finanzierungsinstitute
auf seiten des Käufers handelt, übernimmt in der Regel eines von ihnen
die Koordination bei der Abwicklung der Kaufpreiszahlung. Dieses Finan-
zierungsinstitut sammelt die Gelder aller beteiligten Käufer (Eigenmittel)
oder Kreditinstitute bzw. überwacht deren gemeinsame Zahlung. Will keines der Finanzierungsinstitute diese Funktion übernehmen und sind auf
beiden Seiten mehrere Finanzierungsinstitute beteiligt, empfiehlt sich das
Verfahren weniger.

5. Nachdem die abzulösenden Gläubiger und der Verkäufer dem Notar die
   Zahlung bestätigt haben, veranlaßt der Notar die Löschung der nicht übernommenen Rechte im Grundbuch und verschafft so den Finanzie-
   rungsgläubigern des Käufers die bedungene Rangstelle. Das Eigentum
   kann auf den Käufer umgeschrieben werden.

6. Sofern der Kaufpreis nicht vollständig aus Eigenmitteln aufgebracht wird,
   ist das dargestellte Verfahren nur möglich, wenn der Verkäufer bereit ist,
   sein Eigentum noch vor Eigentumsumschreibung mit einem der Kaufpreisfinanzierung des Käufers dienenden Grundpfandrecht belasten zu lassen.
   Die hiermit verbundenen Risiken können bei entsprechender Ausgestaltung der in den Kaufvertrag aufzunehmenden Finanzierungsvollmacht und
   der Sicherungszweckerklärung in der Grundpfandrechtsbestellungsurkunde
   in den meisten Fällen im gleichen Umfang vermieden werden wie bei einer
   Kaufpreisabwicklung unter Hinterlegung. Maßgeblicher Schutzmechanis-
   mus hierbei ist die sog. eingeschränkte Sicherungszweckerklärung.

Der Verkäufer bestellt selbst oder durch den hierzu bevollmächtigten Käufer als derzeitiger Eigentümer dem Kreditinstitut des Käufers das Grundpfandrecht als Sicherheit. Dieses kann aber die Sicherheit nur insoweit
verwerten, als es der mit dem Käufer geschlossene Sicherungsvertrag
erlaubt. Aufgrund einer eingeschränkten Sicherungszweckerklärung darf
das Kreditinstitut des Käufers das Grundpfandrecht nur wegen der Beträge
verwerten, die es tatsächlich mit Tilgungswirkung auf die Kaufpreisschuld
geleistet hat. Wird der Kaufvertrag rückabgewickelt, so darf der Finanzierungsgläubiger das Grundpfandrecht nicht behalten, wenn ihm diese
Beträge (d.h. ohne Zinsen, Gebühren, Disagio etc.) zurückerstattet werden,
sondern hat Zug um Zug gegen Rückzahlung eine Löschungsbewilligung
abzugeben. Eine entsprechende Formulierung ist in die Finanzierungsvollmacht und die Sicherungszweckerklärung aufzunehmen. Das Kreditinstitut
wird allerdings nur dann an diese eingeschränkte Sicherungszweckabrede

gebunden, wenn es ausdrücklich oder konkludent das entsprechende Vertragsangebot des Käufers annimmt, was voraussetzt, daß die dem Schutz des Verkäufers dienenden Besonderheiten der Sicherungsabrede der Bank verläßlich zur Kenntnis gelangen. Dies geschieht dadurch, daß die in der Finanzierungsvollmacht enthaltene Beschränkung des Sicherungszwecks des zu bestellenden Grundpfandrechts im Text der Grundpfandrechtsbestellungsurkunde wortgleich wiederholt wird. Durch Übersendung der Ausfertigung oder der beglaubigten Abschrift der Grundschuldbestellungsurkunde erhält die Bank Kenntnis von der eingeschränkten Sicherungszweckerklärung. Es handelt sich um ein Angebot auf entsprechende Abänderungen der seitens der Bank formularmäßig vorgesehenen Sicherungsabrede. Dieses Angebot nimmt die Bank konkludent dadurch an, daß sie die Grundschuld als Sicherheit akzeptiert.

Teilweise wird die Einschränkung der Sicherungszweckabrede nicht im Text der Grundpfandrechtsbestellungsurkunde der Bank zur Kenntnis gebracht, sondern der Bank wird eine Abschrift des Grundstückskaufvertrages mit der entsprechend eingeschränkten Finanzierungsvollmacht unter Hinweis auf die dort getroffenen Vereinbarungen übersandt. Die Bank wird durch den Notar aufgefordert, schriftlich zu bestätigen, daß sie die dort getroffenen Vereinbarungen (auch über die Abtretung der Auszahlungsansprüche und die unwiderrufliche Zahlungsanweisung) beachten wird (eine Darstellung dieses Verfahrens findet sich bei Brambring, Beck'sches Notarhandbuch, 1992, A I, Rn. 252).

Im einzelnen ist weiter auf folgendes hinzuweisen:

a) Es kann die Abwicklung erleichtern, wenn eine Zahlungsanweisung an das Kreditinstitut des Käufers aufgenommen wird. Für die Bank ist diese Zahlungsanweisung gem. § 784 BGB allerdings nur bindend, wenn sie von ihr ausdrücklich angenommen wird.

b) Anstelle der routinemäßigen Verwendung von Finanzierungsvollmachten ist es für den Käufer risikoloser, die Finanzierungsunterlagen so rechtzeitig bereitzustellen, daß die Grundpfandrechte noch im Termin zur Kaufvertragsbeurkundung bestellt werden können.

c) Die häufig als weiteres Sicherungsmittel für den Verkäufer in der Finanzierungsvollmacht enthaltene Abtretung der Darlehensauszahlungsansprüche des Käufers gegen seinen Kreditgeber (nur bis zur Höhe des zur Finanzierung benötigten Betrages und entsprechend der Kaufpreisfälligkeit) scheitert oftmals daran, daß aufgrund der allgemeinen Geschäftsbedingungen oder des Darlehensvertrages selbst die Abtretung ausgeschlossen ist. Außerdem gibt sie dem Verkäufer oft mehr als er beanspruchen kann. Die eingeschränkte Sicherungszweckerklärung allein bietet jedoch regelmäßig bereits ausreichenden Schutz gegen eine den Verkäuferinteressen zuwiderlaufende Pfändung des Darlehensauszahlungsanspruchs durch Gläubiger des Käufers.

d) Das Risiko einer Pfändung der Rückgewähransprüche durch Gläubiger des Verkäufers, die auf diese Weise nicht valutierte Teile der Grundschuld erlangen und den Käufer mit Vollstreckung bedrohen können, obwohl er den Kaufpreis bezahlt hat, läßt sich durch Abtretung der Eigentümerrechte und Rückgewähransprüche ab Zahlung des Kaufpreises, jedenfalls aber ab Eigentumsumschreibung auf den Käufer vermeiden.

Formulierungsvorschläge für die Finanzierungsvollmacht mit eingeschränkter Sicherungszweckabrede geben bspw.:

Brambring, in: Beck'sches Notarhandbuch, 1992, A I, Rn. 248; *Haegele/Schöner/Stöber*, Grundbuchrecht, 10. Aufl., 1993, Rn. 3159; *Nieder*, in: Münchener Vertragshandbuch, Bd. 4, 3. Aufl., 1992, Muster I.1; *Wolfsteiner*, in: Kersten/Bühling, Formularbuch und Praxis der freiwilligen Gerichtsbarkeit, 20. Aufl., 1994, Rn. 365 f.

III. Berechtigtes Sicherungsinteresse

1. Ein berechtigtes Sicherungsinteresse i.S.d. unter I. genannten Grundsätze kommt inbesondere in folgenden Fallkonstellationen in Betracht:

    a) *Ablösung von Verkäufergläubigern und Finanzierung des Kaufpreises durch mehrere Kreditgeber*

    Ist der verkaufte Grundbesitz mit Rechten Dritter – insbesondere Grundpfandrechten – belastet und finanziert der Käufer den Kaufpreis aus Darlehen mehrerer Kreditgeber, kann eine Hinterlegung dann geboten sein, wenn die den Kaufpreis finanzierenden Kreditinstitute nicht bereit sind, die Direktzahlung an die abzulösenden Grundpfandrechtsgläubiger vorzunehmen.

    Die rangrichtige Eintragung der Finanzierungsgrundpfandrechte der den Käufer finanzierenden Kreditinstitute ist nur sichergestellt, wenn die Verkäufergläubiger entsprechend ihren dem Notar mitgeteilten Treuhandauflagen befriedigt werden. Bei mehreren kaufpreisfinanzierenden Banken ist eine Abstimmung unter den Geldgebern notwendig. Daneben ist der Nachweis erforderlich, daß der Käufer seine Eigenmittel zur Verfügung hat. Koordinationsbedarf besteht hinsichtlich der Frage, welche der finanzierenden Banken welche Beträge an die abzulösenden Grundpfandrechtsgläubiger bzw. an den Verkäufer überweist und an wen der Käufer seine Eigenmittel unmittelbar zu überweisen hat. Häufig übernimmt eine der finanzierenden Banken die Rolle einer koordinierenden Zentralbank. Ist eine solche Koordinierung jedoch nicht gewährleistet, führt die Hinterlegung zu einer erheblichen Abwicklungserleichterung und dient damit zugleich den Sicherungsinteressen der Beteiligten. Eine Hinterlegung aus diesem Grunde ist aber i. d. R. entbehrlich, wenn das Grundstück unbelastet ist oder nur ein Grundpfandrechtsgläubiger abzulösen ist.

b) *Verringerung des in der Eintragung der Auflassungsvormerkung liegenden Risikos des Verkäufers*

Will der Verkäufer die Auflassungsvormerkung erst nach Sicherstellung des Kaufpreises eintragen lassen, weil er das Risiko einer abredewidrigen Nichtzahlung durch den Käufer nicht einzugehen bereit ist, liegt ebenfalls die Hinterlegung nahe.

Dem Risiko des Verkäufers (des Scheiterns der Vertragsdurchführung) könnte allerdings durch eine Vollmacht zur Abgabe der Löschungsbewilligung oder eine sofort erklärte Löschungsbewilligung des Käufers begegnet werden, deren Einreichung im Falle der Rückabwicklung von im Innenverhältnis durch den Notar zu überwachenden Voraussetzungen abhängig gemacht wird. Alle Alternativen zur Hinterlegung führen allerdings dazu, daß der Notar die Verantwortung dafür trägt, ob er z.B. von der ihm treuhänderisch übergebenen Löschungsbewilligung des Käufers aufgrund der Behauptung des Verkäufers, der Kaufpreis sei nicht gezahlt worden, Gebrauch macht oder nicht. Eine solche Verantwortung zu übernehmen, ist unter dem Gesichtspunkt der Neutralität des Notars bedenklich (§§ 1, 14 Abs. 1 BNotO). Daher erscheint bei dieser Fallkonstellation die Hinterlegung als interessengerechtes Sicherungsmittel. Scheitert die Durchführung des Vertrages aus Gründen, die der Käufer zu vertreten hat, verfügt der Verkäufer zumindest über ein wirtschaftliches Druckmittel, um den Käufer zur schnellen Abgabe der Löschungsbewilligung für die Vormerkung anzuhalten.

Ob in den genannten Fällen eine Hinterlegung oder eine Direktzahlung zu wählen ist, kann letztlich nur im Einzelfall beantwortet werden. Bei Direktzahlung sollte die generelle Aufnahme einer Löschungsbewilligung für die Auflassungsvormerkung jedenfalls die Möglichkeit für den Käufer offenhalten, im Falle eines mit Zahlungsverzug begründeten Rücktritts des Verkäufers die rechtzeitige Zahlung nachzuweisen.

c) *Unerwünschte Belastung des Grundbesitzes vor Eigentumsumschreibung*

Häufig wird die Hinterlegung für erforderlich gehalten, wenn der Verkäufer aus Sorge vor den Risiken einer dem Käufer erteilten Finanzierungsvollmacht nicht bereit ist, schon vor Eigentumsumschreibung

Grundpfandrechte zu Gunsten eines Kreditinstituts des Käufers eintragen zu lassen. Die Verwendung einer Finanzierungsvollmacht mit eingeschränkter Sicherungsabrede sowie die Aufnahme einer Zahlungsanweisung an den Gläubiger des Käufers und ggf. eine Abtretung der Darlehensauszahlungsansprüche (dazu oben II) können das Risiko der dinglichen Haftung des Verkäufers für tatsächlich nicht erhaltene Beträge zwar in erheblichem Umfang beschränken. Falls jedoch ein Finanzierungsgläubiger mit der Einschränkung der Sicherungsabrede nicht einverstanden ist, verbleibt nur die Kaufpreishinterlegung als sachgerechte Vertragsgestaltung.

d) *Herbeiführung eines möglichst frühen Besitzübergangs*

Auch wenn der Käufer (Zug um Zug gegen Kaufpreiszahlung) einen frühzeitigen Besitzübergang wünscht, bietet sich die Hinterlegung an. Der Käufer kann zu einem bestimmten Termin zahlen und so den Besitzübergang herbeiführen. Der Verkäufer kann sich je nach den Umständen von diesem Zeitpunkt an als hinreichend gesichert betrachten, erhält den Kaufpreis aber erst nach Sicherstellung der lastenfreien Eigentumsumschreibung ausgezahlt.

e) *Weitere Fallgruppen*

Die Aufzählung der Fallgruppen, in denen ein Sicherungsinteresse für eine Hinterlegung in Betracht kommen kann, kann nicht abschließend sein. Zu denken ist u. a. noch an folgende weitere Konstellationen:

aa) Die Beteiligten sind an der Vereinbarung eines festen Fälligkeitstermins interessiert. Ein solcher fester Fälligkeitstermin kann bei der Direktzahlung mit Fälligkeitsmitteilung durch den Notar nur unter dem Vorbehalt vereinbart werden, daß die Fälligkeit nicht vor Zugang der Mitteilung des Notars über das Vorliegen der vereinbarten Fälligkeitsvoraussetzungen eintreten soll. Will der Käufer die Nachteile vermeiden, die durch Verzögerungen bei der Fälligkeitsmitteilung eintreten können (Bereitstellungszinsen einerseits, Verzugszinsen andererseits), kann die Hinterlegung zu einem bestimmten festen Zeitpunkt vereinbart werden.

bb) Stehen noch Leistungen des Verkäufers wie Räumung oder Renovierungsarbeiten aus, können diese durch die Hinterlegung des Kaufpreises oder von Kaufpreisteilbeträgen gesichert werden.

cc) Ist die Löschung eines Grundpfandrechts wegen des Verlustes des Briefes nicht möglich, kann die Hinterlegung des zur Ablösung des Grundpfandrechts erforderlichen Betrages auf Anderkonto die Abwicklung des Kaufvertrags im übrigen ermöglichen.

dd) Sind mehrere Verkäufer vorhanden, unter denen kein ausreichendes Vertrauensverhältnis besteht, kann die Zahlung des Kaufpreises auf Notaranderkonto zur Verteilung des Erlöses geboten sein.

ee) Eine Hinterlegung kann auch in Betracht kommen, wenn ein Zwangsversteigerungsvermerk am Kaufobjekt eingetragen ist. Die Zug-um-Zug-Abwicklung der Freigabe des Grundstücks durch den Vollstreckungsgläubiger gegen die Zahlung des vereinbarten Betrages erfolgt in der Regel durch Hinterlegung des Betrages auf Notaranderkonto. Die Rücknahmeerklärung des die Zwangsversteigerung betreibenden Gläubigers wird erst mit Einigung beim Versteigerungsgericht wirksam. Bis zu diesem Zeitpunkt können weitere Gläubiger beitreten. Der Zwangsversteigerungsvermerk würde dann nur mit Zustimmung der neu beigetretenen Gläubiger gelöscht. Zur Sicherstellung der finanzierenden Bank empfiehlt sich die Hinterlegung (zum Verfahren im einzelnen vgl. Weirich, DNotZ 1989, 143).

2. Beim Bauträgervertrag ist eine Abwicklung der einzelnen Kaufpreisratenzahlungen über Notaranderkonto in aller Regel nicht sachgerecht. Sind die Voraussetzung des § 3 Abs. 1 MaBV erfüllt, hängt die Fälligkeit der einzelnen Kaufpreisraten allein vom Baufortschritt ab. Die Hinterlegung auf Anderkonto bietet keinem Vertragsteil zusätzliche Sicherheit, da als Auszahlungsvoraussetzung regelmäßig nur die entsprechende Bestätigung des Verkäufers über den Bautenstand in Betracht kommt.

Zu der umstrittenen Frage der Zulässigkeit von vertraglichen Bestimmungen über die Hinterlegung der letzten Kaufpreisrate in Formularverträgen soll hier nicht Stellung genommen werden. Hierzu wird verwiesen auf die Ausführungen von Basty, Der Bauträgervertrag, 2. Aufl., 1995, Rn. 26 f. und Brambring, DNotZ 1990, 615, 620.

IV. Risiken der jeweiligen Abwicklungsmethoden

Auch in den nicht unter III. genannten Fallgruppen kann nur eine Abwägung der Risiken von Direktzahlung und Hinterlegung im Einzelfall ein berechtigtes Sicherungsinteresse für eine Hinterlegung ergeben.

1. Die Kaufpreishinterlegung birgt eine Reihe von möglichen Fehlern für den Notar:

   a) Bei der Kaufpreishinterlegung übernimmt der Notar die volle Verantwortung für die vertragsrichtige Verwendung des Kaufpreises. Sobald alle Voraussetzungen für die Auszahlung des hinterlegten Betrages vorliegen, also sowohl die im Vertrag vereinbarten Auszahlungsvoraussetzungen als auch die aus den Treuhandaufträgen der abzulösenden Gläubiger und der den Kaufpreis finanzierenden Kreditinstitute, hat der Notar unverzüglich zu handeln. Zahlt der Notar zu früh aus, verletzt er seine Amtspflichten gegenüber dem Käufer und den finanzierenden Banken und wird schadenersatzpflichtig. Zahlt der Notar zu spät aus, kann der Verkäufer vom Notar Ersatz des ihm hieraus entstandenen Schadens verlangen. Die Prüfung des Vorliegens aller Auszahlungsvoraussetzungen ist häufig äußerst schwierig, muß aber ohne schuldhaftes Zögern erfolgen.

Die Erfahrung zeigt, daß bei der Auszahlung von Treuhandgeldern auch darüber hinaus häufig Fehler gemacht werden, z.B. wenn übersehen wird, daß die Frist zur Erledigung des Treuhandauftrages einer Bank abgelaufen ist. Die Rechtsprechung stellt an die Gewissenhaftigkeit des Notars bei der Führung von Anderkonten hohe Anforderungen. Gleiches gilt für den Vollzug, bei dem dem Notar ein Ermessen nicht zusteht (vgl. zu Auszahlungsfehlern Haug, DNotZ 1982, 539, 551 ff.).

b) Eine weitere Risikoquelle liegt in der Verpflichtung des Notars zur Überprüfung von Treuhandaufträgen auf ihre Vereinbarkeit mit seinen Amtspflichten. Erteilen Banken Treuhandaufträge, die die Übernahme von Garantien durch den Notar verlangen oder Auflagen enthalten, deren Erfüllung der Notar nicht nachkommen kann, insbesondere weil sie mit den Hinterlegungsanweisungen der Beteiligten nicht übereinstimmen, muß der Notar auf eine Änderung des Treuhandauftrages hinwirken, notfalls den Auftrag ablehnen (so bspw. Zimmermann, DNotZ 1985, 640 f.). Auch in diesem Bereich ergeben sich erfahrungsgemäß zahlreiche Fehlerquellen für den Notar.

c) Im Falle der Erteilung einseitig von der Hinterlegungsvereinbarung abweichender Weisungen durch Beteiligte ergeben sich für den Notar oftmals schwierige tatsächliche und rechtliche Fragestellungen (vgl. hierzu insbesondere Zimmermann, DNotZ 1980, 451 und Brambring, DNotZ 1990, 615). Der Notar gerät hier häufig in Streitigkeiten zwischen den Beteiligten und ist aus diesem Grunde einem erhöhten Haftungsrisiko ausgesetzt. Die schwierige Entscheidungssituation des Notars und seine Amtspflichten bei Streitigkeiten zwischen den Beteiligten erläutern instruktiv die aktuellen Entscheidungen des OLG Düsseldorf, DNotZ 1995, 497, OLG Zweibrücken, MittBayNot 1995, 162 sowie BayObLG, MittBayNot 1995, 331).

d) Im Hinblick auf die Haftung des Notars ist zu beachten, daß bei Hinterlegungsgeschäften gem. § 19 Abs. 1 Satz 2 BNotO nicht die Möglichkeit besteht, den geschädigten Auftraggeber auf anderweitige Ersatzmöglichkeiten zu verweisen.

e) Häufig wird im Falle der Hinterlegung der Notar angewiesen, das Grundpfandrecht erst dann eintragen zu lassen, wenn der gesamte Kaufpreis hinterlegt und die Auszahlung an den Verkäufer sichergestellt ist. Die Eintragung des Finanzierungsgrundpfandrechts erfolgt also später als bei der Direktzahlung. Es besteht deshalb eine erhöhte Gefahr, daß bis zum Eintritt der Auszahlungsreife bzw. Antragstellung der Verkäufer oder dessen Gläubiger rangschädliche Zwischeneintragungen veranlassen, die dazu führen können, daß die Treuhandauflagen der Finanzierungsgläubiger des Käufers abgeändert werden müssen oder nicht mehr erfüllbar sind und die gesamte Kaufvertragsabwicklung scheitert.

f) Die Hinterlegung führt oftmals zu wirtschaftlichen Nachteilen für die Beteiligten, da der Käufer ab der Hinterlegung bereits mit Darlehenszinsen belastet ist, während die Beträge dem Verkäufer noch nicht zur Verfügung stehen. Die auf das Anderkonto eingezahlten Summen werden meist nur gering verzinst. Dem kann in geeigneten Fällen durch Festgeldanlage begegnet werden.

2. Die Nachteile der Vertragsabwicklung durch Direktzahlung bestehen vor allem darin, daß der Verkäufer die Eintragung des Grundpfandrechts vor Zahlung des Kaufpreises ermöglicht. Vor den dadurch entstehenden Risiken kann der Verkäufer weitgehend geschützt werden. Insbesondere das Risiko der nicht zweckentsprechenden Verwendung der Darlehensvaluta durch den Käufer und das Risiko, zwar die Darlehensvaluta zu erhalten, aber wegen des Disagio und der Zinsen in Anspruch genommen zu werden, lassen sich durch die unter II. vorgeschlagene Formulierung der Sicherungszweckabrede vermeiden. Daneben verbleiben noch geringe Restrisiken.

a) Der Verkäufer haftet für Notar- und Grundbuchgebühren im Zusammenhang mit der Grundschuldbestellung. Dem läßt sich durch das Verlangen nach Vorauszahlung durch den Käufer begegnen.

b) Erbringt der Käufer die Darlehensleistungen nicht, kann es geschehen, daß der Gläubiger aus der Grundschuld die Zwangsversteigerung oder Zwangsverwaltung bereits zu einem Zeitpunkt beantragt, zu dem der Verkäufer noch Grundstückseigentümer ist. In den Veröffentlichungen erscheint dann der Verkäufer als Zwangsvollstreckungsschuldner, was seinem Ruf schädlich sein kann. Vor diesem Risiko kann sich der Verkäufer schützen, indem er notfalls möglichst schnell die Voraussetzungen zur Erklärung des Rücktritts vom Vertrag herbeiführt und die dinglich gesicherten Gläubiger dann aus dem bereits erhaltenen Kaufpreis befriedigt, so daß es nicht zur Anordnung von Zwangsmaßnahmen kommt.

c) Durch die drohende Zwangsvollstreckung aufgrund der eingetragenen Grundschuld gewinnt die Frage der Liquidität des Käufers besondere Bedeutung. Der Verkäufer trägt auch das Rechtsverfolgungsrisiko für die Beseitigung der eingetragenen Grundschuld des Käufers. Bei besonderen Zweifeln an der Liquidität des Käufers könnte daher die Hinterlegung naheliegen. Nur bei begründetem Anlaß sollten allerdings Zweifel an der Liquidität des Käufers von der Direktzahlung abhalten.

d) Hinsichtlich der Beträge zur Ablösung der eingetragenen Grundpfandrechte liegt sowohl seitens des Käufers, als auch seitens der den Kaufpreis finanzierenden Kreditinstitute eine Vorleistung vor. Da die Löschungsunterlagen erst nach Zahlungsbestätigung durch die abgelösten Grundpfandrechtsgläubiger beim Grundbuchamt eingereicht werden können und erst ab diesem Zeitpunkt der Schutz des § 873 Abs. 2 BGB eintritt, liegt für einen bestimmten – meist kurzen – Zeitraum eine ungesicherte Vorleistung vor. Angesichts der kurzen Zeitdauer, die i. d. R. zwischen der Zahlung und der Einreichung der Löschungsunterlagen liegt, ist auch dieses Risiko als gering einzuschätzen. Dies gilt insbesondere bei seriösen Grundpfandrechtsgläubigern wie öffentlichen Körperschaften, öffentlichen Kreditanstalten oder Großbanken.

Der Gefahr des Widerrufs der Löschungsbewilligung kann man dadurch begegnen, daß der Notar als Vertreter des anderen Vertragsteils die Freigabe und Löschungsbewilligungserklärung in Empfang nimmt und damit die Möglichkeit des Widerrufs nach § 875 Abs. 2 BGB ausschließt. Schutz vor Konkurs des Grundpfandrechtsgläubigers und vor Abtretungen des betreffenden Rechts vor Vollzug der Löschungsbewilligung läßt sich durch einen Rücktritt des freizugebenden Grundpfandrechts hinter die Auflassungsvormerkung des Käufers erreichen. Ein Abwägen von Sicherheit einerseits und Aufwand an Geld und Zeit andererseits führt jedoch meist dazu, auf diese Sicherungen gegen selten vorkommende Gefahren zu verzichten (vgl. Reithmann/Albrecht/Basty, Rn. 36).

V. Kostenrechtliche Behandlung

Grundsätzlich hat der Notar nicht den billigsten Weg, sondern den Weg zu wählen, der nach einer Abwägung von Sicherheit einerseits und Aufwand an Zeit und Kosten andererseits den Beteiligten am ehesten gerecht wird. Aus diesem Grunde soll hier auch nicht im einzelnen dargestellt werden, welche Abwicklungsmethode in welchen Fällen höhere Kosten verursacht als die andere. Grundsätzlich ist von folgendem auszugehen:

1. Für die Hinterlegung fällt die Hebegebühr nach § 149 KostO an. Ein Nebeneinander der Gebühren nach § 147 Abs. 2 KostO und § 149 KostO kommt i. d. R. nicht in Betracht. Ausnahmen gelten nach herrschender Meinung insbesondere im Bereich der Vorlagehaftung hinsichtlich der Auflassung, also der auftragsgemäßen Tätigkeit des Notars, die Eintragung der Auflassungsvormerkung oder die Umschreibung des Grundbesitzes auf den Erwerber nur nach Eintritt bestimmter Voraussetzungen zu beantragen (Nachweise bei Korintenberg/Lappe/Bengel/Reimann, KostO, 13. Aufl., 1995, § 149, Rn. 8 f.).

2. Bei der Direktzahlung fällt insbesondere für die Überwachung der Fälligkeitsvoraussetzungen und der Umschreibungsreife je eine Gebühr nach § 147 Abs. 2 KostO an (für die Beschaffung der Lastenfreistellungserklärungen und Annahme der Treuhandaufträge kommen Gebühren nach § 147 Abs. 2 KostO oder bei Entwurfsfertigung durch den Notar nach § 145 Abs. 1 KostO in Frage). Fallen mehrere Gebühren nach § 147 Abs. 2 KostO an, sind die Kostenunterschiede zur Hinterlegung nicht erheblich.

Wenn keine Nebengebühr nach § 147 Abs. 2 KostO für die Einholung der Löschungsunterlagen abzulösender Gläubiger (bei der Direktzahlung) in Frage kommt, ist auch aus Kostengesichtspunkten zu prüfen, ob eine Hinterlegung tatsächlich in Frage kommt.

VI. Literaturhinweise

Zur Vertiefung möchten wir insbesondere auf folgende Literaturstellen hinweisen:

Bräu, Die Verwahrungstätigkeit des Notars, 1992 *Brambring/Hagen*, Der Grundstückskauf, 6. Aufl., 1994, Rn. 416 ff. *Brambring*, Kaufpreiszahlung über Notaranderkonto, DNotZ 1990, 615 ff. *Haug*, Die Amtshaftung des Notars, 1989, Rn. 680 ff. *Haug*, Treuhandtätigkeit nach § 23 BNotO, Risiken – Haftpflichturteile – Grundsätze, DNotZ 1982, 475 ff., 539 ff., 592 ff. *Kawohl*, Notaranderkonto, 1995 *König*, Rechtsverhältnisse und Rechtsprobleme bei der Darlehensvalutierung über Notaranderkonto, 1988 *Tönnies*, Kaufpreisabwicklung über Notaranderkonto, in: Beck'sches Notarhandbuch, 1992, A I, Rn. 349 ff. *Volhard*, Amtspflichten des Notars bei Eingriffen in den Vertragsvollzug, DNotZ 1987, 523 ff. *Zimmermarm*, Das Anderkonto, DAI-Tagungsunterlage, 1994 *Zimmermann*, Weisungen der Beteiligten bei Verwahrungsgeschäften nach § 23 BNotO, DNotZ 1980, 451 ff.[1]

---

1 S. auch *Brambring*, DNotZ 1999, 391 f.; *Weingärtner*, Berechtigtes Sicherungsinteresse, DNotZ 1999, 393 f.; *Weingärtner/Ehrlich*, DONot, 10. Aufl., §§ 11 ff. und *Weingärtner*, Vermeidbare Fehler im Notariat, 8. Aufl., RZ 127 ff.; *Weingärtner*, Das notarielle Verwahrungsgeschäft, 2. Aufl.

Anhang 7 Rundschreiben der Bundesnotarkammer Nr. 31/ 2000 vom 04.09.2000 – Notarielle Überwachung der Kaufpreiszahlung: Verwahrung oder Direktzahlung nach Fälligkeitsmitteilung?

(Bestätigung des Rundschreibens Nr. 1/96, Anhang 6)

Sehr geehrte Damen und Herren, Kolleginnen und Kollegen,

Das Rundschreiben Nr. 1/96 vom 11.01.1996 stellte die beiden praktizierten Verfahrensweisen der Überwachung der Kaufpreiszahlung durch den Notar gegenüber – die Direktzahlung des Käufers an den Verkäufer bzw. dessen Gläubiger nach einer notariellen Fälligkeitsmitteilung und die Hinterlegung des Kaufpreises beim Notar.

Im Rahmen der Berufsrechtnovelle ist am 08.09.1998 § 54a BeurkG in Kraft getreten, auf den das Rundschreiben im Jahr 1996 bereits als Teil des Regierungsentwurfes verwies. Seither steht der Begriff des »berechtigten Sicherungsinteresses der am Verwahrungsgeschäft beteiligten Personen« als Voraussetzung einer notariellen Verwahrung im Mittelpunkt der Diskussion. Daher sind Unklarheiten entstanden, ob das Rundschreiben aus der Zeit vor der Gesetzesänderung noch als aktuelle Äußerung anzusehen ist.

Das Präsidium der Bundesnotarkammer hat diese Frage erörtert und ist der Auffassung, dass das vorliegende Rundschreiben auch zur Auslegung der jetzt gesetzlich festgelegten Voraussetzungen einer Verwahrung geeignet ist. Das Präsidium hat die in der Literatur diskutierte Frage der unterschiedlichen Auslegung des Begriffs des Sicherungsinteresses nicht abschließend entscheiden wollen. In diesem Zusammenhang ist aber darauf hinzuweisen, dass nach der Gesetzesbegründung durch § 54a BeurkG »einer formularmäßig vorgesehenen Verwahrung entgegengewirkt werden« soll. Für die Prüfung des berechtigten Interesses durch den Notar ist danach von Bedeutung, ob, wie im Rundschreiben dargelegt, die Verwahrung die Sicherung von Beteiligten verbessert. Daher stellen die dort aufgeführten Fallgruppen – unter Wahrung eines Beurteilungsspielraums des Notars – nach wie vor eine geeignete Orientierungshilfe für die Wahl der Abwicklungsmethode von Kaufverträgen dar. Folgende Gesichtspunkte verdienen dabei besondere Hervorhebung:

– Der Notar hat vor der Durchführung einer Verwahrung das Vorliegen des berechtigten Sicherungsinteresses der Beteiligten zu prüfen. Der Prüfung muss notwendig eine Risikoprognose des Notars zugrunde liegen. Hat der Notar das Vorliegen des berechtigten Sicherungsinteresses in einem konkreten Einzelfall geprüft, so ist ein rational nachvollziehbares Ergebnis als Ausdruck notarieller Unabhängigkeit zu akzeptieren. Dem Notar ist insoweit ein Beurteilungsspielraum vorbehalten (vgl. Arndt/Lerch/Sandkühler, § 23 BNotO, Rnr. 41).

– Im Hinblick auf die Mitwirkung des Verkäufers bei der Sicherung des Kaufpreisdarlehens (Rundschreiben, S. 5 ff.) ist darauf hinzuweisen, dass es sich hierbei nicht um eine Besonderheit der Abwicklung durch Direktzahlung handelt. Ohne sie kann auch bei Abwicklung über eine notarielle Verwahrung eine lediglich vom Käufer bestellte Finanzierungsgrundschuld erst nach Eigentumsumschreibung eingetragen werden. In diesem Fall verbleibt das Risiko, dass eine zwischenzeitliche Pfändung oder Verpfändung des Eigentumsverschaffungsanspruchs des Käufers nach Eigentumsumschreibung kraft Gesetzes zur Entstehung einer Sicherungshypothek im Range vor der Grundschuld des Finanzierungsinstituts führt. Zudem kann ein vor Eigentumsumschreibung eingetretener Verlust der Verfügungsbefugnis des Käufers über sein Vermögen die Eintragung der Grundschuld und den Vollzug des Kaufvertrags vereiteln, da § 878 BGB auf den Noch-Nicht-Verfügungsberechtigten keine Anwendung findet (BGH DNotZ 1968, 483 = BGHZ 49, 197). Die Hinterlegung fremdfinanzierter Kaufpreisteile hat zur Folge, dass der Käufer die Finanzierungskosten einschließlich Zinsen für den Kaufpreis zu tragen hat, ohne dass der Verkäufer bereits über den Kaufpreis verfügen kann. Je länger die Zeit bis zur Eigentumsumschreibung andauert, umso stärker wirken sich die geschilderten Nachteile einer Finanzierung ohne Mitwirkung des Verkäufers aus.

– Der bereits festzustellende Rückgang der notariellen Verwahrungen zur Abwicklung von Kaufverträgen dürfte schon jetzt die Belastungen für die Notariate verringert haben, die sich nach der Erfahrung vieler Kollegen bei einer ausschließlich über Verwahrungen erfolgenden Abwicklung ergeben. Die Entwicklung der Haftpflichtschäden im Bereich des Notariats zeigt im Übrigen, dass die Verwahrung für den Notar als risikoreicher und haftungsträchtiger einzustufen ist. Eine Rückführung auf die Fälle, in denen eine Verwahrung gegenüber anderen Verfahren objektive Vorteile bietet, erleichtert die sachgerechte und exakte Durchführung der verbleibenden Verwahrungsgeschäfte.

– Beide Verfahren dürften aus der Sicht des Notars als wirtschaftlich gleichwertig einzuschätzen sein. Im Hinblick auf das Gebührenaufkommen ist zwar eine einheitliche Beurteilung angesichts der divergierenden Auffassungen der Oberlandesgerichte nur eingeschränkt möglich, doch werden häufig offensichtlich die Mindereinnahmen überschätzt, die beim Direktzahlungsverfahren aufgrund des Wegfalls der Hebegebühren nach § 149 KostO eintreten können. Dabei wird möglicherweise übersehen, dass mit den Hebegebühren auch die Sperrwirkung des § 149 KostO gegenüber bestimmten Vollzugsgebühren nach § 147 Abs. 2 KostO entfällt (vgl. Rundschreiben, S. 17). Bei einem wirtschaftlichen Vergleich ist zudem zu berücksichtigen, dass aufgrund des hohen Verwaltungsaufwands für die Anderkontenführung die notarielle Verwahrung auf der Kostenseite als aufwendiger einzuschätzen ist.

Mit freundlichen kollegialen Grüßen
(Dr. Timm Starke) Hauptgeschäftsführer

Anlage

Anhang 8 Gemeinsame Leitlinien zur Auslegung des § 54a Abs. 2[1] Nr. 1 BeurkG

– erstellt vom Vorstand der Notarkammer Hamm und dem Präsidenten des Oberlandesgerichtes Hamm
– Stand Sept. 2001

I. Vorbemerkung

Der Präsident des Oberlandesgerichts Hamm und der Vorstand der Notarkammer Hamm haben gemeinsam Leitlinien zur Auslegung des § 54a Abs. 2 Nr. 1 BeurkG n.F. entwickelt. Diese Leitlinien haben nicht den Charakter einer Richtlinie i.S.d. § 67 Abs. 2 BNotO, sondern verfolgen den Zweck, als Handreichung die tägliche Arbeit in den Notariaten zu erleichtern. Sie sollen darüber hinaus einen einheitlichen Maßstab zur Auslegung der Vorschrift für die Justizverwaltung und die Notarkammer schaffen sowie für die Notarinnen und Notare Sicherheit und Berechenbarkeit im Zusammenhang mit der Prüfung ihrer Amtsführung gewährleisten. Die Handreichung enthebt die Notarinnen und Notare nicht von ihrer Verpflichtung, in jedem Einzelfall unter Beachtung ihrer Amtspflichten eine eigenverantwortliche Entscheidung hinsichtlich der Übernahme eines Verwahrungsgeschäftes zu treffen.

Die Verwahrung und Ablieferung von Geld, Wertpapieren und Kostbarkeiten zählt zu den klassischen Aufgaben der Notarinnen und Notare (§ 23 BNotO). Durch das Gesetz zur Änderung der BNotO und des BeurkG vom 31.08.1998 wurde das notarielle Verwahrungsverfahren in den §§ 54a bis 54e BeurkG gesetzlich geregelt.

Die Übernahme von Verwahrungsgeschäften erfolgt überwiegend zur notariellen Überwachung der Kaufpreiszahlung bei der Abwicklung von Immobiliarkaufverträgen. Die notarielle Überwachung der Kaufpreiszahlung durch Verwahrung oder durch Direktzahlung unter der Aufsicht von Notarinnen und Notaren sind gleichwertige Methoden der Abwicklung von Grundstückskaufverträgen.

II. Auslegungsgrundsätze zu § 54a Abs. 2 Nr. 1 BeurkG

Gem. § 54a Abs. 2 Nr. 1 BeurkG darf der Notar Geld zur Verwahrung nur entgegennehmen, wenn hierfür ein berechtigtes Sicherungsinteresse der am Verwahrungsgeschäft beteiligten Personen besteht. Die Vorschrift soll nach dem Willen des Gesetzgebers »einer formularmäßig vorgesehen Verwahrung

---

1 Jetzt § 57 BeurkG (wortgleich mit § 54a BeurkG a.F.)

entgegenwirken« (BT-Drucks. 13/4184, S. 37). Die Abwicklung von Immobiliarkaufverträgen über ein Notaranderkonto darf nicht die Regel im Notariat darstellen, sondern der Notar hat vor der Übernahme des Verwahrungsgeschäftes jeweils im Einzelfall das Vorliegen des berechtigten Sicherungsinteresses aller Beteiligten zu prüfen. Allein der Umstand, daß ein Immobiliarkaufvertrag nicht unmittelbar Zug um Zug abgewickelt werden kann, rechtfertigt die Annahme eines berechtigten Sicherungsinteresses nicht (a.A. Tröder, AnwBl. 1999, 633).

Das in § 54a Abs. 2 Nr. 1 BeurkG normierte »berechtigte Sicherungsinteresse« als Voraussetzung für die Übernahme eines Verwahrungsgeschäftes stellt einen unbestimmten Rechtsbegriff dar, der dem Notar in Folge seiner sachlichen Unabhängigkeit im Einzelfall einen Beurteilungsspielraum eröffnet (Zimmermann, DNotZ 2000, 164; Arndt/Lerch/Sandkühler, BNotO, 4. Aufl., § 23 Rn. 43). Hat der Notar auf der Basis einer Risikoprognose das Vorliegen eines berechtigten Sicherungsinteresses bejaht, so ist ein rational nachvollziehbares Ergebnis als Ausdruck notarieller Unabhängigkeit zu akzeptieren.

Die Verwahrung fremder Vermögenswerte ist kein Selbstzweck, sondern muss – der Stellung des Notars als Organ der vorsorgenden Rechtspflege entsprechend – dem weitergehenden Ziel der Sicherung der von dem Hinterleger gewünschten Rechtsfolgen dienen. Der Notar ist keine bloße Aufbewahrungsstelle. Deshalb darf er es gemäß Ziffer III 2. der berufsrechtlichen Richtlinien der Notarkammer Hamm (Kammerreport Heft 5/2000, S. 35) auch nicht dulden, dass sein Amt zur Vortäuschung von Sicherheiten benutzt wird. Der Notar darf insbesondere Geld, Wertpapiere und Kostbarkeiten nicht zur Aufbewahrung oder zur Ablieferung an Dritte übernehmen, wenn der Eindruck von Sicherheiten entsteht, die durch die Verwahrung nicht gewährt werden. Anlaß für eine entsprechende Prüfung besteht insbesondere, wenn die Verwahrung nicht im Zusammenhang mit einer Beurkundung erfolgt.

Der Notar ist nicht wirtschaftlicher Betreuer der Beteiligten. Es ist nicht seine Aufgabe, einen Beteiligten vor dem Bonitätsrisiko des anderen Beteiligten zu schützen. Allein die allgemeine Gefahr, daß der Käufer oder der Verkäufer während der Vertragsabwicklung illiquide werden könnte, rechtfertigt die Übernahme eines Verwahrungsgeschäftes nicht.

Das berechtigte Sicherungsinteresse der Beteiligten ist nach objektiven Kriterien zu bestimmen (BT-Drucks. 13/4184, S. 37; Brambring, DNotZ 1999, 381; Keidel/Winckler, BeurkG, 14. Aufl., § 54a Rn. 10; Tönnies, ZNotP 1999, 419, 420; Arndt/Lerch/Sandkühler, § 23 Rn. 40). Der bloße einverständliche Wunsch der Beteiligten, ein Notaranderkonto zur Abwicklung eines

Immobiliarkaufvertrages einzurichten, reicht in der Regel für die Annahme eines berechtigten Sicherungsinteresses nicht aus.

III. Fallgruppen

Die folgenden Fallgruppen sollen Fälle des berechtigten Sicherungsinteresse konkretisieren und Hilfen bei der Ausübung des Beurteilungsspielsraumes an die Hand geben. Sie entfalten keine Bindungswirkung; die Fallgruppen erheben auch keinen Anspruch auf Vollständigkeit. Sie gehen zurück auf Überlegungen der Bundesnotarkammer (vgl. Rundschreiben Nr. 1/96 vom 11.01.1996, bestätigt durch Rundschreiben Nr. 31/2000 vom 04.09.2000).

1. Bestehendes berechtigtes Sicherungsinteresse

Ein berechtigtes Sicherungsinteresse der Vertragsbeteiligten kann in der Regel in folgenden Fällen bejaht werden:
a) Verringerung des besonderen Vorleistungsrisikos eines Vertragsteils
   (1) Vorhersehbare Probleme bei der Löschung einer eingetragenen Auflassungsvormerkung (vgl. BGH NJW 1993, 2744).
   (2) Verpflichtung des Verkäufers zur Räumung des Vertragsobjektes unter der Bedingung der vollständigen Bezahlung des Kaufpreises.
b) Frühzeitiger Besitzübergang vor Eintritt der üblichen Fälligkeitsvoraussetzungen. Zu denken ist insbesondere an die gegen Jahresende abgeschlossenen Kaufverträge, deren wirtschaftlicher Vollzug noch im Jahr der Beurkundung erfolgen muss.
c) Hinterlegung eines Kaufpreisteils als Sicherheitseinbehalt für den Käufer.
   (1) Sicherung der Durchführung von Renovierungsarbeiten durch den Verkäufer.
   (2) Zügige Löschung eines Briefgrundpfandrechtes trotz Briefverlustes.
   (3) Abwicklung der letzten Kaufpreisrate beim Bauträgervertrag (soweit rechtlich zulässig).
d) Der verkaufte Grundbesitz oder Teile davon werden vor der Abwicklung des ersten Kaufvertrages durch den Käufer weiterveräußert; die Belegung des Kaufpreises erfolgt aus dem Weiterveräußerungserlös.
e) Abwicklung eines Kaufvertrages während eines Zwangsversteigerungsverfahrens oder bei abzulösenden Verbindlichkeiten des Verkäufers, die höher als der Kaufpreis sind.
f) Aus dem Kaufpreis sind eine oder mehrere grundpfandrechtlich gesicherte Verbindlichkeiten des Verkäufers abzulösen. Der Käufer finanziert den Kaufpreis über mehrere Kreditgeber. Der sogenannten »bayerischen Lösung«, wonach die beteiligten Kreditgeber den Zahlungsfluss unter

einander mit Begründung von Treuhandverhältnissen regeln, braucht in diesen Fällen nicht der Vorzug gegeben zu werden.

g) Der Verkäufer verweigert die Eintragung eines Grundpfandrechtes zur Finanzierung des Kaufpreises auf dem Kaufgrundstück vor Eigentumsumschreibung, obwohl der Käufer auf diese Art der Besicherung der Finanzierung angewiesen ist.

2. Fehlendes berechtigtes Sicherungsinteresse

Das berechtigte Sicherungsinteresse ist in folgenden Fällen vom Notar besonders zu prüfen, weil eine Verwahrung nicht erforderlich ist. Der Notar kann die Zahlungsflüsse mit Hilfe einer qualifizierten Fälligkeitsmitteilung steuern.

a) Das Kaufobjekt ist in Abteilung II und III des Grundbuchs lastenfrei.

b) Die in Abteilung II und III des Grundbuchs eingetragenen Belastungen können auflagenfrei gelöscht werden.

c) Das Kaufobjekt ist in Abteilung III des Grundbuchs unbelastet, die in Abteilung II eingetragenen Belastungen (Dienstbarkeiten etc.) werden vom Käufer übernommen oder können auflagenfrei gelöscht werden.

d) Der Käufer übernimmt im Wege der Schuldübernahme die durch das Grundpfandrecht gesicherten Verbindlichkeiten unter Anrechnung auf den Kaufpreis.

e) Der Käufer übernimmt die eingetragene Grundschuld als dingliches Recht, um über ein Darlehen des Grundschuldgläubigers die durch die Grundschuld gesicherten Verbindlichkeiten des Verkäufers abzulösen.

f) Das Kaufobjekt ist mit einem abzulösenden Grundpfandrecht (oder mit mehreren Grundpfandrechten für denselben Gläubiger) belastet.

g) Das Kaufobjekt ist mit mehreren abzulösenden Grundpfandrechten für verschiedene Gläubiger belastet.

h) Der Verkäufer löst die dinglich gesicherten Verbindlichkeiten aus eigenen Mitteln vor Kaufpreisfälligkeit ab.

i) Der Käufer bringt den Kaufpreis ausschließlich aus eigenen Mitteln auf oder finanziert den Kaufpreis, ohne daß die Eintragung eines Grundpfandrechts auf dem Kaufobjekt erforderlich ist (Neuvalutierung einer vorhandenen Grundschuld).

j) Der Käufer finanziert den Kaufpreis mit Darlehen einer Bank (oder eines Bankenverbundes) und Eigenkapital. Diese Fallgestaltung lässt sich auch dann ohne Notaranderkonto bewältigen, wenn eine oder mehrere Vorlasten eines oder mehrerer Gläubiger abzulösen sind. Unschädlich ist die Verpflichtung des Käufers, Eigenmittel zur Verfügung zu stellen. Die Koordination zwischen finanzierender Bank und Käufer erfolgt, indem der Käufer die Eigenmittel auf das für ihn geführte Abwicklungskonto bei seiner Bank überweist. Darlehensmittel einer konzernzugehörigen Bausparkasse oder einer Hypothekentochter werden von der Geschäftsbank zusammengeführt.

IV. Fakultative Verwahrungsanweisung

Auch in den Fällen, in denen zunächst ein berechtigtes Sicherungsinteresse vom Notar nicht festgestellt wird, können bisweilen bei der Abwicklung des Kaufvertrages Abwicklungshindernisse auftreten, die die Einrichtung eines Notaranderkontos erforderlich machen. Diese Situation kann insbesondere auftreten, wenn die Art der Kaufpreisfinanzierung durch den Käufer bei Beurkundung des Kaufvertrages noch nicht feststeht. Zur Vermeidung einer Nachbeurkundung kann es sich empfehlen, für solche Fälle eine fakultative Verwahrungsanweisung i.S.d. § 54a Abs. 2 Nr. 2 BeurkG in den zu beurkundenden Kaufvertrag aufzunehmen (Eylmann/Vaasen/Hertel, BNotO, BeurkG, § 54a BeurkG Rn. 17; Tönnies, Beck'sches Notar-Handbuch, 3. Aufl., A I Rn. 386). Dies ist allerdings dann nicht erforderlich, wenn die Auflassung erklärt ist. Danach ist eine Änderung des Kaufvertrages ohne Beurkundung möglich, so dass die Beteiligten dem Notar die Verwahrungsanweisung in Schriftform (§ 54a Abs. 4 BeurkG) erteilen können.

Stand. 17.08.2001

Anhang 9 Rundschreiben der BNotK Nr. 5/2015
Amtspflichten des Notars bei der Beurkundung von Maklerklauseln

Der Bundesgerichtshof hat sich in einer Entscheidung vom 24. November 2014 (Az.: NotSt[Brfg] 1/14, DNotZ 2015, Heft 6) unter anderem mit den Amtspflichten des Notars bei der Beurkundung von Maklerklauseln befasst.

Das Bundesverfassungsgericht hat die gegen das Urteil erhobene Verfassungsbeschwerde mit Beschluss vom 9. April 2015 (Az.: 1 BvR 574/15) nicht zur Entscheidung angenommen.

Die Entscheidung des Bundesgerichtshofs mahnt über den zugrundeliegenden Einzelfall hinaus zu einem sorgsamen Umgang mit Maklerklauseln. Aus diesem Anlass möchten wir Ihnen im Folgenden einen Überblick über die wesentlichen berufs- und beurkundungsrechtlichen Fragen im Zusammenhang mit der Beurkundung von Maklerklauseln geben, die sich im Lichte der genannten Entscheidung des Bundesgerichtshofs stellen.

A. Allgemeine Grundsätze

Nach allgemeinen Grundsätzen hat der Notar bei der Beurkundung von Maklerklauseln – wie sonst auch – in jedem Einzelfall den Willen der Beteiligten zu erforschen, den Sachverhalt zu klären, die Beteiligten über die rechtliche Tragweite des Geschäfts zu belehren und ihre Erklärungen klar und unzweideutig in der Niederschrift wiederzugeben (§ 17 Abs. 1 S. 1 BeurkG). Dabei soll er darauf achten, dass Irrtümer und Zweifel vermieden sowie unerfahrene und ungewandte Beteiligte nicht benachteiligt werden (§ 17 Abs. 1 S. 2 BeurkG). Er ist nicht Vertreter einer Partei, sondern unabhängiger und unparteiischer Betreuer der Beteiligten und hat jedes Verhalten zu vermeiden, das den Anschein eines Verstoßes gegen die ihm gesetzlich auferlegten Pflichten erzeugt, insbesondere den Anschein der Abhängigkeit oder Parteilichkeit (§ 14 Abs. 1 S. 2, Abs. 3 S. 2 BNotO).

Dabei ist es im Ausgangspunkt Sache des Notars, im konkreten Einzelfall eigenver-antwortlich und sorgfältig – insbesondere im Lichte der Rechtsprechung des Bundesgerichtshofs – zu beurteilen, ob die Aufnahme einer Maklerklausel materiell-rechtlich (§ 311b Abs. 1 BGB) oder nach Maßgabe des Willens der Kaufvertragsparteien erforderlich und geboten ist, und diese gegebenenfalls inhaltlich entsprechend auszugestalten.

Zur näheren Orientierung kann hierbei zwischen deklaratorischen und konstitutiven Maklerklauseln sowie Abwälzungsvereinbarungen (als Sonderfall der konstitutiven Maklerklauseln) unterschieden werden.

B. Deklaratorische Maklerklauseln

Deklaratorische Maklerklauseln dienen ausschließlich der Dokumentation tatsachen-bezogener Angaben der Kaufvertragsparteien. Insbesondere begründen sie keinen Zahlungsanspruch zugunsten des Maklers.

Inhaltlich können deklaratorische Maklerklauseln eng gefasst sein und sich auf die Dokumentation der Tatsache der Vermittlung des Vertragsschlusses durch den Makler beschränken oder aber darüber hinaus auch Angaben der Kaufvertragsparteien zu einzelnen essentialia des – von der Maklerklausel streng zu trennenden – Maklervertrags wiedergeben, also beispielsweise, welche der Parteien des Kaufvertrags eine Maklercourtage versprochen hat. Dabei nehmen die beurkundeten Angaben der Kaufvertragsparteien an der besonderen Beweiswirkung öffentlicher Urkunden nach §§ 415 ff. ZPO teil.

Nach Auffassung der Bundesnotarkammer begegnet die Beurkundung deklaratorischer Maklerklauseln keinen grundlegenden berufs- und beurkundungsrechtlichen Bedenken. Deklaratorische Maklerklauseln sind Ausfluss und Mittel der Sachverhaltsermittlung und -darstellung. Sie können einen Beitrag zur Streitvermeidung leisten und sind damit – als Element der vorbeugenden Rechtspflege – geeignet, sowohl der Entlastung der Justiz als auch dem Interesse der Parteien des Grundstückskaufvertrags an »klaren Verhältnissen« zu dienen. Beispielsweise dürfte die Dokumentation, dass nach Angabe der Parteien des Grundstückskaufvertrags die Kaufvertragspartei A (und nicht B) den Makler beauftragt und diesem die Zahlung einer Courtage versprochen hat, regelmäßig geeignet sein, eine (fälschliche) Inanspruchnahme des B durch den Makler zu vermeiden bzw. eine andernfalls erforderliche Zeugenaussage des B in einem auf Provisionszahlung gerichteten Klageverfahren des Maklers gegen A entbehrlich zu machen. Eine etwaige Beweiswirkung der Maklerklausel nach §§ 415 ff. ZPO zugunsten des Maklers ist aus diesem Blickwinkel bloßer Reflex.

Auch der Entscheidung des Bundesgerichtshofs vom 24. November 2014 lässt sich für eine Unzulässigkeit deklaratorischer Maklerklauseln nichts entnehmen.

C. Konstitutive Maklerklauseln

Im Unterschied zu bloß deklaratorischen Maklerklauseln begründen konstitutive Maklerklauseln zugunsten einer Partei des Grundstückskaufvertrags und/

oder zugunsten des Maklers einen materiell-rechtlichen Anspruch. Dabei ist eine Vielzahl unterschiedlicher Regelungen denkbar. Eine abschließende Darstellung sämtlicher Gestaltungsmöglichkeiten ist daher nicht möglich. Gleichwohl lassen sich einige Grundtypen unterscheiden.

Ein Anspruch des Maklers kann insbesondere im Wege der Schuld- oder Vertrags-übernahme nach §§ 414 f. BGB bzw. § 311 Abs. 1 BGB, eines abstrakten Schuldaner-kenntnisses oder Schuldversprechens nach §§ 780 f. BGB und/oder eines (echten) Vertrages zugunsten Dritter nach § 328 BGB begründet werden. Insofern kann danach unterschieden werden, ob die Vereinbarung lediglich zu einer vollständigen oder teilweisen Abwälzung einer bestehenden Provisionszahlungspflicht von einer Kaufvertragspartei auf die andere führt (vgl. auch unten D.) oder ob sie einen eigenständigen neuen Schuldgrund losgelöst von einer bestehenden Provisionszahlungspflicht begründet. Im letztgenannten Fall kann der eigenständige Schuldgrund entweder gegen die ursprüngliche Maklervertragspartei gerichtet sein oder gegen die andere Partei des Grundstückskaufvertrags.

Die Vielgestaltigkeit konstitutiver Maklerklauseln macht eine pauschale Beurteilung unmöglich. Auch eine schematische Handhabung verbietet sich. Vorrangiger Maßstab kann und muss vielmehr stets der Wille der Kaufvertragsparteien sein. Dies gilt sowohl hinsichtlich der Frage, ob die Aufnahme einer konstitutiven Maklerklausel überhaupt erforderlich und geboten ist, als auch hinsichtlich der Frage, wie diese rechtlich zu gestalten ist. Beide Fragen hat der Notar im konkreten Einzelfall eigenverantwortlich und sorgfältig zu beantworten. Dabei wird der Notar im Rahmen des Beurkundungsverfahrens den Willen der Kaufvertragsparteien umso sorgfältiger erforschen und diese umso intensiver belehren, je größer die rechtliche Tragweite der erwogenen Maklerklausel ist (z. B.: möglicher Verlust von Einwendungen; gebührenrechtliche Auswirkungen). Die Aufnahme einer konstitutiven Maklerklausel kann im Einzelfall beispielsweise bei konkret drohender Vorkaufsrechtsausübung interessengerecht sein. Die formularmäßige Aufnahme einer konstitutiven Maklerklausel auf alleinigen Wunsch des am eigentlichen Rechtsgeschäft nicht beteiligten Maklers ist mit den genannten Maßstäben demgegenüber nicht vereinbar.

D. Abwälzungsvereinbarungen

Berufs- und beurkundungsrechtlich nicht bedenklich, sondern materiell-rechtlich erforderlich, ist die Aufnahme einer konstitutiven Maklerklausel, wenn und weil die betreffende Abrede gemäß § 311b Abs. 1 BGB beurkundungspflichtig ist. Dies kann insbesondere der Fall sein, wenn nach dem Willen der Kaufvertragsparteien eine bestehende Provisionszahlungspflicht als Teil der Leistung oder der Gegenleistung von einer Kaufvertragspartei auf die andere abgewälzt werden soll (vgl. hierzu etwa Staudinger/Schumacher, BGB, Neubearbeitung 2012, § 311b Rn. 170; Wälzholz, MittBayNot 2000, 357, 358 f.). Hiernach steht nicht das Ob der Aufnahme einer Maklerklausel in Frage, sondern deren rechtliche Ausgestaltung.

Häufig wird die Vereinbarung einer auf das Innenverhältnis der Kaufvertragsparteien beschränkten Erfüllungsübernahme nach § 329 BGB zur Verwirklichung des Willens der Kaufvertragsparteien genügen. Hierdurch verpflichtet sich die eine Kaufvertragspartei der anderen Kaufvertragspartei gegenüber, eine etwa bestehende Provisionszahlungspflicht dieser anderen Kaufvertragspartei zu erfüllen, ohne dass hierdurch ein Anspruch des Maklers begründet würde.

Im Einzelfall kann aber auch eine außenwirksame Gestaltung angezeigt sein (etwa: Schuld- oder Vertragsübernahme), insbesondere wenn die aus dem Maklervertrag verpflichtete Kaufvertragspartei in besonderer Weise sichergestellt wissen möchte, dass sich der Makler ohne Weiteres unmittelbar an die andere Kaufvertragspartei (den die Provisionszahlungspflicht übernehmenden Beteiligten) wenden kann und wird; dann ist die Begünstigung des Maklers bloßer Reflex.

Anhang 10 Geldwäschegesetz 2017
Anwendungsempfehlungen (BNotK)

A. Vorwort

Geldwäsche dient dem Zweck, die wahre Herkunft von illegal erwirtschafteten Geldern oder Gegenständen (Sachen, Rechte oder sonstige verkörperte Werte) durch Transport, Transformierung, Überweisung, Konvertierung oder Vermischung mit legalen Geschäften zu verschleiern oder zu verheimlichen.[1] Typischerweise besteht dieser Vorgang aus drei Phasen:

1. Umwandlung des ursprünglich aus einer Straftat erlangten Vermögensgegenstandes in andere unauffälligere Vermögensgegenstände (sog. Surrogate) (sog. placement).
2. Verschleierung des Weges der Vermögensgegenstände durch eine Vielzahl von Banküberweisungen oder sonstige Transaktionen, möglichst durch Einschaltung ausländischer Banken ohne Aufsicht oder gutgläubige Dritter, insbesondere wenn diese geheimhaltungspflichtig sind (sog. layering).
3. Rückschleusung des bemakelten Vermögens in die legale Wirtschaft, etwa durch Investition in als seriös anerkannte Unternehmen, z. B. durch Investment an geregelten Kapitalmärkten (sog. replacement).

Für eine juristisch subsumierbare Definition der Geldwäsche greift das Gesetz über das Aufspüren von Gewinnen aus schweren Straftaten (Geldwäschegesetz – GwG) allerdings auf den Straftatbestand des § 261 StGB zurück. Danach ist Geldwäsche letztlich jeder Kontakt mit Vermögensgegenständen, die bei wirtschaftlicher Betrachtung aus Katalogstraftaten des § 261 Abs. 1 S. 2 StGB herrühren. Damit werden insbesondere Blutgeld, Schwarzgeld und Schmiergeld zum tauglichen Tatobjekt der Geldwäsche. Auf einen irgendwie gearteten Bezug zur organisierten Kriminalität kommt es nicht an. Strafbare Geldwäsche kann an jedem Ertrag aus gewerbsmäßigem Betrug oder gewerbsmäßiger Untreue (z. B. Schneeballsysteme), gewerbsmäßiger Steuerhinterziehung (z. B. Umsatzsteuerkarussellen) oder auch an Bestechungsgeld begangen werden. Der Vermögensgegenstand (z. B. eine Bankforderung) der »gewaschen« wird, muss nicht direkt aus der Straftat stammen, es kann sich auch um ein nur wirtschaftlich identisches Surrogat des ursprünglichen Gegenstandes handeln.

Jedes Verschleiern der Herkunft solchen inkriminierten Vermögens sowie das Gefährden oder Vereiteln des staatlichen Zugriffs (§ 261 Abs. 1 StGB) hierauf

---

1 *Damrose*, Gefährdungsanalyse und effektive Verhinderung der Geldwäsche, S. 5.

kann strafbare Geldwäsche sein. Verwendet etwa die Tochter Geldgeschenke ihres Vaters, die dieser aus gewerbsmäßiger Untreue erlangt hatte, für den Bau eines Hauses und versucht sie später die Immobilie durch Überschreibung auf den Ehemann dem Zugriff der Gläubiger ihres Vaters zu entziehen, so stellt dies eine strafbare Geldwäsche dar.[2] Sie macht sich sogar dann strafbar, wenn sie die Herkunft des Geldes nicht kennt, diese aber objektiv auf der Hand liegt (Leichtfertigkeit: § 261 Abs. 5 StGB). Zudem ist jedes Verschaffen, Verwahren oder Verwenden solcher Vermögensgegenstände strafbar (§ 261 Abs. 2 StGB).

Damit geht der strafrechtliche Geldwäschebegriff über das hinaus, was gemeinhin unter Geldwäsche verstanden wird, also die Verschleierung der Papierspur (paper trail), um die Rückverfolgung der Herkunft illegal erlangten Vermögens zu verhindern oder zu erschweren. § 261 StGB bestraft letztlich in weitem Umfang den bewussten oder leichtfertigen Kontakt mit illegalem Vermögen.

Das GwG dient auch der Bekämpfung der Terrorismusfinanzierung. Der Begriff des GwG geht insofern über den strafrechtlichen Tatbestand in § 89c StGB hinaus und erfasst zusätzlich auch die Bereitstellung oder Sammlung von Vermögensgegenständen mit dem Wissen oder in der Absicht, dass diese Vermögensgegenstände ganz oder teilweise zur Bildung terroristischer Vereinigungen (§ 129a StGB) oder für sonstige terroristische Straftaten verwendet werden oder verwendet werden sollen.

Das neue GwG[3] verfolgt verstärkt einen risikobasierten Ansatz. Es ist geprägt von verschiedenen unbestimmten Rechtsbegriffen (insb. Angemessenheit), die verdeutlichen sollen, dass es keine generellen Maßstäbe für alle Verpflichteten gibt, sondern alle Pflichten nach dem GwG die jeweilige konkrete Situation des Verpflichteten angemessen berücksichtigen müssen. Insoweit steht den Verpflichteten ein Ermessensspielraum offen, der für den Notar als unabhängigem Träger eines öffentlichen Amtes im Vergleich zu anderen Verpflichteten vergrößert ist. Dies folgt insbesondere daraus, dass notarielle Verfahren bereits durch zahlreiche berufsrechtliche Vorgaben gekennzeichnet sind, die den Anreiz zum Missbrauch notarieller Verfahren zu Zwecken der Geldwäsche oder Terrorismusfinanzierung für Kriminelle erheblich verringern. Vor allem die Präsenzpflicht der Beteiligten bei der notariellen Beurkundung gemäß § 6 Abs. 2 BeurkG verbunden mit der Pflicht des Notars zur Identifizierung der Beteiligten gemäß § 10 BeurkG und zur Prüfung ihrer Verfügungsberechtigung und Vertretungsmacht gemäß §§ 17, 12 BeurkG stehen einer Verschleierung der

---

2 Vgl. BGH NStZ 2017, 28.
3 BGBl. 2017 I S. 1822.

tatsächlichen Rechtsverhältnisse entgegen. Auch dadurch, dass Notare nach § 57 Abs. 1 BeurkG kein Bargeld zur Aufbewahrung oder zur Ablieferung an Dritte entgegennehmen dürfen, werden Geldwäscherisiken erheblich minimiert. Das notarielle Berufsrecht untersagt Notaren gemäß §§ 4 BeurkG, 14 Abs. 2 BNotO zudem, an erkennbar unerlaubter oder unredlicher Zweckverfolgung mitzuwirken. In diesem Zusammenhang hat der Notar auch die Finanz-Sanktionsliste des Sanktionsausschusses des Sicherheitsrates der Vereinten Nationen (www.finanz-sanktionsliste.de) zu beachten, mit deren Hilfe Zahlungsströme zu terroristischen Gruppen unterbunden werden sollen.

Die vorliegenden Anwendungsempfehlungen bieten in erster Linie praktisch handhabbare Vorschläge zur effektiven Umsetzung des Geldwäschegesetzes. Daher beinhalten sie auch Empfehlungen, die rechtlich nicht geboten, aber wegen praktischer Standardisierung der Vorgänge einfacher umsetzbar sind. Inwieweit der Notar diese Empfehlungen anwendet, unterfällt seinem Ermessen als unabhängiger Träger eines öffentlichen Amtes.

Soweit nachfolgend ohne Differenzierung auf Geldwäsche verwiesen wird, ist damit ebenfalls Terrorismusfinanzierung gemeint. Die Terminologie des GwG wurde in den nachfolgenden Anwendungsempfehlungen durch die entsprechende notarielle Terminologie ersetzt.

Im nachfolgenden **Abschnitt B.** werden zunächst Beispielsfälle sowie Indikatoren für ein besonderes Geldwäschegefahrenpotential aufgelistet, in denen der Notar erhöhte Sensibilität bezüglich der ihm durch das Geldwäschegesetz auferlegten Pflichten entwickeln sollte.

Ab **Abschnitt C.** folgen sodann die eigentlichen Anwendungsempfehlungen. Diese sind nach folgendem Schema aufgebaut:

> Die in den einleitenden Kästen formulierten Leitlinien sollen einen ersten Überblick verschaffen. Zur näheren Erläuterung und Veranschaulichung dienen die dem jeweiligen blauen Kasten nachfolgenden **weiteren Hinweise.**

Abschnitt C. erläutert den Anwendungsbereich des GwG für Notare, **Abschnitt D.** die generelle Risikoanalyse und interne Sicherungsmaßnahmen, **Abschnitt E.** vorgangsspezifische Maß nahmen der Büroorganisation. **Abschnitt F.** führt zur Meldung von Verdachtsfällen aus, **Abschnitt G.** zur Zentralstelle für Finanztransaktionsuntersuchungen oder Financial Intelligence Unit (FIU). **Abschnitt H.** erfasst sonstige Fragen der geldwäscherechtlichen Aufsicht und Ordnungswidrigkeitentatbestände. Angefügt ist in der **Anlage** ein Muster einer Risikoanalyse einschließlich Beispiele für interne Sicherungsmaßnahmen.

B. Geldwäschetypologie im notarrelevanten Bereich

Um dem Notar ein Gefühl dafür zu vermitteln, welche Konstellationen in besonderer Weise zur Durchführung von geldwäscherelevanten Transaktionen genutzt werden, finden sich im Folgenden Beispielsfälle sowie eine Aufzählung klassischer Indikatoren.

I. Beispielsfälle

Die Beispielsfälle sind im Wesentlichen dem FATF Report »Money Laundering and Terrorist Financing Vulnerabilities of Legal Professions« aus dem Juni 2013 entnommen. Deutschland hat bei der Erstellung nicht mitgewirkt. Die Beispielsfälle aus anderen Ländern sind aufgrund der anderen hiesigen Rechtslage teilweise nicht oder nicht vollständig übertragbar.

Es handelt sich im Folgenden um Fälle, in denen eine Geldwäschehandlung nahe liegt, weil die Akteure regelmäßig wirtschaftliche Nachteile im Interesse der Anonymität und Intransparenz in Kauf nehmen. Das spricht dafür, dass das für die jeweiligen Geschäfte aufgewendete Vermögen nicht aus legalen Quellen stammt. Bei der Erkennung von Geldwäscheverdachtsfällen gilt der Grundsatz: Je ungewöhnlicher und sinnloser ein Geschäft erscheint, desto höher ist das Geldwäscherisiko.

Beachte: In allen dargestellten Fällen gilt, dass eine Strafbarkeit gem. § 261 StGB nur dann in Betracht kommt, wenn der Notar in Bezug auf die Herkunft der für die jeweiligen Geschäfte eingesetzten Vermögenswerte zumindest leichtfertig gehandelt hat.

Missbrauch eines Anderkontos

▶ *Beispiel 1:* Ein Notar nimmt Überweisungen auf einem Anderkonto von einem Käufer für einen Kauf entgegen. Nachdem der Kauf scheitert, soll der Notar die eingezahlten Mittel an einen Dritten zurückzahlen, der in einem risikobehafteten Staat in Osteuropa wohnhaft ist.[4]

Erläuterung: Die Rückzahlung an einen Dritten dient der Verschleierung des Zahlungsweges. Der Abbruch des Geschäfts soll es ermöglichen, die Rückzahlung frei umleiten zu können. Handelt es sich um illegale Vermögenswerte, aus denen der Kaufpreis bestritten werden soll, so würden die Ermittlungen der Strafverfolgungsbehörden ggf. an der Verschwiegenheitspflicht des Notars

---

4 Der Fall ist Case 7 des FATF Reports Money Laundering and Terrorist Financing Vulnerabilities of Legal Professions, Juni 2013, nachgebildet, siehe S. 42.

scheitern. Die »Umleitung« der Zahlung durch den Notar an die dritte Partei wäre nicht mehr nachzuvollziehen und der paper trail unterbrochen.

Red flags: Geschäft wird ohne nachvollziehbaren Grund abgebrochen, unbeteiligte Dritte ohne erkennbaren Grund involviert, Zahlung in unsicheren Staat.

▶ *Beispiel 2: Anstelle des zahlungspflichtigen Käufers zahlt ein Dritter, möglicherweise eine Gesellschaft oder eine Behörde, der keinen erkennbaren Bezug zu dem Käufer oder der Kaufsache hat, aus einem risikobehafteten Drittstaat auf das Anderkonto ein.*[5]

Erläuterung: Die paper trail wird bereits durch die Einzahlung unterbrochen, weil dann keine Verbindung mehr zwischen Vermögenswert und Leistendem erkennbar ist und die notarielle Verschwiegenheitspflicht die Ermittlung der tatsächlich beteiligten Personen erschwert.

Red flags: Unbeteiligte Dritte ohne erkennbaren Grund involviert, Zahlung aus einem Staat mit erhöhtem Korruptionsrisiko oder mangelhafter Anti-Geldwäschegesetzgebung.

Immobilientransaktionen

▶ *Beispiel 3: Ein Osteuropäer bezahlt den gesamten Kaufpreis bar, bevor der Kaufvertrag beurkundet wird. Er gibt vor, vor Ort kein Bankkonto eröffnen zu können. Nach Verdachtsmeldung des belgischen Notars stellt sich heraus, dass der Käufer ein Bankkonto in Belgien hat, dort Sozialhilfe bezieht und für Hehlerei bekannt ist.*[6]

Erläuterung: Die Barzahlung ist ein klassisches Mittel der Geldwäsche, sie dient zunächst dem sog. placement, also der Umwandlung auffälligen Barvermögens in weniger auffällige Vermögenswerte. Ferner hinterlässt die Barzahlung keine unmittelbaren Spuren und ist damit der beste Weg zur Verschleierung. Der Kauf von Grundstücken ist zur Geldwäsche besonders attraktiv, weil Immobilien als besonders wertstabil und unauffällig angesehen werden, auch wenn hier die Eigentümer registriert werden.

Red flags: Der Umgang mit hohen Bargeldsummen wird aus den genannten Gründen allgemein als verdächtig angesehen und muss jedenfalls auf zwin-

---

5 Der Fall ist Case 78 des FATF Reports Money Laundering and Terrorist Financing Vulnerabilities of Legal Professions, Juni 2013, nachgebildet, s. S. 121.
6 Case 9 des FATF Reports Money Laundering and Terrorist Financing Vulnerabilities of Legal Professions, Juni 2013, S. 45 f.

gende Gründe hinterfragt werden. Hinzu kommt hier das ungewöhnliche Verhalten des Käufers, der vor der Beurkundung des Kaufvertrages zahlt. Hat der Notar zudem Anhaltspunkte für Vermögensverhältnisse des Käufers, die nicht zum Geschäft passen, so liegt ein weiteres Risikokriterium vor.

▶ *Beispiel 4: Ein Anfang-20-jähriger Gärtner kaufte verschiedenen Grundbesitz. Er teilte mit, dass er die Käufe durch frühere Verkäufe von Grundbesitz finanziere, und legte eine Bankbestätigung vor. Kurze Zeit später verkaufte der Anfang-20-Jährige den Grundbesitz zu einem höheren Preis an Bekannte in ähnlichem Alter und mit ähnlichem beruflichem Hintergrund weiter. Tatsächlich stammen die finanziellen Mittel zum Erwerb der Grundstücke aus von den beteiligten Parteien begangenen Kreditbetrugsstraftaten.[7]*

Erläuterung: Die Grundstücksgeschäfte dienen hier der Verschleierung der kriminellen Herkunft der Vermögensgegenstände, die für den Kauf eingesetzt werden. Der rasche Kauf und Verkauf der Immobilien soll durch die Zahl der Transaktionen die Verfolgung erschweren und die paper trail verlängern. Die Verlängerung der Papierspur erhöht das Risiko, das sie sich bei den Ermittlungen der Strafverfolgungsbehörden verliert.

Red flags: Beruf passt nicht zu den getätigten Geschäften, untypisch für ein Grundstücksgeschäft ist auch das Alter des Kunden und seiner Geschäftspartner, die Anzahl und die Frequenz der Grundstückgeschäfte.

▶ *Beispiel 5: Der Verkäufer verkauft ein Grundstück zu einem hohen Kaufpreis an den Käufer. Der Notar erfährt, dass der Verkäufer einen Teil des Kaufpreises nach Vollzug auf ein drittes Konto des Käufers zurücküberweisen wird.*

Erläuterung: Die Zahlung dient nicht (allein) dem Erwerb des Grundstücks, sondern der Verdeckung der wahren Gründe eines Zahlungsflusses. Für solche Gestaltungen kann es unterschiedliche Gründe geben, die jedoch jeweils mit Verschleierung der Zahlungswege oder der Zahlung selbst verbunden sind: Kick-Back als Schmiergeld, als Provision für die Geldwäsche durch das Geschäft etc. Bei Kick-Back-Geschäften besteht damit das Risiko, dass es sich unmittelbar um Geldwäschevortaten handelt und daher bei der Vertragsabwicklung geldwäschetaugliches Vermögen entsteht.

Red flags: Geschäft ist – beispielsweise mit Blick auf Notargebühren und Grunderwerbsteuern – unwirtschaftlich und daher zu hinterfragen. Kick-Back-Geschäfte sind nicht stets illegal aber zumindest ein Indiz für ein erhöhtes Geldwäscherisiko.

---

7 Case 12 des FATF Reports Money Laundering and Terrorist Financing Vulnerabilities of Legal Professions, Juni 2013, S. 46.

Gesellschaftsrecht

▶ *Beispiel 6: Der Alleingesellschafter einer deutschen GmbH verkauft sämtliche Geschäftsanteile an eine holländische BV 1, deren Geschäftsführer die BV 2 ist. Die BV 2 wird wiederum durch die BV 3 vertreten, die BV 3 durch eine natürliche Person X. Aus dem Handelsregister ist nicht erkennbar, wer wirtschaftlich hinter den BVs steht. X erscheint nicht vor dem deutschen Notar, sondern genehmigt privatschriftlich.*

Erläuterung: Die Anonymität des X, die auch durch das Ferngeschäft aufrechterhalten wird, dient nicht unmittelbar der Verschleierung des Zahlungsweges, sondern der wirtschaftlichen Berechtigung. Die Strafverfolgungsbehörden könnten zwar der paper trail folgen, der unbekannte wirtschaftlich Berechtigte würde aber vor strafrechtlicher Verfolgung geschützt, wenn er nicht identifiziert werden kann.

Red flags: Die Unmöglichkeit, den wirtschaftlich Berechtigten zu identifizieren, ist ein Risikofaktor, weil es sich bei Anonymität der Nutznießer von Finanztransaktionen um das effektivste Mittel der Verschleierung und der Verhinderung von Strafverfolgung handelt.

II. Risikoindikatoren

Die Anlage 1 und Anlage 2 zu den §§ 5, 10, 14, 15 GwG enthalten eine nicht abschließende Liste von Faktoren und möglichen Anzeichen für ein potenziell geringeres bzw. höheres Risiko.

Die nachfolgende Zusammenstellung von Indikatoren basiert auf den Erfahrungswerten der mit der Strafverfolgung befassten Stellen bei Bund und Ländern und soll als »Red Flag List« die Aufmerksamkeit des Notars schärfen. Das Vorliegen eines oder einzelner der nachfolgenden Anhaltspunkte führt aber nicht dazu, dass der Notar von einem Geldwäscheverdacht ausgehen muss. Es bedarf stets einer Gesamtbetrachtung.

Allgemeine Indikatoren:

- Internationaler Hintergrund:

  Relevanz von Staaten mit erhöhtem Geldwäscherisiko bei dem notariellen Amtsgeschäft (Wohnsitz, Mittelherkunft, Staatsangehörigkeit, Tochter- oder Muttergesellschaften usw.)
  - o gemäß Festlegung in der Delegierten Verordnung (EU) 2016/1675, d. h. derzeit:
    - • Afghanistan

- Bosnien und Herzegowina
- Guyana
- Irak
- Iran
- Jemen
- Demokratische Volksrepublik Korea (DVK)
- DVR Laos
- Syrien
- Uganda
- Vanuatu

○ gemäß Feststellung der FATF, soweit nicht auch im vorstehenden Katalog:
  - Äthiopien
  - Sri Lanka
  - Trinidad and Tobago
  - Tunesien

○ sonstige im Zusammenhang mit eingeschränkter Regulierung bekannte Staaten:
  - ehemalige GUS-Staaten, soweit nicht jetzt in der EU
  - afrikanische Staaten
  - Karibische Inseln und mittelamerikanische Staaten

– Auffälligkeiten bei den Beteiligten:
  ○ Transaktionsvolumina, die nicht zum sozialen Status und zur Fachkenntnis der Beteiligten passen
  ○ Sprachunkenntnis und Desinteresse der Beteiligten
  ○ Beteiligte ohne örtlichen Bezug zur Notarstelle, häufiger Wechsel des Rechtsberaters
  ○ Beteiligung dominanter (Kapitalanlage-)Vermittler
  ○ wirtschaftlich Berechtigte vermeiden persönlichen Kontakt zum Notar
  ○ Mehrfachvertretung ohne Nähebeziehung
  ○ Intransparente Beteiligungsstrukturen; Holdingstrukturen
  ○ Klienten aus der organisierten Kriminalität, dem Drogen- oder Rotlichtmilieu
  ○ Besonders große Eilbedürftigkeit
  ○ Verzögerung des Vertragsvollzugs durch Beteiligte
  ○ Ungewöhnlich viele Transaktionen derselben Beteiligten innerhalb kurzer Zeit
  ○ Beteiligte sind politisch exponierte Personen (PeP), Familienmitglieder dieser oder politisch exponierten Personen bekanntermaßen nahestehende Personen

– Für den Vorgang ungewöhnliche Vertragsgestaltung:
  o Abwicklung über Notaranderkonto/andere Intermediäre
  o Zahlungsflüsse auf Konten nicht am Vertrag beteiligter Dritter, insb.
    bei Rückabwicklung
  o Komplizierte Gestaltung ohne ersichtlichen Grund
  o Kurzfristige Änderungswünsche ohne Erklärung
  o Keine Rücksicht auf kostenrechtliche Auswirkungen der Gestaltung

Kaufvertragsspezifische Indikatoren:

– An- und Verkauf innerhalb kurzer Zeit, insb. bei deutlicher Kaufpreisdifferenz
– Unter-/Über-Wert-Verkauf
– Barzahlungswunsch bei höheren Beträgen
– Barzahlungswunsch auf Notaranderkonto
– Zahlung in verschiedenen Währungen
– Kaufpreiszahlung schon vor Beurkundung

Gesellschaftsrechtsspezifische Indikatoren:

– Offenbares Auseinanderfallen von Satzungs- und Verwaltungssitz (Briefkastenfirmen)
– Gastronomiebetriebe und Kraftfahrzeughandelsunternehmen, insbesondere bei Beteiligung von Personen aus Staaten mit erhöhtem Geldwäscherisiko (vgl. oben)
– Gründung von lediglich dem Kapitaldurchlauf dienenden Gesellschaften, insbesondere bei Mittelzufluss aus dem Ausland
– Ausgleich der Verluste der deutschen Tochtergesellschaft durch die ausländische Mutter
– An- und Verkauf von Unternehmensbeteiligungen verschiedenster, nicht zusammenhängender Branchen innerhalb kurzer Zeit
– Kapitalanleger ohne Sach-, Branchen- und Sprachkenntnisse
– Unternehmen mit nur vorgegebenen Geschäftszweck ohne tatsächlichen Geschäftsbetrieb
– Unternehmen mit Liquiditätsproblemen
– Begründung von Treuhandverhältnissen ohne Sachgrund
– Wiederholte Nutzung von Vorratsgesellschaften

C. Anwendungsbereich des GwG für Notare

> Das GwG ist anwendbar bei
> – Immobilienkäufen einschließlich Sondereigentum und Erbbaurecht,
> – gesellschaftsrechtlichen Vorgängen einschließlich Handelsregisteranmeldungen und
> – Verwahrungstätigkeiten.
>
> Spezialvollmachten im Zusammenhang mit den vorbenannten Geschäften unterfallen ebenfalls dem GwG.
>
> Bei Unterschriftsbeglaubigungen beschränken sich die geldwäscherechtlichen Sorgfaltspflichten des Notars auf die nach den Vorschriften des GwG und des BeurkG vorzunehmende Identifizierung des vor ihm Erschienenen.

Weitere Hinweise:

Gemäß § 2 Abs. 1 Nr. 10 lit. a GwG findet das GwG Anwendung auf Notare, »soweit sie für ihren Mandanten an der Planung oder Durchführung von folgenden Geschäften mitwirken:
aa) Kauf und Verkauf von Immobilien oder Gewerbebetrieben,
bb) Verwaltung von Geld, Wertpapieren oder sonstigen Vermögenswerten,
cc) Eröffnung oder Verwaltung von Bank-, Spar- oder Wertpapierkonten,
dd) Beschaffung der zur Gründung, zum Betrieb oder zur Verwaltung von Gesellschaften erforderlichen Mittel,
ee) Gründung, Betrieb oder Verwaltung von Treuhandgesellschaften, Gesellschaften oder ähnlichen Strukturen«.

Nach dem Wortlaut von § 2 Abs. 1 Nr. 10 GwG unterfallen im **Gesellschaftsrecht** nur der Kauf von Gewerbebetrieben sowie die Gründung, der Betrieb oder die Verwaltung von Gesellschaften dem GwG. Neben dem entgeltlichen Erwerb von Anteilen an einer Gesellschaft ist damit jedenfalls auch die erstmalige Gründung vor dem Notar einer GmbH oder AG sowie die erstmalige Handelsregisteranmeldung sonstiger Gesellschaften erfasst. Unter »Verwaltung einer Gesellschaft« sind zudem sämtliche weiteren gesellschaftsrechtlichen Vorgänge anzusehen, die in Zusammenhang mit Geldwäsche und Terrorismusfinanzierung stehen könnten. Vor diesem Hintergrund empfiehlt es sich, die Sorgfaltspflichten im Gesellschaftsrecht stets zu beachten, wobei bei geringerem Risiko auch die vereinfachten Sorgfaltspflichten anzuwenden sein können (z. B. Abberufung eines Geschäftsführers, Änderung der Geschäftsanschrift; vgl. E. I.).

Spezialvollmachten im Zusammenhang mit den genannten Geschäften fallen ebenfalls in den Anwendungsbereich des GwG.

Das GwG ist auch anwendbar auf **Unterschriftsbeglaubigungen** im Sinne des § 40 BeurkG, die ein Geschäft im Anwendungsbereich des GwG betreffen. Hierbei darf sich der die Unterschrift beglaubigende Notar jedoch auf die geldwäscherechtliche Identifizierung des vor ihm Erschienenen beschränken. Bei Unterschriftsbeglaubigungen im Rahmen des Vollzugs eines von einem anderen Notar beurkundeten Geschäfts (z. B. Genehmigungen und Vollmachtsbestätigungen) obliegt die Ermittlung des wirtschaftlich Berechtigten, des Zwecks und der Art der Geschäftsbeziehung sowie die Feststellung etwaiger politisch exponierte Personen (PeP), Familienmitglieder oder bekanntermaßen nahestehender Personen bereits dem den Entwurf fertigenden Notar.

Die Pflichten nach dem GwG müssen stets bei Notaranderkonten erfüllt werden (zu den Besonderheiten vgl. E. VIII.) und sollten auch bei der Verwahrung sonstiger Kostbarkeiten im Sinne von § 62 Abs. 1 BeurkG berücksichtigt werden.

Dem GwG **unterfallen dagegen nicht:**
– Schenkungen und Übergabeverträge,
– sämtliche Vorgänge, die auf die Begründung, Änderung oder Löschung sonstiger Rechte an einem Grundstück gerichtet sind (insb. Grundpfandrechte),
– familienrechtliche Angelegenheiten,
– erbrechtliche Angelegenheiten. Nachlassauseinandersetzungen, die Grundstücke oder Gewerbebetriebe betreffen, führen nach dem Wortlaut des § 2 Abs. 1 Nr. 10 lit. a) aa) GwG (»Kauf oder Verkauf«) ebenfalls nicht zur Eröffnung des Anwendungsbereichs. Beim Erbteilskauf empfiehlt sich die Beachtung des GwG jedenfalls dann, wenn Erbteile außerhalb der Miterben verkauft werden und im Nachlass Immobilien oder Gesellschaften enthalten sind.
– Generalvollmachten, die zwar geeignet, aber nicht konkret dafür bestimmt sind, die in § 2 Abs. 1 Nr. 10 lit. a GwG genannten Geschäfte abzuschließen, da in diesen Fällen die Tätigkeit des Notars nicht in der Mitwirkung an der Planung und Durchführung eines in § 2 Abs. 1 Nr. 10 lit. a GwG genannten Geschäfts besteht.

D. Büroorganisation – Risikomanagement

I. Risikoanalyse, § 5 GwG

> Notare müssen eine Risikoanalyse im Hinblick auf die von ihnen allgemein betriebenen Geschäfte durchführen und diese dokumentieren, regelmäßig überprüfen und gegebenenfalls aktualisieren sowie den Aufsichtsbehörden auf Verlangen zur Verfügung stellen.

Weitere Hinweise:

Als Muster für die **Durchführung** einer solchen Risikoanalyse kann die **Anlage** dienen, die sich

u. a. an den in der Anlage 1 und Anlage 2 des Geldwäschegesetzes genannten Risikofaktoren orientiert.

Zur **Dokumentation** der Risikoanalyse empfiehlt sich die Ablage in der Generalakte.

Die Gesetzesbegründung sieht zumindest eine **jährliche Überprüfung** vor.[8] Abhängig vom Ergebnis der Überprüfung muss die Risikoanalyse gegebenenfalls aktualisiert werden.

II. Interne Sicherungsmaßnahmen, § 6 GwG

> Mögliche angemessene geschäfts- und kundenbezogene interne Sicherungsmaßnahmen sind in der **Anlage** dargestellt.

Weitere Hinweise:

Das GwG ist geprägt vom Begriff der »**Angemessenheit**«. Damit wird den Verpflichteten einerseits ein (weiter) Ermessensspielraum zugestanden, andererseits erschwert dieser unbestimmte Rechtsbegriff dem Notar, die Angemessenheit einer Maßnahme in seiner konkreten Situation zu beurteilen. Die in der Anlage vorgeschlagenen Maßnahmen können daher nicht für jeden Notar zwingend sein, sondern müssen risikoangemessen reduziert oder erweitert werden.

Ein **Geldwäschebeauftragter** ist nur auf Anordnung der Aufsichtsbehörde zu bestellen, § 7 Abs. 3 GwG. Eine solche Anordnung kommt bei Notaren nicht in Betracht, weil die Organisationsstruktur von Notarstellen auf den Notar zentriert ist und nur Notare, nicht aber Mitarbeiter geldwäscherelevant nach außen tätig werden. Die Entscheidung, ob im Zusammenhang mit der notariellen Tätigkeit eine Meldung erfolgen muss, kann und darf stets nur der Notar selbst treffen, da diese in engem Kontext zur (strafbewehrten) Verschwiegenheitspflicht steht. Ebenso wenig muss ein Mitglied der Leitungsebene als Verantwortlicher des Risikomanagements gemäß § 4 Abs. 3 GwG benannt werden.

---

8 Regierungsentwurf, BT-Drucks. 18/11555, S. 109.

Darüber hinaus müssen **Grundsätze, Verfahren und Kontrollen** für die vorgangsspezifische Organisation zu der Umsetzung der Sorgfaltspflichten nach §§ 10 bis 17 GwG (hierzu E.), der Erfüllung der Meldepflicht nach § 43 Abs. 1 GwG (hierzu F.), der Aufzeichnung von Informationen und der Aufbewahrung von Dokumenten nach § 8 GwG (hierzu D. III.) entwickelt werden. Die Funktionsfähigkeit der internen Sicherungsmaßnahmen muss überwacht und diese müssen bei Bedarf aktualisiert werden. Wesentliche Grundsätze und Verfahren für die notarielle Amtstätigkeit folgen direkt aus den berufs- und verfahrensrechtlichen Normen, insbesondere der BNotO, dem BeurkG und der DONot, sodass eine weitere Verschriftlichung dieser Regelungen nicht erforderlich ist. Weitere Verfahrensgrundsätze sind in diesen Anwendungsempfehlungen einschließlich der Anlage niedergelegt, die auch den Mitarbeitern vermittelt werden sollten. Im Hinblick auf die Organisationsstruktur von Notarstellen, bei denen die Fertigstellung des »Produkts«, d. h. die notarielle Amtstätigkeit, stets dem Notar obliegt und das »Endprodukt«, d. h. die notarielle Urkunde, nicht von verschiedensten Mitarbeitern ohne Mitwirkung des Notars hergestellt und »vertrieben« werden kann, ist eine weitere Ausarbeitung von Grundsätzen, Verfahren und Kontrollen nur erforderlich, wenn spezifische Risiken im Hinblick auf die Organisationsstruktur erkannt werden.

Eine **unabhängige Prüfung** der Grundsätze und Verfahren ist angesichts der Art und des Umfangs der notariellen Tätigkeit nicht angemessen im Sinne von § 6 Abs. 2 Nr. 7 GwG und daher nicht erforderlich.

Die Schaffung und Fortentwicklung geeigneter Maßnahmen zur Verhinderung des Missbrauchs von **neuen Produkten und Technologien** zur Begehung von Geldwäsche und von Terrorismusfinanzierung oder für Zwecke der Begünstigung der Anonymität von Geschäftsbeziehungen oder von Transaktionen nach § 6 Abs. 2 Nr. 6 GwG ist ebenso nicht erforderlich, da das Beurkundungsverfahren und die in diesem Verfahren zulässigen Mittel durch das BeurkG strikt reglementiert sind und der Einsatz neuer Mittel (Produkte und Technologien) stets im Wege einer Gesetzesänderung durch den Bundesgesetzgeber zugelassen werden muss. Ein Missbrauch neuer Produkte und Technologien für Geldwäsche- oder Terrorismusfinanzierungszwecke im Beurkundungsverfahren ist daher nicht möglich.

III. GwG und Mitarbeiter

Mitarbeiter sind im Hinblick auf ihre Eignung zum Einsatz für notarielle Tätigkeiten auszuwählen, mit den allgemeinen berufsrechtlichen sowie den geldwäschespezifischen Anforderungen vertraut zu machen und im Hinblick auf die Einhaltung dieser Vorgaben zu überwachen. Zur geldwäscherechtlichen **Schulung** bietet sich an, den Mitarbeitern diese Anwendungsempfehlungen, insbesondere die Geldwäschetypologien (vgl. B.), zu vermitteln. Zudem kann der Notar z. B. im Zusammenhang mit Mitarbeitergesprächen dokumentieren, dass er über aktuelle Entwicklungen informiert hat und der Mitarbeiter zuverlässig ist, d. h. geldwäscherelevante Pflichten sorgfältig beachtet, relevante Tatsachen dem Notar mitteilt und sich nicht selbst an Geldwäsche beteiligt.

Darüber hinaus ist Mitarbeitern eine Stelle zu nennen, an die sie anonym Hinweise zu internen Verstößen gegen geldwäscherechtliche Vorschriften richten können («**Whistleblowing**»). Diese Funktion sollte der Notar übernehmen und den Mitarbeitern einen anonymen Weg zur Abgabe solcher Hinweise einrichten. Als weitere Möglichkeit kann Mitarbeitern geraten werden, dass sie diese Hinweise auch anonym an die jeweiligen örtlichen Notarkammern richten können.

Weitere Hinweise:

Die vorgenannten Empfehlungen werden angesichts des oftmals geringeren Risikos und des einerseits seltenen und dann nicht geldwäscherelevanten Auftretens der Mitarbeiter nach außen (Vorbereitungs- und Vollzugstätigkeiten) sowie der andererseits kleinen Einheiten der Notarstellen regelmäßig über das **risikoangemessene Maß** hinausgehen, § 6 Abs. 1 Satz 2 GwG. Eine regelmäßige Vermittlung aktueller Geldwäschetypologien ist gleichwohl erforderlich, ebenso wie eine erhöhte Aufmerksamkeit des Notars für das Risikobewusstsein der Mitarbeiter und gegebenenfalls entsprechende Nachschulungen.

Meldewege für Verstöße gegen interne Regelwerke («**Whistleblowing**») sind im Compliance Management bedeutend, um Mitarbeitern die Gelegenheit zu geben, vertraulich Informationen insbesondere über Vorgesetzte weitergeben zu können. Unabhängig von der praktischen Bedeutung für Notarstellen muss daher gemäß § 6 Abs. 5 GwG ein Meldeweg zum Notar und kann ein weiterer Meldeweg zur zuständigen Notarkammer eröffnet werden.

IV. Aufzeichnungs- und Aufbewahrungspflicht, §§ 5 Abs. 2, 8 GwG

Aufzuzeichnen und aufzubewahren sind:
- generell (Generalakte):
  - ○ Risikoanalyse (z. B. gemäß Anlage);
  - ○ interne Sicherungsmaßnahmen (z. B. gemäß Anlage);

> – vorgangsbezogen (z. B. in Urkunde, Kostenrechnung, Nebenakte usw.):
>   - ○ die zur Identifizierung erhobenen Daten der Beteiligten (insbesondere Ausweiskopien); o die eingeholten Informationen zur wirtschaftlichen Berechtigung (insbesondere Registerauszüge, Gesellschafterlisten u. Ä.);
>   - ○ konkrete Risikobewertung des Vorgangs und etwaige Einstufung des Risikos für die Beurteilung der Angemessenheit der vereinfachten, allgemeinen oder verstärkten Sorgfaltspflichten (z. B. auf Verfügungsbogen);
>   - ○ ggf. die aufgrund des festgestellten Risikos veranlassten weiteren Maßnahmen und Ermittlungen sowie deren Ergebnisse, insbesondere im Rahmen verstärkter Sorgfaltspflichten;
>   - ○ ggf. bei genauerer Prüfung einer möglichen Meldepflicht die Erwägungsgründe sowie eine nachvollziehbare Begründung des Ergebnisses.

Weitere Hinweise:

Die nach § 5 Abs. 2 GwG erforderliche Dokumentation der **Risikoanalyse** erfolgt zweckmäßigerweise in der **Generalakte**. Gleiches gilt für die **internen Sicherungsmaßnahmen** – für die eine Pflicht zur Dokumentation nicht besteht – damit deren Schaffung, Überwachung und ggf. Aktualisierung nachgewiesen werden kann.

Die nach § 8 GwG aufzuzeichnenden und aufzubewahrenden **vorgangsbezogenen Angaben und Informationen** sind grundsätzlich in der jeweiligen **Nebenakte** festzuhalten. Sie können aber auch elektronisch abgelegt werden.

Bei geldwäscherelevanten Vorgängen empfiehlt es sich, folgende Dokumente standardisiert in der Nebenakte aufzubewahren:

– Ausweiskopien,[9]
– ggf. Registerauszüge und sonstige Dokumente zur Identifizierung des wirtschaftlich Berechtigten,
– Ergebnis der konkreten Risikobewertung des Vorgangs (z. B. auf dem Verfügungsbogen).

Der Verfügungsbogen könnte im Hinblick auf die Risikobewertung folgendermaßen gestaltet werden:

Konkrete GwG-Risikobewertung:

❏ geringeres Risiko   ❏ mittleres Risiko   ❏ höheres Risiko
(ggf. weitere Bemerkungen/Maßnahmen dokumentieren)

---

9 Bei Personalausweisen sind wegen § 8 Abs. 2 Satz 1 GwG, wonach auch die ausstellende Behörde aufzuzeichnen ist, Vorder- und Rückseite zu kopieren bzw. einzuscannen; vgl. E.II.2.

Wurden auf der Grundlage des festgestellten Risikos Maßnahmen ergriffen oder – bei Verdachtsmomenten – das Vorliegen einer Meldepflicht geprüft, ist dies mit den jeweiligen Ergebnissen ebenfalls zu dokumentieren.

Die zu erhebenden Angaben zur Art und zum Zweck der Geschäftsbeziehung (§ 10 Abs. 1 Nr. 3 GwG) werden sich regelmäßig bereits aus der **Urkunde** ergeben, sodass keine weiteren Aufzeichnungs- und Aufbewahrungspflichten bestehen. Informationen zu (weiteren) »Geschäftsbeziehungen« der Beteiligten können dem **Namensverzeichnis** und der **Urkundenrolle** entnommen werden, sodass keine weiteren Vorkehrungen erforderlich sind, um der Zentralstelle für Finanztransaktionsuntersuchungen oder anderen zuständigen Behörden gemäß § 6 Abs. 6 GwG auf Anfrage Auskunft über Geschäftsbeziehungen der letzten fünf Jahre erteilen zu können (zur Kollision eines solchen Auskunftsersuchens mit der notariellen Verschwiegenheitspflicht siehe G.I.).

Bei einem bereits zuvor nach den Anforderungen des GwG Identifizierten genügt der **Hinweis** in der Urkunde, dass **diese Person dem Notar bekannt ist**, der Dokumentationspflicht, sofern eine Ausweiskopie noch vorhanden ist (siehe hierzu E. II. 2.).

Aufzeichnungen und sonstige Belege sind fünf Jahre ab Ende des Kalenderjahrs **aufzubewahren**, in dem die notarielle Amtstätigkeit mit der Vollzugsmitteilung beendet wurde. Als Teil der Nebenakte können derartige Aufzeichnungen und sonstige Belege jedoch auch über fünf Jahre hinaus (z. B. mit der Nebenakte) aufbewahrt werden.

Dabei dient die Dokumentation nicht nur der Einhaltung geldwächerechtlicher Pflichten. Sie kann darüber hinaus auch zum Beleg herangezogen werden, um im Einzelfall gegen den Notar erhobene Vorwürfe auszuräumen.

E. Vorgangsspezifische Organisation – Sorgfaltspflichten

I. Konkrete Risikobewertung eines Vorgangs

> Jeder geldwäscherelevante Vorgang (siehe C.) ist auf das konkrete Geldwäscherisiko zu prüfen. Auf der Basis der Feststellungen der allgemeinen Risikoanalyse (siehe D. I.) erfolgt eine vorgangsspezifische Risikobewertung anhand der vorliegenden Risikofaktoren (siehe hierzu B. II.). Darüber hinaus sind zumindest der von den Beteiligten mit dem notariellen Amtsgeschäft verfolgte Zweck (in der Regel aus der Urkunde ersichtlich), die wirtschaftliche Bedeutung des Vorgangs (in der Regel Geschäftswert) und die Anzahl der Vorgänge mit dem Beteiligten (in der Regel nur einer) zu berücksichtigen.
>
> Die Vornahme und das Ergebnis der konkreten Risikobewertung sind zu dokumentieren. Das Ergebnis der konkreten Risikobewertung kann mit dreistufiger Skala (geringeres Risiko – mittleres Risiko – höheres Risiko) auf dem Verfügungsbogen oder einem gesonderten Dokument in der Nebenakte festgehalten werden (vgl. D. IV.).
>
> Aus der Feststellung eines höheren Risikos folgen weitere Pflichten (siehe E. V.), insbesondere sind die daraufhin ergriffenen Maßnahmen zu dokumentieren. Bei der Feststellung eines geringeren Risikos können die Sorgfaltspflichten angemessen verringert werden, insbesondere muss die Identifizierung nicht zwingend anhand eines gültigen amtlichen Lichtbildausweises erfolgen, mit dem im Inland die Pass- und Ausweispflicht erfüllt wird (vgl. E. II. 2.).

Weitere Hinweise:

Der **Umfang der aufgrund der allgemeinen Sorgfaltspflichten zu treffenden Maßnahmen** nach § 10 Abs. 1 Nr. 2 – 5 GwG muss gemäß § 10 Abs. 2 GwG im Hinblick auf das im Einzelfall festgestellte Geldwäscherisiko angemessen sein. Angemessenheit erfordert, die richtige Balance zwischen Risiko und Aufwand zu finden. Das bedeutet, dass das Maß des zumutbaren Aufwands für Maßnahmen der Identifizierung, Verifizierung etc. in dem Maße steigt, in dem sich das Risiko erhöht. Die Schwelle der Unzumutbarkeit sinkt mit der Verringerung des Risikos. Die §§ 14, 15 GwG enthalten Bestimmungen zu vereinfachten und verstärkten Sorgfaltspflichten, die zur Anwendung kommen, wenn im Einzelfall insgesamt ein geringes oder höheres Geldwäscherisiko festgestellt wird. Die Ausgestaltung des notariellen Verfahrens (z. B. Präsenz- und Identifizierungspflicht, Pflicht zur Prüfung der Verfügungsberechtigung und Vertretungsmacht, Verbot der Aufbewahrung und Ablieferung von Bargeld) trägt an sich schon wesentlich zur Reduzierung des Risikos der missbräuchlichen Inanspruchnahme notarieller Tätigkeiten zum Zwecke der Geldwäsche und Terrorismusfinanzierung bei.

Bereits dadurch, dass sich der Notar streng an die Vorgaben der Bundesnotarordnung, des Beurkundungsgesetzes und der übrigen berufsrechtlichen Vorschriften zu halten hat, wird das Geldwäscherisiko in der Praxis also eklatant verringert.

Die Risikobewertung hat bei **Begründung der Geschäftsbeziehung** zu beginnen, d. h. mit Beginn der Entwurfs-, Beratungs-, engeren Amts-, Betreuungs- oder Vollzugstätigkeit. Bei **früheren Mandanten** ist eine erneute Risikobewertung zwar nicht zwingend bei jedem neuen notariellen Amtsgeschäft erforderlich, sondern »zu geeigneter Zeit«, insbesondere bei Änderung maßgeblicher Umstände vorzunehmen, § 10 Abs. 3 Satz 3 GwG. Soweit der (erneuten) »Geschäftsbeziehung« ein anderer Sachverhalt zugrunde liegt, sie sich beispielsweise auf eine andere Amtstätigkeit bezieht oder andere Personen daran beteiligt sind, scheint gleichwohl eine neue Risikobewertung erforderlich (z. B. muss jeder Bauträgervertrag eines Objekts mit mehreren Einheiten separat bewertet werden, nicht aber müssen Gesellschafterbeschluss und zugehörige Handelsregisteranmeldung unabhängig voneinander überprüft werden).

Die anfängliche Risikobewertung des Notars ist nicht abschließend. § 10 Abs. 3 Satz 1 Nr. 3 und 4 GwG verlangt vielmehr die Erfüllung der allgemeinen Sorgfaltspflichten auch bei **nachträglichen Anhaltspunkten** für Geldwäsche oder **nachträglichen Zweifeln** hinsichtlich der Richtigkeit der erhobenen Angaben zu den Beteiligten und wirtschaftlich Berechtigten. Insbesondere bei zuvor risikoangemessener Reduzierung der allgemeinen Sorgfaltspflichten gemäß § 10 Abs. 2 GwG können solche nachträglichen Anhaltspunkte nunmehr eine volle Beachtung der allgemeinen Sorgfaltspflichten erfordern. Es gehört zur sachlichen Unabhängigkeit des Notars, auch bei geringerem Risiko die allgemeinen Sorgfaltspflichten anzuwenden und beispielsweise nicht auf eine Identifizierung mit geeigneten Ausweisdokumenten zu verzichten (vgl. hierzu nachfolgend E. II. 2.).

Die Risikobewertung erfolgt im Rahmen einer Gesamtschau sämtlicher Umstände des Einzelfalls, sodass aus dem Vorliegen eines oder einzelner der nachfolgenden Gesichtspunkte nicht zwingend auf ein geringeres oder höheres Risiko geschlossen werden kann:

Ein **geringeres Risiko** wird insbesondere bei folgenden notariellen Amtsgeschäften im Anwendungsbereich des GwG regelmäßig bestehen:
- Immobiliengeschäfte für eigene Wohn-/Geschäftszwecke, auch bei Zweit- oder Ferienwohnungen, sowie für Vermietungszwecke;
- Gesellschaftsrechtliche Vorgänge bei tatsächlich betriebenem Unternehmen.

Ein höheres **Risiko** besteht gemäß § 15 Abs. 3 GwG insbesondere in folgenden Fällen:

– Beteiligung einer PeP (auch bis zu zwölf Monate nach deren Ausscheiden), deren Familienmitglied oder einer der PeP bekanntermaßen nahestehenden Person;

– Beteiligte oder Mittel kommen aus unsicherem Drittstaat gemäß Delegierter Verordnung (EU) 2016/1675, d. h. derzeit: Afghanistan, Bosnien und Herzegowina, Guyana, Irak, DVR Laos, Syrien, Uganda, Vanuatu, Jemen, Iran, Demokratische Volksrepublik Korea (DVK);

– Transaktion im Verhältnis zu sonstigen Transaktionen des Notars
  o besonders komplex oder groß,
  o ungewöhnlicher Ablauf,
  o ohne offensichtlichen wirtschaftlichen oder rechtmäßigen Zweck.

Weitere Anhaltspunkte für ein erhöhtes Risiko können sein:
– Immobiliengeschäft ohne Finanzierung;
– ausländische Immobilienkäufer;
– junger oder sehr alter Immobilienkäufer,
– der Kaufpreis erscheint angesichts der sozialen Stellung nicht darstellbar;
– Kaufpreis außerhalb des Rahmens marktüblicher Bandbreiten;
– besondere Eile der Beteiligten;
– Wunsch nach Barzahlung (ein bestimmter Schwellenwert existiert nicht, insbesondere ist § 10 Abs. 3 Satz 1 Nr. 2 lit. b GwG nicht auf Notare anwendbar);
– Wunsch nach Bareinzahlung auf ein Anderkonto;
– Vereinbarung eines Kick-backs für den Käufer;
– Käufer hat ersichtlich kein Interesse an Kaufsache;
– Käufer hat keine Sach- oder Branchenkenntnisse;
– Verkäufer wünscht Kaufpreiszahlung auf problematisches Dritt(staat)konto (s. o.);
– Über-/Unter-Wert-Kauf;
– Sanierung von sog. Schrottimmobilien;
– Kaufpreiszahlung durch ausländische Stellen, insbesondere der öffentlichen Verwaltung oder ausländische Gesellschaften.

Bei den genannten Kriterien handelt es sich um solche Umstände, die zwar ein höheres Risiko bedeuten, aber auch einen plausiblen Grund haben können und daher das höhere Risiko wieder relativieren können. Liegen keine Verdachtsmomente vor, ist der Notar (über die Sorgfaltspflichten hinaus) nicht zu eigenen Initiativermittlungen verpflichtet.

II. Identifizierung der formell Beteiligten, § 10 Abs. 1 Nr. 1 GwG

1. Zu identifizierende Personen

> Die Pflicht zur Identifizierung des »Vertragspartners« und der gegebenenfalls »für ihn auftreten- den Person« bezieht sich immer nur auf die **formell Beteiligten**, also die **Erschienenen**. Dies gilt auch in Vertretungsfällen einschließlich einer Vertretung ohne Vertretungsmacht.

Weitere Hinweise:

Vertragspartner des Notars im Sinne des GwG sind immer nur die Erschienenen, sodass der Begriff »Vertragspartner« und »für ihn auftretenden Person« für den Bereich der notariellen Praxis zusammenfallen.[10] Die Pflicht zur Identifizierung nach § 10 Abs. 1 Nr. 1 GwG bezieht sich daher immer nur auf den formell Beteiligten i. S. d. § 6 Abs. 2 BeurkG. Dem gleichzustellen sind bei

---

10 Der Begriff der für den Vertragspartner auftretenden Person ist mit der teilweisen Umsetzung der vierten EU- Geldwäscherichtlinie (EU) 2015/849 durch das Gesetz zur Umsetzung der Richtlinie über die Vergleichbarkeit von Zahlungskon- toentgelten, den Wechsel von Zahlungskonten sowie den Zugang zu Zahlungskonten mit grundlegenden Funktionen eingeführt worden, also noch vor dem Gesetz zur Umsetzung der vierten EU-Geldwäscherichtlinie, zur Ausführung der EU- Geldtransferverordnung und zur Neuorganisation der Zentralstelle für Finanztransaktionsuntersuchungen. Die vierte EU- Geldwäscherichtlinie basiert auf den FATF-Empfehlungen von 2012. In der EU-Geldwäscherichtlinie ist nicht die »für [den Vertragspartner] auftretende Person« genannt, sondern vielmehr die Person, »die vorgibt, im Namen des Kunden zu handeln«. Im Englischen heißt es jeweils »any person purporting to act on behalf of the customer«, wobei sich die FATF-Empfehlungen lediglich auf »financial institutions« als Verpflichtete beziehen, wohingegen Art. 13 Abs. 1 letzter Satz der EU-Richtlinie alle Verpflichteten zur Identifizierung der für den Vertragspartner auftretenden Person verpflichtet. Die Folgen der über die Richtlinie und die FATF-Empfehlungen hinausgehenden Umsetzung ins nationale Recht für notarielle Amtsgeschäfte hat der Gesetzgeber erkannt. Er stellt daher im Einklang mit der EU-Richtlinie und den FATF-Empfehlungen ausdrücklich fest, dass »der Begriff ›des Vertragspartners‹ und der ›auftretenden Person‹ für den Bereich der notariellen Praxis zusammenfallen und diese Pflichten sich nur auf den Erschienenen beziehen«, weswegen »diese Rechtsänderung für die Identifizierungspraxis der Notare keine Auswirkungen« habe (BT-Drucks. 18/7204, S. 99). Mit der Neufassung des GwG durch das Gesetz zur Umsetzung der vierten EU- Geldwäscherichtlinie, zur Ausführung der EU-Geldtransferverordnung und zur Neuorganisation der Zentralstelle für Finanztransaktionsuntersuchungen ergeben sich keine Änderungen. Vielmehr verweist die Begründung zu § 10 GwG im Regierungsent- wurf auf den früheren § 3 GwG a. F. und damit die bisherigen Begründungen (BT-Drucks. 18/11555, S. 129). Es ist daher festzuhalten, dass die Pflicht zur Identifizierung des Vertragspartners und gegebenen- falls der für ihn auftretenden Person sich nur auf den Erschienenen bezieht.

Unterschriftsbeglaubigungen nach § 40 BeurkG diejenigen Personen, welche die Unterschrift vollziehen oder anerkennen.

Auch in Vertretungsfällen ist daher **nur der Vertreter** nach §§ 11 Abs. 4 Nr. 1, 12 Abs. 1, 13 Abs. 1 GwG zu identifizieren (vgl. dazu E. II. 2.). Im Hinblick auf den Vertretenen ist hingegen lediglich der wirtschaftlich Berechtigte nach § 11 Abs. 5 GwG zu identifizieren (vgl. dazu III.).[11]

Bei geldwäscherelevanten Vorgängen, an denen Gesellschaften beteiligt sind, ist als formell Beteiligter immer nur die die Gesellschaft vertretende natürliche Person zu identifizieren, nicht aber die Gesellschaft selbst. Die **Identifizierungspflichten betreffend Gesellschaften** aus §§ 11 Abs. 4 Nr. 2, 12 Abs. 2 GwG finden für notarielle Amtsgeschäfte folglich **keine Anwendung**, sondern sind nur mittelbar im Hinblick auf die Ermittlung des wirtschaftlich Berechtigten von Bedeutung (vgl. dazu E. III.). Im Beurkundungsverfahren werden i. d. R. die in § 11 Abs. 4 Nr. 2 GwG genannten Angaben durch die in § 12 Abs. 2 GwG vorgesehenen Verfahren gleichwohl erhoben und in der Nebenakte dokumentiert (vgl. D. IV.).

Keine weitergehende Bedeutung für einen Notar hat die Pflicht aus § 10 Abs. 1 Nr. 1 a. E. GwG, die Berechtigung der für den Vertragspartner auftretenden Person zu prüfen, da beide Personen in der Person des formell Beteiligten zusammenfallen. Die **Vertretungsmacht** hat ein Notar jedoch ohnehin schon im Rahmen seiner notariellen Amtspflichten zu prüfen und die Prüfung zu dokumentieren, §§ 17, 12 BeurkG.

2. Durchführung der Identifizierung, §§ 11 Abs. 4 Nr. 1, 12 Abs. 1, 13 Abs. 1 GwG

Die Identifizierung der formell Beteiligten erfolgt spätestens im Notartermin und in der Regel durch Prüfung des vorgelegten gültigen Personalausweises oder Passes. Das zur Überprüfung der Identität vorgelegte Dokument ist entweder als Kopie zur Nebenakte zu nehmen oder digital abzulegen. Bei Personalausweisen sind Vorder- und Rückseite zu kopieren bzw. einzuscannen.

Als Merksatz gilt, dass nur EU-Bürger oder Bürger des Europäischen Wirtschaftsraums durch Personalausweise nach den Vorschriften des GwG ausreichend identifiziert werden können; für alle anderen Staatsangehörigen muss der Pass vorgelegt werden.

---

11 Vgl. auch BT-Drucks. 18/11555, S. 119, wonach die Überprüfung der Identität einer natürlichen Person durch angemessene Prüfung des vor Ort vorgelegten Dokuments gemäß § 13 Abs. 1 Nr. 1 GwG nur die Überprüfung der Identität unter Anwesenden erfasst.

Weitere Hinweise:

Die **geldwäscherechtliche Identifizierung** der formell Beteiligten setzt sich zusammen aus der Feststellung der Identität und der Überprüfung der Identität (§ 1 Abs. 3 GwG). Die **Feststellung der Identität** erfolgt durch die Erhebung folgender Angaben:
- Vorname und Nachname,
- Geburtsort und -datum,
- Staatsangehörigkeit und
- Wohnanschrift.

Die **Überprüfung der Identität** erfolgt grundsätzlich gem. § 12 Abs. 1 Nr. 1 GwG anhand eines gültigen amtlichen Lichtbildausweises, mit dem im Inland die Pass- und Ausweispflicht erfüllt wird. Das ist für einen deutschen Staatsangehörigen u. a. der Personalausweis und der Reisepass (§ 1 Abs. 1 S. 1 PAuswG, § 1 Abs. 1 S. 1 PassG). Für Staatsangehörige eines Mitgliedstaates der Europäischen Union und eines Vertragsstaates des Abkommens über den Europäischen Wirtschaftsraum (Island, Liechtenstein und Norwegen) sowie Staatsangehörige der Schweiz wird die inländische Ausweispflicht ebenfalls mit einem von diesen Staaten ausgestellten Personalausweis oder Reisepass erfüllt (§ 8 Abs. 1 FreizügigkeitsG/EU i. V. m § 3 Abs. 1 Satz 1 AufenthaltsVO; Art. 3 i. V. m Anlage I Art. 1 Abs. 1 S. 1 Freizügigkeitsabkommen Schweiz-EU). Ein nicht freizügigkeitsberechtigter Drittstaatsangehöriger kann die inländische Ausweispflicht hingegen grundsätzlich nur durch einen in Deutschland durch zwischenstaatliche Vereinbarung oder Allgemeinverfügung des Bundesinnenministeriums anerkannten ausländischen Pass oder einen von deutschen Behörden ausgestellten Passersatz (§§ 3, 4 AufenthaltG) bzw. eine Bescheinigung über die Aufenthaltsgestattung (§ 64 Abs. 1 AsylVfG) erfüllen. Mit den zuletzt genannten beiden Dokumenten ist allerdings nur dann eine Identifizierung zur Gewissheit des Notars (§ 11 Abs. 1 BeurkG) möglich, wenn nach dem Inhalt des Dokuments die Personalangaben nicht lediglich auf den eigenen Angaben des Inhabers beruhen.[12]

Notare sind bereits nach §§ 10, 40 Abs. 4 BeurkG verpflichtet, die formell Beteiligten sicher zu identifizieren. Für notarielle Amtsgeschäfte im Anwendungsbereich des GwG ergeben sich daher lediglich zusätzliche Anforderungen an das **zur Identifizierung zu nutzende Mittel**. Nicht alle nach § 11 Abs. 4

---

12 Weitere Hinweise zu Ersatzpapieren enthalten die DNotI-Gutachten 145516/15 und 154337/17 sowie die Allgemeinverfügung über die Anerkennung eines ausländischen Passes oder Passersatzes des Bundesministeriums des Inneren vom 6. April 2016, abrufbar über bundesanzeiger.de.

GwG zu erhebenden Angaben müssen anhand des vorgelegten Lichtbildausweises überprüft werden können. Eine nach dem GwG vorzunehmende Identitätsprüfung kann daher auch anhand eines vorgelegten Passes erfolgen, wenn dieser keine Angabe zur Wohnanschrift enthält. Durch die Aufnahme der Wohnanschrift in die Urkunde ist diese hinreichend dokumentiert (§ 8 Abs. 1 Satz 1 Nr. 1 lit a) GwG). Um die ausstellende Behörde dokumentieren zu können, ist die Rückseite eines Personalausweises ebenfalls zu kopieren bzw. einzuscannen.

Bei geringerem Geldwäscherisiko kann im Einzelfall gemäß § 14 Abs. 2 Nr. 2 GwG die Identifizierung auch auf Grundlage von sonstigen Dokumenten, Daten oder Informationen einer glaubwürdigen und unabhängigen Quelle durchgeführt werden, d. h. insbesondere aufgrund von abgelaufenen Ausweisdokumenten, die jedoch eine Identifizierung noch ermöglichen.

Die Identifizierung muss grundsätzlich – ebenso wie die Erfüllung der weiteren Sorgfaltspflichten – **spätestens im Notartermin** erfolgen (zur Kollision der allgemeinen Sorgfaltspflichten mit dem Urkundsgewährungsanspruch siehe E. VII.). Kommen die Beteiligten vor dem eigentlichen Termin ins Notariat (z. B. im Rahmen einer Besprechung), kann es sich anbieten, die Identifizierung bereits zu diesem Zeitpunkt vorzunehmen.

Wenn ein Beteiligter bereits **bei früherer Gelegenheit nach dem GwG identifiziert wurde und Ausweiskopien noch vorliegen**, ist eine neue Identifizierung nur erforderlich, wenn der Notar die Richtigkeit der zuvor erhobenen Angaben anzweifelt. Ein »Ablaufdatum« der früheren Identifizierung ist nicht vorgeschrieben. Die frühere Identifizierung bleibt also auch dann ausreichend, wenn das genutzte Ausweisdokument mittlerweile abgelaufen ist.[13] Entscheidend ist, dass zumindest einmal eine Identifizierung nach den Vorschriften des GwG stattgefunden hat. Auch seit Jahren bekannte Personen müssen einmalig den Anforderungen des GwG genügend identifiziert werden, sofern nicht aufgrund der Anwendbarkeit vereinfachter Sorgfaltspflichten gemäß § 14 Abs. 2 Nr. 2 GwG eine Überprüfung der Identität auf der Grundlage von sonstigen Dokumenten, Daten oder Informationen durchgeführt werden kann, die von einer glaubwürdigen und unabhängigen Quelle stammen und für die Überprüfung geeignet sind.

Parallel zur früheren Identifizierung ist keine erneute Identifizierung nach dem GwG durch einen **Vertreter, Notariatsverwalter oder Amtsnachfolger** (§ 51 Abs. 1 S. 2 BNotO) erforderlich, wenn eine frühere Identifizierung erfolgt und

---

13 *Warius*, in Herzog, GwG, 2. Aufl. 2014, § 4 Rdnr. 12 zum früheren GwG.

dokumentiert ist und die Ausweiskopie noch vorliegt. Unberührt bleibt die Verpflichtung des Vertreters, Notariatsverwalters oder Amtsnachfolgers zur beurkundungsrechtlichen Identifizierung nach § 10 BeurkG.

Ein der Vorlage eines Ausweisdokuments **gleichwertiges Verfahren** nach § 13 Abs. 1 Nr. 2 GwG existiert nicht.

III. Identifizierung des wirtschaftlich Berechtigten, § 10 Abs. 1 Nr. 2 GwG

Der Notar hat auch etwaige »wirtschaftlich Berechtigte« zu identifizieren. »Wirtschaftlich Berechtigte« sind stets natürliche Personen. Die Identifizierungspflicht umfasst zumindest die Feststellung des Namens, kann in Ansehung des im Einzelfall bestehenden Risikos aber auch weitere Angaben erfassen.

Insbesondere folgende Konstellationen sind bei notariellen Amtsgeschäften denkbar:

Konstellation	Wirtschaftlich Berechtigte(r)	Identifizierungsmaßnahme
Vertretung einer natürlichen Person	vertretene natürliche Person	Da der Vertretene in der Urkunde ohnehin offengelegt wird, sind i. d. R. keine weiteren Maßnahmen erforderlich.
Vertretung von Kapital- oder Personengesellschaft	natürliche Personen, die unmittelbar oder mittelbar mehr als 25 % der Kapital- oder Stimmanteile halten oder auf vergleichbare Art und Weise Kontrolle ausüben kann keine natürliche Person ermittelt werden oder bestehen Zweifel, gilt als wirtschaftlich Berechtigter der gesetzliche Vertreter, geschäftsführende Gesellschafter oder Partner des Vertragspartners (§ 3 Abs. 2 S. 5 GwG)	Liegt kein höheres Geldwäscherisiko vor und hat der Notar keine Anhaltspunkte für die Unrichtigkeit der Angaben der Beteiligten, kann der Notar auf die Richtigkeit der Angaben der Beteiligten vertrauen, sodass i. d. R. keine weiteren Maßnahmen erforderlich sind. Da der Notar aber gleichwohl zumindest den Namen der wirtschaftlich Berechtigten im Sinne des GwG zu erheben und zu dokumentieren hat, bietet es sich in der Praxis an, einen Handelsregisterauszug (Personenhandelsgesellschaften) oder die Gesellschafterliste (GmbH) bzw. vergleichbare Registerdokumente der betroffenen Gesellschaft abzurufen und in der Nebenakte oder elektronisch abzulegen.

Treuhand	Treugeber	Liegt kein höheres Geldwäscherisiko vor und hat der Notar keine Anhaltspunkte für die Unrichtigkeit der Angaben der formell Beteiligten, kann der Notar auf die Richtigkeit der Angaben vertrauen, sodass i. d. R. keine weiteren Maßnahmen erforderlich sind. Um Treuhandkonstellationen aufzudecken, bietet es sich an, in möglichen Treuhandfällen standardmäßig eine Erklärung der formell Beteiligten in die Urkunde aufzunehmen, wonach diese auf eigene Rechnung bzw. – in Vertretungsfällen – auf Rechnung des auf eigene Rechnung handelnden Vertretenen handeln.

Weitere Hinweise:

Der wirtschaftlich Berechtigte ist in § 3 GwG **näher definiert**. Da Vertragspartner bei notariellen Amtsgeschäften stets die formell Beteiligten, also natürliche Personen, sind (siehe E.II.1.), kann der Vertragspartner nie »im Eigentum oder unter der Kontrolle« einer anderen natürlichen Person als wirtschaftlich Berechtigtem stehen; § 3 Abs. 1 Satz 1 Nr. 1 GwG kommt bei notariellen Amtsgeschäften daher nicht zur Anwendung. Relevant ist nur § 3 Abs. 1 Satz 1 Nr. 2 GwG, wonach diejenige natürliche Person wirtschaftlich Berechtigter ist, auf deren **Veranlassung** eine notarielle Amtstätigkeit letztlich durchgeführt oder begründet wird.

Im Falle einer Beteiligung von Gesellschaften zählt zu den wirtschaftlich Berechtigten einschränkend nur die natürliche Person, die unmittelbar oder mittelbar mehr als 25 % der Kapital- oder Stimmanteile hält oder auf vergleichbare Art und Weise Kontrolle ausübt. Kann keine natürliche Person ermittelt werden oder bestehen Zweifel, gilt als wirtschaftlich Berechtigter der gesetzliche Vertreter, geschäftsführende Gesellschafter oder Partner. Für die Definition der mittelbaren und unmittelbaren Kontrolle wird auf § 3 Abs. 2 Sätze 2 – 4 GwG verwiesen.

Bei **börsennotierten Gesellschaften** an einem organisierten Markt im Sinne von § 2 Abs. 5 WpHG in Deutschland, der EU oder dem Europäischen Wirtschaftsraum oder dem Gemeinschaftsrecht entsprechenden Transparenzanforderungen im Hinblick auf Stimmrechtsanteile oder gleichwertige internationale Standards unterliegenden Gesellschaften ist keine Prüfung des wirtschaftlich Berechtigten erforderlich.

Für **Sonderkonstellationen** (Trusts, Stiftungen, Vertrag zugunsten Dritter u. Ä.) ist auf § 3 Abs. 3 GwG zu verweisen.

Die **Identifizierung des wirtschaftlich Berechtigten** setzt sich gemäß § 11 Abs. 5 GwG zusammen aus der Feststellung der Identität durch Erhebung der Identifizierungsmerkmale und der Vergewisserung, dass die erhobenen Daten zutreffend sind. Beide Komponenten haben risikoangemessen zu erfolgen. Im Regelfall kann sich der Notar auf die Angaben der Beteiligten zum Namen des wirtschaftlich Berechtigten verlassen, sodass keine weiteren Maßnahmen erforderlich sind.

Zur Feststellung der Identität eines wirtschaftlich Berechtigten sind zumindest dessen Name und, soweit dies in Ansehung des im Einzelfall bestehenden Geldwäscherisikos angemessen ist, weitere Identifizierungsmerkmale zu erheben. Geburtsdatum, Geburtsort und Anschrift des wirtschaftlich Berechtigten dürfen unabhängig vom festgestellten Risiko erhoben werden (§ 11 Abs. 5 S. 2 GwG).

Hat der Notar Zweifel an der Richtigkeit der Angaben der Beteiligten oder stellt der Notar im Rahmen der konkreten Risikobewertung ein höheres Geldwäscherisiko fest, kann es sich für die Identifizierung des wirtschaftlich Berechtigten anbieten, folgende Dokumente einzusehen und in der Nebenakte oder elektronisch abzulegen:
– bei der Vertretung von im Handelsregister eingetragenen Gesellschaften: Handelsregisterauszüge (insbesondere bei Personenhandelsgesellschaften) oder Gesellschafterlisten (GmbH) oder vergleichbare Registerdokumente;
– bei der Vertretung nicht im Handelsregister eingetragener Gesellschaften: Gesellschaftsverträge/Satzungen oder Gesellschafterbeschlüsse;
– bei Treuhandverhältnissen: Treuhandverträge.

Zur sachlichen Unabhängigkeit des Notars gehört es, wenn er zur Vereinfachung der Dokumentation seiner Pflichten, Handelsregisterauszüge oder Gesellschafterlisten stets zur Nebenakte nimmt oder elektronisch ablegt. Zur Identifizierung des wirtschaftlich Berechtigten kann auch auf das Transparenzregister zurückgegriffen werden, auch wenn der Verpflichtete sich gemäß § 11 Abs. 5 Satz 3 GwG nicht ausschließlich auf die dortigen Angaben verlassen darf. Zwingend ist die Einsicht in das Transparenzregister nicht.

IV. Weitere allgemeine Sorgfaltspflichten, § 10 Abs. 1 Nr. 3 – 5 GwG

> Neben der Identifizierungspflicht hat der Notar folgende weitere allgemeine Sorgfalts-
> pflichten:
> – Ist dem Notar bekannt, dass es sich bei einem formell Beteiligten oder wirtschaft-
>   lich Berechtigten um eine politisch exponierte Person (PeP), einen nahen Angehö-
>   rigen oder um eine bekanntermaßen nahestehende Person handelt, hat er grund-
>   sätzlich von einem höheren Geldwäscherisiko auszugehen. Falls der Notar einen
>   diesbezüglichen Verdacht hat, können sich eine Internetrecherche sowie Fragen
>   nach dem Beruf und der Mittelherkunft anbieten. Ohne diesbezüglichen Ver-
>   dacht ist der Notar nicht gehalten, zu ermitteln.
> – Die notarielle Amtstätigkeit für einen Mandanten ist von der Erstanmeldung bis
>   zum Vollzug auf auch nach der konkreten Risikobewertung neu eintretende geld-
>   wäscherelevante Tatsachen zu überwachen. Das Eintreten solcher Tatsachen muss
>   dokumentiert werden und erfordert gegebenenfalls eine Neueinschätzung des Risi-
>   kos und die Durchführung weiterer dem nunmehrig festgestellten Risiko angemes-
>   senen Maßnahmen.

Weitere Hinweise:

Die weiteren allgemeinen Sorgfaltspflichten sind für Notare angesichts ihrer
Organisationsstruktur von untergeordneter Bedeutung oder sind angesichts
weiterer berufsrechtlicher Verpflichtungen von keiner eigenständigen Relevanz.

Informationen zum **Zweck des Amtsgeschäfts** sind bereits im Rahmen der
konkreten Risikobewertung einzuholen und ergeben sich regelmäßig bereits
aus der Urkunde. Die **Art des Amtsgeschäfts** ergibt sich stets aus der errichteten Urkunde bzw. dem Entwurf. Bei reiner Beratungstätigkeit wird der Notar
in der Regel eine Notiz zum Inhalt der Beratung fertigen und aufbewahren.
Damit hat § 10 Abs. 1 Nr. 3 GwG keine eigenständige Bedeutung.

Bei der Frage, welche Verfahren der Verpflichtete anzuwenden hat, um **politisch exponierte Personen** (§ 1 Abs. 12 GwG), deren **Familienmitglieder**
(§ 1 Abs. 13 GwG) oder **bekanntermaßen nahestehende Personen** (§ 1
Abs. 14 GwG) nach § 10 Abs. 1 Nr. 4 GwG zu erkennen, spielt sowohl das
Risiko als auch die Größe des Amts eine Rolle. Die Ergänzung »mit angemessenen Mitteln« nimmt die erforderliche Differenzierung zwischen den Anforderungen an den Finanz- und den Nichtfinanzsektor vor und trägt so dem
Umstand Rechnung, dass es sich bei dem überwiegenden Teil der Unternehmen aus dem Nichtfinanzsektor um Kleinst- und Kleinunternehmen mit
begrenzten finanziellen und personellen Ressourcen handelt. Bei diesen würde
im Hinblick auf die Vielfalt des in § 1 Abs. 12 – 14 GwG aufgeführten Perso-

nenkreises die Durch- führung einer vollständigen PeP-Bestimmung zu einem unangemessenen Aufwand führen.[14]

Notarielle Amtsgeschäfte sind mit dem Vollzug des Geschäfts abgeschlossen und nicht auf eine Geschäftsbeziehung auf unbestimmte Dauer ausgelegt. Eine **Überwachung** im Sinne von § 10 Abs. 1 Nr. 5 GwG ist daher nur in dem Zeitrahmen von der Anmeldung eines Amtsgeschäfts bis zu dessen Vollzug möglich, aber auch erforderlich.

V. Verstärkte Sorgfaltspflichten bei höherem Risiko, § 15 GwG

> Im Rahmen der verstärkten Sorgfaltspflichten hat der Notar die Mittelherkunft zu bestimmen. Daneben bedarf es einer genaueren Untersuchung der Beteiligten, des wirtschaftlich Berechtigten und des Geschäftszwecks und einer verstärkten kontinuierlichen Überwachung.

Weitere Hinweise:

Hat der Notar im Rahmen der allgemeinen Risikoanalyse oder konkreten Risikobewertung festgestellt, dass ein höheres Risiko vorliegen kann, sind zusätzlich zu den allgemeinen Sorgfaltspflichten **verstärkte Sorgfaltspflichten** zu erfüllen. Der Umfang der zusätzlichen Maßnahmen hängt von dem jeweils festgestellten Risiko ab.

In jedem Fall sind aber folgende verstärkten Sorgfaltspflichten zu erfüllen:
– Es sind angemessene Maßnahmen zu ergreifen, mit denen die **Herkunft der im Rahmen des Vorgangs eingesetzten Vermögenswerte** bestimmt werden kann (z. B. Mittel zur Zahlung des Kaufpreises oder zur Leistung der Einlagen bei einer Gesellschaftsgründung oder Kapitalerhöhung). Hierzu wird dem Notar regelmäßig nur die Möglichkeit offen stehen, bei den Beteiligten Angaben zur Herkunft der Vermögenswerte abzufragen, diese auf Plausibilität zu überprüfen und die diesbezügliche Dokumentation zur Nebenakte zu nehmen. Die Möglichkeit, Erkundigungen bei (vertrauenswürdigen) Dritten einzuholen, scheidet für den Notar schon aufgrund seiner Verschwiegenheitsverpflichtung nach § 18 Abs. 1 BNotO aus (§ 15 Abs. 4 S. 1 Nr. 2 GwG).
– Der Vorgang ist einer **verstärkten kontinuierlichen Überwachung** zu unterziehen.

---

14 BT-Drucks. 18/12405 v. 17.05.2017, S. 167; BR-Drucks. 182/17 v. 31.03.2017, S. 12.

– Vorgänge, die besonders komplex oder groß sind, ungewöhnlich ablaufen oder keinen wirtschaftlichen oder rechtmäßigen Zweck erkennen lassen, sind **näher zu untersuchen**.

Die aufgrund des festgestellten Risikos veranlassten weiteren Maßnahmen sowie deren Ergebnisse sind aufzuzeichnen und aufzubewahren (vgl. D. IV.).

VI. Zusammenfassende Darstellung der Sorgfaltspflichten

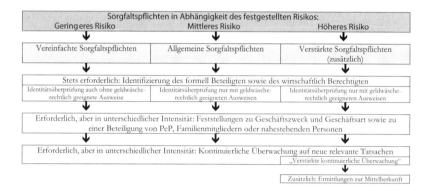

VII. Kollision der allgemeinen Sorgfaltspflichten mit dem Urkundsgewährungsanspruch

> Der »Urkundsgewährungsanspruch« geht der Erfüllung der allgemeinen Sorgfalts-
> pflichten vor, solange der Notar keine Kenntnis der bezweckten Geldwäsche bzw. Ter-
> rorismusfinanzierung hat.

Weitere Hinweise:

§ 10 Abs. 9 Satz 3 GwG erlaubt die Vornahme und die Fortsetzung des notariellen Amtsgeschäfts ausdrücklich auch ohne Erfüllung der allgemeinen Sorgfaltspflichten, solange **keine Kenntnis der bezweckten Geldwäsche bzw. Terrorismusfinanzierung** vorliegt.[15] Der Begriff der »Rechtsberatung« ist
entsprechend der Ausnahmeregelung des § 43 Abs. 2 GwG in einem umfassenden Sinne zu verstehen und erfasst die gesamte notarielle Amtstätigkeit
(§§ 20 – 24 BNotO). Die Identifizierungspflichten nach dem BeurkG bleiben
hiervon unberührt.

---

15 In diesem Fall wird der Notar schon wegen § 4 BeurkG und § 14 Abs. 2 BNotO
seine Amtstätigkeit verweigern.

Bei höherem Geldwäscherisiko kann eine nachhaltige und ohne Grund oder nicht nachvollziehbar begründete Verweigerung der Erfüllung der vorgenannten Pflichten durch den formell Beteiligten allerdings einen ausreichenden Grund zur Versagung der Urkundstätigkeit i. S. d. § 15 Abs. 1 Satz 1 BNotO darstellen.[16]

Die formell Beteiligten (vgl. E. II. 1.) sind nach § 11 Abs. 6 GwG gegenüber dem Notar verpflichtet, ihm die Informationen und Unterlagen, die zu ihrer Identifizierung erforderlich sind, zur Verfügung zu stellen sowie etwaige Änderungen im Laufe der Geschäftsbeziehung anzuzeigen. Zudem haben sie gegenüber dem Notar offenzulegen, ob die Geschäftsbeziehung für einen wirtschaftlich Berechtigten begründet, fortgesetzt oder durchgeführt wird und gegebenenfalls die Identität des wirtschaftlich Berechtigten nachzuweisen.

Liegen keine zur Versagung der Amtstätigkeit i. S. d. § 15 Abs. 1 Satz 1 BNotO ausreichenden Gründe vor, besteht grundsätzlich auch keine Pflicht, sonstige Vollzugshandlungen zu unterlassen oder Abschriften und Ausfertigung zurückzubehalten, bis dem Notar die zur Erfüllung der Sorgfaltspflichten erforderlichen Angaben und Unterlagen vorliegen. »Verschlechtert« sich die einzelfallbezogene Risikobewertung des Notars während des Vollzugs, kann der Notar jedoch nach eigenem Ermessen, Abschriften und Ausfertigungen zurückbehalten oder den Vollzug von Amts wegen aussetzen, bis die dem festgestellten Risiko angemessenen Sorgfaltspflichten erfüllt sind.

Erlangt der Notar jedoch **Kenntnis** von der bezweckten Geldwäsche oder Terrorismusfinanzierung, hat er seine **Amtstätigkeit zu versagen** und insbesondere auch **Vollzugshandlungen zu unterlassen**.

---

16 Die nachhaltige Weigerung der Beteiligten zur Mitwirkung stellt sich dann als ein Verlangen an den Notar dar, von für ihn zwingenden Vorschriften abzuweichen; vgl. zu diesen Fällen: Eylmann/Vaasen/*Frenz*, BNotO/BeurkG, 4. Auflage 2016, § 15 BNotO, Rdnr. 24/25.

VIII. Besonderheiten bei der Verwahrungstätigkeit

Da Anderkonten dazu dienen können, die wahre Mittelherkunft zu verschleiern, muss der Notar besondere Sensibilität für Anhaltspunkte auf Geldwäsche im Zusammenhang mit der Verwahrung entwickeln.

Bei der Verwahrung von Geld ist der Notar »Vertragspartner« der Bank im Sinne des GwG. Die wirtschaftlich Berechtigten aus Sicht der Bank sind die formell Beteiligten des notariellen Verfahrens (vgl. E. II. 1.), sofern diese nicht im notariellen Verfahren für einen wirtschaftlich Berechtigten (vgl. E. III.) handeln. Sofern die formell Beteiligten im notariellen Verfahren für einen wirtschaftlich Berechtigten handeln, sind die wirtschaftlich Berechtigten des notariellen Verfahrens auch die wirtschaftlich Berechtigten aus Sicht der Bank. Bei der Eröffnung eines Notaranderkontos reicht es daher grundsätzlich zur Erfüllung der geldwäscherechtlichen Pflichten aus, wenn der Notar der Bank – über die Angaben zur eigenen Person hinaus – den Namen dieser aus Sicht der Bank wirtschaftlich Berechtigten mitteilt.

Bei fehlgeschlagenen Rechtsgeschäften hat der Notar zu beachten, dass er Rücküberweisungen vom Anderkonto nicht auf andere dritte Konten veranlasst, sondern lediglich auf das Konto, von dem aus eingezahlt wurde. Dies gilt insbesondere bei internationalen Überweisungen. Die Verwahrungsanweisungen sollten entsprechend gestaltet werden.

Anders als bei der sonstigen Abwicklung von Zahlungsvorgängen im Zusammenhang mit notariellen Amtsgeschäften kann der Notar bei der Abwicklung über sein Anderkonto die Herkunft und das Ziel von Zahlungen feststellen. Sollte der Notar oder ein Mitarbeiter Auffälligkeiten erkennen, muss er weitere risikoangemessene Schritte zur Aufklärung ergreifen und dokumentieren.

Weitere Hinweise:

Wesentlicher geldwäscherelevanter Risikofaktor bei der Verwahrungstätigkeit ist die Annahme von **Bargeld**. Gemäß § 57 Abs. 1 BeurkG darf der Notar jedoch Bargeld zur Aufbewahrung oder zur Ablieferung an Dritte nicht entgegennehmen. Darüber hinaus führt die Verpflichtung zur Prüfung eines **berechtigten Sicherungsinteresses** der am Verwahrungsgeschäft beteiligten Personen gemäß § 57 Abs. 2 Nr. 1 BeurkG dazu, dass unnötig erscheinende Verwahrungsgeschäfte und solche, deren Zweck ebenso gut anderweitig erfüllt werden kann, nicht vorgenommen werden. Der Notar darf nicht als Kapitalsammel- oder Zahlstelle fungieren.

Durch die Eröffnung eines Kontos als Anderkonto kommt der Notar seiner Pflicht nach, gegenüber der Bank offenzulegen, dass er die Transaktion für einen wirtschaftlich Berechtigten durchführen will, § 11 Abs. 6 Satz 3 GwG. Die dabei durch den Notar übermittelten Angaben zu den wirtschaftlich Berechtigten genügen als Nachweis gemäß § 11 Abs. 6 Satz 4 GwG.

Bei **einseitiger Verwahrung** ist nur der Anweisende wirtschaftlich Berechtigter. Bei beidseitiger Verwahrung (etwa Kaufvertragsabwicklung) sind beide Anweisenden (Verkäufer und Käufer) wirtschaftlich Berechtigte.

Daneben sind auch die Bedingungen für Anderkonten und Anderdepots von Notaren zu beachten.[17]

F. Meldung von Verdachtsfällen, § 43 GwG

I. Voraussetzungen der Meldepflicht

> Eine Meldepflicht des Notars besteht nur dann, wenn er weiß, dass die notarielle Amtstätigkeit für Zwecke der Geldwäsche, der Terrorismusfinanzierung oder einer anderen Straftat genutzt wurde oder wird.
>
> Bestehen Verdachtsmomente dafür, dass die notarielle Amtstätigkeit für Zwecke der Geldwäsche, der Terrorismusfinanzierung oder einer anderen Straftat genutzt wurde oder wird, sollte das weitere Vorgehen mit der regionalen Notarkammer abgesprochen werden. In diesen Fällen kann es sich empfehlen, eine Entscheidung der Aufsichtsbehörde nach § 18 Abs. 3 BNotO nachzusuchen.

Weitere Hinweise:

Deuten im Rahmen eines geldwäscherelevanten Vorgangs Tatsachen darauf hin, dass
- Vermögensgegenstände aus einer strafbaren Handlung stammen, die eine Vortat der Geldwäsche darstellen könnte,
- der Vorgang in Zusammenhang mit Terrorismusfinanzierung steht oder
- der Vertragspartner die Pflicht, den wirtschaftlich Berechtigten offenzulegen, nicht erfüllt hat, ist der Notar gemäß § 43 Abs. 2 GwG zu einer Meldung von Sachverhalten, die der notariellen Verschwiegenheitspflicht unterfallen, nur verpflichtet, wenn er weiß, dass das Mandatsverhältnis für Zwecke der Geldwäsche, der Terrorismusfinanzierung oder einer anderen Straftat genutzt wird oder wurde. Fehlt es an einer solchen Kenntnis, besteht mithin lediglich ein Verdacht, so besteht keine Meldepflicht. Gleichwohl kann es dem Notar gestattet sein, eine Verdachtsmeldung abzugeben. In einem solchen Fall sollte das weitere Vorgehen jedoch unbedingt mit der regionalen Notarkammer abgesprochen werden.

---

17 Die Bedingungen für Anderkonten und Anderdepots von Notaren sind veröffentlicht in DNotZ 2011, 481.

II. Meldevorgang

> Die Meldung hat unverzüglich gegenüber der Zentralstelle für Finanztransaktionsuntersuchungen zu erfolgen.

Weitere Hinweise:

Die Meldung ist **nicht mehr an die Bundesnotarkammer** zu richten.

Die Meldung hat grundsätzlich über die **Software goAML** zu erfolgen, die jedoch voraussetzt, dass sich der Notar zuvor für die Nutzung registriert hat. Eine Pflicht, sich unabhängig von konkreten Meldungen zu registrieren, besteht nicht. Notare, die sich noch nicht registriert haben, müssen sich daher erst im Verdachtsfall elektronisch registrieren und die Meldung zugleich per Fax (+49 221 672–3990) an die Zentralstelle für Finanztransaktionsuntersuchungen abgeben. Weitere Informationen zur Registrierung, Verdachtsmeldung und der Software goAML finden Sie auf der Internetseite des Zolls unter http://www.fiu.bund.de/und im internen Bereich auf der Internetseite der Bundesnotarkammer.

III. Pflichten des Notars nach einer Meldung

> Der Notar darf die Beteiligten nicht über eine beabsichtigte oder erstattete Meldung an die Zentralstelle für Finanztransaktionsuntersuchungen, ein aufgrund einer Meldung eingeleitetes Ermittlungsverfahren oder ein Auskunftsverlangen der Zentralstelle für Finanztransaktionsuntersuchungen informieren.
>
> Wurde eine Meldung abgegeben, darf der Notar in dem Vorgang erst dann wieder tätig werden, wenn die Zentralstelle für Finanztransaktionsuntersuchungen oder die Staatsanwaltschaft der Fortsetzung zugestimmt hat oder der dritte Werktag nach dem Abgangstag der Meldung verstrichen ist, ohne dass diese die Fortsetzung untersagt haben.

Weitere Hinweise:

Durch das Verbot, die Beteiligten zu informieren, wird nicht ausgeschlossen, dass ein Notar sich bemüht, einen Beteiligten davon abzuhalten, eine rechtswidrige Handlung zu begehen.

Problematisch erscheint die Pflichtenkollision des Notars zwischen dem »**Urkundsgewähranspruch**« und dem bußgeldbewährten Verbot der Informationsweitergabe nach § 47 Abs. 1 GwG, da der Notar den Beteiligten begründen müssen, warum er eine notarielle Amtstätigkeit versagt, sähe sich dann allerdings einem Bußgeld ausgesetzt. Es sollte im Gespräch mit der Zentralstelle für Finanztransaktionsuntersuchungen und dem Landgerichtspräsidenten erörtert werden, welche Informationen möglicherweise preisgegeben werden dürfen.

Wenn der Notar weiß, dass seine Amtstätigkeit für den Zweck der Geldwäsche, der Terrorismusfinanzierung oder eine andere Straftat dient, muss er seine Mitwirkung bereits wegen § 4 BeurkG, § 14 Abs. 2 BNotO versagen.

G. Befugnisse der Zentralstelle für Finanztransaktionsuntersuchungen

I. Auskunftsersuchen, § 30 Abs. 3 Satz 1 GwG

> Das Recht der Zentralstelle für Finanztransaktionsuntersuchungen unabhängig von Meldungen der Verpflichteten Informationen von Verpflichteten einzuholen, gilt für Notare nur bei Kenntnis, dass der Beteiligte die Rechtsberatung für den Zweck der Geldwäsche oder der Terrorismusfinanzierung in Anspruch genommen hat oder nimmt.

Weitere Hinweise:

Der **unterschiedliche Wortlaut** von § 30 Abs. 3 Satz 3 und 4 GwG und § 43 Abs. 2 GwG dürfte praktisch keine Relevanz haben. Rechtsberatung oder Prozessvertretung im Sinne von § 30 Abs. 3 Satz 3 GwG erfasst daher wie das Mandatsverhältnis bei § 43 Abs. 2 Satz 1 GwG die gesamte notarielle Amtstätigkeit (§§ 20 – 24 BNotO). Die in § 43 Abs. 2 Satz 2 GwG zusätzlich genannte Ausnahme der Kenntnis einer anderen Straftat wird höchstens zu einem geringfügig weiteren Anwendungsbereich der Rückausnahme führen.

Das **Auskunftsrecht der Zentralstelle für Finanztransaktionsuntersuchungen gegenüber inländischen öffentlichen Stellen** gilt nicht gegenüber Notaren. Aufgrund der notariellen Verschwiegenheitspflicht stehen der Auskunft Übermittlungsbeschränkungen im Sinne von § 31 Abs. 1 Satz 2 a. E. GwG entgegen.

II. Anordnung von Sofortmaßnahmen, § 40 Abs. 1 GwG

> Liegen der Zentralstelle für Finanztransaktionsuntersuchungen Anhaltspunkte dafür vor, dass eine Transaktion im Zusammenhang mit Geldwäsche steht oder der Terrorismusfinanzierung dient, so kann sie die Durchführung der Transaktion untersagen, um den Anhaltspunkten nachzugehen und die Transaktion zu analysieren.

Weitere Hinweise:

Zudem sind in § 40 Abs. 1 Satz 2 GwG spezielle Befugnisse der Zentralstelle für Finanztransaktionsuntersuchungen geregelt, die sie u. a. berechtigen,

»anderweitige Anordnungen« gegenüber einem Verpflichteten in Bezug auf eine Transaktion zu treffen (§ 40 Abs. 1 Satz 2 Nr. 3 GwG).

H. Sonstiges

I. Aufsicht, § 50 Nr. 5 GwG

Aufsichtsbehörde ist der Präsident des Landgerichts des jeweiligen Amtsbereichs.

II. Ordnungswidrigkeiten, § 56 GwG

Verstöße gegen die nach dem GwG bestehenden Pflichten sind weitgehend als Ordnungswidrigkeiten sanktionsbewehrt.

Anlage – Risikoanalyse und interne Sicherungsmaßnahmen

Ort, Klicken Sie hier, um ein Datum einzugeben.

Notarstelle: Klicken Sie hier, um Text einzugeben.

Notar: Klicken Sie hier, um Text einzugeben.

Die nachfolgende Tabelle ist gleichförmig aufgebaut. Die jeweils erste Zeile dient der Bestimmung des Risikos zu einem bestimmten Risikofaktor. Je weiter rechts die jeweilige Antwort zu einem Risikofaktor steht, desto größer ist das spezifische Risiko. Die unteren Zeilen enthalten bezüglich des konkret festgestellten Risikos mögliche interne Sicherungsmaßnahmen, soweit aufgrund des festgestellten Risikos erforderlich.

Teil 1: Organisationstruktur				
Geringeres Risiko	**<**	**Mittleres Risiko**	**>**	**Höheres Risiko**
Einzelamt	Sozietät mit zwei Notaren	Sozietät mit mehr als zwei Notaren	Sozietät auch mit Berufsträgern anderer Berufe an einem Standort	Sozietät auch mit Berufsträgern anderer Berufe mit mehreren Standorten
❏	❏	❏	❏	❏
		❏ Gewährleistung eines Informationsaustauschs zur Vermeidung von unentdeckten Weiterverkäufen in kurzer Frist		

x ≤ 5 Vollzeitmitarbeiter	5 < x ≤ 10 Vollzeitmitarbeiter	10 < x ≤ 20 Vollzeitmitarbeiter	20 < x ≤ 50 Vollzeitmitarbeiter	50 < x Vollzeitmitarbeiter
❏	❏	❏	❏	❏
				❏ Gewährleistung eines internen Informationsaustauschs zur Vermeidung von unentdeckten Weiterverkäufen in kurzer Frist
Notar erhält Mitteilung über Anfrage bereits mit Erstanmeldung eines Geschäfts	Notar zeichnet gesamte Korrespondenz der Mitarbeiter nach außen ab	Notar zeichnet Entwürfe vor Versendung ab	Leitende Angestellte zeichnen Entwürfe von Mitarbeitern vor Versendung ab	Erstkontakt des Notars mit Mandanten im Termin
❏	❏	❏	❏	❏
	❏ Sicherstellung, dass dem Notar Auffälligkeiten berichtet werden			
		❏ Schulung leitender Angestellter bzgl. Geldwäsche		
		❏ Prüfung der Zuverlässigkeit leitender Angestellter		
			❏ Schulung aller Angestellten bzgl. Geldwäsche	
			❏ Prüfung der Zuverlässigkeit der Angestellten	
Notar wird stets über Unregelmäßigkeiten in der Entwurfs- oder Vollzugsphase informiert	Notar wird regelmäßig über Unregelmäßigkeiten in der Entwurfsoder Vollzugsphase informiert	Notar wird über außergewöhnliche Unregelmäßigkeiten in der Entwurfs- oder Vollzugsphase informiert	Unregelmäßigkeiten werden von Mitarbeitern mit leitenden Angestellten besprochen	Notarstelle ist so arbeitsteilig organisiert, dass kein Mitarbeiter einen Vorgang von Anfang bis Ende überwacht
❏	❏	❏	❏	❏
			❏ Sicherstellung des Informationsflusses zum Notar	

❏ Sicherstel-
lung des
Informati-
onsflusses
zwischen den
Mitarbeitern

Teil 2: Standortstruktur

Allein aus der Standortstruktur lassen sich regelmäßig keine konkreten internen Sicherungsmaßnahmen ableiten.

Geringeres Risiko	<	Mittleres Risiko	>	Höheres Risiko
x ≤ 10.000 Einwohner am Amtssitz	10.000 < x ≤ 30.000 Einwohner am Amtssitz	30.000 < x ≤ 70.000 Einwohner am Amtssitz	70.000 < x ≤ 150.000 Einwohner am Amtssitz	150.000 < x Einwohner am Amtssitz
❏	❏	❏	❏	❏
Amtsbereich ländlich geprägt	Amtsbereich eher ländlich geprägt	Amtsbereich kleinstädtisch geprägt	Amtsbereich (vor-)städtisch geprägt	Amtsbereich großstädtisch geprägt
❏	❏	❏	❏	❏
Arbeitslosigkeit gering		Arbeitslosigkeit durchschnittlich		Arbeitslosigkeit hoch
❏	❏	❏	❏	❏
Immigrationsanteil der Bevölkerung gering		Immigrationsanteil der Bevölkerung durchschnittlich		Immigrationsanteil der Bevölkerung hoch
❏	❏	❏	❏	❏
Amtssitz ohne Grenznähe und ohne gute Verkehrsanbindung	Amtssitz ohne Grenznähe mit guter Verkehrsanbindung	Amtssitz mit guter internationaler Verkehrsanbindung	Amtssitz in Grenzstadt	Amtssitz in Grenzstadt mit viel Grenzverkehr
❏	❏	❏	❏	❏

Agrarwirtschaft im Amtsbereich	Kleine und mittelständische Unternehmen, Handwerker	»Hidden champions« des Mittelstands im Amtsbereich	National tätige Großunternehmen im Amtsbereich	International tätige Großunternehmen im Amtsbereich
❏	❏	❏	❏	❏
				❏ Bewertung der unternehmerischen Compliance

Keine nennenswerte Kriminalität im Amtsbereich		Für die Struktur des Amtsbereichs übliche Kriminalität		Außergewöhnliche Banden-, Rauschgift-, Vermögenskriminalität im Amtsbereich
❏	❏	❏	❏	❏
				❏ Sensibilisierung für bandentypische Kriminalität
				❏ Prüfung der Mittelherkunft
				❏ Besondere Prüfung des Bestehens einer Meldepflicht gem. § 43 GwG

Teil 3: Mandantenstruktur

Geringeres Risiko	<	Mittleres Risiko	>	Höheres Risiko
> 90 % lokale Mandanten	> 60 % lokale Mandanten	Sowohl lokale als auch überregionale Mandanten	> 60 % überregionale Mandanten	> 20 % internationale Mandanten
❏	❏	❏	❏	❏

❑ Prüfung der Plausibilität
des Grundes für die
Inanspruchnahme
meines Amtes

　　❑ Bestim-
　　　mung des
　　　Herkunfts-
　　　orts

　　❑ Identifizie-
　　　rung
　　　anhand
　　　geeigneter
　　　Mittel

　　❑ Ggf. stich-
　　　probenartige
　　　Prüfung der
　　　Mittelher-
　　　kunft

Internationale Mandanten aus der EU	Internationale Mandanten aus der EU oder in Bezug auf Geldwäsche und Korruption sicheren Drittstaaten	Internationale Mandanten aus in Bezug auf Geldwäsche und Korruption zweifelhaften Drittstaaten	Internationale Mandanten aus FATF gelisteten Drittstaaten mit hohem Risiko, soweit nicht auch in der delegierten EU- Verordnung (s. sogleich): derzeit Äthiopien, Sri Lanka, Trinidad and Tobago, Tunesien	Internationale Mandanten aus geldwäscherelevanten Drittstaaten gemäß Delegierter Verordnung (EU) 2016/ 1675: derzeit Afghanistan, Bosnien und Herzegowina, Guyana, Irak, Iran, Jemen, Demokratische Volksrepublik Korea (DVK), DVR Laos, Syrien, Uganda, Vanuatu
❑	❑	❑	❑	❑

❑ Prüfung der Plausibilität
des Grundes für die
Inanspruchnahme
meines Amtes

❑ Regelmäßige Prüfung
der Mittelherkunft

❑ Besondere Überwachung des gesamten Vorgangs durch den Notar

❑ Genaue Prüfung des wirtschaftlich Berechtigten

❑ Identifizierung anhand geeigneter Mittel

❑ Besondere Prüfung des Bestehens einer Meldepflicht gem. § 43 GwG

Feste Mandanten	Vorwiegend feste Mandanten	Sowohl feste als auch wechselnde Mandanten	Vorwiegend wechselnde Mandanten	Fast ausschließlich wechselnde Mandaten
❑	❑	❑	❑	❑

❑ Prüfung der Plausibilität des Grundes für die Inanspruchnahme meines Amtes

In der Regel plausibler Grund für Notarwahl		Teilweise unerklärliche Notarwahl		In der Regel unerklärliche Notarwahl
❑	❑	❑	❑	❑

❑ Ermittlung des Grundes für die Inanspruchnahme meines Amtes

Normales Verständnis für GwG-Pflichten	Leichte Skepsis gegenüber GwG	GwG-Vermeidungsstrategien	Keine Kooperationsbereitschaft bei GwG	Besonders ausgeprägte Kenntnisse des GwG
❑	❑	❑	❑	❑

❑ Prüfung der Gründe für auffälliges Verhalten

Keine bekannten politisch exponierten Personen, Familienmitglieder oder nahestehende Personen als Mandanten		Selten bekannte politisch exponierte Personen, Familienmitglieder oder nahestehende Personen als Mandanten		Häufig bekannte politisch exponierte Personen, Familienmitglieder oder nahestehende Personen als Mandanten
❏	❏	❏	❏	❏

❏ Prüfung der Plausibilität des Grundes für die Inanspruchnahme meines Amtes

❏ Prüfung der Mittelherkunft

❏ Besondere Überwachung des gesamten Vorgangs durch den Notar

❏ Genaue Prüfung des wirtsch. Berechtigten

❏ Besondere Prüfung des Bestehens einer Meldepflicht gem. § 43 GwG

Überwiegend Mandanten aus einfachen wirtschaftlichen Verhältnissen	Überwiegend normal vermögende Mandanten	Überwiegend vermögende Mandanten mit klarer Einkommensquelle		Überwiegend vermögende Mandaten ohne erkennbare Einkommensquelle
❏	❏	❏	❏	❏

❏ Prüfung der Plausibilität des Grundes für die Inanspruchnahme meines Amtes

❏ Prüfung der Mittelherkunft

❏ Besondere Überwachung des gesamten Vorgangs durch den Notar

❏ Genaue Prüfung des wirtsch. Berechtigten

❏ Besondere Prüfung des Bestehens einer Meldepflicht gem. § 43 GwG

Kein Bargeld		Bargeld zur Begleichung der Kostenrechnung		Außergewöhnlich viel Bargeld, Bargeldeinsatz auch für Erwerb
❏	❏	❏	❏	❏

❏ Stichprobenartige Plausibilisierung der Mittelherkunft

❏ Prüfung der Mittelherkunft

❏ Besondere Überwachung des gesamten Vorgangs durch den Notar

❏ Genaue Prüfung des wirtsch. Berechtigten

❏ Besondere Prüfung des Bestehens einer Meldepflicht gem. § 43 GwG

Private Vermögensverwaltung direkt bei der natürlichen Person	Private Vermögensverwaltung mittels registrierter Gesellschaften	Private Vermögensverwaltung mittels nicht registrierter Gesellschaften	Private Vermögensverwaltung in Stiftungen o.Ä.	Private Vermögensverwaltung in ausländischen Gesellschaften oder Stiftungen
❏	❏	❏	❏	❏

❏ Prüfung der Mittelherkunft

❏ Besondere Überwachung des gesamten Vorgangs durch den Notar

❏ Genaue Prüfung des wirtschaftlich Berechtigten

     ❏ Besondere Prüfung des Bestehens einer Meldepflicht gem. § 43 GwG

> 90 % natürliche Personen als Mandanten	> 60 % natürliche Personen als Mandanten	Sowohl natürliche Personen als auch sonstige Rechtsträger als Mandanten	> 60 % sonstige Rechtsträger als Mandanten	> 90 % sonstige Rechtsträger als Mandanten
❏	❏	❏	❏	❏

     ❏ Genaue Prüfung des wirtschaftlich Berechtigten

Sonstige Rechtsträger unterliegen öffentlichem Recht direkt (insb. Körperschaften) oder indirekt (insb. kommunale Unternehmen)	Sonstige Rechtsträger unterliegen eigenen gesetzlichen Offenlegungspflichten (wegen Börsennotierung o. Ä.)	Sonstige Rechtsträger sind im Handelsregister registriert	Andere sonstige Rechtsträger deutschen Rechts	Andere sonstige Rechtsträger ausländischen Rechts
❑	❑	❑	❑	❑
			❑ Genaue Prüfung des wirtschaftlich Berechtigten	

Wirtschaftlich Berechtigte der Rechtsträger sind klar erkennbar		Wirtschaftlich Berechtigte der Rechtsträger sind mit Schwierigkeiten erkennbar		Wirtschaftlich Berechtigte der Rechtsträger sind nicht erkennbar
❑	❑	❑	❑	❑

❑ Prüfung der Mittelherkunft
❑ Besondere Überwachung des gesamten Vorgangs durch den Notar
❑ Genaue Prüfung des wirtschaftlich Berechtigten

❑ Prüfung eines Versagungsgrunds
❑ Besondere Prüfung des Bestehens einer Meldepflicht gem. § 43 GwG

Mandanten treten in der Regel direkt mit Notarstelle in Kontakt		Mandanten treten sowohl direkt als auch über Vermittler mit Notarstelle in Kontakt		Mandanten treten in der Regel nur über Vermittler mit Notarstelle in Kontakt
❑	❑	❑	❑	❑

❏ Genaue Prü-
fung des
wirtsch.
Berechtigten

❏ Prüfung der
Plausibilität
des Grundes
für die Inan-
spruch-
nahme
meines
Amtes

❏ Besondere
Prüfung des
Bestehens
einer Mel-
depflicht
gem. § 43
GwG

Teil 4: Geschäftsstruktur

Vorab risikominimierend im Sinne der Anlagen zum GwG festzuhalten ist, dass:
- *notarielle Amtsgeschäfte Anonymität regelmäßig nicht begünstigen, soweit diese im Grundbuch oder einem Register einzutragen sind, sondern vielmehr Eigentümerstrukturen transparent und Rechtsträgerwechsel nachvollziehbar werden lassen;*
- *notarielle Amtsgeschäfte stets mit persönlichem Kontakt des Notars mit dem Erschienenen, einer Identifizierung des Erschienenen und mit dessen Unterschrift verbunden sind;*
- *wegen des durch das materielle Recht vorgegebenen beschränkten Anwendungsbereichs notarieller Amtsgeschäfte keine neuen Produkte, Vertriebsmechanismen oder Technologien eingesetzt werden.*

Geringeres Risiko	<	Mittleres Risiko	>	Höheres Risiko
Immobilienkäufe nur zu eigenen Wohnzwecken bzw. als eigene Geschäftsräume	Immobilienkäufe auch als Zweitwohnung	Immobilienkäufe auch zur Vermietung	Immobilienkäufe auch als reine Vermögensanlage ohne Vermietungsabsicht	Immobilienkäufe auch zum (kurzfristigen) Immobilienhandel
❏	❏	❏	❏	❏

❏ Genaue Prüfung des wirtschaftlich Berechtigten

❏ Prüfung der Plausibilität des Grundes für die Inanspruchnahme meines Amtes

❏ Ggf. stichprobenartige Prüfung der Mittelherkunft

❏ Besondere Prüfung des Bestehens einer Meldepflicht gem. § 43 GwG

Immobilienkäufe durch Banken fremdfinanziert	Immobilienkäufe mit Drittmitteln außerhalb des Bankensektors	Immobilienkäufe mit Eigenmitteln	Immobilienkäufe mit Eigenmitteln aus unsicheren Drittstaaten	Immobilienkäufe mit Bargeld
❏	❏	❏	❏	❏

❏ Genaue Prüfung des wirtschaftlich Berechtigten

❏ Prüfung der Plausibilität des Grundes für die Inanspruchnahme meines Amtes

❏ Prüfung der Mittelherkunft

❏ Besondere Prüfung des Bestehens einer Meldepflicht gem. § 43 GwG

Keine Anderkonten		Selten Anderkonten		Regelmäßig Anderkonten
❏	❏	❏	❏	❏

❏ Prüfung der Mittelherkunft

❏ Prüfung der Plausibilität des Grundes für die Inanspruchnahme meines Amtes

❏ Genaue Prüfung des wirtschaftlich Berechtigten

Einzahlungen auf Anderkonten stets durch Schuldner aus dem Inland		Einzahlungen auf Anderkonten durch Dritte	Einzahlungen auf Anderkonten aus dem Ausland	Einzahlungen auf Anderkonten aus dem Ausland und durch Dritte
❏	❏	❏	❏	❏

❏ Prüfung der Mittelherkunft

❏ Prüfung der Plausibilität des Grundes für die Inanspruchnahme meines Amtes

❏ Genaue Prüfung des wirtschaftlich Berechtigten

❏ Besondere Prüfung des Bestehens einer Meldepflicht gem. § 43 GwG

Gesellschaftsgründungen offensichtlich für bestimmte Geschäftszwecke		Gesellschaftsgründungen zur Verwaltung eigenen Vermögens		Gesellschaftsgründungen zur Verschleierung der tatsächlichen Berechtigung
❏	❏	❏	❏	❏

❏ Ggf. stichprobenartige Prüfung der Mittelherkunft

❏ Genaue Prüfung des wirtschaftlich Berechtigten

❏ Prüfung eines Versagungsgrunds

❏ Prüfung der Plausibilität des Grundes für die Inanspruchnahme meines Amtes

❏ Besondere Prüfung des Bestehens einer Meldepflicht gem. § 43 GwG

Keine Treuhandverhältnisse		Wenig Treuhandverhältnisse		Viele Treuhandverhältnisse
❏	❏	❏	❏	❏

❏ Ggf. stichprobenartige Prüfung der Mittelherkunft

❏ Genaue Prüfung des wirtschaftlich Berechtigten

- ❏ Prüfung eines Versagungsgrunds
- ❏ Prüfung der Plausibilität des Grundes für die Inanspruchnahme meines Amtes
- ❏ Besondere Prüfung des Bestehens einer Meldepflicht gem. § 43 GwG

Wirtschaftlich Berechtigter tritt persönlich als Erwerber auf	Erwerber tritt mit Acquisitionsvehikel auf	Komplizierte Erwerbsstruktur, die aus legitimen Gründen aufgesetzt wird, insb. Steuer- und Familienrecht	Komplizierte Erwerbsstruktur ohne erkennbaren Grund	Wirtschaftlich Berechtigter hinter dem Erwerber wird erkennbar bewusst verschleiert
❏	❏	❏	❏	❏

- ❏ Genaue Prüfung des wirtschaftlich Berechtigten
- ❏ Ggf. stichprobenartige Prüfung der Mittelherkunft
- ❏ Prüfung der Plausibilität des Grundes für die Inanspruchnahme meines Amtes
- ❏ Besondere Prüfung des Bestehens einer Meldepflicht gem. § 43 GwG
  - ❏ Prüfung eines Versagungsgrunds

Verwendung des Erwerbsgegenstands zu bekannten Zwecken (kein neues Geschäftsmodell)			Verwendung des Erwerbsgegenstands zu neuartigen, bisher unbekannten Zwecken	Verwendung des Erwerbsgegenstands zu unbekannten Zwecken
❏	❏	❏	❏	❏

> ❏ Prüfung des wirtschaftlich Berechtigten
> ❏ Prüfung der Plausibilität des Grundes für die Inanspruchnahme meines Amtes
> ❏ Prüfung des Verwendungszwecks

Teil 5: Spezifische Risiken meiner Notarstelle

Neben den vorgenannten Risiken habe ich folgende weitere Risiken entdeckt:
❏ keine
❏ Klicken Sie hier, um Text einzugeben.
❏ Klicken Sie hier, um Text einzugeben.
❏ Klicken Sie hier, um Text einzugeben.
❏ Klicken Sie hier, um Text einzugeben.
❏ Klicken Sie hier, um Text einzugeben.
❏ Klicken Sie hier, um Text einzugeben.

Wegen dieser Risiken halte ich folgende internen Sicherungsmaßnahmen für geboten:
❏ keine
❏ Klicken Sie hier, um Text einzugeben.
❏ Klicken Sie hier, um Text einzugeben.
❏ Klicken Sie hier, um Text einzugeben.
❏ Klicken Sie hier, um Text einzugeben.
❏ Klicken Sie hier, um Text einzugeben.
❏ Klicken Sie hier, um Text einzugeben.

Teil 6: Allgemeine interne Sicherungsmaßnahmen unabhängig von Organisationstruktur

▶ **Allgemeine Risikoanalyse**
    ❏ Jährliche Überprüfung und gegebenenfalls Aktualisierung

Mitarbeiter
- ❏ Schulung zu Geldwäschetypologien
- ❏ Feststellung der Zuverlässigkeit
- ❏ Aufforderung zur Nutzung des anonymen Meldewegs

Identifizierung der Beteiligten
- ❏ Einscannen/Kopieren von geldwäscherechtlich geeigneten Ausweisdokumenten bei dem ersten persönlichen Erscheinen des Beteiligten an der Notarstelle
- ❏ Einscannen/Kopieren von geldwäscherechtlich geeigneten Ausweisdokumenten auch außerhalb des Anwendungsbereichs des GwG
- ❏ Anfordern von Register- und sonstigen Unterlagen zur Identifizierung nicht natürlicher Personen bei erster Kontaktaufnahme
- ❏ Internet-Recherche bei ausländischen Gesellschaften

Identifizierung des wirtschaftlich Berechtigten
- ❏ Standardmäßige Dokumentation der Abfrage des Handelns auf Veranlassung oder der Kontrolle eines Dritten in jeder Urkunde
- ❏ Internet-Recherche bei ausländischen Gesellschaften

Immobiliengeschäft
- ❏ Plausibilitätskontrolle des Kaufpreises
- ❏ Plausibilitätskontrolle des verfolgten Zwecks

Gesellschaftsrecht
- ❏ Keine Vollmachten/Genehmigungen ohne Unterschriftsbeglaubigung
- ❏ Internet-Recherche bei ausländischen Gesellschaften

Anderkonten
- ❏ Überprüfung der Übereinstimmung des Überweisenden mit dem Zahlungspflichtigen
- ❏ Erfüllung der Zahlungspflicht nur durch Zahlung des Schuldners von einem Konto innerhalb der EU, anderenfalls Rücküberweisung auf Ausgangskonto
- ❏ Rücküberweisungen nur auf Konten des Zahlungspflichtigen

[Ort / Datum]

_____

Unterschrift

Anhang 11 Rundschreiben 25/2013 vom 02.10.2013 Anwendungsempfehlungen zur praktischen Umsetzung der Neuregelung des § 17 Abs. 2a Satz 2 Nr. 2 BeurkG

Am 1. Oktober 2013 ist das Gesetz zur Stärkung des Verbraucherschutzes im notariellen Beurkundungsverfahren in Kraft getreten (BGBl. I, 38/2013, S. 2378 ff.).

Einen allgemeinen Überblick über die Änderungen infolge des Gesetzes gibt das Rundschreiben der Bundesnotarkammer 13/2013 vom 7. Juni 2013.

Im Zuge der Ergänzung von § 17 Abs. 2a BeurkG durch das OLG-Vertretungsänderungsgesetz vom 23. Juli 2002 hat die Bundesnotarkammer mit Rundschreiben 20/2003 vom 28. April 2003 Anwendungsempfehlungen zur praktischen Umsetzung von § 17 Abs. 2a Satz 2 BeurkG gegeben.

Mit Rundschreiben 2/2005 vom 26. Januar 2005 hat die Bundesnotarkammer zudem beurkundungsrechtliche Fragen mit Blick auf die vorgenannte Ergänzung von § 17 Abs. 2a BeurkG bezogen auf freiwillige Grundstücksversteigerungen aufgegriffen. Der Bundesgerichtshof hat mit Urteil vom 7. Februar 2013, DNotZ 2013, S. 552, entschieden, dass die Regelfrist von zwei Wochen nach § 17 Abs. 2a Satz 2 Nr. 2 BeurkG nicht zur Disposition der Urkundsbeteiligten steht. Der Ausschuss für notarielles Berufsrecht der Bundesnotarkammer hat sich in seiner Sitzung am 2. September 2013 mit der Überarbeitung der vorgenannten Rundschreiben befasst und ist zu den nachfolgenden Ergebnissen gelangt. Diese Ergebnisse wurden anschließend vom Präsidium der Bundesnotarkammer in seiner 217. Sitzung am 26. September 2013 und von der 107. Vertreterversammlung am 27. September 2013 bestätigt. Soweit diese Ergebnisse nicht von den vorgenannten Rundschreiben abweichen, gelten diese Rundschreiben weiter.

A. Zurverfügungstellung des beabsichtigten Textes des Rechtsgeschäfts durch den beurkundenden Notar oder dessen Sozius

Gemäß § 17 Abs. 2a S. 2 Nr. 2 BeurkG soll dem Verbraucher der beabsichtigte Text des Rechtsgeschäfts vom beurkundenden Notar oder einem Notar, mit dem sich der beurkundende Notar zur gemeinsamen Berufsausübung verbunden hat, zur Verfügung gestellt werden.

I. Fristbeginn

1. Zurverfügungstellung

Die Zwei-Wochen-Frist beginnt mit der Zurverfügungstellung.

Zweck der Norm ist es – wie bisher –, in Konkretisierung von § 17 Abs. 2a S. 2 Nr. 2 S. 1 Hs. 1 BeurkG dem Verbraucher ausreichend Gelegenheit zu geben, sich vorab mit dem Gegenstand der Beurkundung auseinanderzusetzen.

Entscheidend ist es demnach, dass der Verbraucher für die Dauer der Frist die abstrakte Möglichkeit der Kenntnisnahme vom beabsichtigten Text des Rechtsgeschäfts hat. Dies dürfte insbesondere der Fall sein bei:
- direkter Übergabe des Textes;
- postalischem Zugang eines schriftlichen Textes;
- Eingang des per E-Mail übersandten Textes auf dem E-Mail-Account des Verbrauchers;
- Eingang eines per E-Mail übersandten Links, über den der beabsichtigte Text des Rechtsgeschäfts von einem Server des Notars abgerufen werden kann, auf dem E-Mail-Account des Verbrauchers.

Eine ausdrückliche Dokumentationspflicht sieht § 17 Abs. 2a S. 2 Nr. 2 BeurkG n. F. nur dann vor, wenn die Zwei-Wochen-Frist unterschritten wird. In diesem Fall sollen die Gründe für das Unterschreiten in der Niederschrift angegeben werden.

Eine darüber hinausgehende Dokumentationspflicht lässt sich dem Gesetzestext hingegen nicht entnehmen. In der Begründung des Gesetzentwurfs (BR-Drs. 619/12, Gesetzentwurf, S. 3) heißt es jedoch: »Eine Zurverfügungstellung des Vertragstextes durch die Notarin oder den Notar ermöglicht diesen in allen Fällen die Kontrolle der Einhaltung der Zwei-Wochen-Frist, da das Datum der Zurverfügungstellung in den Akten zu dokumentieren ist.« Jedenfalls aus praktischen Erwägungen dürfte eine Dokumentation der Zurverfügungstellung sowie der Bestätigung des Verbrauchers, den beabsichtigten Text des Rechtsgeschäfts erhalten zu haben, zu empfehlen sein.

2. Adressat

Der beabsichtigte Text ist dem am Verbrauchervertrag beteiligten Verbraucher zur Verfügung zu stellen. Grundsätzlich gilt dies für jeden am Vertrag beteiligten Verbraucher. Abweichend hiervon kann es aber auch ausreichen, wenn der beabsichtigte Text des Rechtsgeschäfts einem gesetzlichen Vertreter oder einer Vertrauensperson im Sinne des § 17 Abs. 2a S. 2 Nr. 1 BeurkG zur Verfügung gestellt wird. Kann eine Vertrauensperson den Verbraucher in der Beurkundungsverhandlung vertreten, so muss es erst recht zulässig sein, dass sie sich anstelle des Verbrauchers mit dem Vertragstext auseinandersetzt.

Somit dürfte bei nicht getrennt lebenden Ehegatten regelmäßig die Übersendung eines Textes an eine gemeinsame Post- oder E-Mailadresse ausreichen. Wechseln die Vertragsbeteiligten auf der Verbraucherseite oder tritt eine weitere Person – wie etwa bei einem gemeinsamen Erwerb von Ehegatten – hinzu, so genügt die Zurverfügungstellung des beabsichtigten Textes des Rechtsgeschäfts an die ursprüngliche Person, wenn zwischen den beteiligten Verbrauchern ein Vertrauensverhältnis besteht. Dies dürfte selbst dann gelten, wenn der Text zunächst an die Vertrauensperson versandt worden ist und nunmehr der Verbraucher selbst bei der Beurkundung anwesend ist (Rundschreiben 20/2003, S. 9).

3. Zurverfügungstellung durch Dritte

a) Neuregelung

Gemäß § 17 Abs. 2a S. 2 Nr. 2 BeurkG n. F. ist der beabsichtigte Text des Rechtsgeschäfts zwingend vom Notar oder dessen Sozius zur Verfügung zu stellen.

Eine Zurverfügungstellung des beabsichtigten Textes des Rechtsgeschäfts durch den Unternehmer, einen für diesen tätigen Vertriebsmitarbeiter oder Makler ist – anders als nach der bisherigen Rechtslage – nicht mehr ausreichend, um den Erfordernissen des § 17 Abs. 2a S. 2 Nr. 2 BeurkG n. F. gerecht zu werden.

Durch diese Neuregelung soll erreicht werden, dass der Notar – und gerade nicht der Unternehmer, Vertriebsmitarbeiter oder Makler – als die für den Vertrag verantwortliche Person und damit als Ansprechpartner vom Verbraucher wahrgenommen wird. Dies soll gewährleisten, dass sich der Verbraucher bei rechtlichen Fragen zum Vertrag und zur Beurkundung an den Notar wendet, der im Gegensatz zum Unternehmer fachkundig und neutral bereits im Vorfeld der Beurkundung zu allen auftretenden rechtlichen Fragen Auskunft geben kann. Hierdurch soll einer »Beratungsisolation« des Verbrauchers, die in den sog. Schrottimmobilienfällen häufig gezielt herbeigeführt wurde, entgegengewirkt werden (BR-Drs. 619/12, Gesetzentwurf, S. 3).

b) Dritter

Dritter ist jedoch nicht ein Notar, mit dem sich der beurkundende Notar zur gemeinsamen Berufsausübung verbunden hat.

Dritter ist ferner nicht ein Mitarbeiter des Notars. Die Pflicht, den beabsichtigten Text des Rechtsgeschäfts zur Verfügung zu stellen, ist keine höchstpersönliche Pflicht des Notars. Die Gesetzesbegründung stellt ausdrücklich klar, dass der Notar oder dessen Sozius diese Pflicht auf Mitarbeiter delegieren und so in die üblichen Büroabläufe integrieren kann. Entscheidend ist, dass der beabsichtigte Text des Rechtsgeschäfts aus der »Sphäre« des Notars oder dessen Sozius kommt (BR-Drs. 619/12, Gesetzentwurf, S. 6).

c) Versendung durch anderen Notar

In der Begründung der Beschlussempfehlung des Rechtsausschusses des Bundestages wird der Fall angesprochen, dass der beabsichtigte Text dem Verbraucher bereits durch einen anderen (nicht mit dem beurkundenden Notar zur gemeinsamen Berufsausübung verbundenen) Notar übersandt wurde (BT-Drs 17/13137, S. 4). Hier geht der Rechtsausschuss von einer begründeten Ausnahme sowohl von der zwingenden Versendung durch den beurkundenden Notar als auch von der Zwei-Wochen-Frist aus, »wenn der beurkundende Notar sicherstellen kann, dass der übersandte mit dem zu beurkundenden Text weitgehend identisch ist und dass die Zwei-Wochen-Frist eingehalten wurde«.

Die Bundesnotarkammer ist der Ansicht, dass die Begründung der Beschlussempfehlung des Rechtsausschusses nur für den Fall Geltung beansprucht, in dem im Zeitpunkt der Versendung des beabsichtigten Textes des Rechtsgeschäfts die Beurkundung beim versendenden Notar oder dessen Sozius stattfinden sollte. § 17 Abs. 2a S. 2 BeurkG regelt, wie der systematische Zusammenhang mit § 17 Abs. 2a S. 1 BeurkG zeigt, die Ausgestaltung des Beurkundungsverfahrens. Folglich kann eine Textversendung nur dann tauglich zur Erfüllung der Pflicht des § 17 Abs. 2a S. 2 Nr. 2 BeurkG sein, wenn sie in Zusammenhang mit einer beim versendenden Notar oder dessen Sozius angestrebten Beurkundung steht.

II. Beabsichtigter Text des Rechtsgeschäfts

1. Umfang

Auch nach der Neufassung des § 17 Abs. 2a Nr. 2 BeurkG ist die Übersendung eines bezogen auf den konkreten Einzelfall vollständig ausgestalteten Vertragsentwurfs nicht erforderlich. Abweichend zu den Ausführungen im Rundschreiben 20/2003 sieht es die Bundesnotarkammer nun aber als erforderlich an, dass sich aus dem übersandten Text die »essentialia negotii«, insbesondere Vertragsgegenstand und Kaufpreis, ergeben.

Der bisherigen Auslegung, wonach es ausreichte, dass diese Angaben dem Verbraucher aus anderen Unterlagen zur Verfügung stehen, so dass er den unvollständigen Text aufgrund anderer Quellen vervollständigen kann, ist durch die Neuregelung die Grundlage entzogen worden. Zweck der Neuregelung ist es gerade, dass der Verbraucher die zur Auseinandersetzung mit dem beabsichtigten Rechtsgeschäft maßgeblichen Informationen vom beurkundenden Notar oder dessen Sozius erhält.

2. Nachträgliche Änderungen

Nachträgliche Änderungen des beabsichtigten Textes des Rechtsgeschäfts führen nicht notwendigerweise dazu, dass die Zwei-Wochen-Frist erneut zu laufen beginnt. Aus dem Wortlaut des Gesetzes (»beabsichtigter Text«) ergibt sich bereits, dass es sich nicht um den endgültigen Text handeln muss. Ob die Frist aufgrund von Änderungen erneut in Gang gesetzt wird, hat der Notar im Einzelfall eigenverantwortlich zu beurteilen. Hierbei ist zu berücksichtigen, dass die Übersendung des Textes dem Verbraucher ermöglichen soll, sich vorab mit dem Gegenstand der Beurkundung auseinanderzusetzen. Sind Änderungen daher als so wesentlich anzusehen, dass sie zu einem anderen Gegenstand der Beurkundung führen, so ist die Pflicht des § 17 Abs. 2a S. 2 Nr. 2 BeurkG erneut zu erfüllen.

B. Freiwillige Grundstücksversteigerungen

I. § 17 Abs. 2a Satz 2 Nr. 2 BeurkG grundsätzlich auf Beurkundungen im Rahmen freiwilliger Grundstücksversteigerung anwendbar

Eine Beurkundung im Rahmen einer freiwilligen Grundstücksversteigerung kann in zwei Formen erfolgen. Denkbar ist zunächst, dass die Grundstücksversteigerung entsprechend dem gesetzlichen Leitbild durchgeführt wird, sodass der Vertragsschluss gem. § 156 Satz 1 BGB bereits durch den Zuschlag seitens des Auktionators zustande kommt; der Notar beurkundet dabei das Gebot des Meistbietenden gem. § 15 BeurkG sowie den Zuschlag durch den Auktionator. Eine Vielzahl der durchgeführten Grundstücksversteigerungen vollzieht sich jedoch nicht nach Maßgabe des gesetzlichen Leitbilds der »Zuschlagsversteigerung«, sondern ist dadurch gekennzeichnet, dass durch die Versteigerung nur eine Vorauswahl unter den Bietern erfolgt und der Vertragsschluss zwischen Veräußerer und »Ersteher« erst im Rahmen einer nachfolgenden notariellen Beurkundung erfolgt (gleichsam als »Käuferfindungsverfahren«).

In beiden Fällen liegt ein vom Notar beurkundeter Vertrag vor, so dass bei Beteiligung eines Verbrauchers grundsätzlich § 17 Abs. 2a Satz 2 Nr. 2 BeurkG anwendbar ist.

II. Sondersituation bei freiwilligen Grundstücksversteigerungen

Freiwillige Grundstücksversteigerungen zeichnen sich insbesondere dadurch aus, dass im Vorfeld niemand weiß, wer letztlich Käufer eines Grundstücks werden wird. Zudem kann im Vorfeld auch nicht ermittelt werden, ob dieser Käufer Verbraucher ist oder nicht. Mangels konkret identifizierbarer zu schützender Person richten sich die Pflichten des BeurkG daher zunächst auf einen unbestimmten Personenkreis und konkretisieren sich erst mit Feststellung des Höchstgebots.

III. Berücksichtigung dieser Sondersituation durch den Gesetzgeber

Diese Sondersituation bei freiwilligen Grundstücksversteigerungen hat der Gesetzgeber teilweise gesehen und berücksichtigt.

Bereits § 15 Satz 2 BeurkG enthebt den Notar von der Notwendigkeit des Verlesens, der Genehmigung und der eigenhändigen Unterschrift (§ 13 Abs. 1 BeurkG), wenn sich der Meistbietende vor Beurkundung des Zuschlags entfernt und dies in der Niederschrift festgestellt wird (vgl. hierzu Rundschreiben 2/2005, Anlage I, S. 6 f.).

In der Begründung der Beschlussempfehlung des Rechtsausschusses zur Neuregelung des § 17 Abs. 2a BeurkG (BT-Drs. 17/13137, S. 4) heißt es zudem:

> »Die Neuregelung des § 17 Absatz 2a Satz 2 Nr. 2 BeurkG verschärft hinsichtlich der Zwei-Wochen-Frist das geltende Recht und lässt als Soll-Vorschrift begründete Ausnahmen zu. Der Notar muss bei solchen Ausnahmen zukünftig die Gründe für die Nichtversendung in der Niederschrift angeben. Eine freiwillige Grundstücksversteigerung ist eine solche begründete Ausnahme. Zwei Wochen vor der Beurkundung kann niemand wissen, wer den Zuschlag erhält und ob es sich bei dem zu beurkundenden Rechtsgeschäft um einen Verbrauchervertrag handeln wird.«

IV. Konsequenzen für die Ausgestaltung des Beurkundungsverfahrens

1. Versteigerungen gemäß dem gesetzlichen Leitbild des § 156 BGB

Konsequenz der unter III. aufgezeigten Wertungen des Gesetzgebers sollte nach Ansicht der Bundesnotarkammer im Falle von Versteigerungen gemäß dem gesetzlichen Leitbild des § 156 BGB eine moderate Anpassung der beurkundungsrechtlichen Pflichten an die besondere Situation des Versteigerungsverfahrens sein. Bereits das Rundschreiben 2/2005 (Anlage I, S. 9 f.) schlägt zur bisherigen Regelung vor:

>»Auf den Fall der Versteigerung übertragen bedeutet dies, dass den Beteiligten rechtzeitig in allgemeiner Form die Bedingungen für den im Rahmen der Versteigerung zustande kommenden Kaufvertrag zur Kenntnis zu geben sind. Mit Rücksicht darauf, dass Bieter vor dem eigentlichen Versteigerungstermin regelmäßig noch unbekannt sein werden, wird man dabei ausreichen lassen müssen, dass die rechtlichen Aspekte des Kaufvertrages zugleich mit der Terminbestimmung öffentlich bekannt gegeben werden. Dafür kann auch der Wortlaut von § 17 Abs. 2a Nr. 2, 2. HS BeurkG herangezogen werden, der nur von einem »zur Verfügung stellen« spricht. Die Einhaltung der zweiwöchigen Regelfrist dürfte insoweit unproblematisch sein, als bei der Durchführung einer gewerbsmäßigen Versteigerung sowieso spätestens zwei Wochen vor der Versteigerung ein Verzeichnis der zu versteigernden Sachen anzufertigen und die Versteigerung der zuständigen Behörde sowie der Industrie- und Handelskammer anzuzeigen ist (vgl. §§ 2 und 3 der Versteigererverordnung, Stand: 1. Oktober 2003, BGBl. 2003 I, 547).«

Darüber hinaus ist die Zielsetzung des Gesetzes zur Stärkung des Verbraucherschutzes im notariellen Beurkundungsverfahren zu berücksichtigen. Dieses zielt darauf ab, eine Zurverfügungstellung des Vertragstextes durch den Notar zu gewährleisten, sodass »der Notar – und gerade nicht der Unternehmer – als die für den Vertrag verantwortliche Person und damit als Ansprechpartner vom Verbraucher wahrgenommen wird« (BR-Drs. 619/12, Gesetzentwurf, S. 3). Diese Zielsetzung kann beim Sonderfall der »Zuschlagsversteigerung« gemäß dem gesetzlichen Leitbild dadurch verwirklicht werden, dass im Zuge der öffentlichen Bekanntgabe des beabsichtigten Textes des Rechtsgeschäfts der Notar als die für den Vertrag verantwortliche Person und Ansprechpartner für Rückfragen kenntlich gemacht wird.

2. Versteigerungen unter Abweichung vom gesetzlichen Leitbild

Die vorgenannte Anpassung der beurkundungsrechtlichen Pflichten an die besondere Situation des Versteigerungsverfahrens kann aber nur bei einer freiwilligen »echten« Grundstücksversteigerung gemäß dem gesetzlichen Leitbild, nicht auch bei Versteigerungen unter Abweichung vom gesetzlichen Leitbild – also bei dem sogenannten »Käuferfindungsverfahren« – vorgenommen werden.

Die Begründung der Beschlussempfehlung des Rechtsausschusses zu der Neufassung des § 17 Abs. 2a BeurkG (BT-Drs. 17/13137, S. 4), wonach eine freiwillige Grundstücksversteigerung eine begründete Ausnahme zu § 17 Abs. 2a S. 2 Nr. 2 BeurkG darstellt, bezieht sich nach Ansicht der Bundesnotarkammer nur auf »Zuschlagsversteigerungen« entsprechend dem gesetzlichen Leitbild der §§ 156 BGB, 15 BeurkG.

Dem liegen maßgeblich die folgenden Erwägungen zugrunde:

Der Wortlaut des § 17 Abs. 2a S. 2 Nr. 2 BeurkG sieht an sich keine Ausnahmen vor. Wenn daher Ausnahmen gemacht werden, müssen diese restriktiv gehandhabt werden. Erfolgt die notarielle Beurkundung erst, nachdem der Käufer ermittelt wurde, so ist im Unterschied zur »Zuschlagsversteigerung« bereits vor der Beurkundung eindeutig, auf wen sich die Amtspflicht des § 17 Abs. 2a S. 2 Nr. 2 BeurkG bezieht. Eine Erfüllung der Amtspflicht ist daher möglich. Eine objektive Notwendigkeit für eine Ausnahme besteht daher hier nicht. Vielmehr wird die Praxis der Beurkundung im Anschluss an ein versteigerungsähnliches Käuferfindungsverfahren durch eine uneingeschränkte Anwendung des § 17 Abs. 2a S. 2 Nr. 2 BeurkG auch nicht unmöglich gemacht. Sie bleibt unverändert möglich, wenn kein Verbrauchervertrag beurkundet wird. Wird hingegen ein Verbrauchervertrag beurkundet, so hat der beurkundende Notar dem Verbraucher im Anschluss an die Käuferermittlung den beabsichtigten Text des Rechtsgeschäfts für regelmäßig zwei Wochen zur Verfügung zu stellen. Hierin liegt auch keine sachwidrige Ungleichbehandlung mit der »Zuschlagsversteigerung« gemäß dem gesetzlichen Leitbild. Eine Beurkundung im Anschluss an eine Käuferermittlung ist hiermit nämlich nicht vergleichbar. Bei der Beurkundung des Zuschlags verwirklicht sich die notarielle Warn- und Belehrungsfunktion bereits im Versteigerungsverfahren, indem der Notar das gesamte Versteigerungsverfahren protokolliert, und somit vor dem bindenden Höchstgebot des Käufers. Bei einer versteigerungsähnlichen Käuferermittlung besteht hingegen die Gefahr, dass durch die versteigerungsähnliche Situation bereits vor der notariellen Beurkundung eine faktische Bindung des Käufers eingetreten ist.

Ferner ist zu berücksichtigen, dass eine Ausnahme für Beurkundungen im Anschluss an versteigerungsähnliche Käuferfindungsverfahren auch schwer eingrenzbar ist, da es an Kriterien fehlt, wann ein Käuferfindungsverfahren versteigerungsähnlich ist. Die Neuregelung des § 17 Abs. 2a S. 2 Nr. 2 BeurkG könnte somit bei einer Ausnahme für Beurkundungen im Anschluss an versteigerungsähnliche Käuferfindungsverfahren schrittweise aufgeweicht werden.

Anhang 12 BNotK-Informationen zum Datenschutz: Datenschutzerklärung nach Art. 13 Datenschutz-Grundverordnung

Informationen zum Datenschutz

Wer ist verantwortlich, an wen können Sie sich wenden?

Verantwortlicher für die Verarbeitung Ihrer personenbezogenen Daten bin ich, Notar/in [Vorname Name] mit Amtssitz in [Ort]. Sie können sich für alle Datenschutzanfragen an mich oder an meine/n Datenschutzbeauftragte/n wenden, und zwar wie folgt:

ODER:

Verantwortliche für die Verarbeitung Ihrer personenbezogenen Daten sind wir, Notar/in [Vorname Name], Notarin [Name] und Notar/in [Name]. Jeder der vorgenannten Notare ist für den von ihm jeweils zu verantwortenden Bereich alleiniger Verantwortlicher im Sinne der datenschutzrechtlichen Vorschriften. Sie können sich für alle Datenschutzanfragen an den jeweils verantwortlichen Notar oder an unsere/n Datenschutzbeauftragte/n wenden, und zwar wie folgt:

	Verantwortliche/r	Datenschutzbeauftragte/r
Anschrift	Notar [Vorname Name] [Straße] [PLZ Ort]	Notar [Vorname Name] z. H. des/der Datenschutzbeauftragten [Straße] [PLZ Ort]
Telefon	[Telefon]	[Telefon]
Telefax	[Telefax]	[Telefax]
E-Mail	[E-Mail]	[E-Mail]

Welche Daten verarbeite ich und woher kommen die Daten?

Ich verarbeite personenbezogene Daten, die ich von Ihnen selbst oder von Ihnen beauftragten Dritten (z. B. Rechtsanwalt, Steuerberater, Makler, Kreditinstitut) erhalte, wie z. B.

– Daten zur Person, z. B. Vor- und Zuname, Geburtsdatum und Geburtsort, Staatsangehörigkeit, Familienstand; im Einzelfall Ihre Geburtenregisternummer;

- Daten zur Kontaktaufnahme, wie z. B. postalische Anschrift, Telefon- und Fax-Nummern, E-Mail-Adresse;
- bei Grundstücksverträgen Ihre steuerliche Identifikations-Nummer;
- in bestimmten Fällen, z. B. bei Eheverträgen, Testamenten, Erbverträgen oder Adoptionen, auch Daten zu Ihrer familiären Situation und zu Ihren Vermögenswerten sowie ggf. Angaben zur Ihrer Gesundheit oder andere sensible Daten, z. B. weil diese zur Dokumentation Ihrer Geschäftsfähigkeit dienen;
- in bestimmten Fällen auch Daten aus Ihren Rechtsbeziehungen mit Dritten wie z. B. Aktenzeichen oder Darlehens- oder Konto-Nummern bei Kreditinstituten.

Außerdem verarbeite ich Daten aus öffentlichen Registern, z. B. Grundbuch, Handels- und Vereinsregistern.

Für welche Zwecke und auf welcher Rechtsgrundlage werden die Daten verarbeitet?

Als Notar bin ich Träger eines öffentlichen Amtes. Meine Amtstätigkeit erfolgt in Wahrnehmung einer Aufgabe, die im Interesse der Allgemeinheit an einer geordneten vorsorgenden Rechtspflege und damit im öffentlichen Interesse liegt, und in Ausübung öffentlicher Gewalt (Art. 6 Abs. 1 S. 1 Buchstabe e der Datenschutz-Grundverordnung [DS-GVO]).

Ihre Daten werden ausschließlich verarbeitet, um die von Ihnen und ggf. weiteren an einem Geschäft beteiligten Personen begehrte notarielle Tätigkeit entsprechend meinen Amtspflichten durchzuführen, also etwa zur Erstellung von Urkundsentwürfen, zur Beurkundung und dem Vollzug von Urkundsgeschäften oder zur Durchführung von Beratungen. Die Verarbeitung der personenbezogenen Daten erfolgt daher immer nur aufgrund der für mich geltenden berufs- und verfahrensrechtlichen Bestimmungen, die sich im Wesentlichen aus der Bundesnotarordnung und dem Beurkundungsgesetz ergeben. Aus diesen Bestimmungen ergibt sich für mich zugleich auch die rechtliche Verpflichtung zur Verarbeitung der erforderlichen Daten (Art. 6 Abs. 1 S. 1 Buchstabe c DS-GVO). Eine Nichtbereitstellung der von mir bei Ihnen angeforderten Daten würde daher dazu führen, dass ich die (weitere) Durchführung des Amtsgeschäfts ablehnen müsste.

An wen gebe ich Daten weiter?

Als Notar unterliege ich einer gesetzlichen Verschwiegenheitspflicht. Diese Verschwiegenheitspflicht gilt auch für alle meine Mitarbeiter und sonst von mir Beauftragten.

Ich darf Ihre Daten daher nur weitergeben, wenn und soweit ich dazu im Einzelfall verpflichtet bin, z. B. aufgrund von Mitteilungspflichten gegenüber der Finanzverwaltung, oder an öffentliche Register wie Grundbuchamt, Handels- oder Vereinsregister, Zentrales Testamentsregister, Vorsorgeregister, Gerichte wie Nachlass-, Betreuungs- oder Familiengericht oder Behörden. Im Rahmen der Standes- und Dienstaufsicht bin ich unter Umständen auch zur Erteilung von Auskünften an die Notarkammer oder meine Dienstaufsichtsbehörde verpflichtet, die wiederum einer amtlichen Verschwiegenheitspflicht unterliegen.

Ansonsten werden Ihre Daten nur weitergegeben, wenn ich hierzu aufgrund von Ihnen abgegebener Erklärungen verpflichtet bin oder Sie die Weitergabe beantragt haben.

Werden Daten an Drittländer übermittelt?

Eine Übermittlung Ihrer personenbezogenen Daten in Drittländer erfolgt nur auf besonderen Antrag von Ihnen oder wenn und soweit ein Urkundsbeteiligter in einem Drittland ansässig ist.

Wie lange werden Ihre Daten gespeichert?

Ich verarbeite und speichere Ihre personenbezogenen Daten im Rahmen meiner gesetzlichen Aufbewahrungs-pflichten.

Nach § 5 Abs. 4 Dienstordnung für Notarinnen und Notare (DONot) gelten für die Aufbewahrung von notariellen Unterlagen folgende Aufbewahrungsfristen:
- Urkundenrolle, Erbvertragsverzeichnis, Namensverzeichnis zur Urkundenrolle und Urkundensammlung einschließlich der gesondert aufbewahrten Erbverträge (§ 18 Abs. 4 DONot): 100 Jahre,
- Verwahrungsbuch, Massenbuch, Namenverzeichnis zum Massenbuch, Anderkontenliste, Generalakten: 30 Jahre,
- Nebenakten: 7 Jahre; der Notar kann spätestens bei der letzten inhaltlichen Bearbeitung schriftlich eine längere Aufbewahrungsfrist bestimmen, z. B. bei Verfügungen von Todes wegen oder im Falle der Regressgefahr; die Bestimmung kann auch generell für einzelne Arten von Rechtsgeschäften wie z. B. für Verfügungen von Todes wegen, getroffen werden,

Nach Ablauf der Speicherfristen werden Ihre Daten gelöscht bzw. die Papierunterlagen vernichtet, sofern ich nicht nach Artikel 6 Abs. 1 S. 1 Buchstabe c DS-GVO aufgrund von steuer- und handelsrechtlichen Aufbewahrungs- und Dokumentationspflichten (aus Handelsgesetzbuch, Strafgesetzbuch, Geldwäschegesetz oder der Abgabenordnung) sowie berufsrechtlicher Vorschriften zum Zweck der Kollisionsprüfung zu einer längeren Speicherung verpflichtet bin.

Welche Rechte haben Sie?

Sie haben das Recht:

– Auskunft darüber zu verlangen, ob ich personenbezogene Daten über Sie verarbeite, wenn ja, zu welchen Zwecken ich die Daten und welche Kategorien von personenbezogenen Daten ich verarbeite, an wen die Daten ggf. weitergeleitet wurden, wie lange die Daten ggf. gespeichert werden sollen und welche Rechte Ihnen zustehen.

– unzutreffende, Sie betreffende personenbezogene Daten, die bei mir gespeichert werden, berichtigen zu lassen. Ebenso haben Sie das Recht, einen bei mir gespeicherten unvollständigen Datensatz von mir ergänzen zu lassen.

– Löschung der Sie betreffenden personenbezogenen Daten zu verlangen, sofern ein gesetzlich vorgesehener Grund zur Löschung vorliegt (vgl. Art. 17 DS-GVO) und die Verarbeitung Ihrer Daten nicht zur Erfüllung einer rechtlichen Verpflichtung oder aus anderen vorrangigen Gründen im Sinne der DS-GVO geboten ist.

– von mir zu verlangen, dass ich Ihre Daten nur noch eingeschränkt, z. B. zur Geltendmachung von Rechtsansprüchen oder aus Gründen eines wichtigen öffentlichen Interesses, verarbeite, während ich beispielsweise Ihren Anspruch auf Berichtigung oder Widerspruch prüfe, oder ggf. wenn ich Ihren Löschungsanspruch ablehne (vgl. Art. 18 DS-GVO).

– der Verarbeitung zu widersprechen, sofern diese erforderlich ist, damit ich meine im öffentlichen Interesse liegenden Aufgaben wahrnehmen oder mein öffentliches Amt ausüben kann, wenn Gründe für den Widerspruch vorliegen, die sich aus Ihrer besonderen Situation ergeben.

– sich mit einer datenschutzrechtlichen Beschwerde an die Aufsichtsbehörden zu wenden. Die für mich zuständige Aufsichtsbehörde ist die: [Bitte aus anliegender Liste einsetzen] [[redaktionelle Anmerkung: Die Liste der zuständigen Behörden ist hier nicht abgedruckt]]

Die Beschwerde kann unabhängig von der Zuständigkeit bei jeder Aufsichtsbehörde erhoben werden.

Dokumentation technischer und organisatorischer Maßnahmen (Art. 25, 32 DSGVO)

Der Verantwortliche hat folgende Maßnahmen zur Sicherheit der Datenverarbeitung ergriffen:

Pseudonymisierung und Verschlüsselung

Gewährleistung der Vertraulichkeit

Gewährleistung der Integrität

Gewährleistung der Verfügbarkeit

Gewährleistung der Belastbarkeit der Systeme und Dienste

Maßnahmen zur zeitnahen Wiederherstellung der Verfügbarkeit der Daten nach Zwischenfällen

(leeres Textfeld)

Kontrolle der vorgenannten Maßnahmen

(leeres Textfeld)

_____
(Ort, Datum)

_____
(Unterschrift des Verantwortlichen)

Erläuterungen und Hinweise zum Ausfüllen der Dokumentation:

Art. 25, 32 DSGVO sehen vor, dass zur Erreichung der Ziele der Verordnung (siehe Art. 5 Abs. 1 DSGVO und Ziff. I des Rundschreibens Nr. 5/2018 der Bundesnotarkammer vom 11. Mai 2018) technische und organisatorische Maßnahmen zu treffen sind (vgl. Ziff. III.2. und insbesondere III.5. des Rundschreibens). Da der Verantwortliche gemäß Art. 5 Abs. 2 DSGVO die Einhaltung der Ziele im Zweifel nachzuweisen hat, sollten die technischen und organisatorischen Maßnahmen dokumentiert werden. Die Verordnung fordert dabei geeignete Maßnahmen unter Berücksichtigung des Stands der Technik, der Implementierungskosten und der Art, des Umfangs, der Umstände und der Zwecke der Verarbeitung sowie der unterschiedlichen Eintrittswahrscheinlichkeit und Schwere des Risikos, um ein angemessenes Schutzniveau zu erreichen. Aufgrund dieser äußerst abstrakten rechtlichen Vorgaben und den sehr unterschiedlichen Ausstattungen der einzelnen Notarstellen können nachfolgend nur Anregungen und Merkposten an die Hand gegeben werden, um eigenverantwortlich selbst die eigene Technik und Organisation zu überprüfen, gegebenenfalls geeignete Maßnahmen zu treffen und beides zu dokumentieren.

Zu 1.: Die Pseudonymisierung, also die Veränderung personenbezogener Daten, so dass eine Zuordnung nicht mehr möglich ist, dürfte im Notariat keinen wirklichen Anwendungsbereich haben. So werden grundsätzlich schon keine Daten erhoben, die auch pseudonymisiert für die notarielle Tätigkeit von Nutzen wären.

Bei der Verschlüsselung geht es um den Schutz der Daten vor unberechtigtem Zugang. Hier kann der Schutz der Daten vor unberechtigtem Zugriff (beispielsweise durch Passwörter) als auch die Art und Weise der verschlüsselten Kommunikation mit Behörden und gegebenenfalls im Hinblick auf ein erhöhtes Risiko mit einzelnen Mandanten Erwähnung finden.

– Ist der Schutz einzelner Daten durch Verschlüsselung notwendig?
– Welche Daten werden nur verschlüsselt versendet?
– Sind verwendete Passwörter sicher genug? (ausreichende Länge, Buchstaben und Zahlen, Sonderzeichen; individualisiert und regelmäßig aktualisiert, d.h. geändert)

Zu 2.: Die Gewährleistung der Vertraulichkeit bietet Anlass, sich Gedanken über alle existierenden Zugangs- und Zutrittsmöglichkeiten zu machen. Dabei geht es sowohl um die in physischer Form gespeicherten Daten (Urkunden, Nebenakten, laufende Vorgänge) als auch um digitale Daten. Zum Beispiel:

Welche Daten benötigen welchen Schutz (insbesondere im Hinblick auf besondere Kategorien personenbezogener Daten gemäß Art. 9 DSGVO)?

– Wer hat Zutritt zu welchen Räumen?
– Wie sind diese gesichert?
– Wie wird kontrolliert, wer sich wie lange wo aufhält?
– Welche Berechtigungen bestehen an den einzelnen Arbeitsplätzen für wen auf welche Daten?
– Sind die Monitore so platziert, dass keine Einsichtnahme durch Dritte möglich ist?
– Welche Arbeits- und Verfahrensanweisungen sind im Hinblick auf die Vertraulichkeit zu treffen?
– Wird regelmäßig ermahnt, um das Problembewusstsein zu schärfen?
– Finden intern regelmäßige (unangekündigte) Kontrollen statt?
– Sind die Mitarbeiter gemäß § 26 BNotO verpflichtet?
– Sind die Dienstleister gemäß § 26a BNotO verpflichtet?

Zu 3.: Unter Integrität der Daten ist zu verstehen, dass die Daten grundsätzlich richtig sein müssen und vor Veränderungen zu schützen sind. Hier sollte die Datenerhebung selbst (von dem Betroffenen oder auch von Dritten wie zum Beispiel Maklern), deren Verifizierung und die Abläufe einer gegebenenfalls erforderlichen Veränderung überprüft werden.

– Welche Arbeits- und Verfahrensanweisungen sind im Hinblick auf die Integrität zu treffen?
– Welche Dritten (beispielsweise IT-Dienstleister) haben Zugriff auf welche Daten?

Zu 4.: Auch bei außergewöhnlichen Ereignissen wie zum Beispiel einem Stromausfall sollen die Daten grundsätzlich verfügbar sein.
– Ist für die Verfügbarkeit der Daten Notstromversorgung erforderlich?
– Welche Daten müssen stets verfügbar sein?

Zu 5.: Die Daten müssen vor unbeabsichtigtem Verlust, Zerstörung und Beschädigung geschützt sein. Insbesondere die diesbezüglich getroffenen Maßnahmen sind regelmäßig zu überprüfen.
– Welche Hard- und Software wird benutzt?
– Wer kümmert sich um die regelmäßige Aktualisierung?
– Wer hat Zugang zum Server?
– Ist der Server vor äußeren Einflüssen gesichert?
– Ist die Nutzung externer Speichermedien erforderlich?
– Werden externe Speichermedien (beispielsweise USB-Sticks) vor ihrer Verwendung kontrolliert?
– Besteht für Server und Arbeitsplätze ausreichender Schutz vor Viren und Schadsoftware?

Zu 6.: Auch im Hinblick auf die möglicherweise erforderliche Wiederherstellung von Daten trotz getroffener Sicherungsmaßnahmen sind die Möglichkeiten zu kontrollieren und die dann erforderlichen Abläufe festzulegen.
– Wird dauerhaft beziehungsweise regelmäßig eine Datensicherung durchgeführt?
– Werden Sicherungskopien außerhalb des Büros verwahrt?
– Sind die Sicherungskopien verschlüsselt?
– Welche genauen Schritte sind in welcher Reihenfolge bei einem Zwischenfall durchzuführen?
– Wer ist hierfür zuständig?
– Ist der Ansprechpartner (IT-Dienstleister) nebst Kontaktdaten bekannt?

Zu 7.: Die getroffenen Maßnahmen sind regelmäßig (möglicherweise in unterschiedlichen Zeitabständen) zu kontrollieren und anzupassen.
– Wer führt diese Kontrollen durch?
– Welche Punkte sind wie oft zu kontrollieren?
– Welche Maßnahmen sind derzeit (beispielsweise aus Kostengründen) nicht möglich, werden jedoch angestrebt?

Einen Eindruck, wie eine Dokumentation der Überprüfung der technischen und organisatorischen Maßnahmen aussehen könnte, gibt Ihnen folgendes Beispiel:

Dokumentation technischer und organisatorischer Maßnahmen (Art. 25, 32 DSGVO)

Der Verantwortliche hat folgende Maßnahmen zur Sicherheit der Datenverarbeitung ergriffen:

1. Pseudonymisierung und Verschlüsselung

Jeder EDV-Arbeitsplatz ist mit einem individuellen Passwort geschützt. Diese Passwörter werden regelmäßig geändert und müssen bestimmte Kriterien erfüllen. Elektronische Kommunikation erfolgt ausschließlich über das VPN der Notarnet GmbH. Entwürfe im Erb- und Familienrecht werden nur als verschlüsselte PDF-Dateien versendet. Bei sensiblen Vorgängen wird mit den Mandanten die Möglichkeit einer Ende-zu-Ende-Verschlüsselung erörtert.

2. Gewährleistung der Vertraulichkeit

Der Zutritt zum Urkundenarchiv ist nur mit zwei Schlüsseln möglich, die beide von Frau Müller verwahrt werden. Der Empfang kontrolliert, ob sich unberechtigte Personen in der Geschäftsstelle aufhalten. Da jeder Mitarbeiter jedes Sachgebiet bearbeitet, hat grundsätzlich jeder sachbearbeitende Mitarbeiter Zugriff auf sämtliche Vorgänge. In keinen Räumlichkeiten, in denen sich Besucher alleine aufhalten, werden Unterlagen mit personenbezogenen Daten verwahrt. Die Türe zwischen Wartezimmer und Telefonzentrale bleibt geschlossen. Das Beurkundungszimmer ist mit einer besonders schalldichten Türe ausgestattet.

In den Urkunden enthaltene Daten werden nur an in der Urkunde genannte Dritte oder an gesetzlich vorgeschriebene Empfänger weitergegeben.

3. Gewährleistung der Integrität

Sofern Firmen nicht als vertrauenswürdig bekannt sind, werden möglichst sämtliche mitgeteilten Daten bei Kontakt mit den Beteiligten verifiziert. Ausschließlich die NotarITSolutions OHG hat (eingeschränkten) externen Zugriff auf die EDV. Die Mitarbeiter sind angewiesen, geänderte Beteiligtendaten in der EDV abzuändern und nicht etwa eine neue Person anzulegen. Durch Einsicht in das Grundbuch und die Register wird die Richtigkeit der verwendeten Daten überprüft.

4. Gewährleistung der Verfügbarkeit

Der Server befindet sich in einem Raum, zu dem nur die Mitarbeiter Zutritt haben. Dieser Raum ist vor äußeren Einflüssen (insbesondere Hochwasser) geschützt. Der Server wird laufend gekühlt. Eine Notstromversorgung existiert nicht, jedoch ist nicht bekannt, dass es in unserem Ortsteil in den letzten Jahrzehnten zu einem längeren Stromausfall gekommen ist. Neben den in den physisch vorhandenen Urkunden enthaltenen sind keine Daten erkennbar, die auch in einem solchen Fall unbedingt verfügbar sein müssen.

In der Urkundensammlung wird laufend die Luftfeuchtigkeit überprüft. Sie ist gegen Schädlingsbefall, Hochwasser und Einbruch geschützt.

5. Gewährleistung der Belastbarkeit der Systeme und Dienste

Es wird im Abstand von ca. fünf Jahren kontrolliert, ob die Hardware noch zeitgemäß ist. Die Notarsoftware und insbesondere der Virenschutz werden fortlaufend aktualisiert. Ausschließlich Frau Korn und Herr Scheitz haben Zugriff auf Server und kümmern sich um die Aktualisierungen. USB-Sticks und CDs können nur an den Arbeitsplätzen des Notars und von Frau Korn verwendet werden. USB-Sticks von Dritten dürfen nicht an das Netzwerk angeschlossen werden.

6. Maßnahmen zur zeitnahen Wiederherstellung der Verfügbarkeit der Daten nach Zwischenfällen

Der Datenbestand wird fortlaufend gesichert. Dabei wird der genutzte Datenträger täglich gewechselt. Die notwendigen Maßnahmen bei einem technischen Zwischenfall kennen Frau Korn und Herr Scheitz. Ferner sind die zu ergreifenden Schritte in einem jedem Mitarbeiter bekannten Ordner zusammen mit wichtigen Kontaktdaten hinterlegt. Eine Sicherungskopie wird regelmäßig außerhalb des Büros gelagert; sie ist verschlüsselt. Die wichtigsten Urkunden werden vor der Ablage im Urkundenarchiv eingescannt und zusätzlich elektronisch archiviert.

7. Kontrolle der vorgenannten Maßnahmen

Die EDV ist in Abstimmung von Frau Korn und Herrn Scheitz mit der Datenschutzbeauftragten im Turnus von etwa zwei Jahren auf notwendige Verbesserungen zu überprüfen. Die Datenschutzbeauftragte überprüft sämtliche Abläufe in der Geschäftsstelle laufend während des Geschäftsbetriebs und berichtet dem Notar anlassbezogen, jedenfalls jedoch halbjährlich.

Eine Verschlüsselung des elektronischen Mandantenkontakts ist aus Sicht des Notars nicht erforderlich, aber künftig wünschenswert. Dies scheitert derzeit jedoch an der Akzeptanz der Mandantschaft.

(Ort, Datum)   (Unterschrift des Verantwortlichen)

Anhang 13 Verschwiegenheitsvereinbarung

[Notar]

- Notar -

[Dienstleister]

- Dienstleister -

Der Notar hat den Dienstleister mit der Erbringung von [*Dienstleistungen*] im Sinne des § 26a BNotO beauftragt (die **Dienstleistungen**). In diesem Zusammenhang wird der Notar dem Dienstleister, soweit dies zur Inanspruchnahme der Dienstleistungen erforderlich ist, den Zugang zu Tatsachen eröffnen, auf die sich die Verpflichtung des Notars zur Verschwiegenheit nach § 18 BNotO bezieht.

Vor diesem Hintergrund treffen die Parteien folgende Verschwiegenheitsvereinbarung:

Der Dienstleister ist zur Verschwiegenheit über alle Tatsachen verpflichtet, die dem Notar bei Ausübung seines Amtes bekannt geworden sind und zu denen der Notar ihm den Zugang eröffnet hat. Dies gilt nicht für Tatsachen, die offenkundig sind oder ihrer Bedeutung nach keiner Geheimhaltung bedürfen. Er ist ferner verpflichtet, sich nur insoweit Kenntnis von fremden Geheimnissen zu verschaffen, als dies zur Vertragserfüllung erforderlich ist.

Der Dienstleister ist verpflichtet, von ihm beschäftigte Personen, die er zur Vertragserfüllung heranzieht, in schriftlicher Form zur Verschwiegenheit zu verpflichten.

Der Dienstleister ist befugt, weitere Personen zur Vertragserfüllung heranzuziehen. In diesem Fall ist der Dienstleister verpflichtet, auch diese Personen in schriftlicher Form zur Verschwiegenheit zu verpflichten. [*Alternative: Der Dienstleister ist nicht befugt, weitere Personen zur Erfüllung des Vertrags hinzuzuziehen.*]

Auf die strafrechtlichen Folgen der Verletzung dieser Pflichten wurde hingewiesen, insbesondere auf §§ 203 und 204 Strafgesetzbuch. Dem Dienstleister ist bekannt, dass diese Strafvorschrift auch für ihn und seine Mitarbeiter gilt.

Die Vorschriften über den Schutz personenbezogener Daten bleiben hiervon unberührt.

Ort, Datum

Ort, Datum

[*Name*], Notar

[*Dienstleister*]

Stichwortverzeichnis

Die Zahlen verweisen auf die jeweiligen Randnummern.